JN151432

四日市昭和創世記

日比義太郎日記［翻刻］II

昭和二年（一九二七）八月二十五日――昭和三年（一九二八）四月二十三日

日比義也 監修

明治38年（1905）四日市袋町にて米雑穀商「井筒商店」経営開始
写真は明治44年5月相生橋の方向から撮影されたもの
昭和3年3月、藤原鉄道の株式購入資金のため「一掬の涙」で売却

大正10年（1921）1月撮影の三重郡海蔵村東阿倉川の垂南居（北面門前）
新築は大正5年、別邸として建てられた。

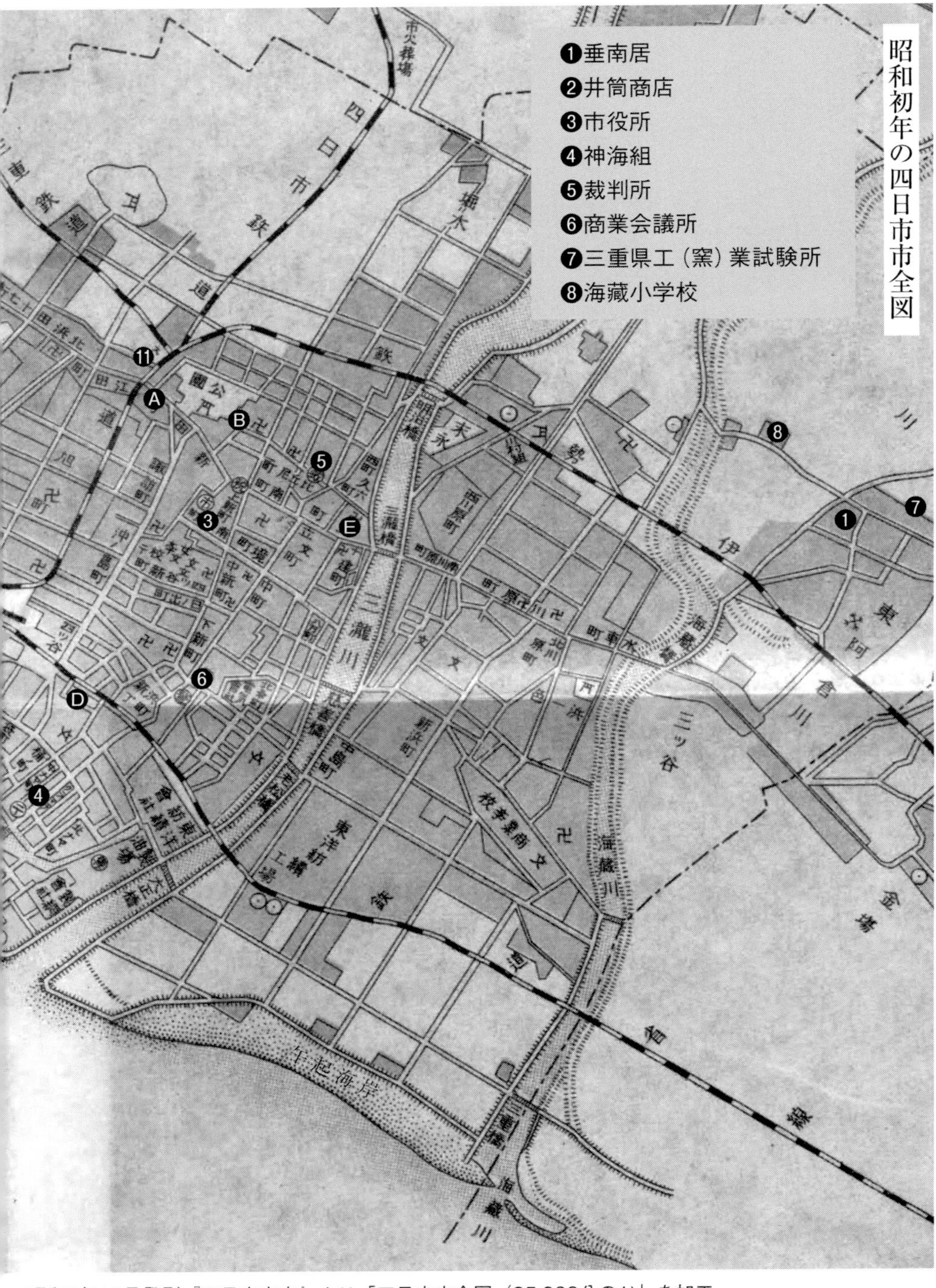

昭和5年12月発刊『四日市市史』より「四日市市全図（25,000分の1)」を加工
＊国立国会図書館デジタルコレクション公開図書

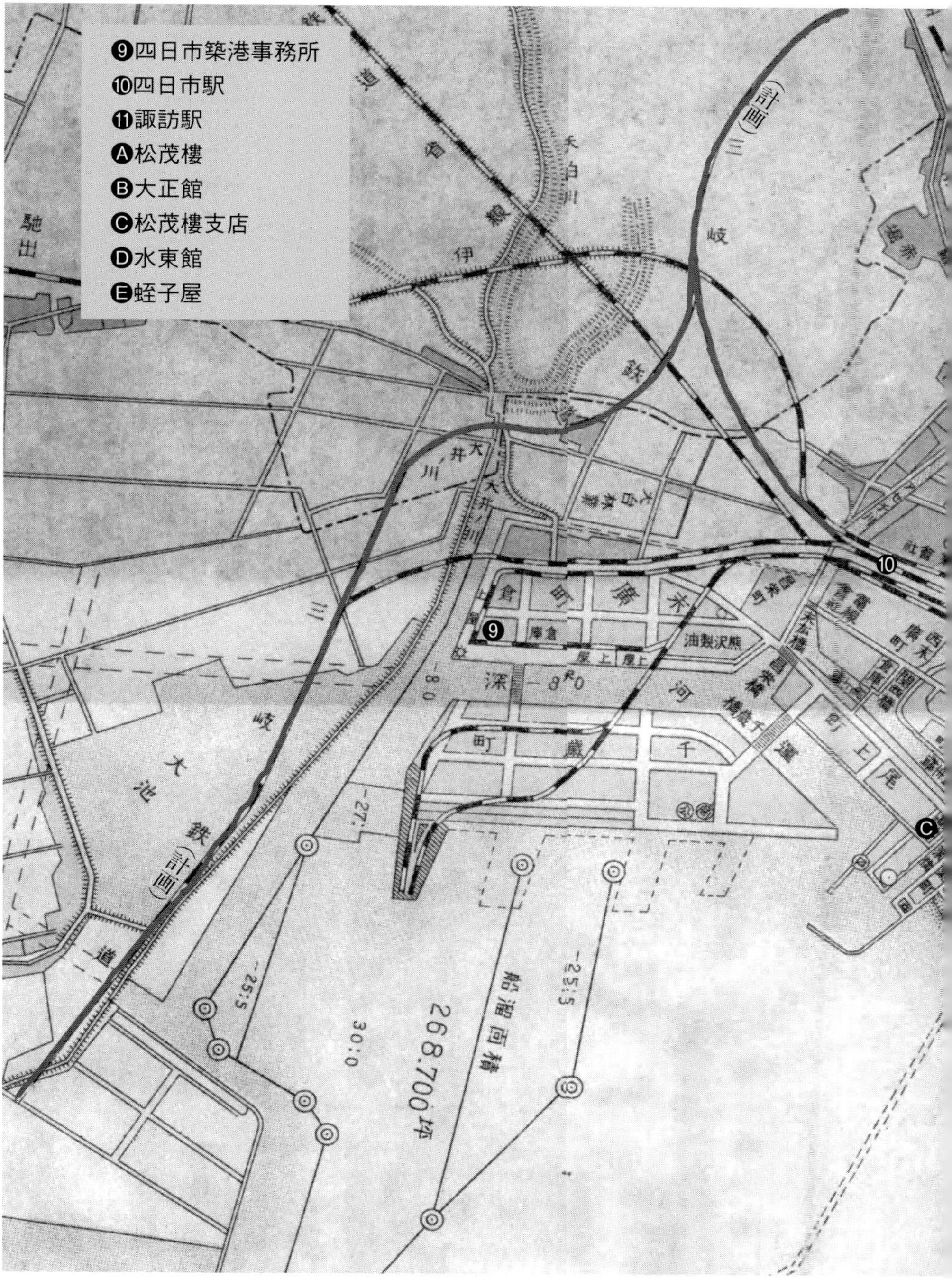
⑨四日市築港事務所
⑩四日市駅
⑪諏訪駅
Ⓐ松茂楼
Ⓑ大正館
Ⓒ松茂楼支店
Ⓓ水東館
Ⓔ蛭子屋

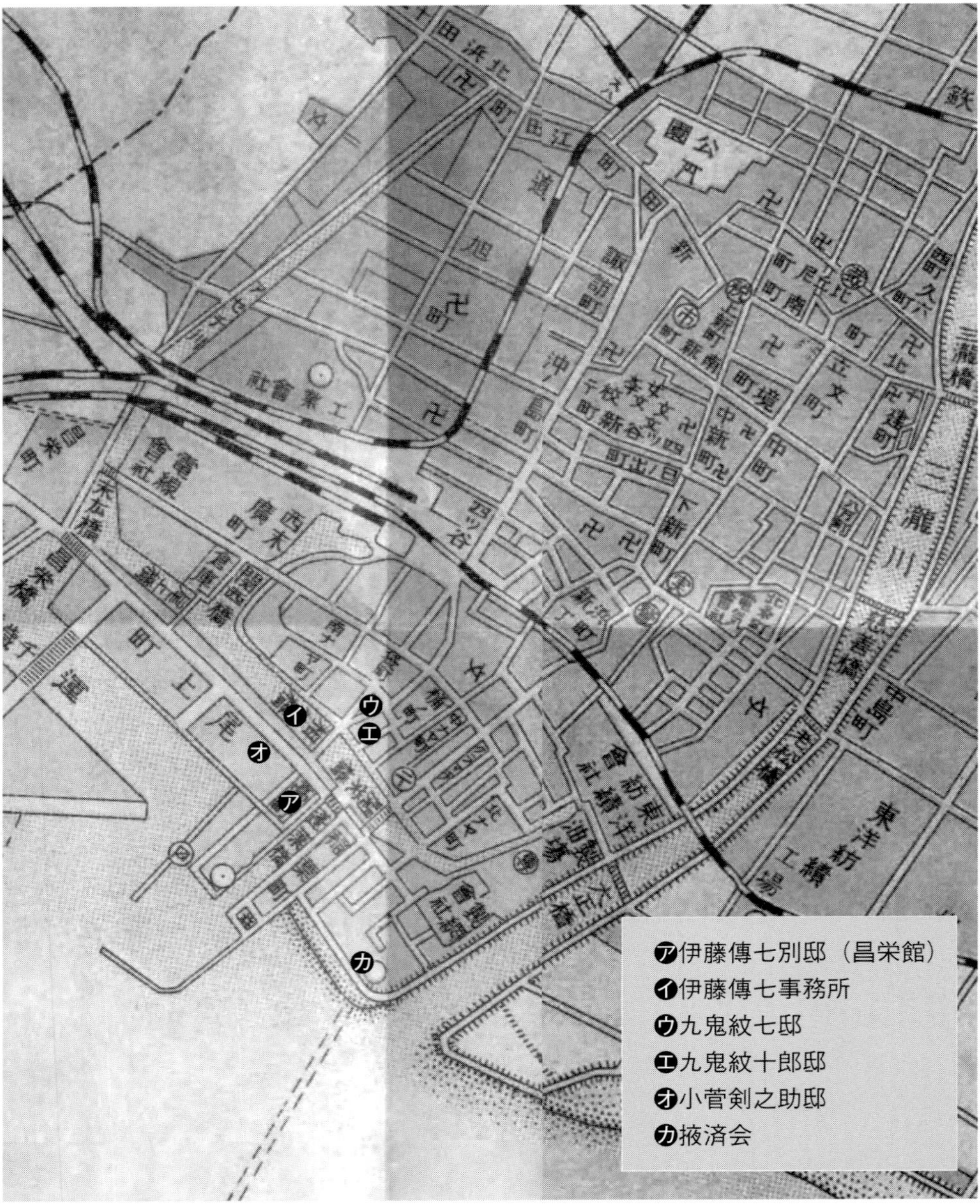

昭和5年12月発刊『四日市市史』より「四日市市全図（25,000分の1)」を加工
＊国立国会図書館デジタルコレクション公開図書

主な交流人物（伊藤傳七、浅野總一郎、戸野周二郎を除く）

伊藤平治郎
実業家

九鬼紋十郎（2代目）
四日市九鬼紋十郎家当主

九鬼紋七（8代目）
四日市九鬼紋七家当主

熊澤一衛
伊勢電鉄社長

小菅剣之助
実業家、将棋棋士

平田佐矩
後に第11代四日市市長

村山清八
実業家

堀木忠良
四日市市議会議長

伊達貫一郎
伊達家当主

笠井真三
小野田セメント社長

浅野泰治郎
浅野セメント社長（2代目）

鳥海善衛
四日市産業新報社

料理旅館　松茂楼　市内新町

旧東海道筋に樓閣を構え、粋人雅客の舌端に通す味覚の良さ、板場のよさで一流の大宴会はほとんど持ち切っている。殊にうなぎ料理は有名で、食通の垂涎おかざる所

料理旅館　松茂楼支店　市内高砂町

浜の松茂と呼ばれ、四日市港を前面に松柏翠繁の雅苑に包まれ、知多半島を指呼の間に見渡す勝景はここの魅力

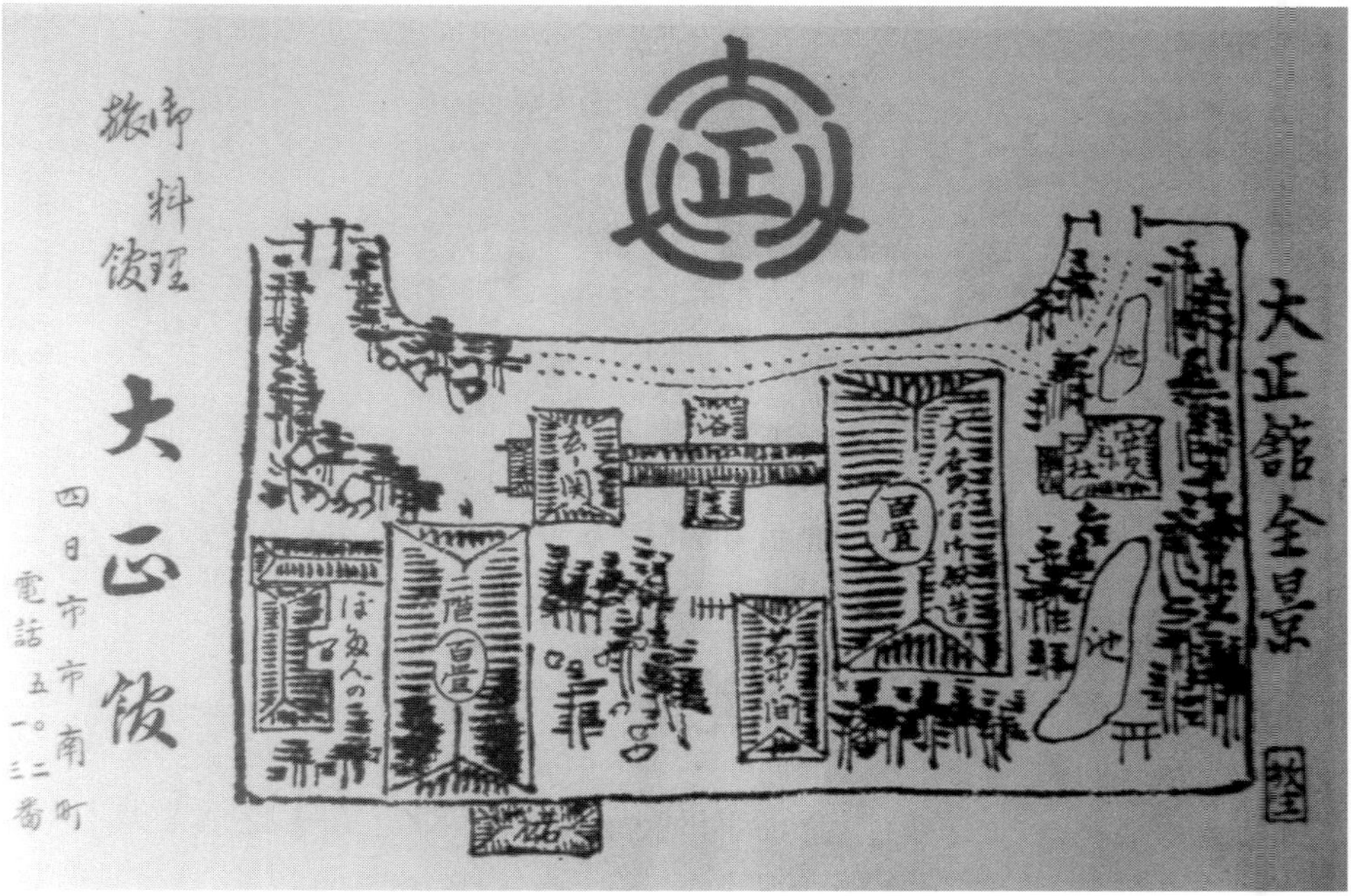

料理旅館　大正館　市内南町
泗水花街華やかなる西新地にあって、その広潤な一角には自然の配景に恵まれた大庭園をめぐらし、豪壮雄大な楼閣が中央の御殿造りを中心に、いと瀟洒に建てられている。鮮魚、伊勢海老、貝類その他海浜の珍味佳汁で四季とりどりの海の幸を俎上にのせて大衆を喜ばせている

料理精肉　蛭子屋　市内北町
蛭子屋といえば牛肉、牛肉といえば蛭子屋を連想するくらい伊勢路に響いた老舗で、旧東海道に面する堂々たる構えは古い店先を誇り、殊に冬季すき焼は名物である。店主鬼頭は業界に重きをなす人格者で、その温厚な風格が親しまれている。

四日市駅から東京を目指して

四日市西駅
大正11年（1922）開設。昭和に入ると人力車はしだいに廃れ、駅前広場にはタクシーやバスが駐車するようになった

名古屋駅
昭和3年7月に撮影された名古屋駅関西線の旅客列車とホーム。手前は東海道線

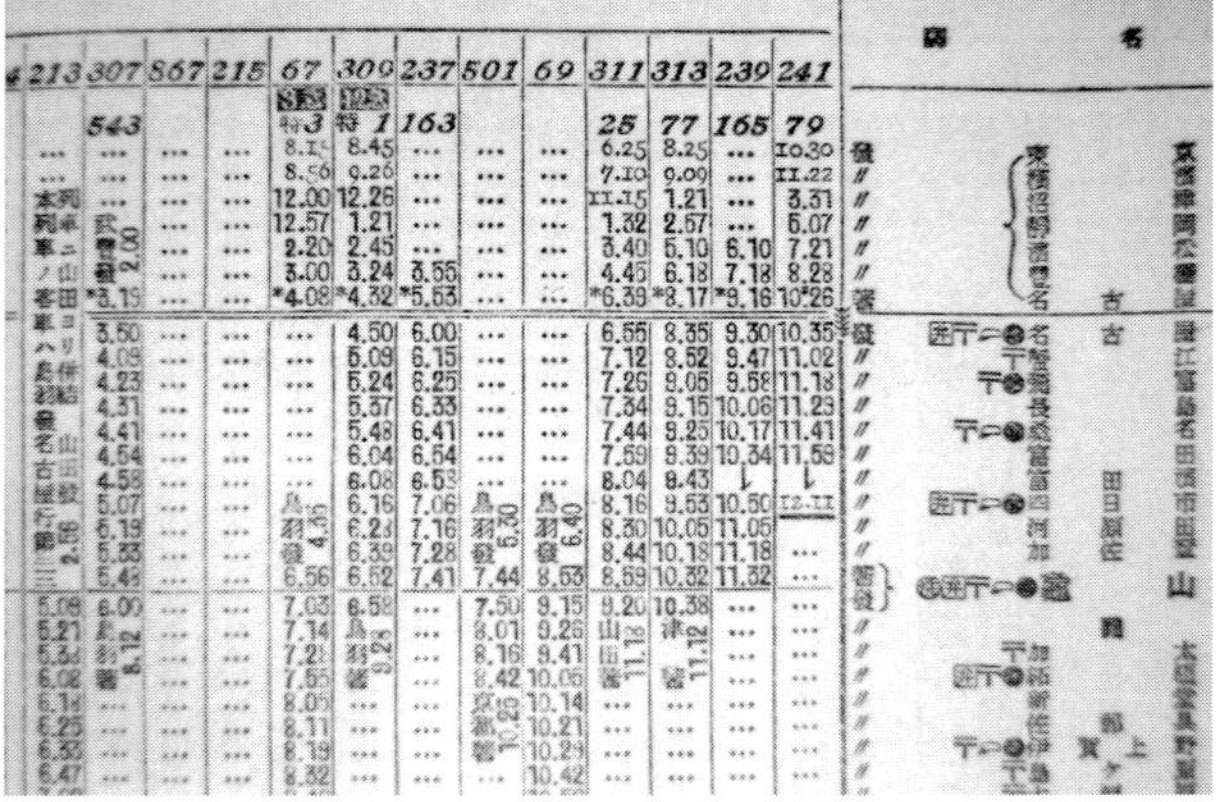

時刻表
大正14年の「汽車時間表」の一部。当時、四日市から東京へは全て名古屋乗換えで、特急列車を利用しても9時間30分。普通列車だと13時間30分以上かかっていたことが分かる

日比義太郎日記［翻刻］II

昭和二年（一九二七）八月二十五日——昭和三年（一九二八）四月二十三日

【文面】今朝上京致候翌日晩発列車にて帰
宅の手順に候　貴殿には其内休暇にて御帰
省の事と存候間　今回は下宿立寄申さず候
若し御用事之有《これあり》候はゞ三十九号室え問合せ
可然候　　早々

ドラマ一幕の舞台となった東京ステーションホテルの絵葉書　長男義平の下宿宛
「今日（昭和3年3月2日）早朝上京、4日晩発列車にて帰宅の手順……」とある

［翻刻］Ⅱ出版にあたって

［翻刻］Ⅰの数少ない読者の一番大きかった感想は、次々と登場する人物の相互関係、更に当時の社会情勢がよく判らないということでした。それを多少でも補足する為に今回のグラビアで主な登場人物や利用箇所を図示してみましたが、対象が多すぎて意が尽くせません。志水雅明著『四日市の礎一一一人のドラマとその横顔』（平成二十一年刊）や歴史年表などを参考にしていただくしかありません。

また各種事業に関する情勢として、例えば浅野總一郎は、義太郎日記が始まる大正十五年八月十一日付で「私ハ鶴見海岸及東京湾築港、京濱運河ノ外ニ目下出願中ニ係ルモノ左記十三ヶ所テアリマス尼崎…四日市…富山・岩瀬間運河総計一一、一九五萬圓、右十三ヶ所ハ十年間ニ完成スル豫定ナルカ、コレカタメニ省カレル國家ノ冗費ハ恐ラク五六億圓以上ニ達スヘク……」と述べて、埋立事業による港湾整備によって、従来の艀の沖取りをなくする有益性を強調しています。

一方、昭和三年の講演では「……セメントだけは此の上固めようはない、全國中經濟的な石灰山は皆買ってしまった。それから今四日市に大きい製造所を造る。……」「……大正十四年月々一二〇萬樽（一樽＝四〇〇ポンド・約一八一キロ）売れて居たセメントは、翌昭和元年に至って一五〇萬樽となった。……昭和三年度は復興建築の兆愈々濃きものがあるから、無論今年以上の需要増加となるであろうが二割としても月三〇萬樽である。此の三〇萬樽の需要（増）に對しては、尚幾分の増産能力を有して居るから、各社と協力して此の需要に應ずる積りである……」と市況低迷の中セメント事業への積極的な姿勢を示しています。

この上に全般的な世界・日本の経済状況や政治背景の解説を加えれば、『日記』を面白く読めるのであろうが、それは何時の日か誰かがしっかりとした時代考証に基づきドキュメンタリー長編に仕上げれてくれるのを俟つしかありません。

二番目の感想は、文語調で大変読みづらいということでした。これは記録を重視して「出来るだけ原文に忠実に翻刻したい」という監修者のこだわりが原因です。その結果、凡例に示す基本方針のもと、引き続き翻刻を担当してくれた奥田・井上両氏と人間社の高橋・大幡両氏には大変苦労をかけました。

次に意外だったのは、これを機に当時の史料が次々と掘り出されるのではという期待が外れたことでした。まだ百年にも満たぬ前のことなのに、戦災や自然災害のためか『四日市市史』、山路昭雄氏の蒐集写真、水谷宣夫氏の蒐集絵ハガキなどの外には日記の内容に合致する資料としては、義太郎の遺した書翰類や写真アルバム、絵ハガキ帖を使用するしかありませんでした。

いずれにしろ皆さんの協力を得ながら、昭和初期における四日市の一経済人の軌跡を辿る作業を今後も続けていきたいと思います。

平成三十年五月

日比　義也

目次

【凡例】

本書は、大正末年から昭和初期にかけての十数年間、三重県北勢地域において三岐鉄道の開業と藤原岳の石灰岩を活用したセメント工場誘致などに奔走した日比義太郎によって書かれた日記とその日記に貼付された新聞切り抜きを翻刻したものである。

一、翻刻にあたっては、原則として原文に忠実にしたがったが、明らかに誤記・脱字と思われる箇所は訂正した。また、原文において訂正もしくは抹消されている箇所は訂正された字句にしたがった。

二、かなづかいは、原文通りとし、原文にない濁音、半濁点を補うこともしなかった。送りがなの過不足をふりがな（ルビ）によって処理したところもある。

三、原文にはほとんど句読点がないため、読者の便宜を考え、適宜一字空けを施した。但し、人名や名詞が連続する場合は「・」で区分した。

四、判読できない文字は□とした。

五、当て字や熟字訓、難読漢字など読みにくい語、読み誤りやすい語にはふりがなを付した。

六、主要人名、地名、企業名等の固有名詞について、原文がひらがな書き、略字書きのものは正規の文字に改め統一をはかった。

七、漢字で表記された外国の地名や外国語には、ふりがなを付した。

八、本文中の括弧（　）と「　」は、日記原文のものである。〔　〕は校訂者による注記および補記である。

九、日記原文の欄外等に記された注記や追記は、内容上いちばん近いと思われる本文の箇所に〔　〕でくくって挿入した。

十、また、人物や場所、時期などの理解を深められるように一部、写真や図版を挿入した。

十一、本文中に貼付された新聞切り抜きは、見出し・本文ともに記事通りとし本書フォーマットに組み変えた。その際、総ルビ表記はせず、掲載写真、図版を割愛した。

十二、原文には、現在の人権感覚からみて不適切と思われる表現や字句が含まれている場合もないわけではないが、本日記が歴史的資料であることを考慮して、原文のままの表記とした。

藤原鉄道始動

昭和二年八月二十五日――十月二十二日

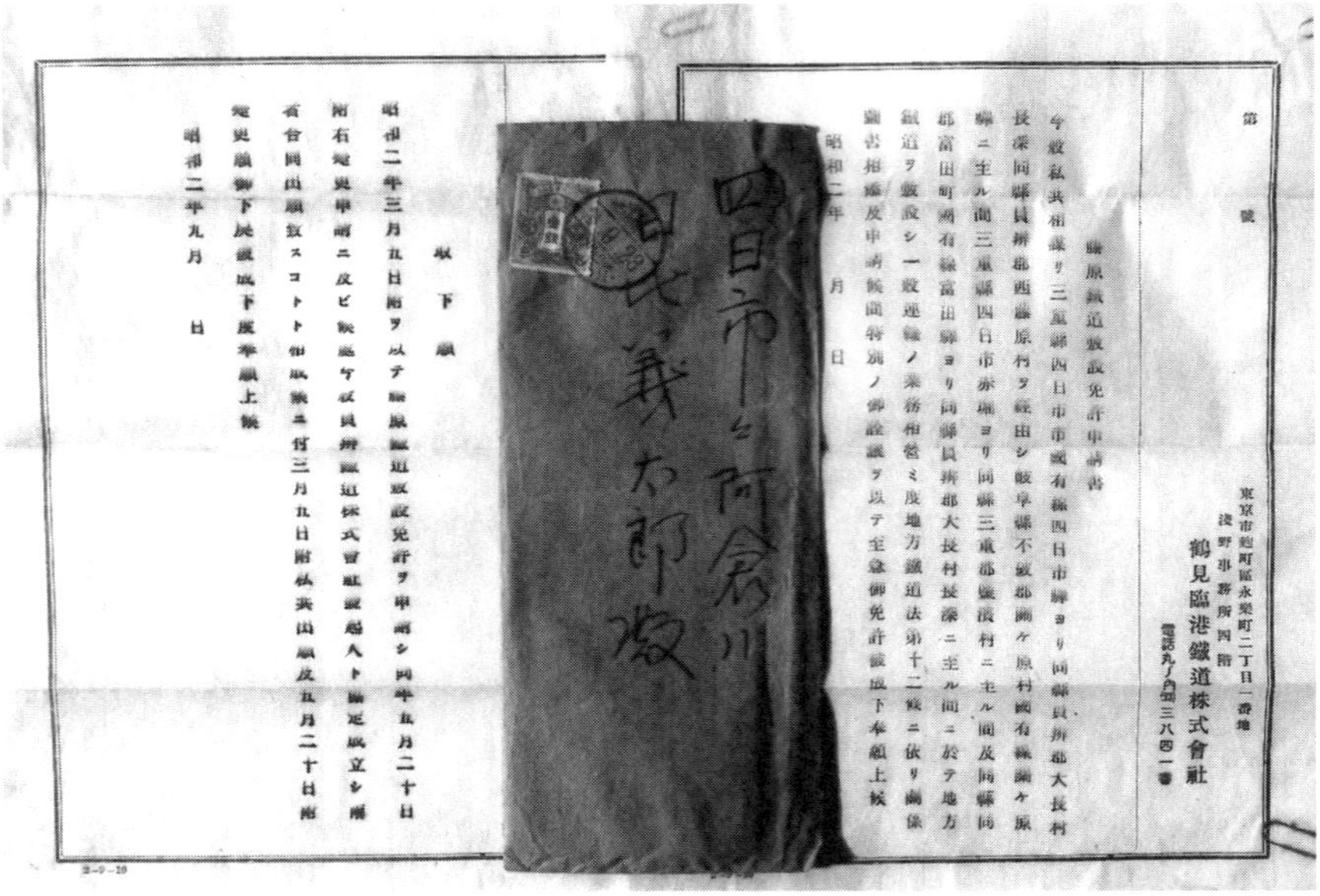

浅野側が昭和2年3月5日付で提出した藤原鉄道敷設免許申請に対して、
小野田は同年3月19日付で員弁鉄道敷設免許申請を行った。
これを一本化することになり両者がそれぞれの免許申請を取り下げ、
同時に新しく定款を定めることになった。
写真は、昭和2年9月24日付で
浅野セメント・山田胖より地元の発起人住所氏名及定款が請求された書翰
藤原鉄道敷設免許申請書（案）昭和2年3月5日付
藤原鉄道敷設免許申請書取下願（案）同5月21日付

昭和二年八月二十五日

午後四時水東館エ行キ山田胖ヲ同道シテ昌栄館ニ伊藤傳七氏ト會見　藤原鉄道並ニセメント工場敷地ノ事ヲ研究ス
午後六時頃傳七氏・山田・安藤・鈴木ト共ニ四日市駅エ行キ藤原鉄道ヲ四日市駅エ連絡引込線ノ模様ヲ研究ノ上　駅ニテ傳七氏ニ分カレ水東館エ行ク　加藤ガ居ッテ余ニ向イ
　本日県廳ニテ土木課長ト會見　埋立願書ヲ出シ色々談合ノ上県廳ハ願書ヲ受理シテ呉レタ　土木課長ノ話ニ依レバ凡ソ十日位ニテ四日市市會並ニ塩濱村ニ對シ右埋立ヲ諮問スル事ニナルガ　問題ナク通過シ得ル哉否ヤト云ウ事デアッタ　此点如何ニ考エラル、哉
ト云ウ　余ハ
　現在ノ四日市港内ヲ埋立ル事ニ計畫ガナッテ居ル事ニモアリ　旭問題モ片附カズ加藤久米四郎案モアル折柄無造作ニ通過スルモノトハ速断出来ズ　幸イ戸野市長明日出津　土木課長ト會見スル筈故此レヨリ市長宅ヲ訪問シテ此等ノ事ヲ打合セン
ト述べ午後七時半頃加藤同道ニテ市長宅エ行ク　加藤ガ大体ノ事ヲ市長ニ話タルニ市長ハ殆ンド余ト同感ニテ
　色々面倒ナル議論ガ出ル事ト想像ス　大体浅野ハ市長ヲ無視スル形ガアル　埋立変更ノ場合ニ於テモ加藤久米四郎案ガ出テ　桟橋ト臨港鉄道ヲ浅野ガ譲歩スル場合ニ於テモ一應四日市市長ニ相談スベキモノデアッタ　近来金子ハ僕ヲ避ケテ居ル形跡アリ面白カラズ
ト加藤ニ苦情ヲ述べル　加藤ハ
　御最モナリ　帰エリテ関ニモ此事ヲ傳ウベシ　然シ県廳ヨリ四日市エ諮問スルト云ウノニ其レヲ待ッテ呉レト云ウノモ変ナ事デアルガ　日比君ノ云ワル、ガ如ク諮問ヲ受ケテモ一致シテ通過シ得ル方法・手段ヲ付ケテ置イテ

カラデ無イト議論ガ起ッテ解決ガ困難ニナルカモ知レヌ　明日市長ハ県廳エ行カレ土木課長ヨリ此辺ノ話アリタル場合適當ニ御返答ヲ願イ升
ト述べ八時四十六分発ニテ東京エ帰エルベク出テ行ッタ　山田胖モ同列車ニテ帰エッタ
市長ハ加藤ガ辞スル哉余ニ向イ
加藤如キ小僧ニアンナ事ヲ云ッタ處デツマラヌ様ナモノダガ　アレ丈ノ事ハ云ッテ置カネバナラヌ　浅野ハ人ヲ使イ得ノ様ナ心持デ居ル
一度お尋ネ仕度イト思イナガラ扣エテ居ッタノデスガ　貴下ハ如何ナル工合ニナッテ居リ升カ　浅野ガ充分ナ事ヲシテサエ居レバ問題ナク私モ心配セヌデモ能イ訳デスガ若シ萬一ト思ッテ御聞スルノデス
ト云ウ　余ハ素直ニ市長ニ語リタル上
無念無想　一生懸命ニ努力シテ仕事サエ成効ノ域ニ導ケバ　浅野モ四日市市モ私モ結果ハ悪ルイ筈ガ無イト單純ニ考エテ東奔西走シテ居ル次第デス　然カシ時々考エル事ガアリ升　働ク丈ケ働イテ其レガ無駄ニ終ル事ガ有ル様ナ事ハ有リハセズ哉ト　去リナガラ誤解ヲ受ケテモ迷惑デスカラ私ノ口カラ物質問題等ハ決シテ発言セヌ決心デ居リ升
ト云ヒタルニ市長ハ　余ノ露骨素直ナル経過ヲ聞イテ以テノ外ナリトノ顔付ヲシテ
其レダカラ萬一ト思イお尋ネシタノデス　其ンナ馬鹿ナ事ガアルモノデスカ　最初ヨリ貴下ノ功績ノ偉大ナル事今日ニ至ル間数エ切レヌ程デス　私モ此事ハ時々心配ニナッテ居リ升タガ　若シ私ガ貴下ニ質問シテ其質問ガ貴下ニ對シ「君ハ甘《ウマ》イ事ヲシテ居ルノデハ無イカ」ト響ク様ナ事ガアッテハナラヌト思ッテ扣《ヒカ》エテ居ッタノデス
貴下ハ一寸モ悪ルイ顔一ツセズ毎日〳〵欣然トシテ奔走シテ居ラル丶カラ　嘸《サゾ》カシ浅野ヨリ相當ノ事ガシテアルニ違イナイト思ッテ居ッタノデス　宜敷イ　今度上京シテ金子ニ逢ッタラ能ク言ヒ升
ト云ウ　余ハ

御厚意ハ感謝シマスガ　私ハ目下物質ヲ要求スル等ノ考エハ毛頭有舞セン　将来ヲ楽シミニ働イテ居ル丈ケデスカラ　若シ金子ニ御話被下《クダサル》ト云ウ事デシタラ其お心含ミニテお話シヲ願升

過般モ九鬼紋十郎氏ガ私ニ對シ「君ガ其ンナニ働ライテモ　若シ浅野ノ四日市ニ於ケル事業ガ不成立ニ終ッタラ何ンニモナラヌ　何ントカシテ浅野ノ他方面ニ於ケル會社ノ重役ニナッテ置クカ又ハ無任所大臣ト云ウ資格ヲ現実ニ得テ置ク方法ハ無イモノカ」ト心配シテ呉レタ事ガ有升ガ　私ハ其際モ「私ハ他人ノ事ナレバ充分主張スルガ自分デ自分ノ事ハ言エルモノデハ有リマセン」ト答エテ置イタ事デス　又私ノ友人等ハ「君ハ物質ニ餘リニ淡白ニ過ギル」ト注意シテ呉レ色々ト心配シテ呉レテ居ルガ　要スルニ此レハ私ノ性質デスカラ或者カラ眺ムレバ處世法ヲ知ラヌ馬鹿ダトモ謂ヒ得ルデショウガ仕方ガアリマセン　将来ヲ達観シテ迷ワズニ努力スルト云ウ事ガ終局ノ勝利ヲ得ルモノト考エテ　目先ノ苦痛ハ忍ブベキモノナリト考エテ居リ升

ト述ベタルニ市長ハ

其レハ最モノ事デスガ　君ガ左様ニ考エテ居ラレタ處デ浅野ハ浅野トシテ當然為スベキ事ハ為ス義務ガ有升ヨ

ト答エ話頭ヲ轉ジ

明日土木課長ニ逢ッタラ課長ハ如何ナル事ヲ私ニ言ヒ升カ　此會見ノ情況ハ県廰ヨリ帰リ次第貴下ニ報告致升

而シテ明晩上京スル事ニ致升

ト云ウ　余ハ

行キ道ガ一時的ニ如何ニ複雑ニナッテモ　此事業ガ全部成効スレバ四日市トシテ此レ以上幸福ナ事ハ有マセン

而シテ後年ニ至リアノ事業ハ戸野市長ガ遣ッタノダト云ウ事ニ帰着スルノデスカラ　此際感情ハ喰《ハ》ミ殺シ一意現在ノ判断ニ基キ事業ノ進捗スル様ニ問題ノ解決スル様ニ御奮闘お願致升　誰ガ市長ヲ無視シタトカ　誰ガ市長ニ挨拶スベキモノヲ挨拶セズニ遣ッタトカ云ウ事ハ少サナ事デス　問題サエ解決スレバ結局宜敷イデハ無イデスカ

ト云ヒタルニ市長ハ

全ク其通リデス　浅野モ貴下ニ相談シテ問題ヲ進メルノガ一番能イノデス
ト答ウ　十時半頃市長宅ヲ辞ス　途中杉浦ニ出遭ウ　杉浦ハ今迠森松次郎宅ニテ撰擧名簿ノ事デ話シテ来升タト云ウ
同人宅ニテ一服スル　杉浦ハ
国友ハ問題ニナラズニ済ム様デスガ　松永ハ到底無罪ニナレヌ様子デス
ト云ウ　余ハ
不具ノ国友故問題ニナラズニ済メバ結構ダ　然シ後来《コウライ》ヲ餘程慎ム事必要ナラン　松永ハ仕方ガ無イトシタ處デ彼ノ小供ガ気ノ毒ダ
ト答エ十二時頃分カル

昭和二年八月二十六日

午前十時半　四日市裁判所ニ於テ旭小作問題第三回裁判開カル　前回通リ原告弁護士原・大喜多・坂　被告弁護士山嵜入廷　馬淵裁判長・書記着席　裁判開始ヲ書記ガ宣スル哉山嵜弁護士ハ立ッテ一通ノ書類ヲ裁判長ニ提出シ
酷暑ノ候ニモ不拘《カカワラズ》　長時間ニ亘リ色々審議ヲ煩ワシタル事ヲ感謝ス　去リナガラ其間裁判長ノ取扱振リ又証人ニ對スル尋問振リヲ考察スルニ　遺憾ナガラ裁判長ノ不公平ナルヲ茲ニ明言セザルヲ得ズ　依リテ此裁判ヲ忌避《キヒ》スルモノデアル　忌避ノ理由ハ只今提出シタル書類ニ明記シアリ
ト申シ立テル　依リテ裁判長ハ中止ヲ宣告シテ退席　傍聴人等ハ何ノ事ダト云ッタ様ナ顔付シテ一同退散ス
山嵜ハ自分ニ有利ナル証人伊藤萬次郎ノ喚問ヲ為シ　小川卯ノ松ノ喚問ヲ残シテ置イテ直チニ忌避ノ申立ヲ為サントスル手順ナリシガ如ク見受ケラレタ　其レハ第一ニ証人トシテ小川卯ノ松ノ入廷ヲ裁判長ガ宣シタルニ山嵜ハ「伊藤萬次郎ヲ」ト小聲ニテ叫ビ立上リタルガ　跡ヲ何トモ言ワズニ着席シタル様子ニテ知ラレタ　兎ニ角此裁判モ山嵜ノ

忌避ニヨリ又々延ビル事ニナッタ　余ガ裁判所ヲ出デントスル哉　蓮池ガ余ノ顔ヲ見テ弁護士扣席ヨリ出テ来テ
諸戸精太モ東京ニ出テ九鬼紋七ニ逢ッタ　両人ガ原弁護士ニモ會見シタ　僕ハ上京スル心組デ居ル
ト云ウ　余ハ
馬起ヲ主体トスル埋立願書ヲ浅野ハ県廰エ提出シ県廰ハ受理シタ　茲十日間許リノ間ニ市エモ右諮問ガ来ル手順
故　本日出津シタル市長ト昨夜相談シテ右諮問ガ来ルノヲ成ルベク延バス様ニシテ置イタ　此儘放擲シテ置ク事
ハ為メニナラズ一日モ早ク鳥洲・大池ヲ浅野ニ提供方紋七・精太ニ懇談スル事肝要ナルベシ
ト述ベテ分カル　法廷ニテ原弁護士ハ余ノ顔ヲ見テ「山寄ノ奴中々演劇ヲ遣リヲル」ト云ッタ事デアッタガ眞ニ其通
リデアル
午前十一時頃警察署ノ加藤音芳刑事ガ電話ヲ掛ケテ来テ
只今県廰ヨリ電話ニテ遠藤知事ガ至急貴下ニ會見仕度イトノ事デスカラ津エ御出向キヲ願度シ
ト云ウ　余ハ
来ル廿九日ノ月曜日午前十時ニ伊藤傳七氏ト共ニ出頭スル事ニナッテ居ルカラ此旨知事エ御返事下サイ　此事ハ
本日出津ノ戸野市長エモ傳言方頼ンデ置イタノデス
ト答エタルニ稍《ヤヤ》暫クシテ再ビ加藤ヨリ
特ニ本日貴下ニ逢イ度イ由デスカラ何卒御出掛ケ願度シ
ト云ッテ来タ　余ハ
午後一時三十五分発ニテ出掛ケ升ト返事シテ置イテ下サイ
ト依頼シテ出掛ケル用意ヲシテ居ルト森篤二郎来訪
小供ガ東洋紡エ入レテ貰ラエル心組デアッタガ　給仕ニヨリ使エヌトノ事デアルカラ僕ハ此際東京方面ノ浅野ノ
會社エ努メル事ニ計ラッテ貰ラッテ　小供ヲ一段ト高イ學校ニ入レ度イト思ウ　如何哉

ト云ウ　余ハ

其レハ結構デショウ　其内上京ノ節機會アレバ浅野ニ傳エマショウ

ト答エテ停車場エ出ル　塩濱駅ニテ戸野市長ノ列車トスリ違ウ　白子駅ニテ小森久郎ノ列車トスリ違ウ　小森ハ余ノ顔ヲ見ルヤ

県廳ニテ待ッテ居ッタガ君ガ余リ遅イノデ帰エッテ来タ　知事ニ君ト逢ッテ話スル約束ヲシテ来タ　何日ガ都合宜敷哉

ト尋ネル　余ハ

何日ニテモ差支ナシ

ト返事シタルニ小森ハ

二三日中ニ前以テ電話ニテ御都合ヲ伺イタル上四日市エ出テ来升

ト云ウ　県廳エ行キ遠藤知事ニ逢イタルニ知事ハ

一、一昨日浅野老人ガ来テ丹生川ノ原石ヲ手ニ入レ度イ　骨折ッテ呉レトノ事デアッタガ僕ハ知事トシテ金銭問題ニ立入ル事ハ困ルカラ　君ニ纏メテ貰ライ度イト思ウ　本日小森ニモ一寸此話シヲシタガ　僕ハ小森ニ對シ此際君ガ顔ヲ出ス事ハ能クアルマイ　日比君ト能ク相談シテ呉レト云ッテ置イタ　君ハ小森ヲ工合能ク使ッテモ能シ又他ニ方法ガアレバ除外シテモ宜敷イカラ取纏メ得ル様ニ心配シテ貰ライ度イ

二、治田ノ原石ヲ　小野田ヨリ火ノ付ク様ニ至急自分名義ニ書換エノ手續ヲシテ貰ライ度イト再三請求シテ来テ居ルガ　治田ノ慣例トシテ書換ニハ同村ニテ公民権ヲ有スル者ノ証人ガ必要ノ由　君ハ小森ト相談シテ村會ヲ通過シ得ル証人ヲ撰定シテ貰ライ度イ

三、治田村民ガ苦情ヲ云ッテ居ルカラ少々〇《マル》ヲ使ッテモ文句ノ無イ様ニ押エテ貰ライ度イ　其金ハ浅野ト小野田ト双方ニテ出セバ宜敷イ　村民ノ一部ニ文句ガアッテハ心持克《ヨ》ク事業ニ取掛カレマイ　浅野モ小野田モ困ル

ダロウ
ト云ウ　余ハ
承知仕舞タ
ト答エタルニ知事ハ
君ハ簡単ニ承知シタト云ウガ　此三ツノ事柄ハ事業ノ基礎ヲ為ス重大ナル要件デアルカラ愼重ニ頼ム
ト云ウ　余ハ微笑シナガラ
宜敷イ當ッテ見テ工風《クフウ》致升
ト答ウ　知事ハ
治田ノ村民ガ裁判ヲ起スト云ッテ居ル由　行政訟訴ナル哉　僕ヲ相手ニスルノカ君ハ聞カザル哉
ト質問スル　余ハ
裁判スルトカ何トカ云ッテ騒イデ居ルトノ事ハ聞イテ居リ升ガ　研究スル程ノ問題デ無イト心得升タカラ聞流シテ置升タ　従ッテ誰ヲ相手取ルノカ摩張《サッパ》リ知リマセヌ　又実際ニ裁判ヲ起シテ来ル事ハ無イデショウ
ト云ヒタルニ
原石山取合ヒノ争ト僕ガ仲裁シタル問題トハ　全然交渉ノ無イ問題デアルカラ混淆シテ呉レテハ困ル　東村・別名・垣内ノ村民ガ下草ヲ取ル権利ヲ持ッテ居ルト云ウカラ内務部長ヲシテ其優先権ハ認メテ遣ルト文書ヲ以テ返事ガシテアルノダ　要スルニ二万五千円呉レト云ウニアルノダガ其程出サズニ済ム事ト思ウ　問題等起ラヌ様ニ仕テ呉レ　服部忍等総代ニテ此事ヲ云ッテ居ル
ト云ウ　余ハ
然ラバ服部忍ヲお呼ビ出シニ成ッテ　結着何程浅野・小野田カラ取ッテ遣ッタラ文句ナシニ承諾スル哉ヲお尋ネニ相成リテハ如何哉　閣下ガお話ニ成ッテモ纏マラザルトキハ私ハ村エ出掛ケテ何トカ取纏メマショウ　其迠ハ

私ガ顔ヲ出サヌ方ガ能イト思イ升
ト云ヒタルニ知事ハ
其レニ違ナシ
ト答エ　早速其係ヲ呼ンデ明日服部忍ニ出頭ヲ命ジタ　而シテ知事ハ其係者ニ　一体誰ガ裁判ヲ起スト云ッテ居ルノ
カト尋ネタルニ係ノ者ハ
坂口太郎左衛門ガ気車中ニテ県廳ノ者ニ話シタト云ウ事デス
ト云ウ　余ハ
坂口ハトン的〔軽ハズミ〕ト云ウ事デスカラ何ニヲ言ウカ判リマセヌヨ
ト云ヒ　四時十四分部田発輕便ニテ四日市ニ帰リ市長宅ヲ訪問　右ヲ報告シナガラ夕食ノ御馳走ヲ受ケ福林モ居ッタ
市長ハ余ニ向イ
私ノ知事ト會見シタル話ハ　昨夜貴下ト相談シタ諮問ノ事デシタ如何デショウ
ト云ヒ福林ハ
石榑ガ明日津エ行クソウデス
ト云ウ　余ハ
石榑モ塩濱地内ノ諮問ノ事デ知事ガ尋ネルノデショウ
本日裁判ニ山嵜ガ忌避シタ事ハ此問題ヲ解決スル最モ能キ口実トナリ升　セメント工場ガ大進捗シタ　山嵜ハ裁
判ヲ忌避シタカラ旭ハ何時解決スルカ見當ガ付カヌ故　浅野ハ其代地トシテ此願ヲ出シタノダ　許可スル事肝要
ナリ　浅野ヲ逃ガサヌ様ニシナケレバナラヌ　浅野ハ旭ガ全ク解決スレバ勿論同地ノ埋立モスルト此願書ニ書添
エテアルト工合克ク此諮問ヲ通ス事ニシタラ如何デス
ト云ヒタルニ市長・助役共

ソーデスナァー　其レガ能イヨウデスナァー
ト云ウ　余ハ
此レハ重大問題故市長ガ東京ヨリ帰エッテカラデ無イトイケマセヌ
ト云ヒタルニ福林ハ
勿論デス
ト云ヒ　市長ハ
本日遠藤知事ガ此事ヲ尋ネタル時　簡單ニ此諮問案通過ハ六ヶ敷イト云ッタラ　知事ハ顔ヲ赤クシテ　僕ハ一生懸命ニ四日市ノ為メニ骨ヲ折ッテ居ル　僕ノ努力ヲ察シテ呉レ
ト云ッテ居リ升タト云ウ　福林助役先ズ帰エル
余ハ市長ニ對シ
御上京金子ニ昨日ノ御話ヲ願ウノニハ絶好ノ機會トナリマシタ　浅野ハ眼前ニ幾多ノ解決ヲ要スル問題ガ無ケレバ本気ニナッテ考エマスマイ　考エルニシタ處デ考方ガ薄イ事ト想像致升
然シ呉々モ欲ノ為メニ云ウト誤解サレヌ様ニ御話ヲ願升　昨夜貴下ヨリ御尋ネニ預ッタカラ申上タ事デスカラ切ニ貴下ノ御心付ニテ尋ネルノダト金子ニ御話願升
ト云ヒタルニ
其レハ承知シテ居リ升　御心配御無用デス
ト云ウ
市長宅ヲ辞シ水東館エ人力車ニテ行キ　薗川ニ逢イ本日知事ト面會シタル事柄ヲ話シ　丹生川原石ノ図面ヲ受取ル
薗川ハ
粘土山川島村ノ件ハ如何ニ専務ニ報告スベキ哉

ト尋ネル　余ハ
　最モ秘密ヲ要シ筆数モ多数故如何ニスレバ最善ノ方法ナリ哉　根本方針ヲ目下伊藤傳七氏ト研究中故　解決方針
　　相付キ村図ヲ取ッタ上ハ一度上京スルト云ッテ居ッタト傳エテ呉レ給エ
ト告ゲテ分カレル　薗川モ市長同様午後八時四十六分列車ニテ茲處出発ノ筈ナリ

被告側から裁判長忌避　開廷後三分間で閉廷した
三重郡鹽濱農民の永小作權問題第三回の續行公判

三重郡鹽濱村大字旭區の永小作權問題にからむ四日市々九鬼紋七、桑名町諸戸精太兩氏對東京市幸野田長氏の土地假登記抹消請求事件の第三回續行公判は二十六日午前十時より四日市區裁判所法廷に於て馬淵裁判長係りで開廷せられた當日は折柄雨天なりしに拘らず該問題の成行きを氣づかう多數の小作人は雨を侵して續々と同裁判所に押寄せたるため前回同樣大雜踏を呈するに到つた、軈て午前十時となるや馬淵裁判長は矢田書記と共に着席するや原告側の代理人原、大喜田、伴三辯護士並に被告側の代理人山崎辯護士何れも着席し公判を開廷せられんとするや被告側代理人山崎辯護士は突如起立して理由書を裁判長に提出しながら

　理由書に記載した如く馬淵裁判長の第一回以來の審理の模樣證人の尋問其他公判の樣子を見るに事毎に被告側から申す事を不利に導かれるやうな感があつて如何にも不公平なる憾みがあるものと思意されるよつて遺憾ながら裁判長を忌避致します

と陳述した、よつて馬淵裁判長は直ちに公判を中止する旨告げて閉廷したが此間僅かに二三分、傍聽人一同は何れもアツケに取られて退廷した

勢州毎日新聞　昭和2年8月27日

小作權問題　今後の成行如何　裁判長忌避理由は安濃津裁判所で審理

勢州毎日新聞　昭和2年8月27日

三重郡鹽濱村大字旭區の永小作權問題にからむ土地假登記抹消請求事件の公判は別項の如く被告側代理人山崎辯護士の馬淵裁判長忌避によつて一時公判を中止せられる事となつたが該事件の此後の模様を聞くに右忌避理由書は安濃津地方裁判所に廻送せられ同裁判所において其の理由の可否に就て審理せられ若し否なりとせば引續き馬淵裁判長によりて公判を續行せられ又理由ありと認められたときは他の判事裁判長となり再び最初より審理を行はれる事となるのであると

昭和二年八月廿七日

○浅野良三氏ヨリ左ノ手紙来タル

日比義太郎殿　　　　浅野良三　(良)

拝啓　残暑酷敷《キビシク》候處益御清康奉賀候
陳者《ノブレバ》豫而御話申上候治田村青川（知事閣下ノ丹生川ト称セラレル、場所）石灰山ノ儀ハ　當方ノ手ニ入ル、コト
ニ致候間　貴下並ニ小森久郎氏御両所ニ於テ萬端宣敷御斡旋ノ程御願申上候　尚右ニ就キテハ知事閣下ニモ委曲
御願申上置候間　御了承被成下度《ナシクダサレタク》候　右不敢取《トリアヘズ》得貴意度如此御座候

昭和二年八月廿六日　　　　匆々

○佐藤邦則氏ヨリ左手紙来タル

謹啓　乍延引御挨拶申述候　過日上京ノ際ハ種々御高配ニ預リ難有存申候　帰宅ニ際シテハ誠ニ勝手ヲ申上ゲ御迷惑下サレ候事ト恐縮仕候　帰宅後陸海軍ノ点呼其他ノ公務ノ為メ多忙自然御挨拶モ得致サズ打捨居候處　昨日ハ浅野老始メ皆様拙宅迠御来駕下サレ候趣生憎ノ事他出中ニテ御無礼致候
例ノ一件尚ホ未ダ其儘ニ御座候へ共機ヲ見テ少シニテモ相進メ可申候先ハ御挨拶迠　早々敬具

八月廿五日

鈴鹿郡庄内村
佐藤邦則

日比義太郎様
御侍下

昭和二年八月二十八日

昨夜警察電話ニテ　遠藤知事用件アルニ付キ　本日午前九時迠ニ知事官舎迠御出掛頼ムト云ウ事デアッタカラ　午前七時十分四日市発ノ伊勢鉄ニテ行ク　官舎エ行キタルハ八時三十分頃デアッタ　既ニ森篤二郎ガ應接室ニ居リ余ニ向イ

昨夜九時迠ニ官舎エ来レト云ウ命令ヲ四日市警察ヨリ受ケタ　僕ハ生憎上野ニ居リ其事ヲ知ッタ　此次ノ気車ニナルト九時迠ニ此處迠来ラレヌカラ先刻ノ気車ニテ来タ　知事ハ起キタ許リデアッタガ一寸用件ヲ聞イタ　大変結構ナ事ニシテ貰ッテ喜コンデ居ル　宮地総務部長ガ山田ニ泊ッテ居ル　九時十三分着ニテ此處エ来ル筈　君等一同ニ引合セテ貰ラウノデアル　僕ハ四日市ニ留マリ　當分嘱託ト云ウ名義ニテアリ　貴下ノ下馬トシテ働ク事ニナルソウダ宜敷頼ム

ト云ウ　余ハ
其レハ結構ダ　誠意ヲ持ッテスレバ仕事ニ心配スル事ハナイ
ト答ウ　九時二十分頃宮地自動車ニテ来タル　知事ハ他ノ應接室ニテ東邦電気四日市支店長ノ山田ト話中デアッタカ
ラ　余ハ宮地ヲ應接室ニ導キ森ヲ照會ス　森ハ宮地ニ挨拶シタ　程ナク知事入リ来タリ森ニ向イ
今迠ノ如クサーベルヲ下ゲテ居ル時ノ気持ヲスッカリ忘レテ仕舞ワナケレバイカヌゾ
ト云ヒ　余ニ向イ
森君トハ別段仲ノ悪イ間デモ無サソーダカラ能イデショウ
宮地ニ向イ
来月カラノ辞令ニスルカ
ト云ウ　宮地ハ
九月一日カラニ仕度イ　一度上京ナサイ　凡テノ人ニ照會致升　セメントノ人間同志ニテ　アンナ人間ガアッタ
カナァート云ウ事ニテモ工合ガ悪ルイ　日本ニテ一番最初ノ試ミデアル最新式ノ器械ガ深川工場ニ据ッテ居ルシ
川崎ノ工場モ新式ダ　一度見テ置クトヨイデスナァー
ト云ウ　知事ハ宮地ニ向イ
君ガ今晩帰エルナラ一所ニ随行セシメタラ如何哉
ト云ウ　宮地ハ
其レデモ能イ
ト答エ　森ハ
直チニ上野エ引返シ用件ヲ済マシ可成御供致度イト思イ升
ト云ウ　知事ハ森ニ向イ

早速退職願ヲ出ス手續ヲ仕給エ　其等ノ手續ニテ二三日上京ガ遅ルカモ知レヌナァー
ト云ウ　而シテ重ネテ森ニ向イ
君ハ先ニ帰エリ給エ　モー用件ハ無イ
ト云ヒ森退出ス
知事ハ余ニ向イ
小森君ニ逢イ升タカ
ト問ウ　余ハ
未ダ四日市エ来升セヌ　其内来ルデショウ　昨日服部忍ハ県廰エ出頭致升タカ
知事　未ダ何ンニモ聞カヌ　之レヨリ直チニ野村林務課長ヲ呼ンデ聞イテ見ヨウ
野村来タル
野村　昨日三人連レニテ来升タ　服部ハ知事サンニ御任セスル方ガ能イト云ッテ居リ升タガ　別名ノ区長ハ一度専門家ニ鑑定サスル必要ガアルト強硬ノ事ヲ云ッテ居リ升タ　モー一人垣内ノ区長？ハ別段何ニモ云ヒ升センデシタ
知事閣下。服部ハ此ンナ手紙ヲ以テ来テ　村民ハ此ンナ事ヲ本當ニ致升ト云ッテ居リ升タ
ト云ウ　読ンデ見ルト　治田村原石採屈ノ認可ヲ憲政會ハ絶對ニ為サヾリシガ　政友會内閣ニナッタラ直チニシタ
宮田・濱田ガ盡力シタ為メデアル　此認可ハ既ニ五月頃ニ内定シテ居ッタノデアッテ　知事ハ五万円コンミッションヲ取ッテ居ルト云ウ事ガ書イテアル　差出人ハ無名ニテ服部忍宛ニナッテ居ル
知事　宮地！　五万円モ取ッテ居ルト書イテアル　沢山持ッテ来ヌトイカンゾ
宮地　其ンナ事ガ書イテアルカ　持ッテ来ルカナ
知事　持ッテ来タラ治田村エバラマイテヤロカナ

宮地　日比君庄内村ノ村長ハ如何シタカ
日比　廿五日ニ手紙ヲ寄来シテ弗々ナガラ骨折ルト書イテアッタ
宮地　遠藤！　君何ントカ話シテ呉レヌカ
遠藤　県會議員ノ佐藤邦則？　アレハカンシャク持ダヨ　今僕ノ處エ或ル事ヲ頼ミニ来テ居ル　逢ッタ序ニ話ヲシテ見ヨウ
日比　野村君　服部ハ一昨日知事サンガ話シセラレタ裁判ノ事ハ何ン共云ッテ居リマセンデシタカ
野村　尋ネマシタガ何共言ヒマセナンダ
遠藤　浅野ニハ僕ノ友人ガ沢山アルカラ兎モ角モダガ小野田ハヒドイヨ　手紙デ礼ヲ云ッテ来タ丈ケダ　別ニお礼ニ来イト云ウ意味デハ無イガ其御礼ノ手紙ノ末尾ニ色々請求ガ書添エテアッタニハ閉口シタ
宮地　笠井ト云ウ人間ハ學校ニ居ル時カラ人ガ牛肉ト云ヘバソバヲ食ウト云ヒ　ソバヲ食ウト云ヘバイヤ僕ハ牛肉ヲ食ウノダト反對スル男ダヨ
遠藤　吉村ヲ叱責シテ遣ッタカラ心持克ク思ッテ居ラヌカモ知レヌ　知事ノ處エ使イニ来ルノナラ　吉村以外ノ者ヲ寄来セト云ッテ遣ッタ事ガアルヨ
宮地　日比君　椿ハ如何ナル状況デス
日比　老人ト一所ニ行ッタトキ　村役場エ大岐須村長ヲ尋ネタガ居ラナンダ　近々中一度逢ウ心組デ居ル　庄内ノ方ヲ先キニ片附ケル心組デ居ッタガ　佐藤ガ苦図々々シテ居ルカラ大岐須ニ椿ノ方ヲ纏メサセテ見ル心組デ居ル
宮地　丹生川ノ方ハ貴下ガ遣ッテ呉レ升ナァー
日比　中々六ヶ敷イ話ダガ　解決方法ヲ勘考シテ見舞ショウ
知事　日比君！　僕ハ二三日旅行スルカラ留守中ノ用件ハ橋井地方課長デモヨシ　林務課ノ技師木村鍬次郎デモヨイカラ話シテ呉レ給エ

日比　私ハ之レニテ失礼致升
知事・宮地両人玄関迠見送リニ出ル　知事ガ引込ンデ行ッテカラ宮地ハ余ヲ呼ビ留メ
　金ガ入ルデショウ
ト云ヒ一寸考エタル上
　必要ノ時ハ手紙下サイ　何時デモ送リ升カラ
ト述ベタル後チ小聲ヲ以テ
　川島粘土山ハドウナリ升タ
ト尋ネル　余ハ
　伊藤傳七氏ト解決方法ヲ研究中デス
ト答エタルニ満足ノ顔付シテ「萬事宜敷頼ミ升」ト云ッテ應接間エ帰エッテ行ッタ　余ハ十一時頃部田発ノ輕便ニテ四日市エ帰エル
一寸書キ落シタガ本日ノ宮地・知事・余ノ會見中知事ハ野村林務課長ニ對シ「大貝戸ノ方ヲ明日許可ノ命令ヲ出セ」ト命ジタル后チ　宮地ニ向イ治田ノ反對者ヲ押エル為メニ少々ノ金ハ出シテ貰ワネバナラヌト云ヒ　宮地ハ「出サナケレバナラヌノナラ仕方ガ無イカラ出スヨ　一体何程ノ金額ダ」ト尋ネタラ知事ハ「反對者ノ総代ハ何ンデモ二万五千円位ト云ッテ居ッタ」ト説明シテ居ッタ
午後二時頃磯田瀧治郎ガ一度御面會ガ願度イト電話ヲ掛ケテ来ル　先般来手紙又ハ阿倉川エモ二三度来テ居ル事デアルカラ直チニ来ラレテ差支ナシト返事シタルニ直チニ来タル　既ニ手紙ニテ明瞭ナル通リ「浅野エ周旋シテ頂キ度イ」ト云ウノデアル　余ハ「目下未ダ其ンナ人事関係ヲ談ズル時期ニ達シテ居ラヌ　又浅野エ入社ハ中々面倒デアル」ト答エタルニ磯田ハ「ドンナ役目デモ能イカラ若シ将来人事問題ヲ議セラレル、ニ當リ　若シ餘地アレバ御顧慮中ニ加エテ頂キ度イ」ト色々懇願シテ帰エッテ行ッタ　事情ヲ聞イテ見ルト中々気ノ毒デアルガ　人物ガ銓議ニ上《ノボ》ス

資格ナキ事故單ニ気ノ毒ダ丈ケデ拾イ込ム事モ出来マイト思ッタ

昭和二年八月二十九日

午後三時三十一分気車ニテ名古屋エ行キ伊藤傳七ヲ武平町ニ訪問シテ
　川島村エ話ノ端躊ヲ開キ呉レタル哉
ト尋ネタルニ
　君ニ今一應相談ノ上ノ事ニ仕度シト思ッテ居ッタ處デアル　明後日君ト二人ニテ現地ヲ踏査シテ見ンカトモ思ッテ居ッタガ　根本ハセメントノ工場ガ確定ノ上ナラデハ川島村エ交渉スル方針モ定マラヌト思ウガ如何
ト云ウ　余ハ
　工場ハ兎モ角トシテ　粘土山トシテ浅野ハ同地買入レニ確定シ居ルヲ以テ　交渉ノ歩ヲ進メ度ク思ウ　川島村ノ有力者ニ話ヲスル口実ハ如何様ニテモ宜敷キ事ナリ　貴意ニ従ウベシ
ト述ベタルニ伊藤氏ハ
　然ラバ明後日桂山ヲ昌栄館ニ呼ンデ話ヲ為サン　君モ同刻昌栄館エ来タラレ度シ　而シテ桂山ニハ「僕ガ浅野ニ頼ンデ川島村ノ粘土山ヲ買ッテ貰ラウ事ニ話ヲシタカラ纏メテ貰ライ度シ　粘土山ハ此附近一帯無盡藏ニアルヲ以テ法外ニ高張リ　折角ノ僕ノ好意ヲ無ニスル事無カラン事ヲ望ム」ト云ウ工合ニ話ヲシテハ如何哉
ト云ウ　余ハ
　誠ニ結構ナリ　最初ノ皮切リヲ甘《ウマ》ク遣ッテ頂ケレバ後トノ複雑ナル事ハ私ニテ一切致升　宣敷願升
ト答エテ停車場エ出ル　八時二十三分発迠ニハ一寸一時間許リアル　小便ニ行クト偶然ニモ安藤ニ逢ウ　八時十九分気車ニテ東京エ帰エルノダト云ウ　駅ノ食堂ニ連レ行キ夕食シツヽ鉄道線路実査ノ状況ヲ聞ク　安藤ハ

全線ヲ歩イタガ大体過般ノ予定線ニテ宣敷シ　本日庄内村エモ行ッタガ同村ハ鉄道引入レ餘リ困難ナラズ　椿村ハ御承知ノ通リニテ誠ニ難工事デス　椿・庄内ヲ連絡スル線路ハ六ヶ敷ケレ共不可能ノ事ニ非ラズト思意セリ　員辨郡原石山引入レ線ハ新町ヨリ青川ニ入ル線一番容易ナリ　次ニ大貝戸線ニテ最モ困難ナルハ立田谷ナリ　鉄道ガ阿下喜ヲ通過シテ大貝戸ニ入ル線モ踏査シタガ不可能ナラズ

ト云ウ　余ハ

先刻傳七氏ト逢ッタガ　其節同氏ハ四日市引入レ線ニ関西工場ノ敷地ヲ利用シタラ如何哉ト話サレタ　此点如何

ト尋ネタルニ安藤ハ

一番最初考エタノハ此地点ナリシカド　関西工場東海電線會社アリタル為メ到底地所ヲ手ニ入レル事困難ナリト思ッテ止メタ　此土地手入レ出来得レバ最モ宣敷シト考ウ　山田ニモ此旨傳ウベシ

ト云ウ　時間ニナッタカラ分カレテ四日市エ帰エル

昭和二年八月三十日

午前九時神海組ニ於テ小森久郎ト會見ス　小森ハ

青川ノ原石ハ凡ソ立田谷ニ匹敵スル位ノ原石アリ　同地点ニハ石灰焼ノ為メ権利ヲ取ッテ居ルモノ三人斗リアル故此等ヲ買収スルノ必要アリ　買収セザレバ期限ノ来タリテ自然消滅スル迠待タザル可カラズ　青川南ノ飛ビ山ハ他村ノ者ノ入合ヒ権アルヲ以テ面倒ニ付キ除外シ置ク事利益ナリ

県會議員ノ撰挙前ニ付キ同終了後運動スル事ニシテ貰ラエバ結構ナリ　治田村ノ反對運動モ始メ費用ヲ集メテ掛カッタノダガ　今ハ此レニ調印スル者一時ニ比較シテ半数ニ減ジ　此半数者モ費用ノアル丈ケ運動シテ新タニ費用ノ支出ヲ要スル場合ニハ　相談セナケレバナラヌ事ニナルカラ自然消滅スル事ト想像ス　北三字ニ對シ此際金

品ヲ支給スル事ハ僕ガ取レルモノヲ取ッテ遣ラナンダト云ウ事ニナルカラ困ルシ　又他ノ貰ラエヌ字ガ苦情ヲ出シテ来ル憂イガアルカラ考エ物ダ
前回ハ掛合ヒガ足ラナカッタガ　今后原石山ノ交渉ガアッタ場合ニハウント掛合ワネバナラヌ　ト村民ガ云ッテ居ルカラ交渉ハ中々面倒ナリト想像ス　先般知事ニ逢ッタトキ今度ハ「閣下ノ御助力ヲ煩ス事必要ナル哉モ知レズ」ト云ッテ置イタ事デアル
ト云ウ　余ハ
諸種ノ状況上今日解決シ置クヲ要スルヲ以テ　此際交渉ヲ進メラレン事ヲ望ム　先ズ第一ニ村図ヲ取ル必要アリ
昨日電話ノ節　御依頼シ置キタルガ御持参被下《クダサレ》タル哉
ト尋ネタルニ小森ハ
僕ノ手許ニアリタル筈故探シタレドモ見當ラズ持参スルヲ得ザリシ　交渉スルニシタ處デ浅野ノ條件ハ如何哉
君ノ處エ来レバ判ル事ト思ッテ出掛ケテ来タルナリ
ト云ウ　余ハ
如何ナル方法ニテ運動スル哉ハ　第一ニ君ガ立案シテ僕ニ聞カシテ呉レナクテハナラヌ　僕ガ聞イタ上妥當ナリト考ウレバ　其案ヲ浅野ニ對シ裏書スル事ニスル　此レガ実際案トナルノデアッテ今日浅野ニ確定案アラズ　要スルニ此山ノ解決ヲ僕ト君ニ任カシテ来テ居ルノデアル　過般知事モ大体此意味ノ事ヲ云ッテ居ッタ
至急村図ヲ取ッテ貰ライ度シ
来月三日頃ニ村図ヲ作製シテ君ノ處エ持ッテ来ル事ニスル
ト云ヒタルニ小森ハ
ト云ウ　余ハ諸種ノ談話中　小森ハ又々一ト芝居打ツ事ガ出来上ッテ来タト云ウ様ナ腹合ヒデ居ルナト観察シタガ
先ズ何事モ村図ヲ取ッテカラノ事デアルト考エタ故

出来ル丈ケ早ク村図ヲ作ッテ呉レ　其上ニテ同道浅野エ行キ相談スル事ニシテモ宜敷イト述べ晝食ニ弁當ヲ食ワシ分カレル　余序《ツイデ》故過般知事ガ云ッタ浅野ヨリ小野田ニ對シ譲渡スル場合ノ保証人ニ関シ小森ノ意見ヲ尋ネタルニ小森ハ「其事ハ知事ニモ云ッテ置イタ　小野田ガ僕ニ保証人ニナル事ヲ頼ミニ来タレバ承知スルノデアルガ　未ダ来ヌ故其レナリニナッテ居ルノデアル　知事モ僕ガ其事ヲ云ッタトキ『然ラバ小野田ヲ呼ンデ君ト立會ニテ話スル事ニスル』ト云ッタノデアルガ　如何ナル訳カ此レモ其レナリニテ知事ヨリ何等ノ話ガ無イト」云ッテ居ッタ　小森ハ「浅野ガ買ッタ場合　僕ガ保証人ニナッタノデアルカラ　浅野ガ小野田ニ半分ヲ譲渡スル場合ニモ此保証人ハ僕ガナルノガ自然ダ」トモ云ッテ居ッタカラ小森ノ腹ハ小野田ニ頼マレテ置イテ保証人タル事ヲ承諾セント欲スル意向ナリ

東京ノ安藤ヨリ左ノ電信ガ来タ

ヱキヒガシガワノケイカクコンナンノヨシ」ア

トアリ帰京山田ニ相談シタル結果ヲ通知シ来タリタルナリ

浅野良三氏ヨリ左ノ手紙来タル

昭和二年八月廿九日

浅野良三　㊞

日比義太郎殿

拝啓益御清祥奉賀候　陳者粘土《ノブレバ》採取候補地買収ノ件ハ其後着々御進行ノ模様ヲ承リ御盡力難有感謝仕候　遠藤知事ニ於テモ県下産業ノ為メセメント工場設置ニ関スル諸問題ニツキ深ク念慮ニ懸ケラレ居候間　其辺御如才可無之トハ存知候得共　萬端知事閣下ニ御相談助力ヲ乞ハレ候方甚ダ好都合ナルベシト存候ニ付キ御了承同知事帰廳次第早々可然《シカルベク》御取計被下候様願上候　尚治田村新出願地ノ件ハ小森氏ト御協力御立案ノ趣至急出願致度候間亦何分トモ宜敷御願申上候　右申述度如此御座候

匆々

昭和二年八月三十一日

午前十時昌栄館ニ於テ傳七氏ト共ニ川島村桂山浅治郎氏ト會見ス　傳七氏ハ桂山ニ向イ今度浅野ガセメント工場ヲ起スニ付キ粘土山ハ此辺一帯到ル處ニ沢山アルガ自分ノ郷里ニ附近ナル関係上且ツ甞テ君ガ僕ニ對シ　川島村発展ノ為メ何ラカ事業ヲ計畫シテ呉レト頼マレタ事アル義理合ヒ上　浅野ニ對シ川島村ノ粘土ヲ推撰シタ結果　浅野ハ承諾シタ　擧村一致歓迎スルニ於テハ或ハ工場モ取リ得ルカモ知レヌ　村長ト相談セラレ此問題ヲ解決セラレテハ如何哉

ト云ヒ　余ハ桂山ニ對シ

只今傳七氏ノ言ワル、ガ如シ　川島村ノ粘土ヲ取ル事トナルト藤原鉄道ガ迂回スル不便アレドモ浅野ハ傳七氏ノ希望ヲ容レタル次第故　傳七氏ガ君等ニ對シテ為シタル好意ヲ無ニセザル様死力ヲ盡サレン事ヲ希望ス　川島村ニ如斯キ幸運ハ再ビ来タル能ワザルモノナル事ヲ想像スルヲ以テ　之レヲ取逃ガサヌ御工風《クフウ》肝要ナルベシ

ト述ベタルニ桂山ハ

此レハ重大問題ナリ秘密ヲ要ス　至急村長ト相談致スベシ　御厚志感謝ノ辞ヲ見合ス能ワズ

ト云ウ　余ハ

川島村ノ地價ハ何程ナリ哉

ト尋ネタルニ桂山ハ

一、山ガ木附ニテ上等反三百円ヨリ二百五十円・中等二百円・下等百五十円位

二、川島村・菰野街道側ノ田ハ反七／八百円・本村ノ谷間ノ方ハ六／七百円位ナリ

日比　如何ナル方法ニテ纒メラル、哉

桂山　村有ノ山ヲ今回ノ必要ナル山ト交換シテ村會ニ掛ケル方法ヲ執ル事簡便ナル哉モ知レズ　村長ト能ク相談致スベシ

伊藤　川島ニセメントノ工場ガ出来ル事トナルト四郷村モ従ッテ発達スル訳ダ

日比　話ヲ早ク進捗セシメル必要上　面倒ナル日々ノ相談ハ桂山氏ト僕トガ進メ　傳七サンニハ大綱ヲ統《ス》ベテ頂ク事ニ致マス

伊藤　左様願度シ　僕モ可成《ナルベク》四日市ニ来テ御相談ニ乗ル事ニスル

昌栄館ニテ晝食ノ御馳走ニナリ桂山氏ト共ニ昌栄館ヲ出ズ

午後二時ヨリ市参事會ニ出席　在京ノ市長ヨリ「国立肥料検査所見込無シ」ト入電ス

余ハ肥料高ノ為メ此問題ニ對シ一ト骨折リスル決心デアッタガ落胆シタ　市長ハ其他ノ問題ニ関シ運動員トシテ市會議員三／五名ノ上京ヲ依頼シテ来タノデアルガ　肥料検査所見込ナキ以上　余ハ他ニモ目下手放シ兼ネル用件當地ニアルヲ以テ　堀木・伊達両人ニ上京ヲ依頼シ其他三四件ヲ議事シテ四時頃閉會ス

浅野氏邸に二百名押し寄す　セメント降灰問題で　五名は検束さる

報知新聞　昭和2年8月31日

廿九日午後三時四十分芝伊皿子浅野総一郎氏邸へ陶山川崎市会議員外二百名が川崎セメント降灰被害團といふ團旗を立てゝ押しよせ浅野翁に面会を求めたが家人がことわると一團はなだれを打つて邸内に乱入し玄関で家人と小ぜり合ひをはじめた、急報により三田署から警官数十名かけつけ解散を命じた、その際篠崎徳太郎(三二)倉島安太郎(三四)外三名は三田署に検束された、原因は川崎市にある浅野セメント工場の灰は川崎市外一市十六ヶ村にわたつてまき散らされ、毎年一万五、六千円の被害があるにかゝはらず浅野の賠償金はその十分の一にも及ばぬ小額であるため將來賠償金を増すか、工場を移轉するかの確答を求めに押しよせたものであると

本日ノ報知新聞ニ右記事アリ　セメント問題ニ奔走中面白ク読ンダ故添附ス

昭和二年九月一日

學生等ノ夏休ミ終了　冠二・てる子學校エ行ク　暑イ中ニモ何ントナク秋冷ヲ覺エ秋高ク馬肥エタリト云ウ時期ニ入ッテ行クノデアル

午前七時頃森松次郎ガ電話ニテ一度御伺仕度イト云ッテ来ル　待ッテ居ルト九時頃来タリ

　県會議員撰擧ガ段々近付イテ来タ　中立ヲ以テ打ッテ出ル心算ナリ　何卒撰挙長ヲ引受ケテ貰ライ度ク参上セリ

ト云ウ　余ハ

　當撰後モ中立團体ニ撰〔ママ〕ヲ置ク哉

ト尋ネタルニ

森　勿論ナリ

日比　久シキ以前君ヨリ立候補ノ相談ヲ受ケタルトキ　結構ナラント答エテ置イタ事デアルガ　其後ノッ引キナラヌ候補者ガ出テ来テ其方カラモ相談ヲ掛ケラレ困リハセズ哉ト心配シテ居ッタノデアルガ　ドーヤラ其レモ無イラシイ　途中僕ニ候補者タル事ヲ要求セラレタ人モアルガ断然拒絶　問題ニセヌ様ニシテ置イタ事デアル　君ノ候補者タル事ニハ異存ハ無イガ　此度ハ普撰ニテ撰擧法ガ非常ニ六ヶ敷イ　何事モ全部撰擧長ガ引受ケナケレバナラヌ事ニナッテ居ルカラ危険ナルヲ以テ　御免ン蒙リ度シ

森　堀木ハ立タヌ　山本ガ文句ヲ云ッテ居ルト云ウ噂ハ聞イテ居ルガ　政友會トシテ現在ノ四日市ノ状況カラ判断シ適当ノ候補者ヲ立テ得マイト思ウ　鳥海ハ熊澤カラ話シテ中立ニテ僕立候補ヲ承認シテ居ルカラ問題ハ起ッテ来ヌ　鳥海ハ鈴木善策ガ公認候補ヲ要求シテ来タ場合ニハ　反對スルト明言シテ居ルカラ民政黨ヨリモ候補

者ガ出ヌ訳ダ　只坂義一ガ遺ル位ダ　坂ハ問題ニスルニ足ラヌト思ウ　要スルニ六ヶ敷競争ハ先ズアルマイト思ッテ居ルカラ是非引受ケテ呉レ

日比　此レハ内密ノ話ダガ　遠藤知事ハ適当ノ候補者十人許《バカリ》ヲ得テ置カントト熊澤ニ相談シ　熊澤ハ知事ノ要求ヲ入レ二万円出ス事ヲ承諾シタ　知事ガ県下適当ノ候補者ニ右二万円ヲ適当ニ分配スル事ト思ウ　知事モ四日市ノ候補者ハ中立デアッテ欲シイト云ッテ居ル

森　立候補セント欲スル者ハ凡テ何人モ君ノ處エ頼ミニ来ル事ハ承知シテ居ルガ　右様ノ次第ニテ競争ハ殆ンド無イト云ッテモ能イ位デアルカモ知レヌカラ　何卒引受ケテ呉レ　実ハ先達来ヨリ鈴木久三等ガ「日比サンニ頼ミニ行ッタカ々々」ト再三云ウノデアルガ差扣エテ居ッタノデアル

日比　折角ノ御依頼ナルヲ以テ大体ニ於テお引受ケスル事ニ致升ショウ　然シ撰擧長ハ如何ナル義務・職責ガアルモノカ一應研究シテ見度イ　且ツ撰擧運動中旅行デキヌナド、云ウ事ニナルト　僕ハ浅野事業ヲ進捗セシムル上ニテ時々東京エモ行カネバナラヌカラ差支ガアル訳ダカラお引受ケハ出来ナイ事トナル

森　鈴木久三等ニ大体引受ケテ貰ラウ事ニシテ来タト返事シテ置クカラ宜敷頼ム

日比　三四日中ニ重要ナル者丈ケニテ相談會ヲ開キ度イト思ウ
重要ナル者トハ誰々ナル哉

森　鈴木久三・僕ノ町ノ総代・隣ノ総代・杉浦國吉ト貴下位ナリ　鳥海ヤ森永ハ相談役トシテ突込ンデ置ク心組ナリ

日比　杉浦ガ「普撰ノ取締リ四規則」ト云ウ本ヲ進上スルカラ読ンデ見テ呉レト云ッテ　二三日前ニ一冊呉レタガ僕ヲ撰擧長ニスル算段デアッタノダナァー

森　其ンナ下心ガアッテ杉浦ガ君ニ云ッタ事デハアルマイガナァー

日比　郡部ノ大勢ハ如何哉

森　矢張現在ノ議員ガ再撰サル、結果ニナリハセズ哉　小森ハ人気ガ悪イガ民政黨系トシテハ彼一人ヨリ候補者ガ無イ事ニナルカラ　其方ノ投票ガ集マルヲ以テ存外確カデアルカモ知レヌ　同人ヲ民政黨ガ公認セヌノハ　加藤久米四郎ニ嘗テ「憲政會ヲ出ヨ代議士立候補ノ際一万円位何ントカシテ遣ル」ト云ワレテ其気ニナッタ事ガ同志ニ知レ渡ッテ来タカラデアル　同人ハ政友會ニモ断ラレ尾崎ヨリモ断ラレテ居ル　人間モコーナルト駄目ダ

堀木ガ本日ノ急行ニテ上京スルヲ以テ僕ハ之ヨリ直チニ堀木エ行ク　其レヲスマシタ上市會議員・商業會議所議員一同エ挨拶ニ廻ッテ来ルカラ御承知願ウ　此等ヲ廻ッテ挨拶スル事ハ宮嵜警察署長ニ了解ヲ得テ来タ

ト云ッテ人力車ニテ帰エッテ行ッタ

午後三時頃四日市鉄道事務所ヨリ桂山ガ電話ヲ掛ケテ来テ

只今柳川村長ト此處エ来タ　阿倉川エ御伺スル筈ナルモ柳川君ガ葬式ニ行カネバナラヌ　甚ダ済マザレド貴下此處迄御出掛ケ願エヌカ

ト云ウ事ナリ　直チニ行キタルニ桂山一人出テ来タリ

村長ト一度逢ッテ置イテ頂キ度シ　村長ニ秘密ヲ守ッテ骨折ル様ニ御話願度シ

ト云ウ　余ハ両人ヲ駅前ノカフヘーエ連レ行キ柳川ニ向イ

話ノ要領ハ桂山君ヨリ御聞取リ被下シ御事ト推察ス　秘密ニ取纏メテ頂キ度シ

ト依頼シタルニ柳川村長ハ

川島村発展ノ為メ嘗テ伊藤氏ニ事業ヲ起シテ呉レト依頼シタル事アリ　此レガ今日漸ク実現シテ来タ事故　私ハ死力ヲ盡シテ働キ升カラ何卒呉々モ宣敷御願イ致升

ト云ウ　村長名ハ元太郎　堅ソウナ男ナリ　両人ヨリ村図ヲ受取ル　余ハ両人ニ二三質問シタ上柳川ハ葬式ノ時間来タレリト云ヒ帰エッタ　余ハ桂山ト洋食ヲ供ニシツ、

此村図ハ今一層明細ナルモノヲ望ム
ト云ヒタルニ桂山ハ
三日中ニ詳細ナルモノ作製シテ御届スベシ　先ズ御必要地域ヲ確実ニ仕度イト思ウカラ至急技師ノ御出張ヲ煩シ度シ　幸イ川島ノ山ハ四日市鉄道ノ遊園地トシテ又信貴山ヲ祭ルベク運動シタル事アルヲ以テ　技師御調査ノ節ハ此等ニ言ヒマギラワスベシ
ト云ウ　余ハ
取纏上知事ノ御声掛カリ必要ナレバ其手順致スベシ
ト答エタルニ桂山ハ
場合ニ依ッテハ左様御願スルカモ知レズ
ト云ウ　五時頃分カレル

昭和二年九月二日

杉浦来タリ　昨日石榑ノ宅エ行ッタラ石榑ハ磯津ノ漁業権ニ関シ
磯津漁民ノ一ヶ年収入高ハ約二十万円ニシテ鳥洲沖ハ二條綱ヲ引ク事ヲ得　重ニ貝類ヲ取リ此地点ノ収入ハ一ヶ年約八千円ナルガ　浅野ガコノ地点ヲ埋立スルニ就イテハ漁業権ニ関シ欲ノ深イ事ヲ云ワズ犠牲的ニ相談ニ應ズル模様デアル
ト云ッテ居ッタト云ウ　余ハ其レヲ聞イテ一安心ヲシタ
晩槌谷君来タリ　四日市ノ肥料分析所エ佐藤忠庸ト云ウ人物ヲ採用サレ得ル様ニ盡力シテ呉レ　ト云ウ　一度森松次郎ニ聞イテ見ルト返事ス　佐藤ハ棚瀬長谷川ガ學資ヲ出シテ養成シタル人物ノ由

東海時報　昭和2年9月1日

爭議未解決のため旭區との交渉を斷念
磯津海岸約八萬坪の海面埋立　淺野問題は急轉直下

淺野埋立問題に絡まる三重郡鹽濱村字旭區の小作人對九鬼、諸戸兩地主との爭議は最近に至り終に裁判沙汰とまでなり六月末より客月末に至るまでの間に既に三回の公判が開かれたが八月二十六日第三回の公判に於いて小作人即ち永小作權確認訴訟の原告人は其代理人たる山崎辯護士に對し裁判長忌避の申立をなさしめたる爲め公判は一先づ中止し近く安濃津地方裁判所において裁判長忌避理由の審査を行ふ事になり其圓滿解決殆んど絶望となりたるを以て淺野側即ち之が事業の遂行に深甚の努力をなしつゝある縣當局においても其成行に愛想盡かしをなし愈々其第二段の構へに入りたるを以て一時停頓したる埋立問題も茲において急轉直下的に實現の曙光を認むるに至つた、即ち淺野側においては萬一旭區との交渉成立せざる節は第二の方法として海面埋立を斷行し以て初期の目的を貫徹せしむるべく此程縣に對し三重郡鹽濱村字磯津海岸一帶の海面約八萬坪を埋立するの件に關し其許可を申請したる處縣當局においても之が實地調査の結果之を許可することに決したるを以て去る二十九日附を以て此件を鹽濱村に諮問し又事業に對する承認を求め來たれるが一方鹽濱村においては本問題發生以來既に一ヶ年以上を經過せる今日に至るまで何等具体的決定を見ず企業家、地主並に之が產婆役たる四日市市に對し面目なしとて其成行如何を大いに憂慮しつゝある折柄とて石榑村長は縣今回の諮問を大いに喜び即刻臨時村會を開くことになり村有志者並に村會議員と協議の結果愈々九月一日開會することに決したが多分村會一致を以て之を承認することとなるべく又今回埋立せんとする所は

四日市港第三部突堤より三重郡鹽濱村字磯津に至る約八萬坪乃至拾萬坪位にて此地を工業地帯となし豫て淺野の計劃せるセメント工場其他を建設する筈で本問題の實現如何は四日市港の活用と市將來の發展に直接の大影響を及ぼすを以て四日市の有力者において極力海面埋立實現の促進に努力する筈で北旭區の小作人側が僅かの利權と感情問題に支配せられ今回の大埋立事業を紛糾せしめ淺野側に對し

百二十萬坪の埋立計劃を斷念せしめたるは將來に對し必ず悔いを貽すべく又石榑村長は縣の諮問たる海面埋立問題は全方面の漁業者の死活問題に属するを以て二十九日は磯津村の漁業者に對し其諒解を求めたるに各漁民共土地發展のため多少の犠牲を拂ひ充分の讓歩をなすべき旨回答し其諒解あり萬事は石榑村長に一任することになりたるを以て石榑氏は目下爾餘の方面とも折衝を重ね極力之が實現に努力して居る

磯津ノ漁業権ニ関シテハ過般余ト市長ト私《ヒソ》カニ相談苦心ヲシテ居ッタ事デアルガ　此記事ノ如ク漁民ノ空気ハ最モ良好デアルカラ　此機會此熱ノ冷却セザル間ニ於テ適當ニ完全ニ解決シテ置ク事肝要ナリ　至急此手段ヲ執ラント欲ス

淺野問題の局面轉換　海岸を新に埋立つ　旭區は一擲し鹽濱村民が一致の贊成　実業新報　昭和2年9月4日

四日市港の活用目的で事業家誘致に出發したる所謂淺野問題は其の六十餘萬坪を埋立つ計畫であつたのが着眼地たる三重郡鹽濱村旭區の地主對小作人關係で買収に一頓挫を來し延ゐて
永小作權爭議となり之を法廷に爭ふ事となり既に三回まで公判は開かれたが被告側の辯護士は裁判長忌避と云ふ事實上裁判の結審延長的手段を執ると云ふ有樣で果たして何時解決するか前途殆んど見込み立たざる狀態なるを以て淺野側では旭區の埋立を一擲し全然之を打切り局面を転換し之に代ふるに同村の
海面埋立を斷行する事に決し本縣に許可を申請したる結果縣當局に於ても實地調査して大体許可する事に決定せしを以て去月二十九日附で地元たる鹽濱村に諮問して來た即ち新規埋立區域は磯津海岸に接續する鹽濱村大字鹽濱字鳥洲地先の海面約拾數万坪にして淺野に於ては之を干潮面から二間の高サに埋立本縣の三部埋立地に接續せしめ一方大井ノ川方面より
一大運河を通じ該埋立地に達せしむ設計となつて居るが鹽濱村に於ても本縣の諮問に對し直ちに村民

の協議會を開きしに元來淺野を誘致し土地の發展を目的とし之れが爲め既に村内の地價すら暴騰して居る程なるに獨り旭區の紛糾で進捗を見ざるを遺憾とするのみならず今日にては旭區民が一村の繁榮を阻止するにも等しき態度に對し少からず反感を招くに至つた際とて旭を除き鹽濱、磯津、馳出し等の各字何れも大賛成で殊に磯津の如きは右地先は漁業權の關係上相當に影響する所あるも漁民等は同地方發展の爲めには敢えて犠牲を拂ふも辭せずとの意気込みで賛意を表したる結果更に越へて九月一日には正式村會を開會し知事諮問の件を附議したるに一人の異議なく滿場一致を以て之を承認し總て石榑村長に一任し一日も速かに實現に努めよと激勵的希望を寄せたから其の答申と共に淺野の事業に對しての交渉も極めて圓滑に進捗を見る模樣で久しき淺野問題も新生面打開と共に急轉直下之を解決し得る事となるらしい而して淺野としては四日市を中心に大セメント工場を設くるが爲め員辨郡の原石灰山も買收したのであるから一日も早く實際事業に着手する事を希望して居るから鹽濱の干拓工事も本縣の許可を得れば急速着手されて頓に一大活氣を呈し來るだらうと鹽濱村民始め關係者一般は多く期待して居る

右記事ハ九月二日杉浦実業新報社長ヲ呼ンデ余ガ書カセタルモノナリ

馬起・鳥洲先ノ公有水面・湾内・掖済會前ノ埋立ヲ三重県ヨリ四日市市ニ對シ諮問シ来タリタル場合　四日市市會ヲシテ満場一致承認ノ決議ヲナサシメ度ク戸野市長ト多大ノ苦心ヲ費ヤシタルナリ　右目的ヲ達センガ為メニハ大ニ宣傳スル必要ヲ認メタリ　此諮問ニ對シ　若シ異議ヲ申立テタル議員アリタル場合　之等ノ議員ヲ異端者ト全市民ヨリ認メシムル如ク仕向ケザル可カラズト思意セリ　予メ市民ノ輿論ヲ換起センガ為メニ策シタル一投石ナリ果シテ如何哉

色々案ジラレタル塩濱村會ガ既ニ満場一致承認ヲ與エタルヲ以テ　四日市市會モ異論ナキヲ察シ得レド此ノ處周蜜ナル注意ヲ要スルナリ　埋立會社トシテ此問題ガ通過シ得ル哉否ヤハ将来ノ計畫上大問題ニシテ　凡テノ基礎ヲ為スモ

ノナルヲ以テナリ

昭和二年九月三日

午後三時神海組ニテ川島村々長柳川元太郎並ニ桂山浅治郎ト會見シ　両氏ヨリ川島村ノ村図ヲ受取ル　此図面上ヨリ判断スルニ　薗川ガ約十町歩ト云ッタノガ山林・田・畑ヲ合計シテ約三十五町歩ニモナル　桂山ハ
水田ヲ除外シ可成《ナルベク》山丈ケ買入ル、事ニセザレバ値段高キニ過ギ　折角ノ浅野ヲ取リ逃ガス事ニナルカラ　一度技師ノ派遣ヲ乞ヒ不用ノ水田ヲ点検御調査願度シ

ト云ウ　柳川村長ハ
私畢生《ヒッセイ》ノ事業トシテ　死力ヲ盡シテ纏メ度イカラ宜敷御後援ヲ頼ム　出来得ル限リ貴下ニ面倒臭キ事ハ聞カセズシテアッサリト纏メテ見度シ

ト云ウ　余ハ
値段高ケレバ他ノ粘土山ヲ物色スル丈ケノ事デアル　一度浅野ニ其ンナ気分ガ出タ以上モー取返シハ付カヌ事ナルヲ以テ　飽ク程秘密ニ而シテ迅速ニ御取纏メヲ望ム

ト答エ　夕食ニ弁當・酒ヲ振舞イ帰エス
午後七時頃水東館ニ山本薫太郎ヲ尋ネタルニ
川島ノ粘土山ハ私ガ調査シタノデス　然シ粘土ガ貧弱デアルカラ（少ナイカラ）果シテ如何哉ト思ッテ居リ升　区域調査　水田ノ除外シ得ベキモノヲ点検セヨトノ事ナレバ何時ニテモ致升

ト云ウ　余ハ
近々一度上京ノ心組ナルニ付キ東京ニテ相談ノ上　幸イ君ガ四日市ニ居ル事デアルカラ君ニ調査シテ貰ラウ事ニ

ナル哉モ知レズ
ト答エテ分カル
安藤猪朔ヨリ四日市駅省線ノ図面・伊勢鉄道ガ省線ニ乗入レノ図面ヲ作ッテ送ッテ呉レト手紙ニテ依頼シ来タリタルヲ以テ　村山清八君ヲ訪問　右図面入手方ヲ依頼シ同人快諾ス
椿村長小岐須佐十郎ヨリ手紙ニテ返事アリ　明日ハ在宅ノ旨通知アリタルヲ以テ電信ニテ
　テミタアスアサウカガウ」ヒヒ
ト通知ヲ為ス　明日ハ小岐須氏ト充分懇談スル心算ナリ

昭和二年九月四日

午前六時半自動車ニテ四日市出立鈴鹿郡ニ向ウ　途中川島村桂山浅治郎宅ニ立寄リ大谷・浮橋・尼ヶ谷・八ッ狹間・藤山・北川・鶇岡・北山・白山・玄若・中谷（半分）ノ字図ヲ作製　六日午後五時迠ニ四日市エ届ケ呉レル様ニ依頼ス　菰野字宿野ヨリ南折シテ巡見街道ヲ走リ椿村ニ到着シタルハ九時頃ナリ　村役場エ小岐須村長ヲ尋ネタルニ日曜日ニテ出勤シ居ラズ小岐須ニ向ウ　途次村長ガ道路修繕ニ立會シ居ルヲ発見　案内セラレテ村長宅エ行ク　村長ハ椿村原石ハ全部小岐須区有ニシテ　此小岐須ハ平野国矩ニ二十何年間　一ヶ年五／六十円ノ採屈料ニテ小岐須区トノ間ニ採屈契約締結シアリ　既ニ十ヶ年経過シタレドモ平野ハ何等事業ニ着手セズ跡十ヶ年経過スレバ此契約ハ自然消滅トナル筈ナリ　契約締結シテアルト云ッタ處デ　正式村會ノ決議ヲ経タルモノニアラザルニ依リ　私生児的ノモノナリ　何故ニ区民ガ平野ト右ノ如キ契約ヲ為シタル哉ハ　其當時ハ誠ニ幼稚ナルモノニシテ一年ニ五十円デモ六十円デモ取リ得ト考エテ遣ッタ事デアル　若シ浅野氏ニ契約出来得ルト云ウ事ナレバ　小岐須区ヨリ平野ニ交渉シテ同人トノ間ヲ円満ニ片附ケ浅野氏ニ迷惑掛ケヌ決心ナリ

御幣川ヲ境トシテ庄内村ト分カレテ居ル石大神ハ御幣川南ニアレド椿村有ナリ　石大神南部ノ原石ハ小社・伊船・庄内村ノ有ニナッテ居ル　石大神ハ神様ニ付キ採屈シ得ズ　屏風岩モ採屈スル能《アタ》ワズ
ト云ウ　余ハ
平野国矩ガ一部分ノ契約ヲ為シ居ル旨ハ兼テ後藤長一郎ヨリ聞及ビ居リシガ　小岐須全部ガ其ンナ事ニナッテ居ルトハ初耳ナリ　誠ニ相手ガ悪ルイ
原石ノ量ヲ精査シタル上鉄道ヲ引張ッテ採屈ニ掛カッテモ引合ウ哉否ヤヲ　庄内村ノ原石ト関連シテ研究シテ見度イト思ウカラ村図ヲ一部御願申度シ
ト述ベタルニ村長階下エ行キ　村図ヲ一葉持チ来タリ「村図ト云ッタ處デ此ンナモノナルガ宜敷哉」ト尋ネル　余ハ「其レニ番地・反別・主要ナル地点・貴下ガ原石アリト思ワルヽ地点ヲ朱書シテ呉レラルレバ結構ナリ」ト答エタルニ村長ハ直チニ余ノ希望ノ如クスル　余ハ其レヲ受取リ雑談ノ末分カレヲ告ゲ庄内村ニ向ウ　佐藤邦則宅ヲ訪問シタルニ幸イ在宅中ナリ　余ハ
先般ハ御多用中ヲ繰合セ御上京ヲ煩シ恐縮千萬ナリ　折角御上京被下《クダサレ》タニ不関《カカワラズ》　余ノ意図ニ反シ浅野總一郎氏ノ無遠慮ナル應對振リ　嘸カシ御立腹ノ御事ナランモ同氏ハ獨特ノ人物ニシテ　アノ半面ニハ誠ニ良イ点モアルカラ何卒悪敷《アシ》カラズ願度シ　去ル廿七日知事官邸ニテ知事ト宮地ト余ト會合シタル節モ宮地ハ「親爺ハ我々ノレールニ乗ラヌノデ苦心スル」ト云ッテ居ッタ程デアル
ト述ベタルニ佐藤ハ
本日午後ヨリ外出スル處デアッタガ頂度幸イデシタ　先日上京ノ節ハ誠ニ御無理申上ゲ　定メテ御迷惑掛ケタル事ト恐縮シテ居ル　先般御申越ノ村図ハ未ダ作製セズ　ドンナ程度ノモノ御入用哉
ト云ウ　余ハ
大体ガ判レバ能イ　主要ナル点ハ番地町歩並ニ原石アル部分ナリ

ト述ベタルニ佐藤ハ　余ノ注文通リ即座ニ色々ト書入レテ呉レル　将《マサ》ニ辞セントスル哉
晝食ヲ食ッテ行ケト云ウ　自動車ノ運轉手ニモ食事ヲ出シテ呉レタ　十二時半頃辞ス
帰途ハ原ヨリ加佐登ニ出テ参宮街道ヲ走ル　加佐登迠ノ道路ハ平坦ニシテ誠ニ能イ道續キナリ　他日庄内村ノ原石解決スル時機アルトスレバ　鉄道ハ加佐登ニ引張ルベキモノダト観察シタ　午后一時半四日市エ着ス
宮地茂秋ヨリ左ノ手紙ガ来タ

昭和二年九月三日　　宮地茂秋 ㊞

日比義太郎殿

拝啓益御清祥奉賀候　陳者過日知事官邸ニ於テ御打合致候治田村新出願地ノ件ハ其後小森氏トノ御話合等如何相成居候哉　経過委曲折返シ御回報相煩度此段得貴意候　匆々

右手紙ヲ入手シタルニ依リ直チニ小森宛ニテ
アスウカガウ　サシツカエナキヤ　ヒヒ
ト打電ス　小森ガ昨日電話ノ掛ケ放シデ帰エリサエセネバ　此ンナ手数ノ不用ノ筈ナルニ同人ノ行動ニ常ニ迷惑スルナリ　午後五時頃小森ヨリ
アスアサヨリ□□□オマチタノム　コ
ト返電ガ来タ

昭和二年九月五日

午後七時森松次郎宅エ杉浦・伊藤音吉・中島・友長・鈴木久三並ニ余ノ六名集合　県會議員撰擧ノ事ニ関シ意見ノ交換ヲ為ス　十一時頃散會

昭和二年九月六日

午後二時頃九鬼紋七邸ヲ訪問シテ　鳥洲・大池ヲ浅野エ提供スル件ニ関シ　最後ノ決意ヲ求メタルニ紋七ハ
　裁判ノ結審近キニアルヲ以テ其終了次第全部ヲ纏メテ引渡シ度シ
ト云ウ　余ハ
　今日トナリテハ其レモ一策ナラン
ト答エテ分カル
石榑宅ヲ訪問シタルニ石榑ハ
　磯津ノ漁民ハ現在有スル鳥洲漁業権ノ全部ヲ五／六萬円ナラ解決ニ應ズルト云ッテ居ル　度會郡海面ニ飛行機爆弾投下ノ補償トシテ三十万円ヲ陸軍省ガ出シタ前例アルヲ以テ　右金額ニテハ誠ニ安イモノダ　此レ丈ケニ纏メルノニ大骨折ッタ
ト云ウ　余ハ
　一度浅野ニ相談スベシ
ト答エ　石榑ヨリ三重県廰ヨリ諮問ニ對スル塩濱村ノ答申書・評定調書・意見書ヲ受取リ分カル

午後六時頃川島村ノ柳川・桂山ノ使者ガ去ル四日両氏ニ依頼シ置キタル字図ヲ持ッテ来テ呉レタ　一見シタルニ中々丁寧ニ書イテアリ余ハ満足ニ思ッタ

答申書

客月二十七日附土第五一〇四号ヲ以テ本村會ニ諮問相成候本村大字塩濱字鳥洲外二字地先ハ公有水面埋立ノ件九月一日本村会ニ於テ異議無キ旨決議ス

昭和二年九月三日

塩濱村会議長　石榑乗光

知事

意見書

一、第一区ノ埋立ニ関シテハ該海面ヲ特別免許　専用漁業ノ区域ナルヲ以テ漁業上ニ重大ノ関係ヲ有シ該魚場ヨリ年額平均壱万三、四千円ノ漁獲ヲ為シ生活資料ニシテ居ルモノナルヲ以テ該漁業権ノ消滅ハ磯津区民ノ生活ニ甚大ナル影響ヲ及ボスヲ以テ企業者ニ於テ相當ノ報償金ノ支出アリタシ

二、第二区ノ埋立ハ目下九鬼・諸戸ト旭区民ト係争中ノ地並ニ耕地ニ関係ヲ有シ　該問題解決シ埋立ヲ実施スルニ至リテハ何等差支ナキモ　現在ニ於テハ耕地約二百町歩ノ排水用樋管参個アルヲ以テ問題解決スル迄適当ノ方法ヲ以テ現在ノ排水樋管ヲ其儘トナシ埋立ヲ為スモ排水ニ支障ナキ施設アリ度シ

右意見開申候也

昭和二年九月三日

三重郡塩濱村長　石榑乗光

三重県知事　遠藤柳作殿

評定調査

三重郡塩濱村大字塩濱字鳥洲四千五百五十番（濱洲）原野二十五歩ニ付テハ大正十三年一月十七日賣買ナシタル実例アリテ　旧所有者村木弥助外五名ヨリ村木亀松ニ對シ賣渡シタル実價格一坪當リ一円六十戔ナリシモ　現在ニ於ケル賣買相場ハ約二円六／七十戔以上ヲ認ム　賃貸料ニ於テハ現今字鳥洲ニハ無之モ隣地ニ字西改濱洲ヲ賃貸ナシ居ルモノアリ　之ガ賃料ハ一坪當リ一ヶ年金十五戔ノ割合ナリ

本鳥洲ノ隣地ナル字西改ノ土地賣買相場ハ一坪當リ最低二円内外ヨリ最高七円内外ヲ称シ賃貸料ニ於テハ一坪約二合五勺（約九戔）ヨリ七合程度（約二十戔）ヲ最高トス

大字旭村字乾門ノ賃貸料ヲ調査スルニ左ノ如シ

上　一反歩當リ掟米一石一斗ニシテ約三十八円五十戔

中　一反　〃　一石　ニシテ約三十五円戔

下　一反　〃　八斗ニシテ約二十八円

賣買價格ハ四日市市九鬼紋七・桑名町諸戸精太両氏ノ共有ナルヲ以テ賣買ノ事例ナキモ為メニ数字的ニ表ス事能ワザルモ　該大字ニ隣接セル大字馳出並ニ大字塩濱ノ賣買相場ヨリ觀察スレバ　一反歩當リ金六百円内外ノ程度ナラム

仝上字大池ハ全町歩約二十六町ニシテ　排水ノ関係上作ハ小作人ニ對シ例外ヲ以テ之ヲ一ヶ年僅カニ金八百円ヲ以テ賃貸シ居レリ

尤モ該字ハ大字旭村北部ノ要水路ニテ　該小作人以外ニ之ヲ貸與スル場合ハ種々弊害ヲ生ズルハ勿論　延テ作ハ田ニ影響ヲ及ボス結果例外ノ料金ニテ之ヲ田小作人ニ貸付ケセシメ居ルモノナリ

賣買價格ハ前項同断ニシテ九鬼・諸戸ノ両氏買入レ以来未ダ嘗《カツ》テ売却シタルコトナキヲ以テ不明ナリ　然レドモ現在四圍ノ状勢ヨリ推察スレバ一反歩當リ金三百円内外ノ價値アルモノト認メラル

字元沼賃貸料ハ田一反歩當リ上金三十五円　下二十八円程度ニシテ賣買價格ハ之亦確実ナラサルモ　一反歩當リ約金五百円内外ト認ム

字元葭・巽崎ハ地位畧々《ホボ》同一ニシテ其賃貸料ヲ調査スルニ左ノ如シ

上	一反歩	金四十二円
中	〃	金三十八円五十戔
下	〃	金三十五円

賣買價格ハ前各項同様ニシテ賣却ノ実例ナキヲ以テ確的ニ明記スルコト能ワザルモ　客觀的ニ之ヲ看〔観〕察スルトキハ一反當リ金五百五十円ヨリ七百円迠ノモノナランカト思考ス

昭和二年九月七日

午後一時頃市役所エ福林助役ヲ尋ネ今晩上京スル旨話シタルニ福林ハ　在京ノ市長エ電信ヲ打ッテ置キ升ト云ウ

余ハ上京前伊藤傳七氏ニ面會シテ川島村ノ経過ヲ話シ置キ度　二度迠昌栄館エ電話掛ケタルモ　本日ハ四日市エ出張ナク止ムヲ得ズ帰京后詳細報告スル事トスル

午後六時頃石榑ヲ訪問シ漁業権ノ事ニ関シ相談ス　石榑ハ

無理ニ五萬圓ニテ片附ケヨトノ事ナレバ解決付カヌ訳デハアルマイガ　浅野ガ其レ以上出サヌト云ウ事ナレバ跡トノ苦情ハ引受ケ兼ネル　埋立事業ニ着手シタル暁　漁民ヨリ他ノ漁業区域ヲ荒ス等ノ言ヒ草ヲ付ケラレテハ面

白クアルマイ　五萬円ノ外ニ五千円デモ一萬円デモ一萬五千円デモ綺麗ニ奮発シテ呉レルナラ　跡ノ文句ハ一切
　付ケヌ事ニシテ解決シ得ル
ト云ウ　余ハ
　浅野ニ能ク話シテ見ル
ト答エテ分カル　村山清八エ行キ四日市駅構内ノ鉄道線路ノ地図並伊勢鉄ノ構内地図ヲ受取ル　村山ハ餘程心配シテ
出来得ル限リ正確ナルモノヲ作ッテ呉レタノデアル　時間ガ来タカラ駅エ出デ八時四十六分気車ニ乗込ム　雨ガ降ッ
テ来タ

昭和二年九月八日

午前六時半頃品川着　雨ガ降ッテ居ル　煩イナァート思ッタ　省線電車ニ乗替エ大井ノ関君宅エ行ク　関ハ既ニ起キ
テ新聞ヲ読ムデ居ッタ　余ハ
　川島村粘土山ノ件　椿・庄内原石山ノ件　青川原石山ノ件　旭鳥洲漁業権ノ件　九鬼・諸戸鳥洲呈供ニ関スル話
　ニテ上京シタノダ
ト云ウ　関君ハ直チニ良三宅エ電話ヲ掛ケタルニ
　九時ニ會社エ来テ貰ライ度シ　金子モ宮地モ居ルカラ話ヲスルノニ都合ガ能イ
トノ返事ナリ　関ハ此返事ヲ聞イテ二階エ上ッテ来テ余ニ向イ
　親爺ガ九州エ行ッテ居ル　親爺ガ留守ダト直グニ怠ケル　良三ハ未ダ寝テ居ルヨ
ト笑イナガラ云ウ　余ハ塩濱村會ガ県ノ諮問ヲ満場一致ヲ以テ通過セシメタル事ヲ話シ　昨晩石榑ガ余ニ話シタル漁
業権問題ヲ語リタルニ関ハ

五萬円ハ安クナイ　室蘭ハ六十万坪ニ對シ二万五千円ヨリ払ッテ居ラヌ　鶴見ノ安イノハ時代ガ違ウデ別ダガ最近堺ハ坪□十戔ダ小倉ハ二十五万坪ニ對シ十三万円計リダ

ト云ウ　余ハ

五万円ナラ高クナイト思ッテ居ッタガ其ンナ事カナァー　然シ目下問題ニナッテ居ル旭ノ小作人ト漁民ガ結託シテ無理ナ事ヲ言ヒ出ス様ナ事ガアッテハナラヌカラ餘程考エ物ダヨ　僕ガ帰エル迠ニ能ク考エテ置イテ呉レ

ト云ウ　関ハ

今七時半ダ　九時迠ニハ大分アルカラ碁ヲ打トウデハ無イカ

ト碁盤ヲ持チ出ス　余ハ

然ラバ負カシテ遣ルカナ

ト互戰ニテ四回戰ヒタルモ　白ヲ持ッタ方ガ負ケニテ勝負ナシ　九時ニナッタカラ関ノ自動車ニテセメント會社エ向ウ　途中順査ニ自動車ガ二十二哩《マイル》ノ速力ヲ出シテ居ルト云ッテ運転手ガ叱カラレル　規定ハ十六哩以上ノ速力ハ出セヌトノ事ナリ　海上ビルディングニ到着シタルニ　金子・良三・宮地ハ既ニ會議室ニ待ッテ居ッタ　余ハ川島村ノ村図ヲ出シ経過ヲ説明シタル上

十萬坪トノ事デアッタガ実際調ベテ見ルト三十五万坪モアルカラ一度技師ヲ派遣シテ所要坪数並ニ区畫ヲ確定スルヲ要ス　然カル上ニテ値段ノ交渉ニ移ル方順序能シト思ウ

ト述ベタルニ三人ハ余ノ経過説明ニ満足ノ模様ニテ良三・金子ハ

実地調査ニ藤井ト薗川ヲ派遣スル事ニセン　薗川ハ粘土地帯ヲ立會ヒ　藤井ニハ工場地ヲ確定セシムル事ニ仕度イ

ト述べ　直チニ藤井ト薗川ヲ呼ビ寄セル電話ヲ掛ケル　余ハ三人ニ向イ

椿・庄内ノ村図ハ如斯シ如何ニスル哉

ト尋ネタルニ

ドシ〳〵掛ケ合ヒヲ進メテ貰ライ度シ

ト云ウ　余ハ

青川ノ村図ヲ取ッテ上京ノ心組デアッタガ　小森ガ持ッテ来タラザリシ故茲ニお見セスル事ガ能ワザルガ　小森ハ県會議員撰擧后ニ考エル事ニシテ貰ライ度イト云ッテ居ッタ　小森ガ躊躇スルノハ目下小森デハ村ニ對シ　手モ足モ出ス事能ワザル為メナルヤモ知レズ

ト云ヒタルニ宮地ハ

或ハ然カラン

ト云ウ　其時関ハ余ニ向イ

只今電話ニテ市長ト小寺ガ東京駅ニテ君ヲ待ッテ居ルトノ事ダカラ一度行キテハ如何哉

ト云ウ故余ハ関ト二人ニテ自動車ニ乗リ　余一人東京駅エ行ク　二等待合室ニ市長ト伊達ト小寺ト居ル　東京駅二階ノ待合室ニ行キ話スル　市長ハ

堀木ハ昨日ノ急行ニテ帰エッタ　国立肥料検査所ハ見込ガアル　十日ニ商工大臣ガ帰エルカラ其レニ逢ッテ帰エル手順デ居ル　君モ只今ヨリ公然出張ト変更　旅費ハ市役所ヨリ出ス事ニ仕度イ

ト云ウ　余ハ

特別ノ用件デ来タノダカラ僕ハ市役所ヨリ旅費ハ貰ラワヌ事ニ仕度イ　然シ国立肥料検査所ガ見込アルトノ事ナレバ明日其運動ニハ私費生トシテ参加スル

ト答エタル上市長ヲ人ナキ場所ニ誘ヒ　余ガ今回上京シタル用件ヲ逐一話シタル上　八月廿五日御話シ被下シ事ニ関シ浅野ト意見ノ交換ヲ為シ呉レタル哉ヲ尋ネタルニ市長ハ

良三ニモ金子ニモ関ニモ話ヲ致升タ「本人ハ愉快ニ将来ヲ楽シミニ活動シテ居ルガ　将来ハ将来ノ事トシテ現在

ノ事ヲ何ントカシテ遣ラナケレバナラヌ」ト僕ハ心配スルノデアルト話シタノデス　三人共ニ其レハ最モダト云ヒ升タ　何ニカ特別ノ名義ヲ以テ手當テヲ支給スル事ニ仕様カト云ウ様ナ話モアッタガ　僕ハ思ウノニ君ガ何事ヲ依頼サレテモ欣然ト承諾セズニ「其ンナ事ハ出来ヌ」〔ト〕云ウ態度ニ出テ貰ラウ方ガ能クハ無イカト考エル

余ハ心中其ンナ顔付キ態度ハ出来得ルモノデ無イト考エタガ　市長ガ折角親切ニ云ッテ呉レル事デアルシ　去リトテ余ノ性質上不可能ノ事ナルヲ以テ何ントモ答エズ

其レ丈ケ貴下ヨリ三人エお話被下シ事ナレバ其内ニ何ントカ私ニ云ウカモ知レマセンナァー

ト云ヒタルニ市長ハ

或ハ然ラン

ト答ウ　伊達・小寺ノ待ッテ居ル處エ戻ッテ色々話ヲ交換ス　余ハ

勢江鉄道ノ運動経過如何ナリシ哉

ト尋ネタルニ市長ハ

加藤久米四郎ハ藤原鉄道ヲ成効セシメテ　将来政府ニ買上ゲル方便利ナリト云ウ意見ヲ持ッテ居ル　此意見ハ貴下モ同ジデアッテ僕モ又他ノ周囲ノ人間モ皆左様ニ考テ居ルノデアルガ　獨リ井口ノミハ断然政府案デ押通サントシテ居ル

伊達君カラ加藤ハ斯ク云ッテ居ルト井口ニ話タルニ井口ハ反ッテ加藤ヲ怒リ　加藤ノ築港案ニ反對シテ不成効ニ終ラシメント欲スレバ目下ノ僕トシテ充分出来得ルノデアルガ僕ハ其レヲ為サヌノデアル　其レニモ不関僕ノ勢江鉄道運動ニ反對スルトハケシカラント〝加藤〟誠ニ不都合ナ男デアルト云ウ見脈デアルカラ困ッテ居ル

ト云ウ　余ハ

藤原鉄道ハ浅野・小野田・伊藤ノ三者第一回ノ會見ヲ来ル十六日四日市デ実行スル事ニ成ッテ居ル

ト答エタル上市長・伊達・小寺ニ向イ

　僕ハ自動車ガ待ッテ居ル　僕ハ未ダ引續キ用件アルヲ以テ之ニテ失敬スル
ト告ゲ埋立會社エ行ク　関ハ海軍省エ行ッテ不在　山田胖ガ頂度来テ居ッタカラ余ハ持参シタル四日市駅構内伊勢鉄
構内ノ図面ヲ渡ス　其時セメントノ宮地ガ余ニ電話ヲ掛ケテ来テ直グニ来テ呉レト云ウ　山田ト共ニ行キタルニ金
子・宮地・藤井・薗川ガ居リ　藤井・薗川ガ十日九時半気車ニテ東京出立十一日朝桑名着　青川ヲ見テ同日夕方水東
館着　十二日昌栄館ニ於テ傳七氏・柳川川島村長・桂山並ニ余ト會見シタル上　其翌日ヨリ川島村ヲ実地踏査スル事
ト打合セヲ為ス
金子ハ余ニ
　川島村ハ至急話ヲ進メテ呉レ
ト云ウ　藤井・薗川・平井ト余ハ竹葉エ晝食ニ行ク事ニナリ　海上ビルディングノ階下ニテ自動車ヲ待ッテ居ルト頂
度宮地モ他エ食事ニ行クノカ出テ来ル　宮地ハ余ノ顔ヲ見ル哉
　日比君　森篤二郎ニ此附近ノ工場等見セル物ハ大概見セ升タカラ明日頃帰宅セシムル予定デス　用事ガ無ケレバ
遊バシテ置キ升　幸イ阿曽ノ原石山ニ苦情ガ起キテ居ルカラ其方ノ解決ヲ命ジ升タ　将来用事ガアレバ或ハ命令
スルカモ知レマセンガ貴下ガ使用セント思ワル、節ハ何時ニテモ使ッテ下サイ　后刻丸ノ内ホテルエ貴下ヲ訪問
サセ升
ト云ウ　余ハ
　左様デスカ　本人モ私ニ繪端書ヲ寄来シテ非常ニ喜コンデ居ル様デス
ト答エテ分カル　竹葉ニテ晝食ヲ為シタル上余ハ埋立會社エ行ク　加藤ト話シヲシテ居ルト関君帰エリ来タリ余ニ向
イ
　君ハ何處エ行ッタカ
ト云ウ　余ハ

竹葉エ行ッテ居ッタ
ト答エタルニ関ハ
其ンナ處エ行ッテ居ッタノカ　探シテモ不明ノ筈ダ
ト云ウ　余ハ両人ニ
漁業権ノ問題ハ如何ニスル哉　一度関君カ或ハ加藤君ニテモ宣敷シ　四日市エ出張シテ実情ヲ研究ノ上決心シテハ如何哉
ト云ヒタルニ関ハ余ニ向イ
君ガ村長ト話シテ呉レタ結果ガ五万円ト云ウ事デアルカラ　君ガ掛合ッテ呉レタ以上僕等ハ出張ノ必要ヲ認メヌ　僕個人ノ意見トシテハ五万円ヲ承諾シテ此際手附金ノ一割モ渡シテ置ケバ能イト思ウノデアルガ　何分老人ガ九州行キニテ不在ナルヲ以テ獨断ニテ何事モ言ヒ得ヌ
ト云ウ　余ハ
然ラバ十二日老人帰エリ次第電報ニテ知ラシテ呉レル事ニ仕度イ
ト述べ　尚ホ関ニ向イ
僕ハ之レニテ丸ノ内ホテルニ帰エル　明日午后埋立會社エ来ル事ニスル
ト云ヒ丸ノ内ホテルニ入リ休憩シテ居ルト　午後四時頃森篤二郎ガ尋ネテ来ル　森ハお陰デ浪人ガ一変シテセメント會社ノ高級社員トナッタ　お礼申上ゲル　宮地ガ君ヲ訪問セヨトノ事デアッタカラ来タ　高級社員ハ重役列座ノ上ニテ任命セラレルモノデアッテ利益配当モ付ク　僕モ一ヶ月二百円以上ニナル甘イ事ヲシタ　若カモ今度滞在中ノ旅費モ貰エル　旅費貰エルトハ予想シテ居ラナンダ毎日々々各方面視察ニ多忙デアッタ　秩父ノ原石山モ見タガ中々金ヲ掛ケテ居ル　此レニ比較スルト治田ノ山ナドハ只デ貰ラッタ様ナモノダ　横須賀海軍省ヨリ取ッテ居ル粘土山モ見テ来タガ　此レハ受負者ガ只儲ケシテ居

ル様ナモノデ全ク甘イ事ヲシテ居ル　君モ一度秩父ノ山ヲ見タラ如何哉　毎日自動車並ニ気車ノ視察デアルカラ草労《クタビ》レヌ　然カモ案内役ニ高井ト云ウ法學士ガ付イテ呉レル勿体無イ様ナ事ダ　高井ハ君ヲ知ッテ居ルト云ッテ居ッタ
僕ハ任命セラレタ披露ノ為メニ庶務課ノ連中ニコーヒート菓子トヲご馳走シタラ十五円掛カッタ　人数ノ多イニモ驚ク
何分僕ハ君ノ下馬ニナッテ働ケバヨイノデ何ンニモ役目トテハ無イノダカラ宜敷御引廻ヲ頼ム
ト云ウ　余ハ
阿曽ノ苦情解決ヲ言ヒ付ケラレタト云ウデハ無イカ　一番鎗ノ功名ニ工合能ク其苦情ヲ片付ケル事ダ
ト言ヒタルニ森ハ
アノ苦情ハ六ヶ敷イ　浅野ガ信用仕過ギテ金ヲ渡シタ者ガ捨身ニナッテ横ニ寝テ居ルノデアルカラ解決困難ト思ウ
浅野ハ四日市方面ノ粘土山ハ如何スル心算デ居ルノデアロウカ
ト云ウ　余ハ
粘土山ハ今掛合ッテ居ル
ト答エタルニ森ハ
何處ノ地点ナル哉
ト尋ネル　余ハ
二ヶ所許リアル
ト答エテ置イタ　森ハ
夕食ニ工合能キ處ヲ見付ケテ置イタ　呉服町ノ末廣ダ　之レカラ一所ニ行コウデハ無イカ

ト云ウ　余ハ
　腹工合ガ悪ルイカラ夕食ハ見合ス事ニスル　芝居ナラお付合シテモ能シ
ト云ヒタルニ
　然ラバ歌舞伎座エ菊五郎・幸四郎ヲ見ニ行カン
ト云ヒ共ニ出掛ケル　藝題ハ一谷嫩軍記・身替座禅・玄宗ノ心持・隅田川續俤・双面水照月ニテ中々面白カッタ　此芝居ノ費用ハ全部森ガ「僕ニ支拂サセテ呉レ」ト云ヒ承知セズ余ハ止ムヲ得ズ森ニ一任シタ　森ハ帰途丸ノ内ホテル迠自動車ニテ見送ッテ呉レタ　余ハ森ニ向イ
　今夜ハ散財サセタナァー
ト云ヒタルニ森ハ
　浪人ヲ助ケテ貰ラッタノダカラ此位イノ事ハ當然ダヨ
ト答エタ　余ハ思ッタ　森ガ浅野ニ持テルノハ一図〔一途〕ニ遠藤知事ノお蔭デアル　本日森ノ態度カラ考エルト一寸調子ニ乗リ過ギテ居ル如ク感ゼラル、ガ　将来永キ月日ノ間ニ於テ浅野ヨリ愛憎ヲ盡カサル、如キ事アリハセズ哉　彼ハ萬事派手好キニテ口先ノミ調子能ケレド頭脳極メテ散漫ナル人物故仕事ガ確実ニ尻ガ結バレテ行ク筈ハ無イト考エルカラデアル　且中々横着気ヲ持ッテ居ルカラ一段ト此点ヲ杞憂スルノデアル　此等ノ心配ガ后日ニ至タリ取越苦労デアッタト云ウ事ニナレバ森篤二郎ノ為メ此レニ越シタ幸イハ無イノデアル

昭和二年九月九日

午前九時伊達・小寺丸ノ内ホテルエ来ル　三人ニテ農林省エ国立肥料検査所ノ運動ニ行ク　技師ノ岡出幸生ハ予算ニハ組ンデアルガ何處エ設置スル哉ハ未ダ決定シテ居ラヌ

ト云ウ　余ハ
四日市ニ置カル、見込ミハ有升？
ト尋ネタルニ岡出ハ
私共ノ口カラ何ントモお答エスル事出来マセン
ト答ウ　三人ハ田中経理課長ニ逢ウ　田中ハ
私共ハ技師部ノ方ニ属スルカラ設置セラル、場所ガ何處ニナル哉ハ関與セヌ次第デスガ御運動ハ必要デショウ
ト云ウ　岡出幸生ハ四日市郵便局長ヲシテ居ッタ岡出寅藏ノ一人置イテノ弟故余トハ懇意デアルベキ間柄ナリ　岡出ハ東京市外大嵜町谷山二三七ト云ウ名刺ヲ渡シ是非一度立寄ッテ頂キ度シト云ッテ居ッタ
都市計畫會事務所ニ阿南ト話ヲシテ市長ヲ待ッテ居ルト　三十分程シテ戸野市長来タリ　余ニ私語シテ曰ク
只今金子ニ逢ッテ来タ　金子ガ云ウニハ日比君ヲ埋立會社ノ重役ニスル事ハ承知シテ居ル　実ハ常務ニ擬シテ居ルノデアル　四日市ニ起スセメント會社ヲ浅野分工場トスル哉或ハ獨立ノ會社ニスル哉ハ只今ノ處未ダ決定シテ居ラヌ　獨立ノ會社ト為シタル場合　日比君ノ重役タル事ハ容易ナルガ浅野ノ分工場トシタ場合ハ或ハ六ヶ敷イカモ知レヌ　其場合ト雖モ日比君ニ重要ナル位置ニ就イテ貰ラウ心組デ居ルト云ッテ居ッタ
森篤二郎ハ餘リ評判ハ能イ方デ無イ模様デシタ
ト云ウ　市長・伊達・小寺・阿南ト余ハ東洋軒エ晝食ニ行キ此處ニテ一同解散　余ト市長トハ埋立會社エ行ク　関ハ居ラズ加藤ト話シテ居ルト関ガ帰エッテ来タ　市長ト関ハ應接室エ入ッタ　余ハ加藤ト漁業権ニ関スル研究ヲ為ス漸クスルト関ト市長ハ應接室ヨリ出テ来テ　市長ハ余ニ向イ
日比サン帰エリマショウ　丸ノ内ホテルエ寄リマショウ
ト云ウ　余ハ関ニ向イ
僕ハ今夜ノ気車ニテ帰エル　鳥洲ノ漁業権問題ハ帰エッテ尚ホ一應石榑村長ト懇談シテ見ル事ニスルカラ　君ハ

社長ノ帰エリ次第意見ヲ決定シテ電報ニテ返事シテ呉レ
ト云ッテ市長ト共ニ丸ノ内ホテルエ帰エル　市長ハ余ニ向イ
関ハ徹底シタ事ヲ云ッテ居ッタ　関ガ云ウノニ　日比君ガ埋立ニ骨折ッテ呉レタノハ四日市ノ市参事會員ト云ウ
公人デアルカラ埋立會社ガ成立シタ暁ハ兎ニ角　只今ノ處デハ色々心配シテ反ッテ日比君モ迷惑シ浅野モ迷惑ス
ル様ナ噂サヲ立テラレテモ困ルガ　セメントノ問題ハ全ク日比君ノ個人ノ資格ニテ骨折ッテ呉レテ此處迠進ンダ
事デアルカラ　誰ニ憚ル事ハ無イカラ此方デ何ントカ考エテ見度イト思ッテ居ル　良三ヨリモ「日比君ノ事ニ関
シ何ントカ考案ヲ立テ、見ヨ」ト命令ヲ受ケテ居ルノデアル　日比君ノ事ニ関シテハ　常々私カニ何ントカセネ
バナラヌト私モ心配シテ居ッタ事デアルカラ　昨日日比君ニ逢ッタトキ直接聞イテ見ントカ思ッタガ　餘リ不躾
ニ當ッテモイカヌト考エ差扣エタ次第デアル
右方針ヲ根拠トシテ立案ヲ為シ　十二日社長帰エリ次第相談ノ上決定セント思ッテ居ル　日比君ニ後顧ノ憂ナキ
様ニシテ活動シテ貰ライ度イモノダ
森篤二郎ハアーシテ置ク丈ケデアル　遠藤知事ガ転任スル迠ノ寿命ダロウ　遠藤知事ガ転任シタト云ッテ直グニ
首切ルト云ウ薄情ナ事モ出来マイガ　先ハ其辺ノモノデス　ト云ッテ居ッタガ中々君ノ事ニ関シテハ関ハ心配シ
テ居リ升ヨ
金子モ日比君ハ頭脳モ能イシ思慮周蜜ニシテ細カイ處エ気ガ付クト賞賛シテ居ッタガ　何レノ方面ノ評判ヲ聞イ
テモ非常ニ能イカラ結構デス
ト云ウ　余ハ
色々ト御面倒ヲ掛ケテ済ミマセヌ　私ノ現在ハ貴下御承知ノ通ナリ何分宜敷願升
ト答エタ　暫ク雑談シテ居ルト関ガ訪問シテ来テ市長ニ向イ
先刻良三カラ電話ヲ以テ日比君ノ事ニ関シテ立案出来タカト尋ネテ来升タカラお伺イシタ次第デス

ト云ウ　余ハ関ニ向イ
只今市長ヨリ皆サンガ色々御心配シテ居ッテ被下《クダサル》ト云ウ事ヲ聞キ升タ
私ハ一向間ニ合ワヌ人間デスガ　正直ニ一生懸命ニ働ライテ来タ事丈ケハ自ラ信ジテ居ル
ト云ヒタルニ関ハ
今更君ガ其ンナ事ヲ言ワヌデモ我々一同ハ逐一能ク諒解シテ居ル　君ノ人物性質ハ充二分知ッテ居ルツモリダ
昨日君ガ川島村粘土山ノ交渉経過ヲ金子・良三ニ報告シタトキ　金子ハ君ノ説明ニ多大ノ満足ヲシテ居ッタ様ダ
僕ハ側ラニ聞イテ居リ　金子ノ模様ヲ眺メテ居ッテ正ニ左様感ジタノデアル
ト云ウ　余ハ
船ハ帆任カセ帆ハ風任カセト云ウ歌ガアル　僕ノ一身上ノ事ニ関シテハ御両人君ニ一任スルカラ宣敷取計ラッテ貰ライ度イ
ト述ベタルニ関ハ
會社ガ出来上ッテ利益ガドシ〳〵生マレテ来ルト云ウ域ニ達スレバ如何様トモ君ガ満足スル様ニ取計ライ得レド今日デハ今少シ我慢ヲシテ居ッテ貰ラワナクテハナラヌ　又浅野ノ老人ハ決シテ忘恩ナ人間デ無イ　然カシ此人間ハ到底駄目ナ奴ダト云ウ事ニナルト待遇ハ悪ルクナル　浅野ニ同ジク十年勤務シテモ其會社ガ利益ヲ擧ゲヌ擧ゲルデ大ナル差ガアッテ其間大ナル懸隔ヲ生ジテ居ル状況デアル　アンナニ永ク勤務シテ居リナガラ気ノ毒ダト思ウ程ノ人間モアルガ其レハ何共致方ガ無イ
ト云ウ　余ハ
君ハ実ニ甘イ事ヲシテ居ル　大學ヲ出ル哉直チニ埋立會社ニ入リ　其會社ノ成績ガ折レテ曲ッテ曲ッテ折レルト云ウ程ノ利益ヲ擧ゲテ居ルノダカラ幸運此上ナシ
ト云ウ　市長ハ関ニ向イ

貴下ハ大學ハ何番デ卒業サレタル哉
ト尋ネル　関ハ
私ハ一番デ卒業致升タ　山田胖ハ五番ノ卒業デスガ卒業論文丈ケカラ云ッタラ山田ハ確カニ一番ノ秀才タル資格
ガアリ升　同人ハ一年二年ト成績ガ悪ルク三年デウント勉強シタノデス　大學ノ卒業席次ハ一年二年三年ト卒業
論文ヲ加エ其レヲ四ツニ割ッタモノデ定メラレルノデスカラ三年生丈ケデ勉強シテモ駄目デス　山田ハ既ニ三回
洋行シテ居リ升　水力電気ノ技術ニ掛ケテハヲーソリチーデス
ト云ウ　市長ハ
私モ一番デ學校ハブッ通シタガ高等師範ノ一番デハ何ンニモナラヌ
ト笑ラウ　関ハ
今晩私ハ義弟ノ年回ニテ失敬スルガ　加藤ヲ夕食ニ新橋ノ筑紫ニお供サセ度イ
ト云ウ　余ハホテルノ支払ヲ為シ一同ト出掛ケル　筑紫ハ鯛茶ヲ以テ有名ナル由　一寸摩張《サッパリ》シテ居ッテ能イ料理ダト
思ッタ　午後七時半頃筑紫ヲ出デ　市長ハ自動車ニテ帰エリ加藤ハ省線電車ニテ大森エ帰エル　余ハ九時半迠ニハ
少々時間ガアルヲ以テ銀座ノ夜店ヲブラ付キ東京駅ニ出ル

昭和二年九月十日

午前八時四日市駅着　杉浦宅エ立寄リタルニ杉浦ハ
御留守中鈴木善策ガ立候補ヲモヤツイテ　森モ心配シテ貴下ヲ待ッテ居リ升
ト云ウ　皇后陛下内親王御降誕　九時カラ臨時市會ガ開カレル由ニ付キ私服着替エテ出席ス　市長上京中ノ事トテ福
林助役ガ挨拶シタ　祝賀ノ電報ヲ決議閉會

新町ニテ頂度工合克ク川島村長ノ柳川元太郎ニ出逢ッタカラ　十二日昌栄館エ桂山同道来テ呉レ　浅野ヨリ技師ガ来ルカラ踏査方法ヲ研究仕度イトノ依頼ス
午後二時ヨリ森松次郎宅エ友長・鈴久・中島・杉浦・杉原・伊藤音吉並ニ余集合　県議ノ件ニ相談ヲ為シ十時散會
右散會后石榑ヲ訪問シ
　磯津漁業権ノ事ニ関シ東京ニテ浅野ニ相談シテ今朝帰エリタルガ　君ガ跡トノ苦情ハ引受ケラレヌト云ウ五万円デサエ問題ニナラヌ程高イ　浅野ガ他地方ニテ埋メ立テニ関係シテ居ル例ハ

大阪府下　三宝埋立			
面積		補償額	
380,000坪		15,000円	大正十五年七月十一日
追加　150,000坪	免許ノトキ支払ウ約束		
室蘭埋立			
500,000坪	契約ノトキ僅丈支払済	25,000円	昭和二年八月廿三日
(此分本当ノ漁業権丈ハ¥4,500円ナルガ入漁権利買収等ニテ斯クナリタルナリ)			
小倉埋立			
260,000坪		96,000円	浅野支払額
		100,000円	小倉市支払額

右ノ如クニシテ何レニ比較シテモ比例ガ取レヌ故相談ニ應ズル訳ニ行カヌトノ事ナリ如何スル哉ト尋ネタルニ石榑ハ

其レデハ放任シテ置クヨリ致方ナキ次第ナリ　去リトテ放任シテ旭ノ二ノ舞ヲ演ジテモ困ルカラ　明日磯津漁業組合ノ理事幹事ヲ呼ビ寄セ相談シテ見ル事ニスル

ト云ウ　余ハ

其相談ノ結果要求額ガウント減少スル様ナレバ今一度浅野ニ相談シテ見テモ能イガ少シ位ノ減額ナレバ到底見込ミナシ

ト一撃ヲ與エテ十一時頃分カル

昭和二年九月十一日

午前十一時頃石榑宅ニテ磯津漁業組合ノ

理事長　　森　　新八
理事　　今村宗二郎
監事　　石田　豊松
会計主任　　中道　忠藏

ト會見ス　余ハ四名ニ向イ

石榑君ガ漁業権ハ五万円ニテハ甚ダ安イト云ッタカラ上京シテ浅野ニ相談シテ見タル處　法外ニ高イト云ウ反對ナ事ヲ具体的事実ヲ根拠トシテ説明セラレ　反ス言葉ナク帰エッタ次第ダ　君等モ眞剣ノ事ヲ言ッテ呉レナクテハ困ル

浅野ガ埋立ノ出願シテ居ルハ鳥洲・湾内モアルガ　馬起・掖済會前ノ坪数ガ多イノデアル　君等ガ誠意ヲ示メサズ高イ事ヲ主張シテ居レバ浅野ハ短気ダカラ馬起ノ方エ仕事ノ腰ヲ据エテ仕舞ウゾ

ト言ヒタルニ石榑・森ハ

最初仲間ガ集會シタルトキハ十萬円要求シテ呉レト擾イダ程デアルノヲ漸ク五／六万円ト云ウ處迄骨折ッテ纏メタノデアッテ　決シテ高クナイ事ヲ確信スル

ト主張スル

日比　其レデハ鳥洲ノ埋立ヲ思イ切リ　馬起ヨリ始メル事ニスルヨリ致方ナシ

森　折角県ノ諮問案迄満場一致ニテ通過シテ居ル事業ヲ漁業権ノ問題デ吾等ガ邪魔シタト云ワレ度ク無イ

日比　然ラバ之レ以下ナラ浅野ガ逃ゲテモ遺憾ナシト云ウ眞剣ノ決着ヲ聞カシテ呉レ　僕ガ相當ト考エタラ今一應浅野エ照會シテ見テモ宜敷シ

石榑　浅野ガ之レナラ承諾スルナラント貴下ガ想像セラル、額ヲ洩シテ呉レ

日比　餘リニ懸隔アリ一寸お話致難シ

森ハ其時今村・石田・中道ニ向イ

日比サンノお言葉ノ模様ヨリ察スレバ　吾等ガ漁業権ノ金高ヲ云々シテ此仕事ヲ逃ガスガ如キハ絶對ニ慎マネバナラヌ様ナリ　一同二階ニ昇リ日比サンニ一寸待ッテ居ッテ貰ラッテ最後ノ決心ヲ相談シタラ如何哉

ト云ヒ　一同ハ余ヲ残シテ二階座敷エ行ク　三十分斗《バカ》リシテ石榑降リテ来テ余ニ向イ

二階ニテ相談ノ結果三万円ト定メタ　村ハ五万円デ無ケレバ下々ガ治マラヌカラ　不足二万円ハ組合ノ積立金ヨリ年々償却スル策ヲ取ッタ（磯津漁獲合計高ノ一割ヲ問屋組合ニ於テ年々積立テ、行ク　一ヶ年二十萬円位ノ漁獲アル故年々二万円位宛積立ガ出来テ行クノデアル）磯津ノ濱ノ千坪ノ埋立ハ許可ノ下ガル様ニ村デ奔走手順スルカラ　浅野名義デ許可ヲ受ケ実費ニテ遣ッテ貰ライ度イ　道路ヲ普シン仕度イカラセメント百五十樽斗リ寄附シテ貰ライ度イ　此條件ニテ一度浅野エ電報ヲ打ッテ呉レヌカ此以上犠牲的性心ノ発揮致シ様ナシ　僕ハ村長トシテ旭問題ノ解決ニ失敗シタ　又々此問題ヲ纏メル事出来ヌトアッテハ面目ナイカラ　是非結着ヲ付ケ度イト思

ウ　此解決ヲ付ケタヲ機會ニ　村長ヲ辞職センカトモ思ッテ居ル　村長程損ノ行ク役ハ無イ
ト云ウ　余ハ
　他ノ條件ハ問題デ無イト思ウガ　僕ハ二万円以上デハ電信ヲ打ッタ處デ駄目ダト考ウ
ト述ベタルニ
石榑　其ンナ事ヲ言ワズニ照會シテ呉レタラ如何哉　此決心ヲ固ムル迠ニ理事達ハ組合員ガ承諾セザリシトキハ断然
　職ヲ辞スル事ヲ申合セタ位ダカラ一生懸命ダ
日比　三万円迠決心シテ呉レタノナラモー一万円ダ　モー一度二階デ相談シテ来テ呉レ
石榑二階エ行キ三十分程経過シテ今度ハ余ニ二階エ来テ呉レト云ッテ来タ　余ガ行キタルニ一同ハ
大決心ニテ三萬円迠乗出シタレド此レ以上ハ取斗《トリハカ》ライ出来ヌ　組合ノ大集會ヲ召集　相談ノ上デ返事スルカラ一
　両日待ッテ貰ライ度イ
日比　其ンナ度胸ノ無イ事デ大事業ハ成立タヌヨ　今一万円ノ取斗ライ位ハ諸君デ決行シテ呉レタラ如何哉
森　　僕等ノ取分ハ無シデモ能イト思ッテ居ルガ　組合ガ治ラヌ様ニナッテハ困ルカラ総代丈ケニデモ相談スル餘地
　ヲ與エテ呉レラレ度シ
　総代ハ八名ニテ
　　石田　由藏　村木五郎吉
　　永田新太郎　石田　常吉
　　石田　寅吉　今村庄兵衛
　　石田忠次郎　今村　末吉
組合員ノ合計ハ二百二十七名　内船持七十二人　船数百三十曳アリ　去ル三日ニ集會シテ第一回ノ相談ニ参加
シタルハ船持内ノ五十九名デアッタ

日比　明日晝迠ニ纏メテ貰ライ度シ　而シテ段々御心配ヲ掛ケタ次第故諸君ヲ浅野ニ引合セ舞ショウ　明晩八時四十
　六分気車ニテ行度シ
一同　上京シテモ宜敷イ
此談判午後四時迠掛カル　余ハ此談判ノ為メ俵孫一氏ノ市参事會員歓迎會ニ出席シ能《アタ》ワザリシ
昌栄館ニテ伊藤傳七氏ト藤原鉄道ニ関シ相談打合ヲ為ス

昭和二年九月十二日

午前九時昌栄館ニ伊藤傳七・柳川元太郎・桂山浅治郎・浅野セメントノ藤井技師部長・薗川馨・　山本薫太郎並ニ余
集合　余ハ各人初對面ニ付キ其レ〴〵照會ノ上川島村粘土山調査方法ヲ打合ス　先ズ最初ハ浅野側丈ケ（三人ニテ）
デ大体ノ見當ヲ付ケテ見ル事トナル
石榑ニ電話ヲ掛ケテ昨日ノ談合ニ基ク磯津集會ノ模様ヲ聞イテ見タラ大体順調ニ進ンデ居ルトノ事ニ付キ　余ハ関君
エ向ケ
　漁民総代ニ會見　漁業権二萬円ニテホヾ定メタ　僕・村長・漁民総代五名ヲ連レ后八時四十六分ニ乗リ明日朝會
　社エ行ク
ト打電シタ
本朝市長帰エリ余ニ電話ヲ掛ケテ来タ　行キタルニ
　君ノ事ハ十二日總一郎帰エリ次第相談ノ上僕ノ手許迠返事シテ来ル事ニナッテ居ル
ト云ウ　夕食ニ牛肉ヲ御馳走ニナッテ帰エル　午後八時四十六分気車ニ石榑・森新八・今村宗二郎・石田豊松ヲ連レ
テ乗込ム　弗々雨降リ掛カル

昭和二年九月十三日

午前七時東京駅着　駅前ニテ朝食ヲ為シ埋立會社エ行キタルモ時間早クドーアガ閉サレアル為メ　一同ヲ二重橋見物ニ案内シタル后チ行キタルニ関君ハ未ダ出勤シ居ラズ　関君ノ机上ニ昨夜余ガ打電シタル電報ガ置イテアル　関君ハ此ノ電報ヲ未ダ見ナイノデアル　直チニ関君宅エ電話ヲ掛ケタルニ「直チニ會社エ行ク」トノ事ナリ　加藤米藏出勤シ来タル　同氏ト雑談シテ居ルト関君来ル　余ハ関・加藤両氏ニ石榑・森・今村・石田ヲ照會シタル上双方ヲ懇談セシメタル結果

一、補償金額二万二千円

二、セメント三百樽ヲ磯津ノ道路工事ニ對シ浅野ガ寄附スル事

三、磯津地先キ埋立スル事アルトキハ　其内壱千坪ヲ浅野ハ磯津ニ對シ埋立実費ニ均《ヒト》シキ價格ニテ提供スル事

右條件ニテ漁業權ノ問題ヲ完全ニ解決スル事ニ相談定マル　関ハ一同ニ向イ

本日浅野社長ハカツボーノ原石山視察ニ出掛ケ不在故　今晩帰京次第相談シタル上　社長ノ裁可ヲ経テ契約ヲ取結ビ度シ

ト云ヒ一同承諾ス　余ハ関ニ向イ

四人ヲ之レヨリ鶴見・川崎ニ案内セント欲ス如何哉

ト云ヒタルニ関君ハ

御同感ナリ

ト答エ　青木廉平ヲ案内役トシテ付ケテ呉レル　直チニ出掛ケル　省線電車ニテ鶴見駅下車　自動車ニテ鶴見クラブ着茲處ニテ晝食ヲ為シタ上埋立事務所エ行キ休憩シ　ランチニ乗リ埋立地一圓ヲ案内シ　サントポンプヲ詳細説明シ

タル上川崎ニ向イ　セメント會社ニ上陸　工場ノ模様見セル　一同ハ埋立・セメント工場ノ規模ノ大ナルニ一驚ヲ喫シタルモノ、如ク森ハ
四日市ニ於テ漁業権交渉ノ際　日比サンガ「磯津漁民ガ高イ事ヲ云ッテ應ゼザレバ浅野ハ馬起濱ノ埋立ニ変更スルゾ」ト云ワレタガ　私ハ県営四日市築港工事ノ状況ヲ能ク知ッテ居リ升カラ　浅野ニ其ンナ大キナ仕事ガ簡単ニ出来ルモノデナイ　日比サンハホラヲ吹イテ私等ヲ驚カスノダト推察シテ居ッタガ　只今鶴見ノ実況ヲ見テ日比サンノ話ハホラ處カ未ダ少サイノデアルト云ウ事ニ気ガ付イタ　鶴見ノ埋立ニ比較スルト四日市築港ハ孫ノ孫ニモ當ル少サナモノデアル
ト云ヒ　石田ハ
只今モ森ト今村トデ内密話ヲシテ居ッタ處デス　私等モ気ヲ替エテ漁業等ハ重ク見ズシテ　日比サンニ頼ンデ浅野ノ事業ガ始マッタラ何ニカニ使ッテ貰ラウ勘考ヲセナケレバナラヌト思イ升
ト云ヒ今村ハ
海ノ中エ能ク此ンナ仕事ガ出来タモノデスナァ　此ンナ有様ヲ見セテ貰ラッタノデ死ンデモ本望ダト思イ升
ト云ッテ居ッタ　川崎駅ニテ青木ニ分カレ余ハ四人ヲ連レ有楽町下車　帝国劇場エ行ク　女優劇ニテ藝題等ハ面白クナカッタガ森・今村・石田共々帝劇ハ始メテノ見物ニテ倚麗ナル事ニ一驚シタ　午後六時頃加藤ト美川ガ来テ　七時頃幕間ニ東京會館ニテ夕食ニ牛肉ノ引キズリヲ為ス　芝居ハ十時半頃終ッタ　加藤ハコーヒーデモ飲ム處エ案内センカト余ニ相談シタガ　余ハモー其レニハ及ブマイ　引連レテ丸ノ内ホテルエ帰ラント答エ　円タクニテ永楽町ニ向フ丸ノ内ホテルニ入リ直チニ入浴シテ四人ト本日ノ事共語リ合ヒタルニ　四人ハ実ニ満足ノ顔持ニテ眞ニ極楽エ来タ様ナ心地ガスルト云ッテ居ッタ　十二時頃寝ニ就ク　本日午前中ハ雨降リナリシガ鶴見・川崎見物中丈ケ天気克ク誠ニ都合ガ能カッタ

昭和二年九月十四日

午前八時頃関君丸ノ内ホテルニ来タリ
　今朝浅野社長ニ相談シタルニ　昨日予メ決定セル通リニテ契約ヲ取結ブ事ニセリ　就テハ午前十一時自動車ニテ
　お迎ニ来ルカラ　社長ニ會見ヲ願イタル上高輪ノ方ニテ晝食ヲ差上ゲ度シ　右御承知願ウ
ト挨拶シテ帰エッテ行ッタ　雨降リニテ外出不可能ニ付キ食堂ニ降リテ朝食ヲ為シ雑談ニ時ヲ費ヤス　十一時ニ加藤
ト美川ガ迎エ来タカラ直チニ出掛ケル　浅野泰治郎邸ニ自動車ガ着ク　社長ハ下痢ヲ起シ伏寝シテ居ル由ニテ本日ノ
會見ハ寝室ニテスルトノ事ナリ　関・余・石榑・今村・石田・森ハ老人ノ寝室ニ入ル　老人ハ蒲団ノ上ニアグラヲカ
キナガラ
　皆サンガ御熱心ニ御心配被下《クダサレ》タト云ウ事デアルカラ　皆サンノお申込通リニテ契約ニ應ジ升　旭ノ小作人共ハ九
　鬼・諸戸ト争ッテ居ルト云ウ事デスガ問題ニナリマセン
ト云ウ　石榑ハ
　話シヲお取定メ願ッタ上ハ誠意ヲ以テ将来ドンナ御便宜デモ計リ升
ト云ヒ　森ハ
　一旦話ガ定マッタ以上ハ　契約書ガ假令《タトイ》無ク共決シテ御心配ハ掛ケマセヌ
ト云ヒ　余ハ老人ニ向イ
　諸君ハ今度貰ラウセメント三百樽ニテ立派ナ道ヲ出掛《デカ》シ　落成シタル節ハお祭リシテ老人ヲ招待スルト云ッテ居
　リマスゼー
ト笑ヒナガラ云ヒタルニ老人ハ満足顔シテ笑ッテ居ッタ　老人ハ
　磯津先ニ千坪ノ地所ガ入用ダト云ウ事ナルガ芝居カ活動写眞場ニデモスルノカ

ト尋ネル　石榑ハ
住宅地ニスルノデス
ト答ウ　調印ヲ終リ契約完全ニ成立シタルニツキ一同ハ辞シテ高輪御殿エ自動車ニテ案内セラル　四人ハ御殿ノ宏大
立派ナルニ一驚ス　晝食ノ馳走ヲ受ケタル后チ四人ハ三越見物ニ行クト云ウ故自動車一臺ニ乗セテ出シテ遣リ　余ハ
関・美川・加藤ト埋立會社エ向ウ　自動車ノ中ニテ関ハ余ニ向イ
甘《ウマ》ク行ッタナァー　代金ハ仕事ニ着手スルトキ支払エバ能シ　此ンナ甘イ事ハ無イ
ト云ウ　余ハ微笑ヲ以テ答エテ置イタ　埋立會社エ山田胖ヲ呼ンデ
昨日君ニ話シタル川島村ヲ鉄道ガ通過スル図面ヲ　拾六日ノ藤原鉄道會議ニ呈出スルノ可否ニ對シ良三氏ハ如何
言ヒタル哉
ト尋ネタルニ山田ハ
小野田ト浅野トノ問題ハ既ニ知事仲裁済ミデアルカラ小野田ガ邪魔スル事モアルマイカラ　アノ儘相談ニ掛ケテ
モ差支アルマイト云ウ返事デアッタ
ト云ウ　余ハ
其ンナ気楽ナ事ヲ言ッテ居ッテ　若シ途中他ニ洩レテ川島村粘土山買収ニ支障ガ起ッテ来タトキ難儀スルノハ僕
ダ　モー一度相談シテ来テハ如何哉
ト云ヒタルニ山田ハ
其レデハモー一度行ッテ来ヨウ
ト答エテ出テ行ッタ　暫ラクノ后チ帰エリ来タリ余ニ向イ
君ノ話通リニシテ来タ　良三ハ鉄道線路ノ変更ヲ跡カラデハ六ヶ敷イモノト考エテ居ッタノデアル
ト云ウ　余ハ

帰泗次第傳七氏ニ傳エ置カン

ト云ヒ山田ハ

明晩出立　明後日四日市着　四日市着次第電話スル何分宜敷

ト云ッテ臨港鉄道會社エ帰エッテ行ッタ　関君ハ余ニ向イ

先達ノ話ナァー

君ヲ浅野同族株式會社ノ嘱託トシテ月々何程カヲ差上ゲル事ニシタ　其金額ニ就イテハ社長病気ノ折柄未ダ相談スル機會ナキニ依リ　其内何ントカ決定仕度イト思ウ　名義ハ右様デアルガ内容ハ埋立トセメント両方ガ出スモノデアル事ハ先達テ話シタ通リデス

君ガ四日市方面ニ於テ使ワル、費用ハ其都度又ハ月末ニ勘定書ヲ送ッテ貰ライ度イ　お支払スル事ニスル　今回ノ如ク上京セラレタル費用モ亦然リ

今度ノ漁業権解決ニ関スルお骨折リニ對シテハ何程カ御礼ヲ差上ゲ度イト思ウ　之ハ后ヨリ郵便ニテお送リスル

ト云ウ　余ハ

左様デスカ

ト簡単ニ答エテ置イタ　午後三時頃丸ノ内ホテルニ帰エル　四時頃石榑外三人ホテルエ帰エッテ来タ　「三越カラ浅草見物ニ行ッタ　暑クテ仕方ガ無イカラ帰エッテ来タノダ」ト云ウ　午後六時頃　関ホテルニ来タリ　余ニ向イ気車ノ時間迠碁ヲ打トウデハ無イカト云ウ　應接室ニ降リ十回戰ヒタルモ五勝五敗ニテ勝負ナシ　互戰ナリ　七時半頃関帰エリタル故余ハ風呂ニ入リホテルノ勘定等ヲ済マシタル上　一同ト東京駅ニ出テ九時半気車ニ乗ル

昭和二年九月十五日

午前八時四日市駅着　四人ト分カレ余ハ直チニ市長ヲ訪問シ　漁業権契約書ヲ見セタル后チ関君ノ話ヲ傳エタルニ市長ハ

漁業権ノ解決ハ何ニヨリ結構デス　県廳ヨリ馬起埋立ノ諮問ガ来テ居リ　昨日参事會ヲ招集シタガ　貴下ガお留守中故此諮問案ハ相談セズニ置キ升タ

関ノ話ハ誠ニ結構ト思イ升　同族會社トハ都合ガ克イデハ無イデスカ　條件ハ私ガ浅野エ話シテ来タ通リデス　月手當ハ多分弐百円デアラウト推測シ升　或ハ今回ノ漁業権解決ノ事等ヨリモット沢山呉レルカモ知レマセンゾ

ト云ウ　余ハ

色々御心配掛ケテ済ミマセヌ

ト礼ヲ述ブ　市長ハ

右ハ生活ノ安定ヲ計ルト云ウ當面ノ問題ノ解決法丈ケニシテ　将来ノ問題ハ別ニ浅野ニ於テ心配スル事ニナッテ居ル

ト云ウ　余ハ

何分宜敷御願致升

ト答エ九時頃辞ス

午後三時ヨリ市参事會開會　正副議長モ列席　市長ヨリ浅野ガ馬起並ニ掖済會前ヲ埋立スル県廳ヨリ四日市市會ニ對スル諮問案ヲ議シ　来ル二十日市會開會ノ事ニ申合ス

鈴木善策来訪　県會議員撰擧ニ関シ

森松次郎ガ當撰後民政黨ニ入ルト云ウ約束ヲ為シ得レバ問題ナキモ　何處迠モ絶對中立ト云ウ事ナレバ民政黨側ニ於テ別ニ候補者ヲ立テ、争ワナケレバナラヌ事トナル

君ガ撰擧長ノ由ヲ聞キタル故円満ニ妥協ノ餘地ナキモノカト思イ相談ニ来タ

ト云ウ　余ハ
森現在ノ状況トシテ當撰後民政黨ニハ入黨不可能ナリ　不可能ナル條件ヲ持ッテ妥協セントシタ處デ円満ナル結果ヲ望ミ難シ　本日君ノ此申込ハ君ガ森ニ對スル宣戰布告ト認メテ宣敷哉
ト念ヲ押シタルニ鈴木ハ
決シテ然ラズ　本日君ニ相談ニ来タ事ハ鳥海ニ内密ニ願度シ　実ハ明日川嵜ガ来テ候補者ヲ相談スル事ニナッテ居ル　決メテ仕舞ウト面倒ナルヲ以テ　幸イ君ガ撰擧長ヲ引受ケラレタト云ウ事故内談ニ来タノデアル　民政黨ガ候補者ヲ立テルトナルト　宮田カ僕ヨリ外ニ無イ　僕ハ君ト争ウノヲ不本意ト思ウノデアル
ト云ウ　余ハ
時ト場合ニ依ッテハ戰ウノモ致方ナキ事アルモ　争ウト云ウ事ハ市會前途ノ為メニ悪ルイカラ其ンナ事ノ無イ様ニシテ貰ライ度イ　結局如何ナル御決心ナル哉
ト尋ネタルニ鈴木ハ
最後ニ森ト鳥海ガモー一度會見スル事ニナッテ居ル由ダカラ　其時ニ海ノモノカ山ノモノカヾ定マルデアラウ　僕ハ立ツ意志ハ毛頭ナキモ　黨ヨリ押サル、事トナルト萬止ムヲ得ヌ事トナルカモ知レヌ
ト答エテ帰エッテ行ッタ　余ハ堀木ヲ尋ネ此事ヲ語リタルニ堀木ハ
鈴木ガ物好キニ止メレバ能イノニナァー　政友會トシテハ民政黨ガ新タニ候補者ヲ出シテ森ト争ウノヲ歓迎スル如何トナレバ勢《イキオイ》ノ然カラシムル處トシテ森ガ政友會ニ接近シテ来ル機會ヲ作ル事ニナルカラデアル
ト云ウ　森宅エ行キ此事ヲ話シタルニ森ハ　只今杉浦ガ宮田ノ宅エ聞キニ行ッテ居ルカラ其内帰エッタラ事情ガ能ク判ルト云ウ　杉浦帰エリ報告シテ曰ク
宮田ハ立候補シテモ勝算ナキモノト観察シテ居ル模様ニテ　一度森ニ逢ッテモヨイト云ッテ居ッタ
ト云ウ　直チニ森ヨリ宮田ニ電話ヲ掛ケテ「人力車ヲ以テ迎イニ遣ルカラ一度来テ呉レヌカ」ト依頼シタルニ直チニ

来タル　森先ズ逢イタル后チ　余ハ其席エ出テ
今度森ノ撰擧長ヲ引受ケタ　噂サニ聞ケバ君カ鈴木ガ民政黨候補者トシテ打ッテ出ルトノ事ヲ聞クガ　此際争ウノハ能クナイト思ウ　円満ニ解決スル様ニ依頼仕度イ如何哉
ト尋ネタルニ宮田ハ
森ヤ君ヲ向ウニ廻シテ争ウ気ハ無イ　只單ニ森君ガ當撰后政友會ニ行クト云ッテ同志ノ者ガ擾グカラ民政黨トシテモ色々心配スルノデアル
ト云ウ　余ハ
僕ガ撰擧長ヲ引受ケルトキニ　森ガ當撰后モ厳正中立デ押通スト云ウ言質ヲ取ッテ居ルノデアルカラ其御心配ハ御無用ダ　此際君ノ立候補ハ適當デ無イト思ウカラ自重シテ呉レ　明日川嵜ガ来テ相談アリタル場合　鈴木モ立タヌ様ニナル様仕向ケテ呉レヌカ　永イ将来ニハ又君ノ無理モ聞ク時代ガアルカモ知レヌ
ト云ヒタルニ
精々貴意ノ通リニスル　然カシ本日此處エ僕ガ来テ　鈴木ヲ押エル様ニスルト云ッテ行ッタ等ノ事ハ言ワズニ置イテ呉レ
ト云ウ　余ハ
其ンナ馬鹿ナ事ヲ言ウモノカ　何分呉々モ頼ンダヨ
ト依頼ス　宮田帰エリタルニ付キ余ハ杉浦ト共ニ帰途ニ就キ　途中杉浦宅ニ立寄ル　杉浦ハ余ニ向イ
森篤二郎ハ貴下ヲ尋ネタル哉　実ハ浅野ニ入社スルニ付キ保証人二名ヲ要シ　一名ハ知事ガ承諾シテ呉レタ　アト一名ヲ君ニ依頼仕度イガ遠慮シテ居ルノデアルト
云ウ　余ハ
勘考シテ置ク

ト返事ス　杉浦ハ
　森ガ東京カラ帰エリ　浅野ノ事業ノ大規模ナルニ一驚スルト同時ニ　貴下ガ浅野ニ信認深キニモ感心シテ居リ升
　タ
ト云ウ　余ハ
　僕ガ之レ丈ケ誠心誠意ヲ以テ活動シテ居ルノニ　若シ浅野ガ僕ヲ信認シテ居ラヌ様ナ事アレバ　其レハ浅野ガ間
　違ッテ居ルト確信スルノデアル　人間ハ正直ニ働ラクニ限ルヨ
ト答エテ置イタ
義平去ル十三日　名古屋市中区吾妻町大須観音堂裏　野垣病院ニ入院シ痔瘻並ニいぼ痔ヲ手術シタガ『経過良好ナリ』
ト本人ヨリ端書ニテ通知シテ来タ　附添人ニお虎婆ヲ付ケテ置イタカラ不自由ハ無イ筈ト思ッテ居ル　本日東京ヨリ
帰途　余ハ病院ヲ見舞ウ心組デアッタガ多用ノ為メ果サヾリシ

昭和二年九月十六日

午前八時頃山田胖ガ水東館ヨリ電話ヲ掛ケテキテ
　只今到着シタ
ト云ウ　中町鶴新方ニ本日ヨリ森松次郎事務所（県議候補）開設ニ付キ一應ノ見廻リヲ為シタル上　十時半頃水東館
エ行キタルニ山田ハ　小野田セメント製造株式會社専務取締役狩野宗三・鉄道技師加茂熊二ト對談中デアッタ　山田
ガ同席セヨト進メル儘ニ列座シテ相談ヲ為ス　小野田側ノ意向ヲ綜合スレバ
　一、立田谷ニ至ル線ハ浅野個人ノ支線ニ仕度シ
　二、四日市築港ニ至ル線ハ別ニ臨港鉄道トシテ経営スベキモノナリ

三、此際藤原鉄道ヲ四日市ヨリ関ヶ原ニ至ル全線（勢江鉄道）トスル方得策ナリ
ト云ウニアルモノ、如シ　余ハ小野田ガ誠意ヲ以テ藤原鉄道ヲ研究相談スル意志アリ哉否ヤニ関シ多大ノ杞憂ヲ抱キ
居タルガ　本日ノ模様ニテハ協調的態度アル事ハ充分認メラレタルニ付キ安心セリ
山田ハ余ニ向イ
関ヨリ手紙ヲ君ニ渡シテ呉ト頼マレテ来タ　関ハ未ダ日比君ニ渡スモノガアルノダガ間ニ合ワヌカラ后日ノ事ニ
スルト云ッテ居ッタヨ
ト云ッテ手紙ヲ渡ス　文面左ノ如シ

九月十五日　　関　毅

日比義太郎様

拝啓
先達御上京中ハ失礼仕候
扨テ貴下エ事務嘱託ノ件ハ九月一日付ニテ浅野同族株式會社ヨリ嘱託ヲ御依頼候
毎月金弐百円也ヲ甚軽少ト存候得共　現在ノ状態過日戸野市長殿御同席ノ節言上致タル通リニ付キ　何卒不悪《アシカラズ》敷
御諒承之程願上候　尚将来ニ於テ成績ヲ擧ゲ相當御報酬ヲ差上ゲ得ル様ニ相成候場合ニテ社長ニモ考エアルベク
小生ニ於テモ御斡旋シ労ヲ厭ハザル心算ニ御座候　又今回漁業組合トノ交渉ニ付キテハ一方ナラザル御骨折リニ
預カリ　御陰ヲ以テ速ヤカニ解決候事深ク感謝仕候　之レニ對シ之亦タ誠ニ軽少ナガラ幾分カノ御礼差上度存候
イシガ　本日山田氏出発迠ニ其手続相済マズ候イシヲ以テ後便ヲ期スベク先ハ不敢取右迠
拝具

午後一時昌栄館エ行キ　明日午後一時半ヨリ藤原鉄道會議ヲ開ク手順故會議室等順備ヲ頼ムト鈴木ニ依頼シ　帰途九鬼紋十郎氏宅ニ立寄リ右関君ノ手紙ヲ見セタルニ同氏ハ

一時金一万円貰ラッタヨリ結構ノ事ト思ウ　秘密ニシテ置ク方宜敷イト考ウ　誰ニモお話セラレザル様ニ仕度シ

ト云ウ　余ハ

他ニ吹聴スベキモノニ非ラズ　市長ニ話スル外　村山君ガ私ノ一身上ノ事ニ関シ色々心配シテ居リ呉ル、ヲ以テ此手紙ヲ見セ度イト思ウ　此外言外セザル心組ナリ

ト述べタルニ九鬼ハ

其程度ニ留メ置カル、事肝要ナリ

ト云ッテ呉レタ

森松次郎撰舉事務所ニ立寄　色々運動員ヲ指図シタル后チ　六時ヨリ山田胖ト共ニ蛭子屋エ牛肉ヲ食ヒニ行ク　山田ハ

小野田ガ藤原鉄道ヲ関ヶ原迠延長スル事ヲ希望スルハ　小野田ノ工場ガ東藤原ニ置カル、ヲ以テ　製品ヲ北陸方面ニ供給スルニ付キ多大ノ利益アルヲ以テナリト考ウ　君ハ然《シ》カ思ワズ哉

ト云ウ　余ハ

其ノ通リナレドモ結局ハ関ヶ原迠延長サルベキ運命ヲ持ッテ居ル鉄道デアルカラ　此際関ヶ原迠出願スベキモノト思ウ　小野田ガ北陸ニ出荷スル利便アレバ　浅野ニハ船積方面並ニ北陸ト反對ノ方面エ出スニ利益アル訳ナリ

ト答ウ　山田ハ

関ハ漁業権ノ解決シタ事ニ関シ㐂ンデ居ッタヨ

ト云ウ　余ハ

誠意ヲ以テ解決ニ臨メバ相當ノ結果ハ得ラレルモノダヨ

ト答ウ　食後世間話ヲ為シタル上山田ハ人力車ニテ水東館ニ帰エル
薗川ヨリ左ノ手紙来タル

昭和二年九月十五日午后八時

日比義太郎殿　　　　　　薗川　馨　㊞

拝啓愈々御清勝奉賀候　引続キ御尽粋ノ段御心労ノ程嘸《サゾ》カシト奉推察候　陳者《ノブレバ》小生儀突然急用ヲ生ジ候侭　北越地方ニ約五日間出向キ申候間　桂山氏ノ粘土区域検証立會ハ其ノ以后ニ於テ願度　此儀御含ミノ程懇願候
尚過日御依頼致候残餘区域ノ村図ハ桂山氏ヨリ入手仕リ　村図トノ実施對照ハ當方ニ於テ約三分ノ一今日迠ニ済マセ候モ仲々ニ六ヶ敷困リ居候
先ハ右御諒承賜度如斯御座候　　匆々

昭和二年九月十七日

午前十一時中町撰舉事務所エ行ク　市内目立チタル個所エ

県會議員候補者
森　松　次　郎
御同情を乞う
撰舉事務長　日比義太郎

ト云ウ立テ看板ヲ三十枚建テル　森松次郎ハ余ニ向イ

昨日川嵜克・鳥海ト會見シタ　川嵜ハ僕ガ中立デ撰擧ニ臨ムノ止ムベカラザルヲ了解シテ居ッタガ　鳥海ハ僕ニ入黨書ヲ渡シテ置イテ呉レト迫ッタ　僕ハ断然謝絶シタ　鳥海ハ現在四日市ニ横ワル大問題ハ政友會ノ手デ一ツモ解決為シ得ナイ又解決セシメナイ考エヲ持ッテ居ル　民政党ノ天下ニナッタラ全部解決スル心組デ居ルト云ッタ故　僕ハ不快ニ思ッタカラ「君ハ市政ヲ何ント思ッテ居ル　君ガ其ンナ考エヲ持ッテ居ル以上何ニヲ相談シタ處デ纏マルモノデ無イ　民政黨ガ候補者ヲ出スナラ出シ給エ　立派ニ戰ワン」ト断乎トシテ言ッテ遣ッタラ川嵜ガマア〳〵ト云ッテ留メタ　鳥海ハ　日比ガ撰擧事務長ヲ引受ケルノナラ此前ノ撰擧ニ行動ヲ共ニシタ関係上自分ニ一應ノ相談アリテ然カルベキモノダ　日比ヲ止メテ代リニ宮田ニ撰擧事務長ヲ遣ラセヨトモ云ッタガ僕ハ謝絶シタ　鳥海ハ民政黨エ引入策ノミヲ講シテ居ル

結局僕ノ中立立候補ヲ黙認スル事　但シ民政黨員ガ治マラナカッタ場合ハ止ムヲ得ヌカラ民政黨ハ候補者ヲ立テル事随意ナリト云ウ事ニテ申合セテ分カレタ　鈴木善策ガ野心アリテ民政黨員ノ間ヲ煽動シテ廻ッテ居ルカラ色々ノ問題ガ起ッテ来ル模様デアル

ト云ウ　余ハ

撰擧ノ事ダカラ其レ位ノ苦情ハ起ッテ来ルノハ當然ダヨ　競争候補者ノ出ヌヨウニ今暫ラク注意セナケレバナラヌ

ト答エ蛭子屋ニテ晝食中ノ山田・市長・堀木・伊達ノ處エ行キ一時半迠雑談シテ昌栄館エ行キ　藤原鉄道第一回會議ヲ開ク　出席者　狩野・加茂・山田・伊藤傳・伊藤平・平田並ニ余ノ七名ナリ　本日ノ會議ニ遠藤知事モ出席ノ筈デアッタガ傳七氏ヨリ「此會議ヲ済マシテカラ県廳エ伺イ升カラ本日ハ四日市エお出デ被下ヌ様ニ」ト断ッタノデアル

一、名義ハ藤原鉄道トスルコト

二、立田谷引込線ハ切リ放ス事（浅野ニテ必要ナレバ別個ニ計畫スル事）

三、関ヶ原迠延長出願スル事（但シ大貝戸以北ハ実際ニ工事セヌ）
四、四日市附近ノ路線ハ浅野セメント工場決定ノ模様ニ依リ多少変更スル事ヲ予メ承認スル事
五、旭埋立地ニ至ル臨港線ハ認メル事
六、資本ハ約六百万円トスル事
七、蒸気・電気併用ニテ計畫ヲ建テル事
八、発起人ハ浅野五名　小野田五名地方即チ伊藤傳七側五名合計十五名トスル事
九、出願ヲ急グ為メ至急其手続ヲ進メル事
十、創立事務所ヲ昌栄館ト定メ発起人総代ヲ伊藤傳七トスル事
十一、浅野・小野田ニ関係ナキ者ノ中ヨリ技師長ヲ物色シ山田・加茂ハ其相談相手トナル事
ヲ議定ス　五時半頃終ル　第一回會議トシテハ餘程順調ニ議事ガ進行シタル訳ナリ　傳七氏ハ濃飛電力ニテ金二戔ナレバ電力ヲ供給シ得ルナラント云ッタ　山田ハ二戔ナレバ石炭ヲ使用スルヨリ電力ヲ用ウル方割方利益ナル旨ヲ云ッテ居ッタ　狩野・加茂帰エリタルニ付キ階下ノ應接室ニ降リテ川島村ノ相談ニ移ル　余ハ山田ニ向イ
良三氏ヨリ僕ニ對スル命令ノ趣キヲ述ベテ呉レ　傳七氏ニモ一所ニ聞イテ貰ラエバ便利ナリ
ト述ベタルニ山田ハ
川島村二万分ノ一ノ地図ヲ出シ　鉛筆ニテ地点ヲ印シ　此處ヲ三万七千五百坪買入レ交渉ヲセヨトノ事デアッタ
ト云ウ　余ハ
只其レ丈ケニテハ不明瞭ナリ　又假令明瞭ナリトモ目下薗川ハ粘土山ノ調査ヲ約三分ノ一ヨリ済マシ居ラザルヲ以テ　此調査全部終了シテ買入ルベキ粘土地域確定ノ其レト一時ニ纏メテ交渉セザレバ不利益ナリ　此旨良三氏ニ傳エラレ度シ
ト述ベタルニ傳七氏ハ

日比君ノ言ウガ如シ
ト余ノ説ニ賛成スル　傳七氏ハ
　此ヨリ四日市駅乗入レ線ノ実施踏査ヲナサン
ト云ウ　傳七・山田・平治郎・平田・余出掛ケテ色々現地ニ付キ研究ヲ為シタル上　西駅ニテ傳七・平治郎・平田ト
分カレ　余ハ山田ト松茂本店エタ食ニ行ク　山田ハ余ニ向イ
　先刻加茂ハ僕ニ二三日滞在シテ願書ヲ作製シテハ如何哉ト云ッタガ　僕ハ良三氏ニ今日ノ事ヲ複命シテカラ更ラ
ニ良三氏ノ意見ヲ聞キ　其指図ヲ待タナケレバナラヌノダカラ断ッタノデアル
ト云ウ　余ハ
　其レデ能イデハ無イカ
ト答ウ　八時四十六分気車ニ乗ルベク山田ハ松茂ヲ人力車ニテ出ル　其時市長ガ余ヲ探シテ居ルト云ウ事ヲ聞キ大正
館エ行キタルニ
　遠藤知事・田中土木課長・戸野市長・堀木・森・伊達・宮田・渡辺築港所長
ガ居リ　一同ハ聲ヲ揃エ余ニ向イ
　一体何處エ行ッテ居ッタノダ　幾度電話デ探シタ事カ知レヌ　大キナ男ガ失エタト云ッテ居ッタ處ダ
ト笑イナガラ云ウ　田中土木課長ハ余ニ向イ
　オイ日比　磯津ヲ甘ク遣ッタナッ
ト云ウ　余ハ遠藤知事ノ處エ行キ
　本日ノ藤原鉄道第一回ノ會議ハ順調ニ進ミ升タ
述ベタルニ
知事　其レハ能カッタ　粘土山ハ如何シタ

日比　目下奔走中デス　必ズ纏メル決心デス
知事　工合能ク遣ッテ呉レ　青川ノ方ハ如何シタ
日比　小森ニ村図ヲ作ッテ来イト云ッテアルノデスガ　其村図サエ送ッテ来升セヌ
知事　小森ガ横着ナ心ヲ持ッテ居ルノデハ無イカナ
日比　私モ左様想像シテ居升　目下県會議員撰擧中デ　人ノ気ガ立ッテ居ルカラ治田村エ行ク事モ出来ヌガ　若シ小森ガ一ト芝居打ツト云ウ様ナ横着心ヲ抱イテ居ルノナラ私モ其レニ對抗スル策戰ヲ為シ　徹底的ニ活動シテ見ル心組デス　小森如キノ小策ニ邪魔セラレテ居ル訳ニハ行キ升セヌ
知事　其レハ能イ考エダ　明日出口久ニ出テ来イト命令シテアル
日比　其レハ能イ事デス　出口村長ニ能ク聞イテ見テ下サイ
遠藤知事・田中土木課長ハ十時頃自動車ニテ帰エッテ行ッタ　森篤二郎ハ余ニ向イ「僕ハ一寸見送ッテ来ル」ト挨拶シテ知事ノ自動車エ乗込ムデ行ッタ　余ハ堀木ト伊達ニ向イ
先刻市長ハ蛭子屋ニ於テ三男良雄ノ結婚ノ為メニ二十一日上京スルト云ッタ　正副議長・参事會員ニテ一名金拾円宛出金シテ祝品ヲ送リテハ如何哉
ト相談シタルニ堀木ハ
賛成ナリ
ト答エ　伊達ハ
僕ガ全部ヲ纏メテ　息子ノ美喜雄ニ祝品ヲ持タシテ遣ル事ニ仕様?
ト云ウ　余ハ
其レデハ君ニ確カト頼ンダゾ
ト依頼シ伊達引受ク　十一時頃帰エル　蓮池ガ電話ニテ

明日午前九時紋七ガ逢度イト云ッテ居ルカラ来テ呉レト云ッテ来ル

セメント三百樽　磯津道路改修に淺野より寄附

淺野企業問題が關係者の熱誠ある勢力に依り急轉し頗る有望となつた事は四日市としても非常に喜ばしい事であるが三重郡鹽濱村にても昨今頓に活氣を帶び來り先日村長等と上京したる磯津漁業組合の幹部が該方面の道路を改修したき旨語れるに對し淺野側にても大に賛し即座に改修用としてセメント大樽三百樽を寄附したる由にて磯津區民は此のセメント樽が着すれば到底荷車にては僅かに二樽より載らず搬入に多大の車輛を要するを以て鹽濱地内を總出でお木曳同然に挽込みコンクリートの最新式大道路に改修せんと意氣込み居れりと

実業新報　昭和2年9月18日

陣容既に成る四日市の森氏愈立候補す
先づ事務所は中町に設け　選擧事務長等決定

今回の本縣會議員總選擧に際し既に立候補の意志ある事を聲明したる現議員森松次郎氏は嚴正中立を以て起つ事に決心し十二日本縣告示と共に保證金貳百圓を四日市區裁判所供託局に納入し十三日には日比義太郎氏を選擧事務長として四日市警察署に正式届出で茲に公認候補者としての名乘りを揚ぐるに至つたが其の他事務長から指名する選擧委員としては鈴木久三、伊藤音吉、中島藤四郎、伊藤長次郎、杉原吉松、千種繁三、保位愛之助、杉浦國吉の諸氏又選擧事務員としては磯田瀧次郎氏が何れも十五日届出でられ十六日から

中町鶴新即ち安達新七方に選擧事務所を設けて堂々森選擧事務所の看板が掲げられた續いて市中にも夫々各方面に立看板を出したが兩三日中には立候補の宣言書を七千餘名の有權者に配附する筈で今後の形勢に依りては法規の許さる範

実業新報　昭和2年9月18日

園として更に一ヶ所事務所を増設し選擧陣勢を張り選擧委員及び事務員をも増員する事になつて居ると云ふ尚ほ四日市にては森氏以外現在の所未だ何人も名乗を揚げず極めて平靜の狀態であるが民政派政友派ともに現はれては居ないが相當に物色はされて居る模様あり其他坂義一氏亦た話頭に上つて居るから何れ二十日過ぎになれば競争者現はるや否や孰れかに決定するだらう

実業新報　昭和2年9月18日

急轉直下の淺野問題　三方面の大埋立
磯津漁民の率直な犠牲精神　港頭の面目を一變せん

幾多の期待が裏切られて一時は吾れ人共に少からず失望せしめた淺野問題に絡まる暗礁は局面轉換して鹽濱村旭區の買收打切りと共に急轉直下した眞に急轉直下の狀勢を呈し鹽濱村磯津の鳥洲地先海面埋立に急速度で變轉作用を起し本縣知事の地元諮問となり之に對し全村一致で賛成承認の答申となりて愈々有望に進んだ今は唯其の認可指令を待つのみとなつて居るが淺野側即ち出願人の東京灣埋立會社の計畫は此の海面埋立たる磯津方面のみではない即ち第一區から第四區までの四方面で鳥洲地先は第一區第二區に分ち合計十六萬餘坪で之を工場地帶として高級セメント工場を設置し他に第三區としては四日市の稻葉町海岸なる突堤の北方即ち寅高地先の海員掖濟會前を五萬三千百九十三坪五合埋立て更に第四區として午起海岸の加藤新田と稱せらる十七萬三千六百五十三坪の海面埋立てを施行する事になつて居るので是等の公有水面埋立は本縣知事に出願申請した結果知事も旭區の問題で事業計畫の頓挫を四日市港の爲め非常に遺憾として居る事とて爾來急速に審議を重ね本縣としての方針を一定し先ず第一着に既報の如く鹽濱村へ諮問を發した次第で之に對しては同村民に寸毫の異議なく承認の答申をなしたが同村にては之を答申すると共に去る十二日石榑村長は磯津の漁業組合理事一名と幹事二名とを伴ひ日比義太郎氏と同道で上京し淺野の幹部と會見したるに磯津漁民等の態度極めて率直恬淡にし

て忽ち交渉成立し漁業権の如きは無條件にて提供し之が處置は總て淺野に一任すると云う宏量を示したので淺野側も非常に喜び双方談笑の間に契約成り大進轉を見るに至つた故に該方面の起工を見るも遠からざるべきが一面縣第三區第四區埋立に關して四日市市に諮問し來たので是亦大体市として異議なきことは明かであるが市は別項の如く來る二十日市會を開き咨申する事になつて居る而して淺野の計畫に據れば此の方面の埋立地は主として掖濟會前を倉庫地帯となし午起方面は三瀧川尻に突堤を築き海面の水深を掘下げ錨地を設け船舶の碇繋に便ならしめ陸上は物品貯藏所及び上屋等を建設する敷地たらしむるにある由なれば是等の埋立と共に海水浴場としての午起に代つて一大工場地帯が現出し四日市港頭の面目は全く一變するの盛觀を呈するだろう

昭和二年九月十八日

午前九時九鬼紋七氏ヲ訪問　蓮池同席　余ハ過日来ノ状況ヲ話シタル上

此際旭小作問題ヲ一気呵成ニ解決セザレバ癌トナリ到底取纏メ困難ナル状態ニ墜ラン　御努力可然シト述ベタルニ紋七氏ハ　余ノ経過報告ニ對シ非常ノ満足ヲ覺エタル顔付ニテ

其レデ能イ〳〵工合克ク片付ケ度イモノダ

ト云ヒ蓮池ハ

津地方裁判所ヨリ忌避ノ理由立タズトシテ却下サレテ来タ　山寄弁護士ガ即時抗告ヲ為サヾル限リ　数日中ニ四日市裁判所ニ於テ引續キ裁判續行セラル、手順ナリ　小川ニ對シ刑事訟訴ヲ起スト能イノデアルガ　大喜多ガ賛成セヌ　坂弁護士ハ起セト云ウ意見デアル

ト云ウ　余ハ蓮池ニ向イ
僕モ坂弁護士説ニ賛成ナリ　裁判ニ於テ徹底的ニ勝ッテ置カヌト有利ナル妥協ハ出来ヌ
ト答ウ　戸野市長ヲ訪問シ　関君ヨリ来タリタル手紙ヲ見セタル上
色々御配慮ヲ煩シ御礼申ス
ト述ベタルニ市長ハ
月手當テ金弐百円トハ私ノ浅野エ話シタノガ少ナ過ギタカモ知レヌガ　何分将来ノ楽シミ希望ガ第一ニテ　又其レガ大キイノデアルカラ其御心組ニ願度シ　弐百円ノ月給ハ四日市助役ノ給料ニモ均シキモノ故決シテ此ンナモノヲ眼中ニ置イテ頂イテハイケマセヌ　将来々々ト云ウ事ニ重キヲ置キ過ギテ　現在ノ處置ニ薄過ギタ嫌イハアルガ不悪敷御了承願升
ト云ウ　余ハ
日々ノ尻ノ下サエ拭ケテ行ケバ　層一層後顧ノ憂ナク諸種ノ問題ニ献身的努力ヲ為シ得ル次第ニテ　之レニテ結構ト思イ升　私ノ努力ガ尚ホ一層浅野ニ徹底シテ行ケバ又何ントカスルデショウ
ト云ヒタルニ市長ハ
其通リデス　旅費並ニ當地ニ於テ活動ノ為メ費サレタル金額ハ浅野ニ於テ支出スル約束デスカラ　ドシ〳〵遠慮ナク請求シテ遣ッテ下サイ
ト云ウ　余ハ
月々金弐百円来レバ　其レガ別段損ノ行カザル限リ少々費用ヲ使ッタ處デガツ〳〵請求セナクトモ能イ訳デス
ト述ベタルニ市長ハ
其ンナ事ハ無イ　規定ニ従イ先方ハ出スノデアルカラ決シテ御遠慮ニハ及ビマスマイ
ト云ウ　二時頃辞シ森撰擧事務所エ行ク　森ハ尾崎行雄ハ三重県エ来タ由ナルヲ以テ　弁士ニ頼ム事出来タト云ウ

相談ノ上永田秀次郎ヲ撰定シ　戸野市長ニ依頼シテ高橋諸司ト云ウ人ニ三紙ヲ出シテ貰ライ永田氏周旋方ヲ頼ム
本日神海組エ寄ッタラ　松井ガパルプ二千八百二十屯ノ荷役ヲ引受ケタト云ウ　明日入船ノ由　一屯十戔位ノ利益アル（手数料）心組ダト松井ガ算盤ヲ持ッテ説明スル　余ハ松井ニ向イ　此種ノ品物ヲ取扱ウ事ハ至極結構ニ付キ此上努力可然シ　然レドモ餘リ口戔即チ手数料ノ薄イ仕事ハ顧慮セナケレバナラヌト注意ス
関君ヨリ書留メニテ左ノ手紙到着ス

昭和二年九月十七日　　関　毅

日比義太郎殿

拝啓秋冷之候益御清勝奉賀候　陳者先般来弊社事業貴地計畫ニ付種々御高配ヲ蒙リ　殊ニ今般磯津漁業組合トノ交渉ニ就テハ一方ナラザル御苦心御盡力ニ預リ　御蔭ヲ以テ右モ圓満迅速ニ解決致　為メニ弊社事業モ前途ノ曙光ヲ見ルニ到リ候段　深ク感佩《カンパイ》仕候同封甚些少ナガラ御礼ノ印マデニ御収メ願度得貴意中候

昭和二年九月十九日

午前七時頃富田ヨリ伊藤平治郎電話ニテ
伊勢鉄ガ鉄道省ニ内交渉シテ居ル四日市駅内ノ上屋ヲ　此際山田君ノ手ヲ以テ藤原鉄道ニ取ル事出来ヌカ　上屋ヲ取ッタ上伊勢鉄エ交換問題ヲ出シ　藤原鉄道ノ四日市駅連絡引込線ノ解決ヲ策シテハ如何哉ト思ウ　山田君ノ手ニテ右交渉六ヶ敷様ナレバ伊藤傳七氏ノ手許ニ於テ鉄道省エ交渉ヲ試テモ能シ　山田君ヨリ返事ヲ取ッテ見テ呉レ
ト云ウ　余ハ承知ス

午前九時頃森篤二郎阿倉川エ来訪
一、浅野入社ニ保証人二人ヲ要シ一人ハ遠藤知事ニ承諾願ヒ判ヲ貰ラッテ来タ　一人ハ貴殿ニ御願致度シ御承諾願ウ
二、袋町御宅家賃一ヶ月二十円ニ御願スル　一ヶ月分金弐拾円持参セリ
ト云ウ　余ハ保証人トナル事ハ困ルト思ッタガ既ニ遠藤知事ガ判ヲ捺シテ居ル以上　諸種ノ状況上拒絶スル事ハ好影響ヲ及ボサズト考エタカラ承諾シ　家賃ハ永久ナレバ一ヶ月二十円ハ困ルナレド　其内何ントカ勘考アルナルベク其レ迄承諾ナシ置カントト答ウ
森撰擧事務所エ行ク　鈴木善策ガ民政黨ノ公認ヲ得ズトモ立候補スルトノ事故其レニ對スル策戰戰備ヲ為シ　引續キ杉浦ト森松次郎宅エ行キ色々協議ヲ為シ　午後十一時頃分カル　撰擧投票日迠尚二十日モアル　今日カラ終日事務所ニ詰メネバナラヌトハ予想セナンダ　厄介ナ撰擧事務長ヲ引受ケタモノダト思ッタ　乗リ掛ケタ船ダ致方ガ無イ

昭和二年九月二十日

午前八時頃森松次郎電話ニテ
一度御来訪願度シ
ト云ッテ来タカラ直チニ行キタルニ森ハ
今朝鳥海ガ来テ
一、此際入黨書ヲ渡シテ呉レ
二、當撰後民政黨ニ入黨シテ貰ラウ事ヲ言明セラレ度シ
三、當撰後ハ中立團体ニ籍ヲ置クモ民政黨ニ好意ヲ持ツ中立デアッテ欲シイ

右三ツノ條件ヲ段々ニ僕ニ話シテ迫ッタガ　全部否認シテ「僕ハ中立團体ヲ組織スル心組デ居ル　其中立團体ニ於テ意見ガマチ〱ニナリ一致セザルトキハ　民政黨案ニ賛成シテモ宜敷イ」ト答エテ遣ッタラ　鳥海ハ鈴木善策ヲ公認セヌト言明シテ帰エッテ行ッタ

ト云ウ　余ハ

大風一過ダ　然カシ油断シテハナラヌ　着々ト既定ノ運動方針ハ進メテ行カネバナラヌ　而シテ可成《ナルベク》運動費ヲ使ワヌ様ニ心掛ケヨウデハ無イカ

ト答ウ

○○○○○○○○○○○

午後三時より市會開会

四日市市字新築外四字地先公有水面埋立ノ件ニ関シ當市會ニ對シ別紙ノ通本県知事ヨリ意見諮問ニ付異議ナキ旨答申スルモノトス

昭和二年九月二十日提出

四日市市會議長　鈴木善策

ノ諮問案即チ馬起十七万三千六百五十三坪掖済會前五万三千百九十三坪五ノ埋立案ヲ議シ満場一致ヲ以テ可決ス　余ハ議席ヨリ眺メテ居ッテヤレ〱一ト安心ト思ッタ　萬ヶ一ニモ異論アルベキ筈ハ無イ　否異論ノ起ラヌ様ニ相当苦心シテ諸般ノ手順ヲ踏ンデ置イタノデアルカラ気遣イハ無イト想像ハシテ居ッタガ　油断ハ禁物注意シテ居ッタノデアル　之レニテ浅野ノ埋立計畫モ一段落トナッタ　直チニ関君宛

（シモンアン）シカイマンジョウ一チツウカス」ヒヒ

ト打電ス

森撰擧事務所エ行ク　反對候補者引込ンダ事トテ別段用事ナシ　杉浦上京ス　余ハ鈴木久三ト西川陽月エ立寄リお茶一杯飲ンデ帰エル

問題の泗港接續　海面大埋立事業　縣知事の諮問答申案を可決した四日市々會

伊勢新報　昭和2年9月18日

四日市港の活用と市將來の發展の上に至大の關係を有する東京灣埋立株式會社起業計畫に係る四日市港持續海面二十二萬六千八百餘坪の埋立に關する遠藤本縣知事諮問答申案其他を附議する四日市市會は既報の如く二十日午後三時開會出席議員二十三名鈴木議長開會を宣し

△本縣知事の諮問に係る本市第二尋常高等小學校左記校地擴張指定の件異議なき旨答申せんとす

(畧)四日市市大字濱字南濱地内田地合計八畝歩

を附議し戸野市長の説明ありて直に原案可決

次いで三瀧川尻日本海員掖濟會前及び午起海岸一帶の海面合計二十二萬六千餘坪大埋立事業に對する本縣知事の諮問答申卽ち

一、四日市市大字四日市新築外四字地先公有水面埋立の件に關し當市會に對し別紙の通り本縣知事より意見諮問に付異議なき旨答申するものとす

諮問寫

四日市市會

四日市市大字四日市字新築外四字地先公有水面埋立の件に付別記の通り申請せり仍て其會の意見を諮れ但し答申期限を昭和二年十月十日とす

三重縣知事　遠藤　柳作

申請書寫

東京市麴町區永楽町一丁目

一、起業者　東京灣埋立株式會社

一、埋立の場所及面積

四日市市大字四日市字新築實高入地先海面五萬三千百九十三坪五合四日市字午起加藤新田、濱一色字加藤新田地先海面十七萬三千六百五十三坪

一、埋立の目的

工場、上屋、倉庫物品貯藏所、敷地建設の爲

一、工事の計畫及圖面、(畧)

を附議し戸野市長は出願者卽ち東京灣埋立株式會社は此埋立事業は免許後一年以内に着工し五年以内に完了し埋立地には鐵道敷設道路下水等を完備し且各種工場倉庫其他を建設する一方完全なる船車の連絡を爲し以て當地方産業の發達を期するものであるとて該埋立事業の大要を説明し松島、坂、武藤、堀木各議員の質問ありて休憩十分の後再開滿場一致にて原案可決して散會したが市參事會員及動力關係者は引續協議する處あつた

昭和二年九月二十一日

午前九時頃森篤二郎来タリ
青川ノ村図ヲ手ニ入レル事ハ　幸イ私ノ娘ノ亭主ガ県廳ノ土木課ノ地理課ニ勤務シテ居リ藏谷秀次郎ト申ス者故
其レニ命ジ桑名ノ税務署ヨリ写シ取ラスル事ニシテハ如何哉
ト云ウ　余ハ
其レハ幸イナリ　其手順ヲ願ウ
ト述ベテ　写シ取ルべキ区域ヲ二万分一ノ地図ニ鉛筆ニテ書キ入レテ渡ス
午後三時頃撰擧事務所エ行ク　森松次郎ガ居ッテ
久保村ガ立候補スル事ニナッタガ知ッテ居ルカ
ト云ウ　余ハ
初耳ナリ本當ナリ哉　然シ問題ニスルニ足ル人物デハ無イデハ無イカ
ト答ウ　関君ヨリ
デンミタシカイショクンノゴコウイヲカンシャス　セキ
ト返電来タル　関君モ㐂コンデ居ル事ト想像ス

昭和二年九月二十二日

午前十時頃　戸野市長ヨリ電話ニテ

御面會致度キ事アリ　市役所エ御出掛ケ願エヌカ
トノ事故直チニ行キタルニ市長ハ
今晩ノ気車ニテ上京ノ心組デス　四日市漁業組合ニ對スル交渉ハ如何ナル手順ニ可致哉　貴下ヨリ御交渉被下事
利益ナリトハ思ッテ居ルガ　為念御打合セ致シ置カント思ヒタリ
ト云ウ　余ハ
四日市漁業組合ヲ如何ニ纏《マトム》ベキ哉ニ関シ　只今顧慮中ナリ　腹案出来上ガリタル節ハ貴下ニ相談致スベシ
御子息婚礼祝ニ正副議長・参事會員六名合計八名ニテ壱名拾円宛出金　五十円ハ御祝三十円ヲ酒肴料トシテ伊達
美喜雄ヲシテ御届スル手順ニナリ居レリ　御承知置アリタシ又此品ハ私個人トシテ秀雄君ニ送ルナリ　御荷物ニ
ナッテ御気ノ毒デスガ御渡願度シ　陶山作ノ窮枢〔急須〕ナリ　殊更ラニ包装並ニ御祝ノ札ヲ附セズ秀雄君ノ愛
用ヲ賜ラバ幸甚ナリ
ト述ベタルニ市長ハ
恐縮千萬ナリ　深ク御礼申ス
ト云ウ
山田胖君ヨリ手紙ニテ
四日市駅内ノホームヲ鉄道省エ交渉スル事ハ傳七氏ニ依頼頼ム
ト云ッテ来タ故直チニ富田ノ平治郎君ニ電話ヲ掛ケ其事ヲ通ジタルニ平治郎君ハ
承知シタ　何ントカ交渉ノ途ヲ講ズベシ
ト答ウ
水東館ヨリ山本君ガ電話ヲ掛ケテ来タ　直チニ行キタルニ山本ハ
川島村ノ粘土ハ量少ナキ故予備トシテ四郷村ノ粘土山モ共ニ手ニ入レ置キ度シ　御交渉ヲ貴下ニ願エトノ命令

電報ニテ到着シタリ宣敷頼ム
トテ地図ノ上ニ区域ヲ書入レル　余ハ
伊藤傳七氏ニ早速相談ノ上　其手順スベシ
ト答ウ
森撰擧事務所エ行ク　別段ニ用事ナシ　桂山浅治郎エ手紙ヲ出シ「沢中」「大坪」ノ字図ヲ作製送ッテ呉レト依頼ス

三重セメント解散に決す　來る十二月總會で　　伊勢新聞　昭和2年9月22日夕刊

宇治山田市外濱郷村の三重セメント會社（資本金百十二萬五千圓）は既記如く事業繼續方法の見込みなきに至つたので愈々來る十二月の定時株式總會に附議して解散することに決定した尚現在の土地建物は重役よりの負債代償に充當し社債に對しては櫻セメント會社より交附を受ける七萬圓を以て社債額面の二割五分にて買收し既に八割方買收を了したと

右ハ本日発行伊勢新聞夕刊所載ノ記事ナリ　浅野ノセメント事業ニ関シ日々奔走中ノ余ハ面白ク感ジタ　同ジセメント事業ニシテ一方ハ解散　一方ハ大々的擴張トハ両極端ナリ　何業ト雖モ一ツニ経営方針ノ善悪ニ依リ成蹟ハ決スルモノダト思ッタ
杉浦帰泗

昭和二年九月二十三日

適當ナル弁士ハ無イ
ト云ウ　久保村清高ハ只單ニ「民政黨」ノ三字丈ケヲ肩書トシ立看板ヲ為ス　看板ノ立テ主ハ川村松次郎ニシテ之レ亦撰擧事務長トモ何ントモ書イテ無イ　今夜自町内ニテ立候補ノ演説會ヲ為ス由　余ハ取ルニ足ラヌ候補者故餘リ注意ヲ払ヒ居ラズ
杉浦ハ余ニ向イ
　本日警察ニ行ッタラ君ノ方ハ上ニモ能シ下ニ能イ　良イ事務長ヲ抱キ込ンデ居ルカラ結構ダト云ッテ居リ升タ
ト云ウ

昭和二年九月二十四日

午前八時頃　森篤二郎ガ阿倉川エ電話ヲ掛ケテ来テ
　青川ノ村図ガ出来タ　説明セナケレバ御了解行カヌト思ウ故一應見テ頂キ度イ
ト云ウ故直チニ四日市ニ出テ一覧シタルモ　不明ノ個處アルニ付キ質問シタルニ森ハ答ウル難ワズ　森ハ十一時ノ気車ニテ今一度津エ行キ聞イテ来ルト云ッテ停車場エ行ッタ　態々津迄出張シテ作ッテ来タ地図ガ説明出来ヌトハ困ッタモノダト思ッタ　官吏上リノ者ハ大体ニ於テ此ンナ者カモ知レヌナリ
午後二時〇五分気車ニテ杉浦ト共ニ名古屋エ行ク　余ハ私用ニテ杉浦ハ撰擧演説會ノ弁士ヲ探ス為メナリ　名古屋駅ニ下車自動電話ニテ傳七氏ノ在否ヲ尋ネタルニ　中央鉄工所エ行キ留守ニ付キ大矢ノ家エ行キ六時頃迄雑談ノ上大須裏　野垣病院ニ入院中ノ義平ヲ見舞ウ　義平ハ
　経過非常ニ宜敷シ　本月一杯ニテ退院出来得ル心算ナリ
ト云ウ　余ハ

経過ガ能イヽテ活動見物ナドニ行ッテハ駄目ダ　一意静養スル事必要ナリ
ト注意シ附添ヒノお虎婆サンニ金二円　看護婦三人ニ壱円宛　合計三円ヲ与エタル上病院ヲ出テ　大須門前桔梗屋ニテ天丼二杯食ッテ門前町電車停留處エ出ル　桔梗屋ハ余ガ小供ノ頃大須エ遊ビニ行ッタ都度宇《う》どんヲ食イニ入ッタ店ニテ　其頃宇《う》どん一杯八厘カ壱戔宛デアッタガ　本日ノ天丼二杯ニテ五十戔取ラレタ　然カモ不味デアッタ　段々時々刻々世ノ中ハ変遷シテ行クナリ　人間モ血気活動ノ出来得ル間ニ於テ老後ヲ悠々ト送ル事ノ出来ル丈ケノ基礎ヲ作ッテ置カネバナラヌ　目下ノ自分トシテハ浅野問題ヲ成効セシメテ其素地ヲ作ル最モ肝要ナル時期ダト思ッタ　機會ヲ逸スレバ如斯好機ハ二夕度《フタタビ》来ルモノデ無イト痛切ニ感ジタ

午後七時頃伊藤傳七氏宅エ行ク

日比　川島村ノ粘度ハ量少ナキニ付キ　此際四郷村ノ山ヲモ買入レ置ク必要アリトシテ浅野ヨリ買入レ方ヲ命ゼラレタルニ依リ御相談ニ参上セリ

傳七　四郷村エハ工場ヲ置クト云ッテ掛合ウ事ガ出来ヌ　如何ナル口実ノ下ニ交渉ヲ開始スベキ哉

日比　工場ヲ置クト云ウ事ヲ言ヒ得ナイ訳デハ無イ

傳七　一應知郎ニ相談シタル上何ントカ勘考セン

日比　宜敷願升　川島村ノトキト同様　私ヲ村長ニ御照會被下《クダサレ》度シ　全部ノ手續ハ私ニ於テドシ〳〵進捗セシメ度シ

傳七　知郎ニ村図ヲ取ラシタ上ニテ村長ニ照會スル事ニセン　其上ニテ事ヲ運ンデ貰ライ度イ

日比　山田胖ヨリ来タリタル手紙ハ之レデス

ト手紙ヲ見セル　傳七氏ハ一読シタル上側ラニ置キ

傳七　此頃中　二度遠藤知事ノ處エ行ッタ　知事ハセメント工場ヲ四日市外エ持ッテ行ク事ニ関シ心配シテ居ッタ　又知事ハ僕ニ向イ「浅野ノ親爺ハセメント會社ノ株ヲ三分ノ一位傳七氏ニ持ッテ貰ラウ心組ダト嘗テ云ッテ居ッタ事ガアルガ　君ハ承知カ」ト云ッタ　僕ハ「困ッテ居ルノデス」ト答エタラ知事ハ其レモ心配シテ居ッタ

日比　結局貴下ニ持ッテ頂カナクッテハ納マルマイト私モ思ッテ居リ升

傳七　鉄道丈ケデモ四萬株引受ケナケレバナラヌ　セメントノ方迠ハ手ガ廻リ兼ネルヨ

遠藤知事ハ沢ト云ウ人物ヲ引受ケテ使ッテ呉ト云ッタカラ　不止得《ヤムヲエズ》志摩ノ鉄道エ當分使ウ事ニシテ引受ケテ来タ　此際知事ノ頼ム事ハ引受ケルヨリ致方ガ無イ

知事ハ藤原鉄道ノ発起人ニ熊澤モ入レヨト云ッタ

日比　熊澤氏ガ入ッテ呉レル事ハ結構此上無イト思ヒ升　但シ一ツ心配ガアリ升　熊澤氏ガ后トカラ入ッテ来テ気儘ナ振舞イヲ為シ　貴下ノ感情ヲ害シ貴下ガ気ヲ悪ルクシテ調和ガ取レヌ様ナ事ガアッタラ困ルト云ウ杞憂ガアルノデス

傳七　平治郎ガ序ヲ以テ熊澤ニ発起人ニナル話ヲシタラ　熊澤ハ発起人モ承諾スルシ相当ノ株モ持ツガ　大体ハ伊藤サンガ主ニナッテ此鉄道ハ遣ッテ貰ワネバナラヌ　ト云ッテ居ッタ由デアルカラ其心配ハアルマイ

世間デハ伊藤ト熊澤ハ仲ガ悪ルイト云ウ噂サヲ立テ、居ル者モアルソーダカラ　此際熊沢モ仲間ニ入レル事ハ此誤解モ解ケル訳ダ　又藤原鉄道ハ僕等ノ外ニ小野田モ浅野モ居ル事ダカラ熊澤ノ気儘ニハ成リハセヌト思ウ

日比　貴下ガ其御心組ナラ其レニ越シタ事ハアリマセヌ　熊澤サンガ仲間ニ入ッテ呉レルナラ　四日市駅エ引込線モ工合能ク解決スルカモ知レマセヌ

傳七　熊澤ガ平治郎ニ向イ藤原鉄道ハ四日市駅エ引込ム事出来ヌ　四日市ト河原田ニ中間駅ヲ作ルト能イト云ッテ居ッタソーダ

日比　其レデ工合能ク行キ升カ

傳七　工合能ク行クト思ウ

熊澤ガ発起人ヲ承諾シ九鬼サンモ承諾スルト五名ヲ超過スル　其場合ハ平田ハ抜ケテモ能イト云ッテ居ッタ

日比　紋十郎サンハ鉄道ノ発起人ニナルノハ困ルト云ウ意向デス　セメント株ノ様ニ直チニ利益ヲ擧ゲ得ル株デ無イ

カラ最モノ事ト思ヒ升　然カシセメント會社ガ出来テ其株ヲ持ツ方ガ工合ガ能イト云ウ事ニナッタ場合　九鬼サンガ鉄道株ハ断リ　セメントノ発起人丈ケニハ成ルト云ウ事ハ一寸身勝手過ギルカラ　此處ノ調和ヲ如何ニスレバ能イカト私カ《ヒソ》ニ九鬼サンノ為メニ内心心配シテ居ルノデス

傳七　紋十郎氏ガ其心組ナラ君ガ発起人ニナッテ居ル事デモアリ　君ガ九鬼側ヲ代表スルト云ウ事ニシテ置イテモ能イ訳ダ

ト云ヒタル後チ　武藤山治ヨリノ手紙ヲ出シテ来テ余ニ見セタル上

傳七　武藤ハ僕ニ　伊勢ノ第一区ヨリ来年五月ノ総撰擧ニ打ッテ出ヨ　僕ガ應援演説ニモ行クト云ウノデアル

日比　貴下ハ寧ロ《ムシ》貴族院ニ適スル御方ト考エ升　然カシ御趣味ヲ持タル、ナラ一足飛ビニ貴族院ト云ウ事ヨリハ或ハ一期位衆議院モ面白イカモ知レマセヌ

傳七　色々ノ事ヲ云ッテ来ルヨ

日比　撰擧人ガ自覺シテ居ルノナラ衆議院ニ打ッテ出デ県民ノ信認ヲ問ウテ見テモ能イ訳デスガ　何分頭ノ下ゲ工合ニ依リ投票ガ決スルト云ウ幼稚ノ時代デスカラ　面倒ナル衆議院議員ノ競争ニ立タル、事ハ無意味カトモ考エ升　又差向キ井口ガ困ルデショウ

傳七　井口モ困ルダロウガ　加藤モ困ルヨ

日比　左様デスナァー　然カシ実業同志會ハ　交渉團体ニモナリ得ナイ少サナ團体デスカラ仕事ガ出来マセヌナァー　武藤氏ガアー云ウ人物デスカラ「水清ケレバ魚住マズ」デスカナァー

傳七　其通リダ

一昨日県廳エ行ッタ帰途　不計《ハカラズ》モ川嵜克ヤ鳥海ト気車デ一所ニナッタラ　鳥海ガ僕ニ向イ「藤原鉄道ノ発起人ニ日比君ガ成ッテ居ルガ　如何ナル訳ダ」ト尋ネタカラ僕ハ「出願ヲ早クセナケレバナラヌカラト云ウノデ其處ニ居合セタ者ガ全部発起人ニ成ッタノダ」ト答テ置イタ　鳥海ハ君ガ何ニカ甘《ウマ》イ事ヲシテ居ルノデハ無イ

カト気ヲ廻シテ居ル　アノ男ハ其ンナ事斗リ考エテ居ル男ダヨ
日比　其ンナ事ヲ聞キ升タカ　根ガ新聞記者デスカラナァー
ト答エ九時頃辞シ　九時二十六分名古屋駅発列車ニテ四日市ニ帰エル　杉浦ガ終列車ニテ帰エッタト云ッテ余ヲ訪問シ
田中舎身ガ二十六日ナラ四日市エ行クト　尾ノ道ヨリ電報ヲ呉レ升タ
ト云ウ　余ハ
然カラバ二十六日ニ演説會ヲ開イテ能イデハ無イカ
ト答ウ　雑談ニ時ヲ移シ一時過ギ帰エッテ行ッタ

昭和二年九月二十五日

午前十時ヨリ四日市警察署ニ於テ署長ヨリ同区域内ノ県議撰擧事務ニ関シ　候補者・撰擧事務長・運動員・事務員ヲ召集シテ協定並ニ警告アルニ付キ　森同道運動員・事務員ヲ連レテ出席ス　十二時半頃終ル
午後二時頃森篤二郎宅エ行キ　藏谷ヨリ青川村図ノ説明ヲ聞キ不審ノ点ヲ質問シテ能ク了解ス　昨日森篤二郎ハ全体ノ治田村図ト部分的ノ字図トヲ混同シテ余ニ話シテ居ッタカラ判断ガ出来ナカッタノデアル
九鬼紋十郎エ行キ　藤原鉄道ノ発起人ノ件ニ関シ紋十郎氏ニ向イ
昨日傳七氏ニ逢ッテ来タ　其節私ハ「紋十郎サンハ鉄道ノ発起人ニナル事ハ迷惑トセラル、事ナルベシ　セメント會社ノ発起人タル事ハ承諾ノ模様ニ見受ケラル」ト話シテ置キタルガ　其レニテ宜敷哉
ト尋ネタルニ紋十郎氏ハ
実際其通リニシテ毛頭間違イナシ　鉄道ハ予定通リノ利益ヲ擧グルコト困難ナルモノナルヲ以テ辞退ス　セメン

ト會社ガ出来《シュッタイ》ノ節其時ノ状況ニ依リ発起人タル事差支エナケレバ加エテ貰ラッテモ能イト思ッテ居ル
ト云ウ

水東館ニ山本ヲ尋ネタルニ薗川君モ来テ居リ岡田清藏ト云ウ人モ居ッタ　余ハ

一、青川村図

二、生桑水源地ノ地層図

三、川島村「沢中」「大坪」ノ二字図

ヲ渡シ　其レ〴〵説明ヲ為シタルニ三人ハ能ク了解シタ　薗川ハ工場敷地トナルベキ地域ヲ余ニ説明シタ

撰擧事務所ニ立寄リ　坂義一ガ愈々立候補シタル旨ヲ運動員ニ話シ　市役所ニテ写シ取リタル同人運動員七名ヲモ話シ　運動員ノ批評ヲ聞キタルニ何レモ問題ニスベキ人物デ無イト云ウニ一致シタ　久保村ト云ヒ坂ト云ヒ顧慮ノ價値ナキ候補者ナリ　両人共ニ売名ノ為メニ立候補シタノデアッテ　本人モ本気デ遣ッテ居ルノデハアルマイト思ウ

昭和二年九月二十六日

午前九時三十一分気車ニテ富田エ行ク　三重織布會社ニテ伊藤平治郎ト平田佐矩ニ會見シ山田胖ヨリノ手紙ヲ見セ相談シタルニ平治郎ハ

一、発起人ハ一度熊澤・伊藤傳七ト會合ノ上決定シテハ如何

二、南起ノ駅名ハ四日市濱ト命名シテハ如何

三、小野田ヨリ定款ヲ傳七ノ手許ニ送ッテ来テ居ラヌカラ　従ッテ山田ノ方エ傳七カラ送ル事モ出来ヌノデ困ッテ居ル

四、四郷村ノ粘土山ハ川島村ヲ片附ケテカラデ無イト交渉不利益ト思ウガ如何

ト云ウ　余ハ両人ニ向イ
　一應伊藤傳七氏ト相談置キ頼ム
ト述ベテ十二時十八分気車ニテ四日市エ帰エル
午後七時ヨリ女學校講堂ニ於テ森松次郎立候補第一會ノ政談演説會ヲ開ク
　・開會ノ辞　　　　　　千種繁藏
　・普撰ノ春ニ立チテ　　米田喜一
　・吾人ノ所見ト森候補　杉原吉松
　・政黨ヲ追ヘ　　　　　鈴木庄吾
　・立候補ノ挨拶　　　　森松次郎
　・政界ノ難局ヲ打開セヨ　田中舎身
ニテ十時半頃終ル　千種ハ落付イテ開會ノ辞ヲ述ベタ　米田ハ青年弁士三重県二等当撰者デアルガ予想シタヨリ下手デアッタ　同人ハドシ〳〵本ヲ読ンデ頭ヲ作ラナケレバ駄目ダ　杉原ハ無難ナリシ　鈴木庄吾ハ雄弁ナリ巧妙ナリ本夕ノ演説會ヲ背負ッテ立ッタ概アリ　聴衆モ満足シタ模様ナリ　森松次郎ハ　マーアレ丈ケノ挨拶ガ述べ得ラルレバ職業的議員デ無イカラ宜敷カラン　田中舎身居士ノ番ニナルト段々聴衆ガ減ッテ行ッテ遂ニハ七十人位ニナッテ仕舞ッタ　鈴木庄吾ガ演檀ニ立ッテ居ッタ頃ハ　女學校講堂一杯ニ充満シテ居ッタノデアルガ　本日ハお祭リノ事デモアッタガ所詮ハ同氏ガ過去ノ人物デアルト云ウ事ニ帰着スルト考エル　演説會終了後大正館エ行キ田中・鈴木両氏ニ本夕演説會ノ礼ヲ述ブ　田中ハ吾々ヲ捕ラヘ大気焔ヲ擧ゲタ　同氏ハ座談ハ巧ミナモノダ　聞イテ居ッテ面白イ　浪人組ミノ人間デアルカラ其筈ダト思ッタ　一時半頃帰エル

昭和二年九月二十七日

折角ノ四日市祭礼ガ雨降リナリ　明日迠延ビル事トナル　遻《ネリ》ノ出ヌ祭リヲ一日延ス事ハ一寸変ダト思ッタ

水東館カラ山本ガ電話ヲ掛ケテ来テ

川島村ノ字図ト実地ト喰イ付カヌ点ヲ研究仕度イ

ト云ウ　余ハ桂山エ向ケ直チニ

スイトウカンマデオイデネガエヌカ」ヒビ

ト打電ス

撰擧事務所エ行キタルモお祭リノ事トテ別段ノ変化ナシ　事務所エ勢州毎日新聞ノ上田ガキテ久保村ハ凹ンデ居ルト云ウ

午後四時頃　伊達ガ停車場ノ電話ニテ

本日鉄道省ノ技師・・ガ来タ　水東館エ落付イタカラ只今福林助役ト訪問シテ来タ處ダ　君ハ藤原鉄道ニ関係ガアルカラ一度逢ッテ置イテハ如何哉

ト云ッテ来ル　午後五時水東館エ行ク事ヲ約束ス　午後五時少シ過ギ行キタルニ福林丈ケ居ッテ伊達ハ未ダ来テ居ラヌ　余ハ其間ヲ利用シ　二階薗川ノ座敷ニテ頂度其處エ来着シタ桂山ト共ニ川島村字図ノ事ニ関シ打合セヲ為ス　其レヲ終リタル後福林・伊達ト共ニ下ノ座敷ニ於テ・・技師ニ逢ウ　六十余才ノ人物ニシテ鈴木ト云ウ下役ト外一人ヲ随行セシメテ居ッタ　余ハ・・技師ニ名刺ヲ出シ挨拶シタルニ・・技師ハ其レニ酬イ別段名刺ハ差上ゲ升セント云ウ同人ハ極内密ニテ勢江鉄道ノ線路ヲ調査ニ来タリタルモノニシテ　用心ノ程ヲ推察シタカラ余ハ何ニモ質問セズ　爾後ノ顔ツナギ丈ケニ留メ置カント思イ雑談ヲ為ス　雑談中

一、鈴木ガ部下五名ヲ連レ　来月七日頃ヨリ十月中一杯ノ予定ニテ勢江鉄道沿線全部ヲ調査スル事其調査ヲ四日市ヨリ始メル事

二、員辨郡附近ニ於テハ阿下喜ヲ通過シ直線的ニ北上スル線ヲ取リ　従来ノ予定線ト全然変更サレ居ル事
三、・・技師ハ明治四十三年鉄道省ニ入ッタ古参者デアル事
ガ判明シタ　余ハ両人ニ向イ
私ハ藤原鉄道ノ発起人デアルカラ　今後色々御配慮ヲ願ワナケレバナラヌカモ知レヌカラ宜敷頼ム
ト依頼シテ置イタ　秘密デ来タノダカラ大正館エモ松茂エモ行カヌト云ウ故水東館ニ於テ夕食ヲ一所ニ為ス　・・技師ハ中々ノ酒豪ニシテ酔ウト口ガ悪ルイ　盛ンニ女中ヲカラカッテ居ッタ　八時四十六分気車ニテ帰京スル故三人ハ停車場迠見送ル　頂度田中舎身モ同列車ニテ帰エルトテ森松次郎等モ同人ヲ見送ッテ駅ニ居ッタ　余モ田中舎身ニ挨拶ヲ為ス　田中ハ余ニ向イ
勝ツ様ニ運動セヨ　結果ガ判ッタラ電報ヲ寄来セ
ト云ッテ居ッタ　元気ノ爺サンダト思ッタ

昭和二年九月二十八日

雨降リナレド本日ハお祭リガ延ビナンダ
撰擧事務所エ行キ　来ル一日ヨリ六團体分ケニ演説會ヲ開ク手順ヲ為ス　宮村隆治ガ事務所ニ森候補者ヲ訪問ニ来タリ　坂義一ガ横山一格ヨリ金壱千円貰ッタ事ヲ話シテ帰エッタ
市川騰ガ余ニ向イ　鈴木久三ガ運動方法ニ関シ愚図々々云ッテ居ルト告ゲル　余ハ何故ナル哉ト尋ネタルニ市川ハ
鈴木ハ何レノ撰擧デモ其終局迠ニ二度カ三度位ノ苦情ヲ持チ出シ升　本人ガ悪気デ云ウノデ無イガ　今回ハ川原町辺ノ国粋會員ニ煽動セラレタ結果ノ様デス　主意ハ安井ヤ杉原ヲ運動員ニスル位ナラ何故ニ吾々（川原町辺ノ石川・宮村）ヲ使ワヌカト彼ノ連中ガ鈴木エ申込ンダ結果ラシイデス

鈴木ハ森候補者ト日比サント三人ニテ能ク運動方法ニ関シ相談仕度イト云ッテ居リ升カラ　其心組デ日比サンカラ鈴木ニ一應御話ガ願度イ　鈴木ハ日比サンノ云ウ事ハ服従スルト云ッテ居リ升

ト云ウ　森ハ余ニ向イ

鈴木ガ撰擧毎ニ文句ヲ云ヒ出ス事ハ常例デアッテ　此度ノ撰擧ニモ二度位ハ苦情ガ出ルトハ想像シテ居ッタ

日比君工合能ク鈴木ニ話ヲシテ置イテ呉レ

ト云ウ　余ハ両人ニ對シ

宜敷イ　明日鈴木ニ能ク聞イテ見ヨウ

ト答ウ　石川等ガ運動員ニナッテ幾分カノ報酬ニデモ預カリ度イト希望シテ居ッタガ　グレハマニナッタノデ鈴木ヲ煽動ニ行キ　鈴木ハ無思慮ノ果トテ　浮カット其気ニナッタモノト覺ユ　今度ノ此森ノ撰擧ニ運動員トシテ現在ノ十二名ヲ撰定シテ見タガ　日常ノ行動ヲ注意シテミテ居ルト稍々《ヤヤ》信頼スルニ足ル者ハ千種ト杉原丈ケダ　跡ノ人物ハ皆ナ目ノ放セナイ奴斗リダ　何ンノ役ニモ立タナイ奴斗リデアル

昭和二年九月二十九日

午前十時頃昌栄館ヨリ呼ビニ来ル　直チニ行キ傳七ニ會見ス　傳七氏ハ

四郷村ノ粘土山ヲ室山ノ知郎ニ命ジ　知郎ヨリ村長川島弥六ニ對シ「名古屋ノ兄貴ヨリ図面ノ地点ノ地所ヲ買入ル、様命令シテ来タカラ纏メテ呉レ」ト依頼セシメタ　知郎ガ何等理由ヲ附セヌカラ村長ハ何ニガ出来ルノカ判断ハ出来ヌガ　村ノ為メニナル事ニ違イナイカラ一生懸命ニ奔走シ升ト云ッテ居ッタ由デアル　同村長ハ人格餘リ感心セヌ故　知郎ハ村長ニ對シ「区長ノ伊藤長助ト能ク相談ノ上事ヲ進メテ呉レ」ト注文シテ置イタトノ事デアル　区長ハ実直ノ人物デアル

君ト此等村長・区長トノ間ヲ連絡スベク後藤長一郎ヲ使ウ事ニシタ　御承知アリタシ
ト云ウ　余ハ
色々御面倒掛ケテ済ミマセヌ
ト答ウ　後藤長一郎四郷村ノ地図ヲ持ッテ出テ来テ　余ト傳七氏ニ對シ色々説明スル　余ハ傳七ニ向イ　一度山本カ
蘭川ヲ呼ビ升ショウト述べテ水東館エ電話ヲ掛ケタラ直チニ山本来タル　四人ニテ色々研究ノ上　村図字図ヲ後藤長
一郎ガ作ッテ二三日中ニ余ノ許迠届ケル事ニシテ此相談ヲ終ル　傳七氏ハ余ニ向イ
一、良三氏ヨリ発起人ヲ通知シテ呉レト云ッテ来テ居ルガ其儘ニシテアル
二、四日市駅ホームヲ鉄道省エ掛合ウ方法ヲ研究仕度イ
三、小野田カラ定款ヲ送ッテ来タカラ藤原鉄道ノ定款作製ニ掛カリ度イ
四、大体ノ根本方針並ニ願書ヲ作ッタ上熊澤ニ相談スル事ニ仕度イ
右相談ノ為メ一度山田ヲ呼ンデ呉レテハ如何ト云ウ　余ハ承諾ス　傳七氏ハ
僕ハ藤原鉄道ニ関シ勘定違イヲシテ居ッタ　小野田ノ百万樽計畫ハ原石地ニ工場ヲ起ス事デアルカラ　運賃ニハ
製品ノ運搬費ヨリ見積ル事ガ出来タ。出願ヲ出ス丈ケノ事ハ直チニ手續ヲ進捗セシメナケレバナラヌガ　愈々會
社ヲ成立セシムルトキハ餘程慎重ニ収支ノ計算ヲ研究シタ上ノ事ニセナケレバナラヌト考エル　此意味カラ云ッ
テ四日市線・富田線ト二線ニスル事ハ建設費ガ掛リ過ギルカラ富田線一ツニシテハ如何哉ト思ウガ如何哉
ト云ウ　余ハ
浅野ハ川島ニ工場ヲ置キ四日市港カラ原石ヲ川崎・深川・鶴見ノ工場エ供給スル方針ヲ建テ、居ルカラ　四日市
線ヲ廃スル事ハ不可能ノ事ト思イ升
ト答エタルニ傳七氏ハ
川島迠ヲ支線ニシテ置ケバ能イデハ無イカ

ト云ウ　余ハ
　不便デスカラ浅野ハ承知致スマイ
ト答ウ　傳七氏ハ
　一少事デアルガ僕ガ大林組ニ住宅ノ建築ヲ請負ワセタ事ニ関連シテ　僕ノ名義ニテ道路使用願ヲ四日市警察署エ出シタラ　四日市市役所ガ小六ヶ敷キ添書ヲ此願書ニ附加シタ為メニ　遂ニ不許可ニナッテ来タ　假令不許可ニナッテモ大林組ガ罰金覺悟ノ上道路ヲ使用スル事ニシタ
　僕ガ四日市ノ為メニ幾多ノ盡力シテ居ル事ガ四日市市役所ニハ解カラヌカ　四日市市ガ如斯キ了見ナラ僕ハ断然市役所建築寄附金ヲ断ル「君カラ市長エ　傳七ハ寄附金ハ無期限ニ勘考サシテ貰ウ」ト傳言シテ呉レ
ト興奮シテ云ウ　余ハ
　一少吏ノ為シタ事故御怒リナキ様ニ願ウ　私ガ早速許可ニナル様ニ致升
ト云ヒタルモ傳七氏ハ
　放擲シテ置イテ呉レ　僕ハ四日市市ノ為メニ盡力スル事ヲ一切止メニスル
ト非常ニ御機嫌悪ルシ　余ハ
　マア〳〵私ニ御任カセ願度シ
ト一意気分ヲ柔ゲル事ニ務メタル上　山本ヲ案内シテ山下九助ノ堀抜井戸ヲ見セタル後　神海組エ行ク　浅野同族株式會社ヨリ書留ニテ九月分ノ手當ヲ送ッテ来テ居ッタ
福林助役宅エ行キ　先刻道路使用問題ニテ傳七氏ノ立腹シテ居ッタ事ヲ話シタル上
　直チニ吏員ヲ傳七氏宅エ差向ケ其誤解ヲ解クト同時ニ　道路使用許可ノ来ル手續ヲシテ呉レ
ト云ヒタルニ福林ハ
　傳七氏ノ願ニ對シ　道路ヲ全部使用シテ通行ノ防害トナラザル様ニ仕度イト思ッテ此意味ノ附加ヲ願書ニ添エタ

ル事ハ承知シテ居ルガ　不許可トナッタトハ意外デアル　市役所ノ此附加書キヲ為シタルハ「富豪ニハ無茶苦茶ニ道路ヲ使用セシメル」ト云ウ否難ヲ防イデ置イタ丈ケノ事デアル
早速昌栄館エ吏員ヲ派シ説明ヲ為スト同時ニ許可ノ来ル様ニ致升
ト云ウ　福林ハ風邪ニテ伏寝シテ居ッタ
関君ヨリ昨日電信ニテ
ギヨギヨウクミアイヘ、キフスル、セメントハイツオクルノカ」
タルイリニテナゴヤカラハシケニテオクルモヨキヤ　スヘ　セキ
ト云ッテ来テ居ッタ故石榑ニ相談シタルニ　一日ニ漁業組合ト相談スルト云ウ故
ミタ一ヒマデニヘンスル」ヒビ
ト返電ヲ発ス
撰擧事務所エ行ク　久保村モ坂モ盛ンニ言論戦ヲ開始スル模様故其レニ對應シテ堂々ト争ウベク其部署ヲ定ム

昭和二年九月三十日

報知新聞　昭和2年9月30日

所によつては陸地に漁権　漁業権が乱雑を極め改正するにも大騒ぎ

愛知縣における専用漁業権が来年度を以て同権設定以来満二十ヶ年の期限に達するのでこの機会に更新変更をなすことは既報の通りであるが、何分同権は漁村民の生活と直接交渉を有するものだけに今回の変更に当つては各漁業組合が権利を主張して、互に無理を云ひ合ふことは明かに豫想されるので、縣当局は今からこれを頭痛の種にしてゐる

◇

この専用漁業権の期限が来年度を以て切れるのは各府縣ともそうであるが、何分愛知縣の如く、海岸

線に屈曲多く、複雑してゐるところは権利の公平なる境界を定めることは容易でなく、しかも現在の専用漁業権中には、現在のものが果して適当か疑問のものもあり権利として価値なきもの、生産価値なきもの、権利のみ有しながら実際利用せぬもの漁業をやりたくても権利なきもの等がさくそうし甚だしいのになると測量の誤りから陸地に漁業権のあるものなど免許そのものゝ間違ひがあるのもある

◇

殊に名古屋港付近一帯衣ヶ浦一帯豊川尻一帯はこれが甚だしいので今回更新に当つて最も合理的に整整理を断行するについては漁業権の行使を円滑ならしめ、かつ生産の増加をはかるを以て主眼とし、しかも慣行にするものは相当尊重して漁民の権利をみとめその生活を安定ならしめることにつとめるべくしきりに頭をひねつてゐる

朝起キテ報知新聞ヲ読ムデ見ルト右ノ記事アリ　耳寄リノ事ダト思ッタ　将ニ馬起並ニ掖済會前ノ漁業権解決ニ向ッテ　交渉ノ歩ヲ進メントシテ其手段方法ヲ研究中ノ余ニ取リ　大ナル福音ト云ワネバナラヌ　急グ事ハ無イカラ充分慎重ノ態度ヲ以テ進ム事ニ決心シタ

蓮池君ガ電話ヲ阿倉川エ掛ケテ来テ御面會仕度イト云ウ　直チニ四日市ニ出テ来タリ　會見シタルニ蓮池ハ

津裁判所ニ於テ忌避ノ申立相立タズトシテ却下セラレタル旭小作問題ノ裁判ハ　山嵜弁護士ガ抗告シテ名古屋ノ訟訴院エ廻サレタ　名古屋ニ於テモ同様却下ノ運命ヲ見ルモノト予想ス
目下東京滞在中ノ紋七ヨリ手紙ニテ「日比君ニ相談シ日比君ガ同意シタラ　此問題ハ公共ノ性質ヲ帯ンデ居ルカラ至急取扱ッテ貰ライ度イト　四日市市長ヨリ名古屋ノ訟訴院エ向ケ意見書ヲ出シテ貰ラッテハ如何哉」ト云ッテ来タ御意見如何哉

ト云ウ　余ハ

其レハ六ヶ敷イ問題デハ無イト思ウガ　市長ハ目下上京中ナリ　福林助役ニ話スル事ニセン

ト答ウ　蓮池ハ
大喜多弁護士ヨリ訟訴院エ右旨話スル事ニハ成ッテ居ルガ　紋七ノ意見トシテ此際大喜多ヨリ申込ム事ハ掛引上不利益ダト云ッテ居ル
旭小作人ハ山嵜ガ居ラヌト色々ニ心配シテ少サクナッテ居ルガ　山嵜ガ旭エ来ルト一編ニ強気ニナリ團結スル模様ガ見エル　山嵜ノ煽動モ小作人ガ信用スル結果ナリト感察ス　山嵜ハ旭小作人ニ向イ「蓮池ガ伊藤某ヲ介シ妥協ヲ申込ンデ来タ　伊藤某ノ云ウ事ハ振切ル事ノ出来ヌ状況ニアルカラ困ッテ居ル」ト話シテ居ル由ナルモ其レハ山嵜ノ送リ言デアッテ　眞意ハ山嵜ガ東京ニテ伊藤某ニ旭小作問題ヲ話シテ　伊藤ヨリ僕ニ向ッテ「此際妥協シタラ如何哉」ト云ッテ来タカラ　僕ハ「小作人ノ方ニ誠意ガアルナラ應ジテモ宣敷イ」ト云ッタ丈ケノ事デアル　伊藤某トハ室山伊藤一家ノ系統ノ者デアル　紋七ハ其ンナ返事ハ出スニ及バズ放擲シテ置ケト僕ニ云ッタノデアルガ　僕トシテハ折角伊藤ガ云ッテ来タ事ヲ返事セヌ訳ニモ行カヌカラ　僕一個ノ意見トシテ返事ヲ出シテ置イタニ留マル事デアル　山嵜ノ遣リ方ハ萬事ガ此調子デアル
ト云ウ　余ハ
此際　餘程工合克ク手順ヲセヌト遣リ損ナウ
ト答ウ　蓮池ハ話頭ヲ轉ジ
本日熊澤カラ三重鉄ノ買収株ヲ引渡セト云ッテ来タカラ　其手續ノ為メ色々手順ヲ運ンデ居ッタ　野田ニ辞職セヨト話ヲシタガ「諾」ト返事セヌノデ困ッテ仕舞タ
ト云ッテ帰エッテ行ッタ
撰擧事務所エ行ク　昨晩川村座デ開催シタ久保村候補ノ演説會中大岡ガ
或ル参事會員ハ熊澤ノ部下ニシテ　或ル参事會員ハ浅野ノ番頭デアル　其ニ公職ヲ利用シテ専横ナル振舞ヲスル等其他色々ト市長ノ事・他ノ参事會員ノ事共ヲ否難シ低級ノ悪口ヲ飛シタ　此事ガ何ンニモ知ラヌ新有権労働階級ノ

者ニ案外受ケタ模様故　當方モ此レニ對應スル奮戰ヲ執ラネバナラヌト心配スル運動員ガ有ッタ　余ハ其ンナ事ヲ一々気ニ病ンデ居ッテ何ンニナル　撰挙ニ反對者ガ立候補シタ以上其ンナ言ヒ草位ハ當然覚悟シテ居ラネバナラヌ事ダ　此上調子ニ乗ッテ引續キ論調ヲ改メナケレバ奮然其レニ向ッテ堂々應戰スル丈ケノ事ダ　當方ハ既定ノ方針通リ言論戰ヲ開催シテ廻レバ能イト一同ノ運動員ニ宣告シタラ　一同ハ納得シタ　撰擧モ段々時日ガ切迫スルニ連レテ油ガ乗ッテ来ルナリ　午後十二時頃迠色々差図並ニ敵方ノ状況ヲ探リナドシテ帰エル

昭和二年十月一日

十月ト云ウ声ヲ聞イテ　今更ラノ如ク秋ニ入ッタ気分ガスル　岡田惣右衛門ガ死ンダ　前途有為ノ人物故気毒ニ感ジタ　福林助役ニ昨日蓮池ノ来タ用件ヲ話シタルニ福林ハ
幸イ明日ハ日曜日故判事ノ處エ遊ビニ行ッテ能ク聞イテ来升
ト云ウ
市役所ノ児玉ガ電話ヲ掛ケテ来テ
昨日助役ニ御話シノ伊藤傳七氏道路使用願ノ件ハ　本日私ガ傳七氏ノ昌栄館エ行キ鈴木氏ト懇談ノ上早速許可ヲ取ル手續ヲ運ブ事ニ致升タカラ御安心下サイ
ト通知シテ来タ　余ハ
其レハ誠ニ御苦労デ有ッタ御迷惑掛ケタ
ト犒《ネギラ》ッテ置イタ
撰擧事務所エ行ク　宮田小右エ門ガ民政黨ノ公認候補トシテ立候補スル模様ガ見エル　余ハ反ッテ同人ガ立ツ方

ガ能イト思ッタ　坂ト久保村ト三人デ叩キ合ヒ　結局森側ノ有利トナル為メナリ　宮田ガ今日ニ至タリ俄カニ立候補スルト云ウ事ハ同人モ餘程自惚レガ過ギルト思ッタ　當方ハ予定ノプロラグラム通リ善光寺ニ演説會ヲ開イタ　正七時カラ始メテ午後十時半終ッタ　本日ハ米田ヲシテ大岡・久保村ガ詐《イツワ》リノ演説ヲ昨日川村座ニ於テ為シタル件ニ関シ　事実ヲ列擧シテ訂正ノ演説ヲ為サシメタ為メ聴衆モ大分合点ガ行ッタ様ダ　来聴者ハ堂外ニ溢レ可成ノ成蹟デアッタ

薗川ガ金沢ヨリ「四日市水東館気付ケ日比義太郎宛」ニテ左ノ電報ガ来タ

シキチ」ネンドクイキバイシウニカンシ」

シキウオカダヤマモトレウシトオウチアワセコウ」ソノカワ

撰擧事務多忙ノ為メ岡田・山本ト打合セ出来ナンダ　明日早速此用務ヲ果サント欲ス

石榑ヨリ磯津向新田漁業組合臨時総會決議書ヲ受取ル　左ノ通リナリ

決議録

昭和二年九月十九日午後一時ヨリ三重郡塩濱村大字塩濱三百弐拾九番屋敷ニ於テ臨時総會ヲ開ク

出席者左如シ

一　組合員弐百七名

一　議長　理事　森新八

一　會議事件

漁業権一部抛棄ノ件及之ニ伴ウ東京湾埋立株式會社トノ契約ニ関スル一切ノ件

議長ハ開會ヲ宣ス

議長ハ前會ノ臨時総會ニ於テ附議シタル當組合漁業免許場ノ一部　即チ東京湾埋立株式會社ノ出願ニ係ル公有水

面ノ埋立ニ関スル場所ハ　我漁業ニ多大ノ関係ヲ有シ漁獲ヲ喪失スルコト少ナカラズ生計上極メテ苦痛ヲ感スルモ　該事業タル本県ハ勿論本村ノ発展上最急要務ナルヲ念ヒ我等ガ生計困難ハ公徳ノ重キニ換エ難キヲ自覚シ涙ヲ呑ンデ既得漁業免許場範囲中第一区埋立出願部分ヲ進ムデ抛棄シ別紙ノ通リ契約セシコトヲ述ベテ同意ヲ求ム

満場異議ナシ

議長ハ満場異議ナキニ依リ原案確定ノ旨ヲ告ゲ閉会ヲ宣ス

干時《トキニ》午後三時

右決議録相違ナキヲ証スル為メ茲ニ記名調印ス

議長　理事　森　新　八㊞

組合員　中　道　忠　藏㊞

石　田　常　吉㊞

村　木　五郎吉㊞

石　田　豊　松㊞

今　村　宗三郎㊞

右謄本也

昭和二年九月三十日

磯津向新田漁業組合

理事　森　新　八

磯津向新田漁業組合理事印

昭和二年十月二日

午前十一時頃水東館エ行キタルニ藺川・岡田・山本ノ三人居リ　藺川ハ余ニ向イ
　只今金沢ヨリ帰着シタ處デス　金沢ニテ金子氏ニ逢イ　川島村粘土並ニ工場区域ニ関シ相談ヲ為シ決定ヲ見タカ
　ラ　貴下ノ手エ図面一切ト共ニ交渉方ヲ渡シ升　合計面積約三十七町五反歩トナリ升　宣敷願升
ト云ッテ図面ニ就キ詳細説明ヲ為ス　余ハ
　早速傳七氏ニ相談　至急川島村長並ニ桂山ヲ呼ンデ交渉ヲ進メル事ニ手順セン
ト答ウ　藺川ハ
　岡田・山本ハ尚ホ一日當地ニ滞在　私ハ直チニ阿下喜東雲館エ行キ升　両人共ニ跡ヨリ東雲館エ来ル事ニナッテ
　居リ升カラ其御心組ニ願ウ　其内川島村ノ水道調査ノ為メ一人来升カラ其節ハ御面倒ナガラ御便宜ヲ計ッテ下サ
　イ
ト云ウ　余ハ承知シテ分カル
撰擧事務所ニ居ルト森松次郎ハ電話ヲ掛ケテ来テ
　宮田小右エ門ガ愈々立候補シタ　只今鳥海ガ電話ヲ以テ通告シテ来タ
ト知ラシテ来ル　余ハ
　反ッテ當方ニハ利益デ無イカ
ト答ウ　森ハ今更ナガラ興奮的ニ宮田ノ立候補ニ對シ激怒シテ居ッタ
午後七時ヨリ濱田崇顕寺ニ於テ政談演説會ヲ開ク　弁士ハ昨日ノ通リナリ　可成ノ成蹟デ有ッタ　右終了後　森・杉
浦・管沼ト共ニ大正館エ行キ夜食ヲ為シツヽ宮田立候補后ノ掛引キニ関シ相談ヲ為シ　十二時過ギ解散ス　撰擧モ

愈々面白クナッテ来タ

昭和二年十月三日

午前十時頃撰擧事務所エ行ク　宮田ガ公認ヲ得ル得ナイノ問題ニテ民政黨ガゴテ〳〵シテ居ル模様ナリ
午後七時ヨリ第三學校ニ於テ政談演説會ヲ開イテ居ルト　宮田ガ公認候補トシテ愈々出馬　今夕八時ヨリ第七學校ニテ政談演説會ヲ催シ　川嵜克ガ弁士デアルト云ウ通知ガ来ル　宮田モ馬鹿者ダト思ッタ　森松次郎ト鈴木久三ガ喧嘩シタ為メ森ト鈴木ノ間ヲ人力車ニテ往復シテ片付ケル　両人共ニ無思慮ノ人物デアルト思ッタ　定員一名ノ處エ候補者四人トハ四日市トシテ未曾有ノ事ダ　民政黨候補者三人ヲ巧ニ喧嘩セシムル工風《クフウ》ヲ考エント欲ス　當方ノ勝利確実ナリ

昭和二年十月四日

午前十時頃撰擧事務所エ立寄リタル後チ昌栄館エ行ク　傳七氏ハ
　志摩鉄道用セメント三千五百樽ヲ安値ニテ買入レ度シ　一應照會シテ見テ呉レ
ト云ウ　晝食ノ馳走ニナリ柳川村長・桂山浅治郎ヲ待ッテ居ッタガ来ヌ故一先ズ撰擧事務所エ帰エル
午後三時頃昌栄館ヨリ柳川村長・桂山浅治郎来着シタト電話ヲ掛ケテ来タ故直チニ行キ　傳七氏立會ノ下ニテ両人ニ對シ決定シタル地域ヲ説明シタル上
　浅野ニ於テハ一日モ早ク交渉ヲ進ムルヲ希望スル故至急話ヲ進捗セラレ度シ
ト述ベタルニ柳川ハ

結局村ヲ纏メタル値段ニテ浅野ハ買入ル、哉　折角村ヲ纏メタガヤ浅野ハ買ワヌト云ウ事ニナル様ナ事モ無キ哉
心配ナリ
ト云ウ　余ハ
御両人ニテ御奔走ノ上　之ヨリ安クテハ纏ラヌト云ウ結着ノ値段ヲ聞カシテ呉レタラ其値段ヲ浅野ニ通知シ浅野
ノ判断ヲ待ヨリ外ニ策ナシ
ト伝エタルニ柳川ハ
一生懸命ニ纏メテ見升
ト答エ　桂山ハ
去ル一日　四郷村長ノ川島弥六ガ一寸内密ニ四郷村ニ對シテモ地所ノ交渉ガアルト話ヲシタ　川島村ト四郷村ト
天秤ニ掛ケラレテ居ルノデハ無イカト思ッタ
ト云ウ　傳七ハ
川島村丈ケノ粘土ニテハ不足ヲ感ズル故　将来ノ用意ノ為メ四郷村粘土山ヲ買入レント欲スル意図ハアル
ト説明シタラ両人ハ納得ス　両人ハ二三日中ニ日比君ノ手許迠何ントカ返事スルト云ッテ帰エル
傳七氏ハ余ニ向イ
先刻熊澤エ行キ藤原鉄道ノ発起人ニ成ル様ニ勧誘シタルニ熊澤ハ　株ハ持ツガ発起人ハ困ル　吉田伊兵衛ヲ発起
人ニ推撰ス　吉田ノ責任ハ僕ガ持ツト云ッテ吉田ヲ呼ビニ遣ッタラ吉田ハ来タ　吉田ハ一寸勘考サシテ呉《クレ》ト云ッ
テ居ッタ故　僕ハ吉田ニ向イ日比君カラ詳細聞イテ見テ呉レト云ッテ置イタ故　君カラ吉田ニ能ク話ヲシテ呉レ
熊澤ハ藤原鉄道ノ図面ヲ一見シテ路線ニ今一應研究ノ餘地アリ　且ツ結局ニ於テ四日市市中乗入レハ不可能ナル
ベシト云ッテ居ッタ
ト云ウ　余ハ

九鬼紋十郎ハ如何ニ答ヘタル哉
ト尋ネタルニ傳七氏ハ
鉄道株ハ利益ガ無イカラ発起人ニナルノハ困ル　四日市銀行ノ連中ニ話シテ呉レテハ如何哉ト云ッテ居ッタ
ト云ウ　余ハ
其レデハ吉田伊兵衛氏ヲ入レテ　五人ニナルカラ宜敷イデハ無イカ
ト述ベタルニ傳七氏ハ黙シテ答エザリシ　昌栄館ヲ辞シタル上紋十郎氏エ立寄リタルニ紋十郎氏ハ
僕ハ発起人ヲ断然謝絶シタルニ非ラズ　又承諾シタルニモ非ズ
傳七氏ニハ実情ヲ語リ　目下金ニ困ッテ居ルカラ利益ノ無イ鉄道株ノ引受ケハ困ル　ト答エテ置イタ丈ケデアル
ト云ウ　余ハ
序ノ節　吉田君ニ能ク話シテ見テ下サイ　私モ機會ガアッタラ吉田君ニ藤原鉄道ノ事ヲ説明致升
ト述べテ辞ス
名古屋浅野セメント出張所ヨリセメント三百樽　名古屋ヨリ四日市エ廻漕ノ話ニ関シ神海組ニ電話アリ　明日仁三郎ガ名古屋エ廻船スル事ニ手順ヲ定ム
午後七時ヨリ第六小學校ニ於テ政談演説會ヲ開ク　聴衆多シ　演説後森ト共ニ事務所ニ引擧ゲ　残ル四日間ノ運動方法ヲ色々ト相談ス　森ハ色々ト心配シテ居ッタ　撰擧ノ事ハ消極的ニ心配スレバ限リノ無イ事デアル

昭和二年十月五日ヨリ昭和二年十月九日迠

右五日間ハ森松次郎県議候補ニ對シ三名ノ競争者（民政黨公認候補宮田小右エ門・民政黨久保村清高・民政黨坂義一）顕レタル為メ　余ハ森ノ撰擧事務長タル関係上多忙ヲ極メ撰擧事務並ニ策戦ニ没頭セリ

愈々着した淺野翁　寄贈セメント運搬　數十本の旗押立つ村民

既報の如く淺野一門の四日市港活用企業に對し海面埋立の協商成り頓に活氣を帶びつゝある三重郡鹽濱村では磯津方面の道路大改修を爲すので之が爲め淺野總一郎氏から工事用セメントを寄贈する旨申出でがあつたが愈々右のセメント九百袋は八日現品四日市港に到着したので石榑村長始め同村有志及び磯津青年會員打揃つて同日築港に來り二十餘臺の荷車にセメントを分載し淺野總一郎翁寄贈と大書せし紅白の旗數十旒を押立て石榑村長の先頭で曳々聲勇ましく鹽濱村に運搬し大景氣を呈したが同村では是等の材料により理想的大道路を開通せしむ筈なりと

実業新報　昭和2年10月9日

森派有志の　大擧推薦　=全市に頒布す=

愈々最後の一日が来て各方面共に異常の緊張味を示し殊に雨の前日戰に凄慘の氣さへ漲つた縣會議員選擧戰は全く白熱化して居るが四日市に於ける其の候補者森松次郎氏の爲め同派關係の有志は大擧して八日朝來左の如き推薦宣傳をなした

有權者各位にお願

多事多艱な縣市の公職に忠實至誠を以て盡さるゝ……

縣會議員候補者

森　松　次　郎

君は本市選出縣會議員として最も適任者であります是非同君の爲めに清く温き御一票を御投じ下さい御願ひします

日比義太郎
伊藤　音吉
中島藤四郎
伊藤長次郎
杉原　吉松
千種　繁藏
寺島竹次郎
野崎定次郎
清水米太郎
保位愛之助
伊藤　治郎
米田　喜一
杉浦　國吉

（列記シタルハ届出済ノ運動員ナリ）

実業新報　昭和2年10月9日

勢江鐵道の實測隊來る　池田技師等一行

実業新報　昭和2年10月9日

四日市から滋賀縣木ノ本に達す勢江鐵道の關ヶ原四日市間測量に關し鐵道省の第二回實測隊は過般來岐阜縣内を測量中であつたが其の一行池田技師以下十五名は八日三重縣下に入り員辨郡三重郡及び四日市方面を實測に着手したと

昭和二年十月十日

県會議員撰擧開票ノ結果ハ左ノ号外ノ如クデアツタ

四日市々の開票　森松次郎氏當選

四日市商業新聞号外　昭和2年10月10日

九日執行された當市の縣會議員選擧開票は本日午前九時から市役所樓上に於て戸野市長選擧長となり清水、鳥海、須藤、福島の四氏立會の下に執行の結果左の如く森松次郎氏當選した

當　選　一千九百四十七票　森　松　次　郎
次　点　一千六百二拾票　久保村　清　高
　　　　一千一百四十二票　坂　　義　一
　　　　一千　〇〇八票　宮　田小右エ門
無　効　五　四　票

余ハ右ノ確報ヲ撰擧事務所ニ於テ市役所樓上エ派遣シタル傳令ヨリ受取ルヤ　事務所ニ集合シ居ル運動員等ト共ニ森ノ為メニ萬歳ヲ三唱シタル上　余ハ一同ニ向イ

戦ハ全ク終ッタ　戦ガ終ッタ以上敵モ味方モ無ク成ッタ訳デアルカラ敵概心ヲ去ッテ貰ライ度イ　勝ッテ兜ノ緒ヲ締メヨト云ウ事ガアルカラ切ニ自重ヲ祈ル

撰挙ハ目的デ無クシテ手段デアル　眞ノ目的ハ森君ヲシテ三重県會議場ニ於テ充分ニ活躍セシムルニアル　此目的ノ為メニ尚ホ一層ノ御声援ヲ希望ス

ト挨拶シ　森君ハ

長期ニ亘ル絶大ナル御厚意御盡力ヲ感謝ス　尚ホ此上共宜敷願ウ

ト礼ヲ述ベタ　其ノ時東海時報ヨリ候補者運動員一同ヲ撮影仕度イカラ信光寺ノ庭迠出テ貰ライ度イト云ッテ来ル

承諾ヲ與エテ写眞ヲ撮ラシテ遣ッタ

余ガ森ヲ礼廻リニ出シテ遣ッタ後チ　運動員一同ヲ指揮シテ残務ノ整理ニ取掛カル

午後六時頃福林助役ガ電話ニテ

只今橋本屋ニ居リ升　勢江鉄道ヲ測量スベク鉄道省ヨリ派遣セラレタル鈴木氏一行ハ両三日前ヨリ四日市附近ヲ測量シ　本日ニ於テ大体四日市駅引込線等ノ実測ヲ遂ゲタルニ付キ　明日四日市出発逐次員辨郡エ向ケ北上セラル、由　貴下ハ此際鈴木氏ニ御面會ノ要ナキ哉

ト知ラシテ来タカラ　直チニ橋本屋エ行キ福林助役ト共ニ鈴木氏ニ面會ス　鈴木氏ハ余ノ質問ニ對シ政府ノ予定線地図ヲ見セタル上

一、四日市駅エ連絡線ハ四日市商業學校ノ北側陶器試験場北側　無線電信會社南側附近エ線路ヲ求メ現在ノ省線西側エ引込ム予定ナリ

二、田口新田ヲ通過スル方　梅戸井ヲ通過スルヨリ工費ハ安ク上ルト思ウ　我等ガ田口新田ヲ撰ビタルハ四日市鉄道・北勢鉄道トノ中間ヲ通ル方何レニモ片セズト考エタ点ヲモ加味ス

三、阿下喜ハ将来鉄道ノ利益ヲ上ゲル必要上通過スル筈

四、関ヶ原迄ハ隧道ハ無シ
五、工費ハ七百余万円ヲ要スル見込(約三十六哩餘)
六、鉄道省ガ省議決定　議會ヲ通過シタ處ガ現在ノ決定セル予定線中ニハ大正二十一年迄掛カル線モ有ル事ダカラ　勢江鉄道モ早速ニハ建設ニ掛カレマイト思ウ
七、本日中ニテ関ヶ原迄ノ実測ヲ完全ニ終ル手順ナリ
八、藤原鉄道ヲ出願セラル、ナレバ議會ニテ決定スル前　若シ為シ得タナレバ省議決定セヌ以前ニ出願スル方利益ナリ
　此場合政府ノ測量シタル詳細ヲ出願人ニ見セルカラ出願人ハ測量費ヲ省略シ得ル利益アリ
ト云ッテ居ッタ

昭和二年十月十一日

撰擧事務所ニ於テ引續キ残務ヲ整理ス　午後蓮池君ヨリ電話ニテ會見ヲ要求シテ来タ　逢イタルニ蓮池ハ
一、山嵜ハ又別ニ永小作権確認訴訟ヲ起スト同時ニ　四日市裁判長馬淵氏ニ對シ妥協ノ仲裁ヲ依頼シタ　馬淵氏ハ此旨ヲ市長ニ傳エ　市長ヨリ九鬼エ話ガアッタ　市長ニハ僕ヨリ十一日中ニ返事スルト答〔エ〕テ置イタ　貴下ハ如何ニ返答スレバ能イト思ワル、哉
二、其節市長ハ「モー小作解決ニ市ヨリ金ハ出シ難シ」ト云ッタ　一旦出スト云ッタ金ヲ今更出シ難シト云ワレテハ困ル此点モ貴見拝聴致度シ
ト云ウ　余ハ
一、其内名古屋訟訴院ヨリ抗告ノ却下ガ来テ四日市ニ戻リ四日市裁判所ニ於テ判決ガ下ダル事ト思ウカラ妥協ハ

其上ノ事ニシテハ如何
二、市長ガ「市ヨリ金ヲ出シ難シ」ト云ヒタルハ今日ノ現情當然ナリ　県営ノ桟橋臨港鉄道ニ四日市市トシテ県廳ヨリ寄附金ヲ要求サレテ居ル以上　私人関係ノ小作人解決ニハ出金六ヶ敷シキ事ト思ウ
去リナガラ此点尚ホ一應僕ヨリ市長ト相談ヲ為ス事ニセン
ト答エテ分カル
山田胖君ヨリ手紙ニテ　藤原鉄道ノ発起人ニ熊澤ヲ入レヨト遠藤知事ヨリ良三氏ニモ話ガアッタガ　良三ハ何等返事シテ居ラヌ　熊澤ヲ発起人ニ此際入レル事ハ諸種ノ状況ヨリ判断シテ餘程考エ物ダ　是非入レナケレバナラヌノナラ後ヨリ追加発起人トシテ差加エテモ能イ訳ダカラ　従前通リ発起人ノ顔觸ニテ出願ノ方ヲ急ギ度イ旨ノ通信ガアッタ

昭和二年十月十二日

森篤二郎ガ来テ
一、昨日溝口ニ逢ッタ　溝口ハ左ノ如ク云ッテ居ッタ
野尻ノ原石ヲ小野田ニ売却スルトキ東藤原ニ於テ工場ヲ起スベシト云ウ條件ヲ附シタ為メ　小野田ハ工場敷地買収ニ取掛カッタ次第ナルガ　地主ノ四分ハ値段ノ高下ニ関ラズ土地ヲ売ラヌト突張ッテ居ルカラ目下停電情態ニテ小野田モ閉口シテ居ル
二、治田村ノ村民ハ入会権ノ訴訟ヲ起スト同時ニ知事ニ訴願シタ
知事ハ「参事會ヲ開イテ訴願ヲ却下スル丈ケダ」ト云ッテ居ル
此等ノ事ハ皆今回ノ県議撰擧ニ関連スル政争ノ具ニ供サレテ居ルノデアル
ト云ウ　余ハ

一、其内ニ何ントカ解決ヲ見ルナラン
二、入会権ノ訴訟ヲ起シタ處デ公然ノ権利ガ無イノダカラ村民モ致方ナカラン
ト答エタル上
然カシ其ンナ情態デハ至急青川ノ解決ハ六ヶ敷イト思ウカラ　君ヨリ治田村ノ人間ニ對シ何等口出シ等セヌ様ニ
シテ呉レ
其内小森ガ出テ来ル事ト思ウカラ其時ニ工合能ク話ヲシテ見ル事ニスル
ト告グ
撰擧事務所ニ於テ残務ノ整理ヲ為ス　普撰ニナッテ経費ノ届出ニモ中々面倒ナル手續書式ヲ要スルカラ骨ガ折レル
多々羅ヲ雇イ書式ヲ整頓スル事ニシタ　同人ハ名古屋県議候補ノ書類ヲ整理シタ経験ヲ有スルヲ以テ雇入レタルナリ
山田胖ヨリ午後九時頃左ノ電報ガ来タ
フジワラテツノケンニテ一四ヒアサツク
サシツカヘナキヤ、ヤマタ
伊藤氏エ照會シタルニ　十七日以後迠差支アルトノ事故
ミタイトウシサシツカエアリ一七ヒイゴニネガウフミ」ヒビ
ト返電ヲ発ス

昭和二年十月十三日

午後三時ヨリ市参事會開カル　県議撰擧中久シク開會ナカリシ事トシ議案山積　議事午後六時半ニ至ル　終了後市長ノ発起ニテ大正館エタ食ニ行ク　県議撰擧ニ参事會員ガ二ツニ分カレ（余ト森對宮田・鳥海）競争シタル事トテ市長

ハ其間ヲ融和セント気ヲ利カシタルナリ　鳥海ハ
　此際徹底的ニ坂義一ト久保村ヲ懲戒スル為メ攻撃シテ公的生命ヲ絶ッテ遣ル決心ダ
ト怒ッテ居ッタ　余ハ其ンナ渦中ニ巻込マレテハ迷惑ニ付キ警戒シテ相手ニナラズ　森ハ宮田ガ立候補シタル事ニ関シ愚図々々苦情ヲ云ッテ居ッタ　八時半ゴロ解散ス
山本薫太郎ガ水東館ヨリ電話ニテ
　伊船ヨリ岡田ト共ニ帰エッタ　四郷村ノ図面ヲ至急取ッテ貰ライ度イ
ト請求シテ来タカラ　後藤長一郎エ向ケ電信ニテ
　チズイソグマダデキヌカヘ」ヒビ
ト打電ス　後藤長一郎ハ散漫タル頭ノ持主ニテ注意ガ行届カヌカラ如斯ク地図モ遅レ勝チニナルノデアル　川島村ノ柳川・桂山ガ一生懸命ニナッテ居ルノト比較スルト問題ニナラヌナリ

当選の吉報を得て顔を揃えた森松次郎氏以下関係者諸氏のニコニコ
東海時報　昭和2年10月12日

○印ハ日比
×印ハ森松次郎

昭和二年十月十四日

午前十時頃森篤二郎来タリ　青川地図エ不明ノ個所ヲ書入レタモノヲ余ニ渡シタル上雑談ヲ為シ
セメントノ袋ハ一個三十五戔八厘　樽ハ木材丈ケニテ五十二戔掛カリセメントヲ入レル様ニ仕上ゲルニハ全部デ
壱円位トナル計算ナリ　同木材ハ吉野杉　最モ適當ノ材料デアルトノ事ナリ　此際貴下ハ此セメントノ樽ヲ製造
スル會社ヲ設立スルお考エ無キ哉
ト云ウ　余ハ
顧慮ノ餘地アル問題ナリ　セメント會社モ利シ　樽製造會社モ相當ノ利益ヲ擧ゲ得ルナレバ會社成立困難ナラズ
一度充分研究シテ見給エ
ト述ベタルニ森ハ
木ヲ切ル器械ニ三十萬円ヲ要スルト淺野セメント技師ニ聞ケリ　獨乙《ドイツ》品ノ由　尚一應研究シテ見升
ト云ッテ帰エッテ行ッタ
服部源一郎ヨリ電話ニテ一度逢イ度イト云ッテ来タカラ行キタルニ服部ハ
森ガ県會議員ニ當撰シタ故市参事會員ヲ辞職スルト思ウガ　貴見如何哉
ト其後釜ヲ狙イ余ニ其斡旋ヲ依頼スルガ如キ口吻《コウフン》ナリ　余ハ
森ハ何等言明シ居ラザルモ　若シ森ガ辞意ヲ表明シタリト假定シテモ君ノ区内デハ君ヲ一致シテ推選スルト云ウ
工合ニハ行カヌ模様デハ無イカ　森ハ栈橋・臨港鉄道ノ問題ガアルカラ此際辞任セヌト思ウ
答タルニ服部ハ
森ガ参事會員ニナッタトキ　濱田区内ノ議員トノ間ニ一年ニテ交代スル約束ニナッテ居ル由デアル

ト云ウ　雑談ノ上午後二時頃辞シ市長宅エ行ク　神経痛ノ為メ灸ヲスエテ感冒ニ犯サレタト云ウ　其處エ頂度蓮池ガ来テ三人ニテ旭小作問題ヲ相談スル　市長ハ蓮池ニ向イ

一度馬淵判事ニ逢ッテ聞イテ見テハ如何哉

ト云ウ　蓮池ハ

大喜多弁護士ニ相談シタルニ　山嵜ガ妥協セント欲スルナラ何程ノ事ヲ云ウ哉　一度聞イテ見テモ能イト云ッテ居リ升タ

ト云ウ　余ハ両人ニ向イ

折角此處迠裁判ヲ進行セシメテ今一歩ニテ勝訴トナルトキニ　其黒白ヲ付ケズシテ妥協ニ耳ヲ傾ケル事ハ　分裂スベキ形勢ニアル小作人等ヲ反ッテ團結セシムル憂ナキ哉

山嵜ハ裁判ノ結果ガ判明シテハ不利益ト考エタカラ一度忌避迠シタ裁判長ニ臆面モ無ク妥協ヲ頼ンデ来タノデアル　山嵜ノ誠意ノ程ガ疑ワレル　諸戸ト九鬼ハ裁判長ガ断案ヲ下シタル妥協金額ヲ違議ナク出金スル決心アリ哉

ト述ベタルニ蓮池ハ

御最モノ御意見故何ン共云ワズニ一度判事ニ逢ッテ様子ヲ尋ネテ見升

ト云ッテ帰エッテ行ッタ　余ハ市長上京不在中ニ推移シタル藤原鉄道ノ状況　川島村ノ模様等ヲ報告ス　市長ハ

私モ一度貴下ニお逢イ仕度イト思ッテ居ッタ處デシタ

ト云ッテ居ッタ

神海組エ立寄リタル后チ水東館エ行ク　山本・岡田ハ余ニ向イ

大約仕事モ片付キ升タカラ　今晩一先ズ帰京スル心組デス　就テハ庄内村ノ山田利三郎ノ息子ニ山ノ案内ヲシテ貰ラッテ来升タカラ　其礼ニ金五円送ッテ下サイ　金ハ貴下ニお渡シシテ置キ升　椿・庄内ノ原石ハ貧弱ニシテ到底鉄道ヲ引張ッテ迠モ引合ウ量ハ有リマセン　薗川ハ稍々楽観的ニミテ居ルガ　私等両人ハ非観的デス

四郷村ノ粘土ニ尚為念本日調査シテ来タガ　砂ノカブリ多ク一寸勘考シタ方ガ能イ様ニ思ワレテ来升タ　勿論川島村ノ粘土ガ無クナッタ上ハ此四郷村エ移ル手順トナルデショウガ　急ヲ要スル事デモ無イト考エ浮ビ升タカラ其お心組ニ願升

ト云ウ　余ハ

椿・庄内ノ原石量ニ関シテハ全然僕モ君等ニ同感ニテ　既ニ金子・良三氏等ニ此意見ヲ中立タル事アルモ両氏ハ僕ニ「至急掛合ヘ」ト命令シテ居ッタノデアル　君等ハ帰京ノ上能ク其貧弱ナル量ノ理由ヲ報告シテ呉レ給エ

ト告ゲテ分カレル

昭和二年十月十五日

撰擧事務所エ行キ撰擧費ノ計算ヲ為シ警察署エ届出スベキ書類ヲ作製ス　明日迄ニ完了スル見込ナリ

石榑宅ヲ訪問シ

一、セメントノ空《ア》キ袋ヲ纏メテ浅野エ返ス様ニ手配ヲシテ置イテ呉レ

二、磯津漁業組合ヨリ総會ノ決議書ヲ

「東京湾埋立株式會社ノ出願ニ係ル四日市港埋立及浚渫工事並ニ之ニ必要ナル諸施設ヲナス事ヲ総會ノ決議ヲ経テ同意ス」

ト云ウ意味ニテ今一通至急取ッテ呉レ

ト依頼シタルニ石榑ハ

一、セメント空袋ハ承知シタ　然カシ一ヶ月位ヲ経過セザレバ袋ガ空カヌカラ其間丈ケ待ッテ居ッテ呉レ

二、決議書ハ明後日ノ晩迄ニ君ノ手許マデ必ズ届ケル手順ヲスル

ト答エタル后チ
四日市ノ漁業権ハ磯津ト契約シタ金額ニテハ纏マリ得ヌカモ知レヌ　昨日四日市ノ漁業組合ノ事ヲ市長ニ話ヲ為シタルニ市長ハ「日比君ニ萬事依頼シテアルカラ同君ノ承認セザル事ハ決シテ話ヲセヌ様ニシテ呉レ」ト云ッテ居ッタカラ　僕ハ「御心配御無用全部日比君ト相談ノ上ノ事デアル」ト答エテ置イタ
ト云ウ　余ハ
四日市ノ漁業権ハ至急解決スルヲ要セヌ問題デアルカラ　若シ高イ事ヲ云ヘバ相手ニナラヌ決心デアル
ト答テ置イタ
後藤・加賀・森ノ三人ガ余ヲ尋テ来テ
来ル廿五日分析所ノ落成式ヲ擧行スル手順ニシタ　同日臨席ノ知事並ニ県會議員接待ニ関シ萬事貴下ト森ノ御配慮ヲ煩シ度イ
ト云ウ　余ハ
承知シタ　為念森ニモ明日君等カラ電話ヲ掛ケヨ
ト答ウ

昭和二年十月十六日

午前十時頃森篤二郎来タリ
宮地ヨリ手紙ニテ「一度上京シテ四日市ニ於ケル浅野ノ事業ノ経過ヲ報告セヨ」ト云ッテ来タカラ明朝ノ気車ニテ出発シ度イト思ウ　貴下モ一所ニ御同行如何哉　又状況宮地ニ逢ッタラ阿曽ノ山ノ事ヲ如何ナル程度ニ報告シタラ宜敷哉　断然此際解決セヨト主張シテ宜敷モノカ　或ハ能イ加減ニ報告シテ置ク方無難ナル哉

ト云ウ　余ハ
僕モ其内上京ノ必要ニ迫ラル、哉モ不計《ハカラザ》レド只今ハ未定ナリ
椿・庄内ノ原石ハ鉄道ヲ掛ケテ迠モ採屈セナケレバナラヌ程ノ原石ナシ　然ラバ浅野ハ員辨ト阿曽迠ノ間ニ原石山ガ無イト云ウ訳ニナルカラ「此際阿曽ハ解決シ置クヲ可トスト　日比モ云ッテ居ッタト宮地ニ報告仕給エ」能イ加減ト云ウ事ハ　何レノ場合ヲ問ワズ宜敷ナイ事ダカラ注意セナケレバナラヌ　但シ僕ハ阿曽ノ事ハ君カラキイテ居ル丈ケノ事ニテ詳細ヲ知ラヌカラ値段ヲ何程ノ金額ニテ解決シテ能キ哉ハ断言致難シ
ト述べタルニ森ハ
此度上京シタラ宮地ニ「借家賃ヲ完全ニ日比君ニ仕拂ヒ兼ネテ居ルカラ浅野事務所ト云ウ事ニシテ貰ラエヌカ」尋ネテ見テ宜敷イ哉
と云ウ　余ハ事業ノ進捗ヲ心配セズシテ借家賃ノ如キ少問題ノミニ頭ヲ悩シ居ル森ノ心事ヲ哀《アワレ》ニ思イ　何ン共答エズシテ話頭ヲ轉ジ
上京シタ序ニセメント樽製造ノ事ヲ能ク研究シテ来給エ
ト云ヒタルニ森ハ
承知致升タ
ト云ッテ十二時頃帰エッテ行ッタ　森ハ呑気ナ男ナリ　体裁能ク其日々々ヲ切抜ケテ行ケバ能イト云ウ遣リ方ノ男ナリ　官吏上リノ者ハ大体森ト其タイプヲ一ツニスルノカモ知レヌ
撰擧事務所エ行キ　多々羅ト磯田ニ精算事務ノ事ヲ尋ネタルニ　今夜七時頃迠掛カラナケレバ終了セズト云ウ故散髪ニ出掛ケル
夜杉浦ガ多々羅ノ謝礼金ヲ相談ニ来タ節余ハ
森篤二郎ハ浅野ノ出張員顔シテ出過ギタ事ヲスル　浅野ノ事業ハ目下其根本ヲ形成スベク暗中飛躍時代ニシテ一

言一行ヲ慎シマナケレバナラヌ大切ナ時期ナリ
其内森ノ仕事モ沢山出来テ来ルノデアルカラ此際ハ自重シテ居ラナケレバナラヌ　森ガコセ付キタルガ為メ浅野ノ色々ノ計畫ガ他ニ洩レル様ナ事アリテハ大変デアル
ト批評的ニ話タルニ杉浦ハ
御最モノ御言葉ナリ　森ニ逢ッタ節能ク注意シテ遣リ升
ト云ッテ帰エッテ行ッタ

昭和二年十月十七日

午前六時三十五分気車ニテ神海組重役一同　三雲エ松茸狩リニ出掛ケル　後藤・槌谷・刀根・田中・藤川・鈴木・松上・余ノ八名ニシテ松茂ノ女中お金ニ　藝妓お楽・小楽随行ス　気車中取引所ノ連中ガ柘植エ松茸狩リニ行クノト一所ニナル
余ハ脚気ノ気味アルニ付キ自重シテ茸狩リニ出デズ　休憩所ニテ安息ス「天保義民ノ碑」アル公園的ノ山ヲ散歩シツ、四方ノ風景ヲ眺メナガラ一同ヲ待ツ　井上敬之助経営石部ノ石灰山ガ遠望ノ中ニアリ　三時五十六分三雲発ニテ一同ト共ニ帰途ニ就キ　六時十三分四日市駅着　恒例ニヨリ松茂本店ニテ夕食ヲ為シ八時頃解散ス　楽シキ一日ノ行楽デアッタ

昭和二年十月十八日

朝富田ノ伊藤平治郎ガ電話ニテ

藤原鉄道発起人ニ加ヘラルベキ吉田伊兵衛ニ會見シタル哉

ト尋ネテ来ル　余ハ

傳七氏ヨリ一度逢ッテ説明シテ置イテ呉レトハ言ワレテ居ッタガ　絶對的ノモノデハ無イト思ッテ居ッタカラ未ダ逢ワズ

ト答タルニ平治郎ハ

吉田君ハ一度日比ニ逢ッテ聞イテ見ルト云ッテ居ッタノダカラ　至急逢ッテ話ヲシテ呉レ　吉田ガ発起人ヲ承諾セヌト云ウ事ニナルト一寸変ナモノニナル

過日傳七氏ハ井口ト會見シタ其節　井口ハ傳七氏ニ向イ「僕ハ勢江鉄道一筋ニテ進ムノダ」ト答エタル由ニテ其レガ為メ傳七氏ハ藤原鉄道ヲ一層ニ心配シ出シタ

ト云ウ　余ハ

宣敷イ　吉田君ニ至急會見スル

ト答エテ電話ヲ切ル

午後一時昌栄館エ行キ川島村長・桂山浅治郎・余・傳七氏ト四人ニテ川島村粘土山ノ件ニ関シ色々ト相談ノ結果　柳川村長ト桂山ガ直チニ帰村ノ上村會協議會ヲ開キ具体化シタ相談ヲ村會議員ニ掛ケ　出来得レバ二十日村會協議會ヨリ撰出シタル委員ヲ連レ余ガ上京スル事ニ談合ヲ為シ分レル　傳七氏ハ余ニ向イ

水道會社ハ愈々四日市ニ買上ゲラル、事ニナッタト聞ク　眞ナル哉

日比　田中土木課長ヨリ買上シ適當値段ノ言明ガ給水會社ト四日市市ニアッタ丈ケニテ　四日市市未ダ承諾シ居ラズ

傳七　四日市市ハ給水會社ヲ二足三文ノ値段迠叩キ付ケテ買取ル所存ナル哉

日比　決シテ然ラズ　去リナガラ田中土木課長ノ仲裁値段ハ市ガ豫メ調査シ置キタル値段ヨリ高キニ過グル為メ承諾デキザルナリ

傳七　然ラバ一層ノ事　四日市市ハ給水會社ヲ買入ル、意思ナシト男ラシク返事シタラ能イデハ無イカ
日比　其レハ又変ナお話ナリ　余ノ考エニテハ結局値段ガ折合ヒ付キ得ルモノト想像シ居レリ
傳七　値段ガ高イ處カ給水會社ハ田中土木課長ノ仲裁値段ニテモ売應ゼザルベシ
日比　其場合ハ致方ナシ給水會社買入レヲ市ハ断念シ　新タニ四日市市ハ獨立シタ方法ニテ水道ヲ計畫スル事トナルベシ　然カシ売手ト買手トノ間ニ値段ノ開キアルハ當然ニ付キ今暫ク交渉ノ経過ヲ眺メラレテハ如何ニ
傳七　現在ノ給水會社ハツブレテモ関ワヌ　僕ハ水源地ヲ賃金ノ代償ニ取ッテ其水源地ヲ四日市ニ高ク売ッテ遣ル事ニスル
ト云ウ　余ハ何故ニ傳七氏ガ水道問題ニ如斯ク興奮シ居ルヤヲ判断ニ苦シム　去リナガラ四日市市ノ問題デアルカラ今傳七氏ト個人的ニ此上話ヲ交換スルヲ妙ナラズト考エタルヲ以テ話頭ヲ轉ジ
日比　先般御依頼ノセメント先物三千五百樽ハ浅野ヨリ四円六十戔ト返事アリタリ　此書付ノ如シ　御意見如何哉
傳七　安クナシ　然シ先物デアルカラ或ハ然カラン　一應勘考シテ見ル
鈴木　小野田ヨリ現物三円臺ト云ッテ来テ居ル　其方ヲ買ウ事利益ナル哉モ知レズ　現在市中ニテハ六円位ヲ唱エテ居ル
日比　他ヨリ高ケレバ今一應浅野ニ交渉シテ見ル
傳七　藤原鉄道発起人ノ件ニ関シ吉田君ニ逢ヒタル哉
日比　本朝平治郎君ヨリモ電話アリタリ　未ダ吉田君ニ逢ワズ　山田胖ガ二十日ノ朝四日市エ来升
傳七　然ラバ僕モ二十日朝四日市ニ来ル事ニスル　其レ迠ニ吉田君ニ逢ッテ聞イテ置イテ呉レ　森ガ當撰シテ能カッタナァー　僕ガ志摩ノ方ニテ推薦シタル県議二人共ニ當撰シタリ　遠藤知事ハ此二人ノ中立議員ヲ政友會ニ周旋シテ呉レト云ッタ　且ツ遠藤知事ハ政府ノ云ウ事ヲ聞イテ遣ラヌト次官ニ昇進ガ遅レルト笑ッテ居ッタ
日比　遠藤知事ハ議員中ニ中立團体ヲ組織セシメテ　県政ヲ巧ニ料理セントシテ居ルト聞ケリ　其レガ為メ森モ中立

團体ニ籍ヲ置ク事ニナッテ居ル
傳七　遠藤知事ニ其ンナ腹ハナシ　森モ従ッテ政友會エ入ラナケレバナラヌ事ニナルカモ知レヌゾ
日比　其ンナ場合ニナッテ来タラ森ノ自由ニ任カスヨリ致方アリ升マイ
午後四時頃昌栄館ヲ辞シ　紋十郎氏宅ニ立寄リ紋十郎ト同行シ吉田伊兵衛宅ヲ訪問シ　余ハ吉田君ニ向イ
藤原鉄道発起人ノ件ニ関シ参上セリ
吉田　其レハ僕トシテ困ルカラ　熊澤ニ向イ三輪ヲ介シ断リ置ケリ
日比　未ダ熊澤氏ヨリ傳七氏ニ對シ何等ノ挨拶ナシ
吉田　熊澤カラ傳七氏ニ何等挨拶セヌデモ僕ニハ責任ナキ訳ナラズ哉
日比　仰セノ如シ　然シ其熊澤氏トシテハ貴下ヲ名代トシテ傳七氏ニ推薦シタルモノニ付キ　貴下ガ断ラレタトスル
ト他ニ代リノ人物ヲ物色シテ傳七氏ニ提供スル義務アル事ト思ウ
貴下ニハ御気毒ナレド　二十日ニ浅野鉄道技師・山田胖四日市ニ来タル手順ニ付キ　明十九日中ニ熊澤氏ト御
相談ノ上　適當ノ人物ヲ一人発起人トシテ　熊澤氏ヨリ傳七氏ニ向イ提供出来得ル様ニ御盡力煩シ度シ
吉田　承知シタ　明日早速三輪ニ相談ノ上熊澤ニ話スル事ニスル　熊澤ガ何故ニ名代トシテ獨断的ニ傳七氏ニ向イ僕
ヲ推薦シタル哉了解致難シ
九鬼　其レハ最モ適任者デアルカラデアル　此際熊澤氏ノ代人トシテ山中デモ佐伯デモ森寺デモアルマイ
吉田　或ハ其ンナ事カモ知レヌガ　僕トシテハ熊澤ノ為メニ思ワヌ會社ニ迠幾ツモ入レラレテ居ルカラ此上ハ御免ヲ
蒙リ度イ
日比　貴下ニ向イ此際ニハお進メ致シ難シ　熊澤ノ名代ヲ作ッテサエ貰ラエバ其レニテ可ナリ
吉田　兎角明日心配シテ見ル
午後六時頃九鬼紋十郎ト共ニ吉田邸ヲ辞ス

関君ヨリ電報ニテ
「カトウアテフミミタイサイフミ、
ワレ二一ヒマデザイキョウ。ヤマダ二〇ヒアサキチニツク、セキ」
ト通知シテ来タ

昭和二年十月十九日

午後二時頃市役所エ行キ　来ル二十五日分析場落成式擧行ノ件ニ関シ福林助役ト打合セヲ為ス　其節福林ハ先般四日市漁業組合ノ大川利七・大川久次郎・伊藤藤松外一人ガ市役所エ来テ　四日市ノ漁業権ハ如何ニナルノダト尋ネタ故　日比サンニ聞ケバ能ク判明スルト答エテ置キ升タ
ト云ウ　児玉ニ尋ネタラ児玉ハ
四日市漁業組合員ハ五十三名アリ升
ト云ッテ居ッタ
九鬼紋十郎エ行キ福林ト打合セタル通リ　分析場落成式擧行ノ順序ヲ定メタル后チ　九鬼氏ニ依頼シ吉田君エ電話ニテ昨日ノ藤原鉄道発起人ノ事ヲ聞イテ貰ライタルニ吉田ハ
本日三輪ト話ヲシテ居ル處エ頂度熊澤ガ入リ来タリタル故　其レヲ話シタルニ熊澤ハ「今日カ明日中ニ伊藤傳七氏ニ逢ウ事ニスル　山田ハ能ク知ッテ居ルカラ明日山田ガ来ルトノ事ナレバ山田ニ逢ッテモ能イ」ト云ッテ居ッタ
トノ事ナリ　余ハ紋十郎氏ニ對シ熊澤ガ傳七氏ト逢ウト云ッタ内容　即チ如何ナル返事ヲスル心組ナリ哉　其レガ判ラヌダローカト尋ネタルニ紋十郎氏ハ　モー一度吉田ヲ呼出シテ尋ネテ見ントテ電話ヲ掛ケタルニ吉田ハ

内容ハ少シモ判ラズ　去リナガラ他人ニ代人ノ腹案アル事ト推察ス
トノ返事ナリシ　余ハ紋十郎ニ向イ
若シ明日熊澤ガ吉田ノ外ニ代人ヲ立テ、来レバ宣敷キ訳ナルモ　断ッテ来タ場合発起人ガ一人不足スル故　其場合再ビ貴下ノ話ガ出タラ如何取計ラウベキ哉
ト尋ネタルニ紋十郎ハ
僕ガ名ヲ出ス場合　僕ノ格式トシテ百株ヤ二百株ヲ引受ケテ置クト云ウ事ガ出来ヌカラ困ル　何卒僕ノ方エ廻ッテ来ヌ様ニシテ貰ライ度シ
ト云ウ　余ハ其意ヲ了トシテ分カル
神海組ニ立寄リタルニ松井ハ明日パルプガ六百屯斗リ入船スルト云ッテ居ッタ

昭和二年十月二十日

午前八時四日市駅ニ山田胖ヲ出迎エ　人力車ニテ水東館ニ入ル
午前十時ヨリ昌栄館ニ於テ伊藤傳七・伊藤平治郎・狩野宗三・山田胖・余ノ六人藤原鉄道ノ相談會ヲ開ク
四日市側発起人不足一名ニ對シ　熊澤氏ニ於テ適任者ヲ推薦シ来タラザル場合ハ　之迠ノ四人即チ伊藤傳七・伊藤平治郎・平田佐矩・日比義太郎ニテ押切リ、進行出願ノ手續ヲ為ス事
ヲ申合セタル上定款ノ遂條審議ヲ為ス　十二時半凡テノ相談終リタルヲ以テ一同松茂支店ニ行キ晝食ヲ為ス　狩野小野田専務ハ二時気車ニテ大阪エ向ケ出立シタ
午後三時　九鬼紋七邸ヲ訪問シ蓮池同席ニテ旭小作問題ヲ相談ス
此際馬淵四日市裁判長ノ仲裁ヲ排シ　断然タル判決ヲ得タル后チ遠藤知事ニ仲裁ヲ求メル方針ニテ進ム事

ト一決シ　其處迠到達セシムル手段ヲ慎重ニ研究スル事ニシテ分カル
神海組ニ立寄リ関君宛
カワシマイイン七メイツレコンヤタチ〇ノウチホテルエユク」
ヤマダシモトモニカエル」ヒビ
ト打電ス
午後六時半頃山田胖ガ蛭子屋エ牛肉ヲ食ヒニ行キ度イト電話ヲ掛ケテ来タカラ行ク　山田ハ牛肉ガ好キナリ
午後八時頃四日市西駅エ山田ト共ニ出デタルニ既ニ川島村ノ委員七名出テ来テ居ッタ　左ノ如シ
村長　柳川　元太郎
議員　桂山　浅治郎
第二区長　稲垣　熊太郎
第四区長　加藤　万次郎
議員　柳川仁左衛門
〃　清水　庄次郎
〃　廣田　文一郎
二等切符ヲ八枚買ッテ一枚宛渡シ八時四十六分気車ニ乗込ム　駅ニテ久保村・大岡ガ同ジ気車ニテ同ジク東京エ行クノト一所ニナッタ　余ハ大岡ニ「何用ニテ東京エ行ク哉」ト尋ネタルニ大岡ハ「貴下ノ跡ヲ付ケテ歩ケバ能イコトガアルニ違ナイ」ト笑ウ　余ハ厄介ナ悪者ト同車シタモノダト思ヒ　川島村ノ連中ト一所ナル事ヲ悟ラレヌ様ニ苦心スル
品川駅ニテ山田ハ下車シテ行ッタ

昭和二年十月二十一日

午前七時東京駅着　直チニ丸ノ内ホテルニ入ル　朝食ヲ済マシタ上十時頃東京湾埋立會社エ行キ　一同ヲ應接室ニ待タシテ置イテ関君ニ上京用件ノ概略ヲ話シタル上関君ヨリ宮地ニ電話ヲ掛ケル　宮地直チニ来タリ　余ノ顔ヲ見ルヤ「良三ガ君ニ逢イ度イト云ッテ居ルカラ僕ト一所ニ良三ノ處迄行ッテ呉レ」ト云ウ　良三ノ室エ行キ　余ハ川島村粘土山ノ値段ノ見積モリ出来タルニ付キ　村會協議會ノ撰定セル七名ノ委員ヲ連レ上京セリ　此際假契約ヲ締結シタル上具体的ニ取纏メノ第二段ニ入ルヲ可ト信ズ　総計十一万余坪ニテ一坪平均約二円六十戔見當ナリ

川島村区長・村會議員ノ連銘書如斯シ（連判状ヲ良三ニ見セル）

ト語リタルニ良三ハ余ニ向イ

本日ハ定例重役會モアリ多忙ヲ極メ居ルガ　此問題ハ至急解決ヲ要スルモノト考ウルガ如何哉

ト問ウ　余ハ

然カリ　去リナガラ本日川島村委員ニハ之レヨリ何處カニテ晝食ヲ馳走シタル上鶴見・川崎ヲ見セ夜芝居ニ案内明日ヲ期シ正式ニ川島委員等ト御會見諾否ヲ決セラル、事ニ手順セラレテハ如何

ト云ヒタルニ良三ハ

誠ニ然カリ　直チニ其手順ヲ為サン

ト云ウ　宮地ハ余ニ向イ

君ト僕トデ其日程ヲ作リ度イカラ僕ノ部屋エ来テ呉レ

ト云ウ故良三ノ室ヲ出デセメント會社エ行キ予定表ヲ作ル

余ハ東京湾埋立會社エ戻リタルニ戸野市長ガ　余ガ今朝掛ケタル電話ノ打合セニ依リ来テ居ッタ　余ハ川島村ノ委員

ニ市長ヲ照會ス

午前十一時半セメントノ斉藤・松本・埋立會社ノ加藤・戸野市長・川島村委員七名ト共ニ東京會館エ晝食ニ行ク　関君ハ既ニ同所エ来テ居ッタ　川島村ノ連中ハ東京會館ノ立派ナルニ吃驚《ビックリ》シ呆然タルモノ、如シ　食事ガ始マッタガ委員ノ大半ハ洋食ヲ正式ニ食スル術ヲ知ラズ滑稽味沢山ナリ　食後関ハ余ニ向イ

　君ニ話スル事アリ　僕ハ今夜下ノ関エ出立スル　委員諸君ノ案内ハ加藤ガスルカラ君ハ東京ニ残ッタラ如何哉

ト云ウ故委員七名ニハ加藤・松本ヲ付ケテ鶴見・川崎ノ見物ニ出シテ遣リ　余ハ関ト共ニ東京會館エ居残ル　関ハ

　オイ碁ヲ打トウデハ無イカ

ト云ウ　余ハ「話ガアル東京ニ居残レ」トハ碁ヲ打ツ事カ　横着ナ人間ダト心中可笑《オカ》シク感ジタ　余ハ「モー二度負カスト僕ガ白ニナル筈デアル　白ト云ウ事ニ折紙ツケテ帰エル事ニ仕様カ」ト答エタルニ関ハ「能ク覺エテ居ルナァー」ト笑ウ　東京會館ノ碁盤ガ全部使ワレテ居ル故　電気倶楽部エ行キ六席戰ッタガ勝負ナシ　三時頃埋立會社エ戻ル

午後五時帝劇エ行キタルニ鶴見見物ノ連中ハ未ダ来テ居ラヌ　宮地ガ斉藤ヲ連レテ来テ居リ　余ニ向イ

　川島ノ連中ハ未ダ到着セヌ模様ダガ　僕ハ醫者ノ都合ニテ先エ帰エルカモ知レヌカラ其節ハ宜敷頼ム

ト云ウ　五時半頃鶴見行キ一行来着　案内ノ加藤ハ余ニ向イ

　一應ノ視察ニテ之沾時間ガ掛カッタ

ト云ウ　本夕ノ藝題ハ「五右衛門の釜」「濱松風戀歌」「大杯觴酒戰強者」「社頭諌言」「辨天娘女男白浪」ニテ幸四郎ノ日蓮ハ上出来デアッタ　宗十郎ノ辨天小僧ハ無難デアルト云ウ丈ケデ譽メル程ノ價値ハ無イ　夕食ハ東洋軒ニテ支那料理ヲ食ッタ　十時半終リ一同ヲ引率散歩旁歩イテ丸ノ内ホテルエ帰エル　時ニ十一時ナリ　直チニ風呂ニ入リ一同ト雑談ヲ為ス　一同ハ見ルモノ聞クモノ意外ノ種ナラザルナク吃驚シテ居ッタ　桂山・柳川ハ余ニ向イ

　東京エ連レテ来テ貰ラッテ能カッタ　来タ者ハ全部頭ヲ固メテ仕舞ッタ　之ノ調子デ行クト村ヲ纏メルニモ工合

ガ能イ　浅野ノ仕事ト云ウモノハ大キナモノデスナァー
ト云ッテ居ッタ

昭和二年十月二十二日

午前七時頃同室ニ寝テ居ッタ桂山浅治郎ハ余ヲ起シ
大変ナ事ガ起ッタ　加藤万次郎ガ今朝ノ気車ニテ帰エッテ仕舞ッタ　常識ノ無イ者ハ何ン共仕方ガ無イ　柳川村長モ「ボンヤリ」者ダ　同室ニ寝テ居リナガラ加藤ヲ私等ニ無断デ帰エスト云ウ事ハ何ンタル事ダ
ト興奮シテ告ゲル　余ハ
直チニ東京駅エ駆付ケタラ引留メ得ルカモ知レヌ
ト答エタルニ桂山ハ
其レデハ直チニ探シテ来升
ト答エ柳川・廣田ヲ引連レ出テ行ッタガ九時半頃帰エッテ来テ
駅長ニ頼ミ横濱駅ニテ車内ヲ探シテ貰ラッタガ見付カリマセンダ
ト云ウ　余ハ
致方ナシ　何故帰エリタル哉　君等ハ判断付カヌカ
ト尋ネタルニ
別ニ他意アッテ帰エリタルニハ非ラザル様覺エ升
ト云ウ　余ハ
宣敷イ　何ントカ浅野ノ手前ヲ取リ繕ッテ置ク事ニセン

ト答ウ
十時半頃宮地ガ電話ヲ掛ケテ来テ
泰治郎・金子ガ一気車遅レ十一時半ヨリ帰エラヌ故　午後二時半ニ川島村ノ連中ヲ連レ會社エ来ル事ニシテ貰ライ度シ
ト云ウ　余ハ承諾ノ旨ヲ答エテ電話ヲ切リタル后チ　川島ノ連中ニ右旨ヲ話シ午后壱時半迠自由行動ヲ宣告シ　余ハ眠クテ仕方ガ無イ故　帝展見物ニ行キ度イノヲ止メテホテルニテ寝ル
午後二時半一同ヲ引連レセメント會社エ行ク　宮地ハ余ヲ別室ニ招キ契約書ノ草案ヲ示シ此レデ宜敷哉ト尋ネル　余ハ一読シタル上一二個所ヲ訂正シタル上
此位ノモノニテ可ナラン
ト答エ一同ガ待ッテ居ル應接室ニ帰エラントシタル途中　庶務ノ今井常一ガ余ヲ呼ビ掛テ
旅費ヲ御計算致度シ
ト云ウ　余ハ今日迠今井ニ逢イタル事ナキモ先方ニ於テ余ヲ知ッテ居ッタノデアル　旅費ヲ受取リ　應接間ニ帰エリ待ッテ居ルト又々宮地ガ呼ビニ来タカラ行キタルニ　今度ハ金子・泰治郎・良三・増田ノ四人ガ居リ金子ハ
期限ハ何ヶ月位ニテ可ナル哉
ト問ウ　余ハ
三ヶ月ヲ川島村委員ニ希望シ居レリ
ト答ウ　泰治郎ハ余ニ向イ
コノ草案ノ契約書ノ意味ヲ　君カラ川島村ノ連中ニ能ク了解ノ出来得ル様ニ説明シテ置イテ呉レ　其ノ了解ガ出来タ頃ヲ見計ライ僕等ハ調印ノ為メ出テ行ク事ニスル
ト云ウ　余ハ應接室ニ帰エリ一同ニ草案ヲ渡シテ説明スル　泰治郎ガ想像シタ通リ　果シテ一同ヨリ文意ニ関シ色々

ノ質問ガ出ル　余ハ一々其レヲ説明シテ了解サセル　其レガ終ッタ頃　泰治郎・良三・金子・宮地ガ出テ来ル　調印ガ始マル　柳川仁左エ門・稲垣熊太郎・清水庄次郎ノ三人ハ手ヲ震セテ自分ノ名前ヲモ完全ニ書キ得ヌ様　側ラヨリ眺メテ居ッテ面白ク感ジタ　全部調印ヲ終リタル後　三通ノ内一通ハ浅野　一通ハ柳川村長　一通ハ余ガ保有シタル后チ泰治郎ハ川島村ノ一同ニ向イ

此契約ガ出来テ其レデ宣敷イノデハ有舞セン　仕事ハ将ニ之レカラ始マルノデスカラ皆様ノ御盡力ヲ切ニお願仕度イ　宣敷頼ミ升

ト挨拶シテ出テ行ッタ　良三ハ

親爺ハ工場ヲ海岸エ持ッテ行ク事ヲ主張シテ居ルガ　僕ハ川島説ヲ主張シテ居リ升　諸君ノ御配慮ヲ煩ワシ度イ

ト云ッテ出テ行ッタ　金子ハ

跡ノ處ハ日比君！　萬事宜敷キ様ニ取計ッテ呉レ給エ

ト云ッテ出テ行ッタ　宮地ハ余ニ向イ

之カラ御一行ヲ常盤ニ案内シテ　夕食ヲ差上ゲ度イガ日比君如何デス

ト云ウ　余ハ

其レデハ其手順ニ致マショウ

ト答エ一同ヲ購買課長ノ斉藤作藏・庶務ノ谷口・松本ト共ニ自動車ニテ常盤ニ連レテ行ク　八時半頃夕食ヲ終リ　其處ニテセメントノ連中ニ分レヲ告ゲ丸ノ内ホテルニ引上ゲル　ホテルニテ風呂ニ入リ九時東京駅ニ出デル　駅ニテ紋十郎・戸野市長・渡辺章六・鷲野宗常等ニ出逢ヒ同一気車ニ乗込ム　駅エハ久保村・大岡・服部源一郎・市長ノ妻君・息子等ガ其レ〴〵送リニ来テ居ッタノヲ見タ　余ハ豫メ此等ノ連中ニ出逢ウノヲ豫側シ丸ノ内ホテルヲ出ルトキ　川島村ノ連中ニ對シ「駅ニテ僕ガ切符ヲ買ッテ渡シタラ君等ト分カレ升」ト告ゲテ置イタ為　此等市會議員ノ連中共ハ余ガ川島村ノ者ヲ引連レテ居ルノヲ一寸モ気付カザリシ　戸

野市長ハ気車ガ動キ出シタトキ浮カット余ニ向イ

村ノ連中ハ如何致升タ

ト尋ネル　余ハ鷲野ガ気ガ付カヌ様ニ市長ノ耳元エ口ヲ寄セテ

内密々々

ト云ヒタルニ市長ハ　始メテ気ガ付キ首ヲ縮メテウナヅイタ　一ツノ事ヲ成就セシムルニモ色々ト苦心ヲ要シ気苦労ナモノダト思ッタ

気車ガ非常ニ込ンデ到底寝ル訳ニハ行カヌ　市長・鷲野・渡辺ト共ニ雑談シ為シツヽ静岡駅ニテ弁當ヲ買イ濱松駅ヨリ岡崎迠ノ間少シトロ〳〵ト眠ル

国の勢江鉄道路線決定

昭和二年十月二十三日——十二月十五日

狩野宗三
小野田セメント専務（後に社長）

小野田セメント愛知支社（大正14年1月、愛知セメントを合併）
浅野セメント、小野田セメント、地元の三者合同による藤原鉄道敷設免許申請書を
昭和2年11月15日三重県庁に持参

昭和二年十月二十三日

午前八時四日市駅着
午後一時頃山下九助ヲ訪問シ午後三時ヨリ市参事會ニ出席ス
夜阿倉川エ帰エリタルニ　関君ヨリ左ノ手紙到着シテ居ッタ

昭和二年十月十九日　関　毅
日比義太郎　様

拝啓　本日上京中ノ田中土木課長ヨリ電話ニテ漁業組合同意書ノ督促有之候間　先般御依頼申上候磯津ノ分相成ベク至急御送附被成下度願上候
四日市漁業組合ノ分ニ對シテハ急ニ解決ヲ遂グハ却ッテ不利カト存ジ又県廳ノ方ハ磯津丈ノ分ヲ一旦提出致ス積リニ有之候間　四日市漁業組合ニ對シテハ當分不即不離ノ態度ヲ執リ情況ノ御觀望相成度願上候
右要用迠　草々

去ル廿一日関君ハ余ト市長ト居ル處ニテ四日市漁業組合ノ同意書必要ニ付キ至急解決ヲ希望スト云ッタガ　此手紙ニハ「解決ヲ急グハ不利」トアル　何レガ眞ナル哉一寸判断ニ苦シム　然カシ手紙ハ十九日附ニシテ関君ノ語リタルハ二十一日ノ事デアルカラ此手紙ヲ差出シタル后チ『四日市漁業組合ノ同意書モ至急出セ』ト遠藤知事カ田中土木課長ヨリ請求ヲ受ケタノカモ知レヌト考ウ

昭和二年十月二十四日

午前七時志津ハ桑名喜治小供健之佑百十日ノ内祝ニ行キ　義平ハ病気全快ノ為メ東京エ九時気車ニテ出立シタ
十時頃森篤二郎阿倉川エ来タリ
去ル六日笠田村ノ仁井新之助（六十才位）ガ来テ　治田村ニ錼道ノ権利ヲ持ッテ居ル　浅野ハ如何シテ呉レルノ
カト云ッテ居リ升タ
ト云ウ　余ハ
其ンナモノガアル筈ガ無イ　放任シテ置ケバ宜敷イ
ト答ウ　尚ホ森ハ
セメントノ樽製造ハ計算ガ取レヌトノ事デシタ　浅野セメント會社モ競争入札的方法ニテ各方面ノ製材會社ヨリ
安ク買入レテ居ル　其方ガ安ク上ルトノ事デシタ　セメント樽ノ木材ハ厚四分　長二尺五寸　巾二寸五分ノ寸法
ニテ現在ノ値段ハ川崎着五十五戔トノ事デシタ
決シテ吉野材ニ限ッタ事ハ無ク浅野社長ハ米松《ベイマツ》ヲ輸入シテ自給自足ヲ計カレトノ主張デアルソウデスガ　其レヲ
実行スルト一樽分八十戔ニ當リ反ッテ高ク付クトノ事ニテ他ノ重役ハ社長ノ意見ヲ実行シテ居ラヌトノ事デシタ
ト云ウ　余ハ
大抵其ンナ理由ガアルデアラウト思ッテ居ッタ
ト答エタ　色々雑談ヲ為シ仕舞ニハ碁ヲ打チ三時頃帰エッテ行ッタ　森ハ長尻デ困ル
與三郎ガ庭ヲ作リニ来テ居ル　與助ガ死ンダノデ與三郎ガ大将デ指揮シテ居ルノデアル　與三郎ハ「昨年通リノ人工《ニンク》
〔作業ヲスル人〕ニテ仕上ゲルニハ骨ガ折レル」ト云ッテ居ッタ

昭和二年十月二十五日

本日ハ肥料分析場ノ落成式ナリ　九時三十一分気車ニテ遠藤知事ガ来ルノデ駅迠出迎ニ行ク　十時半ヨリ式ヲ始メ十一時半頃終ル　同終了後遠藤知事以下県廳ノ役員・新県會議員・四日市市参事會員・正副議長ヲ肥料商ガ松茂本店ニ招待シ晝食ノ宴ヲ張ル　余ハ紋十郎氏ニ頼マレテ此等ノ接待ニ幹疑スル　遠藤知事ハ本日午後六時ヨリ津ニテ御木本ノ招待會ガアルト云ッテ午後三時半頃自動車ニテ帰エッテ行ッタ

東京山田胖ヨリ照校親展電報ニテ

　ホツキニンシメイ二七ヒアサマデニソロフ」

ジモトカンケイノウチミテイ一メイ二七ヒマデニキマラヌカヘン」ヤマタ

ト照會シテ来タ

後藤長一郎ガ神海組エ手紙ニテ左ノ四郷村ノ地價表ヲ書キ置イテ行ッタ

四郷村大字西日野

字永長壱坪當リ値段

	時價	買上價
田	二、五〇〇	三、〇〇〇
畑	一、五〇〇	二、〇〇〇
山林	七〇〇	一、〇〇〇

字今郷壱坪當値段

田	二、〇〇〇	二、五〇〇
畑	一、〇〇〇	一、五〇〇
山林	五〇〇	七〇〇

右平均シテ買上ノ見込價

田	二、七五〇
畑	一、七五〇
山林	八五〇

以上区長立會評價セラレシ旨村長ヨリ申シ出アリ（昭和弐年十月廿三日）

右表ヲ一見シテ余ハ顧慮ノ餘地アリト思ッタ　川島村ノ桂山浅治郎氏宛電信ニテ

　アスアサユク」ヒビ

ト照會シタルニ

　テンミタアスアサユク」カツラヤマ

ト返電ガ来タ

昭和二年十月二十六日

午前八時桂山浅治郎来タリ

　一、川島村ノ委員中一名東京ヨリ無断先キニ帰リタルハ脳病持ノ為メ持病ヲ東京ニ於テ起ス等ノ事アリテハナラヌト心配シタル為メニシテ他意ナク　我等帰村ノ上追加調印ヲ取リ置キタリ

二、昨日村會議員・区長ニ東京ニ於テ為シタル契約書ヲ見セ説明シタル後チ　買上地域内ニ属スル組頭六名ヲ召集シテ一應ノ説明ヲ與エタリ

三、本日ハ地主ヲ各区ニ召集シテ一般的ニ説明ヲ為シ具体的相談ニ入ル心組ナリ

四、四郷村々長川島弥六ハ私ニ向イ左ノ如ク廿四日内密ニ語リタリ

「今度四郷村ニ浅野セメント會社ガ出来ル　其餘波ハ川島村東部ノ地所買上ニモ及ブナラン　僕ノ村ハ田二、七五〇　畑一、七五〇　山林八五〇ト見積書ヲ出シテ置イタガ此値段ニテハ到底纏マル見込ハ無イガ先ヅ浅野ヲ引込ム手段ト為シタルナリ　川島村モ其心組ニテ四郷村ト能ク打合セテ値段ノ掛引等致度シ　若シ川島村エ浅野ヨリ話アリタル節ハ不透聞《スカサズ》カシテ貰ライ度イ」

ト云ッテ居リ升タガ私ハ何ンニモ知ラヌ何ンニモ話ハ未ダ無イト答エテ置キ升タ

五、早ク地主ヲ纏メ片端ヨリドシ〳〵承諾書ニ調印ヲ取ッテ仕舞ウ事ガ肝要ト思ウ

ト報告スル　余ハ桂山ニ向イ

実ハ只今君ガ話サレタ通リ四郷村ヨリ地所買収値段ノ報告ガアッタ　君ノ村ヨリ少シハ高カラント想像シテ居ッタ四郷村ガ馬鹿ニ安イカラ如何ナモノカト不審ヲ生ジ昨夜君ニ電報ヲ打ッタ訳デアル　川島村ヲ纏メタ相場ガ高カッタトナルト先キニ行ッテ私ノ立場ガ無クナルシ　君モ不面目トナル訳ダカラ出来得ル限リ安ク纏メテ貰ライ度イト思ウ　君等ノ目的ハ「浅野ニ地所ヲ賣ルノガ主眼デハ無ク浅野ニセメント工場ヲ起サセテ村ノ繁栄ヲ計ルノガ目的デアルト考エルカラ　后日浅野ヨリアノ地所ハ高カッタト云ウ如キ批評ヲ受ケナイ様ニ頼ム」　四郷村ハ當分此儘放擲シテ置ク事ニスル

ト述ベタルニ

是非左様願度シ　四郷村ハ結局纏マル地所デハ無イト思ヒ升

ト云ウ　十時頃桂山ハ「之レヨリ四日市税務署ニ開カル、土地賃貸借委員會ニ出席スル」ト云ッテ帰エッテ行ッタ

富田伊藤平治郎エ電話ヲ掛ケ

東京山田ヨリ「廿七日朝迠ニ発起人ハ全部揃ウガ地元一名ノ缺員分ヲ其レ迠ニ決定スル事出来ヌカ」ト電信ニテ照會シテ来タ　如何ニ返事スベキ哉

ト尋ネタルニ平治郎ハ

僕ヨリモ君ニ電話ヲ掛ケル使命ヲ傳七氏ヨリ受ケテ居ッタノダ

「熊澤ヨリ傳七氏エ向ケ堀木忠良ヲ発起人トシテ呉レテハ如何哉　若シ同人ニテ能イト云ウ事ナレバ堀木エ話ヲシテ見ル」

ト云ウ事デアッタ　僕ハ昨日其事ニ関シ昌栄館ニテ傳七氏ト相談ノ結果

「日比君サエ能ケレバ熊澤氏エ承諾ノ意ヲ返事スル事ニシタ」

君ハ如何ニ考ウル哉

ト云ウ　余ハ

堀木ハ誠ニ結構ナリト考ウ　但シ堀木ハ承諾スルノカ

ト尋ネタルニ平治郎ハ

未ダ堀木ハ全然知ラヌ　熊澤カラ話ヲシテ見ナケレバ判ラヌ

ト云ウ　余ハ

其レデハ熊澤エ承諾ノ返事ヲシテ呉レ

ト答エタルニ平治郎ハ

其レデハ直チニ電話ニテ熊澤ノ在否ヲ尋ネ訪問ノ上其返事ヲスル　堀木ガ承諾シタラ君ヨリ堀木エ詳細ノ説明ヲ與エテ貰ライ度イ

ト云ウ　余ハ

承知シタ
ト答エテ電話ヲ切ル
東京ノ山田胖エ向ケ昨日ノ返電トシテ照校電報ニテ
ミタクマザワシトハナシチウユヱ（ネガイシヨ）ハソノマツビヱ一メイカキイレウルダケアケテサクセイタノム」
モシテキニンシヤナケレバ四メイダケニテススム」
ト返電ヲ為ス
濱田千種繁藏来タリ
旭小作問題ヲ解決致度ク吾等塩濱出身者ニテ塩濱人會ヲ組織シ奔走仕度イト思ウ　如何哉
ト云ウ　余ハ
其レハ結構至極ノ事ナリ　去リナガラ組織スル人物ハ誰々ナル哉
ト尋ネタルニ千種ハ
馳出シ出身　江田　佐藤鉄太郎
南旭　四ツ谷　吉川豊左衛門
塩濱村一色　西末広町　前田鉄工所
濱旭　北納屋　伊藤吉松
〃　濱田　千種繁藏
〃　海軍特務少尉ニテ　昌栄町　伊藤甚太郎
築港事務所勤務
等重《オモ》ナル者ナリ
ト云ウ　余ハ

其レ以上範囲ヲ擴張セヌ方宜敷カルベシ　佐藤鉄太郎ヲ御同道願度シ　貴下ト御両人御立會ノ下ニ現下ノ状況ヲお腹ニ入ル様ニ説明致度シ
ト述ベタルニ午後五時頃両人来タル　余ハ今日迠ノ経過並ニ現在ノ状況ヲ詳細ニ説明シタル上
此問題ハ結局ノ處遠藤知事ニ仲裁ヲ乞ウテ以テ最モ適當ナリト考ウ　依ッテ諸君ノ努力ハ幡随院《バンズイイン》長兵衛式ナラザルベカラズ　名譽心ヨリ出デタル奔走ニテハ不可ナリ　下敷ニナッテ働イテモ事件サエ満足ニ解決出来得レバ結構ナリトノ観念ヲ要ス
ト述ベタルニ佐藤ハ
勿論ノ事ナリ　私等ハ名譽心ヨリシテ此事件ヲ解決仕度イト云ウノデハ毛頭ナイ
ト云ウ　余ハ
天晴レノ御決心ナリ　然ラバ右内中心ニナッテ働イテ呉レル者ヲ三名斗《バカ》リ御撰定セラルヽ方活動ニ便利ナルベシ
ト告ゲタルニ両人ハ
佐藤・吉川・千種其任ニ當ル事ニ致升　而シテ本夕前記ノ数名ガ松茂支店ニ第一回集會ヲ開ク事ニナッテ居ルカラ此レヨリ其方エ出席シテ相談ヲ進メ升
ト云ッテ出テ行ッタ
蓮池ヲ呼ンデ右ノ事ヲ語リタルニ蓮池ハ
先刻伊藤利藏ヨリ其事ヲ一寸聞キタルガ誠ニ結構ノ事ト思ウ　君ガ工合能ク指導シテ適當ニ活動スル様御取計ライ願度シ
山嵜ハ大審院エ再抗告ヲ為シ津エ一件新タニ訟訴ヲ提起シタ　同人ノ誠意ヲ認ムルニ由ナシ　何處迠モ裁判ノ決定ヲ待ッテ事ヲ進捗セシムル必要アリ　明日ノ裁判ヲ山嵜ガ判事ノ部屋ニ遣ッテ呉レト云ッテ居ルガ断然謝絶公判廷ニテ執行シテ呉レル様ニ原・大喜多両弁護士ヨリ主張セシムル心組ナリ　明日ハ坂弁護士ハ欠席ナリ

本日諸戸ト知事ニ逢ッテ来タ　知事ハ

昨日馬淵ガ逢度イト云ウカラ逢ヒタルニ「山嵜ガ仲裁ヲ依頼シテ来タカラ其任ニ當ル心組デス」ト云ウ故
其レモ宜敷カラント答エテ置イタガ馬渕デハ出来ソウニモ無イ

ト云ッテ居ッタ

ト云ウ　余ハ

正々堂々陣ヲ進メル以外ニ外ノ事ヲ思ッテハ不可ナリ　原弁護士ノ云ウ通リ「急ガバ廻レ」ダ

ト答ウ　蓮池ハ雑談ノ上帰エッテ行ッタ

昭和二年十月二十七日

午前九時ヨリ四日市裁判所ニ於テ山嵜弁護士ヨリ別ニ起シタル一件ノ永小作権確認訟訴ノ裁判開カル、ニ付キ　八時五十分行キタルニ未ダ判事モ出テ来テ居ラヌ　暫クシテ傍聴ノ為メ鳥海・福林助役・伊達来タル　十一時頃馬渕判事ヨリ

山嵜弁護士ガ余ニ仲裁ヲ依頼シテ来タニ就テハ九鬼・諸戸ノ方モ其仲裁ニ應ゼラレタシ

ト原弁護士ニ交渉アリ　原弁護士ハ弁護士扣所《ヒカエショ》エ帰エリ来テ其處ニ待ッテ居ル諸戸ノ伊藤定次郎・九鬼ノ蓮池・大喜多弁護士・鳥海・福林・伊達・余ニ向イ右ノ相談ヲ持チ掛ケル　一同ハ熟議ノ上　原弁護士ヲシテ馬渕判事ニ對シ

山嵜弁護士ヨリ此件ハ絶對ニ永小作権無キモノナリトノ一札ヲ入レタル后チニ非ラザレバ妥協ニ應ズル事ヲ得ズ

ト返事セシメタルニ　馬渕判事ハ原弁護士ニ對シ

現在四日市裁判所ニ於テ假登記ヲ為シタル永小作権假登記ヲ全部抹消スルト山嵜弁護士ガ言明シ致シ居ルヲ以テ
其レニテ山嵜ノ誠意ヲ認メ遣リ妥協スル事ニセラレ度シ

ト依頼シテ来タ　一同ハ其レニテハ不可ナリト云ヒタルニ原弁護士ハ　此際馬渕判事ノ依頼ヲ謝絶スルハ容易ナルモ跡々ノ事ヲ考ウレバ不利益ノ点モアル故　其返事ハ君等一同ガ判事ニ逢ッテ直接御言明アリ度シト云ウ故福林・蓮池・伊藤・鳥海・伊達・余ハ判事室ニ行キタルニ判事ハ妥協ヲ進メル事切ナリ　鳥海ハ

永小作権ノ在ルヤ無シヤ不明ノモノニ對シ補助ヲ出ス事ハ市會ニ於テ決議致シ難シ

ト述べ　伊藤ハ

此際妥協ハ困難ナルベシ「永小作権ナシ」ト云ウ一札ヲ入レザル限リ山嵜ノ誠意ハ認メ難シ

ト云ヒタルニ馬渕判事ハ

「永小作権ナシ」ト云ウ一札ヲ入レル事ヲ余ヨリ山嵜ニ話シ難シ　此一札ヲ入レル以上判決ノアッタモ同然故妥協ニハナラヌ

窮鼠《キュウソ》反ッテ猫ヲ喰ムト云ウ事アッテモ宜敷カラズ　此際余ニ仲裁ヲ御任カセ願ウ

ト妥協方ヲ極力進メル　余ハ沈黙ヲ守ランカトモ思ッタガ一同ガ判事ノ強制的言議ニ對シ　重ネテ言葉ヲ反シ兼ネタルガ如キ様子故　此儘判事ノ言ウ通リニナッテハナラヌト思ッタカラ

今日迠貴下ノ御面倒ヲ得テ漸ク此處迠到達セシメタルモノヲ　判決ヲ得ズシテ妥協ニ取掛カル事ハ如何ニモ不本意ニ考エ且ツ不利益ナリト思ウナリ　現在小作人ノ状態ハ此際判決ノ断然タルモノアレバ分裂ヲ来タス事歴然タルモノアリ　然カルヲ裁判長ガ仲裁ニ入リ其レヲ九鬼・諸戸ガ承認シタト云ウ事ニナルト折角分裂仕掛カッテ居ル小作人ヲ反ッテ団結固カラシムル恐レアルナリ

現在ノ周囲ノ状況ハ四日市市トシテモ小作解決ニ出金致難キ事情ノ下ニアルノミナラズ　塩濱村長ハ山嵜弁護士ヲ除外スルニ非ラザレバ三万五千円ノ補助金ヲ出サヌト言明シテ居ル

山嵜ハ目下大審院ニ貴下ノ裁判ヲ抗告シテ居リ新タニ津ニモ一件永小作確認ノ裁判ヲ提起シテ居ル状態ニテ彼レノ誠意ハ認メ難シ　依ッテ本日ノ裁判所ハドシ〳〵進行セシメラレン事ヲ希望ス

ト述ベタルニ馬渕判事ハ
　妥協ニ應ジテ呉レルナラ全部ノ裁判ハ取消スト云ッテ居ルノデアル
　仲裁談ヲ試ミタル后チお気ニ入ラナケレバ裁判ヲ續行スル事ニシテ宜敷キ訳ナラズ哉
ト云ウ　鳥海ハ
　仲裁可能不可能ハ結局金額ノ問題ナリ
ト云ヒ　判事ハ
　其金額ヲ山寄ニ言明セシムル前提トシテ諸君ヨリ仲裁ヲ御任カセ願度シ
ト云ウ　余ハ
　貴下御一存ニテ山寄ヨリ金額ヲ御聞取リノ上我等ニ御示メシ願度シ　其金額ヲ聞キタル上ニテ仲裁ヲ御任カセス
　ルヤ否ヤヲ決定スル事ニ致シ度イ
ト述ベタルニ馬渕判事ハ
　仲裁ヲ御任カセ願ヒタル上ニ非ラザレバ山寄ヨリ其レヲ聞キ取ル事能《アタ》ワズ
ト主張スル　余等ハ断然謝絶セントカトモ思ッタガ一應引下ガリ相談ノ上円極〔滑〕ニ断ルニ然カズト考エタカラ
　然ラバ一應引下ガリ相談ノ上御返事ニ来升
ト答エテ弁護士扣所ニ来タガ別ニ相談スル事モ無シ　今度ハ原弁護士・蓮池・福林ノ三名ヲ判事ノ處エ遣リ
　妥協ニ應ズル哉否ヤハ関係者モ廣イ事デアルカラ只今決定致シ難シ
　本日ノ裁判ハ予定通リ續行セシメラレ度シ
ト言ワシメタルニ馬渕判事ハ
　余ニ仲裁ヲ任セヌナラ裁判進行可ナルモ　任カスト云ウナラ此裁判ハ進メヌ方ガ宜敷シ
ト云ウ　三人モ此上重ネテ言張リ判事ヲ怒ラセテハ困ルト考エタ故

然ラバ本日ハ此レニテ引取リ升

ト答エテ退却シテ来タ　本日ノ裁判ハ来月五日ト延期決定セラレタ　本日ハ昨日ノ塩濱人會ノ連中モ傍聴ニ来テ待ッテ居ッタカラ　余ハ千種ニ向イ

本日ハ裁判ガ延期セラレタ

ト知ラセテ裁判所ヲ引上ゲル　時ニ午後二時ナリ　馬渕判事ガ斯ク迫ニ余等ノ欲セザル妥協ヲ強要スルトハ誠ニ心得難キ事ト思ッタ

原弁護士・大喜多弁護士・蓮池・伊藤・鳥海・福林・伊達・余ノ八人ハ大正館ニ行キ晝食ヲ為シ午後四時頃解散ス

本日大正館ニテ一同ガ晝食ヲ為シタル節　原弁護士ハ一寸酔ッテ居ッタガ余ノ側ラニ来タリ

四日市ハ決シテ浅野ニノミ執着スル必要ハナイト思ウ　四日市ガ将来有望ナル港デアルナレバ浅野ガ假令《タトイ》手ヲ引ク事アルモ他ノ資本家ガ代ッテ来テ浅野ノ遣ル丈ケノ仕事ハ実行スルニ違ナイ

浅野ハ何程親切ニ盡シテ遣ッテモ其レニ酬ユル性心[精神]ナド毛頭持ッテ居ラヌ　浅野ノ事業ハ統一ガ取レテ居ラヌ

ト云ウ　余ハ原弁護士ガ突然何ニヲ思ッテ斯ンナ事ヲ言ヒ出シタルヤヲ解スルニ苦シミタルモ

總一郎氏君主専制ノ會社デアルカラ或ハ左様カモ知レマセンナァー

ト答エタルニ　原氏ハ

浅野ヨリ僕ガ裁判ヲ依頼サレタル事数々アルモ猪突主義ニテ熱心ニ迫ッテ来ルガ時々気ガ変ル　又裁判ニ負ケタ處デ其割合ニ何ン共考エヌ

ト云ウ　福林助役ハ此余ト原ノ話ヲ聞イテ只笑ッテ居ッタ　原弁護士ハ余ト浅野ノ関係ヲ能ク知ラヌト見エル

淺野セメント會社の洋灰輸送鐵道終点
桑名富田四日市の間に猛烈なる争奪戰起らん

伊勢新聞　昭和2年10月27日

勢江濃三ケ國に跨る員辨郡藤ヶ原嶽を中心として同郡西部の諸山石灰岩は無盡藏と云はれてをるが愈々セメント會社に於て採鑛せらるゝ曉は職工三千人以上阿下喜村以西の各村に入り込むと共に、採鑛石灰岩の輸送の爲め會社單獨にて鐵道を藤ヶ原嶽附近より四日市市若くは富田町迄敷設すべく一般に豫想されて居るので桑名町有力者中には北勢鐵道により員辯地方の人々を吸引してゐる桑名町の發展上大響影ありとて其對策を講ずべく寄々協議中であるが去る二十四日擧行した桑名電車開通式の席上臨席した加藤内務參與官は「過日内務省に於て遠藤本縣知事に會見したが其際談偶員辨郡以西の石灰石採鑛問題に移り同知事の語る處によれば小野田セメント會社と淺野セメント兩會社の間に立ちて調停の勞を執りたるも其輸送用鐵道に就ては其終點が四日市市若くは富田町となることはまだ考へて居ないとのことであつたから今後の努力如何によつては云云」と暗に桑名町の運動如何によつては淺野セメント會社をして北勢鐵道を使用せしめて現在の如く終點を桑名町と爲さしむるが如く仄かしたので何れも蘇生の思をして近く大々的運動を起すべき形勢であるから今後四日市市、富田、桑名の激しき争奪運動が行はるべく豫想されてゐる

此記事ハ誠ニ迂遠ノ報道ニテ藤原鉄道現在ノ眞想ニハ遠イガ加藤參與官ガ桑名ニ於テ演説シタルハ事実ナリ　政黨屋ト云ウモノハ至ル處デ地方民ヲ扇動スル如キ言議ヲ弄シ自己撰擧ノ立場ヲ有利ニセントノミ考エテ居ル誠ニ以テ厄介至極ノ代物《シロモノ》ナリ

昭和二年十月二十八日

鶴見祐輔ノ『北米遊説記』ヲ買ッテ来テ読ム　三分ノ一斗リ一気ニ読了シタガ中々面白シ
名古屋ノ傳七氏ニ電話ヲ掛ケ
　浅野ヨリ過般お話ノセメント三千五百樽契約ノ話ハ如何ニナッタカト電信ニテ照會シテ来升タ　御都合如何哉
ト尋ネタルニ傳七氏ハ
　折角ノ事デアルカラ貰ッテ置ク事ニスルガ假令十袋宛デモ負ケテ呉レ
ト云ウ　余ハ
　承知致升タ
ト答エテ電話ヲ切ル

昭和二年十月二十九日

午前十二時頃加藤米藏宛
　セメントイトウシニハナシシタ」
　トクニ一〇センガエツトメケイヤクシヨオクレ」ヒヒ
ト打電ス
本日ノ勢州毎日新聞ヲ見ルト何レノ新聞ヨリノ抜粋ナルヤ左ノ記事アリ　目下一生懸命ニ川島村ノ地所ヲ掛合ッテ居ル余ニ取リテハ誠ニ以テ迷惑千萬ナリト思ッタ　森永ト云ウ奴ハ公共的観念等ハ薬ニ支度クモ無イ人間デアッテ　金

ナエ黄ラエル口ノ話ナラ如何ナル嘘八百デモ書ク　元来浅野ニ對スル記事ハ悪ルイ事許リヲ書ク　市長並ニ鳥海ニ反感ヲ持ッテ居ル結果ナルベシト想像スルナリ

勢州毎日新聞　昭和2年10月29日

セメント工場なら眞平御斷り
九州嫌はれ者となつた淺野セメント王の悲哀

淺野セメント會社では今度新たに九州に四ヶ所のセメント工場を設置するとかでセメント王淺野總一郎翁は工場地下撿分のため此の程九州入りをした、石灰石や粘土等セメントの原料を持つ地方の人々は「工場を設置さるのは地方發展になるのでうれしいがその代りセメントの灰を降らされては農作物が生育せぬ」とあつて全く「ふぐはくひたし命は惜し」と云ふかう□□る此の事情を知つてゐる淺野翁はとつくに敷地や原料山は買收してゐるが嫌はれてまでその地に工場を設けたとあつては工場將來のために宜しくないのみならず翁の面目にもかゝはると云ふので無理押しに工ぜうを設けない、どうせ設立するなら大多數の人々から歡迎される位の地を選びたいものだとて九州に着くや否や「俺は九州に一年間三千萬圓の黄金を雨を降らしてやらうと思ふに、ヤレ灰だヤレ煤だとの苦情を云ふので困る一そ四ヶ所の新設工ぜうを一ヶ所に纏めてしまはうかとも思つてゐるがそれでは面白くないし何處か黄金の雨に浴したい地方はないか知ら」と鳴物入りの宣傳然るに困つたことには門司でも市外刈田でも大分縣津久見でも何處でも始めはセメント工ぜの豪勢にだまされて二つ返事で工ぜう設置を容れたるところ今は降灰で農作物は出來ず諸國のならず者の職工達の入來で風紀は壞はされ非常に悔いてゐるのを一般がよく知つてゐるので他の工ぜうならば兎もかくセメント工ぜうだけは御免だと尻込みしてゐる（福岡）

阿倉川エ伊藤平治郎ガ電話ヲ掛ケテ来テ

晝頃ノ気車ニテ二三日東京エ旅行スル　堀木ノ話ハ熊澤エ返事ヲシテ置イタ　若シ熊澤カラ返事ガ無ケレバ君ヨリ熊澤エ照會シテ呉レタ上堀木エ説明頼ム

ト云ウ　余ハ四日市ニ居リ留守中ノ事トテ直接電話ニハ掛カラナンダ

午後三時ヨリ市會協議會開會　市長ヨリ

一、左右田銀行預金四千余円ノ内四割九分五損失ノ件

二、水道市営ニ関連シ給水會社買上ノ件

ノ相談ヲ為ス　左右田銀行預金ハ此際五割五厘ヨリ取レヌデモ致方ナイカラ現金ヲ取ッテ片付ケテ仕舞ウ事ニ決定

給水會社ノ買上値段ハ田中土木課長仲裁ノ二十七万余円ト市理事者ノ十八万余円トハ大分距離ガアルニ付キ　今日迠其交渉ノ任ニ當リタル市参事會員六名ニ加ウルニ市會議員中ヨリ更ラニ六名（各團体一名宛）ヲ加エ交渉ニ當ル事ニ決定散會ス

午後七時半頃市長宅ヲ訪問シ川島村粘土山交渉状況・藤原鉄道ニ関スル現在ノ状況ヲ説明シタル上　旭小作問題ヲ馬渕裁判長ニ仲裁一任スル件ニ関シ意見ノ交換ヲ為シタルニ市長ハ余ト同一意見ナリシ　凡テノ話ヲ終リ雑談中　市長ハ余ニ向イ

蓮池ハ馬渕裁判長ヲシテ知事ニ向イ「小作問題解決ニ関シ浅野ヨリモ金ヲ出サセント計ッタ」　去ル廿五日松茂本店別席ニ於テ僕・知事・判事ノ三人ガ會見シタル時　判事ハ知事ニ向ッテ此事ヲ相談シタガ知事ハ一撃ノ下ニ「其ンナ事ハ不可能ノ事デアル」ト撃退シタ

九鬼ノ遣リ方ハ段々ト汚ナキ事ノミ数重ナルヲ以テ僕ハ今度ノ小作問題解決ニ関シテハ「絶對ニ口ヲ出サヌ」ト宣告スル心組デアル　セメント會社ノ方ハ君ノ御盡力ニ依リ原石山ハ既ニ解決シ　藤原鉄道ノ方モ着々進行シテ居リ　又川島村モ其内ニ纏ル事ト思ウカラ掖済會前ノ埋立ニテモ結構ニ出来ル事デアル　敢テ絶對ニ旭ノ埋立ヲ

待ツヲ要セヌ

ト云ッテ居ッタ　蓮池ガ何ニカ市長ノ感情ヲ害シタ事デモアルノカト思ッタガ市長ノ此言モ一理アルナリ

浅野ト地所賣買交渉ノ節　言ヒ度イ放題ノ無理ヲ言ッテ値段ヲ絞ッテ置キ今更浅野ニ無理ハ言エヌ事ヲ萬々承知シテ居リナガラ　何ンニモ其間ノ交渉経過ヲ知ラヌ馬渕判事ヲシテ私《ヒソ》カニ遠藤知事ニ言ワシムルトハ餘リ感心シタ遣リ方デハ無イ　厳密ナル意味カラ云ヘバ昨年ノ夏東京ニ於テ右土地賣買交渉ノ節　其時ノ内務省政務次官俵孫一氏ハ市長・鳥海・余ノ三人ニ對シ

小作解決ニ関シ四日市市ニ對シ物質的援助ハ決シテ要求セヌ　九鬼・諸戸ニ於テ其解決ノ任ニ當ルカラ四日市市ニ對シテハ性〔精〕神的援助丈ケヲ希望スルノデアル

ト立派ニ言明シタ事デアルカラ四日市市ハ金ヲ出ス必要ハ無イノデアル　余ハ其レヲ充分知ッテ居ルノダガ殊更ラニ其ンナ事ヲ云ウ必要ガ無イカラ　余ハ沈黙ヲ守ッテ居ルノデアル　実際九鬼紋七ハ吾等ノ心盡シヲ何ン共思ッテ居ラヌ　恰《アタカ》モ當然ノ事ノ様ニ考エテ居ルカノ如クニ見エル　市長ガ怒ルノモ當然ナリ

昭和二年十月三十日

午後一時頃森篤二郎来タリ

一、昨日県廰エ行ッテ来タガ員辨郡鎍道ノ問題ハ心配スル事ハ無カッタ

二、志摩國加茂ニ原石山アル由　県廰ニ於テ工場課次席坂本瀧二郎・保安課ノ小林技師ガ云ッテ居ッタ　坂本ハ磯部出身者ニシテ小林ハ鳥羽出身者ナリ　一度視察ニ行ッテハ如何哉

ト云ウ　余ハ

一、鎍道ノ件ハ始メヨリ心配スル事ハ無イト思ッテ居ッタ

二、加茂ハ十一月一日ノ午前七時四十分発気車ニテ視察ニ行ク事ニスル
ト返事ス　篤二郎ハ
山田警察署長ハ上野芳松・鳥羽警察署長ハ野村岩吉ニ付キ視察スルニ付キ便宜多シ
ト云ウ　余ハ
加茂駐在順〔巡〕査ニ案内ヲ頼ム様ニ手順セラレ度シ
ト命ズ
午後五時頃森松次郎来タリ　過般来県會議員撰擧ニ對シ撰擧事務長トシテ努力シタル余ニ對シ礼ヲ云ウ　余ハ改マッテ礼ナドニ及バヌノニ御丁寧ノ事ダト返事ス　森ハ雑談ニ移リ
鳥海ガ「名譽毀損」「撰擧妨害」ニテ告訴シタル連中ヲ検事ガ裁判所ニ於テ取調ラベタル節　検事ハ其等ノ連中ニ向イ「鳥海ニ毀損セラルベキ名譽ノ持合セガアルノカ?・撰擧妨害ノ訴エトシテハ成立ツケレ共〔ド〕」ト笑談ヲ云ッタ由　又検事ハ「宮田ノ票ハ一票六円宛ニ付イテ居ルト云ウ事ヲ聞イテ居ルガ君等モ聞イテ居ルカ」ト尋ネテ居ッタト云ウ事デアル
ト云ウ　余ハ鳥海ノ人格ガ検事ニ迠判ッテ居ルカト思イ可笑シカッタ
九鬼紋十郎ガ余ト森ヲ肥料分析所ニ骨折ッタ礼トシテ大正館エ招待スルト云ウ故森ト共ニ行ク　肥料商番頭連中七名モ来テ居ッタ　歓ヲ盡シテ八時半頃解散ス

昭和二年十月三十一日

午前十一時頃昌栄館ヨリ電話ニテ
主人ガ只今来タ　何ニモ御用事ナキ哉

ト知ラシテ来テ呉レタ故傳七氏ヲ電話ニ掛カッテ貰ラヒ

志摩鉄道ノ沿線加茂附近ニ原石山アルトノ事故《コトユエ》明日視察ニ行ク考エナリ　貴下ハ定メテ御承知ノ事ト思ウ如何哉

ト尋ネタルニ

聞及ビ居ラズ。アノ辺ハ志摩鉄道敷地買上ゲニ一番苦ンデ居ル程ノ気質宜敷カラザル處故　僕ガ一應調査シテ見ル事ニスルカラ其上ニテ見ニ行ク事ニシテハ如何

ト云ウ　余ハ傳七氏ニ任カセテ置イタノデハ永引キ且ツ要領ヲ得ヌカラ

其都合ニ致升

ト答ウ　傳七氏ハ

遠藤知事ガ代議士撰擧立候補順[準]備ノ為メ本年中ニ知事ヲ辞職スルトノ噂高シ　藤原鉄道願書ヲ早ク出サナケレバ不利益ト思ウ　何日頃願書出来《シュッタイ》ノ手順ナルカ山田ニ照會シテ見テ呉レ

ト云ウ　余ハ

承知致升タ

ト答エ電話ヲ切ル

一時頃市役所ニ市長ヲ尋ネ遠藤知事辞職ノ噂話ヲ為シタルニ市長ハ

昨日貴下ガ御話シアリタル通リ知事ハ資産ナキ模様ニ付キ果シテ代議士ニ打ッテ出ル哉疑ワシ　去リナガラ幸イ明日県廳エ行ク心組故一度尋ネテ来升

ト云ウ

千種繁藏ニ電話ヲ掛ケタルニ千種ハ

旭デ山嵜ハ全ク正反對ノ事ヲ云ッテ居ル様子デス　地主側ガ仲裁妥協ヲ頼ンデ止マヌ故廿七日ノ裁判ガ延期セラレタノダ「僕ニ依頼シテ居レバ工合克クナルニ定マッテ居ル　安心シテ居レ」ト旭小作人ニ大言荘語シ　小作等

ハ山嵜ノ言ヲ信ジ酒ヲ買イ萬歳ヲ唱エタト本朝小作人ノ一人ガ来テ私ニ話シテ行キ升タ　昨日佐藤・吉川等三名ガ小作人ニ會見ノ為メニ行キ升タガ前述ノ様ナ状況トテテンデ話ヲ受付ケナンダ模様デス　三人ヨリ未ダ報告ハ聞イテ居リマセヌガ私ノ處エ来タ小作人ノ話ノ模様ニ依レバ其ンナ様子デシタ

私ハ明日單獨ニ旭エ行キ視察シテ来ル心組デスカラ其結果ヲ御報告致升

ト云ウ

昨日森松次郎ガ謝礼ニ来タ答礼ニ行キタルニ森ハ

本朝阿野田ガ来テ「市役所モ小作解決ニ骨折ッテ貰ライ度シ」ト云ッテ暗ニ僕ニ奔走ヲ頼ムカノ模様ガ見エタガ僕ハ其内裁判ガ片付クカラ其上何ントカナルデアラウト答エ取合ワナンダ

ト云ウ　余ハ

其ノ方ガ能イ

ト答エテ分カル

晩ニ南納屋ノ総代伊藤治郎ガ来訪シ

四日市漁業組合ノ大川ノ處エ山本鉄松ガ来テ「漁業権ノ交渉ヲ僕ニ任カセヨ掛合ッテ遣ル」ト云ッテ来〔タ〕トノ事デス　本日市役所ニテ福林助役ニ其事ヲ話シテ実情如何デスカト尋ネタルニ助役ハ「其事ハ山本デハ判ラヌ日比サンノ處エ行ツテ聞ケ」ト云ウ事デシタカラお伺致升タ

ト云ウ　余ハ大畧ノ事ヲ語リタルニ伊藤ハ

其レデ能ク了解シ升タ　二三日中ニ漁業組合ノ連中ヲ連レテ来升カラ一應ノお話ヲ御願致シ升

山本ナドニ引掛ッテハ大変ナ事ニナリ升

ト云ツテ帰エッテ行ッタ

昭和二年十一月一日

午前七時四十七分発鳥羽行キ列車ニ森篤二郎ト共ニ乗リ込ム　十時過ギ鳥羽警察署エ行キ　署長野村岩吉氏ニ逢イタルニ野村氏ハ

　本日ハ天候最モ能キ故加茂ノ山御視察ヲ明日ニ延期　本日神島御調査相成リテハ如何哉

トノ事ナリシヲ以テ予定ヲ変更直チニランチヲ雇イ　十一時頃鳥羽港ヲ発シ十二時過ギ神島ニ着ス　駐在所順〔巡〕査宮田清五郎氏宅ニテ晝食ヲ為シ同氏ノ案内ニテ島内ヲ視察ス　野村氏ガ云ッタ様ニ全島石灰石ニテ充満シテ居ラヌ單ニ東南側ニ石灰石ガアル丈ケニテ然カモ到底採屈困難ノ場所ナリ　全然見込ナシト思ッタ　折角神島ニ来タ序ナルヲ以テ燈台ヲ見物ス　燈台守ガ詳細ニ説明ノ労ヲ取ッテ呉レタ　神島ハ現在百七十戸約千人位ノ住民アリ　年々三十人位宛増加スル為メ家屋ヲ増築スベキ平坦地ヲ得ルノニ困ッテ居ルトノ事ナリ　午後五時頃再ビランチニ乗リ込ミ六時過ギ鳥羽ニ帰エリ金浦館ニ泊ル　神島視察中　森篤二郎ハ案内ノ順査ガ付イテ居ルニモ不関《カカワラズ》且ツ未ダ全部ヲ視察シ終ラザルニモ不関

　日比君全部石灰石ダ　此地点ヲ工場地ニスルト能イ

ナド平気デ廣言シ得々タリ　余ハハラ〱思ッタ事ガ再三ナラズ

昭和二年十一月二日

午前八時頃鳥羽警察署エ立寄リ　森順査ニ人力車二臺ヲ雇ッテ貰ラッテ加茂山視察ニ出掛ケル　九時頃岩倉着駐在順査塩田喜與一氏ヲ訪問シ色々質問シタルニ　塩田順査ハ

　河内ニ於テ三十年程モ前　石灰ヲ焼イテ居ッタト云ウ事ハ聞イテ居ルガ現在ハ無シ　礒部村逢阪峠附近ニテ現在

石灰ヲ焼イテ居ルガ原石ハ貧弱デアルトノ事デアル　此附近ニ於テ原石豊富ナル地点ト云エバ河内デアルトノ事デアルガ私ハ何等知識ナキ為メ詳細ナル事ハ知ラズ

ト云ウ　余ハ

甚ダ恐縮ナレド私服ニテ御案内願エヌカ

ト頼ミタルニ

宜敷イ　御案内致升ガ河内エ行ッテカラ山ノ地理ヲ知ル者ヲ探ガシテ連レテ行キ舞ショウ

ト答エル　直チニ出掛ケル　河内村中程ニ住ムデ居ル百姓奥村末吉ト云ウ者ヲ探シテ案内ニ雇ッテ来テ呉レタ　奥村ハ

七石附近ニ原石ハ沢山アルガ此地点ハ日本セメントガ一ヶ年三百円宛ノ料金ニテ採屈契約ヲ為シ　既ニ二十年経過シ　一昨年同ジ條件ニテ向ウ十ヶ年間契約ヲ継續シタト噂ニ聞イテ居ル

七石ト称スルハ七色ノ石ガアルト云ウ意味カラ命名セラレタモノニシテ　赤間ヶ石・マンガン・石灰石・燐鑛石等ガ出ル

七石ノ次ニ石灰石アルハ大河内ナリ

ト云ウ　先ヅ七石ヨリ案内シテ貰ラウ事ニシテ視察ヲ進メル　成程赤間石・マンガン石ハ可成アル　奥村ガ此處ガ石灰石ノ集積地点デアルト指示スル處ヲ注意深ク眺メタガ一向ニ集積シテ居ラヌ　轉ジテ大河内ノ案内ヲ乞ウ　大河内ハ朝熊山ノ登リ口ニシテ此處ヨリ同山ノ絶頂迠二十五町ニシテ達スルト塩田順査ガ説明シテ呉レタ　余ハ奥村ニ石灰石ノアル地点ハ何處ナリ哉ト尋ネタルニ奥村ハ

アノ地点デス　昔ハアノ地点ニテ石灰ヲ焼イテ居ッタトノ事デス

ト指示シテ呉レタガ全然肉眼ニハ見エヌ　七石ニ於テハ貧弱ナガラ露頭ガ弗々アッタガ此大河内ハ何ンニモ無イ　或ハ被覆シテ居ルノカモ知レヌト思ッタガ考エテ見レバ

此地点ハ鳥羽ヨリ四里程奥エ入ッテ居リ　鳥羽ヨリ鵜方エノ街道上ヨリ二里程ノ山奥ニ當リ此二里ノ間　難路（前半一里ハ容易ナルモ後半一里ハ立田谷ノ如キ難路ナリ）ニシテ鉄道ヲ容易ニ引入ルベキニアラズト思考シタルヲ以テ奥村ニ二円ヲ案内賃トシテ與エテ暇ヲ告ゲ　余ハ森・塩田ト共ニ鳥羽ニ出デ洋食屋ニ入リ午后二時頃始メテ書食ニアリ付ク　大ニ空腹ヲ感ジタ　不味イ洋食ガ甘《ウマ》カッタ　森ハ塩田順査ニ向イ十円紙幣ヲ與エタル上

森　権利取リガアノ山ノ権利ヲ持ッテ居ッタ處デ浅野ガ其レヲ買収シテ仕舞エバ能イノダ

塩田　権利ヲ取ルニハ大キナ人ノ名ヲ出サヌ方ガ御得策デス

森　然カリ　権利ヲ取ル場合ハ村長ト君ト二人ノ名前デ取ッテ欲シイ

余ハ森ノ態度並ニ云ウ事ノ不謹慎ナルニ不快ノ感ヲ抱イタ　森ハ一体　本日アノ山ヲ視察シテ見込ガアルト考エテ居ルノカ　否ナ見込ノアル無イハ見識ノ問題デアルカラ二ノ段トシテ今回ノ視察ハ余ノ部下トシテ同行シテ来テ居ルノデアル　其レニモ不関　余ニ一言ノ相談ナクシテ塩田ニ十円ヲ與エルサエ僭越ノ行為デアルノニ不謹慎ニモ猥リニ権利買収ヲ浅野ノ名ヲ以テ公言シ　其名義主ヲ「村長並ニ君ニセヨ」等ト余ニ無断デ断言スルトハ沙汰ノ限リデアルト思ッタ　余ハ感情ヲ包ミ冷静ニ森ニ向イ

日比　先ヅ村図ヲ塩田君ニ取ッテ貰ッテ諸種ノ鑛石ノアル地点ヲ書キ入レテ貰ライ　日本セメントガ如何ナル契約ヲ何人ト為シテ居ルカ此契約書ノ写シヲ取ッテ貰ラウ事ガ肝要ダヨ

ト注意シタルニ森ハ塩田ニ向イ

森　村図・契約書写シヲ取ッテ呉レ

塩田　其レヲ取ッタ上何處エ送リテ宜敷哉

森　僕ノ處エ送ッテ呉ルレバ宜敷シ

ト平気ナモノナリ　余ハ馬鹿ラシクナッタカラ何ンニモ言ワズ　森ハ昨日鳥羽警察署長ニ余ヲ照會スルニモ余ヲ「私ノ親分デス」ト説明シ　金浦館ニ泊ッタトキモ余ガ次席ニ坐シタルニモ不関余ヲ上席エ押立テタ　本日ハ何故ナルヤ

人力車ニ乗ルニモ平気デ先頭ニ乗リ其言動タルヤ前記ノ如シ　最モ塩田ニ向イ豪然ト構エタルハ洋食屋ニテ一寸ビールヲ飲ミタル擧句ノ事デアッタガ　少シ位ノビールヲ飲ンデアレ程ニ態度ヲ崩ス様デハ到底重要ナル用件ハ言付ケラレヌ　安心シテ仕事ヲ任カス事ハ到底不可能ノ事デアル　森ト責任ヲ分担シテ仕事ヲスル事ハ断然御免ヲ蒙ムル事ニ余ハ決意シタ　余ハ森ニ向イ

日比　僕ハ四時五十二分ノ気車ニテ帰エル

森　僕ハ此レヨリ清水ニ逢ッテ八時ノ終列車デ帰エル心算デアル

塩田　私ハお先エ御免ヲ蒙リ先刻山エ御忘レニナッタ御採集ノ原石ヲ取ッテ来テ　可成《ナルベク》森サンノお帰リニお持チ帰エリ願エル様ニ致升

塩田ハ余ニ向イ改メテ名刺ヲ出シ

何分宜敷願升

ト云ウ故余モ塩田ニ名刺ヲ渡シタル上　人力車ニテ鳥羽駅エ出デ八時頃四日市エ着ス

午後八時半頃南納屋総代伊藤治郎ガ四日市漁業組合組長大川久次郎・監事大川利七・組合員有力者伊藤藤松ヲ連レテ来ル　余ハ去ル三十一日伊藤治郎ニ打合セタル次第モアリタル事トテ　三人ニ向イ懇々ト四日市ノ大勢ヨリ説キ起シ磯津漁業組合ノ状況ヲモ語リ　四日市漁業組合ノ執ルベキ態度ニモ言及シテ丁寧ニ説明シタルニ三人ハ大ニ了解シ左ノ誓約書ヲ余ニ渡シ十二時半頃帰エッテ行ッタ

誓　約　書

一　今般東京湾埋立會社ガ四日市港ニ埋立修築工事ヲ為スニ付キ吾々四日市市漁業組合ハ漁業権ヲ解決スルニ付キ四日市市将来発展ノ為メ誠心誠意ヲ以テ浅野ト交渉取纒メヲ為スノ決心ヲ有シ其奔走方ヲ日比義太郎氏ニ一任ス　日比氏ニ一任シタル以上弁護士又ハ第三者ニ依頼セザルハ勿論一日モ早ク完全且ツ円満ニ東京湾埋

立會社ノ計畫ガ実現セン事ヲ希望スルモノナリ　右誓約シテ且ツ第三者ニ他言セザル事ヲ保証ス

昭和貳年十二〔ママ〕月二日

四日市漁業組合

組長　大川久次郎　爪印

監事　大川　利七　々

伊藤　藤松　々

立会人

南納屋総代　伊藤　治郎　々

日比義太郎　殿

昭和二年十一月三日

午前八時過桂山浅治郎ガ稲垣・田中ノ二区長ヲ連レテ来テ

一、毎日地所取纏メノ為メニ奔走中ナルガ　村内悪宣傳ヲ為スモノアリ「浅野ハ川島村ノ粘土ヲ買ウノガ目的ニテ決シテ工場ヲ置カズ」ト　其レガ為メニ非常ニ困難ヲ感ジテ居ルカラ貴下ヨリ「必ズ工場ヲ置ク」ト保証アリ度シ

二、田畑ニ肥料ヲ置クベキ哉否ナ哉ニ関シ議論区々ニナリ居レリ　直チニ工場ガ置カレルトスレバ肥料ヲ置クモ無駄ニナル訳ナリ　如何哉

右貴下ノ御意見ヲ伺ヒタル上　村ニ帰エリ集會ヲ開ク手順ナリ　其レガ為メニ区長二名ヲ連行シタリト云ウ　余ハ

一、今更ラ工場ヲ置クノ置カヌノト疑ヲ抱ク事ハ反ッテ僕ニ於テ変ニ思ウノデアル　村人ノ朴直ニモ似合ワシカラズ　若シ左様ナ疑アルナレバ君等ガ地持《ヂモチ》村民ヨリ委任状ヲ取ル場合ニ於テ「工場ヲ置カル丶事ヲ條件トシテ此土地ヲ賣應ズルモノデアル」ト云ウ個條ヲ書添エテ纏メラレタラ能イデハ無イカ

二、粘土山ノ買収ガ済ンダ處デ藤原鉄道附〔敷〕設ノ関係モアリ直チニ工場建築ニ取掛ル事ハ困難ナリ　実際ニ土地ヲ取上ゲル迠ニハ相當ノ時日アリト考ウルヲ以テ此冬ノ肥料ハ置カレテ可然《シカルベ》シト思考ス

ト答エタルニ　三人ハ

其ノ御説明ヲ聞イテ安心致升タ　直チニ村ニ帰エリ集會ノ席上ニテ徹底スル様ニ村民ニ説明致升

ト云ウ　余ハ

説明ハ能イガ早ク纏メテ呉レヌデハ秘密ガ漏レテ思ワヌ支障ヲ来タス恐レアリ　凡ソ何日間位ニテ契約出来得ル様ニナル御予定ナル哉

ト反問シタルニ　三人ハ

必ズ纏メル決心デス　農繁時期ニ入ッテ居リ升ガ其ンナ事ヲ云ッテ居レナイカラ毎晩寄ッテハ取纏メヲ進メテ居リ升カラ本年中ニハ多分結着ガ付クト思ッテ居リ升

ト云ッテ帰エッテ行ッタ

十時ヨリ諏訪公園ニ開カル丶四日市市政三十周年祝賀會ニ出席ス　會衆六百余名ニテ盛會ナリ　型ノ如ク市長ノ式辞ニ始マリ遠藤知事以下来賓ノ祝辞数々アリ　終ツテ宴會十一時半頃退散シタ　余等参事會員ハ市長・助役等ト遠藤知事以下来賓ヲ大正館ニ招待ス　知事ハ三時頃津ニ於テ開カル丶競馬発會式ニ臨席ノ為メ帰エッテ行ッタカラ余モ退却ス

午後七時頃森篤二郎来タリ

昨夜終列車ニテ帰エリ升タ　貴下御出立後塩田ガ山エ引返シ忘レタ原石ヲ持ッテ来テ呉レ升タ　其節塩田ハ河内村ニ

於テ河内共有山林組合長片岡藤右衛門ト云ウ人物ニ出逢ッテ話ヲ聞イタソウデス　同人ノ話ニ依ルト河内村ト契約シテ居ルノハ日本セメントニ非ラズシテ清水千代二郎（五十五才位）ダトノ事デス　契約條件ハ

品質並ニ量ノ順位

一　池河原　五町五反　一等
一　大河内　百四十町　二等
一　七石　二十二町　三等
一　小河内　十三町　四等

右四ヶ所ガ河内村全部ノ石灰石山デ　其内四ヶ所共各個所ニ少シ許リ宛ノ区域ヲ合計二十二町歩清水ガ五千円ヲ納メル條件ニテ契約シタルモ　未ダ清水ガ納金セザル為メ契約書ニ調印ハ出来テ居ラヌ由デス　村民ハ清水ヲ信用シテ居ラヌガ　清水ガ仕事師デアルカラ其内金主《キンシュ》ヲ捕エテ来テ何ニカ仕事ヲ始メルニ相違ナイト云ウ想像ト若シ金主ヲ捕エテ来タラザリシトキハ五千円丈ケ取リ得ナリト云ウ考エヨリ此相談ガ出来タトノ事デス

右ノ次第ナルヲ以テ若シ浅野ガ買ウト云ウ事ニナレバ村民ハ喜コンデ清水ヲ振切リ浅野ノ契約ニ應ズルガ如キ模様ダソウデス

目下ハ原石山ガ被覆ニ包マレテ居ルカラ何處ニ石灰石ガアルカ判明セヌ位ナルガ　十二月カ一月位ニ下草刈リヲ為スヲ以テ其時見ニ来テ呉レタラ如何ニ原石ノ豊富ナルカガ一目シテ判ルト片岡ハ塩田ニ言ッテ居ッタソウデス

ト報告シタル后チ　語ヲ継ギ

私ガ考エ升ニハ此原石ヲ伊藤傳七サンニ買ワシテ置ケバ能イト思イ升ガ如何デス

ト云ウ　余ハ

其ンナ事ハ出来ヌ　直チニ浅野エ手紙ニテ通知仕給エ　傳七氏ハ其ンナ事ハ決シテセヌ人ナリ　考エテ見給エ

此山デ若シ利益ガアレバ傳七ハ横取リシタ形トナリ人格ヲ落スシ　五千円取ラレテ仕舞ウ事ニナルト傳七氏ノ全

損ニナルデハ無イカ
ト云ヒタルニ森篤二郎ハ黙シテ答エズ　暫ラクシテ
塩田ヨリ明日ニモ地図ト清水トノ契約書ノ写シヲ送ッテ来升シヨウ
ト云ウ　余ハ
然ラバ地図ト契約書写シヲ見タ上デ浅野ニ知ラシタラ宣敷カラン
ト答ウ　森ハ話頭ヲ轉ジ
瀧ヶ原問題。清水ニモ困ッタ　昨日アレヨリ清水ヲ訪問シタルニ清水ハ風邪ニテ寝テ居ツタガ起キテ来テ「未ダ西村ニハ相談セズニ居ル」ト答エ　且ツ「此問題ヲ浅野ガ法律デ争ッテ来ルナラ僕モ應戰スル　其場合ニハ浅野ニ居レナク成ルモノガ二人出来テ来ルシ僕ハ宮地・金子・増田ヲ不法監禁罪デ訴エル」ト云ッテ居リ升タ
ト云ウ　余ハ余ノ直接関係シタ事柄デハ無イカラ只フン〳〵ト聞イテ置イタ　其レヨリ森ハ余ニ碁ヲ教エテ呉レト云ヒ六目ニテ五席斗カリ教授シテ遣ッタ　森ハ十二時頃帰エッテ行ッタ

昭和二年十一月四日

志津桑名エ法要参詣ノ為メニ行ッタカラ留守番ヲスル　雨降ル
午前十一時カラ井口代議士ガ四日市市役所エ来テ勢江鉄道沿線ノ村長並ニ関係者ヲ召集シテ左ノ説明ヲシタ
勢江鉄道ハ正確ニ明年度ノ鉄道予算中ニ組込マレマシタ　向ウ三四年中ニ敷設出来得ル様ニ一層ノ努力ヲスル決心デ居ル　此予算ハ特別會計デアルカラ大藏省ニテ削減セラルヽ等ノ憂ハ毛頭無イカラ御安心アッテ然ルベシ
此上尚ホ一層ノ運動ノ為メ並ニ今日迠小川鉄道大臣ガ此鉄道ノ為メニ好意ヲ寄セテ呉レタ謝礼ノ為メ御連中御揃御上京煩シ度シ

集合シタル一同ハ　井口代議士ノ奔走ヲ了トシ十二月上京スル事ニ打合セシ弁當ヲ食ッテ解散シタル由　福林助役ヨリ阿倉川エ電話ニテ知ラシテ呉レタ
午後六時頃桑名ヨリ電話ニテ　志津ガ明日墓詣リヲシテ帰エリ度イト云ッテ来タガ「是非今夜帰エレ　明早朝旭小作ノ裁判ガアル」ト返事ス　今日此頃　死ンダ者ノ為メニ二日モ潰スト云ウ事ハ時間経済ヲ知ラヌ者ノスル事ダ　其レモ葬式ナラ兎角過去ノ法要等一日デ沢山ダ

昭和二年十一月五日

本日ハ旭小作人側ガ第二次ニ提起シタル永小作権確認訟訴裁判ガ四日市裁判所ニ於テ開カル丶日ナリ〔シ〕ガ　他用ニ取扮レ余ハ傍聴ニ行カナンダ　後トニテ福林助役ヨリ聞キタルニ　山嵜ハ形勢不利ト見テ右訟訴ヲ取下ゲテ仕舞イ本日ハ公判無カリシ由ナリ　馬渕裁判長ハ何ントカシテ妥協セシメント欲シテ山嵜弁護士ニ仲裁方ヲ進メタル由ナルモ山嵜ハ
　賣ツタ代價ノ半分サエ呉レタラ妥協ニ應ズルナレド其レ以下ニテハ駄目ナリ
ト突張リタル為メ馬渕裁判長モ遂イニ仲裁ヲ思イ切リタル由ナリ　此レニテ山嵜弁護士ハ（先日假登記分ヲ全部取消シタルニ付キ）四日市裁判所ト全然手ガ切レタ次第ニテ　同弁護士ヨリ津裁判所ニ提起シタル永小作権確認訟訴ノ裁判ガ来ル二十二日ニ開カル丶事トナリタルナリ
午後一時頃桂山浅治郎来タリ
　本夕川島村ニ於テ集會ヲ為シ委任状ヲ取ル相談ヲ為ス手順ナルガ　田畑ノ小作ヲ向ウ五ヶ年位保証シテ呉レル訳ニハ行カヌカ
ト云ウ　余ハ

浅野ノ方デ其保証ヲ與エル訳ニハ行カヌガ場合ニ依リ君丈ケノ方便ニテ云ウ事ハ差支ナシト思ウ　実際ニ於テ五ヶ年位ハ大丈夫ト考ウ
ト答エタルニ桂山ハ
然ラバ私丈ケノ腹ニテ百姓ノ心配セヌ様ニ云ヒ升
ト云ツテ帰エッテ行ッタ
桑名ノ船津屋ヨリ伊藤平治郎ガ電話ヲ掛ケテ来テ
熊澤ヨリ堀木ガホゞ承諾シタト傳七エ向ケ返事ガ有ッタ故　僕ガ本日堀木エ行ク手順デ居ッタ處ガ僕ガ生憎用事ガ出来　明日ハ養老エ行カネバナラヌ事ニナッタ故君カラ堀木ニ能ク話ヲシテ呉レ
七日ニ小野田ヨリ願書廻ッテ来次第地方発起人ガ昌栄館エ集合　調印仕度イト思ッテ居ル
ト云ウ　余ハ承諾ノ旨答エテ電話ヲ切ル
午後五時ヨリ大正館ニ於テ市長並ニ市参事會員ガ井口代議士ヲ招待スル事ニナッテ居ッタカラ行ク　井口ハ市長ノ挨拶ニ答エ
私ガ代議士ニ立チタル目的ノ勢江鉄道ハ幾多ノ曲折ガ有ッタガ今度我黨内閣ノ手ニテ漸ク成効シタ　諸君ト共ニ誠ニ悦コブベキ事ト思ウ　此後共市政諸般ノ事ニ就キ協力仕度イ
ト述ベタ　午後八時頃宴會ヲ終ッタ　井口ハ辞シ帰エラントスルニ際シ余ノ側ラニ来タリ　声ヲ私《ヒソ》メ
君！　東京エ来タラ是非一度僕ノ家エ立寄ッテ呉レンカ
ト云ウ　余ハ
承知
ト返事シテ置イタ　右宴會ノ最中　市長ハ余ノ前エ廻ッテ来テ
堀木ガ井口ニ内密ニテ藤原鉄道ノ事ヲ尋ネタラ井口ハ　藤原鉄道ガ出願ニナッタラ却下スル方針ヲ小川鉄道大臣

ハ持ッテ居ルト云ッテ居ッタソウデスヨ

ト云ウ

午後九時頃森篤二郎ガ塩田カラノ手紙ヲ持ッテ来テ

加茂原石山ノ件　我々ガ視察ニ行ッタ事ヲ清水ガ聞イテ早速加茂ノ片岡藤右衛門エ金五千円持参　兼而《カネテ》ノ契約ニ調印方申込ミタル由　如何ニ取計ラウテ宜敷哉

ト相談ヲ掛ケル　余ハ

明日君ハ加茂エ行キ　塩田ヲ連レテ片岡エ行キ浅野ト相談スル間清水ト契約スル事ヲ待ツテ呉レト頼ミ同様ノ意味ヲ村長ニモ話シタル上　村図ト三重セメントトノ契約書ヲ取ツテ帰エル事ニシタラ如何哉　其上ニテ明後日君ハ東京エ行キ浅野ニ此事ヲ話シ進退ヲ尋ネ給エ

ト云ヒタルニ森ハ

明日鳥羽エ行ッテお話ノ通リニシテ来升ガ東京エハ是非貴下モ御同道願度シ　僕丈ケニテハ重役ニ逢ウ事ガ出来マセン

ト云ウ　余ハ

其都合ニテ行キテモ宣敷シ

ト答ウ

昭和二年十一月六日

午前十時頃堀木忠良宅ヲ訪問シ藤原鉄道発起人ノ件ヲ尋ネタルニ堀木ハ

先日四日市銀行カラ一寸来テ呉レト云ッテ来タ　扨テハ藤原鉄道発起人問題ダナト思ッテ行キタルニ三輪ガ「若

シ君ガ株ヲ持ツ事ガイヤナラ熊澤ノ株デモ能イ」トノ事デアッタ　僕ハ熊澤ノ株ヲ借リテ発起人トナル事ハ総會ノ度毎ニ熊澤ニ報告ノ義務生ジ森松次郎ト同様熊澤ノ番頭ニナルモ同然故好マヌ　紋十郎ニ相談シタルニ紋十郎ハ公共的方面カラ立論シテ此際引受ケヨト進メタ　井口ニ聞イテ見ルト藤原鉄道ハ却下スルト云ッテ居ッタ僕ハ引受ケテモ泡同様此鉄道ハ成立セヌトモ考エ旁々ニテ承諾シタ次第ナリ

ト云ウ　余ハ

紋十郎ニハ僕ガ前以テ堀木ガ相談ニ来タラ引受ケル様ニ進メテ呉レト頼ンデ置イタノデアル

政府ガ勢江鉄道ヲ二三年間ニ敷設シテ呉レルナラ藤原鉄道ハ不用ナ訳ダ　其レヲ政府ニ請求スルニ就テモ出願ノ手續ヲ済マセテ置カナケレバ出来ヌ訳ナリ　尚ホ藤原鉄道ハ実際ニ工事ニ掛カル迠ニハ今一段路線ノ研究ヲ遂ゲル必要ガアル

泡ト消エテ行クカモ知レヌガ　其泡ト消エルモノニテ義理立シテ置イテ後日セメント會社ガ創立セラル丶場合若シ有理ナレバ頭ヲ突込ミ得ル餘地ヲ作ツテ置ク事利益ニ非ラズ哉

明日昌栄館ニ地方発起人五名集合シテ出願書ニ調印スル手順ナリ

ト藤原鉄道ノ地図ヲ見セテ説明シタルニ堀木ハ能ク了解シテ

明日実印ヲ持ッテ昌栄館エ行クガ発起人ハ株ニ責任アリ哉

ト尋ネル　余ハ

少シモ制限ナシ　地方ニテ應募者無ケレバ浅野・小野田ニ持タス心組ナリ

ト答エタル上

昨日大正館ニテ鈴木議長ハ　先般ノ約束ニ随イ近々中ニ辞表ヲ呈出スルカラ左様承知シテ呉レト云ッテ居ッタゾ

ト話シタルニ堀木ハ

此度ノ撰擧ニハ市會議員トシテ立候補ヲ為シ得ナイト考エル　一ヶ年ニテ充分ナリ　市會議長ノ職ヲ務メテ置キ

度イ
ト云ウ　余ハ
伊達・山本等ニモ相談シテ手順能ク運ブ事ニスル
ト云ッテ分レル
杉浦ノ宅エ行キ
昨日井口ハ僕ニ東京エ来タラ是非一度立寄ッテ呉レト内密ニ云ッタ　定メシ君ガ何ントカ話シタル結果ナリト思ウガ如何哉
ト尋ネタルニ
昨日午前十時松茂本店ニテ井口ト二人切リニテ話シタルトキ　僕ガ藤原鉄道ノ件ハ伊藤傳七モ君ノ態度ニ不満デアル　日比君ハ同鉄道ニ関係シテ居リ四日市ニ於テ勢力アリ　山本ヲ副議長ニシタノモ日比デアリ鈴木ヲ堀木ト交代セシムル事ニ手順シタノモ日比君デアル　一度會見シタラ如何哉　日比君モ藤原鉄道ノ件ニ関シ井口ノ腹ヲ能ク聞キ度イト嘗テ僕ニ話シタ事ガアル　僕ハ日比君ニ向イ東京デ一度井口ニ逢ッテ見テ呉レト云ッタ處　日比君ハ　態々東京エ逢イニ出掛ケル程デモ無イト云ッテ居ッタ事デアルト話シタラ井口ハ　日比君ノ事ハ兼而知ッテ居ルカラ是非一度逢イ度イト思ッテ居ルガ四日市ニ於テハ君ノ云ウ通リ他目ニ立ッテ不可ナリ　東京デ逢イ度イ其橋渡シヲシテ呉レト頼ンダ　僕ハ其事ハ君直接日比君ニ話セト云ヒタルニ井口ハ　然ラバ幸イ本夕大正館ニテ正副議長・市参事會員ニ招待セラレテ居ルカラ其節私カニ日比君ニ耳打チスル　ト云ッテ居ッタノデアル
ト云ウ　余ハ
能ク了解シタ　上京節一度井口ニ逢ッテ見ル事ニスル
ト答エタルニ杉浦ハ
井口ハ其時云ッテ居ッタ　来年総撰擧ノ節撰擧事務長ニ森松次郎ヲ頼マンカトモ考エテ居ル　ト僕ノ意見ヲ求メ

タカラ僕ハ　日比君ハ中々周密ニ考エル男ダカラ東京ニテ日比君ニ逢ッタ節同氏ニ其事モ能ク相談ヲシテ見タラ如何哉ト答エテ置イタ　山本ガ不適任ナル事ハ井口モ能ク知ッテ居ッタ
ト云ウ　余ハ
今度鈴木ガ議長ノ辞任ヲ為ス場合續イテ起ル問題ハ市参事會員ノ補欠ナリ　アノ区内デハ岩田ダト思ウカラ　西口ニ君ヨリ話シテ岩田ニ区内ノ與論ガ纏マル様ニ盡力方ヲ頼ンデ置イテ呉レ
ト云ッテ分カル

昭和二年十一月七日

午前十時昌栄館エ行キ傳七氏ニ堀木ガ発起人ヲ承諾シタル次第ヲ報告シ　堀木ヲ呼ビ三人會見　傳七氏ヨリ堀木ニ對シ藤原鉄道ノ経過ヲ話シ意見ノ交換ヲ計ル　本日小野田ヨリ願書ガ傳七氏ノ手許エ廻ッテ居ッタラ地方発起人ガ五名共揃ッタ事故　願書ニ調印スル手順デアッタガ未着ノ為メ昌栄館ニ於テ晝食ヲ馳走ニナリタル后チ後日ヲ期シテ分カル　堀木ハ中々如才ガ無イ　傳七氏ト話ノ應對ニ
お顔揃ノ発起人デアルカラ気持能ク入レテ貰ラウ気ニナッタ
ト云ッテ居ッタ
正午頃森篤二郎宅ニ立寄ル　森ハ
加茂原石山ノ視察報告書ヲ書イテ置クカラ貴下御上京願ウ　私ガ上京シタ處デ直接重役ニ逢ウ訳ニモ行カヌカラ事ガ足リヌ
ト云ウ　余ハ
然ラバ都合ニテ今夜上京スル事ニセン　他ニモ少々用件ガアルカラ

ト答エテ分カル
本日川島村ノ桂山ガ訪問ニ来ル手順ナリシガ午後三時ニ至ルモ来ヌ　今夜上京前ニ一度逢ッテ置キ度キ考エニテ三時三十七分ノ軽便ニテ出掛ケタルニ桂山ト入レ違イニナリ　余ガ諏訪駅エ帰エッテ来タ處デ出逢ウ　豊勝館エ連レテ行キ洋食ヲ馳走シナガラ其後ノ経過ヲ聞ク　桂山ハ
来タル十日ニ調印ヲ取リ委任状ヲ纏メル事ニナッテ居ル　十日ニハ約百人位ノ委任状ガ纏マル見込ナリ　色々苦心シタガ難関ハ越シタ　大丈夫契約ノ域ニ達シ得ラル丶事ト想像シテ楽観シテ居リ升
ト云ウ　余ハ
楽観ハ禁物ナリ　去ル五日伊達ガ「川島村ノ百姓ガ来テ川島村ニ浅野セメント會社ノ工場ガ出来ルト話シテ行ッタト云ッテ居ッタ」　アレ程秘密ヲ守レト命ジテアルノニ人モ有ラウニ市参事會員ノ伊達ノ宅エ態々行ッテ秘密ヲ洩ラストハ不都合ナリ　後来《コウライ》ノ注意ノ為メ百姓共ニ能ク注意ヲ望ム
ト依頼ス
午後七時頃森篤二郎ガ来テ
宮崎警察署〔長〕ガ川島村ハ手順能ク纏ッテ行ク模様ナルモ　少シ許《バカリ》ノ反對者アリト云ッテ居ッタ
ト云ウ　余ハ今日沾森篤二郎ニ一言モ川島村ノ事ヲ話シタル事ナケレ共　警察ガ森ニ話シタトアレバ致方ナシ　余ハ契約出来ノ上ハ地所ノ登記手續等ヲ君ニ遣ッテ貰ラウ心組デアル　秘密ヲ守ラレ度シ
ト告グ
八時四十六分気車ニ乗リ込マント四日市駅ニ出デタルニ川嵜克ヲ見送リノ為メ鳥海・宮田・戸野市長ガ来テ居リ　余ニ何處エ行クト尋ネル　余ハ頂度加茂ノ原石ヲ持ッテ居ッタカラ
東京エ行ク　此用事ダ
ト原石ヲ見セ誤魔化シテ置イタ　鳥海ハ目ヲ光カラシテ

椿ノ原石?
ナド尋ネテ居ッタ

昭和二年十一月八日

午前七時東京駅着丸ノ内ホテルニ入ル　一人部屋無ク二人部屋ニ入レラレル
午前九時東京湾埋立會社エ行キタルニ関ハ未ダ出テ来テ居ラヌ　其内ニ山田胖ガ出勤シタ　山田ハ
　政府ガ果シテ本気ニ勢江鉄道ヲ敷設スル誠意ガアルカ知ラン
ト云ッテ居ッタ　宮地ニ逢ウ　宮地ハ
　藤原鉄道ノ件・加茂ノ原石山ノ件モ午後三時重役全部立會相談スル事ニ仕度イ　其心組デ居ッテ呉レ
ト云ウ故　埋立會社エ戻リタルニ　直チニボーイガ東京湾埋立會社迠余ヲ呼ビニ来テ
　直チニ泰治郎サンノ部屋迠来テ下サイ
ト云ウ　行キタルニ
（良三・泰治郎・金子）
三人入リ来タリ
　何ニカ僕等ガ聞イテ置ク事ガ有升カ
ト余ニ尋ネル　余ハ不思議ニ思イ　未ダ宮地君ヨリ何等御聞ニナッテ居リマセンカト尋ネタルニ未ダナリト云ウ　余ハ然ラバ宮地君ヲ呼ンデ下サイト請求ス　良三ハ余ニ向イ
　忘レヌ内ニ君ニ云ッテ置キ度イ事ガアル　先般遠藤知事ガ上京シタカラ僕ガ「日比ガ貴下ノ處エ行ッテ御話致升タデシヨウ」ト尋ネタ處　知事ハ「未ダ来ヌ」ト答エ其間非常ニ工合ガ悪カッタカラ今後ハ先キエ先キエト知事

ヲ訪問シテ浅野ノ仕事ヲ説明シテ置ク様ニ心掛ケテ呉レ
ト云ウ　余ハ良三・泰治郎・金子ニ向イ
　上京シタル用件ハ
　一、井口ガ勢江鉄道ニ熱心ニテ本年度ノ予算ニ組込ンダ模様　果シテ然カリトシテ政府ガ三四年間ニ勢江鉄道ヲ敷設シテ呉レル見込ガ確実ニ立証サルレバ敢テ藤原鉄道ヲ我等ハ絶對ニ主張スルニ及ブマイト思ウ　宜敷勢江鉄道ヲ利用スベキデハ無イカ　勢江鉄道ヲ利用シテ進ムトスレバ川島村ノ地理的状況モ違ッテ来ルカラ此際能ク勘考仕度イ
　幸イ井口ハ来年ノ選挙ニ私ニ應援ヲ希望シテ居ルカラ　私ハ其レヲ承諾スル交換條件トシテ浅野事業ヲヨリ能ク進展スル様ニ注文ヲ付ケ度イト考エテ居ル　井口ハ私ニ「東京ニテ御目ニ掛カリ度イ」ト云ッテ居ルカラ色々貴下等ノ御意見ヲ聞イテ置イタ上ニテ本日ニモ井口ト一度逢ッテ見度イ
　二、加茂ノ原石ハ果シテ有望ナルモノナリ哉否ヤ
ト尋ネタルニ金子ハ
　藤原鉄道ヲ此レ迠通リニテ進メルノト勢江鉄道ヲ利用スルノト何レガ利益デアロウ
ト思案スル　良三ハ
　政府ガ本気デ勢江鉄道ヲ敷設スル決心アリ哉否ヤハ上埜政務次官ニ聞ケバ直グ判ル
ト云ッテ同人ニ電話ヲ掛ケタルモ生憎會議ニ列席中ニテ午後三時頃電話ヲ掛ケテ呉レトノ返事ナリ　宮地ハ
　井口ハ今度ノ撰擧ニハ當撰六ヶ敷イト云ウ噂ヲ聞イテ居ル　勢江鉄道利用デハ小野田ガ承知スマイシ　井口ハ只單ニ測量費丈ケヲ計上シテ置イテ衆議院撰擧后ハ尻食エ観音ヲキメ込ムツモリデ居リハセズ哉
ト云ウ　色々評議ノ結果　余ガ井口ト會見スルノハ良三氏ガ上埜政務次官ヨリ勢江鉄道ノ事ヲ聞イタ上ニスル事ニ決シ宮地・増田・関・山田ト共ニ晩翠軒エ支那料理ノ晝食ニ行ク　加茂ノ原石山ハ技師ニ一度視察セシムル事ニナッタ

関ハ余ニ向イ
　磯津ノ漁業権ガ解決シテ居ルノデアルカラ知事ハ埋立ヲ許可シテモ能イノデアルガ　遠藤氏ハ躊躇シテ居ルカラ此際四日市漁業組合モ解決スル必要アルニ付キ直グニ纏メル方針デ進ンデ呉レ　大体磯津ノ程度トシテ君ニ一任スル
ト云ウ　余ハ
　承知シタ
ト答ウ
午後五時頃宮地ガ余ヲ呼ビニ寄来シタカラ宮地ノ部屋エ行キタルニ　宮地ハ
　上埜次官ヨリ未ダ勢江鉄道ノ模様ヲ聞ク事ガ出来ナンダカラ明日十時頃會社エ来テ呉レ　其レ迠ニ良三ガ聞イテ置ク手順デアルカラ其迠ハ井口ニ逢ワズニ置イテ呉レ　今朝加藤久米四郎ガ来テ「日比ニ来年ノ撰擧ニ骨ヲ折ッテ呉レル様ニ頼ンデ貰ライ度イ　而シテ森篤二郎モ日比ノ弟子デアルカラ同様ニ骨折ラシテ呉レ」ト頼ンデ行ッタ　如何哉
ト云ウ　余ハ
　浅野ノ事業ニ便利多キ方ヲ助ケント欲ス
ト述ベタルニ
宮地　君ガ其気ナラ加藤ヲ援助シテ呉レ　加藤ハ水野ノ子分ニテ浅野ノ為メニハ加藤ノ方ガ能イ　井口ハ此レ迠何ンノ足シニモナッテ居ラヌ
日比　加藤ハ桟橋ト臨港鉄道丈ケノ関係ヨリ四日市ニ持ッテ居ラヌ　又井口ハ現ニ勢江鉄道ニ関係シテ居リ四日市ヲ根據トシテ立候補シテ居ルノデアルカラ何ニカト使ウ事モ多カラント思ウ
宮地　勢江鉄道ノ事ハ明日判明スルカラ其レ迠待ツヨリ致方ガ無イ　浅野トシテハ加藤援助ヲ望ム

ヨ比　加藤ハ出タラ目ノ人物ニテ誠意ナキ者ナリ
宮地　其事モ能ク承知シテ居ルガ井口ハ此迄浅野ノ為メニ寸毫モナッテ居ラヌ
日比　浅野全体ノ事業ノ上カラ論ズレバ或ハ然カランモ　四日市ニ於ケル事業丈ケノ上カラ考ウレバ此際熟考ノ餘地アリト思ウ

午後五時半頃関君ト自動車ニテ赤坂ノ清月エ行キ碁ヲ打ツ　九時頃迄打チ續ケ結局　余二番勝越シ余ガ白ヲ握ル事ニナッタ　十時頃丸ノ内ホテルエ帰エリ風呂ニ入ル　関ト碁ヲ打ツノハ互戰ニテ面白ケレ共　清月エ行キ御馳走ヲ沢山ニ取リ藝者ヲ置イテ合戰スルノハ不経済ノ極ナリ　何ントカ能キ工風ハ無キモノカ

昭和二年十一月九日

午前八時起床風呂ニ入ル　昨日良三・宮地ト打合セタル次第ニ依レバ井口エ電話モ掛ケラレヌガ　井口モ秘書官ヲ務メテ居ル以上多忙デモアローシ予メ本日ノ都合ヲ聞イテ置カンモノト八時三十分頃電話ヲ掛ケタルニ妻君ガ出テ来テ大変お待チ申シテ居リ升タ　昨日御越シナルカト思イ升テ多忙ノ中ヲ宅ニテお待チシテ居ッタノデ有升タ　本日ハ先刻出掛ケ升テ二三軒廻ッテ官邸エ行ク手順ニナッテ居リ升　私カラ電話ヲ掛ケテ都合ヲ尋ネテ御返事致升カラ丸ノ内ホテルデ少シ御待チ下サイ升訳ニハ参リ升マイカト云ツテ電話ヲ切ル　妻君自カラ自分ノ夫ガ待ッテ居ッタノヲ「多忙ノ中ヲ宅ニテお待チシテ居ッタノデス」トハ此際ノ返事トシテ秘書官ヲ鼻ニ掛ケテ居ルガ如キ模様見エ　聞ク人ノ耳ニハ愉快ニ聞コエヌ　九時十五分頃井口ノ妻君カラ電話ニテ
本日ハ午前中ハ官邸エハ行カナイ相デ有升シテ　午後官邸デ御差支ナケレバ官邸デお逢イ仕度イ　若シ自宅ノ方ガ御都合ガ宜敷イ様デシタラ明日お越シ願度イト申シ升タ　如何致シ升シヨウ

ト尋ネル　余ハ
　左様デ有升カ　私ハ今夜帰エリ度イト思ッテ居リ升カラ其都合ニ致升ショウ
ト答エタルニ妻君ハ
　左様デ有升カ
ト云ヒ電話ヲ切ル
九時半頃會社エ行ク　宮地君ガ
　君ハ何日ニ帰エル哉　鉄道ノ方ノ話ハ未ダ解ラヌ
ト云ウ　余ハ
　今夜行列車ニテ帰エル心組ナリ
ト答エタルニ宮地ハ
　実ハ加藤参與官ガ僕ニ君ヲ引合セテ呉レト頼ンデ来タ　折角加藤ガ云ウ事デアルカラ帰エルノヲモ一日延バシ
　明晩加藤ト一所ニ飯ヲ食ッテ呉レヌカ
ト云ウ　余ハ迷惑ダト思ッタカラ返事セズ思案シ居タルニ　宮地ハ重ネテ
　仕方ガ無イデハ無イカ　井口ニハアッサリ逢ッテ置キ給エ
ト云ウ故余ハ
　承知
ト返事ス
午後二時半頃内閣総理大臣官邸エ井口秘書官ヲ訪問ス
日比　貴下ガ勢江鉄道ニ御盡力中ナル事ハ四日市市民ノ一員トシテ感謝ス　然カシ吾等ハ藤原鉄道ニテ其目的ヲ達セ
　ント努力中ナリ　勢江・藤原何レニテモ早ク鉄道ヲ引張ルノガ目的ナリ　勢江ノ方ハ政府ノ都合ニテ遅レ勝チ

ニナル憂ナキ哉　若シ然カリトスレバ藤原鉄道ヲ許可シテ後チニ政府ガ買上グル事ニスレバ遅レル心配ナキモノト考ウ　此点ニ関シ腹藏ナキ意見ヲ聞カシテ貰ライ度イ
井口　勢江鉄道ハ五ヶ年間ニ全線ヲ完成セシメ度イ（四日市木ノ本間）ト思ッテ居ル
日比　今少シク早ク敷設出来ヌカ
井口　セメントノ工場ヲ建築ス〔ル〕ニモ二ヶ年ハ掛カルデアラウ　其二ヶ年ノ間ニ四日市員辨間ヲ敷設出来レバ能イデハ無イカ
日比　其通リ確カニ出来ル哉
井口　目下七千万円ノ建設費（全國中ノ分）ガ大蔵省エ廻リ審議中ナリ　之レサエ通過スレバ個々ノ鉄道ニ振當ツル小分ケハ鉄道大臣デ遣ルノデアルカラ必ズ出掛《デカ》シ度イ　否ナ絶對ニ実行セシメネバナラヌ決心ヲ持ッテ居ル
日比　昭和三年ヨリ木本カラ起工スルト云ウ事ハ聞イテ居ルガ四日市カラモ同ジク昭和三年ヨリ起工スル哉
井口　然カリ　其手順ニ仕度イト思ウ
日比　若シ解散等アリタルトキハ如何スル哉
井口　其際ハ私設ヲ許可スル事モ出来ルデ無イカ　元来僕ハ勢江鉄道ヲ固執スル者デハ無イ　傳七氏モ早イ方ナラ勢江鉄道デモ宜敷イト云ッタシ　僕モ勢江鉄道ガ確実ニ出来ルト思ッテ居ルカラ熱心ニ遣ッテ居ル丈ケデアル君等ガ僕ヲ働カセル希望要求ガアルナラ傳七氏ノ如ク廻リクドク言ワズニ單的ニ命令シテ呉レ
日比　能ク判ッタ　折角御盡力ヲ願ウ　然カシ藤原鉄道ハモー願書ヲ出ス丈ケノ手順ニナッテ居ルカラ勢江鉄道ニ関ワ〔ラ〕ズ出願シテ進行シテ行クカラ左様御承知願度シ
井口　其レニテ毛頭差支ナシ
幸イ森松次郎君・吉田伊兵衛君モ来テ居ル　君等ガ三人モ東京デ一所ニナル事ハ珍ラシイ事デモアルカラ是非御招待致度イト思ッテ居ル　君ノ帰宅ヲモー一日延バシテ貰ラエヌカ

日比　森ガ丸ノ内ホテルニ宿ヲ取ッテ居ルノナラ都合ガ能イカラ森ニ一度逢ッテ見ル
午後三時過ギ浅野セメントニ帰エリ宮地ニ右ノ次第ヲ話シタルニ　宮地ハ泰治郎・良三等ニ其事ヲ君カラ話シテ呉レト云ウ故　泰治郎ノ部屋エ行キ良三モ列坐ノ上報告ス
宮地　加藤ガ是非明晩日比君ヲ工合能ク引張ッテ来テ呉レト云ッテ居リ升
ト泰治郎・良三ニ云ウ
良三　藤原鉄道ハ藤原鉄道デドン〳〵話ヲ進メテ行ケバ能イ　其上ニテ妥協ナリ何ンナリ出来ル訳ノモノダ
日比　井口モ森・吉田ト共ニ私ヲ招待スルト云ッテ居ルカラ一寸困ッテ居リ升
良三　其ンナ事ハ構ワヌデハ無イカ　何ントカ加藤ガ云ッタラ考エテ置クト答エテ置ケバ能イデハ無イカ　浅野トシテハ加藤ヲ助ケル方ガ能イ
日比　四日市ニ於ケル浅野ノ仕事トシテハ簡単ニ判断ハ出来ヌカラ能ク考エテ見升
午後四時半頃丸ノ内ホテルエ帰エル　五時半頃森松次郎ホテルエ帰エリ来タリ余ノ部屋エ来ル　森ハ井口・宮田・田中・板倉等エ県議撰挙ノ際應援演説ニ来テ呉レタお礼廻リヲシテ来タト云ッテ居ッタ
午後八時ヨリ井口代議士ニ招待サレテ日本橋ノ中井エ行ク　藝者ヲ四人モ呼ンデ歓待シテ呉レタ　森ハウイスキーヲ飲ンデ大分クダヲ巻イテ居ッタ　自動車ニ送ラレテ十時半丸ノ内ホテルエ帰エル　井口ハ今夕ノ機會ニ何ントカ理由ヲ付ケテ来年ノ撰擧ヲ頼ムナラント想像シテ居ッタガ何ンニモ言ヒ出サヾリシ

昭和二年十一月十日

午前八時起床　風呂ニ入リ昨日丸ビルニテ買ッテ来タ『大西郷言行録』ヲ読ンデ居ルト九時半頃森松次郎ガ余ノ部屋エ入ッテ来テ

今迠寝テ仕舞ッタ　昨夜ハ大分酔ッタガ何ニカ失礼ナ事デモ為シハセザリシ哉
ト尋ネル　余ハ
大分メートルヲ擧ゲテ居ッタガ別段失礼ニ亘ル程ノ事ハ無カッタヨ
ト答エル　十一時頃両人ニテ帝展見物ノ為メ上野エ出掛ケル　余ハ帝展ヲ見物スル事ハ久シ振リニテ面白ク見タ　久シク繪畫趣味カラ遠〔ザ〕カッテ居ル間ニ無名ノ画家ガ大分特選ニナッテ居ル　従来ノ大家即チ現在ニテモ凡テ委員ニナッテ居ルガ其等ノ作品ハ比較的傑作ガ無イ　本年ハ陶器・漆器・銅器・刺繍迠アッタ
十二時四十分頃森ヲ同道シテ東京湾埋立會社エ行キタルモ関留守ナリ　山田モ居ラヌ故止ムヲ得ズ丸ノ内ホテルニ帰エリ　晝食ヲ為シ部屋エ戻ラントシテ居ル處エ関君カラ電話ガ掛カッテ来タ故　余ハ森ニ部屋ニテ休憩シテ居ル様ニ話シテ置イテ直チニ埋立會社エ行キ　関ニ向イ
今夕　森ニ御馳走シタラ能イデアラウ
ト云ヒタルニ関ハ
宜敷イ　去リナガラ僕ハ五時ヨリ横濱デ二十人斗リ招待シテアルカラ其席ヲハズス訳ニハ行カヌカラ　山田ヲ代理ニ出シテハ如何哉
ト云ウ　余ハ
其レニテ結構ナリ
ト答エ関ヲ連レテ丸ノ内ホテルニ来タリ森ノ部屋ヲ訪問シテ　関ヲシテ森ニ對シ敬意ヲ表セシム　関二十分許リ居ッテ帰エル
午後五時山田ト村井ガ自動車ニテ丸ノ内ホテルエ迎エニ来ル　余ハ森ト共ニ出掛ケル　清月エ行キ六時四十分迠居リ余ハ三人ヲ清月エ残シテ置イテ一人ニテ「新田中」エ自動車ヲ走ラス　新田中ニハ宮地ハ既ニ来テ居リ宮地ハ武中ト〔イウ〕人物ヲ連レ居リ　宮地ハ余ニ向イ

武中ト云ウ人デス　政友會員ニテ加藤久米四郎君ト至極懇親ノ間柄ニシテ私ト同ジク土佐出身デス

ト云ヒ　武中ハ余ニ向イ

私ハ土佐デスガ私ノ家内ハ三重県安濃郡ニシテ　私ハ三重県ニ親戚モ有リ升

ト云ウ　二三雑談ヲシテ見ルト武中ハ「政商ブローカー」ノ如キ人物ナリト想像サレタ　高尚ノ人格ハ持合セナキ様ニ観察サレタ　同郷ノ関係上宮地ニ喰付イテ巾着ニナッテ居ルノカモ知レヌ

七時半頃加藤久米四郎来タリ席ニ就ク前ニ丁寧ニ余ニ挨拶ヲ為ス　余ハ恐縮シタ　加藤ハ座ニ就キナガラ宮地ニ向イ

日比君モ僕モお互ニ知ッテハ居ルガ差向イニテ話スルノハ今日ガ始メテナリ

ト説明シ　加藤ハ余ニ向イ

四日市ノ棧橋・臨港鉄道ハ浅野ガスル筈ナノヲ県営國庫補助ニテ出来ル様ニナッタ　浅野ハ此代金丈奪ッテモ能イ訳デハ無イカ

日比君！　お互ニ仲間同志デハ無イカ　親密ニ遣ロウデハ無イカ　此レカラ四日市エ行ッタラ時々寄リ升ヨ　来ル十九日ニモ行キ升カラ訪問致升　左様御承知下サイ

ト云ウ　余ハ

桑名ノ森喜兵衛ヲ御存ジ〔デ〕ショウ　アレノ姉ガ私ノ家内ニナッテ居リ升

ト尋ネタルニ加藤ハ

能ク知リ切ッテ居ル　森サン一家ハ全部我黨デアルカラ愈々以テ君トハ仲間同志トナル訳ダ

ト云ウ　余ハ加藤ガ中々抜目ナキ人物トハ聞イテ居ッタガ成程如才ナキ挨拶哉《カナ》ト感心シタ　殊更ラニ「ザックバラン」ノ言葉ヲ使イ固クナラヌ處妙ナリ　宮地ハ加藤ニ向イ

日比君ニ能ク云ッテ置イタカラ

ト云ウ　余ハ撰擧ノ話ハ深入リセヌガ肝要ト考エタカラ只笑ッテ居ッタ　加藤ハ

本日四日市ノ上屋ニ對シテハ補助ハ出来ヌト云ウ意見ガ出テ困ッタ
ト獨リ言ノ様ニ云ウ
既ニ藝者ガ五人来タ　雑談ニ移ル　加藤ハ藝者等ニ對シ諧謔《カイギャク》口突イテ出デ座ヲ白ケサセヌ　馴レタモノナルガ其諧謔タルヤ餘リ上品デナカッタ　宮地ハ面白ソウニ相槌打ッテハ盛ンニ笑ッテ居ル　之レモ中々出来ヌ藝ダト思ッタ　九時ガ来タカラ余ハ先キニ飯ヲ食イ一同ニ挨拶ヲ為シ退却セントシタルニ　加藤ハ
　其レデハ失敬シテ私ノ家内ニ玄関迠見送ラセ升
ト藝者ヲ眺メナガラ云ウ　而シテ女将ニ自動車注文ヲ見合セシメタル上　余ニ向イ
　僕ノ自動車ニ乗ッテ行ッテ呉レ　僕ノ自動車ハ國民ノコー〔膏〕血カラ出来テ居ルノデアルカラ君モ乗ル権利ガアル
ト笑イナガラ云ウ　九時十分東京駅エ着シ直チニ列車ニ乗リ込ミタルニ　既ニ森松次郎ハ座席ヲ占メテ待ッテ居ッテ呉レタ　余ハ
　早カッタデハ無イカ
ト云ヒタルニ森ハ
　大分ニ飲ンダガ昨夜アレ丈ケ飲ンデ居ルノデ其割合ニ酔ワヌ　一週間位間ヲ置イテ飲ムト大ニ酔ウモノダ
ト云ウ　乗客少ナシ　楽ニ寝ラレルワイト思ッタ

昭和二年十一月十一日

午前八時四日市駅着　駅ニテ森松次郎ト分ル
午前九時頃桂山浅治郎来タリ

十日ニ調印セシムル手順デ居ッタガ新タニ百姓等ガ重《オモ》ニ小作人デアルガ
　一、小作放レヲ如何シテ呉レルカ
　二、セメント工場ハ農作物ニ被害ナシト云ウ保証ヲシテ呉レ
　ナド云ウ問題ヲ持チ出シタル為メ延引シタ
ト云ウ　余ハ
君ニ向ッテ委任状ヲ片ッ端ヨリ取ッテ仕舞エト度々要求シテ居ルノハ其處ノ事ダ　愚図々々シテ居ルト百姓共ハ
段々六ヶ敷イ問題ヲ提出シテ来ルハ定マッテ居ル
早ク委任状ヲ取ル事ニ手配セラレ度シ　明日遠藤知事ニ用件アリテ津エ行クカラ午前八時迠ニ取レル丈ケ委任状
ヲ取ッテ御報告ヲ望ム
ト請求ス　頂度森篤二郎ガ来テ居ッタカラ森ヲ桂山ニ照會ス　森ハ桂山ニ向イ此頃ノセメントハ農作物ニ被害ナシト
懇々説明シテ居ッタ　桂山ハ能イ事ヲ聞カシテ貰ラッタ　百姓ニ説明スル材料ガ出来タト喜コンデ帰エッテ行ッタ
名古屋ノ伊藤傳七氏エ電話ヲ掛ケテ藤原鉄道願書ノ件ニ関シ打合セヲ為ス
石榑ガ電話ヲ掛ケテ来テ
　磯津ノ道路普請ガ来年四月頃ニ延期セラレタ　其レ迠セメントヲ置クト風ヲ引イテ仕舞ウカラ君ニ含ンデ貰ラッ
　テ買イ替エル事ニ仕度イト思ウ
ト云ウ　余ハ
　宜敷イ
ト返事ヲ為ス
夜八時頃杉浦ヲ電話ニテ呼寄セ上京中ノ井口・加藤ノ模様ヲ話シタル上
　此際軽卒ニ井口ニ組シ　又ハ加藤ニ加担スル等ノ事ハ絶對ニ避ケル事肝要ナリト考エタカラ其心組デ居ッテ欲シ

イ　僕ハ浅野ノ事業本位以外何物モ犠牲〔ニ〕スル覚悟ヲ以テ居ルカラ其レヲ根據トシテ考エテ呉レテ　若シ参考ニナル事ガ起ッタ場合ハ聞カシテ貰ライ度イ

ト告ゲタルニ杉浦ハ

御最ノ事ニテ能ク承知致升タ　ドウ考エテ見テモ井口ガ當撰〔ス〕ル事ハ六ヶ敷イト思〔イ〕升

ト答エ雑談ニ移リ十二時過ギ帰エッテ行ッタ

昭和二年十一月十二日

午前八時桂山浅治郎ガ田中並ニ第一区長ヲ連レテ来テ

昨夜調印ヲ取ル筈デアッタノガ遅レテ其手順ガ出来ナンダ　明日晩迠ニハ是非委任状ニ調印ヲ取リ升　一人デハ伺イ兼ネタ故三人同道ニテお断リニ参上シタ

ト云ウ　余ハ

委任状ヲ取ル大切ナ場合ニナッテ荏苒《ジンゼン》日ヲ延バシテハ緑《ロク》〔碌〕ナ事ハ起キテ来ヌ　明晩迠ニハ是非其手順ヲ断行セラレタル上御面倒ナガラ報告ニ来テ下サイ

ト依頼ス

午前十時昌栄館エ行キ藤原鉄道願書ニ発起人トシテ調印ヲ為ス　堀木ヲ電話ニテ呼ンダガ生憎来客アルトノ事ナリシヲ以テ　余ハ手空キ次第昌栄館エ来テ発起人ノ調印ヲシテ呉レト依頼シ昌栄館ヲ出ル

午後二時十分四日市発輕便ニテ森篤二郎ヲ同道シ遠藤知事訪問ノ為メ津向ケ出発　三時半知事官邸着

日比　先般川島村粘土山ノ交渉ヲ為ス最初ニ當リ　閣下ニ報告方ヲ浅野ヨリ依頼セラレタルニ付キ伊藤傳七氏ニ相談シタルニ傳七氏ハ　其時頂度閣下ニ對シ「會見ハ用件アルヲ以テ其序ニ僕ヨリ知事ニ報告シ置カン」トノ事ナ

リシヲ以テ其意ニ任カセタリ　然カルニ去八日私ハ上京　良三氏ニ會見シタルニ良三氏ハ私ニ向イ
過日遠藤知事上京セラレタルニ付キ　遠藤知事ニ向イ「詳細ハ日比ヨリ申上ゲタル通リ」ト云ヒタルニ知
事ハ「日比ハ未ダ来ヌヨ」ト云ワレタ　其間非常ニ工合ガ悪カッタカラ今后ハ四日市ニ於ケル浅野ノ事業
ニ関シテハ事大小トナク先キエ先キエト知事ニ報告相談ヲ為シ知事トノ連絡ヲ取レ
トノ事ナリシヲ以テ早速本日参上セリ
第一ニ御報告申度キハ川島村トノ交渉ナリ　大約四十町歩ノ買収手續キナルガ頗ル順調ニ進行シテ明晩迄ニ約
百名許リノ調印者ガ出来得ル筈ナリ　此買収手順ガ進捗スルト同時ニ同村基本財産タル山林約二十町歩ヲ處分
シ　土地ヲ失ヒタル農民ニ代地トシテ譲與スルヲ必要トスルナリ　川島村協議會ニ於テハ満場一致此處分ニ異
存アル者ナク浅野セメント工場ヲ歓迎シツヽアリ　右ノ次第ナルヲ以テ其内正式村會ノ決議ヲ経テ右基本財産
タル山林ノ處分方ヲ閣下ニ同村ヨリ出願シ出デタル節ハ　宜敷其許可ヲ與エラレ度ク御願申スナリ
知事　能ク了解シタ　承諾。
去リナガラ川島村エセメント工場ガ置カルヽ事トナルト四日市市ハ如何ナル感情ヲ抱ク哉
日比　四日市市民トシテハ埋立地ノ旭ニセメント工場ガ建設セラルヽモノトノミ思ッテ居ルカラ　一時ハ案外ニ感ズ
ル哉モ知レザレド致方ナキ事ト思ウ　川島村ノ取纏メ未完了ノ間ニ四日市ニ此事ガ漏レテ紛糾ヲ来タス等ノ事
アリテハナラヌト思イ　一意川島村ノ交渉ヲ取急ギツヽアリ
第二ニ御報告申上度キハ藤原鉄道ノ問題ナリ　藤原鉄道ノ発起人ハ全部揃ッテ調印ヲ結了セリ　閣下ノ御都合
宜敷キ時日ニ出廳　願書ヲ提出致度キ考エナリ如何哉
知事　来ル十五日午後二時　願書ヲ持参セヨ
先日小野田ノ狩野専務来タリ地方発起人中熊澤ハ承諾セズ　熊澤ノ撰ビタル代表人モ断ッタト云ッテ居ッタ
僕ハ熊澤ガ入ラヌト藤原鉄道ハ支障多カルベシト心配シテ居ル　傳七ハ此事ニ関シ何等僕ニ話サヌ　実情如何

哉

日比　熊澤ノ代表者トシテ堀木忠良既ニ発起人タル事ヲ承諾シ本日願書ニ調印ヲ了セリ　之レニテ地方発起人五人共揃ヒタル訳ナリ

知事　其レハ能カッタ　結構ナリト思ウ

日比　第三ニ御伺申上度ハ四日市漁業権ノ問題ナリ　四日市漁業組會員ノ悪化ヲ防グ手段トシテ此誓約書（去ル二日大川久次郎等ヨリ取リタル証書ヲ見セ）ヲ書カセ置キタリ　此際四日市漁業組合ノ漁業権ヲモ解決セザレバ埋立ノ御許可ナキモノナル哉

知事　本則トシテ埋立願ニハ漁業権解決ノ書類ヲ添付スルヲ要スル次第ナレド　磯津ノ解決書類アリタル事故直チニ内務省ニ廻シ目下内務省ニ於テ審議中ナルガ　聞ク處ニ依レバ内務省内ニ色々ノ議論アル様子

一、浅野ニハ塩濱区内丈ケノ埋立ヲ許可シ掖済會前ハ他人ニ許可スベキモノナリトカ　或ハ馬起ノ埋立ヲ浅野ヨリ切抜〔放？〕ツベシト云ウ議論モ出タトノ事　要スルニ四日市港ヲ全部浅野ニ獨占セシムル事ハ能クナイト云ウノデアルラシイ

二、塩濱ニ浅野ガ桟橋ヲ建築スルトスレバ県営分ト二個ノ桟橋ガ出来ル訳ナルガ　現状ノ四日市港ニ二ツノ桟橋ヲ築造スル事ハ港内ヲ狭クシ船舶ニ反ッテ不便ヲ蒙ラシムル

等議論ニ中々花ガ咲イタト云ウ事デアッタガ　説明ノ為メニ上京シタル田中土木課長ノ奔走ニ依リ㈡ノ桟橋ヲ二ツ作ル事ハ港内ヲ狭クスル等ノ議論ハ納マリガ付イタト云ウ事デアルガ　此際君カラ良三ニ手紙ニテ『内務技監市ノ瀬ノ了解ヲ充分ニ得テ置ケ』ト注意シテ呉レ　僕モ其内上京ノ節　市ノ瀬ノ了解スル様ニ骨折ル心組デ居ル

僕ハ先般関ニ東京ニテ逢ッタ節

早ク旭ノ小作ヲ解決シテ馬起ノ埋立ヲ放擲セヨ　然カラザレバ全体ニテ埋立税金十萬圓位掛カル内ニテ馬

起分約三萬円位ガ損ニナルゾ

ト云ッテ注意シタルニ関ハ

三萬位ノ損ハ止ムヲ得マセヌ

ト云ッテ居ッタ

日比　承知致升タ　早速良三ニ宛手紙ヲ書キ升

知事　前述ノ次第ニテ内務省ニハ廻ッテ居ルガ四日市漁業権ノ解決ハ此際纏メテ置ク方ガ能イ　君ガ取ッテ居ル誓約書ハ大イシテ効力ハ無イモノダ　漁業組合ヲ煽動スル者ガ生ジテ漁業組合ガ寝返リヲ打テバ何ンニモナラヌ訳ノモノダ

日比　其レハ承知シテ居リ升ガ　一ト先ヅ悪化ヲ防止シテ置イテ火急解決ヲ要スル哉否ヤヲ能ク研究シテ見度イト思ッテ居ッタノデス　閣下ノ御意見如斯トスレバ精々早ク解決スル事ニ盡力致升

之レニテ余ノ用件ハ大約相済シタルニ付キ　森篤二郎ニ向イ

君ヨリ瀧ヶ原・清水千代二郎ノ問題並ニ加茂原石山ノ件ヲ報告仕給エ

ト促ス　森ハ知事ニ向イ説明スル　余ハ森ノ不足ヲ補足シタルニ知事ハ

一、瀧ヶ原ノ問題ハ日比君デモ森君デモ能イカラ一度清水千代二郎ヲ僕ノ處エ連レテ来給エ　僕カラ清水ニ能ク話シテ見ル

二、加茂ノ原石山ノ話ハ能ク判ッタ

ト云ウ

日比　旭小作問題ハ四日市裁判所ノ手ヲ放レテ津ノ地方裁判所ノ手ニ移リ升タ　津ノ裁判所ハ閣下ノお膝下故　此際閣下ノ御盡力ニ依リ妥協解決ヲ得度イト考エ升　四日市ノ裁判所長馬淵氏ガ先般仲裁解決ニ骨折リ升タガ　私ハ其話ノ始メヨリ馬淵氏ノ力ニテハ到底解決不可能ノモノト断言シテ居ッタノデス

知事　四日市市ハ旭小作問題解決ニ金ヲ出サヌト云ウ事ヲ聞イタガ果シテ然カル哉

日比　初メ小作問題ガ起ッタトキニハ県営ノ桟橋臨港鉄道ノ四日市寄附金ガ無イ時デアッタカラ個人ノ小作解決ニ四日市市ガ出金シ得ル意嚮デアッタガ　今日ハ状況ニ変化ヲ来タシ県営ノ寄附金ガ新タニ浮カビ出デ来タリタルヲ以テ　貧弱ナル四日市市トシテハ二ツノ出金ハ不可能ナラント云ウ想像ガ生ジテ来タ丈ケノ事デス　馬渕四日市裁判長ノ力ニテハ旭小作問題ヲ解決スル能力ナシト申上ゲタルハ此理由ニ依ルモノデス

閣下ノ御力ニテ四日市市ガ出金シ得ル能力ヲ御考察ノ上　県営ト個人ノ小作問題トニ工合能ク四日市市全体ノ出金能力ノ金額ヲ按分シテ適當ニ分ケテ頂クヨリ他ニ方法ハ無イト考エ升

知事　其レハ中々六ヶ敷イ事ダ　僕ニ於テモ為シ得ル哉否ヤ疑問ナリ　如何ントナレバ個人ニ對シ補助シ得ル餘裕ガ四日市市ニアリトスレバ　全部県営ノ寄附金トシテ出シテ仕舞エト云ウ議論ガ生ジテ来ルデハ無イカ

日比　其通〔リ〕デス　中々六ヶ敷イ事デアルガ此事ハ閣下ヨリ外ニ能ク為シ得ル者ガアリマセン

知事　ドーモ困ルナァー

余ハ話頭ヲ轉ジ

日比　井口・加藤両人ヨリ此度ノ撰擧ニ骨折ッテ呉レル様ニ頼マレマシタ　井口ハ勢江鉄道ニ関係アリ加藤ハ桟橋・臨港鉄道ニ関係シテ居リ　此際私ハドチラニ片寄ッテモ悪ルイト思イ升　如何ニ進退シタラ宜敷哉

知事　双方カラ要求シテ来タラ「知事ニ聞イテ呉レ」ト逃ゲテ置イテハ如何哉　グザ〳〵ト返事シテ居ル間ニ井口・加藤ドチラノ仕事ガ確実ニナルカ撰擧間際迠ニハ判断ガ出来得ル様ニナルヨ

日比　能イ事ヲ聞キ升タ　然ラバ閣下ノ名前ヲ利用致升ヨ

知事　能《ヨ》シ〳〵

午後四時五十分頃知事官邸ヲ辞シ五時二十四分津発軽便ニテ六時半頃四日市ニ帰エル　諏訪新道ニテ福林助役ニ出逢ウ　福林ハ

市長ハ知事ヨリノ電話ニ依リ晩方急ニ津エ行キ升タ
ト云ウ

四日市舊港に小棧橋を設置したい　築港利用會から市當局に陳謝す

勢州毎日新聞　昭和2年11月12日

總工費約七百萬圓を投じて築造した四日市の築港工事は既に第二期の工程を終つたので更に工費百八十萬圓を投じて棧橋の設置並に一般船車聯らくの設備を完成せしむるべく內務當局に申請中で既に國庫補助の件は今期議會に提案する豫算面に計上せられ明年度から着工することになつてをるが該築港は前記船車聯らく設備並に陸上設備が未完成の爲め目下の處之を利用する者極めて尠なく輸移入貨物の取扱は勿論船舶業者の乘降客は依然舊港卽ち税關波止場において行はれをるも同處には棧橋の設備なく萬事に不便を感じてをるので四日市築港利用會では曩に市當局に對し夜間照明としての高燭電氣點灯の件を陳情したが這般協議の結果舊港內に小規模の棧橋を設置せしむるの必要ありと衆議一決したので委員一行は昨日午后一時より會議所に會合し打合せの上市役所に戸野市長小寺土木課長を訪問し棧橋設置の件を陳情した尙ほ近く市當局に對し陳情書を提出すると

昭和二年十一月十三日

午〔前〕九時頃鶴見臨港鉄道會〔社〕山田胖宛ニテ
　一四ヒゴ九ジニテコラレタシ」ヒビ
ト打電シタ處　本日ハ日曜日ナル事ニ気ガ付イタカラ為念《ネンノタメ》　芝区白金今里町九八　山田胖ニ向ケ
　一四ヒゴ九ジキチハツニテオイデネガウ」ヒヒ

ト電信ヲ発ス　時ニ午後四時半
午後六時　本日委任状調印者ノ数ヲ桂山ガ報告ニ来ル筈ニナッテ居ッタカラ待ッテ居ッタ頃来タラズ　七時頃川島村小使ガ桂山浅治郎外二名ト云ウ手紙ヲ持ッテ来テ「本夕お伺スル約束デアッタガ予定ノ通リ手順運バヌ故　何卒四五日お待願度シ」トノ事ナリ　余ハ一刻モ猶豫ナラヌ大切ナ時機ナルニ不関四五日待ッテ呉レトハ大変ダ　何ントカ勘考ヲ付ケネバナラヌト考エタカラ直チニ小使ニ返事ヲ託シ「至急御面談致度シ　明朝八時必ズ御来訪頼ム」ト申送ル
　此際躊躇スレバ事破レル事必定ナリ

昭和二年十一月十四日

午前八時　昨夜手紙ニテ申送リタル通リ桂山ガ田中外一名ヲ連レテ来ル　余ハ
　一昨日遠藤知事エ行キ川島基本財産處分方ノ了解ヲ得テ来タ　村内取纏メノ状況如何哉
ト尋ネタルニ桂山ハ
　反對者アリ予定ノ通リ事ガ進マヌ　閉口ノ極ナリ　田青物市場ニ出テ居ル長谷川泰次郎ト云ウ者二町余反関係アルモ　反對者ト不買〔賣?〕同盟ヲ結バント策動ナシ居ル形跡アルヲ以テ只今ヨリ六名同道掛合ヒニ出掛ケント欲スルナリ　此者サエ説伏セ得レバ或ル一区域ガ全部調印ガ纏マル見込ナリ
ト云〔ウ〕　余ハ
　只今迠何程委任状ヲ取リタル哉
ト尋ネタルニ桂山ハ
　田・畑・山林合計ニテ十九町八畝七歩　承諾人員五拾四名ナリ
ト云ウ　余ハ一昨日ヨリ少シ進ンデ居ルヲ心ニ㐂コビタルモ顔ニ見セズ

本日ハ六名モ長谷川エ行カレル事ナリ　同人ガ調印スル迠動カヌ決心デ談判シ呉レ
ト要求ス　両人出テ行ッタ
午前十時頃市長ヨリ電話ニテ呼ビニ来タカラ行キ　余ハ先般上京中ノ模様並ニ一昨日遠藤知事ト會見ノ次第ヲ詳細報
告シタルニ市長ハ
貴下ガ一昨日遠藤知事エ行カレタル晩方　突然私モ知事ヨリ呼バレテ行キ午後十一時頃帰エッテ来升タ　其節知
事ハ
一、臨港二十八万円ニ對シテハ國庫ノ補助ナキヲ以テ全部県負担ニテ敷設セザル可カラズ
二、棧橋ヲ作ル個所ヲ埋立ツル費用五万円ヲ要スルガ之レニ對シテモ國庫補助ナシ
三、上屋三十二万四千円ハ半分國庫カラ貰ラエル心組ナリシガ之レニ對シテモ國庫ヨリ補助ハ貰ラエヌ事ニ
定マッタ
四、此四日市ノ棧橋・臨港鉄道ハ合計百八十万円ノ予算ニテ國庫ヨリ半分即チ九十万円ノ補助ヲ貰ラッテ実
施ヲ為ス予定デアッタノガ　今度大藏省ニテ査定サレタ補助ガ五十三万円ト決定シタ為メ予算ガ狂ッテ
来タ
右ノ次第ニテ百五十三万円ノ仕事ニ對シ五十三万円ノ補助ヲ差引ケバ百万円ノ県債ヲ募集セナケレバナラヌ
事ニナル　其レデハ現在埋立テツツアル土地並ニ第二号埋立地ノ県有地担保トシテハ貧弱ニ過ギルカラ　此
際四日市市ヨリ二十万円ノ寄附ヲ得度イ　去リナガラ其レモ気毒故十五万円丈ケ寄附シテ呉レ　県會ニ於テ
ハ臨時県會ニ掛ケル手順デ居ル
ト云ヒ　僕ノ返事ヲ求メタカラ僕ハ市ニ帰エリ能ク相談ヲ致升ト答エ帰エッテ来タガ　市参事會ニ掛ケル前ニ貴
下ニ寄附ニ應ズベキ金額ニ對シ御意見ヲ承リ度イト思ヒ電話ニテ御呼ビ出申シタ次第デス
ト云ウ　余ハ

五ヶ年賦十万円位デ如何デス
ト云ヒタルニ市長ハ
　私モ頂度其位ノ事ヲ考エテ居リ升タ
ト云ウ　晝食ノ御馳走ニナリ一時頃辞ス
佐藤鉄太郎ガ来テ
　先般吉川ト共ニ旭ニ行キ阿野田巳之松・小川・服田芳太郎・北旭ノ三輪喜七・伊藤庄太郎等ニ逢ッテ来升［タ］
　ガ　吾々ヲ地主ノ使者ノ如ク云ヒテンデ受付ケマセヌ　私ハ此際弁護士山嵜新一ヲ認メテ妥協ノ話ヲ進メタラ如
　何ト思イ升
ト云ウ　余ハ
　山嵜ヲ認メル事ハ不利ナリ
ト答ウ　佐藤ハ
　藤原鉄道ハ濱田ヲ何處ニテ横断セラル哉　私ノ考ニテハ川島俵太郎宅ヲ横断スレバ一番安價ニ上ガルト思ヒ升
ト云ウ　余ハ
　未ダ横断地点ハ確定セザレド誠ニ参考ニナル事ヲ聞カシテ貰ライ難有ウ
ト答ウ　二時頃帰エッテ行ツタ
午後二時半頃桂山ガ三名ヲ連レテ来テ
　只今迠長谷川ニ掛合ツテ居リ升タ　漸ク納得サセ升タ　長谷川ハ組内エ相談スルト云ツテ只今川島村エ行キ升タ
　為念一名付添ワセテ逃ゲヌ様ニシテ置キ升タ
ト云ウ　余ハ桂山外三名ニ向イ
　誠ニ連日御苦労千萬ニ思イ升ガ此ノ處一週間位ハ不眠ノ御決心ニテ御奔走ヲ願度シ　此機ヲ逸スレバ到底今回ノ

事ハ纏マルモノデ無イ　長谷川ハ是非今日中ニ調印サセテ下サイ
浅野ヲ逃ガシテ世間ノ物笑トナリ川島村トシテハ悔ヲ千載ノ後迠残サヌ様ニ心掛ケテ下サイ
ト激励シ　チラシ寿シ・ビールヲ御馳走ス　一同ハ
三時三十四分ノ軽便ニテ村エ引返シ大車輪デ委任状ヲ纏メ升
ト元気ヲ出シテ帰エッテ行ッタ

昭和二年十一月十五日

午前七時四十分気車ニテ山田ガ来ルカト思ヒ四日市駅エ出迎ニ行キタルモ来ズ九時十分着ニテ到着シタ　駅内ニテ小森ニ逢ッタ故　余ハ
先般ノ青川ノ話ハ如何ナリタル哉
ト尋ネタルニ小森ハ
二十三日頃一泊位ノ予定ニテ話ニ来ル
ト答ウ　小森ト話シテ居ルト大貝戸ノ区長ノ息子林清太郎ガ
組合ノ用件ニテ只今ノ気車ニテ四日市エ来升タ
ト余ニ挨拶シテ行ッタ
山田胖ト人力車ニテ昌栄館エ向ウ途中小野田専務狩野宗三ニ出逢ウ　狩野ハ
只今ヨリ一寸名古屋エ行キ升
ト云ウ　余ハ人力車ヲ降リ　狩野ニ向イ
本日ハ伊藤傳七氏モ来タリ藤原鉄道ノ願書ヲ県廳ニ持参遠藤知事ニ渡シテ来ル手順ニナツテ居ル　山田君モ其レ

ガ為メニ態々東京ヨリ只今来着シタリ　貴下折角當地ニ御滞在中ナルヲ以テ是非名古屋行キヲ見合セ県廳エ同行願度シ
ト云ッテ昌栄館エ連レテ行ク　堀木ヲ電話ニテ呼寄セ狩野ニ引合ワス　十時頃傳七氏来タル　雑談ノ上昌栄館ニテ昼食ノ馳走ニナリ一時発軽便ニテ津ニ向ウ　傳七・狩野・山田・堀木・余ノ五人ナリ　二時十分頃津ニ着ス　頃度知事等ハ原法相ヲ停車場エ見送リニ来テ居ッタ　県廳ニテ五人揃ッテ遠藤知事ニ藤原鉄道ノ願書ヲ出シ　傳七氏ヨリ藤原鉄道ノ願書ヲ持参セリ宜敷頼ム　近来勢江鉄道問題ガ実現スル哉ノ説アリ　吾等ハ一日モ早ク敷設ヲ希望スルヲ以テ閣下ニ於テ藤原・勢江何レニテモ可ナリ　早キ方ヲ按梅セラレ吾等ガ目的ヲ達セシメラレン事ヲ希望ス
ト述ベタルニ遠藤知事ハ
勢江鉄道ハ結局延引スルナラント思ウカラ藤原鉄道ガ実現スル事ニナルデアラウト想像スル　確カニ受理（願書）致升タ　早速本省エ中達致升
岐阜県エハ至急承諾スル様ニ僕カラ手紙ヲ添エテ一通ノ願書ヲ廻シ升　岐阜県知事ハ僕ノ懇意ノ間柄ノ者ニモアリ別ニ異論ナキ事ト想像ス　諸君等ハ僕ノ方カラ廻シタ願書ヲ岐阜県廳ガ一應目ヲ通シテカラ岐阜県エ行カルヽ事便利ト思ウ
ト云ヒ　田中土木課長ヲ呼ンデ藤原鉄道願書ヲ直チニ受理スベキヲ命ズ　知事ノ部屋ヲ出テタル吾等五人ハ芝辻内務部長ノ部屋ニ至ル　内務部長ハ
藤原鉄道ノ事ハ確カニ承知シタ　君等ハ其目的ヲ達セント欲スレバ気勢ヲ擧ゲザル可カラズ　東京エ上リ本省エ幾度モ催促スル位ニセナケレバナラヌ　此頃ノ事ハ押シノ強イ者ガ勝ツ世ノ中ダ
ト云ウ　田中土木課長ノ部屋エ行ク　課長ハ藤原鉄道ノ図面ヲ見テ
四日市附近ノ路線非常ニ複雑ニテ四日市都市計畫上如何哉ト思ウ
ト云ウ　山田ハ

四日市附近ハ愈々実測ノ上ニテ変更スル考ナリ
ト答エタルニ田中課長ハ
　然ラバ四日市附近ハ出願者ニテ変更スル旨ヲ書添エ本省エ此願書ヲ廻ス事ニスル
ト云ウ　傳七・狩野両人ハ三時五十八分省線気車ニテ先キニ帰エリ山田・堀木・余ノ三人ハ居残リ　田中土木課長ト色々談合ヲ為シタル上五時十四分発軽便ニテ四日市エ帰エリ大正館ニテ夕食ヲ為ス　山田ハ八時四十六分発ニテ東京エ向ケ帰エッテ行ッタカラ　余ハ堀木ト共ニ大正館ヲ出ル
本日津エ行ク軽便中　傳七ハ
　先般芝辻内務〔部〕長ハ僕ニ向イ「其内ニ遠藤知事ハ辞職スルカラ何ニカ解決シテ置ク用件ガ有ッタラ早ク其手續キヲ済シテ置カルヽ事肝要ナリ」ト云ッタ
ト語ッタ　果シテ然ラバ余ニ於テモ浅野ノ仕事ノ上ニ於テ其要心手廻ヲシテ置カナケレバナラヌト思ッタ　余ハ此際此良《ヨイ》知事ガ代ル事ヲ好マヌ

昭和二年十一月十六日

午前十一時半頃　桂山浅治郎来タリ　川島村土地関係者百十五人（□□□ヲ除キ）ノ内
田　　十三町五畝二歩
畑　　七町四反二十五歩
山林　四町四反十二歩
宅地　二十二坪
合計　二十四町八反七畝一歩

人員　　七十九人

右ノ委任状ヲ取ッタガ残リ三十六人ハ承諾セヌ　長谷川鯛次郎ヲ一昨日一生懸命ニ口説イテ見タガ委任状ヲ渡サヌ一人デアル　如何致スベキ哉思案ニ餘ッタカラ御相談ニ来タ　柳川村長ハ一度長谷川ヲ傳七サンカラ説諭シテ貰ラッタラ能イカモ知レヌト云ッテ居リ升タ　能キ意見ヲ聞カシテ貰ライ度イ

ト云ウ　余ハ

村ノ事ハ村デ納メナケレバ世間ニ体裁ガ悪ルイデハ無イカ　今一ト奮発シテ呉レテ残リ三十六人ヲ縮少シタル上明晩奔走者ヲ連レテ来テ呉レ　夕食ヲ食ワシ元気ヲ付ケテ遣ル事ニスル

ト述ベタル上　五百枚綴リノ本ヲ一冊買ッテ来テ桂山ニ渡シ

此本ニ土地ノ明細ヲ書入レテ来テ呉レ　今日以後此本ニ依ッテ萬事整理ヲ進メテ行キ度イ

ト依頼シ晝食ヲ食ワシテ帰エス

午後四時頃再ビ桂山来タリ

先刻ハ誠ニ御邪魔シタ　只今迠郵便局エ行キ小供エ送金スル手續ヲシテ居リ升タ　其暇ニ色々考エテ見舞シタガ実ハ長谷川等ノ三番組ノ不調印者十三名ハ

浅野ハ一億五千万円ト云ウ大身代者デアルカラ其ンナ資産家ニ今回村長・桂山等ガ定メタ安イ値段ニテハ大切ナ田畑ヲ賣レナイ　東京エ昇リ直接掛合ッテ見タナラ浅野ハ値段ヲ買上ゲテ呉レルニ違イナイト思ウカラ一度吾等中ニテ委員ヲ内密上京シタラ如何ナモノカ

ト云ッテ居ルソウデス

ト云ウ　余ハ

直接彼等ガ上京シテ浅野ニ掛合ウト云ウ事ハ或ハ結構ナル哉モ知レズ　僕並ニ君等ガ如何ニ一生懸命ニ献身的ニ骨折ッテ居ッタノデアルカト云ウ事ガ証明ガ出来ル訳ト思ウ　然カシ彼等ガ上京シテ浅野ニ逢ッタ上　値段ガ上

ガラナンダ節素直ニ委任状ヲ渡スト云ウノナラ宜敷ケレ共　折角上京迠シテ掛合ッテモ浅野ハ値段ヲ騰ゲテ呉レヌト云ッテ意地ヲ出ス様ナ事ニナッテハ悪ルイト考ウ

ト述べタルニ桂山ハ

當分　村田新一（議員ニテ元順査）秦野儀八（産業組合理事）稲垣熊太郎（第二区長）柳川元太郎（村長）ト私ノ五人ガ委員ニナッテ骨折ル事ニナッテ居リ升カラ　只今ヨリ村エ帰エリ其等ノ人ニ相談ノ上三番組ノ区長桂山藤松・議員清水庄二郎ノ両名ヲ呼ンデ能ク話ヲシテ此両人ヨリ今一應三番組ノ連中ヲ説得セシムル事ニ致升　此両人ハ兼テ中上ゲアル如ク性質悪ルク困リ升

ト云ッテ帰エッテ行ッタ

昭和二年十一月十七日

朝八時頃桂山ヨリ手紙ニテ

本日清水庄二郎・桂山藤松ノ両人ニ田中ヲ付ケテお伺致サスカラ宜敷両人ヲ説得頼ム

ト云ッテ来タカラ余ハ使者ニ「承諾」ノ旨ヲ答エ　本日ノ勢州毎日新聞ヲ見ルト意外ナリ　左ノ記事ガ載ツテ居ル

勢州毎日新聞　昭和2年11月17日

川島村の石灰山　淺野セメント買收契約

三重郡川島村の石灰山約八萬坪を數日前から淺野セメント會社四日市出張所長森篤二郎氏が買收すべく奔走中であつたが右所有者と賣買交渉契約が漸く成立したと

伊勢新聞ニモ同様ノ記事ガ記載サレテ居ルノデ吃驚《ビックリ》シタ　川島村ハ玆處一週間位ノ處ガ最モ大切ナル時機ナルニ大変ナ事ニナッタト思ッタ　記事ノ内容ハ全然間違ッテ居ル　森篤二郎ハ何等関係ナキ事デアル　且ツ石灰山デハ無イガ四日市市民ノ注目・世間ノ注意ガ川島村ニ注ガレル事ニナルト折角此レ迠ニ仕上ゲテ来タ事ガ駄目ニナッテ仕舞ウカモ知レヌ　其レニシテモ此記事ヲ誰レガ新聞記者ニ洩ラシタカ不思議デアル　川島村ノ事ハ遠藤知事・戸野市長・福林助役以外ニ話シテ無イ　最近森篤二郎ホンノ一寸話シタ丈ケノ事デアルカラ漏レル筈ハ無イノデアル　川島村民ハ最モ秘密ニ取扱ッテ居ルカラ他人ニ話ス筈ハナイ　勢州毎日新聞ト伊勢新聞ニ同様ノ記事ガ載ッテ居ル以上　新聞記者ガ一人以上居ル前デ話シタ事ニ違イ無イ　何ハ兎角市役所エ行ツテ尋ネテ見ント考エ飛ンデ行ク　戸野市長ニ尋ネタルニ「決シテ漏サヌ」ト云ウ　余モ市長ガ漏ラシソウナ事ハ無イト思ウ　當然ノ返事ナリ　福林助役ニ尋ネタルニ福林ハ

私ハ川島村ノ話ガ纏マリ貴下ガ御発表ニナッタ事トノミ本日ノ記事ヲ見テ思ッテ居リ升タ　其レニシテモ森篤二郎ガ契約シタトアルハ変ダト思ッテ居ッタノデス

ト云ウ　余ハ福林ニ向イ

本日午後一時ヨリ水道委員會・午後三時ヨリ市参事會アリ　余ハ出席ノ予定デ居ッタガ若シ其席上川島村ノ事ヲ質問セラル丶ト困ルカラ欠席スル　宜敷取計ラッテ置イテ呉レ給エ

ト述ベテ十二時四十分軽便ニテ川島村役場エ急行ス

川島村ノ特別委員タル柳川村長・桂山浅治郎・村田新一・秦野儀八・稲垣熊太郎ヲ直チニ召集シテ川島村ノ件ガ新聞ニ洩レタ事ヲ話シタル上

世間エ知レ渡ッタ以上各方面カラ邪摩ガ入ルニ違ナイ　思ワヌ方面カラ支障ガ起ルカモ知レヌカラ諸君等ハ明日中ニ不調印者三十五名ニ向イ大活動ヲ為シ大至急解決シテ貰ライ度イ

ト告ゲ　奔走セシメタル結果

三名　約二町歩ノ委任状ヲ取ル事ヲ得タリ　時ニ午後七時ナリ　余ハ特別委員ニ向イ

明日尚一層大活動ヲ望ム　明日君等ノ運動ノ結果如何ニヨリテハ不本意ナガラ断念セナケレバナラヌ事ニ立至ル哉モ知レヌ

明日終日骨折ッテ呉レタ結果ヲ午後五時迄ニ僕ノ手許迄報告ニ来テ呉レ

ト注文シテ　川島村ヲ七時十八分ノ軽便ニ乗リ四日市駅ニ出ル

四日市駅八時四十六分東京直通列車ヲ見渡シタルニ約束通リ山本薫太郎ガ乗込ムデ居リ　山本モ余ヲ探シテ居ッタ

山本ハ

加茂・磯部等調査ノ結果ヲ宮地君ニ電報デ報告シタルニ宮地君ヨリ折返シ電報ニテ「詳細日比君ニ話ヲシテ帰エレ」ト云ッテ来タカラ有ノ儘ヲ申上度イト思ウ

加茂磯部双方共到底見込アリマセン　湯河原ナド殆ント原石ナシ　七石モ同ジ　大河原ニ約十五万屯位山ノ頂上ノ處ニアルガ到底運搬ガ出来ナイ　寧《ムシ》ロ磯部ニ於テ現在石灰ヲ焼イテ居ル個所ノ方ガ加茂ヨリ原石量ガ多イ位デアルガ品質悪シク且ツ運搬困難デ見込ナシ　神明村ノ粘土モ駄目デス　アリマセン

如斯キ次第デアッタカラ　モー神島エハ行キマセンデシタ

ト云ウ　余ハ

宮地君ニ通知シタ節　「余ノ素人目ニハ原石豊富ナリトモ覚エズ」ト書添エテ置イタ次第ナルガ　何分森篤二郎ガ県ノ技師カラ豊富ナリト聞イテ来タト主張スルヲ以テ為念　お話シタ事デアルガ其ンナ貧弱ナルモノデハお話ニナラヌナァー

ト云ヒタルニ山本ハ

何故ニ過去ニ於テ三重セメントガ此山ヲ契約シタカ　又現在ニ於テ清水ガ熱心ニナッテ居ルカ了解ニ苦シム

ト答エタルニ　話頭ヲ轉ジ
　森篤二郎ガ加茂ノ山エ浅野ガ手ヲ入レタ事ヲ清水ニ洩シタト云ウ事ヲ聞イテ来タガ一寸変ナ事ト思ツタ
　昨日私ガ岩倉ノ駐在順査塩田ノ處ニ居ルトキ四日市ノ森ダト云ッテ駐在エ電話ガ掛カッテ来タガ　私ハ「森サント云ウ人ハ知リマセンカラ」ト答エ避ケテ置イタ　若シ金浦館エ尋ネテ来タラ「不在」ト云ッテ逃ゲル心組デ居リ升タ
ト云ウ　余ハ
　森モ快活ナ人物ノ様デアルガ無思慮デ時々閉口スル事ガアルヨ
ト述ベタル后チ　宮地君ニ左ノ報告ヲ頼ムト依頼ス
　一、川島村ハ百十五人四十町歩中　本日迠ニ二十七町歩八十二人ノ承諾者ヲ得タ　本日川島村ノ事ガ新聞ニ洩レタ為メ大閉口シタガ萬難ヲ排シテモ完全ニ纏メル心組ナリ
　二、芝辻内務部長ガ数日前　伊藤傳七氏ニ對シ内密ニテ
　「遠藤知事ハ其内止メルカラ若シ仕事ノ仕掛ケタル事ガアッタラ遠藤知事ガ止メヌ間ニ解決シテ置ク事御得策ナリ」
ト注意シタ　此事実ヨリ考ウレバ遠藤知事ハ実際知事ヲ止メルカモ知レヌカラ浅野モ仕事ノ方針ヲ能ク考エテ置ク必要アリ
　三、過日小森ニ逢ッタ　小森ハ廿三日頃四日市エ来ルト云ッタ　小森ガ来タラ青川ノ事モ能ク話シテ見ル
山本ハ
　承知致升タ　確カニ宮地君ニ報告致升　青川ヲ此際解決シテ置ク事ハ必要ナリト考エ升
ト云ウ　蟹江駅ニテ分レ　余ハ四日市ニ引返ス

昭和二年十一月十八日

午前九時頃森篤二郎来タル　余ハ昨日ノ勢州毎日新聞・伊勢新聞ニ川島村ノ記事ガ記載サレアルヲ話シタル上
　此記事ヲ洩ラシタル者ハ誰ナリト君ハ考ウル哉
ト尋ネタルニ森ハ
　警察ノ高等刑事楠デハ無イカト思ウ
ト答エテ居ル處エパック新聞記者森田ガ余ニ面会ニ来ル　森田ハ余ニ向イ
　貴下ハ大金儲ケセラレタト云ウ事ヲ森篤二郎氏ヨリ聞キ升タ　新年年賀廣告ヲ豊富ニお願仕度イ
ト云ウ　余ハ
　変ナ事ヲ云ウナ　僕ガ儲ケタト云ウ事ヲ確カニ森篤ガ云ッタカ
ト尋ネタルニ森田ハ
　然カリ。而シテ森篤二郎ハ「日比ハ辛辣ナル手腕ヲ有シ且ツ綿密ニシテ細カイ事迠行届ク」ト云エリ
ト云ウ　余ハ
　「辛辣ナル手腕」ト「大金儲」トハ全然別個問題ナリ　森篤二郎ガ確カニ「日比ガ大金儲シタ」ト云エリ哉
ト重ネテ反問シタルニ森田ハ
　確カニ聞ケリ。此際社友ニナッテ貰ラヒ度シ
ト云ウ故　余ハ森篤二郎ヲ此席ニ呼ビ来タリ對決セシメタルニ森篤二郎ハ森田ニ向イ
　君ハ頼ム事ガ下手ダヨ　日比君ノ気質ハ一寸普通ノ人間ト違ッテ居ルカラナァー
ト云ウ　森田ハ余ニ向イ

結局ハ新年年賀廣告ノ話ニナル　何程デモ宜敷イカラ此帳面ニ御記名ヲ願升
ト云ウ　余ハ森田ニ向イ
断ル　駄目ダ　新年ノ廣告ヲ頼ミニ来ルノニ其言草付キハ何ンダ　今日ハ僕ハ虫ノ居所ガ悪ルイ出直シテ来給エ
廣告ガ欲シケレバ温和ニ来イ　廣告ハ望マヌナレド煙草銭ガ欲シイト云ウ事ナレバ　煙草銭位ハ場合ニ依ッテハ
遣ラマイモノデモ無イ
ト述ベタルニ森田ハ
之レハ落第シタ。然カシ私ガ何ンボ押シガ強クテモソー何度モ来レルモノデ無イカラ　此際何程デモ能イカラ御
頼ミ申度シ
ト云ウ　森篤二郎ハ側ヨリ森田ニ向イ
僕ガ后トカラ日比君ニ能ク頼ンデ置クカラ今日ハ帰エリ給エ　日比君ガ怒ルハ当然ダヨ
ト云ウ　森田ハ余ニ向イ
仕方ガ有リマセン今日ハ帰エリ升　新聞ニ面白イ記事ガ載リ升カラ其新聞ヲ送ラセテ貰ライ升
ト云ッテ帰エッテ行ッタ　森篤二郎ハ余ニ向イ
僕ガ居ラナンダラ跡カラ貴下ニ叱責セラル處デアッタ　幸イ居ッテ証明ガ出来テ助〔カ〕ッタ
ト云ヒ森篤二郎モ帰エッテ行ッタ　余ハ森篤二郎ニモ閉口スルト思ッタ　此ンナ下ラヌ事ニテ后トカラ后トエト問題
ヲ出掛シテ呉レテハ煩サクテ仕方ガ無イ　又余ガ献身的努力ヲ以テ浅野問題ヲ奔走シテ居ルノヲ世間カラ誤解セラル
ヽ事トナル
午後二時頃神海組エ行キ伊藤治郎・伊藤藤松ヲ呼ンデ四日市漁業組〔合〕漁業権ニ関シ如何ナル手順ヲ踏ミタル哉ト
尋ネタルニ
鯔《ボラ》釣リニ忙敷キ為メ心ニ思イツモ其儘ニ経過シ何事モ為サズ

ト云ウ　段々ト尋ネテ見ルト先日ノ役員ノ顔觸ハ相違シ居リ　眞実ハ
理事　大橋定吉（弟ニ藤村芳松ト云ウノガ反ッテ漁業権ニ関係深シ　然カシ多弁者ノヨシ）
幹事　大川利七
幹事　井高末吉
総代　村山米吉
〃　山川権之助
〃　加藤末吉
〃　西村熊吉
組合書記　大川久治郎
ナル由ナリ　責任ヲ重ンゼヌ者共ハ困ッタモノナリ　組合ノ書記デアル大川久治郎ガ組長ノ名義ノ下ニ堂々署名ヲ為シ大川利七・伊藤藤松・伊藤治郎モ何等一言モ其間違ヲ訂正セズ　本日段々余ガ質問スルニ及ンデモ平気デ居ルトハ意外千萬ナリ　余ハ両人ニ向イ
一日モ早ク総會ヲ開キ委任状ヲ取リ相談ヲ進メル事ニシテハ如何哉
ト云ヒタルニ伊藤藤松ハ
二十五日迠ニ何ントカ御返事ノ出来得ル如ク手順致升
ト答エ帰エッテ行ッタ
午後七時頃川島村ヨリ小使イ（役場）ガ使者ニ来タリ
本日一生懸命ニ奔走シタ結果大約承認セシメ承諾委任状ニ調印ヲ取ツタ　目下尚ホ活動中故　今夜ハお目ニ掛リ難シ　今晩ハ徹夜ノ決心ニテ出来得ル丈ケ承諾書ヲ纏メ　明日九時二十七分川島村発ニテ御會見ノ為メ四日市エ御邪魔致升ト日比サンニ傳エテ来イ　ト云ウ事デ有升タ

ト云ウ　余ハ与党ノ餘リ凡ソ何人位ノ委任状ガ纏マリタル哉　ト尋ネタルニ小使ハ

何ンデモ百人餘リ纏マツタ様子デス

昨夜桂山ハ殆ンド睡眠ヲ取ラズ　為メニ本日ハ目廻イヲ催シ少シ許リ役場デ寝テ居リ升タ

ト云ウ　余ハ

諸君ニ御苦労ト傳エテ呉レ　今晩一夜ノ徹夜ハ十ヶ年分ノ活動ニモ價スル事故　確カリ頼ムト傳エテ呉レ

ト云ヒ　小使ニ壱円與エ村エ帰エス　先ヅ之レニテ安心ナリ　昨日余ガ川島村役場ニ乗込ンデ村長・特別委員・村會議員ヲ激勵シタ薬ガ利イタノデアル

昭和二年十一月十九日

土藏ノ壁塗リ替ニ来テ居ル左官ト暫ラク話ヲ為シタル上　四日市エ出ル

午前十時頃桂山浅治郎・田中久次郎来タル　桂山曰ク

昨夜役場小使ヲ以テ貴下エ使者ヲ立テタル刹那ハ最モ楽観スベキ状態ニアリ　百名位承諾書ニ調印ヲ取リ得ル手順ニアリシガ本朝ニ至リ急変シ　昨夜個別訪問ニテ承諾シタル者モ本朝ハ調印ニ應ゼズ　團結的反對気勢高マリタル為メ閉口シ居レリ

ト云ウ　余ハ

何人承諾書ヲ取リタル哉

ト尋ネタルニ

九十人位ナリ

ト云ウ　余ハ予期ニ反シタレドモ尚ホ調印者ノ數増加シ居レルヲ以テ稍々《ヤヤ》安心セリ　然リト雖《イエド》モ両人ノ気ヲユルメテ

ハナラヌト思ヒタルヲ以テ
　其ンナ緩慢ナル事ニテハ遂イニ不成効ニ終ル哉モ計リ難シ　両君ハ一時十分気車ニテ帰村セラレヨ　余ハ二時十五分諏訪発ニテ出張セン
ト云ヒタルニ両人ハ
　貴下ハ明日御出掛ケ願度シ
ト云ウ　余ハ其レヲ意トセズ二時十五分輕便ニテ出掛ケタルニ役場ニハ村長以下議員連中数人相談中ナリシ　余ハ村長ニ状況ヲ尋ネタルニ村長ハ返事曖昧ナリ　不審ニ思ヒタル故　村長ニ向イ
　確実ニ現在貴下ノ手ニ握ッテ居ラルヽ承諾書ハ何通アリ哉
ト尋ネタルニ村長ハ事務室エ行キ取調ラベタル后チ
　六十五人ナリ
ト答ウ　余ハ意外ニ驚キ
　本朝桂山浅治郎君ハ九十人位ノ調印者アリト謂《イ》エリ　六十五人トハ如何ナル次第ナリ哉
ト反問シタルニ村長ハ
　口頭ニテ承諾シ居リタル者ヲモ計算ニ入レ置キタル次第ナリシガ　本日調印ヲ迫リシニ承諾セヌ故案外ニ思イ居ル處ナリ
ト云ウ　余ハ事ノ杜撰《ズサン》ナルニ更ラニ一驚ヲ喫セリ　兼テ余ハ柳川村長並ニ桂山浅治郎ニ向イ「口頭ニテ承諾セシ者ハ必ズ不透《スカサズ》承諾書ニ調印ヲ取ッテ置カレ度シ」ト要求シ　両人ハ「其通リ実行シテ居リ升」ト確言シ居タルニモ不関念ヲ押シテ見レバ如斯《カクノゴト》シ　田中久次郎ハ余ニ向イ　學校ノ一室ニテ暫ラク休憩シテ居ッテ呉レト云ウ故行ク　學校ハ見晴ラシ能キ處ニ建テラレ居レリ　桂山浅治郎・柳川五右衛門外一名余ニ随イテ来ル　暫ラク休憩シテ居ルト柳川村長来ル　余ハ

到底取纏メ困難ナリト思ワル、ナレバ早ク見切リヲ付ケルニ如《シ》カズ

ト云ヒタルニ村長ハ

モー少シ待ッテ貰ライ度シ　一両日中ニ最後ノ考案ヲ建テ其レヲ実行シタル上　其レニテモ纏ラヌナレバ残念ナレド断念スルヨリ外ニナシ

ト云ヒ　桂山ハ

絶對不承諾者ニシテ其土地ガ工場経営上大シテ差支ナキ地点ニアルモノハ此際除外シテ　其不足ヲ南部ノ粘土山ニ求メル方策ヲ講ズル事ニシテハ如何哉

ト云ウ　余ハ

此際在郷軍人會・青年團ヲ起用　其純眞ナル活動ヲ待ッテ川島村百年ノ大計ヲ建ツル意味ニ於テ大活動ヲ試ミテハ如何哉　老人組ハ成程ト合点シテモ利害ヲ先キニ腹ノ中エ持チ承諾セズ取扱ヒ憎クキモノナリ　旺盛ナル奮闘ハ青年血気ノ者ニ限ル

ト述ベタルニ四人共ニ賛成　桂山ハ

然ラバ明日午前中ニ在郷軍人會・青年團ノ役員ヲ非公式ニ役場ニ召集シテ懇談ヲ重ネ其活動ヲ要求スル事トナシ午後ハ組頭ヲ全部招集シテ公式ニ村全体ノ大問題トシテ進退ニ関シ熟談シタル上　其結果ヲ明晩六時迠ニ貴下ニ報知スル事ニシタラ如何

ト云ウ　余ハ

其レハ結構ノ事ト思ウ　左様願度シ

ト答エ　六時三十分川島発輕便ニテ四日市エ帰エル

昭和二年十一月二十日

先般来何ントナク身体疲労ヲ覚エ歩行ノ足取リ困難ナリ　或ハ腎臓病ノ再発デハ無キ哉ト心配スレド各方面多忙ノ折柄　小便ノ検査シテ若シ静養ヲ要スル事ニナリテハ困ル故其儘ニ経過シ居レリ　誠ニ冒険ノ事ト思ウ

午後二時山本源助三男五才ノ小供死去ニ付キ佛生院エ告別式ニ行ク　相當参詣者ガアッタ　副議長ノ肩書アルお影ト思ウ　副議長ノ肩書ヲ親爺ガ有スルカラ其ノ肩書ニ對シ告別式ノ参列者ガ多カッタトスレバ此レモ虚偽ノ生活ノ一ツダ　ドウシテ人間ハ斯ク虚偽ノ生活ヲ繁クスルモノデアラウカ　余ハ時々馬鹿ラシク思ウナリ

午後三時頃森篤二郎来タリタルニ付キ　余ハ

加茂ノ原石山見込ナキニ依リ塩田順査宛ニテ断リ状ヲ出サレ度シ

鳥羽署長ノ野村モ何時休職ニナル哉計ラレザルニ依リ浅野ノ工場デモ出来ル事ヲ希望シテ居ッタガ憮《サゾ》カシ落胆スル事ト想像

ト述ベタルニ森ハ

ト云ウ　余ハ森ハ之レダカラ駄目ダト思ッタ　目的ノ原石山ノ調査ヨリ他人ノ人事関係ヲ重ク見テ軽卆ニ談合仕合ウト云ウ事ハ不謹慎ナリ　自己ノ任務ニ忠実ナラザル証據ナリ　森ハ余ニ向イ

貴下ハ先般遠藤知事ハ辞職スル哉モ知レズト言明セラレタリ

過日西田ニ聞イテ見タラ「知事ハ辞職シテ郷里ヨリ代議士ニ立ツナラン」ト云ッテ居リ升タ　西田ハ「本年ノ県會予算ハ積極過ギルカラ県會ニ問題モ議論モ沢山起ルデアラウト考エル　遠藤ハ無理ト云ウ事ヲ承知デ出シテ居ル　県會ニ若シ問題ガ起ッタ場合　遠藤ハ断然原案執行ヲシテ置イテ辞職スル腹デ居ルカモ知レヌ　后任ハ芝辻ノ昇格ニ非ラズシテ誰レカ一等知事ヲ連レテ来ル事トナラン　御大典ノ三重県知事トシテ芝辻ハ到底其具ニアラ

ズ」ト云ッテ居リ升タ

ト云ウ　余ハ此報告ナドハ森トシテ上出来デアルト思ッタ　人間ハ一長一短アルモノナリ

午後七時頃桂山ガ服部・上野ノ両人ヲ連レテ来テ

本朝ヨリ學校エ村長・役場員・議員・区長・組頭・在郷軍人會役員・青年會役員等六十人斗リ集合シテ大集會・懇談會ヲ為シツヽアリマス　人数ガ多過ギテ一室ニ入リ切レヌニヨリ三室ニ分カレテ色々相談ヲシテ居リ升ガ未ダ纏リガ付ク處迠ハ行キマセヌ　今夜ハ夜中ノ二時位迠掛カルト思升　何等纏ッタ御返事デハ有升セヌガ御約束デモアリ　他ニ一ツ御相談ガアッタカラ此両人ト共ニお伺シタ次第デ有升

ト云ウ　服部・上野ハ余ニ向イ

川島村ノ西部ニ粘土山沢山アルニ依リ　現在交渉ノ個所不調ニ終ル様ナレバ其西部ノ山ヲ浅野ニ提供スル事ニシタラ如何哉

ト云ウ　余ハ

西部ニ粘土アル事ハ能ク承知シ居レリ　現在交渉ノ地点丈ケニテハ何程モナシ　浅野ガ百年ノ計畫ヲ建テヽ居ルト云ウノハ其地点ノ粘土ヲモ包含シテ云ッテ居ル事デ　現在交渉シテ居ル地点ノ粘土ヲ取リ盡シタル上ハ漸次其レニ及ボス心組デ居ル

現在ノ地点ガ交渉不調ニ終ルト云ウ事ハ川島村民ガ浅野ヲ歓迎セヌト云ウ結論ニナル故　此上場所ヲ替エテ同ジ川島村ノ奥地ヲ交渉スル事ハ浅野ハ承諾セヌト思ウ

川島村ガ見込ナケレバ方面ヲ轉換シテ事業ヲ進メル手順ヲ取ラナケレバナラヌカラ　現在ノ交渉地点ヲ纏マルカ纏ラヌカ早ク返事ヲシテ貰ライ度シ

ト述べ　勢江鉄道ト藤原鉄道トノ関係・埋立地ト川島村トノ関係等ヲ詳細ニ語リタル上

川島村ヲ見捨テ浅野ガ他ノ地点ノ交渉ニ移リタル后チニ至リ　諸君ガ如何ニセメント工場ヲ希望シテモ到底駄目

ナ問題トナル　後悔ナキ様ニ願度シ
ト告ゲタルニ両人ハ
桂山ヨリ聞イテハ居ッタガ　只今貴下ノ御説明ニ依リ一刻モ猶豫ナラヌ問題デアルト云ウ事ガ能ク腹ニ入リ升タ
深ク感動致升タ　貴下ヨリ村民全体ニ直接御説明ヲ願度シ
ト云ウ　余ハ
御希望アレバ何時ニテモ御説明ニ行クガ　出来得ル限リ村ノ輿論トシテ纏メラル丶事上策ナリト思ウ
ト述ベタルニ桂山ハ
之レヨリ直チニ村ニ帰エリ引續キ相談ヲ進メル事ニ致升　村ノ都合ニ依リ貴下ニ御出張ヲ願ヒ詳細御説明ヲ願ウヤモ計ラレズ　其時ハ宜敷御願致升　明晩七時迠ニ御面會ニ出掛ケテ来升
ト云ッテ八時半頃帰エッテ行ッタ
午後十二時頃寝床ニ入ッテ『不如帰《ホトトギス》』ヲ読ム　遂イ引入レラレテ全部読了シタ　三時ニナッタ　浪子臨終ノ處エ行ッテ不思泣《オモワズ》イテ仕舞ッタ　蘆花《ロカ》ノ作ハ何ントナク人ヲチャームスル力ガアル

昭和二年十一月二十一日

午後三時ヨリ市會アリ　余ハ欠席センカトモ思ッタガ本日ノ市會ニハ鈴木議長辞職　后任ニ堀木ガ撰擧セラル丶筈ニナッテ居リ　昨日堀木ヨリ「手順克ク撰擧ヲ終了スル様ニ骨折ッテ呉レ」ト頼マレテ居ル事デアルカラ出席セナケレバナラヌ故出席スル　議長撰擧ハ最モ手順能ク結了シタ　堀木ハ議員一同ヲ大正館ニ招待シタ　余ハ欠席シタ
午後七時頃川島村ヨリ使ガ来テ
昨晩ノ模様ニテハ三番組モ大分工合ガ能クナッテ来タ　本日中ニ承諾書ヲ持ッテ来ル約束ニナッテ居ッタ故　議

員ノ衆一同ハ先刻迄役場ニ其レヲ待ッテ居ッタガ遂イニ持参セヌ故催促ニ出掛ケ升タ處デス
右ノ次第故其返事ガ取レヌ以上貴下ニ報告スル新報モ無イカラ　其承諾書ヲ取ッタ上ニテお伺スルトお話シテ来
イト云ウ命令ヲ受ケテ参上シマシタ
ト云ウ　余ハ
明朝早ク右用件ガ要領得ル得ヌニ不関　一人来ル様ニ傳エテ呉レ
ト告ゲテ使ヲ帰エス
午後十時頃　四日市漁業組合大川久次郎・大川利七・伊藤藤松・藤村芳松来タル　余ハ
四日市漁業権ノ解決ハ二万五千円位ガ適当ナラント思ウ
ト告ゲタルニ四人ハ
其ンナ事ニテハ到底問題ニナラヌ　磯津ノ三倍モ漁業区域アリ且ツ四日市ハ漁業ガ全滅シテ仕舞ウ事故　ウント
御奮発ヲ願ワナケレバ解決出来ヌ
ト云ウ　余ハ
君等ガ其ンナ心組デ居ルナラ僕ノ手デハ到底解決セヌト考エルカラ他ニ良法ヲ考エル方得策ナラン　自由ニ一ト
思案仕給エ
ト突放チタルニ伊藤藤松ハ
假令貴下ガ其お心組デモ　私等ハ何處迄モお縋《スガ》リシテ私等ノ立チ行ク様ニ御面倒ヲ依頼セネバナラヌ
ト云ウ　余ガ大胆ニモ突キ放チタル一言ガ効ヲ奏シ此反響ガアッタ以上　マズ此問題ハ解決スルモノト見テ楽観シテ
可ナリト思ッタ　何故ナレバ実際不可能ナルモノナレバ　余ガ突放チタル一言ニ對シ彼等四人ハ怒ラナケレバナラヌ
筈デアル　余ハ伊藤ニ向イ
君等ガ眞実僕ニ依頼スル誠意ヲ有スルナレバ僕ハ何處迄モ心配スル

臨時総會ノ決議書ヲ明朝十時迠ニ持ッテ来テ僕ニ呈示セヨ
ト述べタルニ四人ハ
承知致升タガ貴下モ出来得ル限リ御勘考置キ願度シ　先刻お話ノ金高ニテハ到底組合ガ納マラヌト思ウ
ト云ッテ帰エッテ行ッタ

昭和二年十一月二十二日

午前九時頃大川利七来タリ
昨夜ハお邪魔致升タ　本日総會決議書ニ調印シテ持参ノ約束デアッタガ　昨夜貴下御仰セノ二万五千円ハ如何ニモ安過ギルヲ以テお断リニ参上シタ次第デス　組合員ハ磯津ヨリ面積ハ三倍モ廣イ　且ツ総体ノ漁獲高ヲ合計シテ考エレバ磯津ノ五倍貰ラワナケレバ承知出来難シト云ッテ居リ升　吾等四人ハ辞任スル考エデス
ト云ウ　余ハ
君等ハ僕カラ聞ク丈ケノ事ヲ全体聞イテ仕舞ッタ后チ　無法ニモ五倍モ吹掛ケ横ニ寝ル心組ナル哉
ト反問シタルニ大川利七ハ
決シテ然カラズ　組合ガ纏マラヌ故止ムヲ得ザルニ出ズ　然カレ共結局ハ貴下ノ御手ヲ煩シテ解決シテ頂ク心組デ居リ升
ト云ウ　余ハ
然カラバ其次第ヲ文書ニ認メ持ッテ来テ呉レ　口頭丈ケデハ信用出来ヌ
ト云ヒタルニ大川ハ
承知致升タ

ト述ベ帰エッテ行ッタ　余ハ昨夜ノ會見ニテ解決容易ナリト想像シタ　本日此ンナ事ヲ云ッテ来ルトハ予想セナンダ少々骨ガ折レルワイト思ッタ

午後五時ヨリ大正館エ行ク　加藤久米四郎ヲ市長・助役・正副議長・参事會ニテ招待シタルナリ　加藤ハ中々如才ナク八面玲瓏《レイロウ》　各人ニ應酬シテ居ッタ　九時頃解散ス

昨夜川島村小使ニ　本朝必ズ一人四日市エ出掛ケテ来テ状況ヲ報告スル様ニ告ゲテ置イタノデアルガ遂イニ来タラザリシ　順調ニ進ンデ居ルノナラ必ズ来ル筈ダト考エルガ六ヶ敷キ状態ニ墜ッテ居ルニ相違ナイト思ッタ　川島村々長・桂山以下重立チタル者ハ誠心誠意盡力ハシテ居ルガ遣リ方ガ不味イ「獅子ハ兎ヲ殺スニモ全力ヲ用ユル」ト云ウ古諺《コゲン》アリ　川島村全体ノ輿論ヲ喚起シテ置キイテ其機ヲ利用　少シモ手ヲ緩メズ全力ヲ擧ゲテ一気呵成ニ纏メテ仕舞ワナケレバ到底完全ノ効果ハ得ラルベキモノデ無イ　彼等ノ遣リ口ヲ眺メテ居ルト假リニ八人ノ反對者ガ顕レルト十人斗掛カッテ説得ニ勉メ　無クナルト先ヅ一服ト手ヲ緩メル　緩メテ居ル間ニ又新タニ反對者ガ出来テ来ルト云ウ風ナリ　此ンナ事ニテハ百年河清《カセイ》ヲ待ツガ如クデアル　此ンナ事ヲ繰返シテ居ルト世間ニ漏レテ各方面カラ妨害起リ村内ニ於テモ気抜ケ倦怠ヲ生ジ遂イニハ大極ヲ逸スル事トナルナリ

昭和二年十一月二十三日

川島村ヨリ昨日終日待ッテ居ッタニモ不関何等ノ通信・傳令ナキニ付キ　十一時輕便ニテ状況視察ノ為メ出掛ケント諏訪駅エ行キタルニ発車時間ヲ誤解シ居リ　十一時二十七分ハ発車シタル后チニテ次ギノ発車ハ十二時四十四分ヨリ無イ　如カズ川島村迠歩行シテ詳細ニ沿道ノ状況ヲ踏査スルモ時ニ取リテノ一興ナリト　扨テ歩ルイテ見ルト中々遠イ午後一時頃川島村エ着ス　桂山浅治郎ノ宅ヲ訪問シ一應ノ状況ヲ聞取リタル后チ役場エ行カント思ヒ同人宅ヲ尋ネタルニ役場エ行ッテ居ラヌトノ事ナリ　意ヲ決シテ役場エ行ク　柳川村長・桂山浅治郎以下数名ノ村會議員ガ集合シ

テ居ッタ　余ハ柳川村長ニ向イ
　其後何等ノ御使ナキニ付キ心配シテ来タレリ　如何進行シタル哉
ト尋ネタルニ柳川村長ハ
　間断ナク奔走ヲシテ居ルガドーモ思ウ様ニ進マヌノデ閉口シテ居リ升
　只今ヨリ貴下ノ下エ御相談ニ上ラント手順シテ居ル處デス
ト云ウ　其レヨリ集合シテ居ル村會議員等ト色々話ヲ為シ状況ヲ尋ネタルニ結局　現在ニ於テ承諾済ノ者六十名　三割値段ヲ増シテ呉レタラ承諾スルト云ウ者二十名　不承諾者約三十名ト云ウ内訳ナリ　不承諾者中ニハ一坪二十円ヲ主張スル者数名アル模様ナリ　余ハ心中収拾スベカラザル状態ニ堕ッテ居リハセズ哉ト心配シテ出掛ケテ来タ事デアッタガ　先ヅ〳〵ト安心シタ　柳川村長ハ余ニ向イ
　村民ノ中ニハ「幹部ノ者ガ會社工場ヲ川島村エ引入レント奔走スルノナラ先ヅ第一ニ幹部ガ所有スル土地一切ヲ提供シテ眞ノ裸体ニナッテ盡力セヨ　然カラザレバ幹部ノ赤誠ヲ認ムル事能ワズ」ト云ウ者アリ　如何シタラ能キ哉ト困却シテ居リ升
ト云ウ　余ハ
　宜敷裸体ニナッテ掛カッタラ能イデハ無イカ　君等幹部ガ眞ニ犠牲的性心〔精神〕ヲ発揮シテ呉レルニ非ラズンバ到底此事ハ纏ルモノデ無イト思ウ　而シテ赤心ヨリ出デタル幹部ノ犠牲ニ對シテハ僕トシテ相當ノ案ヲ建テル決心ナリ
　此際單ニ欲ヲ出シ値段買上ヲ強要スル者ニ對シテハ絶對ビタ一文モ買増セヌ　只買増セヌノミナラズ報復的手段ヲ講ジテモ宜敷シ
ト述ベタルニ一同ハ
　其御決心ヲ聞イテ非常ニ心強クナッタ　一生懸命ニ盡力致升

ト云ウ　柳川村長・山中周一・廣田文一郎ハ小生ノ不承諾ヲ説得ノ為メ出掛ケテ行ッタ　余ハ桂山其他ノ村會議員等ト相談ノ上　明日中ニ此等ノ連中ニテ村内ヲ纏マル丈ケ纏メテ明後日十時頃迄ニ四日市ニ来タリ　余ニ其結果ヲ報告シテ貰ウ事ニ約束シテ五時二十七分輕便ニテ帰エル　気車中鈴木久三・市川騰等ト一所ニナル　市川ハ余ニ向イ
菰野ノ角力ノ帰エリデス　将来何ニカ浅野ノ仕事ガ出来テ来タ時ハ宜敷御願中升
ト云ッテ居ッタ
夜杉浦来タリ　久シク逢ワザリシ間ノ世間話ヲ為シタル上
川島村ノ問題ガ新聞ニ出テ居ッタ　其時私ノ新聞エモ書カンカトモ思ヒ升タガ一度貴下ノ御意見ヲ聞イテカラト思イ差扣エテ居リ升タ　如何デスカ
ト云ウ　余ハ
當分何ンニモ書カズニ置イテ呉レ　尚ホ他ノ新聞記者ガ何ントカ云ッタラ否定シテ置イテ呉レ給エ
ト答エタルニ杉浦ハ
都合ニ依リ明晩位上京仕度イト思イ升　一寸稼イデ来ル心組デス
ト云ウ　余ハ
其ンナ良キ口アリ哉
ト尋ネタルニ杉浦ハ
井口ガ了解スルノナラ此際充分念ヲ押シテ置キ度イト考エ升　私ハ井口譜代ノ者デハ無イカラ先キニ了解セシメテ置カナケレバ跡ニテ後悔スル事ガアッテモナラヌト思ウカラデス
ト云ウ　余ハ
最モノ事ナリ　如才ナク遣ッテ来給エ　然カシ了解スル段ニナルト此際加藤ノ方ガ早ク要領ヲ得ルカモ知レンヨ　井口ハ誠意ハ有ッテモ金ガ無イカラ出セヌヨ

ト答ウ　十二時頃帰エッテ行ッタ

昭和二年十一月二十四日

午後一時頃市役所エ行キ　後藤勧業課主任エ四日市漁業組合ト磯津漁業組合トガ毎年何程位ノ漁獲ヲ為ス哉　県廳エ手紙ヲ出シ詳細取調ラベテ呉レト依頼ス
午後二時頃森篤二郎来タリ　宮嵜警察署長ヨリ聞イテ来タ川島村ノ状況ヲ報告シタル上　東京浅野セメント會社庶務課ヨリ内密ニテ
　小菅剣之助ガ浅野セメント會社ノ大株主ニナッタ　信用程度並ニ人物ノ評判等内密ニ調査シテ報告セヨト云ッテ来升カラ四日市銀行・愛知銀行等ニテ聞イテ来タガ
　　小菅ハ株式ニテ勝負ヲ決スル人物ニシテ重役トシテハ望マシカラズ　先般モ東京電燈ノ現物ヲ沢山買ッテ実株ヲ引取ッタ故世人ノ注目ヲ曳キタルガ　世人ガ注目スル頃ニハ不透定期先物デ賣ッテ居ッタト云ウ事実モアル　第一銀行ハ反對ニテ取引無シ
　右ノ次第ナリシガ右有儘本社エ報告シテ宣敷キナルモノナリ哉　貴下御意見ヲ承リ度シ
ト云ウ　余ハ
　其通リナリ　甞テ余ハ此度出来ル會社エ伊藤傳七ニ加ウルニ小菅劒之助ヲ網羅シタラ地方引受株ニ過剰ヲ生ズル憂ナシトノ考エヲ立テ傳七氏ニ相談シタルニ傳七氏ハ「小菅ハ勝負師デアルカラ此度ノセメント會社エ入レルヲ好マヌ」ト云ッタカラ僕ハ思イ留マッタ事デアル
　各銀行ガ左様ニ云ッテ居ルノナラ其儘露骨ニ報告シテ差支ナシト思ウ
ト答エタルニ森ハ

然ラバ露骨ニ報告書ヲ作製シタル上　一度貴下ノ御閲覧ヲ願ヒタル上本社エ報告ヲ出ス事ニ致升

ト云ッテ帰エッテ行ッタ

午後七時ヨリ第三小學校ニ開カルヽ同校増築相談會ニ出席ス　集議ノ結果北納屋五百坪ノ埋立地ヲ払下ゲ同地エ幼稚園ヲ移轉シ　幼稚園跡エ所要教室ヲ新築スル事ニ決定　其手續ヲ市會議員ニテ市役所ト交渉スル事トナリタル故　余ハ承諾シテ閉會トナル

昭和二年十一月二十五日

午前八時十五分気車ニテ戸野市長・堀木議長・伊達貫一郎・森松次郎ト余ハ県廳エ行キ遠藤知事・芝辻内務部長ニ會見　市長ヨリ

四日市築港・桟橋・臨港鉄道ヲ四日市ガ擧ッテ希望スル証據トシテ市會決議ヲ経テ陳情書ヲ提出センカトモ考エタガ　其レハ形式ニ流ルヽ嫌イアルヲ以テ中止シ　本日市長・議長・参事會同道口頭ヲ以テ御依頼ノ為メ参上セリ　何分貧弱ナル四日市市ノ事故寄附金等ヲ課セラルヽ事少ナクシテ四日市港ノ完成ヲ期シ度ク幾重ニモ懇願致スナリ

ト陳述シタルニ遠藤知事ハ

お話ノ趣キ確カニ拝承セリ

幸イ本日ハ県會開會中ニテ議長・副議長並ニ各派領袖揃イ居ル事故　此等ノ議員ニ對シ右旨挨拶シテ帰ラルヽ事御得策ナラン

ト云ウ故　県會議事堂エ行キ澤瀉議長（石原副議長ハ上京中ニテ欠席）牛場議員・橋井議員ニ極メテ簡單ニ挨拶ヲ為ス

序ニ県會ヲ傍聴シテ帰エル事ニ定メ傍聴室ニ入ル　午前ハ三十分許リ國府議員ノ質問　遠藤知事ノ答弁アリテ晝食ノ為メ休憩　午後一時五分引續キ開會セラルヽ　開會ニ先ダチ藤村文兵衛議員（政友派）ハ民政黨派ノ質問演説ヲ阻止セン為メ議事進行上ニ関シ意見アリトテ発言ヲ為シ

質問ニ名ヲ措〔借〕リテ意見ヲ長々ト陳述スル事ハ止メニ仕度イ

神宮・皇室ニ関スル事ハ秘密會又ハ小會議ニテ相談仕度イ

ト主張ス　此レニ對シ岩名議員（民政派）猛然立ッテ大聲ニテ

怪シカラヌ事デアル……

ト怒号シタル一刹那　藤村議員ハ俄カニ卆倒シタ　県會ハ中止セラレ藤村議員ハ一時五十分死去シタ　凄惨ナル県會傍聴デアッタ　二時発輕便ニテ四日市エ帰エル

午後四時半川島村桂山浅治郎・上野佐兵衛・村田新一・廣田文一郎・柳川仁左衛門ノ五人ト會見ス　五人ハ

予定通リノ区域ハ到底纏メル事六ヶ敷ケレバ此際地域ヲ多少変更セラレ度シ

三割増ノ二十人ヲ何ントカ御勘考願ウ余地ナキ哉御伺致度シ

ト云ウ　余ハ

一、直チニ裁判所ニ於テ登記ノ移轉ヲ為シ得ル完全ナル委任状ニ調印ヲ取ッテ廻ワラレ度シ　現在ノ委任状ニテハ完全ナルモノニ非ラズ　従ッテ眞剣味ヲ欠イテ居ル様ニ思ウ

二、此調印ヲ取ッテ廻ラルヽニ先立チ青年團・在郷軍人會・組頭ヲ全員召集シテ尚ホ一層此際工場ヲ誘致スル事ノ得策ナル事ヲ彼等ニ理解セシメ　彼等ノ義憤的発動ヲ求メテ前記ノ調印ヲ取ル事ノ便ニ供セラレ度シ

右ノ二條件ヲ実行セラレテ始メテ徹底的決意ヲ各地主ニ固メサス事ガ出来ルト考ウ　此手段ヲ厳正ニ実行シタル上果シテ如何ナル結果ガ顕ルヽ哉其上ニ熟慮スル事ニ仕度イ

ト述ベタルニ五人ハ

御最ニデス　早速其手順ヲ致升
ト云ッテ七時気車ニテ帰エッテ行ッタ
午後七時半ヨリ松島寅吉方エ武藤朝之助・島嵜粂之助・余ノ四人集合　第三小學校増築ノ件ニ関シ四日市市役所エ交渉スル方法ヲ相談ヲ為シ十時解散ス
森篤二郎来タリ　余ニ書類ヲ見セタル上
　小菅剣之助ノ信用調査ハ此通リ書キ升タ　御一覧ヲ願升　此レヲ直チニ本社エ発送シテ宣敷哉
ト尋ネル　余ハ一読一寸露骨過ギルトハ思ッタガ結局ハ其通リ故
　其レニテ宣敷カラン
ト答ウ

昭和二年十一月廿二十六日

東京加藤米藏ヨリ
セメント、チユウモンシヨマダツカヌタメアサノセメントヨリマイヒトクソクアリシキユウオクラレタシ」
　タニジジヨウアレバアサノセメントノツゴウモアリゴツウチコウカトウ
ト電信ニテ云ッテ来タ　入レ違イ浅野セメント名古屋出張所長跡見富司（名古屋市中区新柳町六丁目住友ビル八階電話本局一一八一番　本局六〇六〇番）神海組ニ来タル　矢張同ジ用件ニテ　跡見ハ
　志摩電気會社ガ最近三千五百樽ノ入札ヲ為シタ　他ノ三ツノセメント會社ハ入札シタガ浅野ハ東京ヨリ貴殿ニ對スル関係アリ入札ニ應ゼザリシガ　貴殿ヨリ注文書ガ来ヌ故実際ノ眞情ヲ調査ニ来タノデアル
ト云ウ　余ハ直チニ跡見ヲ連レテ昌栄館エ行キ　鈴木ニ會見シテ

志摩電気ノ注文書ガ未ダ来ヌカ
ト尋ネタルニ鈴木ハ
先達貴下ヨリ注文書ノ催促アリタル故　三日許リ前主人来タリタル節「日比サンカラ注文書ノ催促ガ来テ居リ升」ト告ゲタルニ主人ハ「アノ節直チニ志摩電気會社エ注文書ヲ廻ス様ニト言ヒ送ッテアルノダガ」ト云ッテ居リ升タ
ト云ウ　余ハ鈴木ニ向イ
其レデハ君ヨリ志摩電気會社エ電話ヲ掛ケテ請求シテ呉レ
ト依頼シ鈴木ハ承諾　直チニ鳥羽ノ六十四番エ急報ニテ申込ム　暫ラクシテ電話出ル　鈴木ガ電話ニ掛カリ
浅野セメント會社エ三千五百樽ノ注文書ヲ出ス様ニ主人ヨリ話ガシテアルガ未ダ来ヌガ如何哉　至急廻シテ貰ライ度シ
ト請求シタルニ志摩電気會社ノ電話口ニ出タル者ハ
只今掛リノ者磯部ノ方エ出張中ニテ不在ナルヲ以テ不明ナルガ　帰エリ次第話ヲシテ直チニ送ラセ升
ト答ウ　余ハ跡見ト共ニ電話ノ側ラニテ鈴木ノ應答ヲ聞キ居タルヲ以テ　余ハ跡見ニ向イ
只今お聞ノ通リノ次第ナルヲ以テ其内ニ注文書ハ送ッテ来ル事ト思ウ
ト云ヒタルニ跡見ハ
能ク了解致升タ　宣敷御願致升
ト云ウ　余ハ昌栄館ノ出口ニテ跡見ニ分カレ神海組エ行キ　加藤米藏宛ニ
ミタケサナゴヤヨリアトミシモキタユヱトモニイトウシヱユキハナシヨクワカリタ」ヒ
ト打電ス　時ニ午后二時半ナリ
午後三時山本源助来タリ

此度ノ参事會員補欠撰擧ハ如何ニスベキ哉　岩田ニテハ如何ニモ貫目輕ク　此多事ナル四日市市ノ現状ニテハ西口利平最モ適任ト思ウ

ト云ウ　余ハ

僕ハ岩田ヲ后任者ト考エ其心組ニテ両三日前迠進ミ来タリタルガ　岩田ハ私《ヒソ》カニ先日老人組ヲ集合セシメタリ老人組ヲ集合スル事ハ僕ト岩田ノ間ニ於テ「将来决シテセヌ」事ニ話ガシテアルニ不関　其約束ヲ破ッテ余ニ知ラヌ顔シテ居ル事ハ　岩田ハ誠ニ以テ不都合ト思ッテ居ルノデアル

ト答エタルニ山本ハ

君ガ適任者ト主張スル西口ガ承諾スル様ナレバ僕ハ今日ニ於テハ岩田ヲ主張セズ

然ラバ堀木・伊達ヲモ加エ今晩能ク相談スル事ニシテハ如何哉

ト云ウ　余ハ承諾ス　山本ハ話頭ヲ轉ジ

山本収入役ハ今度辞任スル哉　如何ナル模様ナリ哉　実ハ山本源四郎ヲ后任ト仕度イト考エテ居ル　貴見如何哉

ト云ウ　余ハ

山本竹三郎ハ辞任セヌト思ウ　但シ此十二月満期ノ場合　市會ガ承諾セザル場合ハ別問題ナレ共僕ハ引續キ重任セシメル方ガ能イト云ウ意見ヲ持ッテ居ル　市長ニモ過日此意見ヲ話シテ置イタ

ト述ベタルニ山本ハ

収入役位ハ誰レニデモ出来ルト思ウ

ト云ウ　余ハ

左ニ非ラズ　四日市ノ金庫ノ番人トシテ現在ノ山本竹三郎ノ如キ者ハ多クアルマイ

ト答エタルニ山本源助ハ

実ハ僕ハ山本源四郎ヨリ頼マレテ居ルノデアル　無理ニ山本竹三郎ヲ引込マシテ迠モ頼マレタ山本源四郎ヲ坐ラ

セル決心モ無イガ　未ダ時期モアル事故皆々ノ空気ヲ能ク眺メテ見度イト考エルカラ此事ハ秘密ヲ守ッテ呉レト云ッテ帰エッテ行ッタ

午後八時ヨリ伊達貫一郎宅エ堀木・山本・余ノ四人集マリ市参事會員后任問題ニ関シ色々相談ノ結果　西口ガ本気ニ承諾シ　実際ニ四日市市ノ為メニ骨折ルト云ウ事ナラ西口ノ方ガ岩田ヨリ能イト云ウ事ニナリ　山本源助ガ西口ヲ訪問ニ行ク　十時頃山本帰エリ来タリ

西口ニ色々話ヲ為シタルガ承諾セナンダ　西口ハ色々話シテ居ル間ニ「岩田ヨリ参事會ニ入ル后任ガ無イト云ウ事ハ困ッタモノダ」ト云ッテ居ッタ

ト云ウ　四人ハ色々相談ノ結果　西口ガ承諾セヌ以上岩田・森太両人中ヨリ撰バナケレバナラヌ事トナル　此両人ナラ何レモ同格ノ人間故今カラ決定シテ置カナケレバナラヌ事モ無イカラ　モー少シ四囲ノ情況ガ判然トシテ来ル迠眺メテ見ル事ニ仕様デハ無イカト云ウ事ニ一致シ十時半頃解散ス

一寸書キ落シタガ　今晩余ガ伊達貫一郎エ行キタル時　堀木・山本両人共ニ未ダ来タラズ余ト伊達ト差向イニテ話ヲ為シツヽ両人ノ来タルヲ待ッテ居ッタ時　伊達ハ余ニ向イ

先達　堀木ヨリ聞イタガ堀木ハ藤原鉄道ノ発起人ニナッタ由　堀木ハ非常ニ㐂コンデ居ッタ　僕ハ時期ヲ見テ君ニ真面目ニ頼ミ度イト考エテ居ッタノデアルガ其レハ他デモ無イ　埋立會社ガ具体化シ愈々會社成立ノ場合ニハ是非僕ヲ其會社エ堀木ノ如ク入レテ貰ライ度イト云ウ事デアル　此議宜敷御願スル

ト云ッテ居ッタカラ　余ハ

段々ト仕事ガ進捗スルニ連レ會社組織ニ取掛ル事ニナルノダガ　僕ハ善良分子ノ人間ヲ網羅化仕度イト考エテ居ルノデアル　君ガ其御心組ナレバ心ニ留メ置キ適當ノ時機ニ於テ推撰スル事ニスル

ト答エテ置イタ事デアル

昭和二年十一月二十七日

午前九時頃森篤二郎来タリ
昨日遠藤知事ノ處エ行ッテ来升タ　清水ハ遠藤知事ノ處エ行ッタソウデス　遠藤知事ハ浅野エ向ケ清水ノ件適當ニ妥協シテ解決スル様ニ忠告スルト云ッテ居リ升タ
今朝加茂ノ塩田順査ガ電話ヲ掛ケテ来テ
清水ハ盛ンニ山田市ト往復シテ加茂ト原石山契約方ヲ奔走シテ居リ　跡ト五百円ヲ加茂エ又々提供シタ加茂ノ有志ハ今一應日比サントト森サンニ浅野ノ眞意ヲ聞イタ上ニテ　愈々浅野ニ見込ナシトスレバ小野田ニ交渉シテ見ルト云ウ事ニ決定シタ　本日日比サンハ御在宅ナル哉　御都合宣敷ケレバ有志ハ本日御地エ出掛ケ其都合ニテ名古屋ノ小野田エ行ク心組デアル　如何哉
ト云ッテ来タカラ　私ハ浅野ニ於テハ全然見込ガ無イカラ態々四日市迠来テモ到底駄目ダト答エテ置キ升タ
ト云ウ　余ハ
其レニテ宣敷カラン
ト答ウ
十時頃川島村長柳川元太郎ガ小使ニ手紙ヲ持タシテ来タ　「三團体ヲ本日集合シテ相談スル　両三日中ニ何ントカ御返事致升」ト書イテアル　余ハ折角三團体ヲ集合セシムルナラ余ガ直接其團体ノ連中ニ話スル方徹底スルト思ッタカラ　小使ニ向イ「午後ニ川島村エ出掛ケ升ト村長ニ傳エテ呉レ」ト命ジテ帰村セシム
十時半頃岩田安治郎来タリ　市参事會員后任問題ニ就テ相談ヲ仕掛ケル　余ハ
僕ハ岩田ガ后任トシテ適任ナリト考エ其心組ニテ進ンデ来タガ　君ハ老人組ヲ私カニ集合セシメテ知ラヌ顔ヲシテ居ル　公人ノ徳義問題トシテ如何ナモノカト思ッテ居ル　又君ニハ反對者モ可成多イカラ熟考ノ要アリト思ウ

ト述ベタルニ岩田ハ
　御最モノ事ニテ私ガ参事會員ノ后任トナルノハ一寸職過ギテ居ルト思ッテ居ルノデアルガ　他ニ適任者無ケレバ最後ノ御奉公ノ心組ニテ遣ラシテ貰ライ度イト考エタ迠デアルカラ　若シ森太吉君ニテモ后任トナル意アリトスレバ私ハ當然ノ順序デアルカラ手ヲ引キ升
　然シ私カニ老人組ヲ寄セタノハ私デナイ　角田ガ鳥海ノ意ヲ受ケテ私ニ電話ヲ掛ケテ来テ　議長問題デ一度寄ロウデハ無イカト云ウ事デアッタカラ私ハ私ノ参事會后任問題ニモ誠ニ好都合ノ事ト思イ寄ッタ迠デアル　私ガ島嵜宅エ行キタル時ハ既ニ鳥海ガ居リ升テ平田・角田・青木ガ来タ丈ケデ寄リハ非常ニ悪カッタノデス　鳥海ハ岩田ガ後任トシテ宣敷カラント云ヒ　島嵜ハ否任シテ居リ升タ　貴下ガ老人組ヲ集合セシムル事ガ悪ルイト命ゼラル丶ナレバ後来必ズ断ジテ集合セシメマセン　貴下ヨリ私ハ「老人組ハ寄セルナ」ト命ゼラレタ事ハ無カッタト思ッテ居リ升タ
　私ハ参事會員トナリタル以上　断ジテ公正ヲ旨トシ最後ノ御奉公ヲスル決心ニテ　決シテ他ノ不正ニ組スル等ノ事ハ無イト云ウ事ヲ誓言致升
ト云ウ　余ハ
　其御決心アレバ結構デスカラ四日市ノ為メニ最後ノ御奉公ヲ頼ミ升　四日市ハ目下重大ナル時機デスカラ参事會員タル者ハ餘程ノ固キ決心ヲ有スル者デ無ケレバナラヌト思ッタ丈ケデス
　左様ナレバ精々御相談ニ乗ル事ニ致升
ト答エ　晝食ニ酒一本ヲ出シテ一時頃帰エス
午後二時十五分諏訪発輕便ニテ川島村エ出掛ケ役場エ行ク　役場ニハ村長・田中・清水ガ居ッタ丈ケニテ思ッタヨリ緩慢ナル運動振リデアルト想像シタ　村長ハ余ニ向イ
　三團体ヲ召集シテ居ル處デス

ト云ウ　暫ラク役場ニテ話シテ居ルト學校カラ使ガ来テ三團体ノ役員ガ集ッタカラ學校迄御足労願ウト云ッテ来ル

行キタルニ在郷軍人會ノ役員・青年會ノ役員・消防ノ役員十九名居ッタ　余ハ川島村ニ工場ヲ置ク事ニナッタ順序ヲ

詳細ニ説明シタル后チ

川島村ノ幹部ガ一生懸命ニ骨折ッテ居ルニ不関　グスグ〱シテ纏ラヌハ不思議トスル處デアル　仄《ホノ》カニ聞ク處ニ依ルト幹部ニ對シ非常ナル誤解ヲ抱イテ居ル地主モアルトノ事デアル　幹部ガ赤心ヲ披瀝シテ村将来ノ為メニ奔走シテ居ルハ私ガ保証スル處ニシテ　其間寸毫ノ欲心ハ無イノデアル　此際村民ガ有ラヌ噂サヲ耳ニシテ此會社ヲ逸スル事ハ返ス〲モ惜シイ事ト思ウ　僕ノ手許ニ於テモ荏苒未決定ノ儘　日ヲ延バス事ハ出来ヌ状態ニアル一両日中ニ左右ヲ決セント思ッテ居ルノデアル

折角此處迄進メテ来タモノヲ此儘打切ッテハ残念デアルカラ　最後ノ決意ヲ為ス前ニ諸君等壮年・青年者ニテ将来川島村ヲ背負ッテ立ツ處ノ方々ニ為念　事ノ次第ヲ物語リ御決心ヲ承リ度イト思ウ　村ノ大計ヲ将来ニ立テルニハ純眞ナル犠牲心ノ発露ニ待ツニ非ラザレバ到底纏マル事ハ六ヶ敷イト思ウ　諸君ハ如何ニ御考エナル哉

ト相談シタルニ一同ハ

能ク懇談シテ見ルカラ貴下ハ一寸中座願度シ

ト云ウ故　余ハ役場ニ退キタ食ヲ馳走ニナル　暫ラクシテ呼ビニ来タカラ行キタルニ一同ノ代表ハ

此村ノ青年・在郷軍人・消防ハ他村ノ模範トナッテ居ルモノデアル　此際浅野セメント工場ヲ逸セヌ様ニ村ノ幹部ト協力スル事ニ仕度イ

ト云ウ　余ハ

其レハ誠ニ結構ノ事デアル　然ラバ此席ニ御集合ニナッテ居ル者御連中ニテ「死力ヲ盡シテ浅野工場実現ヲ期スル事ヲ決議ス」ト云ウ意味ヲ書イテ連署セラレ度シ

ト云ウ

私ハ其連署ヲ浅野ニ送ッテ諸君ノ御盡力御纏メニナルノヲ待チ度イ

ト述ベタルニ代表ハ
　明日全員衆會相談ヲスル事ニシテ居ル　役員ガ先キニ其決議書ヲ貴下ニ渡シタル后チ　全員ニ相談シタトアッテハ誤解スル者アッテモ不利益ト思ウ　先ヅ全員ノ決心ヲ固メサセタル后チ決議書ヲ作製シテ明後日朝迠ニ貴下御手許迠御届ケ仕度イ
ト云ウ　余ハ
　其決心ナレバ其レニテ差支ナシ
ト答エ八時四十四分川島発ニテ四日市ニ帰エル　本日ハ余ノ説明ハ青年ノ連中ニ餘程徹底シタモノト見エ　彼等ノ代表ハ
　村全体ヲ寄セテ貴下直接ニ本日ノ如キ御説明ヲ御願ニ出ル哉モ不計ニ付キ　其節ハ御承諾願ヒ升
ト念ヲ押シタカラ余ハ
　何時ニテモ御説明ニ出升
ト答エテ置イタ事デアル
四日市エ帰エッテ来ルト　四日市漁業組合ノ連中ガ余ヲ電話ニテ探シテ居ッタトノ事デアルガ此問題ハ急イダ事デハ無イカラ其儘ニ放擲ス　彼等カラ逢イニ来ル様ニ仕向ケ　余ハ受動的ノ立場ニナッテ話ヲ為ス方ガ楽デアルシ　事実ノ話ヲ進捗セシムルニ便利デアル

昭和二年十一月二十八日

午前九時納屋一致會ノ市會議員武藤・鷲野・石榑・松島ト余ハ市役所エ行キ　福林助役ニ逢ッテ第三學校増築ノ件ニ関シ相談ヲ為シ　市長ハ未ダ自宅ニ居ッタカラ市長宅ヲ訪問シ　一同ヨリ本年度予算ニ繰込ンデ貰ライ度キ旨ヲ述ブ

市長ハ右終ッテ雑談ノ際
山路伊一郎ガ云ッテ居ッタガ　熊澤一衛ガ三重県工高等商業學校ヲ寄附スル意志ガ有ル模様デアル　其際ハ是非四日市エ置イテ貰ライ度イト思ヒ升
ト云ッテ居ッタ　余ハ石榑ニ向イ
旭小作問題解決セヌガ寧ロ塩濱村ノ合併問題ヲ先キニ解決スル事ニシテハ如何哉　君ガ村長トシテ村會議員ノ多数ヲ掌握シテ居ル間ニ合併ヲ断行セナケレバ先キニナルト六ヶ敷ナルト思ウ
ト云ヒタルニ石榑ハ
勘考シテ置ク
ト答エタ　十一時頃一同市長宅ヲ辞ス
午後三時ヨリ市参事會開會　出席者堀木・森・宮田・伊達・余ノ五名ナリ　第七小學校講堂新築案・港道市有残地所分ノ件ヲ議シタル后チ　余ハ一同ニ向イ
山本鉄松ガ水道委員ヲ辞シタル上　公開演説會ヲ開キ「市吏員ガ水道會社ニ買収セラレテ居ル旨」ヲ公表スルト云ッテ有志ヲ廻ッテ居ルト云ウ事ヲ聞キタルヲ以テ　余ハ其ンナ者ハ放任シテ置ケ　無稽ナ事ヲ言ヒフラス者ヲ気ニ掛ケル必要ハ無イト答エテ置イタ次第ナリ
ト報告シタル后チ
過ル三十周年記念會ニ総代ヲ招待セザリシカドヲ以テ総代ニ於テハ侮辱サレタルモノト目シ　総代委員ガ市會議員ノ市政三十周年記念委員ヲ歴訪シテ詰問スルト云ウ噂サヲ聞イタ　或ハ実際ニ訪問ニ来タル哉モ不知　其際吾々市参事會員ハ答エガ区々ニナラザル様打合セ置クヲ可ナリト信ズ
ト述ベタルニ市長・助役始メ一同大ニ然カリトナシ　色々相談ノ上
『予算ノ関係上多数ナル総代招待ヲ節約シタルナリ』

ト返事スル事ニ決シ解散ス
森篤二郎ガ晩方電話ニテ
加茂ノ人々ガ来タカラ留守ヲ使ッテ置イタ　日比サンノ宅ヲ訪問セント出テ行ッタカラお知ラセスル
ト通知シテ来タ　午後十二時頃阿倉川エ帰エリ尋ネタルニ阿倉川エハ来ナンダ　森モ妙ナ人間ナリ　此ンナ事ニ留守ヲ使ウ必要毛頭ナシ　正々堂々ト「調査ノ結果原石量貧弱ナルヲ以テ浅野ニハ買気ナシ」ト答エテ遣レバ加茂ノ人々ニモ無駄ナ運動ヲサセズニ済ム事デアル

昭和二年十一月二十九日

午前十一時頃阿倉川エ　志摩郡
加茂村河内組合長　　片岡藤栄門
加茂村河内二二四番地　上村藤藏
尋ネテ来テ　加茂村ノ原石ハ決シテ見捨テタモノデ無イト考エテ居ルガ浅野セメント會社ニ於テ御調査ノ結果如何ナリシ哉　「見込ナシ」トノ御返事ハ頂イテ居ルガ一應為念　お目ニ掛リ詳細承リ度ク参上セリ　ト云ウ　余ハ先般山本技師ヲ以テ調査セシメタル結果ハ浅野セメントニ於テ見込ナシト云ウ事ニナッタカラ　森ヲシテ塩田順査宛手紙ニテ返事セシメタルナリ
ト答エタルニ両人ハ
其レデハ致方有升セン　然シ之レヲ御縁ニ何分宜敷願升
ト云ッテ帰エッテ行ッタ
午後二時頃森篤二郎来タリ

昨日浅野セメント會社名古屋支店エ行ッテ跡見氏ニ逢ッテ来升タ　跡見氏ハ「浅野セメント會社ト志摩電気會社トハセメント三千五百樽日比君仲介ニテ社長伊藤傳七氏ト立派ニ契約ガ出来テ居ルノデアルカラ　日比君ニ催促シテ早ク注文書ヲ取ッテ送ッテ呉レル様ニシテ呉レ」ト云ウ事デシタカラ御傳エ致升

ト云ウ　余ハ

相手ガ伊藤傳七氏デハ無イカ　跡見君モ何ニヲ血迷イテ三千五百樽位ノセメントヲ其ンナニ催促スルカ　跡見君ニ傳エテ呉レ　此注文書ガ満足ニ取レヌ様ナラ此日比ガ弁償スルト　社長ノ傳七氏ト僕トガ契約シテ居ルモノヲ若シモ志摩電気會社ノ支配人ガ二重ニ買入レタトスレバ其レハ支配人ノ落度デアッテ浅野セメント會社ニハ何等関係ガ無イ事デハナイカ

ト答エタルニ森ハ余ノ見脈《ケンミャク》ニ驚イテ

其レデハ御仰セノ旨直チニ名古屋エ電話ヲ掛ケ升

ト云ッテ　直チニ余ノ宅ノ電話ヲ以テ名古屋出張所員ヲ呼出シ

志摩電気ノセメント契約ハ日比サンニ話シタラ「相手ガ伊藤傳七デアルカラ其ンナニ催促スルニ及バヌ　僕ガ引受ケタ」ト云ッテ居ラル丶カラ御安心ニナル様ニ

ト通知シタ　余ハ昌栄館エ電話ヲ掛ケ古市君ニ向イ

志摩電気ノ注文書ハ未ダ来升セヌカ

ト尋ネタルニ古市ハ

昨日主人ガ室山ノ帰途立寄リ升タカラ　鈴木ヨリ先般貴下ガ跡見氏ト共ニ来ラレ御催促アリタル事ヲ話シタルニ主人ハ志摩電気ノ支配人ガボンヤリシテ居ルト云ッテ大変ニ怒ッテ居ラレ升タ　而シテ主人ハ来月四日志摩電気エ行クカラ片ヲ付ケテ来ルト云ッテ居ラレ升タカラ別段貴下ニ電話ヲ掛ケナカッタノデス

ト云ッテ居ッタ

午後五時頃　川島村長柳川元太郎ガ基本財産處分許可申請書ト三團体ノ決議書ヲ持ッテ来ル　余ハ一讀シタルニ基本財産許可申請書ハ處分ノ理由ニ訂正ヲ要スル個所アリタルニ付キ余ノ意見通リ修正スル事ヲ依頼シ　三團体ノ決議書ハ連名者ノ姓名ノ下ニ捺印ナキ為メ各員ノ記名調印ヲ要求シテ返ス　柳川ハ
　双方共早速御仰セ通リ致升
ト答エタル上
　今回ノ土地買収ハ死力ヲ盡シテモ必ズ纏メ升カラ其御心組ニ願升　段々遅クナッテ済ミマセヌ
ト云ウ　余ハ夕食ニ洋食・酒ヲ馳走シ激励シテ帰村セシム

三重セメントの解散期延期か　小野田との生産譲渡　新契約の爲

伊勢新聞　昭和2年11月30日夕刊

度會郡濱郷村の三重セメント會社では親會社たる櫻セメント會社との間に事業契約解除に代る補償金七萬圓を交附されたのを機會として之と若干の資金とを以て優先權を有する社債を額面の二割五分にて買收し愈々十二月の定時株主總會を最後として資本金百十二萬五千圓の同會社を解散する予定であつたが今回更に全國セメント連盟の生産制限に準據して制限されて居る小野田セメント會社との間に三重セメント會社の生産額の權利賣買契約を締結したので十二、一、二の三ヶ月間を存續することに内定したので多分十二月十三日頃の株主總會は解散には觸れず二月まで延期される模樣である

右記事ヲ見テ一寸変ダト思ッタ　去ル廿七日清水千代二郎ガ盛ンニ山田市ト往復シテ「セメント會社ハ浅野許リデハ無イ」トメートルヲ擧ゲテ　加茂ノ原石山ニ関シ熱心ニ加茂村ト契約締結方ヲ奔走ヲシテ居ルト云ウ事ヲ聞イテ居タガ或ハ小野田ガ色気ヲ出シテ居ルノデハ無イカトモ考エタ　然カシ浅野デハ態々技師ヲ派遣　詳細調査ノ結果全然見

込ナシト云ウノデアルカラ此新聞ヲ見タトテ別段又々浅野ニ通知スル必要モアルマイ　小野田トシテモ東藤原村ニセメント工場ヲ建設スル以上　今更旧式ノ三重セメント工場ハ眼中ニ置カヌ事ナルベシ

昭和二年十一月三十日

午前十時頃森篤二郎来タリ
　川島村粘土山交渉ノ件宮地君エノ報告ヲ書イテ来升タ　御覧願升
ト云ウ　一読シタルニ余ガ一生懸命努力中ナル旨ガ記載サレテアルガ　森モ余ト一所ニ奔走シテ居ルガ如クニモ読メル　森ハ側ラヨリ
　コー書イテ置カント工合ガ悪ルイデス
ト附加エル　余ハ微笑ヲ禁ジ得ザリシガ
　其レニテ宣敷カラン
ト答エテ置イタ
午後三時頃　川島村ノ柳川仁左衛門来タリ
　本日ハ私一人村ノ者ニハ内密ニテお伺致升タ　其レハ外デハ有リマセン　私ガ二番組ノ地主ニ對シ犠牲ニナリ全責任ヲ以テ承諾書ニ判ヲ捺サシテ居ルノデスガ　他ノ調印セザル者ハ三割増位ニセネバ納マルマイト考エ升　其場合其増價ヲ二番組分丈ケ全部私ガ背負ッテ立タナケレバナラヌ事トナルト五／六千円ニモ昇リ升　私ハ村ノ為メデスカラ壱千円カ二千円位ノ犠牲ハ覚悟シテ居リ升ガ　前記ノ如キ大金ハ私ノ力トシテ背負ヒ切レ升センカラ心配ノ余リ御意ヲ伺ヒニ来升タ　私ガ公然此事ヲ村長等ニ言ヒ出セバ折角纏リ掛ケテ居ルモノガ総崩レニナリ升シ　去リトテ私トシテハ心配ニ堪エ升セン

ト云ウ　余ハ最モノ心配ナリト思ッタ故
　君ガ常ニ卆先シテ此買収ノ件ニ共鳴シ代地ヲ進ンデ提供　日夜二番組ヲ説得シテ居ッテ呉レル事ハ心中感激シテ居ル處デアル　決シテ其ンナ場合ニモ心配セヌデモヨイカラ安心シテ骨折ッテ呉レ給エ　君ノ犠牲ニナッタ分ニ對シテ何處迠モ僕ガ責任ヲ持チ君ニ損ハ掛ケナイ　一札書付ヲ渡シテ置イテモ宣敷シイ
ト述ベタル　柳川ハ
　其レヲ聞イテ安心致升タ　私ハ村ヨリ殆ンド他エ出タ事ガ無イ位イノ世間見ズデスカラ下ラヌ事迠心配スルノデス
ト云ウ　余ハ柳川ニ寿シヲ馳走シ　一生懸命ニ盡力シテ呉レト頼ンデ帰エス
午後九時頃杉浦國吉宅エ行キ
　昨日電話掛ケテ呉レタガ生憎不在ニテ失礼シタ　上京ノ結果如何ナリシ哉　井口ハ充分了解シタル哉
ト尋ネタルニ杉浦ハ
　一晩泊リデ帰エッテ来升タガ井口ハ呉々モ宣敷ト頼ンデ居リ升タ　井口ハ来月三日、四日市エ行クカラ其節了解スルト云ッテ居リ升タ
ト云ウ　余ハ
　少々位ノ了解デ勝目ノ無イ井口ヲ應援スルノモ一寸考エ物ノ様ニ思ウガ　去リトテ他ニ適當ニ提灯ヲ持ツベキ候補者モ見當ラヌ事デアルカラ其處ハ工合能ク掛引仕給エ
ト云ヒ　雑談ノ上帰エル

昭和二年十二月一日

午前九時頃　舘芳松ノ息子ガ久居聯隊エ入隊中ノ處除隊シタト云ッテ挨拶ニ来タ　一年志願兵デアッタガ和服ノ紋付袴ヲ着テ居ッタト云ウカラ落第シタカモ知レヌト思ッタ　志津ニ命ジ　ハンケチ一打入リヲ持タシテ祝詞ヲ述ベニ遣ル

伊藤傳七氏ニ手紙ヲ出シ　来ル四日　鳥羽エ行カレタラお忘レノ無イ様ニ志摩電気會社ヨリ浅野セメント會社宛注文書ヲ取ッテ来テ下サイト依頼ス

午後一時四日市エ出ル　川島村ノ小使ガ川島村在郷軍人會・青年團・消防組ヨリノ手紙ヲ置イテ帰ッタ跡トデアッタ

開イテ見ルト左ノ決議書ガ入ッテ居ル

決　議　書

昭和二年十一月廿七日午後在郷軍人川島村分會・川島村青年團・消防組幹部會同シ　左ノ通リ協議決議ヲセリ

一、會社用地ノ場所ハ郡内唯一ノ良田ニシテ従テ價格モ相當高價ヲ保チ見積價格低廉ニ過ギタルニヨリ実地最近賣買價格ニ達セザル為メ地主ト賣買交渉極メテ困難ノ極ニ達セシ故茲ニ村民一般ノ自覺ト犠牲トヲ以テ會社ヲ迎ウルヨリ他ニ途ナク依テ三團体ハ左ノ決議ヲナシ村當局ト地主ニ迫リ承諾ヲ求メルトスルモノナリ

決　議　事　項

一、村ヨリ拾万圓ノ補助ヲナサシメントスルコト

一、換地希望スルモノニハ適當ニ換地スルコト

一、三團体ハ該會社ニ對シ労力及精神上全力ヲ以テ援助シ経営ニ便ナラシムルコト

以上決議ス

昭和二年十一月廿七日

川島村　在郷軍人會
川島村　青年團
川島村　消防組

在郷軍人川島村分會長　稲垣長二郎㊞
仝　副會長　勝山周次郎㊞
仝　理事　青木甚太郎㊞
仝　仝　田中久三郎㊞
仝　幹事　坂島弥平㊞
班長　桂山浅治郎㊞
仝　葛山隆藏㊞
仝　柳川末一㊞
仝　田中巳之吉㊞
三重郡川島村青年團長　桂山幸次郎㊞
仝　副團長　田中長太郎㊞
支團長　桂山弥一㊞
仝　鈴木金之助㊞
仝　田中作一㊞
仝　服部郷一㊞
仝　田中久磨㊞
仝　山中椎江㊞

三重郡川島村消防組頭　坂島　弥平 ㊞
小頭　柳川俊次郎 ㊞
小頭　勝山周次郎 ㊞
仝　柳川　末一 ㊞
評議員　小林　佐一 ㊞
仝　小林　善助 ㊞
仝　川村　平一 ㊞
仝　生川　延吉 ㊞
仝　山中　椎江 ㊞
仝　稲垣　與吉 ㊞

午後三時頃　四日市警察署エ行キ宮嵜署長ニ會見シテ　川島村粘土山買収ノ件ニ関シ詳細物語リタル后チ
川島村ヲ完全ニ取纏ムル迠ニハ前途幾多ノ難関アリト想像ス　其間色々ト世間ノ批評モ出デ　警察署ニ於テモ捨テ置ケヌト云ウ様ナお考エガ起ッテ来ル場合ガアルカモ知レヌガ　只今御説明シタル事ガ眞相ニ付キ決シテ其等ノ宣傳・浮評等ニ御迷イ無之様切ニ依頼ス　何卆平然ト構エラレ警察ヨリ手ヲ入レテ下サラヌ様ニ願度シ
ト述ベタル　宮嵜署長ハ
詳細ニ亘リ御説明ヲ得テ充分了解致升タ　旭小作問題ノ前例ニ依リ考エテモ猥リニ警察ガ手ヲ入レル事ハ宜敷ナイト考エ升　実ハ署エモ投書ガ来テ居リ升　御参考迠ニお目ニ掛ケ升ショウ《出シテ来テ余ニ見セル　用箋二枚續キペンニテ書イテアル　文意ハ村ノ役員共ガ浅野ヨリ口銭ヲ取ッテ居ル　地所ト云ウモノハ持主ノ自由ノ権利デアル　役員等ハ吾等ヲ壓迫仕切レナクナッタ為メ　在郷軍人會・青年團・消防ヲ使ッテ更ラニ大ナル壓迫ヲ加

エントシテ居ル　村長ハ初メハ一割五分位増シテモ能イト云ヒナガラ　今日ニ至リ値段ハ高クスル事ガ出来ヌト
云ヒ出シタ　実ニ怪シカラヌ事デアルカラ一度警察ガ来テ呉レテ　吾等ニ壓迫ノ無イ様ニ取締ッテ貰ライ度イト
云ウ意味デアル》検事局エモ投書ガ来テ居リ升　此レハ短カイ文意デス　高等刑事ヲ派遣シテ調査セシムル事ハ
能ク知ッテ居ルガ見合セテ居リ升　警察署ガ猥リニ干渉スルノハ能《ヨ》クナイト云ウ事ハ全ク貴下ト同感デス　此後
モ手ヲ入レマスマイ
ト云ウ　余ハ
之レハ極秘ニ願升　尚ホ私ニ参考ニナル事ヲお聞キ及ビノ節ハ聞カシテ下サイ
ト云ヒタルニ署長ハ
確実ニ沈黙ヲ守リ升
然カシ早ク解決ヲ告ゲラル丶事肝要ト思ウ　永引クト旭小作問題ト同ジデ能イ事ハ起ッテ来ヌト思ウ　遂イニハ
不成効ニ終ル事トナルカモ知レナイ
ト注意シテ呉レル　余ハ
私モ早ク片付ケル決心デ居ル　粘土山ノ事デアルカラ少々位買収出来ヌ地所ガ残ッテモ大体ノ纏マリガ付キ次第
契約シテ仕舞ウ心組デス　而シテ残ッタ分ヲ弗々片付ケル方針デス
ト云ヒタルニ宮嵜署長ハ
警察署エノ投書ハ内部カラ出テ居ル　即チ役場員ノ仕業デ無イデショウカ　ペンデ書イテモアルシ餘程立入ッタ
事ガ書イテアル
ト云ウ　余ハ
皆ナ欲カラ起ル事デスヨ
ト答エテ警察署ヲ出ズ《イ》

午後六時頃　山本源四郎ガ尋ネテ来テ
先刻山本源助ヨリ電話ニテ御意ヲ得テ置キ升タ収入役ノ后任トシテ御配慮願度々参上セリ　如何ナモノデショウ
カ　呉々モ宣敷御願致升
ト云ウ　余ハ
君デ収入役ヲ務メル事ハ困難ト思ウ　寧《ム》ロ庶務ノ大橋ノ后任ニ山本源助君ニ頼ンデ骨折ッテ貰ラワレテハ如何哉
ト云ヒタルニ源四郎ハ
全ク御仰セノ通リデス
ト云ッテ直チニ電話ヲ山本源助エ掛テ「日比サンガ寧ロ庶務ノ方ヲ頼メ」ト云ワレ升ト　余ガ云ッタ事ヲ通ジテ居ッ
タ　七時三十分頃帰エッテ行ッタ
午後十時頃四日市漁業組合ノ大川利七・伊藤藤松来タリ左ノ手紙ヲ余ニ渡シ

四日市漁業権解決ニ関シ段々御配慮ヲ相煩候得共吾等四日市漁業組合ノ有スル漁業区域ハ甚ダ廣ク且ツ漁業者全滅ノ状態ト墜ル次第ニ付キ御話シ被下候條件ニテハ組合員ヲ纏メル事困難ト相考エ候ニ付吾等四名ハ當組合ノ臨時総會ニ於テ東京湾埋立會社ト漁業権ノ解決ニ関シ交渉方ノ委任ヲ受候得共辞任致スベク候　改メテ組合ニ於テ委員ヲ選定シ御依頼スル事ニナル哉モ不知《シラザ》レド其節ハ何卒御願申候　吾等トシテハ一旦貴下ニ御願シタル事ニ有之ニ付キ何處迄モ貴下ヲ信頼シ解決ヲ斗ル決心ニ候　組合ガ纏ルマデ暫ラク御猶豫ノ程御願申入候

昭和弐年十一月廿二日

四日市漁業組合
伊藤　藤松　㊞
大川　利七　㊞

藤村　芳松　㊞
大川久治郎　㊞

日比義太郎殿

右ノ手紙ヲ呈出シタル后チ　大川ハ
私ガ金十萬圓ト云ッテ居ルノガ一番安イノデスカラ組合ヲ纏メ様ガ有リマセン
海苔ノ権利ニ八百円デ貸シテアルノデスガ実際彼等ガ利益ヲ擧ゲテ居ルノハ大キナ金額デス
ト云ウ　伊藤ハ
私等ノ意嚮《イコウ》ヲ一度浅野ニ話シテ下サイ
ト云ウ　余ハ
其ンナ無茶ナ事ヲ云ッテモ纏ラヌヨ　序ノ節浅野エモ話ヲシテ置クガ君等モ今一應能ク考エテ置キ給エ
ト云ッテ寿シヲ馳走シテ帰エス　大川ト伊藤ト両人ニテ四日市漁業組合ノ半分ノ権利ヲ持ッテ居ルノデアルカラ　此両人ヲモー少シ弱ラセナケレバ本気ナ話ニ移ル訳ニハ行カヌナリ
内藤晴洲畫譜ヲ作ッタト云ッテ一冊妻君ガ手紙ヲ添エテ持ッテ来タ　一冊実費七円ト書イテアル　中々立派ニ出来上ッテ居ルガ中味ハ不味イ　近来寧ロ退歩ノ形ナリ　前途大成ハ到底六ヶ敷イト思ッタ　義理デアルカラ此一冊ハ買ッテ遣ラナケレバナルマイ
本日ノ勢州毎日新聞ニ旭小作人ト検見《ケミ》ニ行ッタ九鬼・諸戸ノ地主代人ト乱闘シタト書イテアル　困ッタモノダト思ッタ　左ノ如シ

立毛撿見に行つた地主の店員小作と亂闘
三重郡鹽濱村に又も小作爭議起る

三重郡鹽濱村に多數の田地を所有してゐる桑名の諸戸及ひ四日市の九鬼兩家では二十九日午后より十數名の店員を同地に派遣して稲作刈取の爲め立毛撿見を行はしめた處同日午后四時頃同村の舘某外數名の小作人は撿見員加藤が稲を踏み倒したとて大いに立腹し端なくも大口論を始めたが例の永小作權問題を腹に持つてゐる小作人側は遽かに熱狂し相手の撿見員を片つ端から毆打し或は川中に突落す等の亂暴を加へ大騷動を演じた處折柄其の場に居合せた地主派の小作人數名は捨ておけずと撿見員側に加勢し極力抵抗したので喧嘩は一層猛烈となり三十餘名の者は互に入亂れ大格闘を演じ撿見員加藤某外を始め小作人側にも數名の負傷者を出した旨届出があつたので同村駐在巡査は大いに驚き直ちに現ばにかけつけ猛り狂ふ小作及地主の店員を漸く取鎮め加藤某外數名の怪我人は磯津の岡本醫院に連れ込み應急の手當を加へ一方本署に事件の顚末を急報したので四日市署からは楠木高等主任が數名の刑事を連れて鹽濱村に急行し關係者十數名を本署に引致し目下極秘に附し取調中であるが地主側である九鬼諸戸家は小作人が斯くも腕力沙汰を以て立毛撿見を妨害したことは餘りに不都合であるとて非常に憤慨してゐるが傳へられる處によれば主謀者と目せられる小作人を相手取り告訴すると敦圉いてゐるらしい

勢州毎日新聞　昭和2年12月1日

昭和二年十二月二日

午前九時川島村柳川仁左衛門来タリ

本日モ内密ニテ御伺致升タ　色々村ノ状況ヲ考エテ見升タガ浅野ニ於テ餘程買上ゲテ呉レナケレバ纏マル事六ヶ

敷イト思升　三團体ガ骨折ル事ニナッテモ承諾書ハ一枚モ殖エマセン　見込ノナイモノナラ早ク見切リヲ付ケタ
方ガ能イト考エ御相談ニ上リ升タ
ト云ウ　余ハ
本日川島村エ出張シテ能ク現在ノ状況ヲ調査シテ見度イト思ッテ居ッタ處デスカラ其上ニテ能ク勘考シテ見升
ト答エテ帰エス
午前十一時二十五分気車ニテ川島村エ行ク　柳川村長ニ状況ヲ尋ネタルニ
桂山浅治郎ハ京都エ行キ明後日帰エッテ来ル　桂山ガ代地ヲ提供シテ呉レルナラ大体ノ纏メハ付ク考エデ居リ升
ガ桂山ハ承知セヌ模様デス　桂山ガ自分斗リ犠牲ニナッテ餘分ノ地所迠提供スル義務ハ無イト云ウノモ理屈ガア
リ升
只今村會議員諸君ト共ニ本日迠ニ纏マッタ地所ノ根據トシテ計算シテ見ルト如何ナル案梅ニナルカ帳簿ヲ整理中
デス
ト云ウ　余ハ村會議員柳川鉄二郎・柳川仁左衛門・上野佐兵衛ノ案内ニテ川島村西部ノ粘土山ヲ踏査ニ行ク　狭雑物
多ク見込薄シ　三人ハ余ニ向イ
現在ノ地点ガ纏マル見込ガ無イナラ此地点ニ変更シテ呉レ　数日中ニ必ズ全部纏メル決心デス
ト云ウ　余ハ
纏メル心組デモ　サー着手シテ見ルト色々困難ガ生ジテ来テ中々手間取ルモノダヨ
ト返事ス
関君ヨリ電信ニテ
アスアサ九・一〇キチツウカケンチヨウヘユクナルベクゴドウコウネガウ、セキ
ト通知シテ来タ

午後十一時頃森末吉遊ビニ来テ

最早ヤ来年ノ総撰擧ノ手廻シヲシテ居リ升ナァー　井口ハ駅前ノ村山ヲ借リルシ　加藤ハ私ノ西ノ家ヲ来三ノ五月迠ノ契約ニテ借リニ来升タ

ト云ッテ居ッタ

昭和二年十二月三日

午前八時起床　便所エ行キタルニ肛門ヨリ出血アリ吃驚シタ　痔疾デハ無イカト思ッタ　先般義平ガ痔瘻ヲ手術シタ我ガ系統ニハ尻ニ悪ルイ處ガアルト覺エ一度醫師ニ診察ヲ乞ウガ本當ナレド目下多忙ヲ極メ居リ其餘裕ナシ

四日市駅九時十分気車ニ乗込ンデ関君ト落合ヒ県廰エ行ク　田中土木課長ノ室ニ至リタルニ渡辺築港所長ガ既ニ来テ居ッタ　田中課長ハ関君ニ向イ

田中　四日市築港石堤外県営三萬餘坪ハ本年中ニ埋立ヲ終了スル手順ナリ　県ニハ尚ホ埋立費用アリ　依リテ九鬼・諸戸ノ地所ヲ買入レテ兼而《カネテ》内務省ニ届出デアル通リ埋立ヲ續行仕度イト思ウ　此儀御承諾アリ度シ

関　県ニテ為サル丶仕事ニ對シテハ何事モ異議ナシ

漁業権ヲ全部解決セザレバ埋立許可下ラヌ旨ヲ聞ケリ　眞実ナリ哉

田中　然カリ　君ノ方ハ漁業権ノ解決ナキモ変則法ヲ以テ内務省エ書類ヲ相廻アレド至急解決ヲ希望ス

日比　磯津ノ漁業権ハ既ニ解決シテ書類ハ貴方エ相廻リ居ル筈ナリ

田中　内務省エ埋立許可願書ヲ廻シタル后トニテ磯津分ハ相廻リタルナリ

関　埋立許可ニ漁業権解決ハ絶對的ノ必要ニアラズ　小倉二十二万坪ノ埋立ニモ漁業権ノ解決無クシテ埋立許可ノ下ガリタル前例アリ　四日市今回ノ埋立ニハ磯津ノ漁業権解決書類既ニ御廻シ申シテアリ　四日市ノ漁業権ハ

目下解決ニ向ッテ交渉中ナリ

田中土木課長ハ返答ニ困リ属官ヲ呼ビ「漁業権解決ガ埋立許可ニ絶對的必要ナル所以《ユエン》ハ如何ナル理由ニ基キタル哉」ト尋ネタルニ属官ハ曖昧ナル答弁ヲスル　田中ハ関ニ向イ

田中　磯津ノ漁業権ガ解決シテ居ルノデアルカラ分割シテ許可スル方法ヲ取ッテモ宣敷イ

ト答エタル后チ　田中課長ハ知事ニ「関君ガ来タ」ト知ラシタルニ知事ヨリ「直チニ来ラレ度シ」トノ返事ナリ　田中課長・関・渡辺・余ノ四人ハ知事ノ室エ行ク

知事　四日市築港石堤外ノ県営埋立地ヲ九鬼・諸戸ノ地所ニ及ボシ来年三月迠ニ約五萬坪ノ埋立ヲ実行致度シ　異議ナキ哉　最モ予算ノ餘ッテ居ル丈ケニテ実行スルノデアルカラ全部埋立ツル事不可能ナル哉モ知レズ

関　県ニテ実行サル丶事ニ関シテハ何事モ異議ナシ

日比　九鬼・諸戸ハ此際浅野ヨリ分割シテ県エ賣渡ス事ハ複雑トナル次第デアルカラ困ルデショウ

知事　九鬼・諸戸ノ地所ヲ止メテ公有水面ノ方エ埋立テ丶行ッテモ能イ訳ダ

関　公有水面ノ方ハ磯津ト漁業権ノ関係アリ　其方エモ交渉セナケレバナラヌ事ニナル

田中　公有水面エ変更スルト内務省エノ届出モ変更シテ行カナケレバナラヌ事トナル

知事　其点ハ何レニスルカ尚ホ一應研究スル事ニシテモ能イ

田中　此埋立願ハ港湾調査會ニ掛カリ升ヨ

関　港湾調査會ハ目下ハ無クナッタ筈ナラズヤ

知事　内閣デ組織サレタル調査會ナルモノハ無イガ　内務省ニテ組織シタルモノハ只今デモアル

関君！　内務省ノ方ハ完全ニ運動シタル哉

関　一寸ハ運動シタ模様デスガ未ダ良三ヨリ詳シキ事ハ聞イテ居リマセン

知事　先般日比君ヲシテ直チニ運動スル様ニ通知セシメタルニ非ラズヤ

関　通知ハ受ケテ居リ升　帰京次第早速内務省エ行キ升
日比　川島村基本財産處分ノ件ハ村會ヲシテ決議セシメタリ
知事　早速出願ノ手順ヲ運バレタレバ能イデハ無イカ
日比　閣下ガ御都合ノ宣敷キ日時ヲ期シ村長等ト同道出願ニ出頭仕度イト思ッテ居リ升
知事　五日午前十時半迠カ　午後四時過ギニ来ラレ度シ
日比　然ラバ五日午前九時過ギ伺イ升
　藤原鉄道ノ件ニ関シ岐阜県ヨリ何ントカ回答有升タカ
知事　岐阜県廳エハ発起人ガ行ク事ニナッテ居ッタデハ無イカ
日比　其話シヲ閣下ニ為シタル節　閣下ハ三重県廳ヨリ願書ヲ廻シテカラ適當ノ時機ニ注意スルカラ其時ニ行ケト云ウ事デシタカラ待ッテ居ルノデス
知事　然ラバ直チニ行カレ度シ　僕ガ名刺ヲ付ケル事ニセン　誰レガ行ク哉
日比　伊藤傳七ガ行ク事ニ書イテ下サイ
田中　岐阜県廳ヨリハ何等回答ハ来テ居ラヌ
其時属官ガ遠藤知事ヲ呼ビニ来テ「只今カラ県會ガ開カレ升」ト云ウ　知事出テ行ク　余ト関トハ県廳ヲ出デ聴潮館エ行ク
関　四日市ノ漁業権ハ十萬円デモ能イカラ直チニ解決スル事ニスルカナ
日比　如何ニモ馬鹿臭イカラ今少シ眺メテ見タラ如何哉　一寸気永ク掛引スレバモット安ク解決スルニ定マッテ居ル
関　其レモソウダナァー
日比　明後日遠藤知事ニ逢ウカラ其時能ク知事ニ至急解決ヲ要スル哉否ヤヲ尋ネテ見ル事ニスル　知事ガ急ガナケレバモー少シ放任シテ置ク事解決ニ利益アリ

関　良三ガ川島村ヲ一生懸命ニ骨折ル様ニ傳エテ呉レト云ッテ居ッタヨ
日比　一切リ付ケテ茲三四日中ニ上京スルト傳エテ呉レ給エ
関　旭ノ小作問題ガ片付カヌカラ事実問題トシテ掖済會前ヲ一番先キニ埋立スル事ニナルカモ知レヌナァー
日比　旭モ其内片付クダロー　伊達ガ掖済會前ノ埋立ヲ実行セラル、時ハ其序ニ稲葉町ヲ埋立テ、貰ライ度イト頼ンデ居ッタヨ
関　伊達ハ四日市ノ人物中僕ガ逢ッタ内ニテ一番感ジノ能イ人物ダ
埋立スル場合閉口スルノハ後方接續地ノ地主ノ悪ルイ事ダヨ
日比　掖済會公有水面ノ後《ウシ》ロハ稲葉三右ヱ門ガ持ッテ居リ　其後ロガ伊達ニナルノダ
関　其稲葉ニ困ルナァー　但シ二代目ト云ウ事ダガ
日比　其場合ハ稲葉ニ工合能ク交渉スルヨ　別段悪人デハ無イゼー
関　先刻知事ガ云ッタ内務省第二部ノ役人ハ僕ノ同級生ダカラ帰京次第早速行ク事ニスル
一人僕ト気ノ合ワヌ奴ガ内務省ニ居ルガ其レデ無クテ能カッタ　此ノ奴ノ名ハ島ト云ウ者ダ　別段喧嘩シタト云ウ訳デハ無イガドーモ気ガ合ワヌ

其レヨリ藝者ヲ三人呼ンデ碁ヲ打ツ　午後六時迠打チ續ケル　藝者ハ来テモ只單ニ座ッテ居ル丈ケデアリ勿体ナイト思ッタ　碁ト云ウモノハ全ク夢中ニナルモノデアル　其レヨリ夕食ヲ済マシ午後七時三十六分発ニテ津駅ヲ乗ル　東京直通ナリ　四日市駅ニテ関君ニ分カレ下車ス
四日市駅ヲ下車スル哉蓮池宅ヲ尋ネタルニ不在ナリ　紋七氏モ目下東京ニ居ルト云ウ事故杉浦宅ニ立寄タルニ杉浦ハ
本日ノ県會議員一行ハ築港ト無電ヲ見テ大正館ニテ宴會ガ有リ升タガ中々盛會デシタ
貴下ハ御欠席デシタナァー　七十名斗リ来升タヨ　村山清八君ガ貴下ヲ探シテ居リ升タ　市長ハ今夜上京スルト小寺ガ云ッテ居リ升タ

ト云ウ故　直チニ人力車ニテ市長宅エ行ク　余ハ市長ニ四日市漁業権ノ件・川島村ノ交渉ノ状況ヲ話ス　市長ハ

私ハ今晩十一時三十分ノ気車ニテ立チ升　十日カ十一日ニハ帰エッテ来升　勢江鉄道・國営肥料検査所・水道低利資金借入レノ用件デス　勢江鉄道ノ件ハ沿道ノ村長沢山・四日市ヨリハ正副議長・伊達参事會員ガ四日ノ晩ニ上京致升　此等三人ハ勢江鉄道ノ運動ガ片付キ次第五六日頃帰市泗スル事ト思升

水道ノ問題ハ給水會社ノ重役ガ来テ十九万五千円ヨリ下ゲテ貰ラッテハ困ルト云ッテ居リ升タ　此レニテ應ゼシムル事ハ少々気ノ毒ト思イ升

ト云ウ　余ハ

國営肥料検査所ハ是非実現スル様ニ御甚力願升

ト述ベタルニ市長ハ

大蔵省エ移管サレテ居ル模様デス　大蔵大臣ハ三土忠造デスカラ工合ガ能イデス

ト云ウ　余ハ

給水會社買上ハ十九万五千円ニテ結構ナリト考エ升　其レ位ヨリ値打ガ有リ升セン

ト云ウ　其處エ小寺来タリ

只今杉浦ヨリ実業新報宛ニ投書ガアッタト云ッテ此手紙ヲ持ッテ来升タ

ト云ッテ見セル　読ムデ見ルト市長横暴　小寺・巽切ルベシト書イテアル　中々文章モ文字モ立派ナリ　世ノ中ニハ物好キナ人物モ居ルト思ッタ　十時半頃辞ス

昭和二年十二月四日

午前十時頃蓮池正六来タリタル故　余ハ

昨日遠藤知事ニ逢ヒタルニ「九鬼・諸戸ノ共有ノ鳥洲地所ヲ買上ゲ県営ノ埋立ヲ續行スル」ト云ッテ居ッタガ
九鬼ノ方エ県廳ヨリ此事ニ関シ何ニカ話ガアリタル哉

ト尋ネタルニ蓮池ハ

何等話ナシ　将来若シ右申込ミアリタル場合ハ「浅野ニ相談ノ上返事致升」ト答エテ引下ッテ来ル事ニスル
先達旭ノ小作ガ検見《ケミ》ニ行ッタ九鬼・諸戸ノ使用人ヲ四十人斗リ出テ来テ殴打シタ　諸戸ノ加藤ハ脳震倒ヲ起シテ
気絶シタ　直チニ告訴シタ

ト云ウ　余ハ

僕ハアノ事件ヲ善用シテ小作問題ヲ解決スル良キ方策ハ無キ哉ト考エテ居ル
目下県廳ヨリ四日市市ニ向ッテ県営棧橋・臨港鉄道ニ寄附金ヲ出セト云ッテ来テ居ル　結局十万円ヲ五ヶ年賦ニテ應ズル事ニナルデアロウガ九鬼・諸戸ガ小作解決ヲ餘リ延引セシメルト　四日市市ガ小作解決ニ補助スル額ガ段々不利ニナッテ来ルト思ウカラ　九鬼・諸戸ニ於テハ此際充分留意セナケレバナラヌト考エル　先般僕ハ遠藤知事ニ逢ッタ節知事ニ向イ　県営ニ對スル寄附金ト小作問題補助トノ二ツニ四日市市ガ出金シ得ル金額ヲ適當ニ按分シテ貰ラワヌト先キエ行ッテ困ル事ガ出来テ来ル　トハ云ッテ置イタガ知事ハ其事ハ僕ニモ六ヶ敷イト云ッテ居ッタ

ト話シタルニ蓮池ハ

明日県廳エ行キ九鬼・諸戸ノ検見《ケミ》ノ店員ヲ旭小作人ガ殴打シタル日　塩濱駐在巡査ノ面前ニテ山嵜弁護士ニ委任解除ヲ申込ンダ善良ナル小作人ヲモ山嵜方ノ小作ガ殴打シタルニモ不関　巡査ハ何等引致セズ不問ニ附シテ居ルカラ四日市警察署ニ對シ充分警察権ヲ行使シテ呉レル様ニ請求シテ来ル心組デ居ルカラ　其序ニ小作問題ガ解決シタル節四日市市ガ依然トシテ補助金ヲ呉レル様ニ御心配ヲ願ウト遠藤知事ニ頼ンデ来ル事ニスル

ト云ウ　余ハ

川島村買収地所内ニ諸戸ノ土地ガ少シアルカラ　君ヨリ諸戸ニ對シ當方ノ予定値段ニテ直様應ズル様ニ話シテ置イテ呉レヌカ
ト依頼シタルニ蓮池ハ
其ノ事ナレバ既ニ先般伊藤定次郎カラ聞イタ故　僕ハ伊藤ニ向イ「予定値段ニテ直チニ賣應ジテ呉レ　然ラザレバ日比君ノ感情ヲ害スル恐レアリ　若シ日比君ノ感情ヲ害シタル節ハ旭ノ問題ニ大影響ヲ及ボス」ト話シタルニ伊藤ハ「全ク其通リダカラ申込ガアッタラ直チニ賣應ズル事ニスル」ト云ッテ居ッタ事デアルカラ諸戸ノ方ハ少シモ御心配御無用ナリ　御懸念御無用ナルノミナラズ川島村エ伊藤定次郎ヲ差向ケテ何ニカ用ニ立ツ事ガアッタラ遠慮ナク云ッテ呉レ　伊藤定次郎モ壱コンデ助太刀ニ行クニ相違ナイ
ト云ウ　余ハ
御厚意難有ウ
ト答エ　蓮池ハ十一時半頃帰エッテ行ッタ
十二時頃桂山浅治郎来タリ
川島村三團体ノ連中ガ私ノ東部ニ於テ持ッテ居ル九反斗リノ地所ヲ犠牲ニナッテ提供セヨ　然カラザレバ到底円満ニ全部ヲ纏メル事困難ナリト申込ンデ来タ　私ハ考エタガ柳川仁左衛門ト私ト二人丈ケガ　此買収ヲ纏メル為メニ買上ゲニ掛カッテ居ラヌ地所ヲモ犠牲ニナラナケレバナラヌ事ハ絶エラレヌ故色々勘考致升タ　柳川ト二人ガ不承諾ト答エレバ　此買収交渉ハ破レテ仕舞ウカラ三團体ニ向ッテ快ヨク承諾ヲ與エテ遣ル代リニ　浅野ヨリ「将来ト云ッテモ何ヶ年ト期限ヲ定メテ粘土ヲ取リ平地ニナッタ土地ヲ此際値段ヲ定メテ置イテ　今日犠牲ニナッタ坪数丈ケヲ賣戻シテ貰ラウ様ニ一札入レテ貰ライ度イ」ト思ウノデアルガ如何デショウ
ト云ウ　余ハ
其位ノ事ハ當然承諾シテ宣敷イガ　粘土ヲ取ッテ平地ニナッタ個所デモ将来會社ニ於テ必要ナリト思ウ個所ハ駄

目デアル
ト答エタルニ桂山ハ
無論ノ事ナリ　然シ餘リ偏避ナ處デモ困ル
ト云ウ　頂度其處エ柳川仁左ヱ門ガ龜山エ行ッタ帰エリダト云ッテ入ッテ来ル　柳川ハ
日比サンノ御手許ニテ左様ニ御心配シテ頂カルレバ安心ナリ　然カシ此事ハ村ノ者ニ秘密ニシテ置イテ貰ライ度イ　然カラザレバ村ノ者ガ気ヲ廻スト困ル　村ノ者ニ有ラヌ疑ヲ掛ケラレル位ナラ其ンナ御心配ハ願ワズニ村エ對シ私一人丈ケ過分ノ犠牲ニナル事ハ困ルト断ル事ニ仕度イ
ト云ウ　余ハ両人ニ對シ
御最モノ事ナリ　村ノ衆エハ犠牲的ニ買収ノ個所以外ノ土地沾提供シテ此買収談ヲ進捗セシメテ呉レタ人ニ對シテハ能ク勘考　相當ノ心配ヲセナケレバナラヌト云ッテ置キ升
ト答ウ　両人ニ晝食ヲ馳走シタル后チ帰エス

昭和二年十二月五日

午前八時二十分発伊勢鉄ニテ柳川元太郎・桂山浅治郎・田中久太郎・上野佐兵衛・廣田文一郎ヲ連レテ津県廳エ行ク十時遠藤知事ニ五人ヲ紹介シタル上　柳川村長ヨリ川島村基〔本〕財産處分願ヲ提出セシメタル上一應ノ説明ヲ附加エル　遠藤知事ハ基本林ガセメント工場ニ掛カルノダト誤解シテ居ッタラシカッタガ余ノ説明ニテ能ク了解シタ
遠藤　能ク了解シタ　係リノ者ヲ呼ブカラ其者ガ能ク了解スル様ニ話ヲシテ行ッタラヨイデショウ
此村會ノ決議ハ満場一致可決シタノデショウナァー
柳川　左様デ有升　満場一致可決致升タ

野村林務課長　知事ヨリ呼バレテ入リ来タル

遠藤　野村君！　川島村ノ基本林處分願ヲ受理シテ早ク手續ヲ取ッテ遣ッテ呉レ　浅野セメント工場ノ関係上急グノダカラ一日モ早ク許可ニナル様ニ取計ラッテ呉レ給エ

此レハ君ノ係リダローネー

野村　地方課ニモ関係ガアリ升ガ私ノ係リデ有升

其時知事ハ余ニ向イ　君ハ能ク野村君ヲ覺エテ置クガ能カロウ紹介セント云ッテ　野村ニ對シ「四日市ノ市會議員ノ日比君ダヨ」ト引合セテ呉レル　余ハ此夏知事官舎ニテ同人ニ逢ッタ事ガアルガ知事ニ紹介セラル、儘ニ名刺ヲ野村ニ出ス

遠藤　詳細ノ事ハ野村君ト研究シテ帰エッタラ如何哉

野村並ニ五人ノ者ハ知事ノ室ヲ退イテ林務課エ行ク　余ハ知事ニ向イ

日比　一昨日関君ト共ニ田中土木課長ニ逢ッタトキ　課長ハ四日市ノ漁業権解決書類モ添付セナケレバ埋立ノ許可ハ下ガラヌト云ヒ　関君ハ其ンナ規則ハ無イト云ッテ其儘ニナッタ事デスガ　四日市ノ漁業権ハ目下掛合ヒ中ニテ組合ハ十萬円ヲ要求シテ居リ升　気長ク掛合エバ其レヨリ低ク解決為シ得ル事確実ト考エテ居リ升　其處デ閣下ニお伺致度キハ此際四日市ノ漁業権ヲモ解決シテ仕舞ワネバナラヌモノカ　為シ得レバ埋立許可ノ手續ハドシ〳〵進行セシメテ頂イテ　四日市漁業権ノ解決ニハ相當ノ時日ヲ使用シ得ル事ニ御便宜・御取計ライ被下《クダサ》レバ誠ニ結構ト思ウノデ有升

遠藤　関ハ大体ニ於テ理屈ガ多イ癖ガアッテ悪ルイ　其ンナ理屈ヲ云ウト相手ヲ怒ラセル事ニナル　只何ンニモ云ワズニ宣敷頼ミ升ト云ッテ居レバ能イデハ無イカ　其レハ何ント云ッタ處デ解決書ヲ添エテ出スノガ本則ト思ウ然カシ磯津漁業権ノ解決書ガ添付シテアル事ダカラ　塩濱ノ埋立ヲ分割シテ許可スル方法モアルカラ四日市漁業権ノ解決ハ急ガズニ有利ニ解決スル事ニシテハ如何哉

実ハ一ノ瀬技監ハ浅野ノ埋立ニ餘リ賛成シテ居ラヌヨ　其處エ持ッテ行ッテ関ナドガ行ッテ理屈ヲ云ウト悪ルイカラ良三ガ行クト能イノダ　僕モ二十日頃ニハ上京スルガナァー
ト云ッタ　余ハ林務課エ行キ五人ノ者ニ加ワッテ野村課長ト色々話ヲスル　地方課ノ係者一人モ来テ相談スル　野村ハ何ンニモ別段云ワザリシガ地方課ノ者ハ細カク根掘リ葉掘リ村長ニ質問シテ居ッタ　余ハ適當ニ頃合ヒヲ見テ「宜敷願升　急ギ升カラ一日モ早ク許可ノ下ガル様ニ頼ミ升」ト云ッテ立チ掛ケタルニ地方課ノ係リノ者ハ
能ク勘考シテ置キ升　一度実地調査ヲ致升
ト云ッタ　余等六人林務課ヲ出デントシタトキ　后トニ残ッタ野村課長ト地方課ノ両人ハ
山林一反三十円ハ馬鹿ニ安イヨ
ト私語シテ居ルノガ聞コエタ
十一時三十四分部田発ノ輕便ニ乗ル　塩濱ヨリ石榑ガ乗ッタ　余ハ川島村ノ五人ニ向イ
桂山ガ私有地ヲ提供スル事ニナッタ　基本財産ノ拂下願ハ本日其手續ガ済ンダ　此機ヲ利用一気呵成ニ話ヲ纏メテ呉レナケレバ到底本年中ニ結末ヲ告グル事六ヶ敷イト思ウカラ宣敷御奮闘ノ程ヲ依頼ス
ト述ベタルニ柳川村長ハ
此レデ纏メル事ガ出来ナケレバ貴下ニ合ス顔ガ無イ　一生懸命ニ遣リ升
ト答エ　二時四十八分気車ニテ帰エッテ行ッタ

昭和二年十二月六日

午前十時頃阿倉川エ森篤二郎来タリ
昨日小菅與二郎ガ来テ　東京湾埋立會社ハ未ダ馬起ノ地主村瀬周輔ニ土地買収ノ何等交渉ナキガ埋立ノ都合ハ如

何ナル案梅ナリ哉　馬起ハ排水問題ニテ六ヶ敷處故埋立ニ着手スル場合ハ餘程注意ヲ要スル　東京湾埋立會社ト私共ノ會社ト将来ハ合同シテモ能イト考エテ居ル　東京湾埋立會社ノ技師ガ来タトキニ馬起ヲ一度御案内申シテモ能イシ　又私共ノ會社ノ模様ヲモ見テ貰ライ度イトモ考エテ居ルト云ッテ居リ升タ

ト云ウ

午後二時〇五分気車ニテ富田エ行ク　織布會社ニ伊藤傳七・伊藤平治郎・平田佐矩・片岡ガ居ッタ　余ハ伊藤傳七ニ向イ

去ル三日遠藤知事ニ逢ッタ節　知事ハ藤原鉄道ノ件ニテ発起人ハ岐阜県廳エモ行ッテ能ク頼ンデ置ケト云ウ事デアッタカラ　私ハ伊藤傳七サンニ行ッテ貰ライ升ト答エタルニ知事ハ　然ラバ傳七ガ岐阜県知事大野ニ會見スル場合ニ便利ノ様ニ名刺ニ紹介状ヲ書イテ置コウト云ッテ此名刺ヲ呉レ升タ　一度行ッテ下サイ

ト述ベタルニ

来ル十三日迠手ガ明カヌ故　君ト伊藤平治郎君ニテ行ッテ呉レ

ト云ウ　余ハ平治郎ト相談ノ上九日午前七時気車ニテ岐阜県廳エ出頭スル事ニ約束ス　其レヨリ余ハ川島村ノ経過ヲ説明スル　傳七・平治郎共ニ

餘程経過能ク進ンダ方ダ

ト云ウ　余ハ傳七氏ニ向イ

先般御契約願イタル浅野セメント三千五百樽志摩電気會社ノ注文書ハ如何ナリ升タカ

ト尋ネタルニ傳七氏ハ

先日志摩電気會社エ行ッテ支配人ニ向イ　セメント三千五百樽ハ僕ガ浅野ト交渉スルト云ッテアルデハ無イカ君ハセメントヲ契約スル権利ハ無イノダカラ越権ノ契約ハ取消シ給エ　而シテ浅野セメント會社エ三千五百樽ノ注文書ヲ送ラネバナラヌカラ僕ノ方エ注文書ヲ送ッテ呉レ給エト云ッテ来タ事ダ　注文書ヲ廻シテ来タカラ一見

シタルニ　只單ニ三千五百樽ノ注文書丈ケニテ何月ニ幾樽入用ト云ウ明細書ガ添エテ無イ　此レデハ浅野ニ送ッタ處デ不明デアルカラ詳細ニ書直サセ様ト考エテ居ル　幸イ八日ニ鳥羽エ行クカラ僕ノ思ウ通リ書カセテ君ノ方エ送ラセル事ニスルカラ君カラ浅野エ送ッテ呉レ給エ

支配人ハ　他會社ガ浅野ヨリ安イカラ若シ浅野エ御注文ニナルトシテモ値段ヲ負ケサセナケレバナラヌト云ウ故僕ハ一旦約束シタ以上其ンナ事ハ云エヌト答エテ置イタ事デアル　支配人ガ出過ギタル為メ君ニ迠迷惑ヲ掛ケテ済マナンダ

ト云ウ　余ハ

浅野セメント會社ノ名古屋出張所ニ於テ注文書ガ遅イト云ッテヤイ〳〵云ッテ来升タカラ　相手ハ伊藤傳七サンダ社長ト僕ノ間ニ確実ニ契約ガ出来テ居ル事ニ對シ何ニヲ其ンナニ八ケ《ヤカ》〔間〕《マ》敷《シク》云ウノダト啖呵ヲ切ッテ遣ッタ事デスヨ

ト云ウ　傳七氏ハ笑ッテ居ッタ　雑談ニ移リ四日市水道問題ガ出ズルヤ傳七氏ハ余ニ向イ

四日市ト云ウ處ハ忘恩ナ處ダ　假令《タトイ》藤原鉄道ガ成効シテ愈々事業ヲ始メル事ニナッテモ本社ハ決シテ四日市ニ置カヌ心組ダカラ予メ左様ニ承知シテ置イテ呉レ給エ

ト眞面目ニナッテ感情ヲタカブラセテ云ウ　余ハ

何處デモ宣敷イカラ會社ガ一番便利ナ處ヲ撰ンデ下サイ

四日市ガ悪ルイデ無イ　凡テ田舎ガ悪ルイノデスヨ　昨年ノ事デスガ　関君ガ埋立會社ヲ起ス場合本社ヲ四日市ニ置カナケレバナラヌカト尋ネタカラ　私ハ愈々ノ場合能ク勘考シテ見ル事ダナァート答エテ置イタ事デスヨ

ト述ベタルニ傳七氏ハ

イヤ〳〵四日市ト云ウ處ハ気ニ喰ワヌ處ダ

ト突張ル　伊藤平治郎ハ余ノ説ニ賛成シテ居ッタ　四時三十三〔分〕発ニテ四日市エ帰エル

昭和二年十二月七日

午前八時川島村ノ桂山藤松・服部平太郎　十一時半頃廣田文一郎・秦野儀八来タリ

一、幹部ハ土地ヲ提供シタガ一番組ノ連中ハ依然トシテ三割増ヲ要求シ　既ニ無條件ニテ承諾書ヲ渡シテ居ル者迠三割増ニ均點ヲ要求スル口吻《コウフン》ヲ漏ラシテ居ルカラ　全部ニ對シ三割ヲ増サナケレバ到底取纏メ困難ト思ウ　三割増ヲ実行シタ處デ村ガ四万円負担スルカラ浅野ハ六万円丈ケ負担スレバ能イ　其レニテ御承諾ノ御内意ヲ得レバ直様《スグサマ》承諾書ヲ取ッテ仕舞イ度イト思ウガ如何

二、三割増ス事ガ不可能ナレバ西部ヲ提供仕度イ　一週間ノ猶豫ヲ願度シ

ト云ヒ此四人ハ　村ニ秘密ニテ御意見伺度ク参上セリト附加エル　余ハ

一、幹部ガ土地ヲ提供スレバ當然三割増ノ要求ハ消滅スルモノト考エテ居ッタ　鼬《イタチ》引ニ掛カル様ナ事ハ断然承諾出来ヌ　君等ガ三割増ニテ纏メル心組ニテモ到底完全ニ取纏メ得ザルベシ　一厘モ増額出来ヌ　但シ少々ノ額ニテ予メ僕ノ前エ全部承諾書ヲ提出シテ依頼サル丶場合ハ　人情トシテ假令其事ガ不可能ナリトモ一應浅野エ取次ガズバナルマイトハ思ウ

二、西部ハ此際話ヲ進メ度《タ》ク無シ

ト答エ　晝食ニ寿シ・酒ヲ食ワシ帰エス

午後八時頃小菅與二郎来タル　余ハ

日比　貴下ハ一昨日森篤二郎エ行カレ埋立ニ関スル御質問アリタル由　僕ハ其質疑ニ答エ度イト思ウ　何ナリトモ御尋ネ相成度シ

小菅　サンドプオンプニテ埋立スレバ一坪二円位ニテ上ガルト聞ケリ　果シテ然カル哉

日比　其レハ埋立スベキ土地ノ状況ニ依リ差異アリ一概ニ云ヒ難ケレド　サンドプオンプニテ埋立スレバ安ク上ガル事ハ事実ナリ　霞ヶ浦ノ埋立ヲ為サルヽナレバ東京湾埋立會社ガ請負ッテモ宜敷ク御希望ニ依リテハ合併ノ御相談ニ應ジテモ宣敷シ

小菅　実ハ其レヲ内心希望シテ居リ升　吾々モ現在ノ状態ニテハ到底大成効ヲ見ル事ガ出来マセン　何ントカ活路ヲ見出シ度イト思ッテ居ル

日比　小菅剣之助氏ガ四日市ニ於ケル浅野ノ仕事ニ共鳴シテ具体案ヲ立テル事ニセラレテハ如何

小菅　御最ノお説ナリ　兄貴ハ目下熱海ノ土地ニ熱中シツヽアリテ同地ニアリ　今月末ニハ帰泗スルヲ以テ一度兄貴ニ相談スル事ニスル

日比　霞ヶ浦土地株式會社ノ決算報告書ヲ一部お届致升カラお閑暇《ヒマ》ノ節御一覧置キ願度シ

埋立スル場合埋立着手前ニ鍬下許可ノ手續ヲ為セバ五十年ノ免税ハ容易ナレド　埋立タル後チニ其手續ヲ為セバ二十五年以上ノ免税期間ヲ得ル事六ヶシ　御如才ナケレ共御参考トセラレ度シ

浅野ノ技師ニ霞ヶ浦ノ土地ヲ一度視察シテ頂キ度イト思ウ

日比　序ノ節一度見セル事ニ致升ショウ

ト答エタル后チ　雑談ニ移リ十二時頃帰エッテ行ッタ

昭和二年十二月八日

午前七時十八分気車ニ乗リ富田駅ニテ伊藤平治郎ト落合ヒ岐阜県廳エ行ク　大野知事未ダ出勤シ居ラザリシヲ以テ官舎エ行キタルニ取次ギノ者

知事ハ御病気ニ付キ「役所ノ内務部長エ電話ヲ掛ケテ置クカラ内務部長ニ御話シ願度シ」トノ事デ有升

ト云ウ　再ビ県廳エ引返シ内務部長ニ會見シテ　伊藤平治郎ヨリ

藤原鉄道ノ件ニテ参上セリ　吾等藤原鉄道発起人ハ去月十五日藤原鉄道敷設願書ヲ三通三重県廳エ提出セリ　其内一通ハ其節直チニ貴方エ相廻リ居ル筈ナルガ　貴県廳ヨリ其レニ對スル意見書ガ未ダ三重県エ相廻ラズ未回答ニ付キ　三重県廳ニ於テハ其願書ヲ本省エ送附スル事ヲ得ズ日々相待チ居レリ　此藤原鉄道ハ至急敷設ヲ要スル次第ニ付キ遠藤三重県知事ハ吾等発起人ニ對シ　一度岐阜県エ行ッテ催促シテ来タラ如何哉ト注意セラレタルニ付キ参上セリ　何卆宣敷御依頼申上ゲル

ト述ベタルニ内務部長ハ属官ヲ呼ビ尋ネタルニ属官ハ

未ダ到着シテ居リ升セン

ト云ウ　余ハ

遠藤知事ヨリ未ダ岐阜県カラ返事ガ来ヌカラ一度催促ニ行ケト注意セラレタ位デスカラ来テ居ラヌ筈ハ無イト思ヒ升

ト述ベタルニ　属官ハ再ビ引返シ行キ二十分位ヲ経過シタル后チ入リ来タリ　書類ヲ抱エテ来テ

係リノ者ヲ取調ラベタルニ来テ居ラザリシヲ以テ受附ケエ行キタルニ頂度其時到着致升〔タ〕　受付日附ガ此通リデス御覧被下《クダサ》イ

一應調査ノ上至急三重県エ廻ス事ニ致升

ト云ウ　余ト平治郎ハ内務部長ニモ懇々至急御取調ラベヲ願ウ旨ヲ依頼シテ県廳ヲ出ル

午後一時三十九分岐阜駅ヲ乗ル　気車中平治郎ハ余ニ向イ

昨日遠藤知事ハ県會議員一行ト共ニ富洲原ニ来タ　其時ノ話シ案梅ニ依ルト知事ハ代議士立候補スルラシカッタカラ大貝戸ノ許可モ早ク取ッテ置カネバナラヌト思ウ

ト云ウ　富田駅ニテ平治郎ニ分カレ五時頃四日市エ帰エル

本日朝四日市駅ニテ毛利藤太郎ニ出逢ッタラ　同人ハ
陸井幸平ガ破産シタ　百六十万円（？）カノ負債デアルトノ事　同人隆盛時代ニハ二百人モ店員ヲ使用シお客ヲ送リ迎エスル自動車四五臺モ置キ　一ヶ月ノ経費ガ五萬円掛カルト云ッテ居ッタ位ニテ人物モ能イノデアルガ惜シイ事ヲシタ　先回失散シタトキハ米國エ逃ゲテ行ッテ居ッタト云ウ事デアルカラ今回モ又々外國エ逃ゲル事デアラウ
ト云ウ　余ハ
既ニ先回ノ失敗経験ガアル事ニ付キ今度ハ自重スレバ能カッタニナァー
ト答エタ事デアル

昭和二年十二月九日

午後一時頃森篤二郎来タリ
昨日津エ行キ遠藤知事ニ逢ッテ来升タ　清水千代二郎ノ件ハ知事モ温和派ニテ　廿日上京ノ節浅野エ能ク話ストモ云ッテ居リ升タ　私ガ川島村ノ基本財産處分願ヲ早ク許可シテ呉レヌト解決ニ困ルト日比君ガ云ッテ居リ升タト告ゲタルニ　県會終了次第精々早ク許可スルトノ事デアリマシタ　知事ハ「日比ハ川島村ノ在郷軍人會・青年會・消防組ヲ動員セシメタ様子ダガ偉ライ事ヲスル男ダナァー」ト云ッテ居リ升タヨ　又知事ハ「三重県ト云ウ處ハ実ニ妙ナ處ダ　善イ事ヲスルト直チニ邪魔ヲ入レル者ガ出頭スル　此ンナ悪イ癖ノアル處ハ他ニ類例少ナイ　治田村然カリ川島村然カリダ」ト云ッテ居リ升タ
ト報告シタル后チ
秘書ノ平山ガ　遠藤知事ハ此儘留任スルカ或ハ愛知県エ栄轉スルカ　ドチラカダカラ心配スル事ハ無イト云ッテ

居リ升タ

ト云ウ　余ハ

今暫ラク三重県ヲ代ッテ貰ライ度ク無イネー

ト答ウ　四時頃帰エッテ行ッタ

土地所有權で九鬼家を訴ふ　賣渡抵當だから返して呉れいと

三重郡鹽濱村大字鹽濱二二伊東吉信氏は今井嘉平、福岡福一の両辯護人を訴訟代理人として四日市市中納屋町九鬼紋七氏を相手取り所有權移轉登記並土地引渡の請求訴訟を阿濃津地方裁判所に提起し八日續行口頭辯論が開かれたが右は原告の先代吉左衛門氏が被告の先代紋七氏から度々金を借りて其抵當に自分の所有土地を渡してゐたが餘り頻雑なので明治一六年頃自分の所有田地十九町七反七畝を八千圓で紋七氏に賣つたが本訴の原告側たる吉信氏は右の賣渡は賣渡抵當であつて本當の賣渡でないから所有權は依然として自分の方にあるもので八千圓の金さへ九鬼氏の方へ返せば何時でも前記の土地は自分の方へ返して貰へる様の内約が其當時出來てゐたからとて昨年頃から九鬼側へ『金を出すから土地を返してくれ』と請求したが九鬼側は原告側の申出を聞いてくれないので遂に原告の伊東側が訴訟を起したものであると

伊勢新聞　昭和2年12月9日

昭和二年十二月十日

本日ハ阿濃津裁判所ニ於テ旭小作問題第二回公判開廷ノ筈ナレド　余ハ川島村ノ事気掛リ故森篤二郎ニ傍聴ヲ依頼ス

午前九時川島村ノ柳川仁左衛門来タリ
内密ニテ伺イ升タ　村内ノ空気ハ能ク有升セン　私一人ニ本當ノ事ヲ聞カシテ下サイ　全部纏メナケレバ浅野ガ承知セヌト云ウ事ナレバ到底見込ガ無イカラ私ハ手ヲ引カウト思ウノデス　本日モ昨日ニ引續キ村デハ総動員ニテ奔走中デス
ト云ウ　余ハ
総体ニ三割増セノ或ハ十万円中　村ガ四万円出スカラ浅野デ六万円奮発シテ呉レノト云ウ事ナレバ到底駄目ダカラ手ヲ引イテ呉レ　否ナ僕ノ方カラ村ニ先ンジテお断リスル心組ナリ
左ニ非ラズシテ一生懸命ニ働イタガ四十町歩中三十町歩纏メタ　其レニハ此レ々々ノ金額ガ犠牲ニナッテ居ル村ニテ四万円負担スルカラ残リ丈ケ浅野ニ頼ンデ呉レト云ッテ　纏マッタモノ丶委任状ヲ耳ヲ揃エテ見セテ呉レルナラ僕モ勘考シテ見テモ宣敷イ　然シ浅野ノ出ス金額ガ五萬円六萬円等ノ大キナ金額デハ駄目ダ
ト答エタラ柳川ハ
能ク判リ升タ　村デハ此レガ最後ノ活動ダト云ッテ大車輪デ奔走中デスカラ私モ直グニ村エ帰エリ升
ト云ウ　余ハ飯ニ酒ヲ出シテ激勵シテ帰エス
午後十二時四十四分気車ニテ川島村エ行ク　川島村ノ神社ノ側ラ迠行ッタトキ桂山浅治郎・柳川仁左衛門・稲垣熊太郎ノ三人ガ来ルノニ出逢ウ　余ハ
何處エ行ク哉
ト尋ネタルニ桂山ハ
総動員ニテ最後ノ活動中デス　吾々三人ハ之レヨリ四日市エ行キ長谷川鯛次郎ニ交渉致升　何ントモ云ッテモ彼レガ元凶デスカラ彼レヲ落城セシメナケレバ到底目鼻ガ付キマセン　只今貴下ガ役場エ行カレタ處デ役場ハ混乱シテ居リ升カラ摩張《サッパリ》お判リニナリマスマイ

ト云ウ　余ハ

折角出掛ケテ来タ事故役場エ行キ皆サンニ逢ッテ能ク話ヲ聞キ又話ヲシテ見度イト思ウ　君等三人ハ長谷川ヲ落城サセテ来テ呉レ給エ　僕モ可成《ナルベク》早ク四日市エ帰エリ升

ト述べ役場エ行ク　役場ニハ柳川村長ヲ始メトシテ村會議員連中・村内ノ委員等二十名斗リ居ッタ　柳川村長ハ余ニ向イ

昨晩ノ雲行キハ非常ニ悪ルク到底駄目ダト云ウ事ニナッテ　私ト桂山ニ日比サンノ處エ行ッテお断〔リ〕シテ来イト云ウ相談ニナッタノデスガ　此處迠来テお断リニ出ルノハ如何ニモ残念故最後ノ奮闘ヲシテ見テ其上ニテアキラメル事ニ決心シ　目下一生懸命ニ活動中デス

貴下ノ過般云ワレタ通リ只單ニ承諾書ヲ取ッタ丈ケニテハ苦情ガ跡トニ残ッテハナラヌト考エ升タカラ　正式ノ委任状ト取替エ調印スル事ニシテ今晩中ニ如何ナル結果ヲ見出シ得ル哉　極力遣ッテ見ル考エデス　只今ノ處デハ皆目見當ガ付キマセン

ト云ウ　余ハ集合シ居ル二十人斗リニ對シ

川島村ノ大発展ニナル事デアルカラ本日迠セメント工場ヲ設置センガ為メニ諸君ト共ニ盡力致升タガ　只今村長ノ云ワルヽ如キ處迠御奔走被下テ不出来ノモノナレバ私ハ本懐ニ思ッテ断念致升

去リナガラ茲ニ諸君ニ為念《ネンノタメ》一言致度イ　其レハ「幸運ハ再ビ来《キタ》ラナイ」ト云ウ事デアル　川島村ガ此機會ヲ逸スレバ再ビ檜舞臺ニ浮カビ上ル事ハ不可能ニナルノデハ無イカト心配スルノデアル　后日ニ至タリ「アノ時モ一少シ骨折ッテ置ケバ能カッタ」ト云ウ様ナ御後悔ガアッテモ遂付カヌト云ウ事デアル　今度ノ事ハ川島村ニトッテハ明治維新ノ大革命ニモ比シキモノニテ困難ナル事ハ皆サン覺悟ノ前デアッタノデアル　革命ニハ破壊ヲ伴ヒ破壊シタル后チニ建設ガ来ルノデアル　将サニ川島村ガ此大建設ヲ為シ　子孫ノ為メニ百年ノ大計ヲ立テントスル場合ニ際シ挫折スルノハ残念デ無イカ　無念トハ思ワヌカ

ト述ベタルニ一人ノ者ハ余ニ向イ

死力ヲ盡シテモセメント工場ヲ実現セント覺悟シテ自分ノ地所ハ投出シテ居ル者デアルガ　私ハ今度出来ルセメント工場ニテ働ク決心デアル　貴下ハ労働ニ依ッテ身ヲ立テント欲スル余等ニ對シ如何ナル便宜ヲ計リ呉レ得ル哉

ト質問スル　余ハ

労働ニハ健康ナル身体・勤勉ナル努力ヲ要ス　此二個ノ條件ヲ具備シタル村民ニハ優先権ヲ與エテ會社ニ採用セント欲ス

ト答ウ　又一人ノ者ハ余ニ向イ

酒造家ガ心配シテ居ル　セメントハ酒造家ニハ有害デハ無イト云ウ保証ヲ與エ呉レ得ル哉

ト質問スル　余ハ

偉大ナル工場ヲ川島村ノ地ニ設立スレバ煙突ヨリ煙モ出ル　セメント工場ナレバ少々セメントノ粉モ飛ブデアラウ　其レヲ一々保証シテ居レヌ　其ンナ事ハ君等ガ常識ニテ判断シ村ニテ相當ノ証言ヲ與エ置カレテ能キ訳ナラズ哉　酒造家ガ困ル程折角製造シタセメントヲ吹飛バシテ居ッテハ會社ノ計算ガ立タヌ訳ナルノミナラズ　今度敷立スル工場ハ最新式ノ製造法ニ依ルモノニシテ左程御心配ノ要ハアルマイト思ウ

ト答ウ　又一人ノ者ハ余ニ向イ

工場ニ働ク食料ハ如何ニセラル丶御心組ナリ哉　吾々ガ購買組合ノ様ナモノヲ設ケテ賣込ミ得ル哉

ト質問スル　余ハ

四日市エ出テ買入ル丶ヨリ又随意ニ商人ヨリ買入ルヨリ安價ニ供給シテ呉レルナラ　適當ノ方法ヲ考エテモ宣敷シ　但シ此處ニテ君等ニ條件ヲ附スル事ヲ得ズ

ト答エタルニ一同ハ　能ク判リ升タ「死ンデモ纏メ升」ト云ッテ其レ々々受持ノ活動方面エ〔出〕テ行ッタ　跡ニ残

ッタ村長ハ余ニ向イ
　モーウロ〳〵ニ成ッテ仕舞イ升タ
ト云ウ　暫ラク話シテ居ルト　本朝来ヨリ村内ヲ活動シテ居ッタ者ガ弗々委任状ヲ取ッテ村長ノ許エ持ッテ来ル　余ガ帰エル四時三十九分発ノ軽便時間迠ニ三十二通ノ委任状ガ到着シタ
五時頃四日市エ帰着シタルニ桂山浅治郎・柳川仁左衛門・稲垣熊太郎ガ待ッテ居リ　桂山ハ余ニ向イ
　長谷川鯛次郎ニ談判シタル結果ハ大成効デシタ　居宅ト水車ヲ除外シタ外ハ絶對ニ突張ラヌト云ヒ升タ　此元凶ガ折レテ出タ以上　村内強硬論者ノ態度モ変ルト思ヒ升カラ之レカラ直チニ村ニ帰エリ徹夜ノ覺悟デ纏メ升
ト云ウ　余ハ
　捨身ノ處迠行カヌト何事モ纏マッテ来ヌモノダ
ト云ヒ　三人ニ夕食・酒ヲ出シタル上
　一番大切ナル場合ダカラ宣敷頼ミ升
ト云ッテ村エ帰エス

四日市港を新開港場に指定　鳥羽に税關監視署新設　＝十日勅令公布＝

伊勢新聞　昭和2年12月11日夕刊

十日勅令を以て新開港場三十四港を指定したが中本縣及び近府縣の分は四日市（三重）武豊、名古屋（愛知）の三港である尚同時に税關監視署の名稱及び位置を定めたが右の中關係の分左の如し
　大阪税關管内大島（和歌山縣東牟婁郡大島村）△和歌山（同和歌山市）△鳥羽（三重縣志摩郡鳥羽町）

昭和二年十二月十一日

午前十一時頃森篤二郎来タリ
一、昨日安濃津裁判所ニ於ケル第二回旭小作問題公判ハ約三十分位ニテ済ミ升タ　原・被双方ヨリ各二名宛ノ証人ヲ喚問スル事ニナリ次回ハ一月廿一日開廷セラルヽ事ニ決定致升タ
二、山田自動車會社支配人尾嵜鉄之助ガ長島二郷峠ニ官有地アリ粘土豊富ノ由ヲ云ッテ居リ升タ　政友會ノ宮田等ニ依頼スレバ安價ニ手ニ入レ得ル見込ダト云ヒ升タ
ト報告ス
午後三時頃鵜森神社エ散歩旁公園ヲ見ニ行ク　噂サノ通リ中々立派ナモノニナッタ　ベースボールノグラウンドガアレバ更ラニ結構ダト思ッタ
午後六時頃桂山浅治郎ガ川島村駐在所ノ電話ニテ
今夕お伺スル筈デアッタガ只今集會色々協議中故　明晩参上致升カラ宣敷願ウ
ト云ッテ来タ　余ハ
委任状ハ現在ニテ何通纏マリタル哉
ト尋ネタルニ桂山ハ
只今〔ノ〕處六十三通デス
ト云ウ
昨晩ノ状況ニテハ尚ホ多数ノ委任状ガ纏マル筈ダト思ウガ　六十三通ヨリ出来ヌ處ヲ見ルト矢張従来ノ反對者ハ引續キ承諾セヌモノト想像ス　一ト思案ヲ要スルカモ知レヌト考エタ

永小作權問題　續行辯論の開廷　山崎氏愈難色あり　次回は来月廿一日

四日市商業新聞　昭和2年12月11日

淺野問題に絡まる三重郡塩濱村旭の永小作權確認の續行辯論は今拾日午前拾壹時から安濃津地方裁判所に於て開廷、島宗裁判長以下二陪席、地主側からは原、大喜多、伴の三辯護士を始め小作側の山崎辯護士等出廷、先づ前回に引續き証據調べに入り原告山崎辯護士から耕地整理の計畫圖面を提出したが、裁判長から立証趣旨の説明を要求されて陳述不得要領となり、更に何人の手によつて此の圖面は作られたる乎と突込まれ、愈々慌て出して何等の説明もなく、原辯護士から計畫圖面は本訴に何等の關係なしと抗辯されて更に證人の申請に入り原告からは鑑定人として小野武雄、證人として須子義夫、伊藤萬次郎、小川吉右エ門、安濃田巳之松の四名の喚問を求め被告側からは伊藤巳之松、伊藤由松、吉川藤次郎　三名を證人として喚問されたしと述べ裁判長は會議の結果須子、伊藤「萬」、伊藤由、伊藤巳之松の四名を喚問し、其他は留保する旨を宣するや、原辯護士から本訴外四日市區裁判所に於て須子の證人調書は完成し居るに付該記錄の取寄せを請ふ旨陳述し、更に同區裁判所に於て審理されたる假登記抹消の訴訟の原因は、明治十六年貳月參日附契約書により永小作權取得の旨相手方の抗辯ありたるも、其の契約當時は九鬼、諸戸に於て繋争地を買入れ居らず、地主が該土地を買入れたるは明治拾九年拾壱月貳拾六日にして、買入れざる以前に斯くの如き契約書が作られたりとは驚くの外なし、尙該契約書なるものを見るに保證人として吉川藤五郎なる者記名調印し居れり、然るに此の藤五郎なる人は明治拾五年七月貳拾五日に死亡し居れり、當時生存せざる故なるに、此の死亡者が十六年貳月參日に保證人となり居るは如何にも奇怪千萬にして、該証書の價値知るべきのみと萬丈の氣焰を吐き、次回は明春壹月參拾壹日續行の事となつて正午過閉廷

昭和二年十二月十二日

午前八時頃福林ガ阿倉川エ電話ヲ掛ケテ来テ
森松次郎ガ　遠藤知事ハ県會済ミ次第朝鮮エ轉任スルガ　同知事ノ居ル間ニ四日市市トシテ解決シテ置カナケレ
バナラヌ仕事ハ無キ哉　御注意迠ニ申上ゲルト云ッテ来升タ　四日市トシテハ別段ナイ様ニ思ウガ若シヤ貴下ノ
御手許ニ有リワセズ哉ト思ッタカラ電話ヲ掛ケタ次第デス　貴下ハ何ンニモ知ラヌ顔シテ森サンニ電話ヲ掛ケテ
聞イテ見ラレタラ詳細ナ事ハ判明致升ショウ
ト云ッテ来タ
午後六時頃川島駅カラ電話ニテ
今夕お伺スル筈デアッタガ目下會議ノ最中故御邪魔スル事出来マセヌ
ト傳言シテ来タ　本日ノ模様ヲ聞キ度カッタノデアルガ傳言ノ事トテ片便リデアッタ
午後六時半頃　森篤二郎ガ只今県廰ヨリ帰エリ升タト云ッテ来タリ
一、川島村基本財産處分願ハ書式ニ不備ノ点アリ　其訂正ガ出来次第一度調査ニ行キ　可成速カニ許可スル方針
デアルト野村林務課長ガ云ッテ居リ升タ
二、廊下ニテ村田地理課長ニ逢ッタラ同課長ハ
浅野ノ埋立問題ハ凡テ悪ルイ　内務省ヨリ昨日県廰エ通知ガアッタガ二号・三号・四号ノ埋立ハ許可セラレ
ヌ模様デアル　遠藤知事ハ其通知書ヲ読ンデ非常ニ怒ッテ居ラレタ
ト云ッテ居リ升タ
三、知事ノ秘書官ガ

知事ノ轉任先キハ近クデ無イラシイ　海ヲ越エテ向ウラシイ
ト云ッテ居リ升タ
ト云ウ　余ハ
旭ノ埋立一号ノ個所ハ何ント云ッテ居ッタカ
ト尋ネタルニ森ハ
其辺ノ事ハ一向ニ聞キ升センデシタ
ト云ウ　余ハ一ト勘考セナケレバナラヌ事ガ起ッテ来タト思ッタ　政黨ト云ウモノハ弊害ガ多イモノダ　政友會ハ殊ニ露骨デアルカラ困ルト思ッタ
杉浦ガ電話ヲ掛ケテ来ル　森篤二郎ト三人ニテ碁ヲ打チ遂ニ午前三時ニ至ル　下手碁ヲ教エツヽ相手ニナルノモ中々骨ノ折レルモノデアル
明日ハ川島村エ出張シテ最後ノネジヲ巻キ是非纏メサセネバナラヌト思イツヽ寝ニ就ク

略ぼ決定した政府の鐵道政策　建設は四ヶ年單位の十ヶ年計畫
勢鐵明年着工（果してドウなるか）

勢州毎日新聞　昭和2年12月13日

小川鐵相の大建設主義を實現すべき來年度以降の建設計畫に就ては過般來鐵道首腦部の間に協議を進められて居たがいよ〳〵四ヶ年單位の十ヶ年計畫となすことに決定した而して建設費八千萬圓の内既定額五千萬圓を控除せる三千萬圓の増加額の振分方に就ては三、四年度は主として舊政友會線の復活を圖り爲めに二千三四百萬圓を既定線の工事年度繰上げに他の六七百萬圓を新線に夫れ〴〵振向け五六年度に至つて初めて主力を新線に注ぐ事となつた小川鐵相を初め上埜、八田兩次官並志賀參與官等は右の方針の下に來年度以降四ヶ年間によ算に計上すべき新線及工事年度の繰上線に關し極秘裡に調査に着手したが今日までにおいて大体調了したので十一日よりいよ〳〵鐵相官邸において鐵道首腦者かい議を開き十五日までに各線につきよ算割當てを了し十六日の閣議に上程閣僚の同意を求める段取りとなつた而して首腦者かい議の結果調査選定された新線は全國を通じて五十餘線の多きに達してをりこの內からよ算の關係で交通網及經濟的價値及び工事の難易等を考慮して結局二十數線が調査決定される筈であるが其內來年度からよ算に芽を出す新線としては左の五線が

ほゞ決定を見るに至つた

石巻女川間（宮城）▲楯岡寒河江間（山形）▲烏山太子間（茨城）▲小濱殿田間（岐阜）▲名寄羽幌間（北海道）

この外有望視されてをる新線は左の二十九線である

▲東北地方

▲大間大畑間（青森）久慈善代間（岩手）▲高田遠野間（岩手）▲佐澤荒砥間（山形）▲気仙沼前谷地間（宮城）▲川俣浪江間（福島）▲米澤日中間（福島）

▲中部地方

關ヶ原四日市間（岐阜）▲伊東島田間（静岡）▲大垣樽見間（岐阜）或ひは金澤大野間

▲山陽山陰地方

▲福山上下間（廣島）▲八鹿若櫻間（鳥取）▲本次三次間（島根及廣島）▲岩田日原間（山口）▲萩太田間（山口）▲太田於福間（山口）▲中國勝山南谷間（鳥取及岡山）

▲四國地方

▲古庄日和左間（高知）▲八幡山宮野下又は中村間（愛媛）

▲九州地方

▲小林町宮崎間（宮崎）▲佐賀關幸崎間（大分）▲森限府間（熊本）▲高須志崎布志崎間若しくは國分高須間（鹿児島）

▲北海道地方

▲名寄羽幌間▲木古内福山間▲釧路北見相生間▲瀧の川上の川間若しくは上川三股間▲中湧別網走間▲枝幸小頓別間▲遠別羽幌間

次ぎに工事線上線は大体左記十五本が選定され線上年度は一年乃至二年である

▲摺澤大船渡間（岩手）▲橋場生保内間（秋田）▲花輪荒尾間（岩手）▲高崎八王子間（群馬東京府）▲小梅小淵澤間（長野）▲熱海伊東間（静岡）▲高山富山間（岐阜富山）▲板取口福井間（福井）▲關ヶ原木の本間（岐阜）▲田谷部大畑間（青森）▲郡家若櫻間（鳥取）▲瀧□湯淺間（和歌山）▲久留米野矢間（福岡）▲喜多方田中間（山形）▲上磯木古内間（北海道）

昭和二年十二月十三日

午前八時頃川島村桂山浅治郎来タリ
一、長谷川鯛次郎説得ノ為メ村ニ於テハ極力奔走中ナリ
二、代地提供シタ私ト柳川仁左衛門両名分ニ對シ浅野ヨリ将来貰ラウ土地ノ値段ハ反三百円ニ定メテ貰ライ度イ
今度村ガ基本財産ノ畑ヲ賣ルノガ反三百円・山林二百円ノ予定デアルカラ其レニ依ッテ考エタモノデアル
ト云ウ　余ハ
一、極力長谷川ハ攻メ落シテ貰ライ度イ
二、極力骨折ッテ呉レタ御両氏ノ事デアルカラ其レニテ宣敷カラントハ思エドモ　モー少シ待ッテ貰ライ度シ
御両氏ノ提供サレタル土地ガ何程ノ値段ニテ誰レニ代地トシテ與エラレタカヲ確実ニ眺メテカラノ上ニ仕度イ
ト答エタル后チ
他ニ代地ヲ提供シテ呉レタ人モ有ル筈ダガ其人々ニ對シテハ如何ニスベキ哉
ト尋ネタルニ桂山ハ
此機會ニ小作問題等煩サイカラ賣ッテ仕舞ウ考エニテ提供シテ居ル者モアルカラ　浅野ニ代地ヲ求メルノハ私ト柳川仁左衛門両名丈ケト御承知アリテ然カルベシ　而シテ此事ハ秘密ニ願ウ方宣敷カラント思ウ
ト云ウ　余ハ
勿論秘密ニシマスガ本日貴下ノ御訪問セラレタル事モ同ジク秘密ノ方ガ能イ様デスナァー
ト述ベタルニ桂山ハ

左様ニ願升

ト云ッテ帰エッテ行ッタ　桂山浅治郎ハ村内第一者ノ人物デアルガ人望ガ無イ　不思議ニ思ッテ居ッタノデアルガ不人望ノ理由ガ判ッタ　然カシ余トシテハ桂山ガ最初ヨリ骨折リ呉レタレバコソ此處迄運ンダ事デアルカラ　此位ノ代償ヲ與エルノハ當然ノ事ト考エタ　然カシ桂山ガ人望ナキ為メ余計ナ困難ニモ遭遇シテ来タ事デアルカラ過分ノ心配ヲシテ遣ル義務モ無イ様ニモ思ウナリ

正午頃　関君宛

「埋立問題内務省形勢悪シ注意セヨ　遠藤知事朝鮮エ轉任スルラシ」

ト打電シ並ニ手紙ヲ投函ス

午後二時十五分諏訪駅発ニテ川島村役場エ行ク　委員等二十名斗リ衆合シテ色々相談シテ居ッテ呉レタ　柳川村長ハ

昨晩ハ殆ト徹夜ニテ今朝午前四時迠掛リ升テ　漸ク長谷川鯛次郎ヲ説得致升タ　未ダ委任状ハ貰ライマセヌガアノ組ハ目下換地問題ニテ交渉中デスカラ　其レサエ話ガ付ケバ数人片付ク事ト考エテ居リ升

ト云ウ　柳川村長ガ髯ヲボウ〳〵延バシタ儘ニテ睡眠不足ノ顔ヲシテ委任状ノ包ヲ懐カラ出シ　余ノ前エ列ラベツヽ説明スル有様ヲ眺メテ感謝ノ念ガムラ〳〵ト起ッテ来タ　全ク解決ノ暁ニハ相當ノ謝意ヲ表セナケレバ済マヌト考エタ　余ガ常ニ考エテ居ル事デアルガ

服部平太郎・廣田文一郎・秦野儀八

ノ三人ハ最モ甚力シテ呉レル殊勲者デアルト考エテ居ル　本日廣田ニ聞イテ見ルト柳川仁左衛門ノ組ヲ纏メタ殊勲者ハ

柳川丑之助・桂山五一郎

ノ両人デアル由　本日余ハ此両人ニ能ク感謝ノ意ヲ述ベテ置イタ　段々深ク村ノ連中ニ逢ッテ見ルト組頭並組委員ノ中ニ熱心ニ活動シテ居ッテ呉レル人ガアル　此等モ何等カノ機會ニ相當ノ事ヲ仕度イト考エル

余ハ五時二十七分川島発輕便ニテ帰ラントスルニ先立チ　柳川村長ニ向イ
　現在ニテ何枚委任状纏マリタル哉
ト尋ネタルニ
　、七十三枚デス　外ニ委任状ガ来ルニ定マッテ居ル分十人斗リアリ升カラ此分ナラ御安心アリテ可然《シカルベ》シ
ト云ウ　余ハ一度モ川島村駐在順査ニ挨拶シテ無イカラ帰エリ掛ケニ立寄ル　伊藤五平ト云ウ人ニテ余ニ向イ
　是非お上リ下サイ
ト座敷ヲ指シ招ジナガラ
　今度ハ誠ニ結構ナ事ニテ喜コンデ居リ升
ト云ッテ居ッタ

昭和二年十二月十四日

午前十一時半頃森篤二郎来タリ
只今県廳ヨリ帰エリ升タ　川島基本財産山林畑處分願ノ訂正ヲ要スル個所ヲ指定シタル手紙ハ昨日朝投函サレタ
ソウデスカラ　モー今頃ハ川島村ノ役場エ到着シテ居ル筈ダト云ッテ居リ升タ
形式上ニテモ一度実地調査ノ上デ許可スル事ニセナケレバ工合ガ悪ルイソウデス　明日・明後日ハ県會委員會ニ
テ手抜ケ兼ネル由ニテ其翌日早速調査ニ行ッテ許可ノ手續ヲ取ルト云ッテ居リ升タ
ト云ウ
午後二時四十八分輕便ニテ川島村エ行ク　役場ニハ二十人斗寄ッテ居ッタ　村長ニ尋ネタルニ村長ハ
　八十二枚委任状ガ集マリ升タ　跡ト尚ホ少々集マル心組デアリ升　交換地ガ少ナイノデ話ヲ纏メルノニ骨ガ折レ

升
明晩迠ニ一ト切リ付ケテ書類ヲ持参四日市エお伺致升
ト云ウ　余ハ集合シテ居ル二十人斗リノ者ト色々話ヲ為シタル上　五時二十七分川島発ニテ帰エル
関君ヨリ暗号電報ガ来テ居ッタ　譯シテ見ルト
電、文、見タ県ニテ頑張ル様運動頼ム、関
トアリ。余ハ能キ智慧ヲ絞リ出サナケレバナラヌト思ッタ　市長宅エ電話ヲ掛ケタルモ市長ハ未ダ東京ヨリ帰エッテ
居ラヌ　留守居ノ者ガ多分明日ハ帰ラルヽ事ナラント云ッテ居ッタ

昭和二年十二月十五日

午前十時頃小寺ガ電話ニテ
只今東京ヨリ帰エリ升タ　昨日関君ト戸野市長ハ小石川ノ西川洋食店ニテ會見シテ貴下ヨリ関君宛御発信ノ電信
ノ事ニ就キ相談セラレタル結果　市長ハ居残ッテ内務省方面ヲ運動スル事ニナリ升タカラ私ハ先キニ帰ッタ次第
デス
市長ヨリ此事ヲ貴下ニお傳エセヨト云ウ事デシタカラお知ラセ致升
ト云ッテ来タ　余ハ
埋立問題ニテ市長ガ東京ニ居残ッタト云ウ事ハ誰レニモ内密ニセラレ度シ
ト口留メシテ置イテ　自轉車ニテ直チニ市役所ニ行キ小寺ニ逢ッテ色々相談ノ結果　此眞想ヲ調査ノ為メ小寺ヲ県廰
エ派遣シ田中土木課長ニ會見セシムル事ニシタ
小寺ハ午後六時帰エリ　余ニ報告ニ来タリ

田中土木課長ハ県會終了期ニ切迫シテ居ル為メ會見出来ザリシヲ以テ村田地理課長ニ逢ヒ　本日東京ヨリ帰エリタ　東京ニテ埋立問題ガ内務省ニ於テゴタ〳〵シテ居ル由ヲ聞キ　戸野市長ハ大ニ心痛シ僕ニ向イ「直チニ帰泗シ県廳エ出頭シテ内務省ノ眞想ヲ聞キ取リ電信ニテ報告セヨ　次第ニ依リテハ直チニ内務省エ掛合ワナケレバナラヌ」ト云ウ事デアッタカラ僕丈ケ先キニ帰エリ早速お尋ネニ来タ訳ダ　一体ドウナッテ居ルノカ
ト尋ネタルニ村田課長ハ

内務省ヨリ諮問ガ来タカラ該諮問書ヲ直チニ渡辺四日市築港所長エ廻シ調査ヲ命ジテアル

ト云ヒ升タカラ帰エッテ来升タ
ト云ウ　余ハ直チニ小寺ヲ連レ渡辺氏ヲ私宅ニ訪問シ尋ネタルニ渡辺ハ
渡辺　諮問書ハ私ノ手許ニ廻ッテ居リ升　諮問ノ要点ハ

一、一号埋立ハ将来ニ至リ砂ヲ運ビ湾内ヲ浅クスルノ結果ヲ招来セズ哉
二、二号埋立出来《シュッタイ》ノ暁　此埋立地ヨリ新タニ横桟橋ヲ建設スル等ノ事無キ哉　若シ其ンナ事トナルト今日デサエ餘リ廣クナイ港内ヲ狭クスルヲ以テ許可ヲ與エ難シ
三、三号埋立ハ港内ヲ狭クスルモノデアル　実際ニ於テ支障無キ哉
四、埋立地ノ道路網ガ記載サレテ居ラヌ

ト云ウ諸点デス　私ガ考エ升ノニ

一、一号埋立ハ現在ノ石堤ノ長サノ約三分ノ一ヲ埋立スルノデアルカラ　理想的ニ云ヘバ石堤ヲ現在ヨリ三分ノ一丈ケ沖ノ方エ継ギ足サナケレバナラヌト思ウ　石堤ヲ現在ノ儘ニシテ置イテ埋立ヲ実行スレバ假リニ百年経過シテ湾内ニ砂ヲ運ビ来タルモノガ七十年ニテ其域ニ達スル勘定ニナル　元来現在ノ石堤ハ防波堤ニ非ラズシテ防砂堤ニ作ラレテアルノダカラ理屈上斯クアラネバナラヌ　此点ハ一ノ瀬技監モ能ク知ッテ居ラル、筈デアルカラ此諮問モ来タ事ト考エル　此諮問ニ答申スルニハ詳細ニ測量ノ上ニア

ラザレバ能《アタ》ワヌ事デアルカラ本日モ引續キ測量ニ従事致升タ次第デス　明日位ニハ完了サセ度イト思ッテ居ル

二、二号埋立地ニ横桟橋ヲ将来計畫スル哉否ヤハ貴下ニお尋ネスレバ判明スル事ト思ッテ居リ升タ

三、三号埋立ハ古イ四日市築港計畫（浅野ノ埋立問題ガ起ラヌズット以前）ニハ三瀧川ノ處カラ北部ノ防波堤ヲ作ル理想ニナッテ居リ　地図ニモ記載サレ居ルヲ以テ此疑問ガ起ッタ事ト想像スルガ　アノ古イ理想ノ防波堤ヲモット外面エ作ル理想ヲ建テレバ一向ニ差支無イ事ト思ウ

四、道路網ハ之レカラ段々計畫ガ建テラレル事ナルベシ

五、四号埋立ノ防波堤ハ埋立地ト三百間隔テラレテ居ル浅野ノ計畫デアル　而シテ埋立地ト併行シテ居リ升ガ私ノ考エデハ海藏川尻ノ北部ハ三百間時宜ニヨリ假令二百五十間ニテモ能イガ　南部即チ三瀧川寄ノ方ハ四百間位ノ隔タリヲ埋立地ト保タセナケレバナラヌト思ウ　此レハ段々実施計畫ガ進捗シテ来タ場合訂正シテ貰ラエバ能イ事デアル

大体右ノ如クデスガ浅野ハ三号・四号ノ埋立ヲ実際ニ仕事スルデショウカ　或人ガ

「浅野ハ先年敦賀ニ於テセメント工場ヲ建テルト声言シ　同港枢要ナル場所ヲ要求シ同町民ハ其レヲ歓迎シテ安イ値段デ其要求ニ應ジタ　浅野ハ其レヲ契約シタノミニテ今日ニ至ルモ実際ニ仕事セヌ　四日市市モ其轍ヲ踏ムノデハナイカ」

ト云ッテ居ルモノモアリ升タ

日比

一、一号ノ埋立ヲスルト湾内ニ砂ガ来ル等ノ事ハ夢ヲ見ル様ナ心配ダト思ウ

二、二号埋立地ニハ決シテ横桟橋ヲ作ラヌ事ヲ断言スル

三、貴説ト同ジク少シモ差支ナシト思ウ

四、道路網ハ其内ニ計畫セラレマショウ

五、御意見通リ訂正シテ宣敷シ

浅野ガ実際ニ仕事スルカセヌカノ御心配ハ今日ノ状況カラ判断シテ餘リニ迂遠ノ御推察デハ無イカ　原石山ハ解決サレ藤原鉄道ハ出願済ナリ　粘土山モ手當ガ済ンデ居ル　目下浅野ニ於テハ旭ノ小作問題ガ解決サレルノヲ鶴首待ッテ居ルノデアル　去ル三日関君ガ来タトキ貴下ニモお目ニ掛ッタ事デアルガ　アノトキ関君ハ「ベン〳〵ト旭小作問題ノ解決スルノヲ待ッテ居レヌカラ場合ニ依ッテハ三号埋立カラ着手セナケレバナラヌカモ知レヌ」

ト云ッテ居ッタ程デアル

渡辺　敦賀ノ場合モ　原石山モ買ヒ敦賀ノ土地モ買ッテ置イテ仕事丈セヌト云ウ話デシタヨ

小寺　今日ノ状勢カラ見レバ決シテ其ンナ事ハ無イ

日比　遠藤知事ガ二十日頃上京スル模様デアルカラ其レニ間[ニ]合ウ様ニ答申書ヲ出シテ貰ライ度イ

渡辺　私モ其心組デ居ル　答申書ガ内務省エ行ケバ此問題ハ話ガ進ムモノト考エル

日比　別ニ政治問題化シテ居ル様ナ事ハ聞キ升セヌカ

渡辺　其ンナ事ハ一寸モ聞キ升セヌ

日比　貴下ガ此際小六ヶ敷キ答申書ヲ出サレルト困ルカラ問題ノ起ラヌ様ニ書イテ貰ライ度イ

渡辺　承知致升タ　精々注意スル

小寺　四日市興廃ノ大問題デアルカラ宣敷頼ム

ト云ウ事ニテ渡辺宅ヲ辞ス　其帰途余ハ小寺ニ向イ

君ハ明日築港事務所エ行キ内務省ヨリノ諮問書写シヲ取ッテ来テ呉レ　又渡辺ガ如何ナル答申書ヲ出スカ　前以テ一讀仕度イカラ其手順ニ勘考シテ方法ヲ考エテ置イテ呉レ

ト依頼ス

午後六時半頃　川島村長ノ柳川元太郎ガ同村基本財産處分願ノ訂正ヲ為シタルモノヲ持ッテ来ル　而シテ土地買収ノ件ヲ報告シテ曰ク

田　十五町一反六畝八歩
畑　九町六反八畝八歩
山林　五町二反一畝二歩
合計　三十町五畝十八歩
人員　八十九名

ノ委任状ガ現在纏ッテ居リ升　尚ホ委任状ガ来テ居ッテ交換地ガ纏マッテ居ラヌ分ガ別ニアリ升シ　明日中ニ委任状ヲ持ッテ来ル分モアル見込デスカラ結局残ルノハ小生《コモ》ノ十名斗リト想像シテ居リ升ト云ウ　余ハ

色々御面倒掛ケテ済マナンダ　君ハ口ノ上デ「モーメ切ルノダ」ト公言シテ　内心デハ一人デモ多ク纏メル心組ニテ最後ノ明日一日ヲ活動シテ貰ライ度イ

ト述ベタルニ柳川村長ハ

承知致升タ　交換地ノ事デ六ヶ敷イ事ヲ注文ニ来テ困リ升
本日午後カラ桂山ガ四日市ノ税務署エ行クト云ッテ出テ来升タガ寄リマセンデシタカ

ト云ウ　余ハ

桂山ハ立寄リマセンデシタヨ

ト答ウ　余ハ桂山ガ四日市ニ出テ来テ何故ニ立寄ラザリシカヲ不思議ニ思ッタ　同人ハ去ル十三日余ノ許ニ来タリ浅野ヨリ交換地ヲ欲シイト余ニ要求シタ　余ハ其後川島村エ行ッテモ柳川村長ヲ主体トシテ重《オモ》ニ話ヲ為シ　桂山ニ餘リ口ヲ利カヌカラ少々気ヲ悪ルクシテ居ルノデハ無イカト思ッタ　余ハ桂山ヲ敬遠スルノ意思ハ毛頭ナイ　村エ行ッテ桂山ニ餘リ多クノ相談ヲ為スル事ハ此件ヲ纏メルノニ関シ困難ヲ多クスルカラノ事デアル　桂山ハ村ニテ欲ガ深イト

ノ批評アリテ　ドーモ人望ガ薄イカラデアル

柳川村長ト小寺土木課長ニ　夕食ニ洋食・酒ヲ馳走シテ各其労ヲ慰ス　柳川村長ハ七時三十分ノ輕便ニテ帰村シタ

午後十時頃森篤二郎来タリタル故

明日君ト遠藤知事エ同行スル心組ナリシガ　埋立問題ノ眞想ハ小寺ヲ本日県廰エ出張セシメ充分判ッタカラ止メニスル

川島村ノ村長ガ此基本財産處分願ヲ訂正シテ持ッテ来タカラ　君一人ニテ此書類ヲ持ッテ行ッテ来テ呉レ　何日ニ誰レガ川島村エ調査ニ来ルカ能ク其辺ノ事ヲ聞イテ来テ貰ライ度イ

ト依頼ス

森篤二郎ハドーモ軽卆ニテ困ル　今日ノ埋立問題ニテモ然カリ　森ガ去ル十三日ニ聞イテ来タノハ一寸大袈裟ニ過ギタ　本日其眞想ヲ知リ得テ此ンナ事ナレバ此ンナニ心配スル必要ハ無カッタト思ッタノデアル　森ハ事ノ内容経過ヲ知ラヌカラ此件ニ関シテハ餘儀無イ事カモ知レヌ

此四号ノ日誌モ本日ニテ書キ盡ス事ニナッタ　時恰《トキアタカ》モ川島村ノ尻ヲ結バントシテ居ル刹那デアル　明日カラ書キ出ス五号日誌中ニハ何レノ件ヲ解決スルノ記事ヲ書キ綴ル事ヲ得ル哉　浅野問題モ一地ニ停滞セズシテ弗々ナガラ進捗シ日誌ノ号ヲ重ヌル毎ニ新問題ノ進展ヲ見ツヽアルハ内心欣幸トスル處ナリ　神ヨ我ニ幸ヲ下ダシ賜エ　浅野問題ヲ最善ノ方途ニ導キ給エ　然カル事ハ四日市市ニ取リ大ナル恵ミニシテ大キク云エバ日本國全体ニモ慶福ヲ齎《モタ》ラスノデ有升

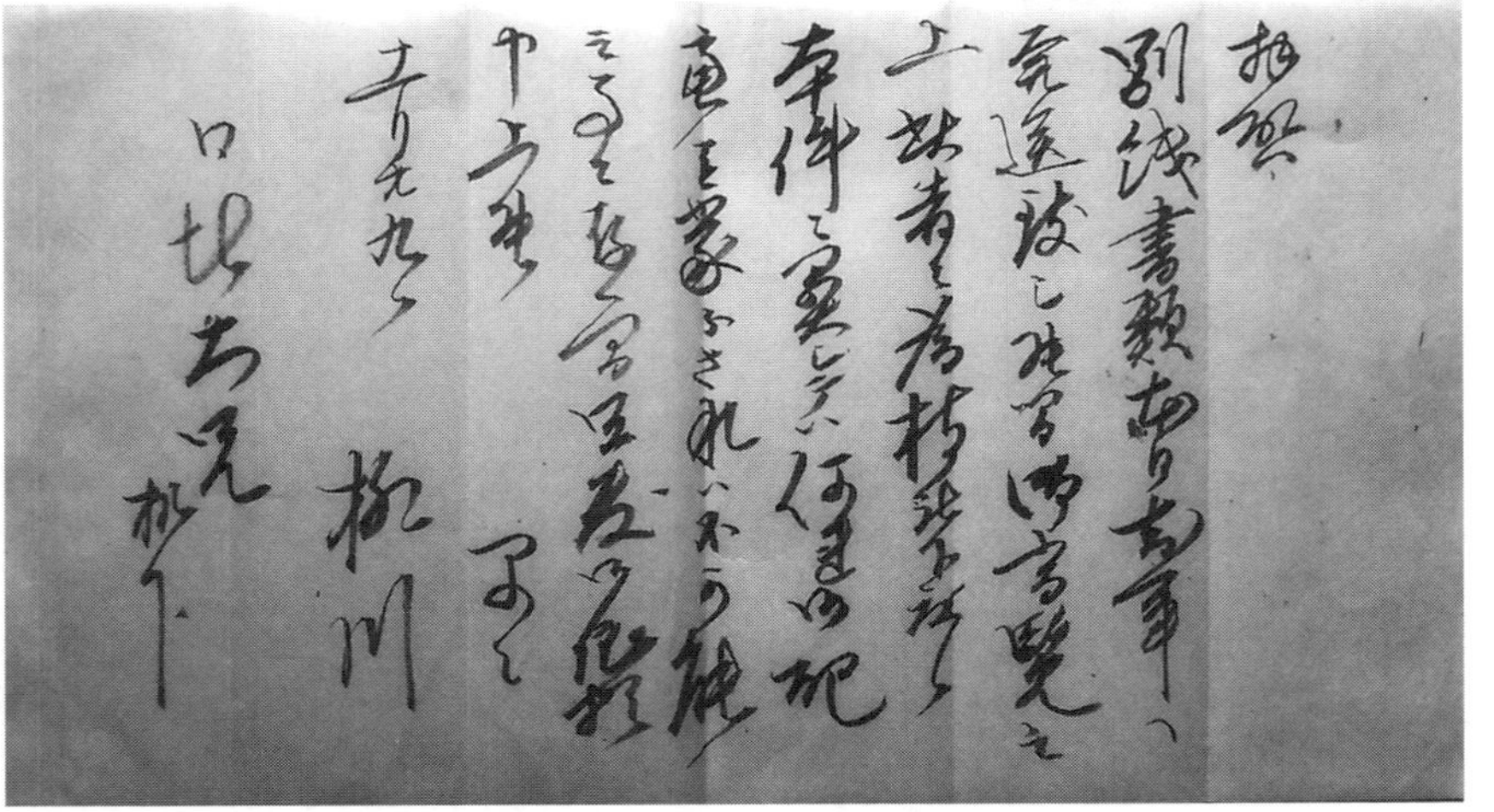

拝啓
別紙書類本日知事へ
発送致し候間御高覧の
上此者に為持被下度候
本件に関しては何れ御配
慮を蒙らざれば不可能
の事と存候間宜敷御依頼
申上候　　　早々
十一月廿九日　　柳川
日比大兄机下

川島村粘土山買収取り纏めに柳川村長奔走

懸案推進のため選挙事務長引受

昭和二年十二月十六日——昭和三年二月二十九日

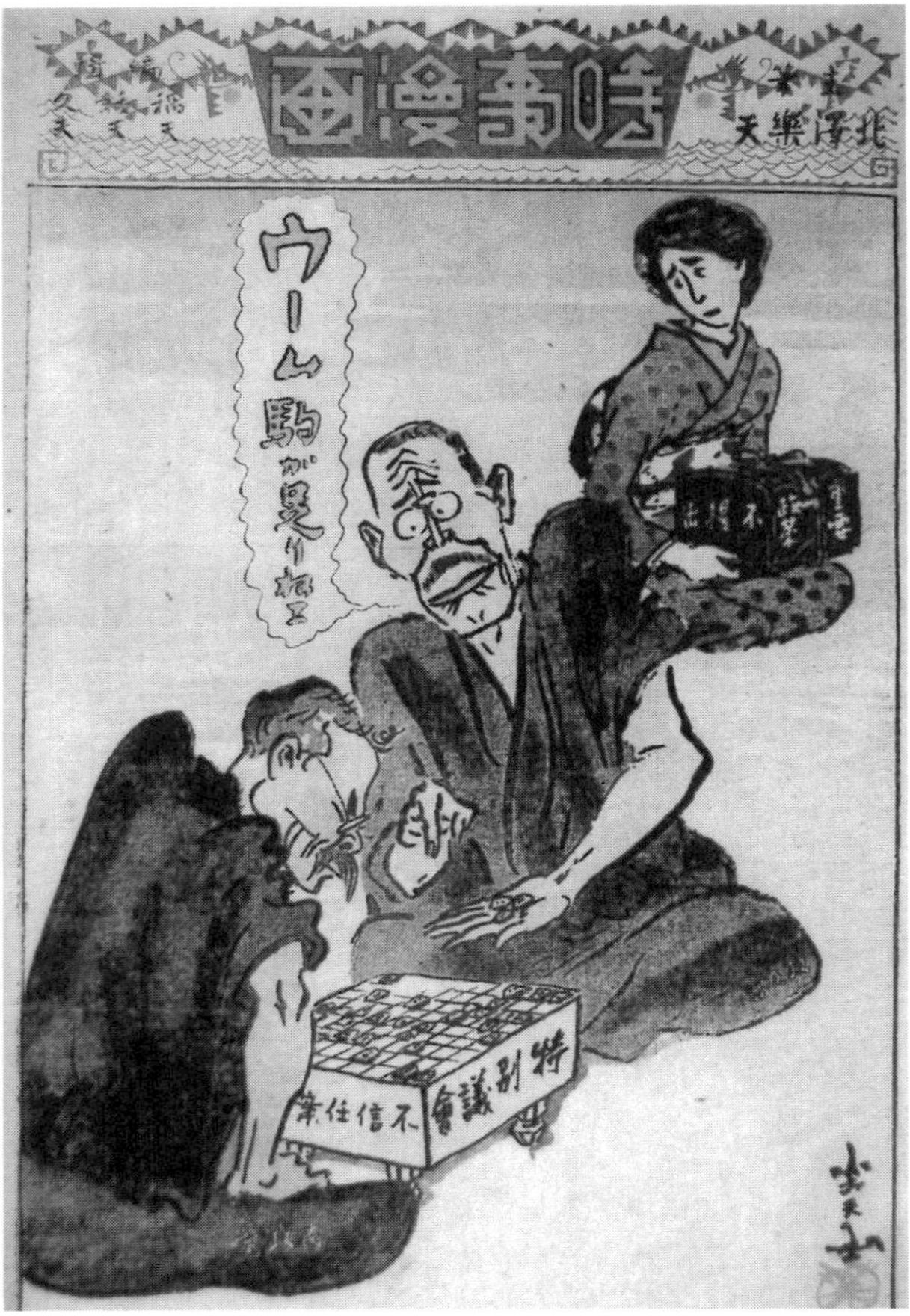

樂天漫画時事
昭和3（1928）年2月20日に実施された初の普通選挙では
政友会（田中首相）217、民政党（浜口総裁）216となり、首相は国会運営に苦慮

昭和二年十二月十六日

午前八時頃市長宅ヨリ「只今東京ヨリ帰エリ升タ」ト知ラシテ来ル　十二時過ギ市長宅ヲ訪問ス　市長ハ
関君ハ君カラノ電報ヲ見テ單獨内務省エ飛ンデ行キ　一ノ瀬技監ニ逢ヒ「四日市ノ埋立ノ件ニ内務省ニ意見ガアル由ヲ聞及ビ参上セリ　如何ナル御意見ナル哉御聞カセ願イ度イ」ト横柄ニ云ヒ出シタ為メ　技監ハ怒ッテ「意見ハ県廳エ云ウベキ〔モ〕ノデ君ニ云ウ必要ハ無イ」〔ト〕突放シタ為メ関君ハ吃驚シテ僕ノ處エ電話ヲ掛ケテ来テ　一ノ瀬技監ノ縒《ヨリ》ヲ戻サント僕ニ内務省エ行ッテ呉レト頼ンダノデアル　僕ハ早速内務省エ行キ一ノ瀬技監ニ會見ヲ申込ンダガ技監ハ避ケテ逢ワナンダ　不止得他ノ人ニ逢イ話ヲ聞イテ見ルト　別段不許可ノ方針ヲ取ッテ居ルノデハ無ク　單ニ三重県エ諮問ヲ発シタ丈ケノ事ガ判ッタカラ其ンナニ心配スル事ハ無イト考エ帰エッタ次第デス
ト云ウ　余ハ
最初森篤二郎カラ村田地課長ノ話ヲ聞イタ節　兼テ遠藤知事カラモ内務省ガスラ〳〵ト行キ兼ネルト云ウ空気ヲ聞イテ居ッタ為メ　心配シテ関君ニ警告電報ヲ発シタル次第ナルガ　昨日小寺君ニ県廳エ行ッテ貰ライ又渡辺築港所長ニ逢ッタ結果　森篤二郎ノ報告ノ違ッテ居ル點モ明瞭トナリ安心シタ次第デス　此儀関君エ通知シテ置キ升タ
ト云ウ　市長ハ
今回ノ川島村問題ニ限ラズ凡テノ事ガ茲處迠進捗シタノハ偏ニ日比君ノ熱誠ナル活動ニ依ルモノダト関ニ話シタル處　関ハ
其通リデアル　何處ノ県エ行ッテモ市會議員ナドガ金儲ノ野心カラ如斯キ事業ニハ反ッテ反對ニ立チ　纏マ

ルノヲ防害スルモノダガ四日市ニ於ケル事業ニ對シテハ市長・市會議員始メ県知事迄一致シテ協力シテ呉レルカラ　心中甚ダ愉快ニ思ッテ居ル
日比君ハ埋立會社ノ重役ニナル事ハ確定シテ居ル通リデアルカラ此レヲ根據トシテ會社ヲ誘導シ　段々ト其重役ニナッテ行クト云ウ方針ガ能イト思ウ　埋立會社ハ前途有望ニテ面白キ仕事デス
日比君ガセメントノ為メニモ非常ニ骨折ッテ呉レテ居ル事ハ能ク判ッテ居リ誰レモ承知シテ居ル事ダガ　セメント會社ヨリハ「御苦労デアッタ」ト云ウ丈ケノ事デショウ　セメント會社ニハ旧来ノ重役ガアリ其レニ割込ム事ハ不可能ト想像ス
ト云ッテ居ッタ　関ノ此言ハ関ノ立場カラ割出シテ考エテ居ル事ニテ重役ノ意中ヲ知ラヌカラダト思ッタ事デスヨ
ト云ウ　余ハ
色々難有御礼申ス　一生懸命勉強致升
ト答エ辞ス
午後三時ヨリ市参事會開會六時半閉會ス　市長上京留守中開カレザリシ事トテ議事多ク長時間ヲ要シタノデアル
川島村廣田文一郎三時頃来タリ六時半迄待ッテ居ッテ呉レタ　用件ヲ尋ネタルニ
大平ノ委任状ヲ取ラズニアルガ此際取リニ行ッテ差支ナキ哉
ト云ウ　余ハ
口外セザル様依頼シテ委任状ハ取ッテ置イテ呉レ
ト依頼ス
森篤二郎来タリ
遠藤知事ガ「宮地エ治田村原石山ノ半分ヲ小野田エ渡スト云ウ譲渡書ヲ送ル様ニ云ッテ呉レ」ト云ウ事デシタガ

如何致升ショウ

ト云ウ　余ハ

遠藤知事ガ云ッタ通リ君カラ宮地君エ手紙ヲ出シ給エ

ト返事ス

鈴木庄松ガ國安院収入役課長ノ件ヲ頼ミニ来ル　岩田安次郎ヲ呼ンデ市参事會后任ノ件ニ付キ話ヲ為ス

昭和二年十二月十七日

午前九時頃　川島村桂山浅治郎来タル　川島村土地買収交渉談ノ収拾結末ヲ告グル件ニ関シ色々相談ヲ重ヌ　余ハ買収後工場建設計畫ヲ進メルトキニ支障ヲ来タサヾル様ニ　今日ニ於テ餘程深キ顧慮ヲ回ラシテ置カナケレバナラヌト先般来ヨリ考エテ居ル事デアルカラ一層ノ苦心ヲ要スルノデアル

川島村ノ小使ガ買収決定ノ地域ヲ顕シタル図面ヲ持ッテ来ル　一見シタルニ此レニテ〆切ッテモ大シタ差支ナシト判断シタ

余ハ桂山浅治郎ト共ニ小倉知義代書人エ行キ賣買契約締結ニ関スル完全ナル書式ヲ研究シ小倉ニ下書ヲ書イテ貰ラウ

森篤二郎ヲ呼ンデ県廳エ派遣シ　明日間違イナク川島村基本財産山林畑ノ実地調査ニ林務課ヨリ出張シ来タル様ニ打合セヲ為サシム

午後五時頃廣田文一郎来タリ

昨日ノ御話ニ基キ大平エ委任状ヲ取リニ行ッタ處　生憎大阪エ行キ不在ニテ二十日過ギヨリ帰エラヌト云ウ事デシタ

ト云ウ　桂山ト廣田ニ　夕食ニ洋食・酒ヲ馳走シテ三人ニテ色々相談為シ　余ハ両人ノ求メニ應ジ

一、浅野ガ将来工場ヲ建設着手スルトキニ安心スル様ニ川島村ヨリ凡ノ点ニ協力一致　便利ヲ計ルト云ウ意味ノ証書

二、浅野エ涙金ヲ懇願スル願書

ノ下書ヲ書キ與エル　両人ハ七時三十分ノ終列車ニテ帰村シタ

十時頃岩田安治郎来タリ

昨日ノ御差図通リ堀木エ行キ升タ　堀木ハ私ノ区内議員ヲ纏メテ呉レル事ヲ快諾致升タ　其レガ済ムダラ私ハ押強ク各議員ノ戸別訪問ヲ致升　本夕ハ御礼ノ為メ参上致升タ

ト述ベテ帰エッテ行ッタ

伊勢鉄道ガ桑名迠延長スルニ當リ海藏村ノ路線敷地買収決定値段ハ

田　一坪　六円

畑　〃　五円五十戔

四日市ニ接近ノ田　十円

四日市ノ西部田　二十八円五十戔

ニテ確定シタ由ナリ

四日市漁業組合ノ大川利七・伊藤藤松・大川久治郎・藤村芳松四名連名ニテ鰡十本持ッテ来ル　余ハ彼等ガ漁業権ノ解決ヲ余ニ依ッテ求メント欲シテ居ル証據ナリト考エ満足ニ思ッタ　或ハ余ガ何度モ御馳走シテ遣ッタお礼ノ意味カモ知レヌナリ

昭和二年十二月十八日

午前十時川島村々長柳川元太郎・桂山浅治郎来タル　嘆願書ノ下書ヲ渡シタルニ一読シテ誠ニ結構デストお礼ヲ云ッテ居ッタ　柳川村長ハ十七日ノ消印ニテ此ンナ端書ガ舞イ込ミ升タト云ッテ見セル　左ノ如シ

竹槍ヲ知リ居ルカ　警鐘ヲ知リヲルカ

川島村第一等田及ビ畑・山林等地主ニ相談セズシテ浅野セメント會社ニ前記ノ土地ヲ賣却セント約セシ其専横キワマル行為眞ニ盗賊ニシテ憤慨ニタヘズ　且ツソノ土地價格タルヤ普通相場ヨリ安クシテ富豪ノ金銭ヲ取ルコトヲナサズ　然カルニ地主ヲ集會セシメ或ハ戸別訪問ニテ貴重ナル時間ヲ消費セシコト幾日ナルカヲ知ラズ　其ノ行為タル哉皆脅迫的ニ出デ人情的ナシ依テ憤怒ニタエズ必ズ是ノ怨ミヲ報ヒン　セメントノ烟筒《エントツ》ヨリ吐出ス粉末ハ農作物・酒家ニ大害アリ　然カルニ汝其ノ根本ヲ研究セズシテ土地ノ買収ノミニ詐偽的手段ヲツクシ浅野家ヨリ莫大ノ謝金ヲ求メントシテ土地ヲ安價ニ買収シ村内ヲ衰弱セシメテ村内ノ発展何處ニアルヤ　且ツ小作人ノ作ル田畑ナル〔二〕路頭ニ迷ワントス　是皆汝ガ欲望ノ深キニヨルモノニシテ其ノ罪汝一人ニ帰ス　必ズ是ノ怨ヲ報ヒン……

三重郡川島村長

柳川　源太郎行

余ハ一読シテ誠ニ気毒ナ精神ノ持主ガ川島村ニ居ルト憐レニ思ッタ　字体ヲ見ルト去ル十二月一日四日市警察署エ舞込ンダト云ッテ宮嵜署長ヨリ見セテ貰ラッタ投書ト同一人ラシク思ワル　此件ノ経過如何ニ依ッテハ捨テ置ケヌ　告発スル必要ガアルナリ

十二時三十分富田ヨリ到着スル気車ニテ野村農林課長・地方農林技師木村鍬次郎両氏ガ川島村基本財産山林・畑ノ実地調査ニ来タル手順ニナッテ居ルカラ　柳川・桂山両人ヲ停車場エ出迎エニ趣カシメ直チニ自動車ニテ川島村エ送リ込マシム

余ハ二時十分気車ニテ川島村役場エ行ク　野村課長・木村技師ハ柳川村長等ニ案内サレテ四時半頃役場エ帰エッテ来

タカラ余ハ両人ノ外ニ柳川村長ヲモ自動車ニ乗込マシメ大正館ニ至タル　森篤二郎ハ既ニ大正館エ来テ居ッタ
藝者四人ヲ擧ゲテ歓迎大ニ勉メル　木村ハ酒豪ニテ野村モ一人前飲ム　十時半頃切上ゲ帰エル　柳川村長ハ七時半ノ
終列車ニテ帰エッテ行ッタ　野村・木村ノ両人ハ大正館エ宿泊セシム　両人ハ明日桑名エ出張　即日帰県スル筈トノ
事

本日桂山浅治郎ハ役場ニテ余ニ向イ

四日市停車場ヨリ川島村エ送リ込ム自動車ノ中デ野村課長ハ私ニ向イ

此種ノ仕事ハ九分九厘迠出来上ッテ居ッテ　残ル一分ノ事ヨリ不成効ニ終ル事ガアルカラ餘程注意ヲナサラヌトイカヌ　川島村ニ取リテ今回ノ事ハ破天荒ノ幸運ガ舞イ込ンダ訳ニテ川島村発展上此レニ越シタ幸ハ有リマセン

ト萬事飲ミ込ンデ居ッテ呉レ升タカラ基本財産處分願モ容易ニ許可シテ呉レル事ト想像シテ安心致升タ

ト話ヲ為シタ　余ハ桂山ニ

具眼者カラ眺ムレバ誰レデモ野村課長ノ云ウガ如ク考ウル事ハ當然ノ事ナリ　僕ガ毎々口ヲ極メテ大局ヲ逸セヌ様御注意申シテ居ルノハ其處デアル　然カルニ村民中ニハ其レヲ理解シ得ズシテ本日ノ村長宛無名ノ投書ヲ為スガ如キ不心得者アルハ誠ニお気ノ毒ニ堪エヌ　幸イ明日役場エ議員・区長・組頭・委員・三團体幹部ヲ寄セラル、事デアルカラ野村課長ノ右ノ言葉ヲ吹聴シテ置イテ呉レ給エ

而シテ野村課長ノ言ノ如ク川島村モ明日明後日ノ取纏ガ極メテ肝要ナ事ニテ　佛造ッテ眼玉ヲ入レル仕事デアルカラ餘程慎重ニ調印ヲ取ル事ニシテ呉レ給エ　此處デゴテラカスト大変ナ事ニナル

ト注意シテ置イタ事デアル

勢江鐵道外十七線內定　二十日の閣議に上程

鐵道省では既報の如く全國四十餘の候補線につき連日首腦部において其選ていを協議中であるが左の十八線は今回選にはいることに內ていした

（東北地方）大畑入間間、久慈宮古間、石卷女川間、左澤荒砥間、米澤日中間

（關東地方）常陸太子鳥山間、伊東下田間

（近畿地方）關ヶ原四日市間、殿田小濱間

（四國）中田日和佐間、八幡濱近永間

（中國地方）福山上下間、日原岩國間、萩太田間

（九州）國分川北間、佐賀關幸崎間

（北海道）中湧別網走間、名寄羽幌間

なほ以上十八線の外近日中に十数線を選ていし小川鐵相が十八日三重縣政友かい支部大かいより歸京するまでに年度割を作成二十日の閣議に上程することになつた

　憲政線も　六線繰上げ

鐵道省では既報の如く四十有餘の政友かい線の繰上を行ひ建設計畫を建直す方しんであるが更に憲政かい內閣によつて豫算面に浮かび出た二十一線についても適當考慮の繰上げを行ふ方針だがそのうち左の諸線は繰上ぐることに內ていした

臨床標津間、下沙流別遠別間

熱海伊東間、田名部大畑間、塩町上下間

なほ右諸線の着手年度は何れも昭和四年度以降であるが今回は着手年度の繰上も行ふものと見られてゐる

勢州毎日新聞　昭和2年12月18日

昭和二年十二月十九日

小川鉄道大臣午前九時三十一分着ニテ四日市エ来タル　遠藤知事・加藤・井口代議士モ随行シテ来タ　直チニ築港視察ニ行キ午前十時商業會議所ニ於ケル市民ノ歓迎會ニ臨ンデ現内閣ノ鉄道政策ヲ講演ニテ十一時十一分気車ニテ帰エ

ッテ行ッタ　余等ハ停車場迠見送リニ行ッタ　遠藤知事丈ケ四日市エ居残リ晝食ヲ済マシテ帰エルト云ウ故　堀木・宮田・助役・余ノ四人ハ松茂本店エ行ク　大臣ヲ富田迠見送ッテ行ッタ市長ト井口代議士ガ帰エッテ来タカラ六人ニテ晝食ヲ為ス　知事ハ二時自動車ニテ県廳エ帰エッテ行ッタ

松茂本店ヲ出デ直チニ二時十五分諏訪発ノ輕便ニテ川島役場エ行ク　役場ニ二十名斗リ衆合シテ居ッタ　柳川村長ハ「只今ヨリ賣渡書・嘆願書・残地取纏メヲ引受ケル証書ノ事ヲ一同ニ話シテ　先ヅ幹部カラ調印ヲ了セントシテ衆合セシタル處デス」ト余ニ語リタル上書類ヲ以テ一同ノ處エ行キ説明ヲ始メル　村長ノ報告終ル哉一人ノ者ハ村長ニ向イ

最近買入レタ地所ヲ今回ノ値段ニテ賣却ニ應ズレバ損失ヲ来タスガ　涙金ナルモノハ其損失丈ケ貰ライ得ル哉ト質問スル　村長ハ

日比サンニ頼ンデ何ントカシテ貰ライ度イト考エテ居リ升

ト答エタル上余ニ集會ノ席エ列セン事ヲ求ム　余ハ一同ニ向イ色々説明シタルニ一同ハ右三ツノ証書ニ調印ヲ諾シ一人宛調印ヲ始メル　半分斗リ調印ガ終ッタ頃ヲ見計ラヒ余ハ村長ヲ陰エ呼ンデ

二十一日知事ハ上京スル　川島村基本財産山林・畑ノ許可書ハ二十日県廳エ取リニ行ク心組ナリ　就テハ賣渡書ニ地主全部ノ調印ヲ取ル事ヲ急イデ貰ライ二十一日迠ニ全部終了シテ呉レラレタシ　而シテ二十二日ニ上京スル事ニ仕度イ

ト依頼シ五時二十七分気車ニテ四日市エ帰エル　四日市エ帰エル哉市長ガ至急逢イ度イト探シテ居ルトノ事故　直チニ市長宅エ電話ヲ掛ケタルニ市長ハ

渡辺築港所長ガ来テ内務省ヨリノ諮問ニ對スル答申案ヲ如何ニ書イタラ宜敷哉ト相談シテ居リ升　私ハ貴下ニ御相談シタラ能キ知恵ガ出ハセズ哉ト思ッタカラ貴下ヲ探シテ居ッタノデス

ト云ウ　余ハ直チニ市長宅エ行キタルニ渡辺・小寺ノ両人ガ居ル　四人ニテ牛肉ニテ夕食ヲ為シツヽ相談スル

市長　第一号埋立ヲスルト現在ノ石堤ニテ百年砂ヲ止メ得ルモノガ　四十年ニシテ湾内ガ砂ニテ埋マル事ニナルカラ浅野ニ石堤ヲ継ギ足ス條件ヲ附セナケレバナラヌ事ニナル由デス

其レデ今迠相談シテ居ッタ處デスガ其欠点ヲ補ウ手段トシテ　浅野ガ埋立事業ヲ完成スレバ四日市ガ大発展ヲ為スト云ウ事ヲ書添エル事ニシテハ如何ト云ッテ居ル處デスガ　貴下ニ能キお考エハ浮ビマセンカ

日比　四十年ニテ土砂ガ湾内ニ廻ルト云ウ事ヲ七十年位ニ書イテ貰エマセヌカ

渡辺　其レハ今度詳細ニ実地調査シタル結果　技術上四十年ニテ砂ガ廻リマスカラ其レヲ偽ヲ書ク訳ニハ行キマセン又書イタ處デ内務省デ見破ラレ升

日比　其レデハ其埋マッテ来ル磯津ノ土砂ヲ以テ旭ノ六十万坪ノ埋立ヲ決行スル事ニシタラ其心配ハ無クナル訳デハ有リマセンカ

渡辺　成程其レデ理由ガ立ツ訳デスナァー　然シ左様スルト磯津ニテ土砂ヲ取ル事ニ條件ヲ附ケナケレバナラヌ事ニ成リ升

日比　其レハ致方アリマセン　石堤ニ文句ガ付クト事ガ面倒ニナッテ内務省ニテ保留セラレテ仕舞イ升カラ　此事業トシテハ大変ナ事ニナルト思ウ　其レニ比較スルト土砂取場ニ條件ヲ附セラルヽ事位ハ止ムヲ得マスマイ　然カシ土砂取場ノ條件モ付ケラレズ且ツ石堤ニモ文句ガ付カヌ工風ガアッタラ最上ノ策デスガ　無イカラ仕方ガ無イ

浅野ガ埋立事業ヲスルト四日市ガ発展スルト云ウ事ハ行政官ガ具スル意見デアッテ只今渡辺君ガ技術上ノ答申書ヲ書クノニ理由トハナリマスマイ

渡辺　只今日比サンガ云ワレル理由ガ一番能イ様デスカラ其レト決定致升

市長　三人寄ッテ今迠相談ヲ重ネタケレドモ其レ丈ケノ考エガ浮ビマセンデシタ

小寺　日比サンハ半黒人《クロウト》〔玄人〕ニナッテ仕舞ワレタ

日比　二十一日ニ知事ハ上京スルト云ッテ居リ升タカラ其レニ間ニ合ウ様ニ渡辺君カラ答申書ヲ出シテ頂キ度イ
渡辺　承知致升タ　早ク出掛シテ明後日迠ニ県廳エ持ッテ行ク事ニ致升ショウ
右ニテ此話ハ終ル　其處エ伊藤平治郎ガ直チニ電話ヲ掛ケテ貰ライ度イト云ウ事デアルト　神海組カラ知ラセテ来タ
カラ直チニ市長宅ヨリ電話シタルニ平治郎ハ
　本日ニ至ルモ岐阜県ヨリ三重県廳エ向ケ藤原鉄道ノ意見書ガ廻ワラヌカラ　モー一度岐阜県廳エ行ッテ請求シテ
　来イト三重県廳ニテ云ッテ居ッタカラ　明日岐阜県エ行ッテ呉レヌカ
ト云ウ　余ハ
　川島村ノ事デ手ガ引ケヌカラ堀木君ニ頼ンデ行ッテ貰ラウ事ニスル
ト答エ　堀木エ電信ニテ依頼ス
本朝小川鉄道大臣ヲ駅エ見送ッテ行ッタトキ停車場ニテ伊藤傳七氏ニ逢ッタラ　傳七氏ハ
　一昨日或ル黒人《クロウト》ヲ連レ大貝戸ヲ見ニ行ッタラ　其黒人ガ浅野ハ甘《ウマ》イ事ヲシタ　其ンナ馬鹿気タ安イ値段ト云ウモ
　ノハアルモノデ無イト云ッテ居ッタヨ
ト云ッテ居ッタ

昭和二年十二月二十日

午后零時半頃川島村
　後藤喜右ヱ門　四番組　山中甚九郎・大平ノ土地小作人
　柳川愛之助　六番組　柳川丑之助ノ土地小作人
　田中佐十郎　三番組　桂山吾一・桂山浅治郎・川村吉左ヱ門ノ小作人

来タリ

私等ハ川島村小作人代表トシテお伺致升タ　今度セメント會社エ買入レラルヽ四十町歩中ニ小作人ガ二十二名アリ　田・畑両方ニテ約八町歩ノ小作地ニ放レル事ニナリ升　地主ハ土地ヲ賣ッテ無シニナルト云ッタ處デ代金ガ手ニ入リ升カラ苦痛ハ無イ訳デスガ　私共ハ実際路頭ニ迷ウ次第デスカラ先般村ノ役員衆エ田・畑平均ニテ一反ニ對シ小作放レ料百五十円ヲ要求致升タ處テンデ相手ニシテ呉レ升セン　聞ク處ニ依ルト貴下ハ二十一日ニ上京地主モ前後シテ上京シテ浅野ト契約ヲ締結スルト云ウ事デス　私共ハ土地ノ纏ラヌノニ小作料ノ事ヲ云ヒ出シテ折角ノセメントヲ逃ガシテ仕舞ッテハ村ノ為メニナラヌト差扣エテ居升タガ　モー躊躇スル事ガ出来ナク成升タカラお伺致升タ次第デス　地主ガ上京スルトキニ私共ノ代表者モ共ニ東京エ連レテ行ッテ貰ライ度イト思ヒ御願ニ参上致升タ

ト云ウ　余ハ

目下ハ未ダ土地ノ取纏メニ村ノ幹部ハ一生懸命デアルノデ　未ダ小作人ニ話スル域ニ達セヌノデハアルマイカ小作放レ料ハ第一村ノ習慣ヲ聞カナケレバ私ヨリ何ン共お答エ出来ヌ事デモアルシ　買手ノ浅野ニハ無関係ノ事デアル

然カシ私ガ今度セメント會社ヲ川島村エ御世話スル事ニナッタノハ　川島村ノ上・中・下ノ皆々ニ㐂コンデ貰ラウ心組デアルカラ　実際ニ小作人ガ路頭ニ迷ワルヽ様ナ事ナレバセメント會社ノ方デ可成《ナルベク》使ウ方針ヲ取ッテモ能イト考エルノデアル

土地ノ持主ガ浅野ニ替ッタ處デ一時ニ全部取上ゲテ仕舞ウモノデハ毛頭ナイ　先ヅ工場地ノ埋立カラ仕事ヲ始メル　其時ニハ工場敷地丈ケノ田ハ取上ゲラレル訳ダガ　其ノ代リニ埋立仕事ニ働イテ儲ケル事ガ沸イテ来ル　如斯ク逐次君等ニ仕事ヲ與エツヽ田畑ヲ取上ゲテ行クノデアルカラ路頭ニ迷ウ様ナ事ハ先ヅアルマイト想像シテ居ル

君等ガ只單ニ路頭ニ迷ワヌ様ニ面倒ヲ見テ呉レレバ能イト云ウノナラ　僕ハ小作問題ニ関係ハ無キ訳ナルモ精々村ノ役員トモ相談シテ見テモ能イガ　君等ガ不當ノ考エヲ持チ地主ガ金儲ケシタカラ其幾割ヲ取ッテ遣ラナケレバ承知ガ出来ヌナドト不了見ヲ抱イテ居ルノナラ「勝手ニ仕給エ」デお相手ニナル事ハお断リスル　将来會社デ使ウ場合ニモ　僕ハ村長ノ手ヲ経テ人物性質ヲ能ク調査シタル上ノ事ニ仕度イト思ウ　此点カラ考エテモ君等ハ村ニ向ッテ餘リ欲ノ深イ事ヲ云ワヌガ能《ヨイ》ト思ウ

ト述ベタルニ小作代表ハ

御最モノ仰セニテ小作放料ハ直接浅野ニ関係ナキ事ナルモ　取遅レテ申込ンダ處ガ間ニ合ワヌカラお耳ニ丈ケ入レテ置イテ頂キ度イト思ッテ居リ升

勿論會社デ働ラカサセテ貰ラウ決心デハ居リ升ガ　會社ノ仕事ガ始マル迠困ルノデ有升

ト云ウ　余ハ

其レハ致方ガ無イ　君等ハ土地ヲ所有シテ居ラヌノダカラ地主ノ様ナ工合ニハ行カヌ

ト答エタルニ小作代表ハ

村ノ役員ニハ私共ガ伺ッタ事ハ秘密ニシテ置イテ下サイ　貴下ノ発意的ニ村ノ役員エ小作問題ハドウナッテ居ルカト一度御尋願〔度〕シ

ト云ウ　余ハ

承知シタ　序ノ節尋ネテ置キ升ショウ

ト答ウ　小作代表ハ

何分宣敷御願致升

ト述ベテ帰エッテ行ッタ

午後二時山本源助ノ子供ガ死ンダ　告別式ニ行キ午後三時ヨリ市ノ水道委員會エ出席ス

午後五時頃槌谷宅蔵来タリ

正午頃杉浦来タリ　井口代議士ガ来春来タトキ　津市田中林助ニ逢度イト云ッテ居ルカラ其レ迠ニ田中林助エ手引シテ置イテ貰ラエヌカ　一度井口ニ逢ッテ呉レヌカト云ウ故只今松茂ニテ井口ニ逢ッテ来タ處デス　如何シタラ能イト思ワル丶哉

ト云ウ　余ハ

目下四日市市ノ立場トシテ井口・加藤何レニモ片セヌ方ガ能イカラ僕ハ中立デ押進マント思ッテ居ル

ト答エタルニ槌谷君ハ

杉浦ガ来タカラ貴下モ了解シテ居ラル丶事ト想像シテ居リ升タ　其ンナ事ナラ一應田中林助エ手紙ヲ出シテ置ク位ノ程度ニ留メテ深入リヲ避ケル方針ヲ取リマショウ

ト云ッテ帰エッテ行ッタ

槌谷君ト入レ違イ蓮池正六来タリ

昨日遠藤知事ヨリ呼バレテ津エ行ッタ　諸戸ノ伊藤差支アリテ僕一人丈ケデアッタ　知事ハ

鳥洲ノ一萬一千坪ヲ一坪五十戔ニテ賣ッテ貰ライ埋立地ヲ賣却シタル后チ　九鬼・諸戸ガ浅野エ賣却シタ値段ト金五十戔トノ差額ヲ支払エバ　九鬼・諸戸ニ損ハ無イ訳デアル　浅野ハ既ニ承諾シテ居ル　関ヨリ此通リ承諾ノ手紙ガ来テ居ル

ト云ウ故　今日ハ伊藤モ居ラヌ事故一應帰エッテ御返事致升　ト云ッタ處ガ土木課長ハ

急グカラ四五日中ニ返事頼ム

ト云ッタ

九鬼・諸戸トシテ浅野ニ既ニ契約シテアルノダカラ　浅野ノ内意ガ県エ賣却ヲ望マヌナラバ九鬼・諸戸トシテ県エ断ル口実ハ幾ラモアルノダカラ体裁能ク謝絶スル事ニシテ一寸モ差支ナシ　此儀貴下ヨリ東京エ御照會ヲ願ウ

ト云ウ　余ハ
二三日中ニ上京ノ心組ダカラ其節改メテ関君ト能ク相談シテ見ル事ニスル
旭ノ小作問題ヲ早ク片付ケル工風ハ無イカ
ト尋ネタルニ蓮池ハ
此度ノ刑事問題ヲ大キク騒イデ仲裁解決ノ期ヲ早カラシメント思ッテ居ルノデアルガ　本日四日市裁判所ノ検事ガ刑事問題ヲ和解取下ゲニシタラドウダト云ッテ来タカラ當惑シテ居ル　又原弁護士ハ小作問題ハ第一審デ勝訴シタ上デ無イト不利ダト主張シテ居ルカラ困マル
ト云ッテ帰エリタ
川島村役場カラ調印ガ少シ残ッテ居ルカラ今晩お伺スルノハ見合ワセ　明日参上致升ト電話ヲ掛ケテ来タカラ　余ハ是非今晩一人来テ貰ライ度イト要求シタルニ柳川仁左ヱ門・上野佐兵衛両人来タル　余ハ本日ノ経過如何ニ尋ネタルニ両人ハ
約四十名位ノ調印ハ出来升タガ　何分一冊ノ帳面デアルカラ各方面エ分担出張シテ調印ヲ取ル事ガ出来ヌノデ時間ガ掛リ升
ト云ウ　余ハ
色々手順ガアルカラ早ク調印ヲ取ッテ仕舞ウ様ニシテ呉レ　本日小作人ガ三人来タ　グズ〳〵シテ居ルト又々六ヶ敷ナッテモ困ルシ　又基本財産處分ノ許可ハ明日午前十時ニ貰ラエル事ニナッタ　調印ダケガ遅レテハ甚ダ困ルカラ村長・桂山ニ其事ヲ能ク傳エテ呉レ
ト話シタルニ両人ハ
直チニ村エ帰エリ其通リ傳エ升　明朝ハ暗イ内カラ起キテ調印ヲ纏メ　午前中ニ書類ヲ持ッテ村長ヲ伺ワサセ升
ト云ウ　寿シ・酒ヲ馳走シテ帰エス

本日ノ伊勢新聞ニ貼付ノ記事アリ　鉄道省ニ三十餘ニ上ル鉄道新線建設ヲ発表スルラシイ　総花式ニテ撰擧ニ利用スルモノデアル事ハ判リ切ッテ居ル　勢江鉄道モ其一ツデアル　政府ノ誠意ガ疑ワレル次第ナリ

伊勢新聞　昭和2年12月20日

三十餘ニ上ル鐵道新建設線　空前の總花主義

小川鐵相は十九日夜歸京するや直に八田次官をはじめ鐵道首腦部を私邸に招致し明年度以降四年間の建設線繰上線並に敷設法別表に追加すべき豫定線に關する鐵道省の最後案に決裁を與へ二十日の閣議でその承認を求めることに決定した卽ち明年度以降の新建設線は左の如く三十數線の多數に上り鐵道開設以來空前の總花主義を實現することになつた

關東地方

常陸大子、烏山間

東北地方

大畑、大間間▲久慈、普代間一部▲仙人峠、大橋間▲石巻、女川間▲羽後本庄、矢島間▲楯岡、寒河江間▲左澤、荒砥間▲米澤、日中間▲岩代、川俣、浪江間▲新潟、白山間

中部地方

伊東、下田間▲大垣、樽見間▲四日市、關ヶ原間

近畿地方

小濱、殿田間▲八鹿、若櫻間

中國地方

福山、上下間▲坪野、加計間▲岩國、日原間▲東萩、大田間▲大田、於福間

北海道

木古内、福山間▲名寄、羽幌間▲遠別、羽幌間▲枝幸、幌別間▲中湧別、網走間

四國地方

中田、日和佐間▲八幡宮、宇和島間

九州地方

幸崎、佐賀關間▲森、隈府間一部▲宮崎、小林町間▲志布志、串良間

而して鐵道省は右案が閣議の承認を得れば直に鐵道會議々員にこれを配布すると同時に案の內容を全部公式に發表することゝなつた

昭和二年十二月二十一日

午後二時ヨリ市参事會ヲ開キ年度末會計検査ヲ為ス　市長・助役・堀木・伊達・余ノ五人居ル處ニテ堀木ガ
昨日山本鉄松ガ紋付ヲ着ケ　國安院ヲ連レ収入役ヲ頼ミニ来タ　僕ハ逢ワザリシガ餘リニ不謹慎デハ無イカ
ト云ウ　余ハ市長ニ向イ
収入役ハ誰レト決定致升タカ
ト尋ネタルニ市長ハ
市會議員ノ反對無ケレバ國安院ヲ本日推選スル心組デ居升ガ如何デショウ
ト云ウ　伊達ハ
連レテ行ク山本鉄松モ鉄松ダガ國安院モ國安院ダ　付イテ行クト云ウ事ハ軽卆デハ無イカ　本日后任ヲ定メル事
ハ止メタラ如何哉
ト云ヒ助役ハ
堀木サン以外エモ連レテ廻ッタラシイ
ト云ヒ余ハ市長ニ
山本鉄松ニ連ラレテ廻ッタ反響ガ顕レテ来ルニ相違ナイト思ウカラ　本日推選スル事ハ御見合セ可然《シカルベ》シ　後来《コウライ》悪
幣ヲ残ス事ニナル
ト述ベタルニ市長ハ
仰セノ通リデスナァー　本日后任ヲ決定セナケレバ事務ニ差支ガ起ルト云ウ事ハ無イノデスカラ見合セ升ショウ
ト云ヒ后日ニ延期スル事ニナッタ　市長ハ

日比サン　勢江鉄道ハ本日ノ新聞ヲ見ルト四日市阿下喜間ニテ六年度ヨリ十二年度迄ニ完成スル筈トアリ駄目デスナァー　新聞ヲ御覧ニ成リ升タカト云ウ　直チニ大橋ニ新聞ヲ持ッテ来サシテ一読シタルニ左ノ如シ

鐵道建設豫算决ル　來年度工事着手八十七線
總花式に建設年度繰上　―二十日鐵道省發表―

大阪毎日新聞　昭和2年12月20日

鐵道省においては昭和三年度以降建設費豫算を左のごとく決定し廿日鐵道會議々員にこれを配布すると同時に午後四時正式に發表した（單位千円）

第一、新たに工事に着手すべき鐵道線路およびその着手ならびに完成年度

線路名	豫算總額	着手年度	完成年度
花巻、釜石間（岩手縣）延長五六㍄三分	一三、六一三	三年度	十二年度
前郷、矢島間（秋田縣）延長七㍄六分	一、八七五	三年度	六年度
白山、新潟間（新潟縣）延長一㍄九分	一、一一四	三年度	六年度
宇和島、近永間（愛媛縣）延長十㍄八分	二、三八一	三年度	五年度
志布志、鹿屋間（鹿児島縣）延長十九㍄一分	三、三一二	三年度	八年度
久慈、野田間（岩手縣）延長七㍄六分	一、四三五	四年度	七年度
石巻、女川間（宮城縣）延長九㍄六分	二、五五九	四年度	八年度
楯岡、寒河江間（山形縣）延長十四㍄二分	三、三四九	四年度	九年度
左澤、荒砥間（山形縣）延長十七㍄〇分	四、二六五	四年度	九年度
長倉、太子間（茨城縣）延長三十九㍄一分	八、九四八	四年度	十二年度
羽の浦、牟岐間（徳島縣）延長三十一㍄〇分	八、五五五	四年度	十二年度
寺崎佐賀關間（大分縣）延長　五㍄五分	一、九〇五	四年度	七年度
森、宮原間（熊本縣）延長十七㍄三分	五、五九三	四年度	十一年度
名寄、雨龍間（北海道）延長廿㍄三分	五、四四三	五年度	十二年度
中湧別、中佐呂間（北海道）延長廿㍄一分	三、五五四	五年度	十一年度
網走、卯內間（北海道）延長八㍄八分	九、七三四	五年度	九年度
木古內、福山間（北海道）延長三十㍄八分	八、一〇一	五年度	十二年度
川俣、津島間（福岡縣）延長十九㍄五分	六、九一〇	五年度	十二年度
小濱、奥名田間（福井縣）延長十二㍄一分	三、四八〇	五年度	十年度
園部、篠山間（京都府）延長廿二㍄〇分	四、六〇九	五年度	十一年度
八鹿、關宮間（兵庫縣）延長九㍄〇分	一、七六五	五年度	九年度
日原、六日市間（山口縣）延長廿一㍄二分	五、六三六	五年度	十二年度
小林、宮崎間（宮崎縣）延長卅五㍄二分	八、四三二	五年度	十二年度
西米澤、八谷間（山形縣）延長十一㍄〇分	二、七四八	六年度	十年度
大垣、垂水間（岐阜縣）延長廿二㍄二分	六、二四四	六年度	十二年度
四日市、阿下喜間（三重縣）延長十六㍄五分	三、八二七	六年度	十二年度

第二、既定鐵道線路に新たに工事に着手すべき區間を追加せる鐵道線路

	豫算總額	着手年度	完成年度
小郡、萩間（山口縣）既定小郡大田間に大田萩間を追加延長三十一㍄七分	八、二九五	三年度	十年度
熱海、下田間（静岡縣）既定熱海伊東間に伊東下田間を追加延長四十八㍄二分	一六、六七一	三年度	十二年度
福山、鹽町間（廣島縣）既定鹽町、上下間に福山上下間を追加延長四十八㍄〇分	一〇、三九八	三年度	十二年度
廣島、本郷間（廣島縣）既定廣島坪野間に坪野本郷間を追加延長三十七㍄二分	九、八六九	四年度	十二年度
延岡、日ノ影間（大分縣）既定延岡、日平間に日平、日ノ影間を追加延長廿四㍄九分	六、一二九	四年度	十二年度
田名部、大間間（青森縣）既定田名部大畑間に大畑大間間を追加延長廿九㍄三分	六、五六四	四年度	十二年度

第三、既定線路中着手および完成年度を變更すべき鐵道線路

イ、着手および完成年度を繰上げたる鐵道線路
着手及び完成年度各一年繰上げ　橋場、生保内間▲菱川、標茶間▲鷹巣、阿仁合間▲五條、阪本間▲厚床、標津間▲下沙流別、遠別間▲濱頓別、枝幸間▲倉吉、南谷間▲平、小名濱間
着手および完成年度各を二ヶ年繰上げ　興部、雄武間
ロ、着手年度を繰上げたる鐵道線路
一ヶ年繰上げ　近永、中村間▲大洲、近永間▲二股、佐久間
ハ、完成年度を繰上げたる鐵道線路
二ヶ年繰上げ　岐阜、高山間▲高山、富山間
一ヶ年繰上げ　釧路、網走間▲琴平、池田山間▲和歌山、相可間▲久留米、大分間▲盛岡、山田間▲一の關、大船渡間▲好摩、花輪間▲柳津、若松、田島間▲高松、徳島間▲大口、川内間▲峰山、豊岡間▲松山、八幡濱間▲阪町、今泉間▲木更津、大原間▲三原、呉間肥前山口、諫早間▲國分、都城間▲小海、小淵澤間▲札幌、沼田間▲八王子、高崎間▲鹿児島、指宿間▲貴生川、加茂間▲喜多方、日中間▲掛川、二俣間
ニ、工事施行の結果自然完成年度が繰り下つた鐵道線路
一ヶ年繰下げ　長岡、高崎間▲長万部、輪西間

第四、總掛費　以上の變更に伴ひ總額一千五十六万二千円を増加す

第五、車輛費　以上の變更に伴ひ總額七百二十六万六千円を増加す

第六、昭和三年度以降年度割の増額（單位千円）

三年度増	二八、四四〇	四年度増	二三、三五〇
五年度増	二〇、八二〇	六年度増	一六、〇七二
七年度増	一〇、五九五	八年度増	八、一八七
九年度増	八、七九四	十年度増	三、三七五
十一年度増	二四、八二七	十二年度増	二〇、〇四二
		計増	一六四、五一二

第七、昭和三年度より着手する鐵道線路

橋場生保内間▲鷹巣、阿仁合間▲喜多方、日中間▲佐原、松岸間▲掛川、二俣間▲近永、中村間▲大須、近永間▲小郡、萩間▲厚床、標津間▲下沙流別、遠別間▲熱海、下田間▲福山、藍町間（以上今回繰上げの分）▲花巻、釜石間▲前郷、八島間▲向山、新潟間▲宇和島、近永間▲志布志、鹿屋間（以上今回追加の分）

十四線を豫定線に編入
敷設法　を改正する

鐵道省は建設費豫算の決定と同時に鐵道敷設法を左の通り改正して次の區間を新豫定線に編入することにした

一、岩手縣北福岡附近より久慈附近に至る鐵道（延長四十七マイル〇九チェーン）
一、福島縣長澤より柳津に至る鐵道（延長八マイル七十三チェーン）
一、群馬縣磯部より長野縣中米に至る鐵道（延長二十九マイル六十三チェーン）
一、廣島縣福山より鞆に至る鐵道（延長七マイル六十チェーン）
一、廣島縣尾道より上下附近に至る鐵道（延長卅一マイル四十七チェーン）
一、山口縣德佐より廣瀬に至る鐵道（延長卅四マイル五〇チェーン）
一、高知縣須崎より窪川に至る鐵道（延長廿四マイル六十五チェーン）
一、福岡縣添田より大分縣日田に至る鐵道（延長二十マイル五十五チェーン）
一、渡島國江差より後志國瀬棚附近に至る鐵道（延長五十六マイル卅チェーン）
一、膽振國三階瀧附近より石狩國定山溪に至る鐵道（延長二十七マイル十五チェーン）
一、後志國與市より余別に至る鐵道（延長三十三マイル〇〇チェーン）
一、石狩國瀧川より濱益に至る鐵道（延長三十三マイル三十チェーン）
一、天鹽國士別より石狩國添手内附近に至る鐵道（延長十七マイル六十チェーン）
一、天鹽國士別より似峽附近に至る鐵道（延長廿一マイル〇〇チェーン）

鳥海ガ側ラヨリ余ト市長ニ向イ
勢江鉄道ガ駄目ノ事ハ始メカラ判ッテ居ルノデアル　藤原鉄道ヲ許可シテ将来政府デ買上ゲルト云ウ方針ヲ取ル
ヨリ外ニ策ハ無イ　其ンナ事ハ當然ノ事ダ
気焔ヲ擧ゲル　藤原鉄道ニ對シテハ誠ニ結構ナル気焔デアルカラ　余ハ
其通リダ

ト返事シ　市長ハ
　此ンナ調子デハ藤原鉄道ノ貫徹ヲ期セネバナラヌ
ト云ッテ居ッタ
三時十分前ニナッタカラ市會議場エ行ク　石榑ハ余ノ顔ヲ見ル哉
　日永村ノ連中ガ僕ノ處エ来テ
　　川島村ハセメント工場敷地問題デ行悩ンデ居ルト云ウ話ダガ　其ンナ六ヶ敷イ處ヲ浅野ハ買ウ事ヲ止メテ日
　永村ニ工場ヲ置イテ呉レテハ如何ダ　敷地全部ヲ寄附スルト云ウ事ハ困ルガ大体敷地ヲ寄附スル　粘土モ川
　島村ヨリ沢山アル　浅野エ申込ンデ貰ラエヌカ
ト頼ンデ行ッタカラ君カラ浅野エ手紙ヲ出シテ返事ノ来ル様ニシテ呉レヌカ
ト云ウ　余ハ
　能ク勘考シテ見テ置ク
ト答エタルニ石榑ハ
　兎ニ角浅野カラ返事ヲ取ッテ見テ呉レ　調査ニ来ル様ニシテ貰ライ度イ
ト云ッテ居ッタ
市會ノ議事ハ予定ノ如ク進捗シテ　市参事會員后任モ予定ノ如ク岩田安治郎ガ満場一致ニテ當撰シタ　市會閉會后協
議會ニ移リ　水道問題ニテ大分議論ガ出タ　時間モ永クナル　五時半未ダ協議會終了セザリシガ　川島村カラ電話ガ
来ル筈ト考エタカラ余一人コッソリ協議會席上ヨリ退却　先キニ帰エル
午後六時頃川島村ヨリ電話ニテ　桂山ガ
　調印ガ六人斗リ残ッテ居ル　只今其レヲ取リニ行ッテ明朝九時迠ニお伺スル
ト云ッテ来タ

本日森篤二郎ヲ県廳エ出張セシメ　基本財産處分ノ許可書ヲ取ッタ　即チ左ノ如シ

林第一〇〇一号

三重郡　川　島　村

昭和二年十一月二十九日付川進第一五五五号申請基本財産處分ノ件　町村制第百四十七條ニヨリ許可ス

昭和二年十二月二十一日

三重県知事　遠　藤　柳　作　三重県知事印

森ハ余ニ向イ

遠藤知事ハ

此レヲ許可シテ遣ッタカラ　日比ハ今夜ノ気車ニテ僕ト一所ニ上京スルノダローナァー

ト云ヒ升タカラ　私ハ此許可書ヲ手ニ入レルト一度村エモ行カネバナラヌシ　一二日遅レル様ニ日比君ハ云ッテ居リ升タト云ッテ置キ升タ

ト云ッテ居ッタ

昭和二年十二月二十二日

本日午前九時迠ニ川島村桂山ガ来ル筈ニナッテ居ッタノガ　如何ニ待テドモ来ヌ　調印ヲゴタ付カラカシテ居ルノデハ無イカト心配スル　午後四時頃柳川村長・桂山浅治郎漸ク来タル　余ハ

ドンナ案梅ナリヤ

ト尋ネタルニ柳川村長ハ

　ドーモコーモ有リ升セン　ヘト〳〵ニナッテ仕舞ッタ　然カシ漸ク九十二名全部ノ調印ヲ取リ舞タ

ト云ウ　余ハ「大事決ス」ト安心シタ　柳川村長ノ余ニ差出シタル歎願書証書壱通左ノ如シ

歎　願　書

本村ニセメント工場ヲ設置セラルヽハ　本村発展上衷心ヨリ歓迎スル處ナルヲ以テ　昭和二年十月二十日貴殿ト契約ヲ締結シテ其実現ヲ期セリ　爾来献身的努力ヲ以テ其取纏メニ奔走シタル結果　七十九名ノ同意者ヲ得　経過頗ル順調ニシテ此ノ調子ナレバ本村開発ノ基礎将ニ是レニ依テ成ルト一同喜悦セリ　然カルニ計ラザリキ此ノ件　一度新聞紙上ニ漏洩シタルヲ動機トシテ反對論漸次臺頭シ来リ　地主中一旦承諾シタル者スラ其取消ヲ要求シ来タレリ　又何者ノ行動ナル哉　四日市警察署並ニ四日市検事局及村長宛無名ニテ投書ヲ為シ

　川島村幹部ハ地主ヲ壓迫シツヽアリ　直チニ官憲ハ来テ其不法ヨリ救エ

トノ猛烈ナル陰謀ニ接セントハ

反對者ノ意嚮《イコウ》ヲ探ルニ

　一、幹部ハ横暴ナリ　吾等ノ土地所有権ヲ侵害シテ猥リニ會社ト契約セリ　幹部ハ浅野ニ買収セラレタルナリ

　二、浅野ハ天下ノ富豪ニシテ彼レノ拾万円ハ我等ノ十戔ニモ當ラズ　軽卆ニ賣リ應ゼザルヲ利益トス

又村内一部ノ観測ヲ聞クニ

　一、幹部ハ會社ヲ迎フルノ念切ナルノ餘リ買収値段ヲ低廉ニ評價セリ

　二、幹部ハ村内ノ大半ノ耕地ヲ失ウ農民ノ苦痛ニ對シ深キ顧慮ヲ拂ハザリシト

村内ハ懐疑ノ渦中ニ巻キ込マレタリ　遂ニ一致ハ乱レタリ　能ク収拾シ得ベキニアラズ　吾等ハ鳩首協議ノ結果

涙ヲ呑ンデ日比氏ニ契約ノ取消シ方ヲ相談セリ

日比氏答エテ曰ク

沈着セヨ　熟慮セヨ　川島村明治維新ノ大革命期ニ當面シツヽアルナリ　大策ヲ誤リテ千載ノ後ニ悔ヲ残スベキニ非ラズ　川島村ノ将来ヲ双肩ヲ負ッテ立ツ青年ヲ衆合セシメヨ　余ハ此等純眞無垢ノ精神ノ持主タル青年ノ眞心ニ訴エテ而シテ後　進退ヲ決セント

十一月二十七日在郷軍人會・青年會・消防組ノ三團体ハ學校ニ集合シタリ　日比氏ハ赤心ヲ披歴シテ懇談シタリ

此ニ三團体ハ奮起シテ別紙ノ決議ヲ為シ　此難関ヲ突破セント欲シテ先ヅ吾等ニ迫レリ

川島村タルヤ元ヨリ一寒村ニ過ギズ　三團体ノ決議セシ金拾万円ノ捻出場所アルナシ　又提供スベキ無限ノ土地アルナシ　然レドモ黙スベキ時期ニ非ラズ　會社ハ迎エザルベカラズ　意ヲ決シテ幹部ハ土地ヲ失ウ農民ノ為メニ　各自所有ノ土地ヲ提供セリ　又一方基本財産タル山林・畑二十町歩ノ處分ヲ村會ニ掛ケテ決議シ　県廳ニ對スル許可奔走方ヲ日比氏ニ依頼シテ金□円ヲ村ヨリ此問題ニ投出スコトヲ断行セリ　然レドモ未ダ満タサレタルニ非ラズ　吾等一同ハ日比氏ニ向ヒ金六万円買上ゲ方ヲ懇請セリ　日比氏拒否シテ曰ク

諸君等ハ一旦引受タルモノニ非ラズヤ　買上グルコトヲ得ズ　然レトモ幸ニ三團体ノ奮起シタルアリ　擧村一致死力ヲ盡シテ委任状ヲ全部取纏メ余ノ前ニ列ヘタル上ニテ涙金ヲ乞ワルヽナラバ敢テ浅野ニ取次ガザルモノニ非ラズ

ト吾等ハ日比氏ノ右暗示ヲ得テ　三團体ト共ニ否ナ擧村総動員シテ大活躍ヲ為セリ　地主ニ日比氏ノ暗示ヲ吹込ンデ委任状取纏メニ盡力セリ　其間徹夜シタルコト幾日ナルヲ知ラズ　此種ノ大活動ハ川島村始マッテ以来空前絶後ノコトナリ　而シテ漸ク別紙ノ点マデ漕ギ付クルコトヲ得タリ　如何程我等ガ赤心ヲ吐露シテ説得ニ大努力ヲ費スト雖モ馬耳東風　其レニ向ッテ理解ヲ與エザルモノニ對シテハ他ニ廻スベキ方策トテハ無シ　吾等ハ人事ヲ盡シタリ　此上ハ天命ヲ待ツヨリ外ナシト感念セリ

約四分ノ一ノ土地取纏メヲ残シテ茲ニ相當ノ涙金ヲ貴下ニ要求スルハ誠ニ赧顔《タンガン》ノ至リニテ吾等ノ以テ不本意トスル處ナレドモ　此域ニ達スル迠ニ取纏メタル事ノ順序上不止得ザルニ出ズ　依テ奔走シタル概要ヲ縷述《ルジュツ》スルト共ニ別紙擧村一致連判ノ証書一通ヲ添エ本村ノ赤誠ヲ披歴シ貴下ノ御明断ヲ仰ギ一道ノ活路ヲ見出サント欲スルモノナリ伏シテ乞ウ

川島村長　柳川　元太郎　㊞
仝　村會議員　桂山　浅治郎　㊞
仝　村田　新一　㊞
仝　田中　久次郎　㊞
仝　服部　平太郎　㊞
仝　上野　佐兵衛　㊞
仝　柳川　鉄次郎　㊞
仝　廣田　文一郎　㊞
仝　柳川仁左衛門　㊞
仝　勝山　源之助　㊞
仝　山中　周一　㊞
仝　生川　吉松　㊞
川島村大字川島区長　稲垣　熊太郎　㊞
仝　桂山　藤松　㊞
仝大字小生区長　加藤　万次郎　㊞
仝村會議員　清水　庄次郎　㊞

昭和貮年十二月　　日

浅野泰治郎殿

証

今般御會社セメント工場設置ニ関シ　吾等ハ村発展ノ導火線ナルヲ思ヒ死力ヲ盡シテ数十日間晝夜ノ別ナク盡力致候得共　御所要ノ土地全部ヲ取纏メ得ザリシハ甚ダ遺憾至極ニ存候　最モ右ノ残地取纏メニ関シテハ引續キ努力スルノ覺悟ヲ有シ居候間御了承願上候

亦段々御會社工場設置計畫ノ進展ニ連レ道路ノ変更河川ノ附替等地区ノ整理ヲ必要トセラレタル場合　並ニ御會社ガ新タニ村内ニ於テ土地御買入レ御希望ノ節ハ　吾等ハ協力大奔走シテ其実現ヲ期スベク凡テ御會社事業ノ進捗ニ豪モ支障ヲ生ゼシメザル事ヲ誓言致候也

昭和弐年十二月二十一日

三重郡川島村長　柳川元太郎 ㊞

仝　第一区長　桂山　藤松 ㊞

仝　第二区長　稲垣熊太郎 ㊞

仝　第三区長　田中久治郎 ㊞

仝　第四区長　加藤万治郎 ㊞

仝　村會議員　桂山浅治郎 ㊞

仝　柳川鉄次郎 ㊞

仝　上野佐兵衛 ㊞

仝　柳川仁左衛門 ㊞

仝　村田　新一㊞
仝　山中　周一㊞
仝　勝山源之助㊞
仝　服部平太郎㊞
仝　生川　吉松㊞
仝　廣田文一郎㊞
仝　清水庄次郎㊞
仝　組頭　山口　梅松㊞
仝　桂山吉次郎㊞
仝　稲垣　長一㊞
仝　鈴木　林助㊞
仝　加藤忠二郎㊞
委員　内田忠五郎㊞
仝　柳川安三郎㊞
仝　柳川丑之助㊞
仝　桂山　橋松㊞
仝　桂山五一郎㊞
仝　吉田　勝一㊞
仝　秦野　儀八㊞
消防組頭　坂島　弥平㊞

浅野泰治郎殿

余ハ柳川村長並ニ桂山浅治郎ニ向イ　明晩ノ気車ニテ幸イ伊藤傳七氏モ上京スルヲ以テ　吾等モ其手順ニ仕度イカラ其心組ニテ其レ迠ニ凡テノ書類一切ヲ整頓シテ貰ライ度シト依頼ス

両人ハ午后七時半輕便終列車ニテ帰村シタ

青年團長　桂山幸次郎 ㊞
在郷軍人會長　稲垣長三郎 ㊞

【財界膝栗毛】廿四の年上京して初商賣は水賣り
浅野セメント社長　浅野総一郎翁

報知新聞　昭和2年12月21日

処は浅野同族会社の社長室、フロツクコートが應接用の安楽イスの上に無雑作になげかけてある、待つこと少時『やあ千里眼さんのお出だナ』と、しわがれた声と共にドアーを開いて入つて來たのはワイシャツはだかの浅野老人だ

『今夜は宴会があるのでネ、まあ何しろこのまゝでもいけまいと、大きな身体をゆすぶってフロツクに手をとほすと、ドツカと腰を下し、まづ耳の遠いいひ訳から話しに入る

『私も八十歳といふ人間の盛りになつたのだから、これからは国家経済の大整理に力を尽くさねばならんと思つて一生懸命に働いてゐるが、まだ働き足りません、日本のやうな小つぽけな国では外国の金をとつて來るか、落ちてゐる富を拾ひ上げる外に国富を増進する道はない』

ぢいさん悦に入つて滔々論じてゐる間も、秘書役が度々書類を持つて來て指示を求める、翁はその都度テキパキ決裁を與へながら、かつ談じ、かつ指示し、しかしてお

茶の世話までやくのだ

◇　◇

『私はやぶ医の家に生れたおかげで、若い時から身体の摂生だけはつとめてきたから、少しの骨惜しみもせず、いくらでも働けます、君、これで十四の年に越中で代診してゐたのだヨ、ハツハ、、、ナーニ資格などは何もないが、経験はあるからネ』

翁は毎朝五時に床を離れて、直ぐ風ろに入る、これは二十四の年上京してこの方五十六年といふものを続けてゐるさうだ、入浴が終ると六時に朝飯を済ませ、七時には来訪者に面接し、それから四十幾つかの関係会社の仕事の打合せなどをやつて、八時半から家を飛出して他人を訪問する、それもあらかじめ電話で都合を聞いたりするのでない、先が大臣だらうがだれだらうがイキナリ飛込んで面談をするのだ

『これも君時間が早いからサ、朝早くならだれにでも会へますヨこの東京にも早起の人が十人位ゐるが、澁沢さんや大倉さんは遅い方だ』

◇　◇

翁が六十年近くのモツトーとしてゐる「かせぐにおひつくびんぼふなし」の句をそめぬいた手ぬぐひがツイ鼻先の机の上に放り出してある

『この手ぬぐひかネ、これは正月に磐城炭坑の工夫達に杯を添へてやるつもりだが、文句は私が二十五の年から金言として守つてゐるものさ、私も若い時からいろ〳〵の商賣をやつてみたが、狭い田舎では出世の見込みがないと思つて、二十四の年に出京して本郷の前田さんの前の大塚屋といふ下宿に入つたが、直ぐ金がなくなつた、そこで宿のおやぢに相談したら水賣を教へてくれたから、早速桶と瀬戸焼のコツプを用意してお茶の水の清水をくんで砂糖を入れ「ヒヤツコイ〳〵」と呼びながら毎日日本橋辺に出かけたものだ、これで一日に天保戋五枚位かせいだが、下宿料は二枚もあつたらいゝのだから、ちつとばかりのもとでをたくはへた、それで今度は横浜へ行つて魚屋やだんご屋を得意にして竹の皮を賣つて見たが、上総の姉ヶ崎で両に

三十五貫も買へるものが三貫目で一両になるのだから、こゝでいゝもうけをしました』翁の話はこれから石炭、コークス、コールタール、セメント、東洋汽船、造船、製鉄とその手にかけた仕事を数へて、いはゆる「かせぐにおひつく貧乏なし」の敷えんは更につきない、そして近頃の若いものは働かなくていかん、骨惜しみしていかんと、しきりに慨歎する（野沢生）

昭和二年十二月二十三日

昨夜伊藤傳七氏ト電話ニテ話タル事ニモアリ　川島村ノ書類整頓ガ出来ルト否トニ不関　上京スル事ヲ決意シ関君宛
　コンヤタチ、アスアサカイシヤヱユクミヤジシヱオツタヱタノム」
　イトウシツイデアリトモニユク」ヒビ
ト打電ス
午後一時頃森篤二郎氏来タリ
　知多郡横須賀附近ニ粘土山アリ　一坪五円ナラ賣ルト鍔部富喜松ガ云ッテ来升タ　約一万坪位ノ廣サアル由
　粘土ハ立方一坪ニテ二千六百貫ナル由
云ウ　余ハ
　川向ウノ事デアルカラ只参考迄ニ聞イテ置ク丈ケノ事ダ
ト答ウ
午後八時頃市長宅ニ立寄リ　今夜川島村ノ件ニテ上京スル旨ヲ話シ停車場エ出ル　駅ニハ川島村ノ連中ガ十七名来テ居ッタ　彼等ハ三等ニ乗リ余ハ二等切符ノ事トテ殊更ラニ談話ヲ交エズ　同ジ列車ニテ上京スベク森永・井口長ガ居リシガ故ナリ

名古屋駅ニテ予定通リ伊藤傳七氏ト一所ニナル　余ハ傳七氏ニ川島村ノ連中ガ三等ニ乗込ンデ居ル旨ヲ語リ一同ヲ傳七氏ニ引合ス
十一時半頃寝臺車ニ入リ寝ニ就ク

昭和二年十二月二十四日

横濱駅ニテ目醒メタル故直チニ洗面シテ列車内ヲ見渡シタルニ濱田國松・磯貝治・小林嘉平次ガ乗ッテ居ッタ
傳七氏ト共ニ丸ノ内ホテルニ入リタル后チ傳七氏ニ川島村ノ経過ヲ詳細報告シ　傳七氏ニ面會ニ来テ居ッタ星野治助ト三人ニテ食堂ニ下リル　食堂エ偶然伊藤千治郎ガ入ッテ来タ　四人ニテ雑談ヲ為シツヽ朝食ヲ済マス
午前九時傳七氏ト共ニ會社エ行キ良三・金子・宮地ニ川島村ノ報告ヲ為ス　金子ハ余ニ向イ
　涙金ハ何程出シタラ能イト君ハ考ウル哉
ト質問スル　余ハ
　村ガ四萬円奮発スルノデアルカラ浅野モ同額出シテ遣ッテ呉レタラ能イト思ウ
ト述べタルニ傳七氏ハ
　三十万円ニテ最初彼レ等ガ請負ッタノデアルカラ其一割増ノ三万円デハ如何
ト云ウ　良三何共云ワズ　金子ハ
　伊藤サンノお説通リニ致升ショウ
ト云ヒ　良三ハ
　一應親爺ニ相談ノ上午后二時迠ニ君エ返事スル　其上ニテ村ノ者ヲ纏メテ呉レ
ト云ウ　時ニ十一時半ナリ　傳七氏ハ自動車ニテ銀座エ行キ　余ハ丸ノ内ホテルエ帰エル

午後二時埋立會社エ行キタルニ宮地ヨリ呼ビニ来ル　宮地ハ余ニ向イ
社長ト相談シタ　三十三万円ニテ承諾シタカラ川島村ノ連中エ話シテ呉レ
ト云ウ　直チニ神田ノ針久エ電話ヲ掛ケ川島村十七人ヲセメント會社ノ會議室ニ招集シ
三十万円ノ壱割増シ　即チ三十三万円迠買上ゲル事ニシタ　左様御承知アリ度シ
ト宣告シタルニ一同答ウル者ナク豫想外ダト云ウ様ナ顔付ヲシテ居ル　余ハ不思議ニ思イ
三十万円ノ中ニ既ニ一万円丿リ剰餘ガアルカラ合計四万円ノ涙金ニナル筈ダ
ト付加エ説明シタルニ桂山ハ
決シテ然ラズ　一町六反余ノ脱漏アリシヲ以テ三十万五千八十二円ニナッテ居リ反ッテ五千八十二円ノ不足ヲ生
ジ居レリ
ト云ウ　余ハ
君ハ先般一万円余ノ剰餘アリト言明セシニ非ラズヤ
ト反問シタルニ桂山ハ
一町六反余ノ脱漏分並ニ其他ノ誤算分ヲ別ニ貰ライ得ルモノトシテ申上ゲタルナリ
ト答ウル故　余ハ意外ニ思イ金子・良三・宮地エ行キ
午前ノ話ハ間違ナリシ事只今発見セリ　合計四万円ノ涙金ニナル筈ニ思イ居リシガ　実際ハ二万五千円ニヨリナ
ラヌ　今一万円奮発願ウ
ト依頼シタルニ金子ハ
兎ニ角三万円ノ涙金ヲ承諾シタ次第ナルヲ以テ四十町歩ノ代金ガ三十万五千八十二円トナルト云ウ事ナレバ合計
三十三万五千円デ宜敷キ訳ナラズヤ　其レ迠ニテ話ヲ纏メ給エ
ト云ウ　余ハ困ッタト思イ當惑シタガ會議室ニ帰エリ奥野方エ電話ヲ掛ケ　伊藤傳七ニセメント會社エ来テ呉レル様

ニ頼ム　傳七氏直チニ来タル　詳細説明シタル　傳七氏モ
　困ッタナァー
ト云ウ　余ハ宮地ノ處エ行キ
　話ハ中々六ヶ敷イ　今晩十時頃掛カラナケレバ到底結論ニ達シ得ズト思ウカラ重役衆ハ帰エッテ貰ラウ事ニ仕度
　イ　明日迠ニ取纏メ御話致升
ト述べ會議室ニ帰エリ一同ト色々研究相談ノ上左ノ通リ決定ス

一　全反別四十町三反四畝五歩
見積價格三十万五千八十二円
実際支払必要額三十九万六千八百六十七円
會社ヨリ支払既定額三十三万五千円
不足額六万一千八百六十七円
　開墾未届土地ニ對シ丈量増シニ必要支払額六千円
不足額計六万七千八百六十七円
　右ノ内村基本財産處分ニヨリ生ズル金額二万円差引不足額
金四万七千八百六十七円
　右不足額ヲ三分シ
三分一　村負担　金一万五千九百五十六円
三分一　地主負担　金一万五千九百五十六円
三分一　會社負担　金一万五千九百五十六円

時ニ九時半ナリ　川島村ノ連中ハ針久宿エ行キ　余ト傳七氏ハ丸ノ内ホテルエ帰エル　傳七氏ハ今晩帰エル筈ナリシヲ無理ニ引留メ一泊ヲ頼ム
今朝ノ電信ヲミテ義平丸ノ内ホテルエ午後十時頃来タル　二十五円持タセテ帰エス

昭和二年十二月二十五日

日曜日ナレド午前十時傳七氏ト會社エ行キ　金子・宮地ニ會見シ　昨夜川島村連中ト相談シタル模様ヲ報告シタル后チ

　三十三万五千円ノ外ニ一万五千九百五十六円出金ヲ頼ム

ト説明シタルニ金子ハ不満ノ顔付シテ

　一体アノ辺ハ実際何程ノ價格ナリ哉

ト尋ネル故余ハ

　最近ノ出来値ニ比較スレバ今度ノ買入レ値段ノ方尚ホ少シ安價ナリ

ト述ベタルニ　金子ハ無言ノ儘本當ト信ゼヌラシキ顔付ヲスル　余ハ非常ニ不快ニ思ッタ　余ガ此程献身的ニ盡力シテ居ルノガ判ラヌカ　骨折リ甲斐ノ無キ事ダト思ッタカラ余モ無言ニナル　傳七ハ側ラヨリ

　村ノ者ガ欲ガ深イノダ

ト云ウ　金子ハ

　実際遣リ損ナッタ　候補地ヲ二個所選ンデ置ケバ能カッタ

ト云ウ　余ハ愈々以テ馬鹿臭イト考エタ　傳七ニモ経過ガ充分腹ニ入ッテ居ラヌノミナラズ　金子ノ言ハ誠ニ以テ不都合ナリ　余ノ努力ヲ多トシテ居ラヌナリ　金子ハ余ト傳七ニ向イ

昨日社長ニ三十三万円ニテ裁可ヲ仰イダ許リダ　買入レ土地ヲ減少シテ三十三万円ニテ尻ノ結ビ得ル様ニ研究セナケレバナラヌ

ト云ウ　余ハ始メテ金子ノ腹ガ判ッタ　社長ニ再ビ相談ニ行キ叱責セラルヽ事ヲ避ケテ居ルノダナト思ッタ　余ハ実際先刻来不愉快ニ感ジテ居ッタノデアル　今日迠何事ヲ余ガ言ッテモ余ノ建言ノ容レザレザル事ハ殆ンド無カッタノデアル　余ハ其レヲ自慢ニシテ居リ且ツ充分ノ努力ヲ蔭ニテ払ッテ居ッタノデアル　金子ハ余ニ向イ

君ノ話ヲ纏メル都合ハドウシタラ能イカ

ト尋ネル　余ハ

北部ノ土地ヲ減少スルノモ一策デショウ

ト答ウ　其レヨリ一同色々相談ノ上左ノ通リ決定ス

覺　書

一　今般三重県三重郡川島村ニ貴會社セメント工場設置ニ関シ　御所要ノ土地全部ヲ別記ノ條件ニテ貴社ニ賣却ノ件正ニ承諾仕候　右ハ下名等以外ノ地主ニ於テモ元ヨリ異存無之モノト存候得共　帰村ノ上ハ直チニ下名等責任ヲ以テ右全員ノ承諾取纏メ可申候　右為後日覺書差入候也

近而不足金分担ノ件ニ付キ村會ノ決議ヲ経ル等必要ナル事項一切ハ責任ヲ以テ遂行サシム可ク候

昭和弐年十二月廿五日

三重県三重郡川島村長　柳川元太郎㊞

三重県三重郡川島村　桂山浅治郎㊞

仝　桂山　藤松㊞

仝　上野佐兵衛㊞

仝　山中　周一㊞
仝　柳川安三郎㊞
仝　内田忠五郎㊞
仝　服部平太郎㊞
仝　村田　新一㊞
仝　柳川丑之助㊞
仝　桂山五一郎㊞
仝　桂山　由松㊞
仝　桂山十五右衛門㊞
仝　桂山幸次郎㊞
仝　坂島　弥平㊞
仝　葛山　隆藏㊞
仝　加藤忠二郎㊞
立會人　伊藤　傳七
日比義太郎㊞
金子喜代太㊞

右ノ通リ相違無之候也

記

一、買収反別三十六町九反七畝廿六歩（別紙図面通リ）
右見積價格　金二十八万九千四百七十三円也

実際支払必要額　金三十七萬六千三百十四円九十戔
會社ヨリ支払額　金三十一万八千四百二十円六十戔
不足額　　　　　金　　五万七千八百九十四円三十戔
外ニ開墾未届地ニ付丈量増シニ必要支拂額
　　　　　　　　　　金五千円
合計六万弐千八百九十四円三十戔
右ノ内基本財産處分ニヨリ生ズル金額
　　　　　　　　　　　金弐万円也
差引金四萬弐千八百九十円卅戔
　右ヲ三分シ
村　負担　　　　　　金壱萬四千弐百九十八円十戔
地主負担　　　　　　金壱萬四千弐百九十八円十戔
會社負担　　　　　　金壱萬四千弐百九十八円十戔

二、前記會社支払土地代金中ニハ家屋移轉料・失業保障・小作人ニ對スル補償・其他地上収益権補償等土地賣却ニヨリ地主其他関係者ノ蒙ル一切ノ損失補償ヲ含ムモノトス
三、現在未解決ニ属スル大字小生ノ残地及長谷川鯛次郎氏所有土地ニ付テハ特ニ期限ヲ附セザルモ出来得ル丈ケ至急取纏メニ盡力スルコト
四、葛山善六氏所有山林・清水卯太郎氏所有畑・榊原藤三郎氏所有畑・鈴木辰次郎氏所有山林及畑・桂山由松氏所有畑地ノ解決ニ付キ前項ニ同ジ
五、前三・四頃以外ノ土地・解決済ノ土地並ニ未解決ノ土地全部ハ昭和三年一月末日迄ニ取纏メ　之ガ解決後

登記手續ヲ開始スル事
以上

川島村一同十七名共ニ承諾シタルヲ以テ調印ヲ為シ　浅野ト村長ト右証書一通ヲ保有スル事トナル
右済ミタル后チ金子ハ川島村一同ニ會見スベク會議室ニ来タル　余ハ川島村連中ニ向イ
専務ノ金子サンデス
諸君ハ数十日間ニ亘リ色々御盡力被下難有御礼申ス　先刻村長ノ申込モアリ御奔走中ノ実費トシテ金五百円ヲ村エ寄附スル事ニナリ升タカラ此儀御報告致升
只今金子専務カラ諸君ニ御挨拶ガ有升
金子専務ハ立チテ
川島村ニセメント工場ヲ設置スル件ニ関シ　諸君ノ大歓迎ヲ受ケルト思イキヤ中々色々ノお説ガお村ニ出タト云ウ事ヲ聞イテ以外ニ思ッテ居ル次第デス
百万樽ノ工場ガ出来レバ一ヶ年五百万円ノ金額ガお村ニ呑吐《ドント》サレル訳ニテ従ッテ労働ニ依リ村民ノ利益ナサル点モ頗ル多イト想像ス
浅野ハ目下六ヶ所ニセメント工場ヲ持ッテ居リ　現在計畫シツヽアル會社数モ多イ　目下オーメト云ウ處ニ工場建設中ナルガ其次ハお村ノ工場ヲ建設仕度イト考エテ居升
浅野ガ川崎ニ工場ヲ始メタトキハ川崎ハ町ヨリ一里モ隔レタ淋シイ處デアッタガ　目下町續キニナッテ今度市政ヲ引カレ都市計畫ノ都市中ニモ編入セラレ升タ
諸君ハ村ノ為メ　三重県ノ為メニ協同御盡力アラン事ヲ切望致升
ト云ウ　金子帰エリ傳七氏モ私用ニテ退却ス

右後チ十七名ニ浅野御殿ヲ見セタル上東京會館ニテ洋食ヲ振舞ヒ　午後七時頃一同ハ宿エ帰エリ余ハ丸ノ内ホテルエ戻ル
午後九時半気車ニテ傳七氏帰宅スル故東京駅迠見送ル　遠藤知事モ同ジ気車ニテ帰県スルノニ逢ウ　余ハ知事ニ向イ
　川島村ノ件ニテ色々難有御座イ升タ　本日以御蔭全ク解決致升タ
ト述ベタルニ知事ハ
　先刻宮地ガ電話ヲ掛ケテ来テ聞キ升タ　結構ナ事デス
ト答ウ
長時日ヲ費シタト雖モ此性質ノ事件ヲ解決スルノニハ　極メテ迅速ニ局ヲ結ンダト思イ川島村ノ為メニモ芚バシキ事ト考エル　金子等ガ予想外ニ喜色ヲ見セテ呉レナンダノガ不足デアルガ　宮地ト増田ガ
　日比君！　骨ガ折レタナァー
ト云ッテ呉レタノデ自ラ慰メトスルナリ　本日傳七氏ヲ東京駅エ送ッテ行ク途中傳七氏ハ余ニ向イ
　或人ガ僕ニ忠告シタ事ガアル　其レハ浅野ニ相手ニナルトキニハ金子丈ケハ警戒セヨト云ッタ
ト云ッテ居ッタ事ヨリ考エテモ金子ハ腹ノ中デハ非常ニ芚コンデ居ルカモ知レヌ

昭和二年十二月二十六日

午前十一時頃今井ノ案内ニテ余ハ桂山藤松・上野佐兵衛・山中周一・村田新一・加藤忠二郎・桂山十五右衛門・桂山由松外二名ヲ連レテ川崎セメント工場・鶴見埋立地見物ニ行ク　川崎工場ニテ弁當ヲ食シ三時頃鶴見埋立事務所ニ入ル　一同ハ非常ニ満足ヲシテ居ッタ　四時頃東京駅ニテ一同ニ分カレ余ト今井ハ會社ニ帰エル
埋立會社ニテ関君ニ逢ウ　余ハ川島村問題ガ全テ一段落ヲ告ゲタル事ヲ話シタルニ関君ハ

全ク君ノ執ッタ手段ヲ講ゼナケレバ此種ノ問題ハ成効セヌヨ
ト云ッテ居ッタ
山田胖君ニ逢イ
川島村解決シタルニ依リ　藤原鉄道ノ線路変更届ヲ至急差出シ得ル様ニ手順セラレタシ
ト告ゲタルニ山田ハ
社長ハ此頃信濃川水電ニ夢中ニナリ居リ藤原鉄道ハ忘レタ如キ観ガアル　良三ニ相談シテ明春早々変更願ノ提出シ得ル様ニ手順スル
ト云ッテ居ッタ
セメント會社ノ今井ガ電話ニテ余ニ向イ　旅費ヲ請求セヨト云ッテ来ル　其方法ヲ尋ネタルニ「貴下ノ旅費ハ浅野同族會社規定一等　鉄道賃一等・船賃一等・車馬賃実費・日當十二円五十戔ナリ」ト云ウ　余ハ今井ニ依頼シ后トヨリ送金シテ貰ラウ事トスル　今井ハ色々ト親切ニ注意シテ呉レタ
関君・山田君ニ連レラレテ分とんぼエタ食旁行ク
関君ハ余ニ向イ
旭ノ埋立ハ何時頃解決スル見込ナリ哉
ト尋ネル　余ハ
未ダ解決期ヲ予測シ得ズ可成《カナリ》永引クト思ウ
ト答エタルニ関ハ
アレガ解決スルト五十万円ノ金ヲ手當セナケレバナラヌ
ト云ウ　余ハ
遠藤知事ハ内務省ノ模様ヲ如何ニ云ッテ居ッタカ

ト尋ネタルニ関ハ

遠藤知事上京ノ日ニ逢ッタ　其時知事ハ港湾課長ニ能ク話スル心組ダト云ッタ故僕ハ　然ラバ私ヨリモ課長エ行キ頼ミ升ショウカ　ト尋ネタルニ知事ハ君ガ行ッテハ不可ナリト云ッタカラ其儘ニシテ置イタナリニナッテ居ル

ト云ウ　余ハ

東京湾埋立會社ノ船ガ千葉ニテ行衛《ユクエ》〔不明〕ニナッタト鶴見ニテ擾イデ居ッタガ模様ハドウダ

ト尋ネタルニ関ハ

七百五十馬力ノサンドポンプヲ二艘ノランチニ曳カシテ千葉ニテ請負ッタ七萬坪斗ノ埋立工事ヲ遣リニヤッタ其途中生憎本日ノ強風ニテランチ一艘ハ沈没シサンドポンプハ今尚危険状態ニアリ　明日僕ハ千葉エ見廻リニ行ク心組ナリ　埋立會社トシテハ始メテノ椿事ナリ

ト云ウ

分とんぼノ前ニ既ニ自動車ガ三臺モ居ル　大繁盛ノ事ダト思ッタ　山田君ハ来タリタル藝者三人ト飲ミ且ツ笑談ヲ云ッテ居ッタ　余ハ関君ト碁ヲ打チ　九時三十七分新橋ヨリ鳥羽直行エ乗リ込ム

昭和二年十二月二十七日

気車ガ名古屋近クニナッタトキ桂山浅治郎ガ三等車ノ方ヨリ余ヲ尋ネテ来テ

秩父ノ視察ニ行ッタ　服部平太郎・桂山幸次郎・葛山隆藏・坂島弥平外二名ノ報告ヲ聞クニ　森篤二郎ノ話トハ大分ニ相違シ　ホコリハ十町位迠飛散シ　野菜ニ被害有リ　且ツ本社ヲ村内ニ設置セラレナケレバ村ノ為メニ税金ヲ取ル事出来ヌ　且ツ村内ニ入リ込ム労働者ハ貧困者故反ッテ村カラ足サネバナラヌ次第ニテ決シテ村ノ助ケニハナラヌ　工場設置ノ為メニ入リ込ム者ハ村ノ女等ニ悪ルイ事ヲスル等ノ話ヲ町長ガ云ッタト云ウ事デアル

右ノ次第デアルカラ一應名古屋ニテ下車シテ相談スルカ　或ハ四日市ニ下車シタル上森篤二郎氏ニモ来テ貰ラッテ相違ノ点ヲ説明シテ貰ライ度イ
ト云ウ　余ハ
然ラバ四日市着ノ上ニテ能ク話ヲ聞カン
ト答エテ居ル處エ伊藤傳七氏乗リ込ミ来タリ　鳥羽エ行クノダト云ヒナガラ余ヨリ話ノ次第ヲ聞イテ非常ニ立腹シ
川島村ノ者共ノ無理解ニモ驚入ルノ外ナシ　僕ハ今日迠川島村ノ為メヲ思ッテ面倒ヲ見テ来タガ　其ンナ事ニテハ将来ガ案ジラレルカラ只今此處ニテ断然手ヲ引ク
ト云ヒ出シタ　桂山ハ閉口頓首シテ謝罪ヲ為シ　余ハ側ラヨリ伊藤氏ヲ慰メル
四日市ニ下車スルヤ川島村ノ連中ハ相談ノ為メ藤政エ行キ　十一時頃柳川村長・桂山浅治郎・服部平太郎・上野佐兵衛・桂山幸次郎ノ五人ガ余ヲ尋ネテ来テ
秩父ニ於テ彼此レ聞イテ来タ處デ　酒ニモ農作物ニモ被害ナク朝鮮人ノ心配ハ無イ次第ニテ浅野トノ間ハ既ニ此迠進ンデ居ル事デスカラ　村エハ工合能ク報告シテ完全ニ取纏メヲ告ゲ度イ考エデス　伊藤サンノお怒リハ貴下ヨリ程克ク御取成シ願ウ
ト云ウ　余ハ
君ラガ余リ色々ノ條件ヲ持出スカラアンナ事ニナルノダ　然カシ其御意見ナレバ結構ナラン何ンニシタ處デ目出度ク解決シタ事デアルカラ此上ハ浅野ガ安ンジテ川島村ニ仕事ヲ始メ得ラルヽ様ニ御盡力ヲ願ウ
ト述ベタルニ桂山幸次郎ハ
秩父ノ土地買収値段ハ一反八百円位ノモノヲ會社ガ千二百円程買ウト云ッタガ應ズル者ナク　結局千五百円見當ニテ纏ッタト云ウ事デス　然カシ此事ハ村エハ報告セズ

ト云ッテ居ッタ
昌栄館ヨリ電話ニテ
只今電報ガ遠藤知事ヨリ来テ「藤原鐵道ノ願書ヲ鉄道省エ廻シタ」トアリ升　鳥羽エ行ッタ主人ニ報告スル必要ガ有升ショウカ
ト云ウ　余ハ
鳥羽エ知ラシテ置イテ呉レ給エ
ト答エタル上東京ノ山田胖エ向ケ
『知事ヨリ伊藤氏エ向ケ「藤原鉄道願書　本省エ廻シタト電有タ」　日比』
ト打電ス
午後四時頃九鬼紋七宅エ行キ　蓮池ニ逢ッテ
本朝東京ヨリ帰エリタ　三重県ヨリ九鬼・諸戸エ鳥洲地所一万一千坪買入レ交渉アリタル件ニ関シ関君ニ相談シタルニ関君ハ「浅野トシテハ迷惑ニ感ズル次第ナレド　三重県廰ヨリノ要求トアレバ承諾スルヨリ致方ガ有リ升マイ」ト返事セヨト云ウ事デアッタ
ト話シタルニ蓮池ハ
謎掛ケノ様ナ返事ノ様ニ聞コエルガ一應諸戸ニ相談シタル上明春県エ返事スル事ニスル　最モ県エ返事スル前ニ君ニ諸戸ノ模様ヲ報告スル考エデ居ルガ　諸戸ハ理屈ヲ云ヒタテ、居ル案梅ダカラ恐ラク承諾セマイト思ウ
ト答エタル后チ
両三日前　釜山鎮ノ地所ノ件ニテ釜山ノ弁護士ヨリ「埋立會社ノ重役ガ来タ　一度出張セヨ」ト電信ニテ云ッテ来タカラ「行カヌ」ト返事シタルニ折返シ「任カスカ」ト照會シテ来タ「七万五千円迠任カス」ト返事シテ置イタ事デアルガ此件ヲ話シテ呉レヌカ

ト云ウ　余ハ

東京湾埋立會社ノ重役ナラ釜山エハ行カヌ筈ダ　現ニ東京ニテ加藤ハ「釜山埋立ハ當分見込立タヌ」ト云ッテ居ッタ

ト告ゲテ分カル

昭和二年十二月二十八日

午前十一時頃杉浦國吉来タル　井口ガ今日ニ至ルモ了解セヌノデ閉口シテ居ルガ　無理ニ了解セヨト要求スルノデ無イカラ一ト勘考セナケレバナラヌカモ知レヌト云ッテ居ッタ

午後一時頃市役所エ行〔ク〕　福林助役ハ

市長ハ勢江鉄道迅進運動ノ為メ岐阜ノ連中ト上京シタノデアッテ　四日市方面ヨリハ市長以外ニハ上京シテ居ラヌ　本年中ニ帰泗セラルヽ様ニト云ッテ置キ升タ

ト云ッテ居ッタ

午後四時宮嵜警察署長ヲ訪問シ

川島村ノ件ニ関シ色々御配慮ヲ煩シ深ク御礼申ス　今度伊藤傳七氏ト共ニ上京シテ解決シテ来升タ　御報告旁御礼ニ参上セリ

ト述ベタルニ

色々御骨ガ折レタ事デショウ

ト云ウ　余ハ

之レニテ川島村ハ小作問題・残地取纏メ問題・基本財産處分（山林・畑賣却ニ依リ二万円ヲ捻出スル方法）ニ関

シ村内ヲ纏メナケレバナラヌ事ニナッテ居ル　此儀モ御承知置願度シ
ト述ベタルニ署長ハ
　能ク了解致升タ　知事エモ別段ノ報告ハセヌ事ニ致升
ト云ウ　余ハ
　遠藤知事ニハ廿五日晩　東京駅ニテ話ヲシテ置キ升タ
ト述べ辞ス

鐵道敷設改正と建設計畫豫算案　鐵道會議デ原案可決

三年度以降の鐵道建設改良計畫よ算案並に敷設法改正に伴ふ既定線の發表追加等を諮問すべき鐵道かい議は二十六日午后二じ二十分より永田町首相官邸に於て開かい先づ

一、敷設法改正案
一、せう和三年度以降四ケ年間の改良計畫よ算案
一、せう和三年以降十ケ年間の建設計畫よ算案

の三題を議題とし鐵相の説明あり古川改次郎、山本厚三兩氏の質問ありて齋藤隆夫氏外數氏より異論百出の結果委員かいに移すことに決し鐵相指名の十六人の委員は直に一じ間に亘りて討議した結果民政派の横山　山本兩氏を除き他の十四氏は悉く原案を承認し午后六じ半改めて本かい議再開大河委員長の報告あり民政派六氏の採決保留を除く他の五十二氏は皆委員かい案を承認したので原案は大多數を以て可決され六じ五十分散かい

勢州毎日新聞　昭和2年12月28日

新建設線　豫算年度割り

二十六日の鐵道かい議において決定せる新建設線のよ算年度割（關係の分）は左の通りである

（單位千圓）

▲大垣、樽見間

昭和六年	三〇
同　七年	七〇〇
同　八年	五〇〇
同　九年	七〇〇
同　十年	一、三〇〇
同十一年	一、四〇〇

同十二年	一、三四六
▲四日市、阿下喜間	
昭和六年	三〇〇
同　七年	三〇〇
同　八年	五〇〇
同　九年	七〇〇
同　十年	七〇〇
同十一年	六〇〇
同十二年	五五五
▲小濱、奥名田間	
昭和五年	三〇
同　六年	三〇〇
同　七年	五〇〇
同　八年	七〇〇
同　九年	八〇〇
同　十年	七八一

夜西川陽月宅エ遊ビニ行ク　昨日鈴木久三ガ同志會ノ件並ニ井口代議士トノ経緯ニ関シ　西川カラ聞イテ呉レタカトノ質問ヲ思出シタル為メナリ　西川曰ク

一、鈴木久三ガ主体トナリ加藤代議士應援ノ為メ同志會ヲ創立シ　油久方ヲ月五十円ニテ借受ケ事務所トシ既ニ會員八百名ニ達セリ　鈴木久三ガ貴下ニ會見仕度イト云ウノハ同志會ニ對シ貴下ノ了解並ニ同意ヲ得度キ為メナリ

二、井口ハ麻布邸宅ヲ二番ニ入レ　十五万円撰擧費用ヲ調達セリ　井口ハ此邸宅ヲ一番ニ二十万円ニ入レテ居ルカラ合計三十五万円ノ低當ニナッタ次第ニテ　此邸宅ハ好景気時代ニ六十万円迠買手アリ　最近四十万円ナレバ買手ガアッタノダガ秘書官ニ就任シタル為メ賣却ヲ見合セタルモノニシテ　今度ノ農工借入レニテ一杯一杯ニナッタ勘定ナリ

加藤久米四郎ハ井口ガ撰擧ニ十五万円使ウナラ自分ハ二十万円迠出ス　撰擧費用ニ関シ御心配ハ掛ケヌト豪語シテ居ル

三、井口ノ参謀ハ西脇・山本源助ニシテ　加藤ハ目下ノ處鈴木　木村秀興ニハ鈴木善策味方シテ宮村隆治ニハ久保村・須藤等ノ連中ガ其仐下ニ走ルナルベク伊坂ニハ別段参謀トテハ無ケレ共彼レハ口論戰ニテ多少ノ票数

ハ取得スルナルベク　川嵜ノ参謀ハ鳥海・宮田ナルベシ　小林庄七ハ木村ニ三重郡ニテ四千票取ル事ヲ條件トシテ壱萬円ニテ握手　既ニ手附金トシテ金貳千円ヲ受取リタル模様ナリ

四、過日加藤久米四郎ガ来泗シタルトキ　金貳千円ヲ鈴木久三エ渡シテ行ッタ様子ナリ　加藤ハ僕（西川）ニ向イ　会計ハ鈴木ト君ノ二人ニテ遣ッテ呉レト云ッテ行ッタガ　僕ハ鈴木ニ向イ其ンナ事ハ言憎イカラ其儘ニシテアル

五、解散ハ一月廿五日位トノ話ニテ　撰擧ハ一ヶ月ノ期間故早ク解決ガ付ク筈ナリ　民政党ニテハ北國ガ雪ノ為メ撰擧ガ出来ヌ故撰擧ヲ延期セヨト主張シテ居ルガ　政友會ノ内閣ニテハ反ッテ其レガ利益ナル故承諾セズ

六、当撰ノ順序ハ加藤・川嵜・木村・伊坂ナルベク　宮村・井口・古屋ノ内誰レガ当撰圏ニ入ルカヾ問題ナルベシ

七、保位ヤ杉原ハ木村會ノトキ　金千円ヲ取ッタ因縁カラ木村ヲ助ケル事ニナルベク　米田ハ毎日油九エ来テ居ル

右ノ次第ナルヲ以テ貴下ハ自重セラレ此際深入リセラレザルヲ得策ト信ズ　鈴木ガ井口ニ對シ千五百円貸ガアルト云ッテ請求シテ居ルノハ　井口ノ撰擧ノトキニ其レ丈ケ使ッタト云ウニアルガ　アノ撰擧当時井口ハ鈴木ニ對シ金三千円ト藤政ノ支払全額ヲ出シテ居リ　お礼ニ井口ガ八百円ニテ買ッタ刀ヲ贈ッテ居ル　其刀ハ時價ハ三百円位ヨリセヌ由ナルモ　先年鈴木ガ東京ノ井口エ出掛ケテ行キ其刀ヲ買ッテ呉レト要求シタルトキ　東郷館ノ宿料八百円ヲ井口ガ支払ッテ居ル事デモアルカラ金ヲ請求シテ居ル事ハ餘リ感心セヌト思ウ　殊ニ今度ハ加藤ヲ援助スルノデアルカラ金銭問題ナド鈴木ハ井口ニ向ッテ為サザルヲ利益ト思ウ

此際井口ハ鈴木ヲ抱込ンデ加藤ヲ四日市エ入レヌ策ヲ講ズルト能イノデアルガ　西脇ハ私ニ對シ鈴木ハ到底井口ノ方デ守《モ》リスル事ガ出来ヌカラ　加藤ノ方デソット抱イテ居ッテ呉レト云ッテ居ル位デアルカラ其レモ出来ヌ

横山ヲ三重県ヨリ出サント坂ガ非常ニ勧誘ニ行ッテ居ルトノ事　横山ガ名古屋ヨリ出馬スレバ坂ハ金ニナラヌカ

ラノ事デアルト思ウ
ト云ウ　余ハ
僕ハ餘リ深入リセヌ心組ダ　何レエ片寄ッテモ悪ルイ
ト答タルニ西川ハ
鈴木ニ逢ッタラ　日比サンガ私ノ處エ来テ　脱線セヌ様ニ遣レ　僕ヲ引張リ出シニ来ル事ハ各方面ニ関係ガアルカラ困ルト云ッテ行カレタト云ッテ置キ升ショウ
ト云ウ　余ハ
其位ノ返事ヲシテ置イテ呉レ　鈴木ノ来ヌ様ニ取計ッテ呉レ
ト答エテ陽月宅ヲ出ズ
撰擧ハ臭イモノニテ殊ニ代議士撰擧ニ甚ダシイ　普選ト云ッタ處デ投票ノ賣買ナリ　貧乏人ガ方角モ判ラヌ癖ニ一人前ニナッタ気分ニテ擾ギ廻リ　其間隙ヲ利用シテ運動屋ガ泳ギ廻リ私腹ヲ肥サント血眼ニナッテ醜態ヲ演ズルニ止マル事デアル　殊種ノ関係アリテ止ムヲ得ナイ場合ナライザ知ラズ深入リハ禁物トセナケレバナラヌ

昭和二年十二月二十九日

午後三時頃川島村桂山浅治郎来タリ　川島村エセメント工場決定ノ謝礼ヲ述ベタル上打解ケテ雑談ニ移リタル節去ル廿七日川島村十七人ノ上京シタル連中ガ藤政ニ集合相談シタル節「伊藤傳七サンガ頭ゴナシニ叱責シタノナラ自分等モ黙スル訳ニハ行カヌ　秩父セメント視察ノ結果モ悪ルイ事デアルカラ傳七サンノ言分ヲ口実トシテ破約シタラ能イノデハ無イカ」ト云ウ議論多数ヲ占メ　大擾〔騒〕動ニ成リ掛カッタカラ私等ハ一生懸命ニ止メテ漸ク事ナキヲ得タ次第デシタ

ト云ウ　余ハ

大局ヲ眺メヌ者ハ直グニ其レダカラ困ル　セメント工場ガ川島村エ設置セラルヽ事ニ決定シタノハ千載一隅ノ幸運デアルカラ工場設置ニ移リタル節ハ浅野ニ最大ノ便利ヲ計ッテ貰ラワナケレバナラヌ

ト述ベテ置イタ

二三年来廃シテ居ッタ年賀郵便ヲ書ク　新タニ開始スル事デアルカラ全ク出サナケレバナラヌ處丈ケニ留メテ置イタ

合計五十六枚

昭和二年十二月三十日

山田胖君カラ左ノ手紙ガ来タ

謹啓　弥々御清昌ノ段奉賀候　偖而《サテ》（知事ヨリ伊藤氏へ向ケ藤原鉄道願書ヲ本省エ廻シタ旨電アリタ　日比）御貴報拝見仕リ関係者へ夫レ々々通達致置候間　御了承願上候　就而者《ツイテハ》　明春早々本省方面ニ對シ適切ナル運動致ベク心組ニ御座候間　此義御含ミ願上候

匆々頓首

右御貴答迠

昭和二年十二月二十九日

山田　胖

日比義太郎殿

昭和二年十二月三十一日

昨夜雪降リタル為メ本日ハ道路泥寧　行人《コウジン》急ガシク師走気分ヲ充分ニ表現シテ居ルガ　余ハ全然市井ト没交渉ノ事トテ何等ノ用件ナキ儘散髪ニ行キ　夕食ヲ済マシタル后チ弥生座エ活動写眞ヲ見物ニ行ク　大晦日ノ事トテ流石ニ見物人少ナシ
回顧スレバ昨年ノ今日ハ　伊藤傳七氏ヲ浅野ノ圏内ニ抱容スベキ策ヲ浅野總一郎氏ニ建言ノ為メ　夜行上京シタノデアッタガ　本年ハ川島村ノ件モ取纏メ済ミニテ何等行掛リノ仕事ナク気楽ニ年越ノ出来ル事ヲ欣快トスルナリ
明年ハ一層ノ努力ヲ全テノ上ニ試ミント欲ス

昭和三年一月一日

午前十時過松井久七ガ阿倉川エ年賀ニ来タノデ起キル　洗面シ雑煮ヲ食ッテ久七ト話ヲシテ居ルト山下正藏ガ年賀ニ来ル　配達セラレタル年賀状見タル后チ午後一時頃四日市エ出ル　別段用事ナシ諏訪神社ヲブラ付ク　何ントナク淋シキ正月ナリ　不景気ガ下層社會ニ喰入ッテ居ル証據ナリ　不景気モ大分ニ續イタカラ年ガ変ッテ逐次景気モ能クナルデアロウガ其歩調タルヤ漸進的ノモノニシテ格段ナルモノハアルマイ　一夜空ケテ昭和参年ニナッタ處デ其ンナニ急ニ変ル筈ハナイノデアル　然カシ人気ト云ウモノハ恐ロシイモノデ　此レヨリ景気ガ悪ルクナラヌト一致スルト諸相場モ一躍進スルカモ知レヌ　吹イタ處ハ賣リカナ　否ナ々々段々ト景気ガ立直ルト見込ムダナラバ　安イ處ヲ買ッテ長期思惑ヲシタ方ガ最後ノ勝利ヲ占メルカモ知レヌナドト二三年振リニ商人気分ガ一寸浮ンダガ　実際ハ投機ニ頭ヲ使ウ心組ハ毛頭無イ　只々此不景気ノ間ニ埋立會社・セメント會社ヲ確実ニ設立シテ置イテ　来タルベキ好景気時

代ノ波ニ乗リ會社ノ基礎モ確実ニシ　自分ノ后半生ノ根底ヲモ鞏固《キョウコ》ニ仕度イト思ウノミデアル　近来欲ハ誠ニ少ナイ假令《タトイ》前半生ヲ誤ッタトシタ處デ急グ気ハ起ッテ来ヌ　自分ナガラ不思議ニ思ウ事モアル　然カシ『急グナ休ムナ怠ルナ』ダ『仲ヨク働ケ笑ッテ暮セ』ダ大地ニ確カリト足ヲ踏ミ付ケテ牛歩的ニ進ム決心デ居ル　無理ト云ウ事ハ凡テニ悪影響スルモノダ

昭和三年一月二日

午後三時頃山下九助エ行ク　同人ハ

糖尿病ニテ閉口シタ　投機株ハ止メテ採算株ヨリ手ヲ出サヌ心組デアル　若シ失敗シタ場合取返シノ付カヌ事ニナルト思ウ様ニナッタ

ト云ウ　九鬼紋十郎エ行ク　北旭ノ伊藤萬次郎ガ居ッタ　旭小作問題ニ関シ一生懸命骨折ッテ居ル様ナ事ヲ云ッテ居ッタカラ　余ハ「君等ノ様ナ有力者ガ村ノ輿論トシテ旭小作人ニ本當ノ事ガ理解セラル丶様ニ遊説シテ貰ライ度イ」ト答エテ置イタ　伊藤帰エリタル后チ余ハ川島村ガ結末付キタル事ヲ話シタルニ紋十郎ハ

其レハ結構デアッタ　旭ノ問題モ其調子デ片付ケテ貰ラッタラ能カッタニナァー

議會ハ解散ニナルデアローカ

ト云ッテ居ッタ　村山清八エ行ク　村山ハ

水道問題ハ実價ガ假リニ十二万円ヨリ無イトスレバ十二万円デ能イカラ　今日迄ノ公益料トシテ別ニ十万円位包ンデ市カラ出シテ呉レルガ本當ダト思ウ　十九万五千円ヨリ買エヌト云ウ事ナラ仕方ガ無イカラ辛棒スルガ　其代リ今后ハ一厘タリトモ市ヨリ申込ミノ寄附ニハ應ゼヌ決心ダ

ト云ウ　余ハ

伊藤傳七サン並ノ議論ダナァー　時代ハ普撰ノ世ノ中ニ変化シテ居ル　十九万五千円デモ高イト擾《サワ》イデ居ル下々ノ人気デアルカラ　此際其ンナ事ヲ云ウ事ハ差扣《ヒカ》エタ方ガ能イト思ウ　理ニ勝ッテ非ニ負ケルト云ウ事ガアル　餘リ下々カラ村山家ガ目粒ニ取ラレヌ様ニ心掛ケル方ガ得策ダ

ト答エテ置イタ

杉浦國吉エ立寄ル　同人ハ

今度東京エ行カレテ　加藤久米四郎カラ撰擧ニ関シ何ントカ要求ハ出マセンデシタカ

江原ガ来テ

堀木ヲ撰擧事務長ニ頼ム為メニ行ッタ處　堀木ガ日比ヲ建テ丶僕ガ側カラ援助スルト云ウ位ノ事ナラ兎モ角此際僕ヲ事務長ニナドトハ以テノ外ダト云ッタ　日比サンガ井口ヲ援助シテ呉レル様ニ頼ム訳ニハ行クマイカ

ト云ウカラ私ハ　日比君ハ今度ノ撰擧ニハ何人ニモ関係セヌ心組ダ　浅野ノ事業ノ為メニ何レニ片シテモ悪ルイト云ッテ居ッタヨト答エテ置イタ次第デス

ト云ウ　余ハ

其通リダ

ト答エテ置イタ

本日ハ年賀旁山下・九鬼・村山ノ三人ヲ訪問シ　序ニ杉浦ノ宅エ立寄ッタ訳ナルガ四人ガ各々個性ヲ発揮シタ話ヲスルノモ面白イト思ッタ

昭和三年一月三日

昨夜杉浦ヨリ　市長ガ三十一日ノ朝東京ヨリ帰泗シテ居ル由ヲ聞イタカラ午後二時頃行ク　市長ハ
東京ニ於テ埋立會社エ電話ニテ貴下ヲお尋致シタガ既ニお帰エリニナッタ跡デシタ　勢江鉄道運動ノ為メ上京シタル沿道村長トモ入違イニナッテ逢イ升センデシタ　今度ノ上京ハ何ンニモ公用件ハ致升センデシタ
貴下ガ川島村ヲ短時日ノ間ニ纏メラレタ事ハ大成効デス　金子ガ貴下ニ何ンニモ報酬ノ事ヲ話サナンダデスカ
私ト金子トノ間ニ於テ事件取纏メノ都度相當ノ謝礼ヲ出スト云ウ約束ニナッテ居リ升カラ　私ヨリ一度金子エ手紙ヲ出シ升ショウ
ト云ウ　余ハ
欲ノ為メニ取纏メタ次第デモ有升センカラ殊更ニ手紙等ハ出サヌデ置イテ下サイ　欲ノ深イ人間ダト誤解サレテモ迷惑デスカラ
ト述ベタルニ市長ハ
其レデハ上京ノ序ニ金子ニ逢ッタ節「川島村ノ件ハ日比君ニ如何ナル方法ヲ執ッタカ」ト尋ネテ見ル事ニ致升
貴下ニハ僕ト云ウ者ガ付イテ居ルカラ　一体浅野ハ横着デスヨ
関東水力ノ乗取リ策ヲ謀ンデ居ル者ガ有升　要スルニ浅野ノ持株ヲ取ッテ仕舞ッテ浅野ヲ圏外ニ放リ出サントスル陰謀デス　其レヲ私ハ金子ニ注意シテ遣ロウト思ッテ居ルノデス
ト云ウ　余ハ
貴下ニ一度県廰ニ行ッテ頂キ度イト思ッテ居リ升　遠藤知事ニ逢ワレテ
一、知事上京中内務省ニ運動セラレタ四日市埋立許可問題ノ空気ハ如何デアッタカ
二、藤原鉄道ハ今後如何ナル方針ノ下ニ運動方法ヲ講ジタラ宜敷哉
三、知事ノ轉任ノ噂ハ如何ナル結末ヲ告ゲタカト云ウ事ヲ聞イテ来テ頂イタラ好都合ト思ウノデス　其話ノ次第ニ依リテハ私モ知事ニ逢イニ行キ度イト思升

ト述ベタルニ市長ハ

　宜敷イ近々一度行ッテ来升

ト云ウ　其處エ妻君ノみちゑ女史出デ来タル　余ハ新年ノ挨拶ヲ交換シタル后チ一二雑談シタ上辞ス

昭和三年一月四日

午後六時ヨリ大正館ノ新年宴會エ行ク　恒例ニ依リ戸野市長ガ正・副議長・参事會員・市吏員一同・方面委員・各學校長ヲ招待シタルナリ　相當盛會デアッタ　余ハ宮田・岩田・伊達等ト座席ヲ隣合セニシタ　宮田ハ

　撰擧ガ段々ニ切迫シテ来タ　川嵜克ハ鳥海ヲ便《タヨ》ル事ハ反ッテ投票ヲ追《ボ》ウ結果ニナルカラ　君ニ頼ムト云ッテ僕ニ色々云ッテ来ルノデ困ッテ居ル　川嵜ハ木村ト違イ金ガ無イカラ閉口デアル　此頃中デモ四日市エ来ル度毎ニ車賃・自動車賃等ハ全部僕ノ支拂デアル

ト云ッテ居ッタ　岩田ハ

　本年ノ初市ハ私共ニ於テハ昨年ヨリ五割方賣レ行キガ多ク御座イ升タ　雲ノ取レタお蔭デショウト思イ升タ

ト呉服屋ラシキ口調ニテ云ッテ居ッタ　岩田ノ店ハ五割賣高ガ増シタト云ウモ　余ノ目ニ見タ處デハ人出モ少ナカッタシ　一般的ニハ餘リ景気ノ引立ッタ初賣リデハ無カッタ様ニ感ゼラレタ　余ハ八時頃大正館ヲ出ル

本多ノ碁席エ行キ河井松次郎ニ三目置キ　本多富彦ニ二目置イテ打ツ　能イ勝負ナリ

昭和三年一月五日

午後三時頃原眞堂ニ立寄リタルニ保位ハ

代議士撰擧ガ段々切迫シテ来タ　私ハ運動員ト云ウ事ハ廃業セント思ッテ居ルノデスガ　仲間ガ色々ノ事ヲ相談ニ来ルノデ足ガ洗イ切レ升セン
憲政會内閣當時　木村秀興ガ解散見越ンデ一誠堂エ撰擧ヲ頼ンデ来タ事ガアリ升タ　其節吾々二十人斗リ集合シテ一人前五百円ノ運動費ヲ要スルモノトシテ壱萬円出金ノ覺悟無カルベカラズト鈴木善策ヨリ木村エ申込ンダ事ガアリ升タ　鈴木ハ木村エ個人ノ意見ヲ以テ三万円申込ンダ為メニ木村ヨリ承諾ノ返事ガ来升センデシタ　其時木村會モ約千人位ノ會員ガ出来タノデスガ　其儘ニナッテ仕舞イ鈴木善策モ引込ンデ行ッタ事ガ有升タ
撰擧ト云ウモノハ負ケル方エ加担スルヨリ馬鹿臭イモノハ有升セン　私ハ木村トモ川嵜トモ未ダ決定シテ居リ升セン　又民政黨ニ應援スルト定メテ居ル訳デモ有升セン　能イ事ガアッタラ聞カシテ下サイ　貴下ハ何レ誰レカヲ援助ナサル事デアロウト思ッテ居リ升
ト云ッテ居ッタ　右ノ言ハ當世撰擧運動員気質ヲ素直ニ表明シテ居ルモノダト思ッタ　撰擧法ガ改正セラレ普通撰擧ガ将ニ実行セラレントシテ居ルガ此ンナ調子ニテハ理想ノ域ニハ未ダ遠イ

昭和三年一月六日

浅野セメント名古屋出張所長ノ跡見ガ神海組エ年賀ノ為メニ来タ　跡見ハ
伊勢鉄道會社エセメント四万樽ノ契約ガ成立致升タカラ今後ハチョコ〳〵四日市エ来ル用事ガ増エ升タ宜敷願升
ト云ッテ居ッタ
午後六時頃森篤二郎ガ遊ビニ来テ同人ガ昔刑事ヲシテ居ッタトキ　被告人即チ犯罪者ヲ取調ラブル状況等ヲ話シテ行ッタ　同人ハ中々話上手デアル　其模様ヲ詳シク面白ク説明スル　然カシ聞イテ居ッテモ何ントナク講談デモ笑談半分デ聞イテ居ル様ナ気ガシテ話ニ権威ガ無イニ思ワレル　同人ガ今一層丹田ニ力ヲ入レテ修養ニ専念シ

タナレバ話ニ實ガ出来テ来ル事ト思ウ　才気ノアル人物ノ通勢トシテ　ドウシテモ上手ニ世渡リヲ仕度《シタ》ガル
従ッテ薄ッペラニ流レ易イ
夜阿倉川エ帰エッタラ　義平ガ松坂屋呉服店ニテ四十五円ニテオウバーヲ買ッテ来タト云ッテ居ッタ

昭和三年一月七日

雪降ル　志津・義平・冠二・てるノ四人ハ桑名本家ノ新年宴會エ行キ　余ハお虎婆サント留守居スル　阿倉川庭園ノ雪景色ハ誠ニ能イ
森鴎外ノ翻譯小説『即興詩人』ヲ読ム　中々流暢ニ出来テ居ッテ心持ノ克イ作デアル
午後十一時頃志津等ハ帰エッテ来タ　本日桑名ノ新年宴會ハ當方四人・喜治郎宅五人・喜治宅二人合計十一人デアッタ由　義平・養之助・吉之助ノ三人ハ　喜兵衛ノ指図ニテ写真ヲ写シテ来タトノ事ナリ　喜兵衛ガ毎年一族ノ者ヲ招集シテ御馳走スルト云ウ此趣味ハ能イ事デアル　慈愛心ガ無ケネバ面倒臭クテ出来ル事デ無イト思ウ
風呂ニ入リ十二時頃寝ニ就ク　小説ヲ読ミナガラお茶ヲ沢山飲ンダ加減カ寝付カレヌ
一、藤原鉄道ノ進行ヲ計畫セネバナラヌ
一、セメント會社ヲ獨立ノモノトシテ創立スル様ニ工風ヲシテ見ネバナラヌ
一、義平ガ健康デアッテ欲シイ　冠二ハ本年八高入學試験ニ合格スルデアラウカ　てるモ女學校ヲ卆業スル様ニナル等色々考エ浮ビツヽ午前二時過ギ夢ニ入ル　寝付カレヌト云ウ事ハ苦シイモノダ

昭和三年一月八日

午前十一時頃起キル　冠二ハ只札ガアルカラ活動写眞ヲ見物シテ来ルトテ名古屋エ行キ　てるハ遊ビニ出タ由　余ハ義平・志津ト共ニ牛肉ノ引ズリ〔すき焼き〕シテ晝食ヲ為ス

舘吉太ガ愛知病院エ入院シテ居ル由聞イタカラ見舞ニ行ク　佐々木綱次郎エ立寄ル　佐々木ハ

代議士ニ立候補シテハ如何哉

ト眞面目ニ言ヒ出ス　余ハ

浪人デ居ルノナラ山勘ニテ其レモ面白イ事カモ知レヌガ　現在ノ僕ニハ毛頭其ンナ気分ハナイ

ト答ウ

藝者ノお楽ガ尿毒症ニテ死シ　本日葬式ガアッタ　お楽ハ余ト年齢ヲ同ジクシテ居ル　然カモ尿毒症ハ腎臓病ヨリ来タル病気ナリ　余モ腎臓病アリ　餘程注意ヲ加エナケネバナラヌト思ッタ　段々年齢ヲ重ヌル毎ニ具ガ古ルクナルノデアルカラ心細イ様ナ気ガシテ来ル

槌谷来タリ

田中林助エ　井口カラ頼マレタ来ルベキ撰擧ニ井口ヲ援助スル件ニ関シ話シタルニ林助ハ「此度ノ撰擧ニハ無関係デ通リ度イカラ　井口ガ来ヌ様ニシテ呉レ」ト返事ヲシテ来タ

ト云ウ　余ハ最モノ返事ダト思ッタ

昭和三年一月九日

午後二時頃髯スリニ行ッテ居ッタラ　川島村ノ桂山五郎・柳川丑之助ノ両人ガ来タカラ直グニ帰エッテ呉レト市長宅ノ電話ニテ知ラシテ来タ　余ハ折角髯スリニ来タ事故少シ待タシテ置ク考エニテ　散髪ヲ済マシタル后チ市役所エ立寄リ助役室エ渡辺主事ヲ呼ンデ

女學校二年生ノ代数ノ先生ガ肺病ニテ休校中十月・十一月ヲ生徒ニ自習セシメテ教授ヲ為サズ　十一月下旬ヨリ漸ク代リノ先生ガ急□的ニ教授ヲ開始シタル為メ　試験ノ結果ガ其クラス全体非常ニ悪カッタ　代リノ先生ハ生徒ニ向イ点数ノ付ケ様ガ無イト洩シタ程デアル由ナリ　僕ノ小供モ其クラスノ一人ナルガ点数ハ丁デアッタ　生徒ガ全ク不出来ノ為メナレバ止ムヲ得ヌガ　右ノ状況カラ考ウレバ校長ニ於テ今少シ教員ヲ監督シテ貰ライ度イ君カラ學校ニ注意シテ貰ライ度イ

ト述ベタルニ渡辺ハ

私ノ小供モ其一人デス　早速學校ニ注意致升

ト答ウ　市役所ヲ出デ急イデ帰エリタルニ川島村ノ二人ハ既ニ帰エッタ跡デアッタ　両人ハ帰エルニ臨ミ本日兵隊送リノ序ニテ立寄ラサシテ貰ラッタノデアルガ　本日ハ午後カラ村ニ集會ガアル故帰エリ升明日改メテ人ガ代ッテ御邪魔致升

ト言イ置イテ行ッタトノ事ナリ　村ガ簡單ニ纏ラヌノダナト思ッタガ　村ト浅野ハ既ニ契約書交換済デアルカラ心配ナイト考エタ

昭和三年一月十日

午前十一時頃昌栄館ヨリ伊藤傳七氏ガ電話ニテ

先般遠藤知事ガ藤原鉄道ノ願書ヲ鉄道省エ廻シテ呉レタカラ先日其お礼ニ行ッタ節　僕ハ知事ニ向イ一度會食仕度イト申込ムダラ　知事ハ君等ト飯ヲ食ウノナラ何時デモ賛成ダト快諾シテ呉レタ　就テハ

一、来ル十八日松茂本店ニ於テ（時間未定）

一、招待者　遠藤知事・芝辻内務部長・田中土木課長・野村林務課長・戸野市長

一、接待者　伊藤傳七・山田胖・伊藤平治郎・平田佐矩・堀木忠良・日比義太郎
ニテ決行仕度イト思ウ　君ノ考エハ如何哉　君ニ別段ノ意見ガ無カッタラ右ノ手順ヲ順〔準〕備シテ貰ライ度イ
野村ヲ入レタノハ昨日野村カラ「大貝戸ノ原石山ノ件　許可アリタリ」ト電報ヲ呉レタ為デアル　接待者側ニ
テ酒ノ飲メルハ堀木ヨリ無イカラ藝者ヲ豊富ニ順備シテ置イテ呉レ給エ
ト云ウ　余ハ
適當ノ御思付キニテ結構ノ事ニ思イ升　早速順序〔段取り〕致升
ト答エタル后チ直チニ松茂エ行キ　主人ニ逢ッテ藝者大六人　小二人合計八人ヲ手當シ　お客サンニ一人前五円ノ菓
子折リヲ持タシテ帰エス様ニスル　市長・堀木ニ此事ヲ通知シタル后チ宮地ニ大貝戸ガ許可ニナッタ事　山田胖ニ十
八日出張セヨ　而シテ東京ニ於テ藤原鉄道ニ関シ運動セラレタル経過ヲ報告スルト共ニ川島村エ線路変更ノ図面モ一
同エ発表シテ貰ライ度イト手紙ヲ出ス
本日堀木ニ逢ッタトキ堀木ハ
川島村カラ四日市ニ至ル間ハ四日市鉄道ヲ利用出来ヌカ
ト尋ネル　余ハ
多量ノ貨物ヲ呑吐《ドント》スルノデアルカラ　藤原鉄道ヲ旭ノ埋立地並ニ四日市駅エ直通ニテ連絡サセネバナラヌ
ト答ウ　堀木ハ
今度四日市ニ出来ルセメント會社ハ浅野ノ分工場カ或ハ獨立シタモノカ
浅野ノ分工場ト云ウ事ニナルト四日市ハ株式ノ上ニ於テ何等恩恵ニ浴セヌ訳ニナルデハ無イカ
ト云ウ　余ハ
全ク其通リ故獨立シタ會社ニ仕度イト考エテ居ル　幸イ川島村モ片付ケタカラ右ノ手段ヲ研究考案仕度イト思ッ
テ居ッタ矢先キデアル　傳七氏サエセメントニ関係スル決心アレバ浅野ノ方ハ僕ガ其通リ手順シテ来ル　傳七氏

ヲ決心セシムルニハ先ヅ伊藤平治郎ヲ納得セシムル必要ガアルカラ　明日デモ平治郎ノ處エ一所ニ行コウデハ無イカ

ト云ヒタルニ堀木ハ

僕ハ何時デモお供スル

ト云ウ　余ハ堀木ニ向イ平治郎ノ在否ヲ電話ニテ確メタル上君ニ知ラセルト約シテ分カル

昭和三年一月十一日

午前九時三十一分気車ニテ堀木忠良ト共ニ富田ノ伊藤平治郎エ行キ　余ハ平治郎ニ向イ

治田・大貝戸原石山ハ手ニ入レタリ　川島村ノ粘土山並ニ工場敷地ハ買入レ済ミニナッタ　藤原鉄道ハ目下鉄道省ニテ詮議中ナリ　今日ハ将ニ伊藤傳七氏副社長トシテ獨立シタルセメント會社ヲ創立スベキ時代ナリト思ウ　傳七氏ニ決心セシムルニハ君ヨリ傳七氏ヲ説得スルニ如《シ》クハナシ　此為メ相談ニ出掛ケ来タリタルナリ

ト云ヒ　堀木ハ

折角諸君ガ骨折ッテ取纏メタル原石山・粘土山・工場敷地等ガ全部他人ニ取ラレテ仕舞イ　四日市ヲ一ツモ潤ス事ナキ様ナレバ残念ナリ

ト云ウ　平治郎ハ

伊藤傳七ハ親譲リノ財産ニテ借金セヌ方針ヲ取ッテ居ル　東洋紡株四万何千株ハ全部金庫ニ持ッ〔テ〕居ル現状ナリ　藤原鉄道ヲ引受クルニ就テモ一時的ニ東洋紡ニテ借金シテ　年々東洋紡ノ配當ガ三十万円斗宛入イッテ来ルカラ其配當ニテ借金ヲ消却スル手順ヲシタノデアッテ　此上セメントノ為メニ借金スル事ハ見合スル心組デ居ルノデアル

然カシナガラ君等ノ御意見モ御最モ故一度傳七氏ニ相談スル事ニ致升
ト云ウ　余ハ
将来傳七氏ガ東洋紡績ノ社長トシテ立タント欲スルナレバ永久ニセメント會社ノ副社長タルヲ要セズ　今度出掛《デカ》
スセメント會社ガ浅野セメントニ合併スル迠面倒ヲ見テ呉レタラ能イ訳ナリト思ウ　又澤山借金スル事ヲ心配ス
ルノナラセメントノ持株ヲ少シ少量ニ引受ケレバ能キ訳ナラズ哉
ト云ヒタルニ平治郎ハ
傳七ハ二タ口目ニハ金儲ケハ仕度無イト云ウカラ困ル　傳七氏ノ財産ハ壱千万円位ナルベク或ハ諸戸ヨリ内容ハ
能イカモ知レヌ　三重県デハ一位ナルベシ
ト云ウ　余ハ
傳七氏ハ寧《ムシ》ロ藤原鉄道ノ持株ヲ減少シテモセメント株ヲ引受ベキモノダト思ウ
ト云ウ　其レヨリ雑談ニ移ル　平治郎ハ
今度ノ撰擧ニ小林庄七ガ同志會ヨリ立候補スル模様ナリ　武藤山治ハ小林ニ一万円出金スル約束ヲ為シ　其内三
千円丈ケ試験的ニ手渡シシタトノ事ナリ
ト云ウ　堀木ト余ハ十二時十八分富田発ニテ帰エル
午後一時頃川島村ノ桂山浅治郎来タリ
本年ノ米作ハ順備シテモ宜敷哉
ト尋ネル　余ハ
土地ノ賣買登記ヲ為ス迠ニ勘考シテ置ク
ト返事ス
森篤二郎来タリ

跡見ガ鍛治藤ハ勉強シテセメントヲ賣ッテ呉レヌカラ他ニ適當ノ販売店ヲ求メ度イト云ヒ升タカラ　私ハ其事ニ関シテハ日比サントモ相談シタ事ガ有升カラ尚ホ一應日比サンニ話シテ見升ト答エテ置升タガ　何トカ御考エハ有升センカ　私ガ思ヒ升ニハ浅野ニ二萬円信託金ヲ提供スル必要ガ有ルソウデスカラ十萬円位ノ株式會社ヲ起シタラ能イト考エ升

ト云ウ　余ハ

勘定ニ合ウモノカドーカ　一度跡見ニ逢ッタ節研究シタ上ニ仕度イ　算盤ニ合ウ以上其程度ノ會社ヲ起ス位ノ事ハ何ンデモ無イ

ト答エテ置イタ

昭和三年一月十二日

四日市銀行西支店川原町派出所主任廣田吾一ガ来テ

浅野セメントガ川島村ニ於テ三十万円斗リノ土地買収ガ成立シタ由聞込ミタリ　右土地登記出来　代金授受ノ場合西支店ヲ御利用願度御頼ミニ参上セリ

ト云ウ　余ハ

浅野セメントハ伊勢鉄ヨリ三万五千樽ノセメントヲ注文受ケテ居ル次第ニモアリ　可成《ナルベク》四日市銀行ヲ利用仕度イト思ッテ居ルガ愈々代金授受ノ場合迠ニ浅野エ相談シテ置ク

ト答ウ

午后三時頃東京山田胖ヨリ電信ニテ

「キテハイシヨウ一八ヒユク」ヤマダ

ト返事シテ呉タ故直チニ此旨伊藤傳七ニ手紙ニテ通知ヲ為ス
午後七時頃小菅與二郎来タリ
昨冬御話アリタル事ニ関シ　小菅剣之助年末帰泗ノ節相談ノ心組ナリシガ　剣之助熱海ニテ越年スル事ニナリタル故　私ハ十二月廿七日態々《ワザワザ》熱海エ出掛ケ廿八日四日市エ帰エリ升タ　熱海ニ於テ剣之助エ話ヲ致升タ處　剣之助ハ
其内日比君ハ東京エ序ガアルデアラウカラ　其節小菅ガ株ヲ持ツ持タヌト云ウ事ハ別問題トシテ碁デモ打ッテ遊ブ心組ニテ一日カ二日位逗留ニテ熱海エ立寄ッテ呉レル様ニ頼ンデ置ケ　其時日比君ニ能ク話ヲ聞イテ見ル
ト云ッテ居リ升タ　熱海エ下車セラレルト小菅ノ別荘ハ直グ目ノ先デスカラ是非御立寄ヲ願升
ト云ウ　余ハ
承知シタ　序ノ節立寄ル事ニスル　然カシ僕ハ内心苦心シテ居ルノハ伊藤傳七氏ガ投機師ヲ仲間ニ入レル事ヲ嫌ウ気味ガアルカラ其調和ガ六ヶ敷イ　此レハ君丈ケニ話ス事デアルカラ剣之助氏ニハ言ワズニ置イテ　單ニ君ノ参考ニシテ置イテ貰ライ度イノデアル
ト云ヒタルニ與二郎ハ
兎ニ角貴下ノ御取計ライニテ剣之助ヲ浅野氏ニ引合セテ頂ケレバ　海ノモノカ山ノモノカヾ早ク決定スル事ト思イ升　剣之助モ利益ノアル會社ナレバ株ヲ持ツニ相違無イト想像致升
ト云ウ　色々世間話ヲ為シタル上與二郎ハ十一時頃帰エッテ行ッタ
小菅ト入レ違イ杉浦國吉来タル　余ハ
井口ハ了解シタリ哉
ト尋ネタルニ杉浦ハ

先日来タトキ　少々デスガト云ッテ包ンデ私ニ渡シタカラ帰エッテ開ケテ見舞シタラ　金貳百圓デシタカラ案外シタ訳デス　私ハ実業新報創刊以来一文ノ銭モ井口カラ貰ラッテ居ラヌカラ　右金員ハ新聞代ニモ足ラヌ位デスカラ私ハ直チニ新聞代トシテ領収書ヲ送ッテ置キ升タ　此度ノ撰擧ニ應援スル義務ハ無イト思イ升　井口ハ松茂ノ払ガ末期払ニナッテ居ルガ　昨年ノ暮レ大晦日ナルニモ不関内金ヲ渡シタ由ニテ財政ハ甚ダ苦シイ模様デス此ンナ調子デハ撰擧費用ガ思イ遣ラレ升　私ハ考エ升タ　此度ノ撰擧ニハ何レニモ片セズ各候補者カラ廣告料ヲ貰ラウ方ガ骨ガ折レズニ収入ガ反ッテ多イト思ウカラ　一層ノ事中立デ押シ通サンカトモ勘考シテ居リ升

ト云ウ　余ハ

君ハ僕等ト立場ガ違イ新聞記者トシテ撰擧ハ金儲ケノ大切ナル時期デアルカラ　君ガ工合能ク活動シテ君ノ営業上相當ノ結果ヲ収メテ貰ライ度イト乍蔭《カゲナガラ》祈ッテ居ッタノデアルガ　其レハ當テガハズレタナァー　然シ今更ラ加藤ヲ援助スル為メニ久三等ト行動ヲ共ニスル事モ出来マイシ　同志會ヨリ公認デ立ツ小林庄七ヲ援助スル事ヲ望マヌノナラ　君ノ言ウガ如ク中立デ押通リ八方美人的ニ廣告料ヲ取ル方ガ能イカモシレヌナァー

ト答ウ　其レヨリ雑談ニ時ヲ移シ　杉浦ハ一時半頃帰エッテ行ッタ　杉浦ガ帰エッテカラ余ハ考エタ　此度ハ普撰デアルカラ民衆ヲ廣ク相手ニセナケレバナラヌ　其レデ無クテモ撰擧費用豊富ナラザル井口ガ　一杉浦ノ為メニ大シタ金ヲ出ス餘地ハ或ハ無イカモ知レヌ　今日二百円ヲ工面シテ杉浦ニ渡シタノハ相當苦面シタ結果カモ知レヌ　撰擧ト云ウモノハお互ニ掛引キ斗リノ水物デアッテ巧ニ泳ギ廻ッテ彼岸ニ到着シタモノガ勝チニナルノデアル　モコ〳〵シテ居ルモノハ候補者・運動者ノ別ナク馬鹿ヲ見ルノデアル　其レニシテモ昨日伊藤平治郎ガ余ニ向イ

先日遠藤知事ニ逢ッタ節　知事ハ日比君ハ井口ヲ援助シテ遣ッテ呉レル訳ニハ行カヌカナァート云ッテ居ッタヨ

ト云ッタ事デアル　知事ハ如何ナル腹合ヒニテ此ンナ事ヲ平治郎ニ言ッタノカ　余ニハ判断ガツカヌ

昭和三年一月十三日

宮地君カラ左ノ手紙ガ来タ

拝啓陳者一月拾日附貴状正ニ拝誦　右ニ依レバ伊藤傳七氏ニ對シ大貝戸ノ件ニ就キ許可アリタリトノ趣ニ候得共

右ハ如何ナル意味ナルヤ其後ノ経過委曲御報告相願度此段得貴意候

匆々

宮地茂秋　㊞

昭和三年一月十一日

日比義太郎殿

如斯《カクノゴト》キ照會ガ来ルトハ宮地君モ甚ダ迂遠ノ事ダト思ッタガ詳細ニ返事ヲ書イテ投函ス

午後七時頃蛭子屋ヨリ槌谷君ガ電話ニテ呼ビニ来ル　行キタルニ森本一郎ト森岡與四郎ガ居ッタ　世間話ヲ為シ八時頃帰エル

午後九時頃蓮池正六　龜田ト云ウ店員ヲ連レテ来タリ

旧冬十二月廿日御話アリタル件ニ関シ昨日桑名エ行キ　諸戸精太ニ逢ッテ話シタルニ諸戸ハ

旭ノ地所ハ浅野ニ對シ総括シテ賣ッテアルノデアルカラ　其一部分ヲ分割シテ県廳エ讓渡スル事ハ困ル　土ノ捨場ガ無イト云ウ事ナラ浅野ノ承諾ヲ得テ鳥洲エ捨テタラ能イデハ無イカ　其土地ノ捨賃ヲ県ガ浅野ヨリ取ル事ハ県ノ勝手デアッテ九鬼・諸戸ノ関係スル處デハ無イ

築港所長ノ渡辺カラ何度催促シテ来テモ放ッテ置イテ呉レ　其内ニ僕ガ遠藤知事ニ逢ッテ直接返事スル事ニスル　昨日午前十一時頃遠藤知事ハ僕ノ處エ遊ビニ来テ午後三時頃迄居ッタガ一言モ其ンナ事ヲ云ッテ居ラナンダ

ト云ッテ居ッタカラ右御承知置ヲ願ウ
ト云ウ　余ハ「承ッテ置キ升」ト返事シテ置イタ
蓮池ハ語ヲ續イデ曰ク
旭ノ問題モ何ントカ局面ヲ轉換シテ解決ヲ告ゲネバナラヌト諸戸ニ話込ミタルニ精太ハ　其内ニカラット解決スル方法ヲ考エルカラ乃公《オレ》ニ任カセテ置ケト始メハ云ッテ居ッタガ　僕ハ先般君ガ云ッテ居ッタ意見ノ如ク　鳥洲並ニ大池ヲ浅野ニ提供シテ浅野ニ仕事ヲ始メサス事肝要ナリト説得シタルニ精太ハ意大ニ動キ一度原・大喜多弁護士ニ相談ノ上場合ニ依ッテハ左様決定シテモ能イト云ッテ居ッタ
ト云ウ　余ハ
僕ガ其レヲ進言シタトキニ其決心ガ付ケバ能カッタニ　目下ノ状況ニテハ関ハ何ント返事スルカモ判ラヌ
ト答エタルニ蓮池ハ
其節ニハ切ニ君ノ御盡力ヲ煩シ度イ
ト述ブ　其レヨリ雑談ニ移リ蓮池・龜田ハ一時頃帰エッテ行ッタ　蓮池ハ明日九州エ旅行シ時宜ニ依リ九州ノ炭坑ヲ賣片付ケテ来ルト云ッテ居ッタ

昭和三年一月十四日

風邪ニテ気分悪シ　外出ヲ見合セ雑誌ヲ読ム　夜餘リ退屈故　本多エ行キ富彦ト碁ヲ打ツ　平常ニ似モヤラズ成蹟ガ能カッタ

昭和三年一月十五日

午後五時ヨリ恒例ニ依ル市長主催総代新年宴會ニ列席ノ為メ大正館エ行ク　市長ハ母堂病気ノ為メ上京中ニテ不在
福林助役ガ挨拶ヲ為ス　藝者ノ数モ少ナク誠ニ淋シキ宴會ダト思ッタ　余ノ隣リニ座ッタ伊達ガ見計ライニテ市長エ
見舞ヲ送ッタト余ニ告ゲタ　正副議長・参事會員ニ福林助役ヲ加エ金高ハ拾円ノ品物ナリシトノ事ナリ

森松次郎ハ余ニ向イ

　川島村ノ土地ヲ買ッタ由聞キシガセメント工場ガ出来ルノカ

ト尋ネル　余ハ

　粘土ガアルモノダカラナァー

ト答エタルニ森ハ

　セメントニ必要ノ粘土トハ河ノ底ニアル泥トノミ思ッテ居ッタ

ト云ウ　余ハ一笑ス　森ハ

　遠藤知事ハ三重県ノ南部ヨリ代議士ニ立候補スルカモ知レヌ　目下牟婁郡ノ連中ガ策動シテ居ル

ト云ッテ居ッタ　余ハ八時頃大正館ヲ出《イ》ズ

午後十二時頃肥料商ガ松茂ニ於テ新年宴會ヲ為シタル帰途　槌谷・後藤・加賀・今谷・森等来タル　鈴木庄松ヨリ依頼ノハンケチ一打入リ壱個宛ヲ渡シタルニ

槌谷　此度ノ撰擧ニ宜敷頼ムト云ウ意味ガ含ムデ居ルノデアラウ　然カシ市會ニハ立ツ勇気ハアルマイ

後藤　个カラ物ヲ貰ラウト云ウ事ハ何ンダカ気味ガ悪ルイ　撰擧ハ撰擧ノ時ニ考エルトシテ置イテ貰ラッテ置コウカ

今谷　ソウシテ見ルト日比サント云ウ人ハ徳人ダナァー　一同カラ出テ貰ライ度イ　ト頼マレルノダカラ偉イモノダ

日比　鈴木ノ口上ハ「毎度商強會ニテ勝手斗リスルカラ其御礼ニ差上ゲ度イ」ト云ウノダカラ諸君ハ貰ラッテ置イテ
　能イデハ無イカ

此ハンカチーフ一打入代價ハ二円位ノモノヽ由ナリ　右五人ノ外刀根・太田・小木曾・松上宛ノモアッタ

【財界膝栗毛】母が亡くなつてから毎夜父の茶話相手
東洋汽船専務　浅野良三君

報知新聞　昭和3年1月13日

君はいつ会つても若々しく万年新造である、父総一郎翁の御曹司だけに接客についてはさすがに手に入つたものだ、その辺をチヨツトほめやうものなら早速

『もと〳〵船から生れた水商賣だから、その辺は余程心得てゐないとね……』

◇　◇

この良三君どこから水を向けても直ぐ仕事のことに話が落ちる

『景気の良い話しもしたいが、それよりも先づ第一に日本人はもつと働く時間に、眞劍な態度で働く習慣と覚悟とがなくては駄目である、よく仕事中にタバコをふかしたり、茶話をやつたりするやうな不眞面目では、景気は向ふから逃げて行く、ある人が日本でわき目もせずに働いたならば失業者ばかり出來て困るといふが、もしさうして失業者が出るやうであつたら、不肖この良三が片ツ端から後始末を引受けるよアツハハ』

◇　◇

しからば良三君の活動ぶりは如何――近來は毎朝五時半起床して七時までには必ず三田の父君の元に馳せつけ、八時半頃までいろ〳〵その日の仕事の打合せをなし、九時に会社へ出て六、七時頃まで執務するのが日課である、これだけを聞いて見ると夜は自由の体らしいが、更に君は次の打明け話しを始めた

『父も母をなくしてから何となくさびしいだらうと思つて私共兄弟や、会社の古顔の連中総勢十数人が二三人づゝの組を作つて代り番に毎夜父のもとに行つて茶話の相手をすることにしてゐる、この計画は父にはたれも話しもせず、母の沒後不文律の中に守つてゐるので、せめて父に対しわづかながらの慰めとなれば仕合せだと思つてゐる

◇　◇

『僕も昔はウイスキー一本位は

一度に傾け父にも心配かけたがさういつまでもからだが許さないよ、兎に角僕は新年だらうが旧年だらうが、眞劍に働いてゐる、もし悪い行為があればこの部屋に掲げてあるあの三老人に申訳がないと思つて気を付けている』成る程、君の事務室の壁には澁沢子、安田善次郎及び総一郎三翁の大写真が掲げてある（井上生）

コノ良三ノ漫画ハ似テ居ラヌ

昭和三年一月十六日

午後六時ヨリ第三學校増築委員會エ出席ス　會スル者　岩田校長・武藤・石榑・島嵜ノ市會議員ト余ノ合計五名ナリ
岩田校長ヨリ
　一昨日福林助役ヨリ話ガ有升タ　其レハ納屋一致會ヨリ金壱万円寄附シテ呉レ　本年ノ豫算ニ計上スルト云ウ事デス　全部ノ金額ガ三万参千円デスカラ約三割ノ寄附ニ當リ升
　如何致シタモノナルカ御相談ヲ願度イ　本夕ハ市會議員サン丈ケニ御衆《アッ》マリ願升タ
ト云ウ　余ハ
　明晩全部ノ委員並ニ総代一同ヲ召集シテ其上ニテ相談スル事ニシテハ如何哉
ト述べ一同賛成散會ス
此頃来遠藤知事ガ立候補ノ為メ　知事ヲ辞職スルト云ウ噂ガアッタガ　本日ノ伊勢新聞夕刊ニ遠藤知事ノ談トシテ
　『母ガ病気ニモアリ　其母ガ政治ヲ好マズ代議士立候補ヲ希望セヌカラ止メル』
ト載ッテ居ル　四日市ニ於ケル浅野ノ諸問題ガ片付ク迠ハ遠藤知事ノ留任ヲ希望スルナリ

昭和三年一月十七日

午前十時頃富田ヨリ伊藤平治郎ガ電話ニテ
昨日知事エ行ッテ来タ　知事ハ十八日北畠神社エ参拝ニ行キ都合ガ悪イ故　十九日ト約束シテ来タカラ松茂ノ方ヲ一日延バシテ呉レ
ト云ウ故直チニ松茂エ掛合ヒタルモ繰替エ出来ヌ　堀木エ相談　両人ニテ大正館エ行キ會場ヲ変更シタル上山田胖エ向ケ
「一九ヒニノビタ」ヒビ
トウナ電ニテ通知ヲ為ス
市役所エ行キ福林助役ニ第三學校増築ノ件ヲ相談シタルニ助役ハ
壱万円即チ三割寄附ト云ウ事ヲ無理ニ減少セシメテ後日市會議員等ヨリ「日比サンガ市長ト話シテ勝手ナ事ヲシタノダ」ナドノ批評ヲ受ケテモ宜敷ナイト思ヒ升カラ　三割ハ其儘ニシテ置イテアノ計畫デハ二教室ヨリ無ク又小使部屋モ無イカラ　其レ等ヲ此際抱合スル御方針ヲ執ラレテハ如何哉
ト云ウ　其處エ渡辺學務主事ガ入ッテ来テ
去ル九日　貴下お話ノ女學校代数ノ先生ノ問題ニ関シ學校ニ話致升タ　校長ハ第三學期ニ於テ何ントカ工風スル
ト云ッテ居升タカラ左様御承知願度シ
貴下御娘御ノ代数点ハ臨時試驗ニ六点ニシテ第二學期末〇点デアリ升タ　最モ一般ノ生徒ガ不成績デシタカラ學期末ノ跡モ一回試驗シタルニ　其試驗モ御娘御ハ〇点デアッタソーデスカラ　採点ニ困リ丁ト付ケテ置イタト
云ウ話デ有升タ

ト報告スル　余ハ
丁ト採点シテ呉レタ為メ計ラズモ注意スル事ニナッタノダカラ　其意味ニ於テ採点者ニ感謝ノ意ヲ表スル次第ナルガ　点数ノ事ハ兎モ角モ教育ノ方面上　第三學期ニ於テ完全ニ其クラス生徒一般ニ徹底スル様ニ授業シテ貰ライ度イノデアル
ト答エテ置イタ
午後三時頃東京ニアル戸野市長エ向ケ電信ニテ
御老母様御経過如何
知事招待十九日ニ延ビタ　日比
ト通知ス
午後六時半ヨリ第三學校増築委員會エ出席ス　會スル者　岩田校長・吉田・九鬼健・武藤・松島・石榑・諸戸・伊藤・九鬼文・余ノ十人デアッタ　岩田校長ヨリ説明ヲ為シタル上武藤其レヲ補足シタルニ九鬼健ハ　三割ガ今少シ負カラヌカト云ウ　余ハ
此會議ヲ企テラレタル第一回集會ノ席上ニ於テ御注意申上ゲタ事ガアルガ　前回ノ改築委員ガ大局ヲ忘レタ為メニ何ン度モ改築ノ手数ヲ要スル事ニナッタ
只今御相談中ノ案モ餘リニ近目ノ御計畫ト思ウ　此際幼稚園ヲ三教室ニシ小使部屋モ作リ　向ウ十年位ハ幼稚園ニ手数ノ掛カラヌ方法ヲ此際充分ニ講ジ置ク必要アルヲ思ウ　此点ヲ飽ク迠徹底セシムル方針ヲ執リタル上　三割ハ気持克ク承知スル事ニシテハ如何哉
ト発案シタルニ衆皆ナ同意シ余ノ提言通リ決定シテ散會ス

昭和三年一月十八日

森篤二郎来タリ　港座エ武藤山治・尾崎行雄ノ演説會ガアルガ　大変ナ聴衆ニテ既ニ道路ニ充満シテ居ルト云ウ　余ハ此演説ヲ聞イテ見度クナリ　森ヲ連レテ出掛ケル　成程沢山ノ聴衆ニテ到底入場シ得ベクモアラズ　恰《アタカ》モ能シ　其處エ傳七氏ガ武藤ヲ連レテ入場セントスルニ出逢ウ　傳七氏ハ余ノ顔ヲ見ルヤ手招キスル　幸イト茶屋口ヨリ容易ニ入場スルヲ得タリ　其時一青年ガ開會辞ヲ述べテ居ッタ　續イテ小林庄七ガ実業同志會エ入會シタル理由ヲ挨拶ニ代エテ演説スル　光彩ガナカッタ　武藤山治ガ政治研究ノ必要ヲ詳細ニ説明口調ニテ述ベル　中々手ニ入ッタモノニテ流石ハ武藤ダト思ッタ　尾崎ハ「黨費ヲ公表セザル政黨ニ投票スルナ」トノ意味ヲ演説シタ　意味ハ能ク判カルガ昔日ノ英気ナク尾崎老イタリノ感ガアッタ　四時頃帰エル

東京ノ市長ヨリ左ノ電信ガ来タ

「オミマイヲカンシヤス　二三ヒノビル、トノ」

松井眞一ガ「今度浅野ヨリ伊勢鉄エ契約サレタル三万五千樽ノセメント荷役ヲ請負度シ」ト云ウ

余ハ跡見宛ノ照會状ヲ渡シ　明日一番気車ニテ名古屋浅野セメント出張所エ交渉ニ行ッテ来イト命ズ

昭和三年一月十九日

午後零時三十二分四日市着列車ニテ山田胖来タル　水東館ニ入ル　山田ハ

一、藤原鉄道願書ハ昨年暮レ鉄道省エ廻ッタ許リニテ　鉄道省エ運動ニ行キタルニ鉄道省ニテハ未ダ其儘ニナッテ居ッタ次第ニテ　許可ヲ得ル迠ニハ中々時日ガ掛カル模様デアッタ

二、良三ニ藤原鉄道ヲ川島村経由ニ路線変更出願方相談ヲ為シタルニ良三ハ　モー少シ川島村ノ模様ガ片付ク迠
　見合セタラ如何哉　ト云ッテ居ッタカラ其儘ニナッテ居ル

ト云ウ　晝食ヲ為シタル上二時半頃大正館エ出掛ケル　大正館ニ於テ　傳七・平治郎・平田・山田・堀木・堀江秀夫（小野田セメント名古屋技師長）余ノ七名藤原鉄道ノ件ニ関シ色々相談スル

午後五時半頃遠藤知事来タル　傳七氏ヨリ知事ニ向イ

閣下ハ二十一日御上京ノ序ヲ以テ鉄道省エ御運動被下由ナルガ　其節吾々モ同行一應鉄道省エ頭ヲ出シテ頼ンデ
　置ク必要ナキ哉

ト尋ネタルニ知事ハ

目下ハ撰擧前ニテ政友會ニ撰擧費用ヲ必要トスル折柄デアルカラ　此際傳七氏ガ鉄道大臣ニ逢ウ事ハ恰モ御用金ヲ仰付ケラレニ行ク様ナ仕儀ニナルカラ　僕ガ此度上京シテ八田次官ニ能ク話ヲ為シタル上　大臣ガ傳七氏ニ面會ヲ希望スル様ナ次第ナレバ其時ニ初メテ出掛ケル事ニシテハ如何哉

ト云ウ　吾々ハ遠藤知事ノ意見通リニスル事ト為ス

伊藤傳七氏ハ余ヲ別室ニ呼ビ入レ

先達君ト堀木君ヨリ平治郎ニお話シアリタル四日市エ獨立セメント會社ヲ創立スル事ハ御最モノ説ト思ウ　然レドモ僕ハ将来東洋紡績ヲ本位トシテ立タイト思ッテ居ル　且ツ借金スル事ハ可成《ナルベク》セヌ方針デ居ルノデアルカラ僕ガ創立委員トシテ此會社創立ノ事ニ當ルト浅野ガ君モ御承知ノ人物故　會社ニ借金政策ヲ執リ一々僕ニ判ヲ捺ス事ヲ迫ラル丶事ナキ哉ト云ウ心配モアルシ　若シ會社創立后ノ成蹟ガ思敷《オモワシ》カラザルトキハ　地方ニテ株式ヲ持ッタ人ニ對シ傳七ノ信用ヲ落ス事ニナル事ヲ憂ウルノデアル
右ノ理由ヲ以テ僕ハ株ハ相當持ツガ創立委員ハ浅野泰治郎ト云ウ事ニ仕度イ　平治郎ハ此レニ對シ如何ナル意見ヲ持ッテ居ル哉此場エ呼ンデ相談シテ見ヨウデハ無イカ

ト平治郎ヲ呼ブ　平治郎来タル　余ハ両人ニ向イ

原石山ハ安ク手ニ入レテ居ル　粘土山然カリ　工場地亦々然カリ　地方ノ株主ニ迷惑ヲ掛ケル等ノ事ハ天ガ落チテ来ル様ナ心配ヲスルト同様ニテ　餘《アマリ》ニ杞憂ニ過ギルト思ウ　然カシ只今傳七氏ノ言ワルヽ傳七氏ガ紡績本位デ立タルヽ事　並ニ借金ノ連判ヲ心配セラルヽ事ハ傳七氏トシテ御最モノ事デアルカラ　其處ヲ適當ニ考案シテ其心配ヲ除去スル方法ヲ建テタラ能イデハ無イカ

ト云ヒタルニ平治郎ハ

十二円五十戔払込一株ニ對シプレミヤムハ金五円位ノモノデアラウカ

ト云ヒ　傳七氏ハ

否ナ金拾円位付クデ有ラウ

僕モ欲ガ無イ訳デハ無イガ　相當悪行シタトキノ要心モシテ置カネバナラヌシ又一方小野田ニ對スル義理モアルカラ色々ト考エテ置カネバナラヌ　藤原鉄道ノ株ヲ沢山持タヌデモ能イノナラ　セメント株ハモー少シ沢山持ッテモ能イトハ思ッテ居ル

ト云ウ　余ハ

株ノ事ハ餘リ御心配御無用ト思ウ　地方負担株ノ剰餘丈ケハ私ガ責任ヲ持ッテ纏メテモ宜敷イ

ト答エ　尚ホ色々ト三人相談ノ上

一、創立委員ハ浅野泰治郎トスル事

二、資本金ハ金壱阡万円トスル事

三、右資本金中　三分ノ一地方ニテ負担スルカ四分ノ一ニスルカハ浅野ノ希望ニ任ス事

右ノ方針ヲ以テ余ヨリ序ノ節浅野ノ意思ヲ尋ネテ見ル事

ニ決定ス　其時　芝辻内務部長・野村農林課長来タル　少シ遅レテ土岐警察部長来タル　廣間ニ於テ宴會ヲ始メル

時ニ七時ナリ　開宴ノ始メニ當リ傳七氏ハ挨拶ノ為メ立チテ

遠路御出席ヲ謝ス　鉄道省エ藤原鉄道願書ヲ御廻シ願ヒタル事並ニ原石山並ニ川島村基本財産山林ノ御許可ヲ願ヒタル事　其他幾多吾々ノ為メ御厚意ヲ示サレ吾々ノ仕事ニ便宜ヲ計カリ呉レラレタル事ヲ御礼申上ゲル

藤原鉄道ハ元ト本県産業発達上ヨリ企図シタル事ニシテ利益・損徳勘定ヨリ思付キタルモノデハ無イ　然カルニ最近政府ノ勢江鉄道ト衝突スルカノ状況ニナッテ来タガ　其間ヲ如何ニ處置シテ行ケバ機宜ニ適シタ行動ガ取レルカ色々心配シテ居ルノデアル　吾々ハ素人ノ寄合ヒデアルカラ萬事皆サンノ御差図ニ従ッテ行動仕度イト考エテ居ル　此儀此上共宜敷御指導ノ程ヲ願升

ト述ベル　遠藤知事ハ此席ヨリ答辞ヲ述ベ度イト前置シテ簡單ニ

只今述ベラレタル事ハ萬事承知致升タ

ト答ウ

宴會始マル　藝者八人酒間ヲ廻ル　八時頃芝辻内務部長先ヅ帰エリ　遠藤知事・土岐警察部長・野村農林課長ハ十一時頃帰エッテ行ッタ　堀江・傳七・平治郎・平田ハ十一時三十分発名古屋行ニテ帰エッタ　余ハ四人ト共ニ大正館ヲ出ル

本日大正館ニ於テ傳七氏ト余ト雑談ノ節　傳七氏ハ

大貝戸ノ件ハ近藤吉造ガ大分骨折ッタ次第ナルガ　先達同人ヨリ何等其レニ對シ報酬ナキ事ハ其意ヲ得ズト申込ンデ来タ　川島村ノ件デモ村ニ於テハ柳川村長並ニ桂山浅治郎等骨折ッテ居ルノデアルカラ　何ントカ報酬ヲ與エナケレバ本當デ無イト思ッテ居ルガ　君ハ何ント考エル哉　実際ヲ云ヘバ川島村ノ青年團・在郷軍人會・消防組ニ向ッテモ相當ノ礼金ヲ寄附スベキモノダ　浅野ヤ金子ハ其事ニ気ガ付カヌノデ有ラウカ　此ンナ事ニテハ浅野ノ人気ヲ悪クスル

大貝戸原石山等ハ　或ル黒人《クロウト》ガ浅野ニ渡サズニ何ントカナラヌカ　ト僕ニ云ッタ位安ク手ニ入ッテ居ルノデアル

シ　川島村デモアンナ安イ値段デ纏マル等ハ尋常一様ノ君ノ盡力デハ無イノデアル

ト云ッタ故　余ハ

大貝戸ノ事ハ時期ヲ見テ浅野エ話ヲシテ置キ升　川島村ノ事ハ御意見ノ通リデアルガ　金子ガ糞食ッタ様ナ顔付ヲシテ居ッタカラ私モ実際盡力ノ仕替〔甲斐〕ガ無イ様ニ思ッテ居ル　金子ハ何モカモ判ッテ居ルノダガ気ノ付カヌ様ナ顔付ヲシテ居ルノカモ知レマセヌ　何故ナレバ川島村買入レヲ私ニ命令シタトキ　金子ハ「実際纏メニ取掛カッテ見ヨ　其レハ面倒ナモノダヨ　浅野ニ於テハ幾多ノ経験ヲ持ッテ居ル」ト私ニ言ッタ程デスモノ

ト答エタルニ傳七ハ

実際金子ガ一番喰ラエヌ人物ダヨ　大貝戸ハ浅野ヨリ頼マレテ買ッタモノダカラ　僕ハ浅野エ渡サヌトハ云ワヌガ馬鹿々々敷思ウノダ

ト云ッテ居ッタ　余ハ浅野ノ四日市ニ於ケル事業ト生死ヲ共ニスル覺悟デ献身的ニ盡力シテ居ルノデアルカラ　報酬等ヲ希望シテハ居ラヌノデアルガ　時々張合ヒノ無イ気ガスル事ガアルノデアル

昭和三年一月二十日

午前九時半水東館エ山田胖ヲ尋ネル　山田ハ

昨日ハ君ニ對シ九鬼紋七エ同行スル事ヲ約束シタガ　考エテ見ルト鶴見臨港鉄道會社トシテ買収値段ヲ口外シタ以上　断ジテ買増サヌ事ニシテアルカラ君一人ニテ交渉シテ貰ラウ方便利ナラント思ウ　三月中ニ取纏メ出来レバ能イノダカラ其辺宜敷頼ム

ト述ベタル後チ　話頭ヲ轉ジ

関モ埋立會社ノ土地ガ賣レヌノデ金ノ繰廻シニ閉口シテ居ルヨ　然カシ最近京濱運河ガ許可セラレル雲行キニア

ルシ　尼崎ノ埋立モ許可ノ模様デアルカラ　此二ツガ許可実現ノ場合ニハ東京湾埋立會社モ活気ガ出テ来ル事デアラウ　釜山埋立ノ権利ハ他人エ譲渡シタラシイ　君モ関ト提携シテ何處迄モ進ンデハ如何哉　関ハ商人デハ無イカラ他人ヲ押付ケテ自分一人甘イ事ヲスル性質ノ人間デハ無イ　君ハ此度ハ何時頃上京スル哉

ト云ウ　余ハ

目下ノ處上京ノ時日ハ未定ナルモ　其内亦夕用件ガ出来テ来ル事ト思ウ

ト答ウ　山田胖ハ午前十一時三十分気車ニテ帰エッテ行ッタ　余ハ水東館ニテ山田ニ分カレ　九鬼紋七エ行ク　紋七ハ病気デ寝テ居ル　徳三ニ向イ

鶴見臨港鉄道會社ガ今度線路延長スルニ付キ　九鬼紋十郎名義ノ地所ニ五百坪掛カル　一坪四十五円ニテ買入方同會社山田胖ヨリ依頼ヲ受ケタル為メ参上セリ　宜敷御顧慮ヲ願ウ

ト述ベタルニ徳三ハ

親爺ニ相談ヲシテ来升カラ少々待ッテ下サイ

ト述ベテ奥ニ入リ暫クノ后チ出デ来タリ

父ニ相談致升タ　父ハ値段トシテハ其ンナモノナランガ　アノ附近ニ電車ガ引ケタガ　鶴見川ノ鉄橋ヲ高クスル影響ヲ受ケテ路線附近ノ土地ガ出堤ニテ活用ガ出来ナク成ッタ　此回モ其轍ヲ踏ム事故其損害ヲ含メテ貰ライ度イト思ウガ　何分東京青山事務所ニ於テ管理シテ居ル土地ノ事デアルカラ　一應手紙ニテ照會シタル上貴下エ向ケ否ヤ御返事致升ト申シテ居リ升タ

ト云ウ　余ハ

何分宜敷頼升

ト述ベテ辞ス

昨日山田ガ関君ヨリ依頼サレテ持ッテ来テ呉レタ浅野總一郎新年試筆

一　寿　カセグニ遂付ク貧乏ナシ
一　努力　〃
ノ二枚ヲ椙田エ一ツハ掛物ニ　一ツハ額面ニ調整方注文ニ行ク
松井眞一来タリ
　昨日名古屋浅野出張所エ行キ　跡見ニ面會御申付ケ通リ交渉シタルニ跡見ハ直チニ値積リ書ヲ出シテ呉レ　合同運送店並ニ四日市倉庫ヨリモ運動シテ来テ居ルカラ困却シテ居ト云ッテ居リ升タガ如何致升テ宜敷哉
ト云ウ　余ハ
浅野ガ四日市ニ於ケル海上荷役並ニ艀船仕事ニハ神海組ヲ利用スル事ガ便利デアルカラ云ッタ事ニテ　三万五千噸位ノ取扱ハ大シタ事デハ無イカラ他人ト競争シテ沾札入レヲ要スルナラ止メテ置ケ　假令損ヲシテモ浅野ノ為メニ働ラクト乃公《オレ》ガ跡見ニ申入レタニモ不関　其レヲ跡見ガ了解セヌ以上致方ガ無イデハ無イカ
ト述ベタルニ松井ハ
　承知致升タ
ト答エテ帰エッテ行ッタ
夜森篤二郎来タリ
　昨日瀧ヶ原ノ件ニテ鳥羽エ行ッテ来升タ
ト報告シタル后チ
　知多郡大佛見物ニ遊客ヲ運搬スル航足権ヲ取ッテ　此夏遣ッテ見テハ如何デスカ
ト云ウ　余ハ
　其ンナ事ニ僕ノ名前ヲ出スノハ大人気無イカラセヌ　然カシ儲カル事ナレバ九鬼末吉・松井眞一ト三人共同ニテ遣ッテハ如何哉　君等ガ儲ケル事ナレバ僕ハ相當ノ援助ヲ惜マナイ

ト答エ　九鬼・松井ヲ呼ンデ森ト相談セシメタル上　兎ニ角森ガ出願ノ手續ヲ研究スル事トナッタ

昭和三年一月二十一日

午前八時十一分気車ニテ堀木ト共ニ岐阜県エ向ウ　富田駅ニテ平治郎ノ番頭ヨリ三個ノ粗品ヲ受取ル　十一時頃岐阜駅着 直チニ大野知事官邸ヲ訪問シ粗品ヲ出シ

藤原鉄道ノ件ニ関シ御礼ニ参上致升タ

ト挨拶シタル后チ　内務部長宅・伊藤土木課長宅ヲ知事官邸同様ニ御礼ノ挨拶ヲ為シタル上　一時三十九分発ニテ午後二時過ギ名古屋駅ニ到着ス　関西線ニハ一時間斗リ時間ヲ待タナケレバナラヌ故　二等待合室ニ入ル　頂度森篤二郎ガ居ッテ

只今跡見ニ會見シテ来タ處デス　跡見ハ明日十時ノ名古屋発ニテ四日市エ行キ　日比サンニお目ニ掛カッテ能ク御詫致度イ

ト云ッテ居リ升タト云ウ故　余ハ

幸イ僕ハ此處ニ居ルノデアルカラ僕ガ浅野出張所エ行キ升ショウ

ト答エテ　森ヲ連レテ出掛ケル　住友ビルディングノヱレベーターノ處デ議會ガ解散ニナッタ事ヲ聞ク　八階エ行キ跡見ニ逢ウ　跡見ハ

不行届キノ為メ引違ヲ生ジ何ン共申訳アリマセン　如何致シタラ工合能クナルデショウ

ト云ウ　色々相談ノ結果　跡見ヨリ直チニ合同運送エ電話ヲ掛ケ

三万五千樽ノ荷役ハ全部神海組エ任カシタカラ　日比サンニ相談シテ貰ライ度イ

ト返事セシムル事ニ決定シ　五時二十分気車ニ乗込ム　気車中木村秀興ニ逢ウ　木村ハ余ニ向イ

意外ニ早ク解散ニナリ升タ　私ハ二十四日頃ガ解散ト思イ其迠ノ間ニ　三重郡ノ演説會残部ヲ終了スル手順デ有升タガ手違イニナリ升タ
此ンナ事ヲお願イシテハ撰擧違反ニナルカモ知レマセヌガ何分宣敷御願升
ト云ッテ居ッタ
四日市エ到着スル哉松井ヲ呼ンデ　合同運送ノ廣瀬ニ来テ貰ライ槌谷立會ニテ
三万五千樽ノ荷役ハ全部神海組ガ請負ウ事　但シ水揚・駅出シ賃・貨車積込賃ハ合同ニ任カス事
ト相談ヲ纏メル
東京井口延次郎ヨリ
ギカイカイサンサレタ」井クチ
加藤久米四郎ヨリ
カイサン、カクイニヨロシクオツタヘヲコウ」カトウクメシロウ
ト電信ガ到着シタ
山内清次郎ト清水米太郎ガ自動車ニ乗込ンデ来テ
議會ガ解散ニナリ升タ　井口ハ未ダ四日市市ヲ纏メル中心人物ノ撰定ガ出来ヌノデ困ッテ居升　何卆貴下ニ是非御願致度ク懇願ノ為メ参上致升タ
ト云ウ　余ハ
僕ハ加藤モ井口モ両方ガ当撰シテ貰ライ度イト思ッテ居ル　何レニ片シテモ悪ルイカラお断スル
ト述ベタルニ両人ヨリ色々「是非々々」ト請求シタガ　余ハ應ゼズ　両人ハ
山本・西脇両人ヲ表面ニ立タシメル事ハ評判ガ能ク無イカラ駄目デス　井口事務所ニ於テ満場一致ニテ決定シタ事ダカラ是非御承諾願度ケレ共絶對ニ否認セラル丶ナレバ貴下ニ代リ得ベキ人物ヲ御推薦願ウ訳ニハ行カヌカ

ト云ウ　余ハ
　其レハ堀木ガ一番適任ナルベシ　堀木ハ政友會デアルカラ君等ヨリ直接交渉セラレヨ
ト述ベタルニ両人ハ
　堀木サンモ貴下同様ノ理由ニテ駄目デス
ト答ウル故余ハ
　加藤久米四郎ヨリ僕ニ對シ「井口ニ援助シテ遣ッテ貰ライ〔度イ〕」トノ頼ミガアレバ加藤ト衝突セヌ訳ダカラ一考ノ餘地ハアル様ニ覺ユ
ト述ベタルニ両人ハ
　ソレガ出来ヌノデス　又お伺致升カラ是非御一考ヲ御願致升
ト云ッテ帰エッテ行ッタ

伊藤傳七氏等知事を迎へ　藤原鐵道關係者　大正館に新年宴を開く

問題の勢江鐵道に將來重要の關係を有し其の先驅とも稱すべき北勢地方産業界のため榮養線の一たる四日市方面より員辨郡藤原村一帶に達すべき藤原鐵道敷設計畫は既に主務省へ認可申請中であるが之が發起關係者等の諸般打合せ旁た新年宴が十九日午後四時から市內西新地の大正舘に開催され本縣知事等を招待した即ち縣廳側からは遠藤知事、芝辻內務部長、土岐警察部長及び野村林務課長の諸氏出席し發起人及び關係の有志としては伊藤傳七、伊藤平治郎、平田佐矩、日比義太郎、堀木忠良の諸氏と淺野側の山田技師、小野田側の堀江熱田工場主任等が參會し宴は伊藤傳七氏の開會挨拶に始まり遠藤知事の謝辭あり主客孰れも打解け胸襟を啓きて快談笑語し午後十時頃散會したと

実業新報　昭和3年1月22日

昭和三年一月二十二日

川島村村會議員村田新一ガ一名ヲ同行シ来タリ
貴下ハ井口ノ為メニ御援助ニナッテ居ル由ナルガ本當ナリヤ
ト尋ネル　余ハ
厳正中立ニシテ何レノ候補者ニモ片セズ
ト答エタルニ村田ハ
実ハ本日井口事務所ノ集會ニ参加スル為メニ出掛ケテ来タノダケレ共　貴下ガ其態度ナレバ私ハ此儘帰村致升
ト云ウ　余ハ
其後川島村残地取纏メノ模様ハ如何ナリ哉
ト尋ネタルニ村田ハ
本日モ午後ヨリ議員ガ集會シテ基本財産處分案ニ関シ相談スル事ニナッテ居リ升　基本財産山林ノ小作開墾補償ハ二割ニテ片附ケ度イ方針デス　小作側ハ三割ヲ主張シテ居升
凡テノ交渉ガ順調ニ進ンデ居ルノデ　登記ハ一月廿一日ヨリ少シ遅レルカモ知レマセヌガ大シタ遅延ハ無イト想像致升　賣却地ノ小作問題ハ地主各個ニ各個ノ小作人ニ交渉シテ解決スル事ニナッテ居升
ト云ッテ帰エッテ行ッタ
夜森篤二郎来タリ
本日桂山浅治郎来タリ　川島村ノ連中ガ再度秩父ノセメント視察ニ出掛ケタルニ　今度ハ先回トハカラリト違イ非常ニ能カッタ白　二泊シテ戸別訪問的ニ聞イテ廻ッタノデアルガ悪ルイ事ヲ云ワナンダトノ事ナリ　町長ガ反

對者デアルト云ウ事迠モ聞イテ来タ　此再度視察ノ折秦野ト同行シテ出掛ケ　若シ視察者ガ悪イ報告ヲ聞イタ節其レニ反對スル覺悟デアッタ由ナルモ其レモ不用ニ終ワッタトノ事デ有升タ
ト云ッテ居ッタ

東亞新報　昭和3年1月20日

淺野問題　地主猛省せよ　何れが是か非か　問題の眞相

所謂泗港埋立問題或は淺野問題と稱さる諸戸、九鬼共有地の四日市隣接地鹽濱村大字旭村一帶の耕作地に關する地主對小作間の紛爭問題が一般に誤り傳へられてゐるので玆に其眞相を略記し地主、小作何れが是か否か公正なる輿論の批判を俟つ譯である。

事の起り　問題の發端は御承知の通り諸戸、九鬼が其共有に係る前記旭村一帶の耕作地を淺野總一郎に賣渡さんとしたにある。目的は埋立てゝ運河其他工場地としての諸設備を施せる土地を得んがためなのであつた。こんなことを企畫せるものは誰れであつたかは問題でない、玆に當然起るのは小作人の立退き問題だ、地主側が賣約に依つて莫大の利益を占むるのだから、誰れが見ても相當と認むるものを出せば問題はないのだが、其處が地主根生而も諸戸と來ては札付きだ、『地主に於て土地御入用の節は其理由御説明に及ばず依時地所御引揚げさるとも異議之無且其時の作付は地主の所得とする』と云ふ約束があるのだからすぐ退けと云ふて來たのが抑々本件の發端である先づ問題地の來歷を述べて地主にこんな權利があるか否かを見ねばならぬ。

問題地の來歷、此の問題地は元海邊寄りの葭洲であつたのを文化年間以前に桑名郡東對海地大橋六兵衞發頭となり時の支配信樂代官に開墾を願出でゝ許可を受け現在の小作人の祖先と協力して埋立客土したものである。開墾地の字名に現小作人の先祖の名が冠せられ居るのは此の所以だ、全面積約百八十町歩内百三十町歩が耕地と宅地に宛てられて居る此土地を一般に『草切株地』と稱せられ來つてゐる、所謂草起しとか芝起しとかの類である。株とは開墾當初耕作地を幾株かに分ち與へられたる土地の地主權に對する耕作權の代名詞だ。故に古來より此地方に於ける小作權の賣買が『拙者所有の草切株地何株賣渡し』云々とあるのはそれだ、尙最近まで開墾當初より行はれ來つて居つた『株の割替へ』と云ふものがある、それは土地の肥瘠に基く收穫の不公平を除く爲め五年乃至十年目位毎に株地の組替へと稱し耕地の變更があつた、之れを『株の割替へ』と稱するもので即ち五年又は十年目位毎に小作する土地が變つてくるのである。是れは小作人の協議に依つて決定せらるゝので大抵五年か十年毎に行はれてゐる、他國にも此の樣な所もあるが兎に角一種特有の慣行を有する地方である。而して此の慣行即ち『草切株地』の賣買質入及『株の割替へ』は現在の地主である諸戸九鬼も確認してゐる所である、此『草切株地』が現行民法の『永小作權』に該當するものなることは學界異論なき所であつて此永小作權たるや『民法施行前永久ニ存續スヘキモノトシテ設定サレタル永小作權』なるものたること及地主の變更により此の小作人の權利には此等影響を及ぼすものにあらずとは大審院判例數次の示す所である。小作人が此の『草切株』の權利を保有してゐるのは其當初協同開墾の緣故に基くものたることは勿論である。

(此の土地に付いては現小作人が先祖以來何んな苦勞をしてゐるかは何れ稿も改めて報道する積りでゐるが堤防決潰の爲に拂つた犧牲、生命に、財產に及之れが修築に對する犧牲は到底筆紙に盡し難いものがある小作人等に土地愛の執着！がなかつたならば本件の土地等はとーの昔に元の葭洲に還つてゐる筈だ。彼の午年に於ける堤防決潰の時等地主は一時抛擲したものだが當時の當局者が小作人等の實狀に同情したると小作人等の土地に對する愛着の念との賜で小作人が形式的の抵當物件を差入れ縣當局より借欵して堤防修築費を調達し以て今日の良田に至らしめたのである。四日市の人達が旭區民を捉へて

　だんご生ちと惡稱するが是れは此時の窮境より生れた言葉である。其當時は全く區民困苦の極に達し事實ヒヱやフスマで露命を繫いだのであつた。區民がこんなにまで丹精して愛み上げた土地に對し地主共が法廷に於て『地主が莫大の費用を投じ良田となしたるものにして』なんてヨタを飛ばすものだから區民が憤激するのも無理はない。九鬼諸戸の代になつてから七、八町位は池を埋立てゝ田にしたらう。が全面積の百分の五にも足

りない。是れも區民が安價で夫役を負擔した賜物だ。又耕地整理に際しても少からず金を出してゐるだらうがその爲に因果を含められて年貢を揚げられてゐる。已に整理費は回收の上餘分に儲かつてゐる筈である。整地費捻出の爲めに年貢を値上げしたのだから最早値下げするの義務が地主側に生じてゐる筈だ。即ち整地費も結局小作人が負擔したことに帰する）

こんな事情にあるのに地主側はなんで無茶な主張を仕出したか、それは地主側に於て區民不知の間に賃借證なるものを徴收して居つた、內容は前に揭げた樣なとんでもない事が記載してあるものだ、小作人側は作受證位は入れたろうかも知れぬ。が意識して賃借證等入れるなんてとんでもない話だ、諸君常識でも判斷して見給へ、古來よりの慣例に依つて『草切地』として小作を賣買して居る、特種の權利だから他の小作地より小作權が高いのは勿談である肥へ所等他村の地價と等しき價格を持つて居る。株の割替へをやって居る。草切株地としての權利及其賣買は地主が承認して居る。双方が『草切』と云ふものが民法の所謂『永小作權』なりとの法律上の觀念を持つて居つたか、どうかは別としても『永代に耕作を爲し得る實權はあるもの又其權利を有して居るもの也』との意識は充分に持つて居るのである。此の實狀に反し而も小作人の意識して居るに反する『期間は一年とすること地主に於て御入用の節は其理由御疎明に及ばず即時にても御返地可申尙其時の作付は地主の所得とすること』等の內容を有する賃借證をどして小作人が意識して差入るゝ筈があろうか之れは從來地主絕對の地位にありしを利用して檢見等に於て調印せしめたる場合豫め印刷に付しありし、所謂『賃借證』に地主が勝手に小作人の判をおしたものだ、簡單に云へば地主が小作人の印影を盜用したのだ。此の記事に不服があれば地主側は告訴するがよい右の事實は立派に反證を擧げてやる。何れ本件は印影盜用行使の告訴も出るだろう、一部小作人買收に絡む僞證問題も起つて來るだろう、どうせ無事に治まらぬ事件だ、小作人は賃借證と云ふ話を聞いてから地主側の餘りにも非道なやり方に憤慨して歌にまでなつてゐる。そして大人が歌つてゐる。

……小作の知らぬ間に賃借證を取つておき……

併して斯ふ云ふ證書が即ち實狀に反し小作人の意識ある下に成立し

たものでない證書が大審院の判例を俟つまでもなく法律上に於て已に何等の効力なきものであることは少し法律を研究したものゝ會得する所である。之を唯一の頼みとして野望を遂げんとする地主の氣が知れぬ。

右の實狀に對て地主側はどんな條件で立退きを要求したか。語れば長い。（山崎辯護士が干與するまでの話をしたら讀者諸君はびつくりするであろう、と同時に如何に地主側に誠意がなかつた事も判かるであろう、が何れ稿を別にする）只最近半公式に

約三十萬圓位の提供の話があつた。（内輪話をすると益々こんがゝかる恐れがあるから此れ位にして置く）旭住民は約百戸、（山崎辯護士の委任は此の中約七十五戸、二十五戸は地主に買收され加擔した）ある主として大半は此の耕作地による百姓である。一戸平均五人位の家族はあろう。家も立つて居る納屋も立つて居る。藏のある內もある。立退き先も考へてくれず、失職後の生計方法も考慮して吳れず、要求通りにすれば移轉位は出來るだろうが後はどうすればよいのか、問題は此處だ、地主側は『埋立事業が起るから人夫に使つて貰へばよいではないか』と云つて居る。機械化學工業の時代を無視して居る。餘りにも小作人を侮辱した言葉である、纏まり樣の筈がない、

地主も元は四萬七千圓で買つた土地だ今や事業成立の後には、五六百萬圓も儲け樣として居るのだ少し奮發して出したらどんなものだろう泗市の爲だ、隣接町村の爲だ、利益を割いて社會の爲に盡すと云ふ事は今日富豪の義務だ、小作人側が仲々應じそうもない樣子を見て、自分等の欲張りを棚に上げて置いて小作人の惡口を宣傳しはじめた、『四日市の公共的事業を妨害するものだ』なんて。そして小作の切り崩しをはじめた。小作人の代表や地主の惣代等が地主側に招かれて、松茂に大正館に、美妓の侍べつたこと勿論だ、よばれた効果はあつた、嘗ては『此の土地に、永代小作權がなくてどうする』と泣いて山崎辯護士に訴へた小作人伊藤某等が地主の云ふことを宣傳して歩いた。小作人側利益の證據を地主側に擔ぎ込んだ。小川、阿野田、三輪等七十餘人のものはびりつともしない、地主側の宣傳にかへつて反感を持つて居る位だ。

『お前等が何と云ふても法律でピシヤンとやれば直ぐ退かなければならぬ。名古屋に公平な大喜多と云ふ辯護士がある鑑定料

は出してやるから鑑定して貰つて來い』

これは地主側が盛んに活躍して居る頃に地主側は小作人側に申傳へた言葉であつた。

當時小作人は大喜多辯護士の立場を知らなかつた、今度の訴訟でそのカラクリが判つて正に敵方の辯護士に鑑定して貰ふ所だつたと區民は苦笑して居る。

讀者諸君は記憶があらう。嘗て四日市警察署の前署長が其管下を總動員して小作人一人に付き二人宛位巡査を付し、總引致して不當訊問をやつたことを、而も當時の新聞には『小作人多數集合し不穩の形勢云々』と報導せられたものだ、地主の手は何處迄不純に伸びて居るか判らない。と云ふて敢て警察が地主の手先きに使はれたとは云ふぬ。が其不當引致の首謀者が退職と同時に將來地主ともなるべき淺野家の社員として納まり返つた等は餘りに露骨すぎる。區民がヘンな目付でハハアンと肯き合ふのも無理がない。

が區民は『小作爭議は旭村の如くなるべし』との標語を作らんことに努力してゐる。即ち何處迄も紳士的に終始して行くことを誓つてゐる。

現宮崎署長　横山係駐在や其他當路の官憲が此小作人の意思を諒解して居つて與れることは不祥事の未然防止たると同時に小作人側の感謝する所である。此の矢先過日『小作人の大暴行』として新聞に傳へられて關係者を驚かした。が事實は地主側の『新戰術應用』のハメ手に掛つたのだ。と云はれてる。毆ぐられて醫師に薬を貰らつて、醫師の歸つた後で『旨まく行つた』と酒宴を擧げて、そして暴行の告訴狀を出したのが暴行事件の順序だ、今や各地の地主は小作爭議に惱まされてる。窮すれば通ずで新戰術と唱へられ毆られ男を作らへて置いて小作に喧嘩を吹掛けそして告訴する幹部の總引致とくる。警察不當干渉の攻撃の矢はない。誰れでも牢へ入れられて氣持ちのよいものはない、そこで爭議は終熄だ一擧兩得之れを地主の新戰術と唱へられてゐる。

諸戸、九鬼も天下の富豪紳商だこんな惡埒な手を用ひたとは云はぬ。が事案の經過は右の通りだ。新聞も亦之を大袈裟に報道した、警察も之には弱らせられたそうだ。若し新聞報道が事實であるとすれば監督上の責任もあることで。正義は邪を露ばくとは沙翁の遺諺である。

遂に問題は法廷へ、地主側は宣傳切り崩し、の一方軟派を手先きに使つて土地引揚げの實行手段に移つた、小作人側は遂に問題を法廷に持ち出すの餘儀なき立場に置かれた稿の改まるにつれ追々其眞相は判つて來るだろう、

最初は四日市區裁判所で審理が開始せられた。！（本來は安濃津地方裁判所の管轄だ）！が本來の管轄裁判所に事案を移さねばならぬ事情が生じた。『小作人側さへ敗かして仕舞へば問題は片付く』と云ふやうな飛んでもない高等政策上の裁判がありはせぬかとの疑念が生じたからである。

斯くて判事の忌避問題は起つた『判事を忌避して却下になつたそうだ、小作人側は必つと敗けるだらう』新聞紙は盛んに之れを宣傳した。何の爲めだかは知らない。が事實は小作人側の豫定通り四日市區裁判所は全然打切つて安濃津地方裁判所で審議されて居る。

安濃津地方裁判所の係裁判長島宗一永判事は學者肌の明快果斷の裁判長だ其判決は活目に値するだらう。

（小作人側は四日市區裁判所の馬淵判事に對しては不滿もある感謝もある。分けて其人格は敬崇してゐる、誠意を以て事に當られた同判事に對しあんな結果にして仕舞つたことに付ひては非常に恐縮してゐる、小作人の誤解だつたかも知れぬので、何れ詳記して馬淵判事の勞に酬ゆるであろう。）

小作人の意嚮、本件の描く波紋は割合に大きい泗港の擴張、泗市の都市計畫による工場地帶設置、泗市の發展、隣接市町村の發展、隣接地價の騰貴等……區民は利害關係を克く知つてゐる、一日も早く解決して多數關係者に安殆を與へたい、と思つてゐる。が乞食になる樣なことがあつては困る、喰つて行ける樣の途を講じて貰はねばならぬ、（寢て喰つて行かうと云ふのではない）

山崎辯護士に委任の條項中に『愈々話が纏まつて立退くと云ふ問題が起つた時に一人でもグズるものがあれば餘計に貰へるだらうが、決して左樣のことない樣に、又社會觀念上相當と認めらるゝ額の提供ある塲合は全員擧げて、半公共的性質を帶ぶる本件を援助すべく決して法律上の主張をなさるゝこと』の一項がある。以て區民並に關係の山崎辯護士の意向を察知し得られよう。

地主並に關係者の猛省を求む

小作人の意向は右の通りである

決して慾張つて皆を困らしてゐるのではない。地主側も時勢を考へ下らぬ感情を捨て〻四日市市の發展に資するの勇氣はありませんか合理的の案であれば小作人側は何

時でも喜んで交渉に應じます。

地主側のみならず傍らの利權屋いやこれは失禮誠意ある盡力者も餘りヨタなことを云ふたり書いたりせず、公正に問題の片付く様に

盡力してください
小作人の主張は明瞭です
社會の犠牲とはなるが
富豪の奴隷とはならぬ
（山崎博敏稿）

右記事ハ東亞新報昭和三年一月廿日所載ノモノナリ　東亜新報トハ発行所東亜新報熱海支局編輯兼印刷発行人幸野田長（静岡県田方郡熱海八七一電話熱海四二七番）トアルカラ山崎新一ノ新聞デアル事ガ了解セラル丶　新聞ノ號数ガ第三百六十八号毎日発行ト書イテアルカラ山崎ハ熱海ニ何ニカ関係アルモノト見ユル　此新聞第一欄ニ

宣　言

『昭和新日本建設の爲めに』

明治戊辰には命懸けの眞劍味が動いて居た明治維新は此れ等眞劍味の血に燃ゆる若き青年の意氣によつてなし遂げられた!!。今や明治初年に於けるが如き凄惨なる氣流は限なく漲つて居る!!此言や現代世相に照らして何にを暗語する？黨利黨略の前に何者もなき舊幣政治家を驅逐せよ。放逐せよ。熱は熱を生む。命懸けの燃ゆる若き血は更により多くの若き血を生むであろう、此の血を以て「清淨」を購はねばならぬ、思想界に。選擧界に。而して「昭和新日本建設」の爲めに。

余は此「昭和新日本建設」を目標として來るべき衆議院議員の選擧に立候補するであろう事を宣言す。

山　崎　新　一

此廣告ガ載ッテ居リ此新聞ガ戸別ニ四日市全市中ニ配附サレタ点カラ考ウルト　山寄ガ立候補ノ野心ヲ持チ其レガ宣傳旁旭問題ヲ吹聴シテ自分ガ如何ニモ有為ノ人物カノ如ク吹立テル目的ノ為メニ計畫シタルモノナル事當然ナリ山寄ト云ウ人間ハ不人格ニテ横着至極ナ奴トハ想像シテ居ッタガ如斯ク大担ニ鉄面皮ニ出ルトハ知ラナンダ　素人ガ此記事ヲ讀ムト　一見小作人ノ方ニ理屈ガアリ地主ガ横暴ノ様ニ感ゼラル丶ノデアルガ　最初ヨリ事情ヲ知悉《チシツ》シ居リ又其経過モ逐一承知シテ居ル余ノ目ヨリ見レバ　能クモ此ンナ白々シキ事ガ書ケタモノダト思ウ　續イテ考エラル丶事ハ此ンナモノヲ発行シテ裁判ヲ白黒轉倒シタ詐偽的宣傳ヲ試ミテ　専門家タル裁判官迠ヲ欺罔《ギモウ》シ得ルト考エテ居ルノデアロウカト云ウ点デアル　誠ニ以テ浅薄至極ノ行為デアルト断ゼザルヲ得ナイ要スルニ裁判ニハ勝目ガ無イカラ引張ル気配ヲ地主ニ見セ　九鬼・諸戸ヲ威嚇シテ妥協ノ端緒ヲ得ント欲スル目的デアルカモ知レヌカラ　此際九鬼・諸戸ニ於テハ平然ト構エ　他目ヲ見ズ裁判ヲノミ専心ドシ〳〵進行セシムル事肝要ナルベシ　山寄ノ此行為ノ裏面ニハ山寄ガ浮足立ッテ来タ模様ガアリ〳〵ト写ッテ居ル様ニ思ワレル

昭和三年一月二十三日

午後一時頃昌栄館ヨリ電話ニテ呼ビニ来ル　行キタルニ傳七氏ハ

水道買上問題ニ関シ御相談仕度イ　給水會社ハ僕ニ一任シテ居ル状況ナルガ　僕ハ此際市ヨリ五千円買上ゲテ貰ラッテ金貳十万円トシ　僕ヨリ別ニ給水會社エ金壱万円ヲ寄附シテ總買上代金貳拾壱万円トスレバ形ガ能クナルト思ッテ居ル　貴見如何哉

ト云ウ　余ハ

此際四日市市ノ買上高ヲ五千円増加シテ金貳十萬圓トスル事ハ困難多イト思升カラ　其ンナ事ヲ市ニ向ッテ提言セラル丶事ハ思止マラレテハ如何デス　又貴下ガ金壱万円ヲ給水會社エ寄附セラル丶事モ不必要ト思イ升

ト答エタルニ傳七氏ハ

然ラバ市長ニ五千円買上ゲ方ヲ交渉スル事ハ見合ワセニスル　僕ガ給水會社エノ金壱万円寄附ヲ止メレバ他ノ方法ニ依リ株主ニ對シ色付ヲセネバ先代傳七ノ顔ガ立タヌ事トナル

ト述ベタル后チ　話頭ヲ轉ジ

坂本ノ原石山ヲ小野田ガ交渉シテ居ル旨ヲ近藤吉造カラ聞イタカラ為念堀江エ電話ニテ照會シタルニ堀江ハ「其ンナ事ハ絶對ニ有升セン　原石山ハ知事ノ仲裁ニ依リ解決シタモノデスカラ　遠藤知事ニ無断ニテ重役ガ其ンナ交渉ヲスル筈ガ有升セント思イ升カラ　本社エ照會スル迠ノ事ハアルマイト考エ升」ト云ッテ居ッタ

元来此坂本ノ原石山ハ僕ガ　大貝戸ヲ交渉スル際買上ゲラル丶事ヲ希望シテ居ッタノデアルカラ　或ル時期ヲ見テ浅野ニ買ワセル事ニシテ貰ライ度イト考エルカラ　君モ一考シテ置イテ貰ライ度イ

ト云ウ　余ハ

坂本ノ原石山ヲ小野田ガ交渉シテ居ラヌトスルト　或ハ土佐セメントカモ知レ升セヌナァー　土佐セメントガ突然三重県エ侵入シテ来テ坂本ヲ掛合ウ事モ一寸信ジラレヌガ　若シ后日何者カゞ交渉スル様ナ形跡ガ有升タラ不透《スカサズ》お知ラセヲ願升　将来ノ大策上浅野トシテハ　坂本ヲ他人ニ取ラレテハ都合ガ悪ルイノデスカラ是非浅野ニ買ワサセネバナリマセヌ

ト述ベタルニ傳七氏ハ

承知シタ　他人ガ坂本ヲ交渉スル形跡アリタル場合ニハ直グお知ラセスル事トスル

時ニ撰擧ノ模様ハ如何哉

ト云ウ故余ハ

加藤ハ最高点ニテ當撰スル事ト思イ升ガ　井口ハ最後ニ金力ト政府黨トノ力ヲ以テスレバ兎モ角　現状ヨリ考ウレバ駄目ト想像スル故ニ　井口ハ加藤ト協定シテ四日市ヨリ加藤ヲ除去シテ全四日市ガ擧ゲテ井口ニ援助スルト

云ウ完全ナル空気ヲ作ル事必要デス　井口ノ根據地タル四日市ノ現状ガ斯クノ如ク分裂シ　井口ハ今日尚ホ信望アル撰擧長ヲ定メ得ヌノデハ誠ニ心細イ事デス
ト述ベタルニ傳七氏ハ
最モノ事ナリ　然ラバ井口ガ気毒デアルカラ君ハ他用ヲ兼ネテ其用件ヲ済マシテ来ル為メニ此際上京シテ宮田ニ話シテ　井口ノ為メニ四日市ヲ加藤ニ譲ラセル方法ヲ講ジテ遣ッテハ如何哉　僕モ君ト一所ニ上京シテモ能イ
ト云ウ　余ハ
宮田ヲ説クニハ貴下以外ニ其人ガ有升セン　私ハ宮田ナル者ニ逢ッタ事モ有升セン　貴下ガ御上京ニ成ルナレバ私モ同行シテ其折渉シテ遣ッテモ宜敷イガ　既ニ其時期ヲ失シテ居リハシマスマイカ
ト述ベタルニ傳七氏ハ
君ガ上京スルナレバ僕モ行ク事ニスル
ト云ウ　余ハ
一度考エテ置キ升ショウ
ト答エテ昌栄館ヲ出ル　余ハ撰擧ニ深入リスル事ハ此際愼ムヲ以テ最大利益トスル處ナルヲ以テ右傳七氏ノ言ヲ其儘放擲シ置カンカトモ考エタガ　又一面井口モ気毒デアルカラ清水米太郎ニ立寄リ其事ヲ一寸話タル上
井口ハ大丈夫ナリ哉
ト尋ネタルニ清水ハ
全ク方針ガ付キマセンカラ実ハ若林トモ手ヲ引ク相談モシテ居ル處デス
其ンナ幸イナ話ハ有升センカラ一度御上京願升セヌカ
ト云ウ　余ハ
実ハ井口本人ガ只今事務所ニ居ッタラ傳七エ同行シテ　其事ノ可能ナル哉不可能ナルヤヲ相談シテモ能イト思ッ

テ立寄ッタ次第ナルガ　廿五日ヨリ帰ラヌデハ仕方ガ無イ

何ニヲ言ッテモ井口ハ内閣総理大臣秘書官ヲシテ居ルノデアルカラ　若シ落撰スレバ本人ノ格好モ悪ルイシ四日市トシテモ不面目デアルカラ折角骨折ッテ遣リ給エ

ト告ゲテ分カル

午後七時清水米太郎人力車ニテ来タリ

先刻お話被下《クダサレ》タル事ヲ西脇ト山本ニ相談致升タ処　両人ハ雀躍《ジャクヤク》シテ悦コビ升タ　先ヅ井口ニ打合セシテ其段取リヲ為ス事ニ手配致升タ　午后十時頃山本ガお伺スル筈デスカラ御在宅ヲ予メ御願ノ為メニ参上致升タ

ト云ッテ帰エッテ行ッタ

午後九時半頃山本源助人力車ニテ来タリ

東京ノ井口エ電話ヲ掛ケタガ　井口ガ手放シ兼ネタル用件ノ為メ他行中ニテ通話スル事ヲ得ザリシ

伊藤傳七氏ヨリ宮田並ニ加藤エ話ヲシテ呉レテ　加藤ガ四日市ヨリ手ヲ引ク様ニシテ呉レルノハ望ンデモ無イ結構ナ事デアルカラ　僕ヨリお願イシテ左様取計ラッテ貰ライ度イ　僕ガ頼ンダ処デ何等價値ガ無イ事カモ知レヌガ　井口ガ其レニ對シ感謝ノ意ヲ表スル事ハ僕ガ責任ヲ以テ保証スル　加藤ハ傳七氏ニ向ッテ或種ノ援助ヲ頼ンデ居ル形跡ガアルカラ傳七氏ヨリノ話ナレバ加藤ハ承諾スル事ト思ウ

ト云ウ故余ハ　名古屋ノ傳七宅エ電話ヲ掛ケタルニ留守宅ノ返事ニハ「四日市ヨリ大阪エ廻リ廿六日デ無ケレバ帰エラヌ」トノ事ナリ　山本ニ右旨語リタルニ山本ハ

廿六日ニハ津ニ於テ政友會三重支部撰擧役員會ガ開カレル筈故　同日宮田・加藤・井口モ来ルカラ其節是非傳七氏ニ左様取計ラッテ貰ラエル様ニ手配頼ム

ト云ウ　余ハ

兎角傳七氏ニ話シテ見ヨウ

ト答ウ　山本ハ十一時半帰エッテ行ッタ　山本ハ右ノ對談中ニ「井口ハ當撰圏ニアルト思ッテ居ル　目下立候補者中指ヲ屈シテモ定員以上ニ人員ガ餘リ超過シテ居ラヌデハ無イカ」ト云ッテ居ッタ　果シテ井口ガ當撰スルモノトスレバ此際加藤エ無理ニ交渉シテ四日市ヨリ手ヲ引カス迠ノ事ハ無イトモ考エタ　傳七氏ヨリ無理ニ加藤ヲ押エル事ハ傳七氏ガ后日加藤ヨリ義務ヲ負ウ事ニナルカラデアル

昭和三年一月二十四日

午後一時頃山本源助ガ電話ニテ

東京電話不通ニテ漸ク只今井口ト通話スル事ヲ得タ　井口ハ非常ニ感謝ノ意ヲ表シ𠂢ビ升タ　東京ニ於テモ其議アル折柄　此際伊藤傳七氏ヨリ内務大臣エ向ケ電信ニテ忠告シ呉ル丶ナレバ容易ニ纏マル話ダト井口ガ云ッテ居リ升タ　鈴木内務大臣ハ伊藤傳七氏ヲ能ク知ッテ居ル由ナルヲ以テ　傳七氏ノ電報ハ大臣ニ権威アル仲裁提議トナルソーデス

ト云ウ　余ハ

承知シタ　伊藤傳七氏ニ話シテ見マショウ

ト答エテ電話ヲ切ル

晩ニナッテ右ノ話ニ関シ熟考シテ見タラ　輕卆ニ口出シ出来ヌ問題デアルト云ウ事ヲ痛切ニ感ジタ　何故ナレバ加藤ガ血眼ニナッテ折角地盤ヲ開拓シタ此四日市ヨリ　今日ニナッテ手ヲ引ケト云ウ事ハ容易ナラヌ事デアル　加藤ハ怒ルニ相違ナイ　然カモ昨日ノ山本ノ話デハ井口ハ當撰圏ニ入ッテ居ルト思ッテ居ルノデアル　今日候補者ノ出案梅ヨリ見レバ或ハ左様カモ知レヌ　果シテ然カリトスレバ　井口トシテモ壓迫的ニ加藤ヲ退却セシムルニモ及ブマイ正々堂々ト戰ウベシデアル

此場ハ傳七氏ニモ自重セシメ　争ノ渦中ニ投ゼシメザル事ヲ得策トスル　井口ガ初メヨリ吾々ニ依頼シテ来テ居ル行掛カリガアルナレバ　少々ノ紛争ハ男ノ意地トシテ止ムヲ得ナイ場合モアルガ此場合ハ決シテ左様ナ状況デ無イ　山本・西脇ガ政友會ハ自分ノモノ、如ク振舞イ　為メニ堀木モ出馬セヌ現況デアルカラ　中立ノ余ガ口出ス事ハ「物好」ト云ウ事ニモナル　余ガ傳七氏ニ口出シセシメタル結果　茲ニ波乱ガ起キルト假定シテ考察スルニ井口ハ「自分ノ頼ンダ事デアルカラ責任ヲ以テ解決セナケレバナラヌ」ト云ウ気ヲ起スカドーカ　少ナクモ山本ノ性質トシテハ逃ゲテ高見ノ見物トキメ込ムニ相違ナイ

思エバ危険ナ處デアッタ　深入リセマイト決心シツヽ遂イ引張リ込マレテ馬鹿ヲ見ル處デアッタ

何ントカ甘《ウマ》ク断ッテ仕舞ワナケレバナラヌ　能イ工風ヲ勘考シテ角ノ立タヌ様ニシテ逃出サネバナラヌ　君子ハ危キニ近寄ラズダ　山本ハ過グル森松次郎ノ県會議員撰擧ノトキ　井口ガ多少ノ援助ヲ放〔チ〕テ成シタルニ不関《カカワラズ》　事務所エ顔出シサエ為サヾリシ人物デアル　其ンナ人間ニ此大切ナ場合ニ利用サレテハ有識者ニ笑ワレルナリ

昭和三年一月二十五日

午後三時頃第三學校長岩田耕ノ宅ヲ訪問シタルニ不在ナリ　妻君ニ

　御子息ノ嫁サンハ定マレリヤ

ト尋ネタルニ

　未ダナリ

ト云ウ　余ハ

　野寄ガ阿倉川エ私ヲ尋ネテ来タ　生憎不在ナリシガ愚妻ニ向イ

　先般娘ノ結婚ニ関シ御主人ヨリ御申聞ケアリタル節ハ其運ビニ至ラザリシガ　最近ニ至リ老婆ガ非常ニ先キ

ヲ急グ様ニ成升タカラ　若シ先般ノ御方ニテ未ダ嫁御御決定無クバ先方様ノ御模様ニテ私共一同篤《トク》ト相談シ
テ見度イト考エ御願ニ参上致升タ
ト頼ンデ行キ升タカラ其話ニ御伺シタ次第デス　御主人御帰宅ノ上御相談相成リテ否ヤ御返事願度シ
ト告ゲテ神海組エ行ク　松井ハ
セメントノ本船荷役ヲモ引受ケル事ニナリ升タ
ト云ッテ居ッタ　余ハ跡見宛手紙ニテ
大軌鉄道延長ノ参宮線工事ニセメント四十萬樽入用ニテ　同社ハ近々右買入レノ手續ヲ取ルト云ウ事ヲ聞イタ
御運動可然《シカルベ》シ
ト通知ヲ為ス

昭和三年一月二十六日

午後一時頃市長宅ヨリ電話ニテ
只今東京ヨリ帰エリ升タ
ト通知シ来タリ　暫ラクノ后チ小寺ガ土産ニ焼海苔一個ヲ持ッテ来タ
午后五時〇九分気車ニテ名古屋エ行ク　気車中偶然山本源助ト一所ニナル　山本ハ余ニ向イ
去ル二十三日頼ンデ置イタ伊藤傳七ノ件ハ如何ナリシ哉
ト尋ネル　余ハ
先刻電話ニテ名古屋ノ傳七氏エ尋ネタルニ本日神戸ヨリ帰リ只今ハ東洋紡エ行ッテ居ルガ　夕方ハ在宅トノ事デ
アッタカラ此レカラ出掛ケル處ダ

ト答エタルニ山本ハ

四日市ニ於ケル井口ノ投票ガ少ナイト地元トシテ工合ガ悪ルイカラト云ウ事ヲ理由トシテ　宜敷頼ミ込ンデ呉レ給エ　伊賀方面モ大変工合克《ヨ》クナッテ来テ安心シテ居ル　何分睡眠不足デ閉口シテ居ル

ト云ッテ居ッタ　名古屋駅ニテ山本ト分カレ電車ニ乗ッテ伊藤傳七氏宅エ行ク　余ハ傳七氏ニ向イ

大野岐阜県知事ガ堀木宛ニテ贈物ヲ返シテ来升タ

ト云ヒタルニ傳七氏ハ

他方面ニテハ大御馳走ヤ又ハ大ナル貰物ヲスル癖ニ　アンナ少々ノ物ヲ送返スニモ及ブマイジャ無イカ　此度逢ッタラ其事ヲ云ッテ遣ルヨ

ト云ウ　余ハ

市長ハ本日帰泗致升タ　貴下ハ何日ニ御會見相成ル哉

ト尋ネタルニ傳七氏ハ

来ル廿九日四日市エ行クカラ其時逢ウ事ニ致升ショウ

ト云ウ　余ハ

廿三日御話アリタル井口ノ為メニ加藤ガ四日市ヨリ手ヲ引ク様ニ宮田ニ話スル件ニ関シ　同日私ハ山本源助ニ其話ヲ致升タ處　山本ハ直チニ東京ノ井口エ電話ヲ以テ照會シ　井口ハ大ニ㐂コンデ

傳七氏ヨリ直接内務大臣宛長文ノ電報ニテ申込ンデ貰ライ得レバ成効疑ナシ　是非左様御願申度シ

ト云ッテ居ッタソーデス　其時貴下ハ御留守ナリシヲ以テ私ハ本日迠熟考シタルニ　此レハ輕卆ニ手出シ出来ヌ大問題デアル事ニ気ガ付キ升タ　井口ハ之レガ為メニ非常ニ㐂コブニ相違ハ有升センガ　加藤ハ壓迫ヲ加エラル丶事トナルノデ怒ル事ハ目ノ前ニ見ル様ナ気ガ致升　其レモ尚ホ時期ガ早ケレバ能イガ今日トナリテハ鈴木久三等ガ加藤ノ手先ニナッテ居リ升カラ　加藤ガ手ヲ引クトナレバ勢イ久三等ノ仕末ヲ引受ケネバナラヌ事ニナル

其處ニ多少ノ破紋ヲ繪《エガ》クニ相違ナイト考エ升
去リトテ一旦山本ニ話シタル事ヲ理由ナクシテ断ルノモ信義ニ背ク事ニナリ升カラ　井口君モ加藤モ両人共ニ工合克クナル方法ハ無イカト思イ御相談ニ参上致升タ
ト述ベタルニ傳七氏ハ
最モノ事ナリ
然ラバ他人ヲ介シ微温的ニ鈴木内務大臣ニ向ッテ「四日市ノ撰擧ハ加藤ト井口ガ具合克ク無駄ナ争ヒヲ為サズシテ有利ニ解決スル方法ハ無キモノカ　井口モ加藤モ両人共ニ當撰シテ貰ライ度イカラ申上ゲルノデアル」ト加藤ガ聞イテモ不愉快ニ思ワヌ程度ニ言ワセル事ニシテハ如何哉
ト云ウ　余ハ
其レデハ其ンナ事ニ山本ニ返事ヲシテ置ク事ニ致升
ト答ウ　傳七氏ガ
政黨ノ争イニハ愛憎ガ盡キタ　先達モ志摩電気ノ終点ヲ鵜方カラ神明村ニ変更シタラ鵜方ノ村會ニテ大紛争ヲ起シタ　其大紛争ヲ起シタ方ノ人間ニ宮田ガ名刺ノ照會状ヲ出シテ居ル　宮田ハ我々ト能ク了解シテ居ル人物ナルニモ不関　斯カル反對者ニ名刺ヲ渡ストハ誠ニ以テ怪シカラヌ事デアル　察スルニ宮田ハ我黨員ヲ一名ニテモ増加仕度イ為メニ悪ルイトハ知リツヽ遣ッタ事ニ相違ナイ　一陣笠ノ為ス事ナレバ兎モ角　将来大臣ニモ成ラントスル宮田ノ行動トシテ不都合至極デアル　政黨ハ黨利黨畧ノ為メニハ何物ヲモ犠牲ニシテ憚ル處ナシ　依ッテ僕ハ宮田ニ向ッテ「此際民政黨ニ入黨スル」ト断言シテ遣ランカトモ思ッテ居ル位デアル
ト云ウ　雑談ノ上名古屋駅八時二十五分気車ニ乗込ム　気車中田中林助ニ逢ウ　田中ハ
津ニ於テハ加藤ガ井口ヨリ少シク優リ　外ニ川嵜・伊坂ニテ他ノ投票ハ問題ニナラヌ　小林ナド駄目ダ　僕ハ今度ノ撰擧ニハ関係セヌ決心デ居ル　何故ナレバ日本中ノ争ニテ津丈ケノ大問題デ無イカラデアル　然カシ僕ノ配

下ハ井口ノ方エ行ッテ居ルカラ　僕ガ顔出シシテ居ルノモ同様ノ結果ニアル　僕ハ配下ヲ使用スル節　報酬ガ充分行届ク様ニシテアルカラ配下モ充分ニ働ク　津ト云ウ處ハ金無シデハ働カヌ處ダ　今度ノ撰擧ハ僕ガ井口ヲ引受ケテ居ルノデ無イカラ先達モ運動員ノ重立チタル者二名ヲ呼ンデ私《ヒソ》カニ其注意ヲシテ置イタ事デアル　僕ト井口トハ全然無関係デアルト云ウ事ヲ何故ニ注意シタカト云ウト　今度井口ガ相当ノ報酬ヲ與エザリシトキ　僕ガ今度何事ヲカ決心シテ　サァー働ケト命令スル場合ノ差支エニナルカラデアル　加藤モ成美會ヲ手ニ入レテ居ルガ彼等ハ宇《う》どん屋ナドノ下等社會ノモノ斗リダ　加藤モ何故ニ相當ノ者ニ依頼セヌカト不思議ニ思ッテ居ルノデアル

加藤ハ内務省ニ於テハ評判悪シク　其内ニ文部省エ代ラサレルト云ウ事ヲ聞イテ居ルガ君ハ其ンナ事ヲ聞カヌカ何ニカ面〔白〕イ事ガ有ッタラ聞カシテ呉レヨ

ト云ッテ居ッタ　十時頃四日市駅ニ着ス

腎臓病再発シタルニテカ身体甚ダシク疲労ヲ感ズ　醫者ニ掛カリ度イトハ一再ナラズ思ウノデアルガ　又々二ヶ月間モ静養ヲ命ゼラレルノガ恐ロシイノデ遂々其儘ニ経過シテ居ル　此腎臓病ハ断食静養ヨリ他ニ全治ノ方法ハ無キモノカ

昭和三年一月二十七日

午後二時市役所ニ市長ヲ訪問シ　市長上京留守中ニ起リタル浅野諸問題ノ経過ヲ話シタル上雑談ヲ交換ス

午後三時ヨリ市参事會開會ス　市長ハ其席ヲ借リ

過般拙者ガ東京市第二助役候補者ヲ以テ擬セラレタル事ハ事実ナリ　然カレドモ拙者自カラハ豪モ運動セズ　若シ拙者ニ其気アリテ鳩山等ニ話スレバ成効シタル事疑イナシト思ッテ居ルガ　其ンナ義理ノ悪イ事ハ出来ヌ

私ガ老婆病気ノ為メ上京シタルノト右問題ノ発生シタルト頂度時ヲ同ジクシタル為メ　色々ノ噂サモ起リタル由ヲ聞キ升タガ　前陳ノ次第事ノ眞想ヲ御了解願置度シ
ト釋明スル處アリタリ　午後五時半頃参事會ヲ終ル
余ハ戸野市長ヲ最モ信頼シ　此市長在任中ニ浅野ノ諸問題ニ四日市市ノ大策ヲ確立シ置ク必要ヲ痛感スル者ナレドモ一方戸野市長ニ栄轉ノ口アレバ猥リニ引留ムルノ不可ナルヲ　市長ニ對スル余ノ個人的義務心ヨリ思ウノデアル　四日市市如キ小都市ニ於テ何年市長ヲ勤務シタ處デ栄達ノ見込ミ更ラニ無シ　戸野市長既ニ六十三才　最後ノ花ヲ咲カス為メニハセメテモ東京市助役ノ如キ檜舞臺ニ昇セザルベカラザル義務ヲ感ズルノデアル　浅野問題モ未ダ全ク解決ノ期ニ至ラザレ共　今日ノ程度迄進行シ居ラバ假令戸野市長在ラズト雖モ余ノ手腕ニテ将来ノ活路ハ充分見出シ得べシ　戸野市長ハ天下ノ善人ナリ　此純良ナル人格者ヲシテ近キ将来ニ於テ相當ノ栄冠ヲ戴キ得ル機會ノ来ランコトヲ乍《カゲナガラ》蔭希望シテ止マナイモノデアル
夜岩田耕来タリ
廿五日御申聞ケノ野寄娘ヲ倅ノ嫁ニ貰ラウ事ニ関シ色々相談致升タ結果　此際貰受ケル事ニ決定致升タカラお願ニ参上致升タ　誠ニ恐入ル次第ナレドモ　仲人ヲモ御引受ケ被下度切ニ御願升　萬事宜敷願升
ト云ウ　余ハ
野寄エ一度話シテ見舞ショウ　仲人迠モ引受ケルトハ一寸困却ナレド御希望ナレバ承諾ス
ト答ウ　午後八時頃帰エッテ行ッタ

昭和三年一月二十八日

午前八時四十分野寄阿倉川宅エ来タル　余ハ

廿四日御依頼アリタル岩田耕方トノ縁談ノ件ニ関シ　岩田耕ト談合シタルニ岩田ハ息子ノ嫁トシテ貴下ノ妹ヲ貰ラヒ受ケル事ヲ承諾シタルニ付キ御承知相成度シ

ト述ベタルニ野寄ハ

先刻御使イヲ忝《カタジケナ》クシタルニ付キ宅ヲ出ル前ニ老母並ニ本人ニ為念尋ネタルニ　両人共承諾シタリ　正ニ御受ケ渡スベシ　色々御配慮ヲ蒙リ深ク御礼申上ゲ升

ト云ウ　余ハ

岩田耕ハ余ニ仲人タラン事ヲ依頼セリ　余ハ面倒ニ付キ可成御免蒙リ度イトハ思ッテ居ルガ強《タ》ッテノ依頼故承諾セナケレバナラヌカトモ思ッテ居ル　貴方ニ能キ心當リノ人アレバ其人ニ依頼スル事結構ト思ウガ如何

ト尋ネタル　野寄ハ

尊君ニ左様御願出来得レバ其レニ越シタル幸イナシ　萬事宜敷御願申上ゲル　私共ノ手許ニハ仲人ニ頼ム様ナ適當ノ人ハ有升セン

ト云ウ　余ハ

然カラバ承諾セン

ト答エ　明日日曜日ニ付キ阿倉川ニ於テ野寄・岩田両人立會ノ上萬事詳細ナル点ヲ打合ワス事ニ決定　野寄帰エル

余ハ自轉車ニテ四日市ニ出デ　第三學校ニ岩田ヲ尋ネテ野寄ト會合ノ結果ヲ話シタルニ岩田ハ非常ニ㐂コンデ居ッタ

午後二時半頃川島村長柳川元太郎来タル

基本財産タル山林畑ヲ左ノ如ク

	現在ノ小作人エ特賣	未完成小作人エノ特賣	一般エノ公賣
畑一号	三二〇、―	三〇〇、―	四〇〇、―
畑二号	二八〇、―	二〇〇、―	

畑三号　　　二五〇、―　　　　　　　　　一〇〇、―
山林　一反　四〇〇、―
ト分類シテ二月三日賣却スル事ニ致升タカラ其レガ済ミ次第　浅野トノ契約分ノ登記ニ移リ度イト考エテ居リ升
前記基本財産畑・山林ノ代金　期日ハ七月一杯ト致シテ置キ升タ　其レハ浅野ノ方ノ登記ヲ済マシテ村民ガ金ヲ
懐ニシテカラ其金ヲ以テ村トノ受渡ヲ為ス様ニ案梅シタノデ有升　未完成ノ小作ト云ウノハ　此基本財産ノ開墾
ニハ村ヨリ開墾者ニ十ヶ年ノ期間ニテ契約シテアルノガ未ダ八ヶ年ヨリ経過シテ居ラヌ者ガ有升　其レ等ヲ称シ
タモノデス
現今　神奈川県ノ商工課長ヲシテ居ル人間ニテ買収地ニ掛カッテ居ル土地ヲ持テ居ルノガ有升　其人ガ
浅野ハ九州ニ於テ阿武隈川上流ニテ工場ヲ建設スルト称シ　地所ヲ買収シタガ今日ニ至ルモ工場ヲ実際ニ建
設セズニアル　浅野ハ各方面ニテ地所ヲ買入レテ置イテ最モ見込ミアル土地ヨリ順次工場ヲ建テヽ行ク手順
故　川島村ハ阿武隈川ノ轍ヲ踏マヌ様ニ要心セナケレバナラヌ
ト秦野ニ注意シテ寄来シ升タガ　其ンナ心配ハ無イデショウカ
ト云ウ　余ハ
其ンナ事ハ無イ　余ノ手許ニ於テ會社設立ノ手配ヲ進メツヽアル
ト答エタル上　酒ノ肴ニトテ舘君ヨリ貰ラッタ「カラスミ」ヲ持タシテ帰エス
午後三時ヨリ尾張人會エ出席ノ為メ大正館エ行ク　午後八時頃終了ス　此會エ出席スルノモ能イガ　幹事達ガ二次會
ヲ強要スルノデ閉口ダ　余ハ彼等ト下ラヌ二次會等ヲ望マヌ　本夕モ熊澤九右衛門ト共ニ断ッテ帰エッタ

昭和三年一月二十九日

午後九時　岩田・野寄来タル　余立會ノ上ニテ
　一、結納ハ二月八日ニ納ムル事　金額三百円トスル事
　二、野寄方ハ貯金一千円ヲ妹ニ持参セシムル事
　三、結婚期日ハ三月廿五日トシテ神前結婚ヲ為シ　式後松茂本店ニ於テ宴會ヲ催ス事　新客ハ双方共ニ各二人宛
　　仲人ハ男一人ノミトシ志津ハ出席セヌ事
ト打合セ決定シタル後両人ニ晝食ヲ食ワシテ帰エス　野寄ハ自製ノ茶一鑵持ッテ来タ
午後四時ヨリ市参事會ヲ済マシタル后チ連立チテ議長並ニ會頭招待ノ新年宴會ニ出席ノ為メ大正館エ行ク　午後八時頃終ル

昭和三年一月三十日

晝食後國華堂ニテ二円廿五戔ノカステラヲ買ッテ九鬼紋七エ病気見舞イニ行キタル後　九鬼紋十郎宅エ行ク　九鬼徳三ガ居ッタ　余ハ徳三ニ向イ
　紋七サンノ病気ハ如何デスカ　只今お見舞イニ行ッテ来タ處デス
ト云ヒタルニ徳三ハ
　胃潰瘍ノ気《ケ》ガ有升
ト云ウ　紋十郎ハ余ニ向イ
　漢方薬ヲ飲マセルノ可否ヲ只今相談シテ居ル處デス　貴方ハ其可否ニ付キ如何お考エデスカ
ト云ウ　余ハ
　胃潰瘍ナレバ老体ノ事ニモアリ結局ハ駄目ト思イ升カラ周囲ノ宜敷キ様並ニ病人ノ好ク様ニシタラ能イデショウ

其レヨリモ此際一番大切ナ事ガアルト思イ升　外デモ有升セン　後継者ノ徳三サンガ紋七サンノ生キテ居ラレル間ニ何事モ後顧ノ慮ノ無イ様ニ業務上ノ事ヲ一切整理シテ置カレル事デス
私ハ紋七サンガ達者ノ間ニ旭ノ解決ヲ為シ　紋七サン處有ノ後方地域四十町歩ノ値上ガリヲ見テ其レヲ處分サレタル上財政ノ大整理ヲ為シタル后チ　徳三サンニ世帯ヲ任カセ　紋七サン自身ハ徳三サンノ後見ノ様ナ位置ニ立チ隠居旁徳三サンノ世馴レルノヲ監督スルノガ肝要ナ事ト思イ乍蔭心配シテ居ッタノデスガ　其事ノ実現セズシテ紋七サンガ病気ニナラレタ事ハ残念ニ考エ升
ト述ベタルニ紋十郎氏ハ
其ンナニ直言シテ呉レタ人ハ今日迠一人モ有升セン　全ク君ノ云ワルヽ通リデス
紋七ノ財政状態ハ伏魔殿ニテ内容ヲ発表シタラ世間ハ吃驚スルデショウ　私ハ君ト同ジキ心配ヲ以テ　紋七ニ注意スルト怒リ出シ困ルカラ今日デハ放擲ノ形ニナッテ居ル　何分紋七ハ私ト徳三ノ顔ヲ見ルト
　乃公《オレ》ヲ殺シニ来タノカ　乃公ガ死ンデ㐂コブ者ハ貴様二人ダ
ナドト放言シ手ガ付ケラレ升セン　寝テ居ッテモ手紙ヤ端書ニテ人ヲ呼ビ付ケ　皆サンニ勝手ノ命令ヲ下シ何ニヲスルカ判ッタモノデ無ク　心痛ニ堪エナイカラ徳三ガ実印丈ケハ取上ゲテ保管シテ居ル状態デス
ト云ウ　余ハ徳三氏ニ向イ
過日傳七サンガ私ニ云ッテ居リ升タ
　紋七サンガ病気ノ由ダガ　徳三氏ガ責任者ナレバ立入ッテ相談相手ニナッテ見テモ能イガ　紋七デハ其レモ出来ヌ　兎ニ角其内見舞イニ丈ケハ行ク心組デ居ル
トノ事デシタ　貴下ハ紋十郎サント云ウ立派ナ叔父サンアリ　又傳七サンノ様ニ云ッテ呉レル人モ有升カラ　其同情者達ガ愛憎ヲ盡カサヌ前ニ全テノ整頓ヲ為サルヽ事ガ肝要デスヨ
ト注意シタルニ徳三ハ

　全ク其通デスガ何分親爺ガ気張ッテ居ルノデ閉口シテ居リ升
ト云ヒ　紋十郎ハ
　何レノ方面ノ仕事モ旭問題ト殆ンド同様ニテグチャ〳〵ニ成ッテ居ル　お世辞ヲ云ウ様ニ當ルカモ知レナイガ本當ノ事デアルガ私ハ嘗テ此整理ハ日比君ニ一任スルト工合克《ヨ》ク片付クデアラウト迠云ッタ事デスヨ
　私ハ川島村ハ到底満足ニ片付クマイト予想シテ居ッタノデスガ　能ク纏マッタモノダト只今デモ思イ出シテハ感心シテ居ルノデスヨ　アノ調子ニテ君ガ整理シテ呉レタラ結構ダト思ッテ居ル
ト云ウ　余ハ両人ニ對シ
　折角御大切ニシテ上ゲテ下サイ
ト述ベテ退カル
森松次郎ガ電話ニテ
　僕経営ノ建築部ヲ今度株式組織ニ変更シ四千株ト為シ　半数ヲ熊澤ニ引受ケテ貰ッタ　残リ半分ヲ仕事ヲ沢山ニ持ツ會社系統ノ有力者ニ分與シテ　少シ宛持ッテ貰ライ度イト思ッテ居ル　就イテハ貴下モ二百株持ッテ浅野将来ノ仕事ヲ此會社エ引受サセル様ニシテ呉レヌカ
ト云ウ　余ハ
　浅野将来ノ仕事ハ精々君ノ方デ引受ケテ貰ラウ様ニ留意シテモ能イガ　此際其レガ為メニ株ヲ引受ケルニハ及ブマイ　第一僕ハ株ヲ引受ケル様ナ餘計ノ金ハ無イヨ
ト答エタルニ森ハ
　然ラバ浅野ノ方ノ社員デモ能イ
ト云ウ故余ハ
　浅野ニモ建築ヲ経営スル會社ガアルカラ株ハ持ツマイト考エル　然カシ序ノ節一應話丈ケハシテ置ク事ニスル

ト答エタルニ森ハ
　何分頼ム
ト云ッテ電話ヲ切ル
午後三時半頃杉浦ノ宅ニテ撰擧ノ世間話ヲシテ居ル處エ　神海組ヨリ跡見ガ来タト云ッテ電話ヲ掛ケテ来タカラ直チ
ニ人力車ニテ行ク　跡見ハ
　藤原鉄道ノ材料ノ鉄道運搬ヲ引受ケ度イト云ッテ頼ンデ来タ者ガ有升ガ　何ント返事シテ遣ッタラ能イデショウ
カ
ト云ウ　余ハ
　トテモ未ダ今ノ問題デハ無イ　モット先キノ話ニナリ升ヨ
ト答ウ　其レヨリ倉庫會社ノ品川ヲ呼ンデ　セメントノ倉入水揚賃九厘五分ト云ウノヲ余ガ仲裁ニテ八厘ニテ契約セ
シム　跡見ハ六時気車ニテ帰エッテ行ッタ
蓮池ガ神海組エ電話ヲ掛ケテ来テ
　只今九州ヨリ帰エリタ　何時ニお伺イシテ宜敷哉
ト尋ネテ来ル　余ハ
　其レデハ帰エリニ立寄リ升
ト答エテ行キタルニ徳三ト蓮池トガ待ッテ居リ　徳三ハ余ニ向イ
　鶴見臨港鉄道ノ敷地買収ニ要スル五百坪ハ一坪六十円ニテ話シテ貰ライ度イ
ト云ウ　余ハ
　五十円位ナラ兎モ角モ六十円ハ一寸六ヶ敷イト思ヒ升ガ　山田ガ何ント云ヒ升カ一應話シテ見舞ショウ
ト答エタルニ徳三ハ

親爺ハ六十円ト気張ッテ居ルガ　私ハ君ニ内密ニ五十五円迠御任セスルカラ纏メテ下サイ
ト云ウ　余ハ
承知致升タ
ト答エタル上蓮池ニ向イ
僕ハ一日伊藤傳七氏ト共ニ上京スル手順ナルガ　君モ旭ノ鳥洲ト大池ヲ浅野ニ提供シテ先ヅ浅野ニ仕事ヲ始メサス件ニ関シ　僕ト同道上京シテ関君ニ話ヲスル事ニシテハ如何哉
ト述ベタルニ蓮池ハ
明三十一日津ノ裁判ヨリ帰リ次第　一應諸戸エ相談ニ行キタル上後藤モ同道スル事ニ手順シテ見ル　関君ガ承諾シタラ原弁護士ヲ了解セシメナケレバナラヌ　其レニハ後藤ヲ連レテ行ク方ガ都合ガ能イ　兎ニ角一日ノ晩方迠ニ否ヤ返事スル
ト云ウ　余ハ
早ク契約ヲシテ置クニ限ルヨ
ト答エ辞ス
午後七時半頃　名古屋ノ傳七氏エ電話ヲ掛ケ相談ノ上　一日午後八時四十六分ノ鳥羽ヨリ東京直行ノ気車ニ乗込ム様ニ打合セヲ為ス

昭和三年一月三十一日

昨夜電話ヲ掛ケテ置イタ結果　午前十時頃森篤二郎来タル　尋ネテ見タルニ森ハ
遠藤知事立候補ノ為メ廿九日　卅日モ手傳ニ行キ升タ　本日モ只今カラ行ク處デス　三重県ヨリ後援會ヲ作ル筈

ニテ目下相談中デス　知事ハ私ニ向イ秘書官ノ心組ニテ手傳エト云ッテ居リ升　知事カラ本社エ話ヲシテ呉レテ埼玉県エ行ク心組デス　私ハ恩人ノ為メデスカラ本社ヨリ暇ガ貰ラエヌナラ一時的退職シテモ出掛ケル心組デスト云ウ　昨朝森ノ家内カラ電話ニテ

遠藤知事カラ呼ビニ来タ故行キ升タト知ラシテ来タノトハ非常ナ相違ガアル　森ハ家内ヲシテ余ニ詐ヲ云ワシタノデアル　森ガ日頃瑣細《ササイ》ナ事ニモ報告ニ来ルノニ関ワラズ　昨日ハ不思議ニ来タラザリシハ其ンナ事デアッタカト合点シタ　知事ノ進退ニ関スル事ハ重大問題ニテ　若シ其ンナ場合ニハ浅野トシテ幾多ノ事業関係上　諸種ノ手段ヲ敏速ニ講ジナケレバナラヌ肝要ナ機會ニ不関　自分一人ニテ「若シ本社ヨリ暇ガ貰ラエヌナラ一時的退職スル」ト定メ込ンデ余ニ秘密ニシ　殊更ラニ余ニ近寄ラザリシハ職責ヲ顧ミザル者ナリト考ウ　森ガ余ニ秘密ニシタ理由ヲ解スルニ苦シムナリ　森ハ日頃余ニ向イ「貴下ノ御恩ハ忘レマセヌ　何卆浅野エモ機會アル毎ニ宣敷御心添エヲ願升」ト云ッテ居ル　之レモ皆ナ詐ト断定セザルヲ得ヌ　人ヲ馬鹿ニシテ居ル所業ナリ

散髪ニ行キタル帰路　原眞堂ニ立寄リタルニ　商業新聞ノ清水ガ居ッテ

鳥海ハ川嵜ト喧嘩シタ　今更ラ木村ヲ應援スル訳ニモ行カズ　今度ハ撰擧ニ関係致升マイ　川嵜ヲ五人斗リシテ龜山迠遂掛ケ行キ　殴打スルト云ッテアノ時ハ非常ナ擾ギデシタ　鳥海ガ何ニヲ計畫セント欲スルニモ鳥海ノ處エ衆合シテ来ル人物ガ下ラヌ者斗リデシテ　眞ニ相談相手ガ一人モ無イト云ウ現況デハ何事モ出来マセント云ッテ居ッタ　余ハ鳥海ガ川嵜ト喧嘩シタト云ウ事ハ初耳デアル　鳥海ノ性質デハ親友ト云ウ者ハ一人モ得ラレ無イ　結局孤立無援ニ墜チル事ハ余ガ鳥海ト絶縁シタトキニ見通シテ置イタ通リデアル　今日ニ至タリ　其証據ガ擧ッテ来タ訳ダ

昌栄館ヨリ傳七氏ガ電話ヲ掛ケテ来テ

昨日電話ニテ打合シタ通リ一日ノ鳥羽ヨリ東京直行ニ乗ル事ハ能イカ

ト云ウ　余ハ
　承知シテ居リ升
　遠藤知事ガ立候補スルラシイデス
ト報告シタルニ傳七氏ハ
　君ハ僕ノ代理トシテ知事ヲ訪問シテ　藤原鉄道ノ為メ上京ノ序ヲ以テ鉄道大臣ヲ訪問スルノ可否ヲ聞イテ見テ呉レ
ト云ウ　余ハ
　幸イ只今カラ知事立候補ノ御見舞ニ行カントシテ居ル處デスカラ聞イテ来升
ト答エ電話ヲ切ル
午後一時頃　市役所ニ戸野市長ヲ訪問シテ知事立候補ノ由ニ付キ一度訪問ニ行ク心組デ居ル旨ヲ語リ　貴下モ此際一應御顔出シ如何哉ト述ベタルニ市長同意シ　午後二時十分四日市発ノ伊勢鉄ニテ同道出掛ケル　津駅前ニテ森篤二郎ニ出逢ウ　森ハ余ニ向イ
　只今迠お待チシテ居リ升タガ　モー本日ハ御出掛ケニナラヌノカト思イ帰エッテ来タ處デス　幸イデスカラ私モモー一度引返シ升ショウ
ト云ウ　三人ニテ県廰エ行ク　頂度知事ノ處エ井口ガ面會ニ来テ居ッタカラ余等ハ官房ニ入リ待ツ　十分位シテ井口帰エル　余ト市長ノ二人知事ニ會見ス
市長　愈々立候補サレタト云ウ事ヲ聞升シテ御伺致升タ
知事　郷里エ断リニ行ッテ反對ニ立候補スル事ニナッテ仕舞ッタ
日比　傳七氏ヨリ命令ニテ　藤原鉄道ノ件ニ関シ　鉄道大臣エ頭ヲ出シテ置クノ可否ニ関シ御意見ヲ御伺ヒ旁参上致升タ

知事　志摩電気ノ路線変更ハ結局會社ノ主張通リニナルト思ウガ　鵜方ノ人間ノ云ウ事モ常識上理屈アル様ニ考エラル　藤原鉄道ハ結局四日市乗入レ線ニ付キ　伊勢鉄道ト相談シテ此線ヲ利用スル事ニシタラ能イト思ウ　臨港線ニテ伊勢鉄ト共願ニナッテ争ウ事ハ宣敷ナイト思ウ　藤原鉄道ノ四日市乗入レ線ハ都市計畫上カラ見テモ能クナイカラ　君モ其意見ニテ浅野ヲ誘導スル事ニシテ貰ライ度イ

日比　其レハ御最モノ事デ有升ケレ共　社長ノ意見トシテハ大量ノ貨物ヲ運搬スルニ際シ接續点ノ伊勢鉄エ来テ貨車ガ停滞シテハ困ルト云ウ事ト　運賃関係カラ心配スルノデス　其レサエ無ケレバ別段伊勢鉄ヲ利用スル事ハ差支アリマスマイ

知事　其点ヲ能ク熊澤ト相談協定スレバ能イデハ無イカ　浅野ト伊藤ハ提携ガ出来テ先ヅ能イト思ッテ居ルガ　熊澤トモ同様ノ意味ニ於テ提携セシメ三者協力シテ三重県ノ産業発達ヲ計ラシメ度イト思ッテ居ル

日比　其意味ナレバ此際熊澤氏モ顔ヲ出シテ　傳七氏同様ノ責任ヲ負担シテ藤原鉄道ニ盡力シテ呉レ得ル如ク仕度イモノト考エ升

知事　熊澤ノ代表トシテ堀木ガ入ッテ居ルデハ無イカ

日比　其通リデスガ　アノ藤原鉄道ヲ四日市線ノ頭丈ケヲ熊澤ニ握ラレルトスルト　今一層熊澤ハ藤原鉄道ノ責任ヲ負担セナケレバナラヌト思イ升

知事　僕ハ代議士ニ當撰スレバ勿論知事ヲ止メルシ　失敗シタラ直チニ弁護士免状ヲ受ケテ三重県ヲ中心トシテ活動スル決心デ居ル　知事ノ職ニアルヨリ代議士ニナッタ方ガ此問題ニ骨折ルノモ反ッテ従来ヨリ有効ニナルカモ知レヌト思ッテ居ル　要スルニ僕ノ地位ガ如何ニ変化シテモ　此問題ニ関シテハ主要ナル位置ニ於テ解決ニ盡力スル心組デアルカラ　熊澤トノ協調モ具合克ク取レバ能イデハ無イカ

日比　埋立ニ関スル内務省ノ空気ハ如何デスカ　其模様ヲお聞キシタ上ニテ九鬼・諸戸ニ鳥洲・大池ヲ浅野ニ提供セ

シメテ埋立工事ノ速進ヲ計カリ度イト手配シテ居リ升
知事　上京シタ節内務技監ニモ逢ッタガ　今度ハ非常ニ御機嫌ガ克カッタ　此等ノ状況ハ浅野ノ者ニモ話シテ置イタガ　要スルニ現在ノ浅野ノ計畫ハ旭域ガ廣キニ失スルト云ウ事デアル　其筈ダ馬起ハ若シ旭ガ工合悪ルケレバ此地点ヲ埋立テルト云ウ豫備デアッタカラデアル　結局塩濱ト掖済會前丈ケガ許可セラレル事ニ成ラン　目下願書ガ港湾課長ノ手許ニアルト聞イテ課長ニモ逢ッテ能ク話ヲシテ来タ次第デアッタ
日比　其レデハ成ルベク蓮池モ後藤モ明日同行セシムル事ト致升
市長　此際知事閣下ヨリ何ニカお聞キシテ置ク事ハ有升マイカ　又閣下ハ撰擧終了迠御帰県ニナリマスマイナァー
知事　何ンニモ有升セン　先刻モ御話致升タ通リ知事ノ職ヲ止メテモ此仕事ニハ一層盡力スル事ニナルダロート考エテ居リ升　家族取纏メノ為メ一週間許ノ期間ニテ帰エリ度イト考エ居ル　其時各方面ニお礼ニ行ク心組デス
日比　森篤二郎ハ御心置キ無ク御使用被下ル様ニ願升　且ツ私モ遊ンデ居リ升カラお間ニ合ウ様ナ節ニハ出掛ケテモ宜敷イカラ　御遠慮ナク御用ヲ仰付ケテ下サイ
知事　難有ウ　森ノ事ニ就テハ東京エ行ッテ宮地ニ話シテ見ヨウト思ッテ居ル
日比　幸イ私モ閣下ト同ジ気車ニテ上京致升カラ　私カラモ宮地君ニ話ヲシテ置キ升ショウ
知事宅ヲ辞ス　県廰ノ門ヲ出デタル后チ市長ハ余ニ向イ　本日ノ知事ノ應答ハ誠ニテキパキシテ居リ升タナァー　知事ヲ止メ　サァー官職ヲ隔レルトナルト思ウ通リガ云エル様ニナルモノデスナァー
ト云ッテ居ッタ　余ハ本日知事ト會見ノ結果　知事ハ態澤ニ餘程喰込マレテ居ルト感ジタ　四時三十分ノ部田発輕便ニテ帰エル
四日市エ下車スル哉市長ハ洋食ヲ食ヒニ行カント言ヒ出シ　共ニ港食堂エ行ク　余ハ市長ニ向イ
先般貴下東京市助役ノ噂アリ　先日其結果ヲ一寸参事會ニモ御報告ニナリ升タガ　貴下ノ態度ガ微温的ノ為メ失敗ニ終ッタ事ト想像シ残念ニ思ッテ居リ升　私ハ情ニ於テハ　何處迠モ永ク貴下ガ四日市ニ在職サレル事ヲ希望

シ　浅野ノ事業ノ為メニモ四日市ノ為メニモ其レニ越シタ幸イハ無イ訳デスガ　一方理性カラ判断シテ貴下ガ今日ヨリ一層栄達ノ機會アレバ　其機會ヲ巧ミニ掌握セラル丶事ニ向ッテ盡力セナケレバナラヌト考エ升タ　私ハ自分ノ都合上ヨリノミ考エテ　先輩ノ栄達ヲ阻止セントスル者デハ有升セン

考エテ御覧ナサイ　四日市ハ元ト一小都市ニシテ今度貴下ガ計畫サレタ浅野問題ハ空前絶後ノ大問題ニテ　今後幾度モ此ンナ大キナ問題ガ起ッテ来ルモノデハ有升セン　其大問題ガ基礎ヲ据エタノデスカラ　貴下ガ今後五年モ六年モ勤續サレタ處デ　結局此問題延長ノ事務ヲ整理スルト云ウ事丈ケデ労多クシテ効少ナシデス　貴下トシテ目下ガ一番花ヤカナ時デス　此効績ヲ残シテ不透他《スカサズ》ニ栄轉セラル丶事ハ最モ時期ヲ得テ居ルノデス　此機會ニ東京助役トシテ檜舞臺ニ立タレ　而シテ老後隠退ノ計畫ヲ建テラル丶事ハ一番肝要ナ事デス　爾来四日市ハ忘恩ノ土地ダト傳七氏ガ常ニ云ッテ居リ升ガ　如何ニ赤心ヲ披歴シテ四日市ノ為メニ盡力スルト雖モ市民ハ左程ニ感謝セヌ土地デス　而シテ今日以後　大シタ効績ヲ建テル事業ガ見當ラヌトスレバ　能ク〱お考エニナラネバナラヌ場合デアッタノデス　此後其ンナ機會ガ到来シタ節ハ必ズ私ニ御聞カセ願升　御相談相手ニ成度イト思ヒ升

ト述ベタルニ市長ハ

私ハ東京助役ノ話ノアッタ節　若シ実現スレバ先ヅ第一ニ貴下ニ相談セナケレバナラヌガ　一番反對ヲ打タレルノハ貴下デアルト心配シテ居ッタノデス　何故ナレバ浅野問題ガ未ダ會社成立ノ域ニ達シテ居升セヌカラ　貴下ガ最モお困リニナルト想像シタカラデシタ　若シ助役トシテ就任セナケレバナラヌ様ニナッタラ貴下ニ對シ「今度ノ就職先キハ東京デアルカラ　如何様共ニ御相談相手ニ成レル」ト云ウ理由ヲ以テ是非御了解ヲ得度イト覺悟シテ居ッタノデス

お察シノ通リ私ハ少シモ関與セズシテ　外部カラ要求サレル形ヲ取リ度イト考エテ居リ升タ　言ワル丶通リノ微温的ニ過ギタカモ知レマセヌ　アノ際　鳩山等ニ話込メバ成効シタカモ知レマセヌ　最モ鳩山エ行ケバ直チニ井口ニ知レルト考エタカラ差扣エタノデモ有升ガ　何ンニシテモ今少シ方法ガアッタニ相違無イト思ッテ居リ升

又或ハ鳩山ニ話シタ處デ不成効ニ終ッタカモ知レマセン
只今ノお言葉ハ友人トシテ最モ御親切ナル御忠言ト考エ難有感謝致升　今后或ハ此ンナ問題ニ逢着シタル節ハ是非御相談ニ乗ッテ頂キ度イト思升
貴下ノ言ノ如ク永クナレバ飽カレルト云ウ事ニモ成升ショウ　先達モ総代會デ大岡・久保村ガ私ノ排斥ヲ企テ他ニ一人モ同意者ナク遂イニ両人ハ総代會幹事ヲ止メタトカ辞職セシメラレタト云ウ事モ聞イテ居リ升
私ガ辞職シタル場合　福林ナド后任ニ能イト思ウガ如何デスカ
ト云ウ　余ハ
大岡・久保村等ガ市長排斥ヲ企テタト云ウ事ハ初耳デス　如何ニ四日市ガ忘恩ノ土地デアッテモ　盲目者斗リデハアリマセンカラ彼等ノ言ニ従ウ筈ハ有升マイ
貴下ノ后任トシテ福林ハ駄目デス　事務ハ充分ニ執レマスガ計畫ガ枯息ニテ到底市長ノ具デハ有升セン　第一市民ガ承知致升マイ
貴下ノ将来ハ東京助役ノ如キ檜舞臺ニ昇ラレテ花ヲ咲カシ　咲カシテ居ル間ニ老後ノ御計畫ヲ建テラレテ後顧ノ憂ナク隠居ノ出来得ル様ニセラレルカ　又ハ四日市ニ永住ノ覺悟ヲ以テ落付カレ　浅野問題等ト苦楽ヲ供ニセラル丶カノ二道ヨリ無イト考エ升　貴下モ既ニ六十三才デスカラ今日ヨリ御心掛ケテ置カル丶事必要ト考エマス
ト述ベタルニ市長ハ
全ク其通リト思エ升
ト云ウ　港食堂ヲ出デ市長宅ノ曲リ角ニテ市長ニ分カル　市長ハ眞ニ聖人ナリ　言ウ事ガ落付イテ居ル　市長ガ先刻余ト對談中「私ハ元来　頭トナル事ガ好キデスカラ東京助役ニ成リ損ッタノハ悔シイトハ思ヒ升ガ　失敗シタカラトテ少シモ残念トハ考エテ居リ升セン」ト云ッテ居ッタガ　余ハ市長ノ態度ガ餘リニ緩慢ナリト思ウノデアル

昭和三年二月一日

午前十一時半頃蓮池ガ電話ニテ
　本日東京エ御供スル様ニお話シテ置キ升タガ　昨三十一日津ニ於ケル裁判ハ山寄ガ来ヌノデ二月廿二日ニ延期ニナッテ仕舞イマシタシ　弁護士ニ相談シタルニ「目下総撰擧中故　其レガ終ル迠延期シタラ如何哉」ト云ヒ升シ諸戸ハ東京ニ居リ伊藤ハ不承諾ダト云ッテ居リ升カラ　誠ニ相済ミマセヌガ今回御供スル事ハ見合度イト考エ升カラ　東京ニテ関君ニ逢ワレタ節ハ事ノ成行丈ケヲ御話シ置キ願升　昨日知事ニ逢ッタラ「僕ガ辞職シテモ旭問題ハ責任ヲ持ッテ解決シテ遣ル」ト云ッテ居リ升タ
ト云ウ
午後三時三十七分輕便ニテ川島村エ行キ村長ニ向イ
　　経過如何
ト尋ネタルニ村長ハ
　一、承諾中ヨリ五名斗リセメントハ隣地ニ被害アリト主張シ出シ閉口シテ居リ升　貴下ヨリ「被害ナシ」ト一札入レテ頂ク訳ニハ行キマセヌカ
　二、既承諾者中ヨリ逐次登記ヲ済マセバ　点々ト残リ居ル分モ片付クト思ヒ升カラ　左様お願致度シ　而シテ登記ニ掛カリ得ルハ二月十日頃カト予想致升
ト云ウ　余ハ
　一、今頃其ンナ話ハ意外ナリ　一札入レル等ノ事ハ以テノ外ニテ断ジテ出来ヌ　村長・議員等ガ其等不届者ヲ納得スル様ニ話シテ納メルヨリ致方ナカラン　僕ハ事ノ進捗スル話ナラ何處迠モ相談ニ乗ルガ　退歩スル相談

ニハ相手ニナラヌ
二、点々ヲ片附ケタル上　一月廿一日ニ一斉登記スル事ニナッテ居ルカラ此儘承諾者ノミノ登記ニ掛カル事ハ浅野ガ承知スマイト考エルガ　為念《ネンノタメ》浅野ノ意嚮《イコウ》ヲ尋ネル事トセン
ト答エ五時二十七分川島発ニテ帰エル
午後七時半戸野市長電話ニテ
一、本日ノ市會ハ甘ク全部通過シタカラ安心下サイ
二、蓮池・諸戸ハ一所ニ上京致升カ
ト尋ネル　余ハ
蓮池・後藤ハ昨日知事ニ逢ッテ来タ由ニテ　其節知事ハ
假令《タトイ》僕ガ知事ヲ止メテモ責任ヲ以テ旭問題ハ解決シテ遣ル
ト云ッタカラ此際上京スル事ハ止メニスルト云ッテ来升タ
ト答エタルニ市長ハ
知事ハ大キナ事斗リ云ッテ片付ケル事ガ出来ルモノデスカ　貴下ハ東京ニテ関ニ能ク話シテ下サイ　電報ヲ下サレバ私ハ何時ニテモ直様《スグサマ》上京致升
ト云ウ
山本源助ニ電話ヲ掛ケタルニ山本ハ
其筋ヨリ井口エ互ニ仲能ク遣レト電報ガ来テ居ルガ　加藤ノ方エモ行ッテ居ル哉否ヤハ知ラヌ　昨日井口ハ伊藤サンヲ訪問シタ筈ダガ　アノ件ハ「僕ト君丈ケノ事ニ」シテアルカラ　井口ハ伊藤サンニ何共云ワナカッタ事ト思ッテ居ル　撰擧ハ楽観スベキ状態デ無イカラ何トカ宜敷お願致度シ
ト云ウ　余ハ

然カラバ気車中ニテ伊藤サンニ逢エバ判ル筈ト思ウカラ能ク聞イテ見ル
ト答エテ電話ヲ切ル
午後八時四十六分東京直行ニ乗リ込ム　遠藤知事埼玉県ニ於テ立候補ノ為メ帰郷スルノト一所ニナル　桑名駅ニテ井口延次郎乗込ミ来タル　名古屋駅ニテ伊藤傳七氏ト一所ニナル　井口ハ名古屋ニテ下車シタ

昭和三年二月二日

午前七時頃東京駅着　伊藤傳七氏ハ濃飛電気ノ連中トステーションホテルニ泊マリ　余ハ丸ノ内ホテルニ入ル
午前十時頃東京湾埋立會社エ行キ　関君ニ向イ
　九鬼・諸戸ガ旭鳥洲並ニ大池ヲ提供スル運ビヲ付ケタラ埋立ノ仕事ニ着手スル哉
ト尋ネタルニ関君ハ
　目下京濱運河・室蘭埋立・尼崎埋立・四日市埋立ガ許可セラル、哉ノ状況ニアリ　京濱運河ハ何ニヲ扨テ置イテモ東京湾埋立會社獨力ニテ経営セザルベカラズモノニテ　他ノ三ッハ地方的仕事ニモアリ　室蘭ハ北海道ノ事トテ余リ多額ノ資本ヲ必要トセズ　尼崎ハ地方四分ノ資本ヲ負担ス　四日市モ地方ニテ五分ノ株式ヲ引受クルニ非ラザレバ東京湾埋立會社ノ負担ニ絶エズ　四日市ニ於テ五分ノ負担アリ哉其レガ先決問題ナリ
ト云ウ　余ハ斯クアラント想像ハシテ居ッタガ　関君ノ言明ヲ聞キ「何ントカ速進法ヲ講ゼナケレバナラヌ」ト心中考エタ　余ハ
　株式ハ実際ニ募集シテ見ネバ負担力ノ有無ハ不明ナレド満更見込ナキモノニ非ラズ
ト答エタルニ関ハ
　先達大川ガ「地方ノ仕事ハ　地方人ノ為メニ我儘ヲ振舞ワレ割ガ悪ルイ」ト云ッタ　実際其通リニテ　君ト僕ガ

常務トシテ會社経営ニ當ッテモ結局ハ四日市大株主ノ為メニ引ズラレル憂アリト思ウ
ト云ウ
山田胖ニ向イ
九鬼ノ鶴見臨港鉄道會社買収用地ハ五十五円ヨリ賣ラヌト云ウ　如何スル哉
ト尋ネタルニ山田ハ
今少シ放擲シテ置イテ呉レ　又必要ニ迫ラレタラ電報スルカラ其節ハ宜敷頼ム
ト云ウ　山田ト丸ノ内倶楽部エ書食ニ行ク
午後浅野泰治郎・金子喜代太ニ逢イ
伊藤傳七氏ヨリセメント會社ハ浅野分工場トスル哉　或ハ四日市獨立ノ會社トス〔ル〕哉ノ質問アリ　傳七ハ最初ノ談合通リ獨立ノ會社創立セラル、モノト思イ居レリ　如何ナル御意嚮ナリ哉
ト尋ネタルニ金子ハ
老人ガ獨立ノ會社ヲ創立スル様ニ傳七氏ニ話シタ事アル由ナルモ　実際ニ於テ其事ハ困難ナリト思ウ
ト言憎ソウニ云ウ　泰治郎モ困却ノ体裁ニテ無言ナリ　余ハ
傳七氏ガ浅野ト知己ニナリタルハ　獨立ノセメント會社組織ノ相談ヲ社長ヨリ余ヲ使者トシテ傳七氏ニ仕掛ケタルニ始マリ　引續キ今日ニ及ベリ　其間此レニ関連スル歴史アリ　本日只今金子氏ノ言ワレタルガ如キ事ヲ傳七氏ガ聞ケバ不快ニ感ズル事ナルベシ　依リテ私ハ傳七氏ニ　本日貴下等ト會見ノ際此問題ニ言及セザル様仕向ケ置クヲ以テ　浅野ニ於テハ尚ホ一考セラレテハ如何哉
ト述ブ
関君ノ處エ帰エリ右話ヲ為シタルニ関ハ
社長ノ意見ハ獨立會社創設ニアリ　若イ重役共ハ社長ノ意ヲ察知シ得ズ　僕ヨリ為念宮地ニ注意シテ置ク事ニセ

ン

ト云ッテ居ッタ

午後五時頃丸ノ内ホテルニ帰エル　電話ガ掛カッテ来タカラ何處カラカト思ヒ電話口ニ出ルト

私ハ井口デス　アノ晩　后トヲ遂ッテ上京致升タ　宮田ガ伊藤サンニ是非逢イ度イト云ッテ居ル　今夜十時警視

総監官邸エ御案内仕度イト思ウカラ　此旨伊藤氏エ御傳言頼ム

トノ事ナリ　余ハ午後六時頃ステーションホテルエ行キ傳七氏ニ右旨傳言シタルニ傳七氏ハ余ニ向イ

是非君モ同行シテ呉レ

ト云ウ

貴下お一人ニ宮田ハ逢度イト云ウノダソウデスカラ　私ハ御免ン蒙リ升　私ハ七時ヨリ関君ト夕食ニ行ク事ニ

ナッテ居リ升　其内関ノ自動車ガ私ヲ迎イニ来ル事ニナッテ居リ升カラ差支ニモナル訳デス

ト答エタルニ傳七氏ハ

其ンナ事ヲ言ワズニ是非一所ニ行ッテ呉レ　井口ガ来タラ其事ヲ話スカラ君ハ居所ヲ知ラシテ置イテ呉レ

ト云ウ　関ノ自動車迎エニ来タリタル故余ハステーションホテルヲ出デ清月エ行ク　関ト山田ガ待ッテ居ッテ呉レタ

関ト碁ヲ打ツ　互ニ一勝一敗ニテ勝負ナシ　午後九時四十分傳七氏ヨリ電話ニテ

只今井口ガ迎エニ来タ　君ガ同行シテモ差支エナシトノ事故直チニ自動車ニテステーションホテルニ来タラレ度

シ

トノ事ナリ　余ハ折角藝者・夕食・関ト楽シク碁ヲ打ッテ居ルノニ面倒ダト思ッタガ　傳七氏ノ命令故ステーション

ホテルエ自動車ヲ走ラス

傳七・井口ト三人　井口ノ自動車ニテ警視総監官邸エ行キ宮田氏ニ會見ス　雑談少シニテ井口席ヲハズシ　余ヲ隣席

ニ呼ビ出シ

　宮田ガ傳七氏ニ何ニカ話ガアルカモ知レヌカラ呼ンダノダ
ト云ウ　余ハ井口ガ退席シタノハ其レトハ察シテ居ッタノデアルガ　傳七氏ハ余ニ同行ヲ強要シタノデアルカラ　余ハ傳七氏ノ側ヲ隔《ハナ》レナカッタノデアル　井口ガ余ヲ呼ビ出シタ以上跡ニテ傳七氏ニ小言ヲ食ウ心配モナシ　隣席ニテ井口ト雑談シナガラストーブニ当ッテ居ルト十分斗リシテ傳七氏ガ余ヲ呼ビ戻シ宮田ノ面前ニテ

　宮田総監ヨリ志摩電気・藤原鉄道何レヲ早ク希望スル哉　二ツ共ニ傳七社長ナルヲ以テ　二ツ共許可スル事ハ餘リ露骨ナリ　何レカ一ツヲ撰ラベトノ事ナリ

ト云ウ　余ハ直チニ

　藤原鉄道ヲ先キニお願セラレテハ如何哉

ト答エタルニ傳七氏ハ

　井口ノ撰擧費用ノ為メ三／四万円ヲ宮田サンガ貸シテ呉レト云ワレル　君ハ如何思ウ哉　借主ハ宮田サンニテ裏書ハ鳩山サンガ為サル丶トノ事ナリ　而シテ君ニ井口ノ撰許事務長ヲ引受ケ呉レトノお頼ミナリ

ト云ウ　其時宮田氏ハ余等両人ニ向イ

　只今頂度時事新報記者ガ面會ニ来テ居ルカラ　僕ハ一寸席ヲハズスカラ能ク御両人ニテ相談シテ見テ下サイ

ト述べ出テ行ク　余ハ傳七氏ニ向イ

　金ハ御引受ケナサイ　而シテ藤原鉄道ノ外ニ埋立許可ヲモ條件ニ入レテ下サイ

　撰擧事務長ハ困リ升

ト理由ヲ説明スル　暫時ニシテ宮田氏入リ来タル　傳七氏ハ宮田ニ向イ

　只今日比君ニ相談致升タガ　藤原鉄道ガ許可セラレテモ埋立ガ許可ニナラナケレバ何ンニモナラヌト言ヒ升　両方共ニ御許可ガ願度イ

　金ノ事ハ承知致升タガ　日比君ハ撰擧事務長ハお受ケ致シ兼ネルト言ッテ居リ升カラ何共致方有升セン

ト云ウ　宮田氏ハ
藤原鉄道・四日市埋立双方共ニ許可ノ件御引受スル　成程日比君ノ云ウ通リ埋立ガ出来ネバ鉄道ヲ引張ル事ガ出来ヌ訳ダ　然カシ君等ガ下役ヲツツイテ停電セシムルト許可スル事ニ困難ヲ来タス　其不服ヲ云ッタ下役ヲ他ニ転任セシメテカラデ無イト許可ガ仕憎イ事ニナルカラ　一切僕ガ命令スル通リニシテ貰ライ度イ　日比君ハ井口ノ撰擧事務長ヲ引受ケテ呉レテ右四万円ニテ井口ガ當撰スル様ニ盡力シテ貰ライ度イ　右金員モ日比君ガ直接傳七氏ヨリ受取リ　井口ニ渡サヌ様ニシテ貰ライ度イ　井口ニ金ヲ渡スト無茶苦茶ニ使ッテ仕舞ッテ困ル
ト云ウ　余ハ宮田氏ニ向イ
井口ニ盡力スル事ハ止ムヲ得ナイガ　撰擧事務長丈ケハ困リ升
ト答ウ　宮田氏ハ
隣リニ井口モ待ッテ居ルカラストーブニ當リナガラ能ク相談仕様デハ無イカ
ト云ヒ三人ストーブノ部屋ニ入リ井口モ交エ相談スル　井口ハ
日比サンニ撰擧事務長ヲお引受願ヒ得レバ　其ンナ幸福ナ事ハ有升セン　此レ迠モ幾度モお願ヒ致シタ事デス
ト云ウ　余ハ傳七氏ニ向イ
モー午前一時半デスカラお暇仕様デハ有升センカ
ト云ヒタルニ宮田氏ハ
僕ノ處ハ何時迠デモ不関《カマワ》ヌヨ　君ハ事務長ヲ引受ケルノガ嫌ダカラ逃ゲ仕度ヲスルノダナァー
ト云ウ　余ハ
其ンナ訳デハ有升セン　此レカラステーションホテルエ帰エリ井口君ノ撰擧ガ工合克ク行ク様ニ相談致升
ト答エタルニ宮田氏ハ

其相談ナラ此處デ充分出来ル　態々ホテル迄帰ラナケレバナラヌ訳ハ無イデハ無イカ
埋立ノ許可ヲ取ル為メニハ明日午前十一時内閣総理大臣官邸ニテ鈴木内務大臣ニ能ク話シテ置イテ呉レ給エ其方ガ便利ガ能イ
ト云ウ　余等三人ハステーションホテルエ帰エリ　事務長問題ヲ研究シタガ妙案ナク　傳七氏ガ「引受ケルヨリ致方ガ無イナァー」ト云ウ丈ケナリ　明日ヲ期シ井口ハ宅エ帰エリ　余ハ丸ノ内ホテルエ戻ル　余ハ事務長ヲ引受ケル事ハ絶對ニ断ラナケレバナラヌト思ッタ

昭和三年二月三日

午前九時ステーションホテルエ傳七氏ヲ迎エニ行キ　共ニ東京湾埋立會社ノ関君ヲ訪ヒ　余ハ昨日ノ宮田警視総監トノ會見ノ模様ヲ語リタル上

撰擧ヲ扣エ居ラザル平常時ナレバ　藤原鉄道並ニ四日市埋立ノ二個ノ許可ヲ得ル為メニハ　正ニ金十萬円以上ノ運動費ヲ費消セザレバ到底其目的ヲ達シ得ズト思考シタル故　宮田氏ヨリ傳七氏ニ要求アリタル金四萬円ヲ即座ニ「御引受ケアリテ然カルベシ」ト傳七氏ニ決断セシメタル次第ナリ　此四萬円ハ両會社許可ノ暁分担シテ會社ニテ負担スル事ニスレバ宣敷訳ト思ウ

僕ノ撰擧事務長ヲ引受クル事ニハ閉口シ居レリ

ト述ベタルニ関ハ

同感ナリ　浅野モ各方面ヨリ多額ノ撰擧費用ヲ負担セシメラレ居レリ

ト云ウ　傳七氏ハ関ニ向イ

右金四萬円承諾シタル件ニ関シ浅野ノ承認ヲ希望ス

ト云ウ　関ハ金子エ右ノ報告ニ行ク　余ガ便所ニ行キタルニ金子ト宮地ニ逢ウ　金子ハ余ニ向イ
　傳七氏ニ傳エテ呉レ　小野田ニ小言ガ常ニ多イカラ小野田ノ承認モ求メテ置イテ貰ライ度イト金子ガ云ッテ居ッ
　タト
余ハ宮地ニ向イ
　私ガ撰擧事務長ヲ引受ケル條件ハ如何哉
ト尋ネタルニ宮地ハ　金子ト相談シタル上
　加藤ガ抗議ヲ申込ンデ来ルニ相違ナイカラ困ル　其レデ無クテモ加藤ヨリ「モット日比君ヲ動カシテ呉レ」ト
　度々電報ガキテ居ルノデアル
ト云ウ　余ハ
　然ラバ断然断ル事ニ致升ショウ
ト答エテ傳七氏ト共ニ内閣総理大臣官邸エ鈴木内務大臣ヲ訪問ス　時ニ十一時半ナリ　未ダ閣議ガ終ッテ居ラナカッ
タ　井口出デ来タリ余等両人ヲ應接室ニ導ク　三十分斗リ待ッテ居ルト鈴木内務大臣ハ紋付ニテ宮田警視総監ハ洋服
ニテ出デ来タリ　鈴木内務大臣ハ余等両人ニ向イ
　井口ヲ助ケテ遣ッテ呉レ　日比君ハ撰擧事務長ヲ引受ケテ遣ッテ呉レ
ト云ウ　余ハ
　加藤氏ガ四日市築港問題ヲ持ッテ居リ升カラ困リ升
ト答エタルニ内務大臣ハ
　其言ハ余ヲ侮辱スルモノデハ無イカ　ビヨウタル一参與官ガ何故ニ其程恐ロシキ哉　築港問題等一切ハ本官ガ許
　可スルモノナル事ヲ知ラザル哉
ト云ウ　余ハ

常識上参與官ヨリ閣下ガ高貴ナル事ハ簡単ニ知リ得ル問題ナレ共　閣下ニハ御目ニ掛カル機會少ナクシテ反ッテ下僚ノ加藤参與官ニ接觸ノ度数多シ　依ッテ閉口シ居ル次第ナリ
ト述ベタルニ大臣ハ
　然リナン
ト面ヲ温ゲタル后チ
　若シ加藤ガ何ニカ邪魔スル様ナ事ヲ為シタル節ハ直チニ僕ニ通ジ給エ　僕ハ直チニ適應ノ手段ヲ構ゼン
　加藤モ自分部下ノ一人ナルガ　彼ハ餘リニ身勝手ニ過グ　今度ノ撰擧ニ於テモ然カリ　自分一人ノミ高点ニテ當撰セント欲シテ　同僚ノ危險ヲ救済セザルハ不可ナリ　我輩ハ三重県第一区ヨリハ是非三人（加藤・伊坂・井口）ヲ當撰セシメザル可カラズト思考シ居レリ　第二区ヨリモ尚ホ一人中立トシテ立候補セシメ度シト算段ヲ廻《メグラ》シ居レリ
　君等モ四日市ガ可愛ケレバ井口ヲ助ケテ呉レタラ宣敷キ訳ナラズヤ
其時　宮田警視総監ハ余ニ注意シテ
　大臣ニ何ニカ御願致度シト昨夜云ワレシニ非ラズ哉　大臣ハ多忙ナリ　早ク御願アリテ然カルベシ
ト云ウ　余ハ大臣ニ地図ヲ示シタル上
　四日市埋立ノ許可ヲ御願度シ　而シテ藤原鉄道ノ許可ヲモ得テ地方発展ヲ策シ度シ
ト述ベタルニ大臣ハ
　埋立ハ幾坪アリ哉
ト尋ネル　余ハ
　第一・第二・第三ニテ約十四／五万坪ナリ　第四ハ御都合ニ依リ除外サレテモ苦シカラズ
ト答エタルニ鈴木大臣ハ

承知セリ　早速下役ニ調査ヲ命ゼン
ト云ヒタル上出デ行ク　宮田ハ余ニ向イ
是非井口ノ撰擧事務長ヲ引受ケテ貰ライ度イ
ト云ヒ　傳七氏ハ
引受ケルヨリ致方ガ無イデハ無イカ
ト云ヒ　井口ハ
何卒御引受ケノ程切ニ懇願致升
ト云ウ　余ハ事茲處ニ至レバ止ムヲ得ズト感念シテ
然ラバ止ムヲ得マセン
ト答エタルニ宮田氏ハ井口ニ向イ
直チニ四日市ニ打電シテ　撰擧事務長ヲ届出デ給エ
ト云ヒ　井口ハ余ニ向イ
大ニ難有ウ　此レニテ安心致升タ
ト云ヒ　傳七氏ハ
実際日比君ニハ気ノ毒ダ
ト云ウ
浅野セメント會社エ帰エリ宮地ニ向イ　傳七氏ヨリ余ガ井口撰擧事務長ヲ引受クルノ止ムヲ得ザルニ立至リタル事ヲ
話シタルニ宮地ハ
加藤ガウルサクテ困ルカラ　加藤ガ何共云ッテ来ヌ様伊藤サンカラ加藤エ御話被下《クダサル》様ニ御取計ライヲ願升
ト云ウ

傳七氏トステーションホテルエ行キ晝食ヲ為シタル上　余ハ東京湾埋立會社エ行キ　関君ニ向イ
　撰擧事務長ヲ引受ケテ仕舞ッタ
ト述ベタルニ関ハ
　止ムヲ得ヌデハ無イカ
ト云ウ　関ノ自動車ニテ戸塚源兵衛ナル義平ノ下宿エ行キ　義平ニ三月末休校迠ノ費用トシテ　金八十円ヲ渡シタル
上　義平ヲ連レ丸ノ内ホテルエ帰エリ　義平トホテルニテ夕食ヲ供ニスル
傳七氏ヨリ電話アリタルニ付キ七時頃ステーションホテルエ行ク
傳七氏ハ
　電気仲裁問題　明日ニ延引キセリ　其レヲ振切ッテ帰名スル哉否ヤ
ト尋ネル　余ハ
　一日延期セラレ仲裁問題御解決ノ上　御帰名アリテ然カルベシ
ト述べ九時半東京駅発ニ乗ル　井口ハ新橋駅ヨリ乗込ンデ来タ　井口ハ和服姿ニテ余ニ向イ笑イナガラ「着ノミ着ノ
ママニテ君等ノ跡ヲ遂掛ケテ上京シタノダ」ト云ッテ居ッタ

昭和三年二月四日

午前八時頃四日市駅着　井口ガ直チニ撰擧事務所エ立寄ッテ呉レト云ウカラ　東駅前ノ井口撰擧事務所エ行ク　一般
状況並ニ事務ノ概要ヲ尋ネタルニ　只單ニ余ヲ撰擧事務長トシテ届出デタルノミニテ何事モ進捗シ居ラズ　且ツ會計
ノ乱雑ナル　山本ニ聞ケバ西脇ニ聞イテ呉レト云ヒ西脇ニ聞ケバ山本ニ尋ネテ見テ呉レト答エ　井口ニ聞ケバ山本ガ
知ッテ居ル筈ダト云ウ　運動員ノ清水米太郎ハ余ニ向イ

貴下ノ大英断ヲ待タザレバ到底撰擧遂行ノ見込ナシト私カニ注意スル　余ハ意外ニ思ッタ　井口ノ撰擧運動ハ遅々トシテ居ルトハ想像シテ居ッタガ斯ク迠乱脈ニ且ツ不統一　否ナ無方針ノ状態ニアルトハ思ッテ居ラナンダ　此難局ヲ如何ナル方針ヲ建テ、切リ抜クベキヤニ関シ幾多ノ考慮ヲ費シタガ早速ニ其對策ガ浮ビ得ベクモ非ラズ　東京ニ於テ「撰擧事務長ハ御免ンダ」トハ考エタ事デハアルガ愈々以テ大変ナモノヲ引受ケタ　大失策ヲ為シタト後悔シタガ今更ラ仕方ガ無イ

午前十時頃　伊勢鉄ニ乗リ山本源助ヲ連レテ県廳ニ於ケル警察部長ノ撰擧打合會ニ出席スル　内務部長ニ挨拶ニ行キタルニ内務部長ハ山本ニ向イ井口ノ撰擧運動ガ「成ッテ居ラヌ」ト小言ヲ述立テタル上両人ニ向イ日比君ガ撰擧事務長ヲ引受ケテ呉レタカラ稍々安心シタ

若シ開票ノ結果　四日市ニ於ケル投票ニテ井口ガ木村ヨリ少ナカッタ節ハ四日市築港ナド目茶苦茶ニシテ遣ルゾト徹底シタ事ヲ言ウ　政友會三重県支部ニ立寄リタル上　午後六時半気車ニテ四日市ニ帰エル

市長宅ヲ訪問シテ東京ニ於テ「決行」シタル次第ヲ報告シタルニ市長ハ

誠ニ機宜ノ處置ニシテ四日市ノ為メニ誠ニ悦コブベキ事デス　貴下デコソアレ其御決断ガ出来タ訳デス　一意御成効ヲ祈リ　私モ乍蔭出来ル丈ケノ事ハ致升　井口ノ為メニ金策ヲ考エテ見舞ショウカト云ッテ居ッタ

其レヨリ撰擧事務所エ行キ撰擧ニ對スル大方針ヲ研究　色々對案ヲ建テル　遂ニ午前四時ニ至ル

昭和三年二月五日

本日ヨリ一切ノ仕事ヲ放擲シテ井口延次郎ヲ當撰セシムベク撰擧事務ニ没頭スルノデアル　激務繁忙　到底日記ヲ書ク寸暇ナシ　依リテ来ル二十日迠ハ時々新聞ニ記載サレタル記事ノ中　余ノ目ニ映ジタルモノヲ切抜キ貼付シテ省略

シタル日記ヲ補ウ事ニ決ス　止ムヲ得ザル事ナリ

最適材で實力豊な日比選擧事務長を得た井口候補者

勢州毎日新聞　昭和3年2月5日

縣第一區から既に名乗を揚げた井口延次郎は何分一國首相の秘書官として今や天下分け目の晴戰さにて首相は殆んど不眠不休の大多事大多忙を極めらるゝに身は其の政務の樞機にたづさわり首相の懐刀として寸時も身邊を離れ能はざる爲め容易に歸泗することが許ざれなかつたので一旦歸縣したるも諸般の手續を了すると共に再び□日以來上京中であつたが春立つ今日を迎ふ節分の四日には意氣揚々として歸つて來たのであつた尤も總ての準備は整つて弓は袋を脱するばかり刀は鞘を拂ふばかりとなつて準備行動怠らず其の個性たる重厚沈着振りを示して急がず焦せらず堅實な方針を執つて居るらしいが未定であつた選擧事務長を愈々好個の適任者を得て一層の強味を加へて來た卽ち井口候補者の選擧事務長は四日市の市參事會員日比義太郎氏で夙に逐鹿場裡に一たび立てば熱と力と相伴ふ勇猛の威力を以て知られ其の智謀と計畫とに富みて實力多きに畏敬されて居る□人なれば將佐尉各々其の幹部に適材が配置され水も漏らさぬ深謀が廻らされ陣容大に振ふであらうと評されてゐる斯くて同派の實戰第一步は勇ましく踏み出され首途の氣勢揚ぐるの十四餘萬人の有權者に送られた井口氏の宣言書は左の如し

立候補宣言

今回我が政府が□□解敬の詔勅奏請した所以のものは政策遂行に支障ありと認めた結果に外ならないので極めて當然な立憲的の措置であります。

抑も政友會內閣成立の原因を尋ねますれば悉く前內閣失政に基いて居るのであります。卽ち若槻內閣は自らの責に歸すべき財界未曾有の大混亂を收拾し得ずして倒れ、其他諸政策の行詰を來して遂に內閣を抛け出すに至つたのであります。而して我が田中政友會總裁が組閣の大命を拜するに當り特に優諚を賜ひ、財界の安定、對支政策の確立に專念せよと承るだに畏い極であります、卽ち前內閣の力及ばざりし所を特に御下命になつたものと拜察し、政友會內閣の御信任如何に厚いかを念ふと感激の涙に咽んだのであります。

吾等は勅諚に副ひ奉らんことを期し着々歩武を進めて参つたのであります。けれども組閣□猶ほ淺く而かも議會に於ける第二黨なるが故に遺憾ながら業半にして解散の已むなきに至つたのであります。假すに時日を以ても與ふる議會の多數を以てせば吾等は上優諚に應へ奉り下國民の期待に副ふの確乎たる信念と自信とを有して居たのであります。

然るに我が政友會内閣の成立に刺戟され黨利黨略以外國の公事に誠意のない一夜造の、所謂呉越同舟とでも申しませうか主義政見の相容れなかつた憲□野台を行ひ民政黨の寄合世帯を作り上げたのであります。民政黨の諸公は種々の詭辨を弄し吾等の□□を非難するのでありますけれども　斯の如きは自己の罪を省みるの美德を失ひ無責任の空論として一笑に附すべきものであります。

然しながら彼等は□□に比較的多數を制して國民にそ□誣妄を強ゆるに至つては洵に寒心に堪江ないものがあります　即ち解散の已むを得なかつた所以であります、今や世は昭和三年の躍進期に入つたのであります。

今上陛下御卽位の禮及大甞祭の大典を今秋末に擧げられ又希望に輝く而かも明治元年と干支の同じ戊辰の年であります。

顧れば明治維新の鴻□は明治戊辰に實現の第一指を染めました、敢て歴史的感情に捉はるゝものではありませぬが昭和維新の緒も亦富に此の年に於てその第一歩を踏み出すべきであるかに痛感致されるのであります。

時恰も多年沈滯せる國政に一大刷新を加へ、生氣溌溂たる新日本を建設するが爲め全國民の意志を綜合實現すべき好機は此の第一回の普選による總選擧にかゝつて居ると信じます。

此の□大なる秋に際し不肖微力短才と雖も新日本建設の爲に全力を傾倒して努力奮闘すべきをお誓ひ致します、而して一身の成敗利鈍の如きは此の大義の前に九牛の一毛にも價するものでないことを自覺して居ります、理想を高く揭げ而も現實の大地に足を踏みしめて責任政治を断行せん□は私の赤心から□ぐる信念であり、叫びであります。

我が政友會の提唱する諸政策に就ては既に御承知の如くでありますが故に更めて爰に揭ぐるの煩を避

けますが只だ七千萬同胞の福祉を増進するが爲めに全力を注いで居る事だけは御諒承を願ひます。

茲に再び衆議院議員候補者として馬を陣頭に進むるに際し右宣言を以て諸賢の御賛同を求む次第であります

敬白

逐鹿漫語

内閣總理大臣秘書官井口延次郎クンの選擧事務長として日比義太郎と届出のあつた時、一番驚いたのは受附けた人よりも、川原町の自宅に横臥して居た山本源助其の人であると云ふ▲昨日は東今日は西、朝に源氏を迎へて夕に平氏を送る萍稼業の娼妓なら兎も角、堂々たる男子の本分として▲憲政會内閣の當時は憲政會の信者らしい顔をして、○○の走狗となり○○の馬卒となつて、やれ淺野問題だ、無線電信の敷地問題だと拜み廻はつた人が、自身の御都合の爲めには年來の○○を賣つても平氣の平三で▲市參事會員たる公職にある人が或時は○○○○番頭となりて○○○○○○し、又或時は○○○○となつて○○○の機微を洩らすと云ふ始末▲豪傑肌の面被りの……第三者から見たらアノ人がと驚くやうな放れ業を遣つて、大正拾五年の暮からは○○から旅費日當を頂戴して結局手代らしい奉公人らしい資格を作り上げ▲市參事會員やら○○の小僧やら意味の判らぬ宙宇ぶらの姿で、參事會は欠席に次ぐに欠席を以てすると云ふ有樣心ある同僚としては孰れも其の人の○○○○て居たが▲井口の事務長となるに及んで源助君の驚きよりも他の同僚の驚きは一層凄しい摸樣であつた▲これが當世流行のエゴイスムと云ふものさ、と甲が囁くと、鐵面皮と云ふ言葉は誰の爲めに出來たのだい、と乙が訝かる。シテ見ると鈴久と云ふ人の方が矢張り男だ哩と丙が半疊を入れる▲這麼噂が若し事實ならば困つたもので節操とか政見とか云ふ舊式のものは何んでも宜い、自己の御都合次第で豹變勝手次第と云ふのが當世なら、普選もまた禍なる哉と云ひたくなる▲選擧よ、選擧よ、選擧ほど人間の根性を露骨に告白するものは無いさうぢや。睾丸のあるか無いかは、女に訊くよりも選擧の神樣に

四日市商業新聞　昭和3年2月11日

訊くほうが捷徑かも知れない▲ミルクが草から生じチースがミルクから生じ而して羊毛が皮膚から生ずる神の攝理は、睾丸有無の試験委員として、餘りに恐れ多い事ではない乎、と編輯小僧は眞面目な顔をして笑つて居た

神鳴りも陰と陽との使ひわけ二つ合はせて聲を呑むらん

苟モ他人ヲ攻撃セント欲スルニ際シ　殊更ラニ○○○○等ヲ使用シ何等カ他ニ意味ヲ含ムガ如ク読者ヲ誤解セシメントスルハ卑怯ナル振舞ナリ　若シ余ノ行動ニシテ攻撃ニ價スルモノアリトスレバ　正々堂々明確ニ記載シテ迫リ来タレ　明快ニお相手仕ラン　既ニ世間定評アル鳥海ニ其レヲ望ムガ野暮ナルカモ知レヌ　二三日前井口ノ撰擧事務所エ同社ノ社員清水某ガ候補者ノ写真ヲ貰ライニ来タ　余ガ其レヲ断ッテ遣ッタカラ其レヲ根ニ持ッタ八ツ當リナルベシ　悪口モ度ヲ越セバ如何ニハシタナキ鳥海ト雖モ容謝セヌ

勢州毎日新聞　昭和3年2月15日

井口延次郎氏と立候補の奉告祭
諏訪社頭に於ける森厳な場面と運動員のかしは手

四日市を本據として立候補し而も大野戰の爲め先づ他を恂ふるが爲め轉戰又轉戰にて寧日なかりし井口延次郎氏は一巡し終わつて歸來するや政塵掃ふ遑もなく十二日午後三時抑も四日市に呱々の聲を揚げてお宮詣りの其の時より最も神縁深き產土神である諏訪神社に詣で今日の立候補の奉告祭を擧げた生川社司の神慮を畏こみし祝詞に次いで長身巨軀を起したる井口氏恭しく玉串を捧げて拝禮し次で日比選擧事務長を始め參拝したる運動員諸氏期せずしてかしは手を打てるが其の音宛として拍手以て何物をか待つ如く神靈に打たるゝ感ありて諏訪大神の大御前に淸き響きを傳へ茲しばし政戰を超越して氏子同士の親し味が漲つて見江た意味深長で温情溢る祝詞左の如し

（寫眞は其光景で（上）生川社司の祝詞奉奏（中）井口氏の玉串奉献（下）社頭の直會拝戴にして×印は井口氏）

×印　井口延次郎
○印　日比義太郎

苦戰の裡に光明を　井口延次郎候補
期日切迫し形勢稍や有利に轉回し來た？

現代民報　昭和3年2月15日

縣下第一區の候補者中で最も苦戰を免かれまいと觀られて居た井口延次郎氏も緻密な頭腦の持主と云はるゝ日比義太郎氏を

　選擧事務長に得て幹部組織に根底的緊張振を示し來たが本來氏は獨立選擧區の市部から當選した人とて郡部に接觸のない弱みあり其處に多大の苦心をなしつゝあつたが情報に依ると其の努力が漸次酬ゐられ最近一般に同情者を得たらしく延ゐて氏の

　應援者增加し既に安濃、一志、津方面に於ける言論戰を終つたが到る所聽衆多く津市西來寺町に設けられた事務所には鈴木美雄、河合又吉の諸氏が總てを指揮し安濃郡新町の事務所には岡喜左衛門、別所周太郎の諸氏が力戰に努め一志郡にては有力な應援者として宮田警視總監の義弟と云はる十森磐郎氏が非常に力瘤をいれて居ると云ふ事で四日市にては

　市民の同情　は何分土地から立つて居る候補者が井口氏一人よりないと云ふので集るやうで三重郡にては秦政逸、森眞銳の諸氏が後援となり其の推薦者になつて居るが更に伊賀方面にも伸展して來た爲め苦戰の裡にも光明を認める事が出來るらしいと關係運動員等は意氣込んで居る

昭和三年二月十九日

衆議院撰舉競争ハ本日ヲ以テ終リヲ告ゲ　明日ハ投票ヲ実行スルノ日ナリ
戰止ミテ撰舉競争中ヲ顧ルニ　毎晩寝ニ就キ得ルハ殆ンド午前三時頃ニシテ　時トシテハ午前六時ニ及ビタル事アリ
事務所ニ於ケル仕事ノ繁激ナル　目ノ廻ル位ニシテ他ノ仕事ニ此レ丈ケ熱中スレバ自己ノ為ニ大ナル成効ヲ齎《モタラ》シ得ベシト思ッタ　其レヲ何ヲ好ンデカ旅費等一切自辨ニテ此労苦ニ就ク　甚ダ物好キノ様ニモ他目ニハ見ユルナルベシ

（心知ラヌ人ハ何ントモ言ハバ云エ）ダ　余ノ為シタル此犠性ガ四日市市ノ将来ニ大ナル光明ヲ放ツニ至ルナルベク浅野ノ事業モ一進展スルナルベシ　之レヲ思エバ心中愉快ナラズトセズ
余ガ撰挙事務長ヲ引受ケテ事務所ニ入リ一應ノ経過ヲ聴取シタルトキハ絶望ノモノナリシカド　過去十五日間死力ヲ盡シテ奮闘セリ　候補者モ大車輪ニナッテ働キタリ　投票ヲ開ケテ見ネバ不明ナルトモ　一、加藤　二、川嵜　三、木村　四、井口　五、伊坂ノ順序ニテ當撰シ得ル事ナルベク予想セラレ　重荷ヲ卸シタルガ如キ感アリ　天ノ神ヨ此予想ノ如ク井口ヲ無事當撰圏内ニ導キ給エ而シテ四日市市ノ頭上エ大ナル福音ヲ垂レ給エダ
此宣傳ビラハ右ニ候補者井口ノ依頼書　左ニ選擧日ノ時間投票ノ様式ヲ説明シタルモノヲ綴リタリ
十九日全有權者ニ對シ一斉ニ配附スベキ目的ヲ以テ十五万枚ヲ印刷ス

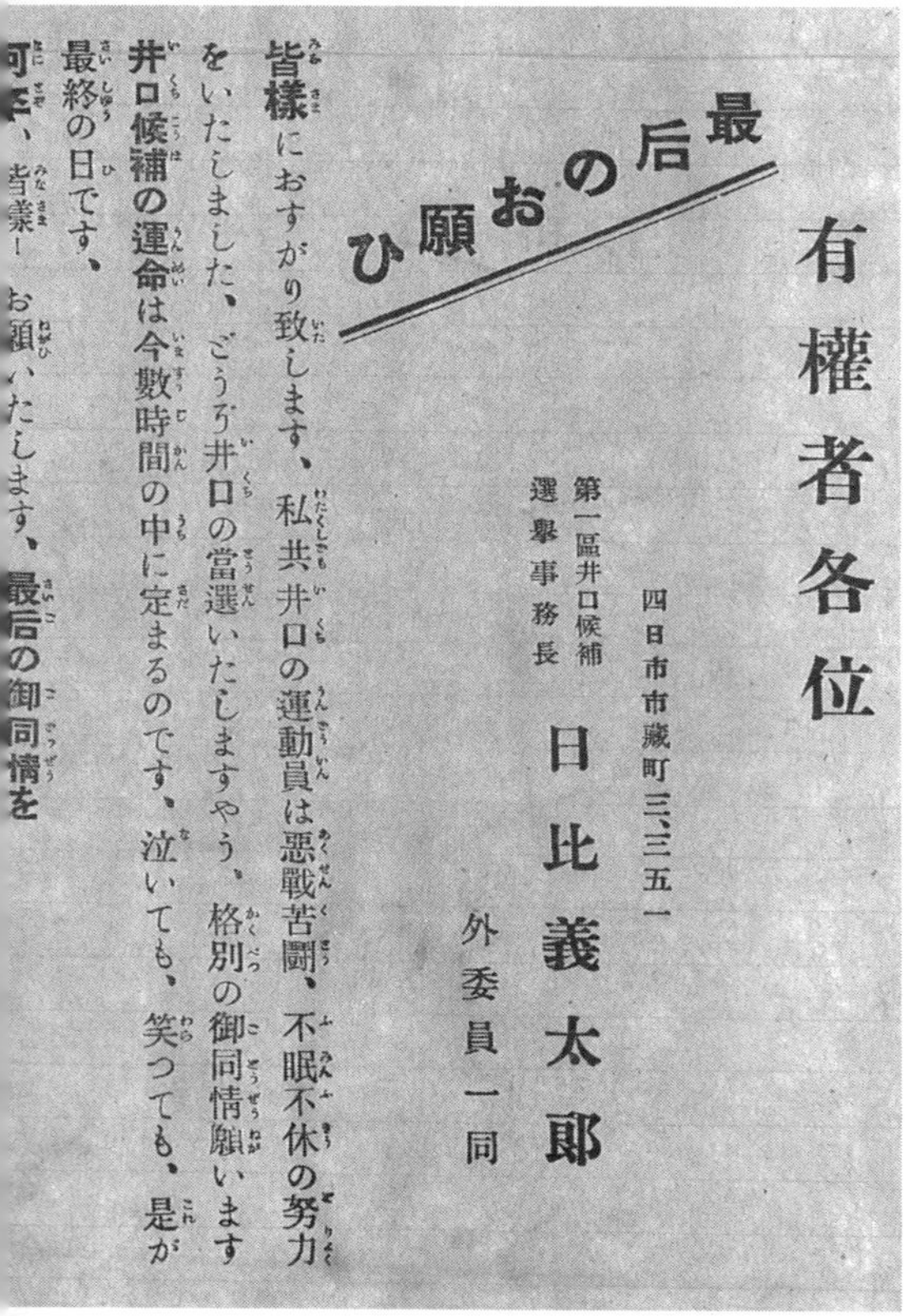
有權者各位

最后のお願ひ

四日市市藏町三、三五一

第一區井口候補
選擧事務長　日比義太郎

外委員一同

皆様《みなさま》におすがり致《いた》します、私共《わたくしども》井口《いぐち》の運動員《うんどういん》は悪戦苦闘《あくせんくとう》、不眠不休《ふみんふきう》の努力《どりよく》をいたしました、どうぞ井口《いぐち》の當選《とうせん》いたしますやう、格別《かくべつ》の御同情《ごどうぜう》願《ねが》います
井口候補《いぐちこうほ》の運命《うんめい》は今數時間《いますうじかん》の中《うち》に定《さだ》まるのです、泣《な》いても、笑《わら》つても、是《これ》が最終《さいしゆう》の日《ひ》です、
何卒《なにとぞ》、皆様《みなさま》！お願《ねがひ》いたします、最后《さいご》の御同情《ごどうぜう》を

諏訪神社に當選の奉告　＝參拜した井口氏＝

勢州毎日新聞　昭和３年２月24日

記念すべき普選の第一戰を終へて目出度當選したる井口延次郎氏は政戰終ると同時に公務等の爲め上京中であつたが二十三日歸泗すると共に開票の結果も明かとなつたので同日午後一時から諏訪神社に參拜し御禮奉告をなし生川社司の祭詞に次で井口氏玉串を捧げ次で日比選擧事務長等の玉串奉奠あり厳粛の裡歡喜に滿ちた清式であつた

○印　井口延次郎
×印　日比義太郎

よく戦つた人々

新愛知三重日報　昭和3年2月24日

第一區（定員五名）
當選　二九四一七　加藤久米四郎（政再）
　　　二五七八二　木村秀興（民新）
　　　一九九九五　川崎　克（民再）
　　　一六二五五　井口延次郎（政再）
　　　一四三七九　伊坂秀五郎（政再）

次點　八四六四　宮村隆治（民新）
　　　六七一一　小林庄七（實新）
　　　二九七〇　谷田志摩生（中新）
　　　一六二五　山崎新一（民新）

第二區（定員四名）
當撰　二〇九五九　池田敬八（民新）
　　　一九〇七〇　尾崎行雄（革再）
　　　一二二五九　濱田國松（政再）
　　　一〇七一八　岸本康通（中新）
次點　一〇〇八七　安保庸三（政前）
　　　三〇八九　河合秀夫（勞新）

第一區得票數（定員五名）

候補者	津市	四日市市	員辨郡	桑名郡	鈴鹿郡	河藝郡	安濃郡	一志郡	阿山郡	名賀郡
加藤久米四郎	一、四九七	四一六	二、七八五	五、二二一	二、五七七	三三一	一、三六二	四、二二六	一、六〇一	三七八
木村　秀興	一、七二三	二、二〇三	五、四六七	五、二〇八	四一〇	一、〇〇一	一、〇二二	三、二八〇	四六	三八
川崎　克	一、二八〇	三四九	三	五七	九五一	一、六一五	五八四	二、三三九	八、六七四	四、〇五〇
井口延次郎	一、五五六	二、五一七	四八五	八一	一六八	四三二	一、四四六	三、三九五	二、〇二七	一、〇〇一
伊坂秀五郎	一、二二九	一八〇	一四〇	八五	一、九二九	六、一六六	一、七五五	一、〇九四	二六四	一九八
宮村隆治	五三九	二八四	二三	二九二	四、〇一六	二一三	一一七	六六四	九一	八
小林庄七	二三六	六一二	一〇七	二九三	五六三	六一六	三三	九四九	一一二	六九
谷田志摩生	四四四	一七九	七〇	一〇三	一四二	二四八	一二〇	一、一五三	一五六	一〇八
山崎新一	一七七	九七	一六	六四	一四二	九二	四四	三七〇	三〇	一一

本縣の選擧會　山崎候補は供託金沒收　第一區は縣廳内で　第二區は元度會郡

伊勢新聞　昭和3年2月25日

衆議院議員總選擧に對する本縣の選擧會は二十四日午前九時から第一區は縣廳樓上に又第二區は元度會郡役所に於て各開會されたが

第一區の同會は芝辻内務部長選擧長と爲り大野作左衛門、日比儀太郎、岩名秀松の諸氏立會の下に開會され各地の投票數について嚴蜜調査の結果

△有効投票總數　一二五、五九七票

△議員定數　五名

△有効投票總數を議員定數を以て除して得たる數　二五、一一九票四分

△右の4分の一即ち當選資格の得票六、二八〇票

△議員候補者中其の得点を得たるもの左の如し

加藤久米四郎
木村　秀　興
川　嵜　　克
井口　延次郎
伊坂　秀五郎
宮村　隆　治
小林　庄　七

にして其中の最高点者五名即ち加藤、木村、川崎、井口、伊坂の五氏を當選者と認定す

△有効投票の總數を議員定數にて除したる數即ち二五、一一九票四分の十分の一即ち二、五一二票に達せざる一、六二五票の山崎新一氏に對しては法第六十八條第二項の條文に依って供托金二千圓を沒收することに決す

右の決議を爲し十一時散會した

第二區の選擧會は廿四日午前十時より元度會郡役所内に於て開き選擧長木村本縣地方課長立會人松葉信次郎（池田）阿竹齋次郎（尾崎）石原圓吉（濱田）福川清水（岸本）等四氏立會の上各開票の結果報告書を嚴査し尚候補者得票數及選擧權資格を審査して左の如く當選者を決定し直に當選告知書を發して同十一時半閉會した

二〇、九五九　池田　敬八
一二、二五九　濱田　國松
一九、〇七〇　尾崎　行雄
一〇、七一八　岸本　康通

昭和三年二月二十五日

井口撰擧事務所ニ於テ諸員ヲ督シ残務ノ整理ヲシテ居ルト　富田ノ伊藤平治郎ヨリ全部揃ッテ待ッテ居ルカラ直グニ来テ呉レト云ッテ来ル　十二時五十七分気車ニテ行キタルニ　富田駅ニ伊藤平治郎ノ店員余ヲ出迎エ居リ　人力車ニテ迎エラル丶儘ニ到着シタルハ　白鶴寮ト表札アル別荘風ノ家ナリ　座敷ニハ伊藤傳七氏・平田佐矩ノ二名アリ　平治郎ハ余ニ向イ

本日ハ君ガ井口撰擧事務長トシテ成効シ呉レタル祝ヲ表スル為メ　幸イ此白鶴寮ノ新築披露ヲ兼ネ小宴ヲ催シタルナリ

ト云ウ　直チニ祝宴ニ入リ三君ヨリ

君ガ井口ノ撰擧事務長ヲ引受ケタレバコソ井口ハ當撰シタルナリ

トノ賛詞ヲ受ケ平田ハ

廿一日晩　名古屋ノ傳七氏宅ニアリタルガ　傳七氏ハ「日比ヨリ大丈夫　四番當撰スル筈」トハ手紙ガ来テ居ルガ心配ナリ　開票ノ模様ヲ見テ帰エレ　モー少シ々々ト引留メラレ　遂ニ終列車ニテ帰エッタ次第デアッタ

室山ノ知郎氏モ今度傳七氏ガ井口ノ撰擧ニ関與シタルヲ非常ニ心痛シテ　其結果如何ヲ案ジテ居ッタノデアル

此ンナ次第ニテ井口ガ四番目當撰ノ確報ヲ得タトキノ傳七氏ノ宧コビト云ッタラ　非常ノモノデ形容能ワザル程デアッタ

ト云ヒ　伊藤平治郎ハ

一両日前十森ニ逢ッテ撰擧ノ話ヲ聞イタ

ト云ウ故余ハ

十森ノ野望ヲ挫折セシメタカラ僕ニ對シ不平ヲ云ッテ居ッタデショウ
ト尋ネタルニ伊藤平治郎ハ
否ナ　決シテ然カラズ　君ヲ非常ニ賞賛シテ居ッタヨ　三重県政友會支部ニテハ君ノ事ヲ「鬼事務長」ト畏敬シテ居ルト云ッテ居ッタ　君ガ成効シテ呉レタノデ傳七モ面目ヲ施シタ訳ダ「傳七モ部下ニ其人アリ」ト世間デハ噂サレテ居ル事デ有ラウト想像スル
ト云ヒ　平田ハ
世間デハ井口ガ當撰シタ事ヲ不思議ガッテ居ル　井口ハ到底當撰スル筈ハ無イト確信シテ居ッタノデアル　僕モ現在尚ホ不思議ノ事ダト思ッテ居ルノデアル　其レガ為メ世間デハ井口ハ二十萬圓ヲ使ッタト噂サヲシテ居ル
ト云ヒ　傳七氏ハ
井口ガ落撰シタラ僕ハ上京シテ宮田ニ合ス顔ガ無イト心配シテ居ッタノデアルガ　其レガ杞憂ニ終ッタノハ何ニヨリデアッタ
三月一日上京シテ小野田・浅野ニ事後承諾承認ヲ求ムルト同時ニ　藤原鉄道並ニ埋立許可申請方ヲ促進セシムル事ニ仕度イト思ッテ居ルガ君ノ都合如何哉
ト云ウ　四人協議ノ結果　三月一日鳥羽直行ニテ上京スル事ニ決シ　小野田エハ傳七氏ヨリ出書シ　浅野エハ余ヨリ通知スル事ニ話ヲ定ム　其時岸本康通ガ傳七氏ニ面會ニ来ル　同人ハ當撰シタル挨拶ニ来タノデアル　余等三人ハ席ヲハズス　岸本帰エリタル后チ傳七氏ハ
　岸本ニ中立ヲ押通セ而シテ不信認案ニハ反對セヨト云ッテ遣ッタ
ト云ッテ居ッタ
午後四時三十七分列車ニテ傳七氏ハ名古屋エ余ハ四日市エ帰エル　余ハ四日市エ下車スル哉直チニ井口撰舉事務所ニ入リ引續キ残務ノ整理ヲ為シ　午前二時ニ至ル

本日ノ白鶴寮ノ小宴ハ甚ダ愉快ナルモノデアッタ　何事ニモ批評ヲ加エル伊藤平治郎ガ今度ノ余ガ為シタル井口撰擧事務長ノ成績ニ對シ無条件ニテ賛詞ヲ惜シマナカッタノハ希有ノ事デアル

昭和三年二月二十六日

井口延次郎十一時十分気車ニテ東京エ帰エルベク出発ス　一同停車場エ見送リタレドモ余ハ事務所ニ居残リ残務整理ニ餘念ナシ

今度ノ普通撰擧改撰ノ結果　政友會員二百二十二名　民政黨員二百十九名ニテ政府黨三名ヨリ多数ニ非ラズ　臨時議会開會迠ニハ政府ニ於テ中立ノ引入レ又ハ買収等ニ依リ尚ホ数名ヲ増加スル事ト想像セラルヽナレド　如斯比率ニテハ政界ハ全ク安定シタルモノト称スル事ヲ得ズ　中立團体ノ向背ニ依リ何時変事ニ遭遇スルトモ計カリ難シ　藤原鉄道・四日市埋立モ早イ處デ工合能ク許可ヲ取ッテ仕舞ウ手段ヲ講ゼナケレバナラヌト思ッタ

新代議士井口延次郎ヲ巧ミニ踊ラシテ右二問題ノ解決ヲ計ル事コソ余ノ最大任務ニシテ　四日市市ノ為メニモ浅野ノ為メニモ緊要ナル事ナリ　井口モ当然ノ結果トシテ四日市市ノ効労者ノ数ニ入リ得ル訳ナリ

昭和三年二月二十七日

井口候補者ガ乗リ廻ッタ自動車ガ遊ンデ居ルノヲ利用シテ森直鋭・吉松親太・中山ノ三人ヲ代参トシテ伊勢神宮ニ遣《ツカワ》シ　大神楽ヲ擧ゲ井口延次郎ノ前途ヲ祈祷セシム

東京ノ井口延次郎ヨリ至急電報ニテ

モウシワケナシコンヤデンワスル」井

ト到着シ午後十時半頃電話ニテ金策出来兼ネル旨ヲ告グ　余モ思案ニ餘リ電話ヲ切ッテ色々考エタルモ　井口ガ電話ニテ頼ンダ伊藤傳七氏ニ頼ム事ハ今更絶對ニ不可ト決心シタルヲ以テ時間外電報ニテ井口宛

「ゴジツノヨチオノコスタメコノサイゼヒキチニテ、テアテセラレタシ」

一一ジ三〇ニテエハラユク」ヒビ

ト打電シ右気車ニテ江原ヲ急行セシム

井口ノ撰擧事務長ヲ引受ケ日夜苦労ヲ重ネ漸ク其目的ヲ理想通リ貫徹シ　ヤレ一ト安心ト思ウ間モ無ク后ト片付ケニ此困難ニ遭遇セントハ予想シテ居ラナンダ　多少ノ面倒ハ起ルト思ッテ居ッタガ廿七日ニ到着スベキ電報為替ガ停電スルトハ予期セナンダ　此際伊藤傳七氏ヲ煩ス事ハ断ジテ不可ニシテ井口モ目先ノ見エヌ人間ナリ

昭和三年二月二十八日

朝川島村ノ桂山浅治郎・柳川仁左衛門・桂山由松・桂山熊太郎来タリ

村民中ニセメント會社ハ農作物・酒造業・家畜・衛生・思想上ニ障害ヲ来タスヲ以テ　浅野ヨリ此等ニ對シ完全ナル損害補償ヲ得ルニ非ザレバ土地賣却ニ應ズルヲ得ズ　ト主張スルモノアリ　村當局ハ段々此等ノ不服者ニ交渉ノ結果取斗ライ村當局ヨリ「若シ被害アリタル節ハ村當局ヨリ浅野ニ交渉シテ損害ヲ取ッテ遣ル」ト云ウ意味ノ覺書ヲ入レル事ニシタガ中々承諾セズ　浅野ヨリ右保証書ヲ取ッテ公証役場ニテ登記セヨト迫リ吾等ハ此處置ニ當惑シテ御相談ニ参上セリ　何ニカ能キお考エ無キ哉　最モ頑強ニ此事ヲ主張シ居ルハ酒屋鈴木辰次郎・神職廣田三郎・農葛山善六・農品川幹夫ノ四人ニシテ

桂山米吉・桂山久一郎・安藤佐一郎・小林庄松・清水卯太郎・青木清太郎。清水清一郎等雷同シ居レリ

ト云ウ　余ハ

セメント工場ガ被害アル哉無キ哉ノ研究ハ既ニ済ンデ居ル筈ニテ　諸君等ニ向イ自由ニ実地ヲ視察セシメタル結果　諸君等ハ浅野ト土地賣買ノ契約ヲ締結シタルモノニ非ラズヤ
今更ラ僕ニ妙案等アル事ナシ　只單ニ賣買セラレタル土地ノ登記ヲ諸君等ニ請求スル一途アルノミ　君等ガ不服者ニ向イ差入ル丶覺書等ハ浅野ノ知ッタ事ニ非ラズ　僕ニ於テモ其責任ハ持タヌ
ト答エタルニ桂山浅治郎ハ
村出身者ニシテ現在神奈川県ノ商工課長ヲシテ居ル廣田ト申ス者アリ　此人ニ頼ンデ仲裁シテ貰ラッテハ如何哉
ト思ウ
ト云ウ　余ハ
其レハ君等ノ勝手ナリ　其人ガ不服者ヲ説得シ得レバ結構ナリ
ト答エタルニ桂山浅治郎ハ
今一度一ト思案シテ見ル事トシテ　登記書類ノ方ヲ急ギ作製致升
ト云ッテ帰エッテ行ッタ　余ハ此等四人ニ書食ヲ馳走シテ帰エシタ
井口撰舉事務所エ行キ残務整理ニ取掛カッタガ　東京ノ井口ヨリ送金ナキ故一向ニ進マヌ困却ノ至リナリ

井口派と小林派に買收と戸別訪問

井口派…運動員收容さる　小林派…元小學校長が違反

伊勢新聞　昭和3年2月25日朝刊

富田署管内の三重郡八郷村に井口派と小林派の買收並に戸別訪問事件發覺し四日市區裁判所の馬淵豫審判事正岡檢事は矢田三好兩書記を帶同して極秘裡に同地へ出張し富田署員を指揮して嚴重取調べに當り且家宅捜索を行ふた上有力なる被疑者に對しては令狀を執行して四日市刑務支所へ收容引續き取調べ中であるが仄聞する所に依ると
井口派の分は法定運動員にあら

ざる八郷村大字廣中小崎卯三郎（五〇）が井口候補の爲投票を得る目的にて同村大字平津廣中の兩字の有權者十餘名に對して一票一圓乃至二圓にて買收すべく現金を持參したところ多くは買收に應ぜず金を突き返し稻垣某も同様突き返したが卯三郎は無理押し付けに現金を置き去った爲同人は金の處置に困つて其筋へ申告したものらしい之が爲め關係者全部は馬淵檢事正岡檢事の取調べを受け卯三郎の自宅に對して家宅搜索を行ひ卯三郎のみは即時收容せられたが他の關係者は一時歸宅を許されたそうである

小林派の分は同派の法定運動員三重郡鹽濱村田中善郎（五〇）が元同郡八郷小學校並に大矢知小學校にて校長在職中であつた關係から有權者約十名を戸別訪問して小林候補の爲め投票を依賴したものにて同人は二三日前四日市檢事局へ召喚せられ正岡檢事の取調べを受けたが最初は極力事實を否認して居た所檢事の取調べ嚴重の爲め遂に自白した趣にて身柄は一先づ歸宅を許されて居るが戸別訪問を受けた關係者は全部事實を自供して居たそうである

右記事中ニアル小崎卯三郎ナル者ハ井口ノ運動員ニアラズ　聞イテ見ルト井口ノ遠縁ニ當ル者トノ事ナリ　日々ノ新聞ニ川嵜・木村・加藤等ノ撰擧違反ガ載ッテ居ル　此等ノ違反事件ハ余ノ関知セザル處ナルモ　本日始メテ井口派ノ違反トシテ右記事アリ　后日ノ参考ノ為メ貼付スル事トセリ　初メテノ普撰ニ加ウルニ中撰擧区制ナルヲ以テ幾多ノ違反事件ガ発生スルノデアル　國民ガ幼稚ニシテ普撰ハ未ダ早シトモ云ヒ得ル　國民ガ今一層ノ自覺ヲ要スル　何ントカ撰擧法ニ改正ヲ加ウル必要アリハセズ哉ト思ウナリ

昭和三年二月二十九日

井口撰擧事務所エ行キ残務ノ整理ヲ為ス　中々骨ガ折レル

神海組エ行キ仲セノ頭連中・船頭等ノ話ヲ聞クト余ガ撰擧事務長ト云ウ名ヲ出シテ居ル為メ　何レモ熱心ニ一生懸命

ニ我事ノ様ニ力ヲ入レテ居ッテ呉レタ由ニテ余モ非常ニ満足ニ思ッタ
山下九助エ行ク　山下ハ
　川島村ノ件ニ関シ鈴木辰次郎ガ云ッテ居ッタ　其レハ桂山浅治郎等ヲ使ッテ居ッテハ到底満足ナル結果ヲ得ラレ
　ナイ　ト日比サンニ注意シテ下サイト云ッテ行ッタ事デアル
ト云ウ　余ハ
　桂山モ村ニ於テ人気ハ無イガ鈴木モ悪ルイ
ト答ウ　夕食ノ馳走ニナリタル后チ九鬼紋十郎エ行キ　余ガ本月一日上京シテ以来井口ノ撰擧事務長ヲ引受クルニ
至ッタ経過並ニ撰擧運動中ノ状況ヲ詳細報告シタルニ紋十郎ハ
　君ガ事務長ヲ引受ケタカラ井口ハ當撰シタノダト世間ニテ噂サシテ居ル
ト述ベタル后チ
　今度松本ニ於テ地所ヲ買ッタ　畑一坪六円五十戔　山一坪十一円デアッタ　山ハ庭園風ノ樹木ガ充満シテ居ル
　老後ノ隠居所ヲ建テル心組ナリ
ト云ウ　井口撰擧事務所エ帰エリタルニ森篤二郎ガ尋ネテ来テ居ッタ
　遠藤柳作氏ハ明日ノ直通ニテ上京致升
ト云ウ　森ハ此ンナ報告ノ價値ナキ様ナ事ハ眞面目ニ報告ニ来テ置イテ　肝要ナル事件ハ秘シテ語ラザル癖アリ　余
ハ只單ニ「フン」ト鼻ニテアシライ相手ニナラズ

八十九翁澁澤榮一氏と面会

昭和三年三月一日——昭和三年三月十三日

澁澤榮一氏と東京・兜町の澁澤榮一事務所
榮一老人は眼鏡なしで我等三人の名刺を読み質実にして誠に気分能く
且つ親切気満身に溢れる短身の好々爺なり（昭和3年3月3日日記より）

昭和三年三月一日

朝伊藤傳七氏ヨリ電話アリ　昌栄館エ行キ井口延次郎氏ガ東京ニ於テ金策出来難キ断リ手紙ヲ見セル　傳七氏ハ一讀シタル后チ笑イナガラ
　無イ者ハ何ン共致方ガ無イナァー
ト云ッテ居ッタ　余ハ
　本日八時四十六分気車ニテ遠藤知事三重県ヲ引上ゲルヲ以テ　停車場ハ見送リ人ニテ混雑スルト想像スルヲ以テ一ト気車前即チ八時発ニテ名古屋エ先行シ名古屋駅ニテお目ニ掛ル事ニ致升
ト告ゲテ昌栄館ヲ出ル
午後五時頃　戸野市長宅エ行キ夕食ノ馳走ヲ受ケツヽ余ハ
　藤原鉄道並ニ埋立問題ニテ今夕上京致升
ト告ゲタルニ市長ハ
　私モ明日女學校問題ニテ上京スルカモ知レマセン　是非東京ニテお目ニ掛カリ度イト思升
ト述ベタル后チ
　若シ私ニ事情アリ市長ノ后任ヲ物色スル必要アリトスレバ　后任者ハ官歴多キ者可ナリヤ　又ハ手腕アレバ実業家出ノ者ニテモ宜敷哉
ト尋ネタル　余ハ
　一ニ人物　二ニ技量ニテ官歴ノ有無　実業家云々ト云ウ事ハ問ウ處ニ非ラズ　一ニ其人物ニ就キ考量スルノミナリ

ト答ウ　市長何ン共云ワズ余モ其上語ラズ　七時五十九分発ニテ名古屋ニ向ウ
名古屋駅待合室ニテ伊藤傳七氏ト一所ニナル　同待合室エ石原圓吉ガ傳七氏ヲ尋ネテ来テ居ッタ　傳七氏ハ余ヲ石原ニ照會スル　時間ガ来タカラ東京直通ニ乗込ム　伊藤平治郎・平田佐矩ト落合ウ　此気車ニハ遠藤知事・九鬼健一郎・米万等乗車シテ居リ中々賑合カデアッタ

昭和三年三月二日

午前七時頃東京駅着　井口延次郎・江原文雄並ニ十森磐郎ガ出迎エテ居ッタ　直チニステーションホテルニ入ル　江原ハ余ヲ人無キ處エ引張リ
后ト参千円丈ケ井口ノ手ニテ金策ガ出来升タガ残金ハ到底不可能デス　貴下ヨリ傳七サンニ頼ンデ呉レト井口延次郎ハ云ッテ居リ升
ト云ウ　一同ハ朝食ヲ取ル為メ食堂ニ入ル
午前九時頃　余ハ傳七氏ニ向イ
私ハ一寸浅野エ行ッテ来升
ト述ベタルニ傳七氏ハ
君ガ浅野エ行クニ及バヌ　関ヲホテルエ呼ビ給エ　狩野モ此ホテルニ泊ッテ居ルデハ無イカ？
トノ事故　不止得《ヤムヲエズ》此旨関ニ電話掛ケタルニ関君ハ昨夜余ヨリ打電シタル
今夜立チ伊藤氏ト共ニ明日朝會社エ行ク
先般ノ宮田氏ノ件ニ関シ浅野・小野田ヨリ公式承認ヲ得タル上速進運動ヲ為サンガ為メナリ　小野田ハ昨日上京シタル筈」日比

ヲ見テ知ッテハ居ルガ其他ノ事ハ不明故　余ニ向イ
　貴下一度會社エ来ル手順ニシテ貰ライ度イ
ト云ウ故　余ハ傳七氏ニ向イ
　関君ガ一度来テ呉レト云ヒ升カラ一寸行ッテ来升
ト告ゲテ関君ヨリノ迎エノ自動車ニ乗リ會社エ行ク　余ハ関君ニ向イ
　伊藤サンガ一寸金参千円斗リ借リ度イト云ッテ居ラルヽ　都合ニ依リ金五千円ニテモ宜敷シ
ト述ベタルニ関ハ
　伊藤サンガ浅野ヨリ金ヲ借ルト云ウ事ハ轉倒シタ話ダナァ
ト笑イナガラ話頭ヲ轉ジ
　宮田氏ノ一件ダガ　アレニ對シテハ浅野ハ既ニ伊藤氏ニ對シ承認済デアルカラ此際改メテホテル迠出掛ケテ公式ニ聞クニ及バヌ　小野田サエ承知スレバ宜敷イト傳七氏エ傳エテ呉レ給エ
ト云ウ　其處エ狩野宗三君ガ余ヲ尋ネテ来テ
　ステーションホテルニテお待チシテ居ッタガ何等御通知ガ無イカラ　若シヤ伊藤傳七サン等ハ浅野エ来テ居ラレルノデハ無イカト考エタカラ人力車ニテ遣ッテ来升タ
ト云ウ　余ハ
　ホテルニテ傳七サンヨリ貴下ニ電話ヲ掛ケタ筈デスガ如何ナッタ事デショウ　私ハ一寸浅野ニ用件アリ　私一人丈ケ此處エ来テ居ルノデス　傳七サンハホテルニ於テ貴下ヲ待ッテ居ラルヽ筈デスカラ貴下ハ直チニホテルエお帰エリヲ願升　私モ用事済ミ次第ホテルエ行キ升
ト述ベタル上　ホテルノ傳七氏ニ電話ニテ此事ヲ通知シタル后チ
　私モ后トカラ行キ升

ト云ヒタルニ傳七氏ハ
君ノ意見ヲ聞イタ上デ無ケレバ狩野ニ會見スル事ガ出来ナイカラ君ガ帰エッテ来ルノヲ待ッテ居ルノデアル　直
グ帰エラレタシ
トノ事ナリ　余ハ関君ニ尚ホ話アリ困ルナァート思ッタガ　傳七氏ノ命令故不止得　関君ガ重役ニ相談ニ行ッテ居ル
ノヲ放擲シテホテルニ自動車ニテ帰エル
傳七・平治郎・佐矩ノ三氏ハ余ニ向イ
此レヨリ狩野ニモ相談セナケレバナラ無イガ　其前ニ君ノ意見ヲ聞イテ置カナケレバナラヌト君ヲ待ッテ居ッタ
ノデアル　其レハ外デモ無イガ
今日迠ニ傳七手許ヨリ　七〇、〇〇〇
出テ居ル　其内
傳七負担　一〇、〇〇〇
トシ　浅野・小野田・傳七ノ三者ニ於テ二〇、〇〇〇宛負担スレバ決済ガ付ク筈デアルガ　将来ニ向ッテ運動ヲ
継續スル為メニ此際總額ニ亘リ決議ヲ経テ置キ度イ　其レハ全額ヲ一〇〇、〇〇〇ト定メテ三者平等ニ豫メ傳七
氏ノ出許エ出金シ置クト云ウ事デアル
ト云ウ　余ハ意外ニ思ッタガ傳七ハ無駄金ヲ使用スル人物デ無イカラ
其レモ一策ナルベシ　去リナガラ三者平等出金ハ面白カラズ　浅野・小野田三〇、〇〇〇宛　傳七氏手許ヨリ
四〇、〇〇〇ヲ出金スル事ニシテハ如何哉　傳七氏ガ責任者デアルカラ其レ位ノ負担ハ受ケテ當然ノ事ト思ウ
ト述ベタルニ　三氏余ノ説ニ承認ヲ與エ平治郎ハ傳七氏ニ向イ
然ラバ狩野氏ニ此方針ニテ御相談然カルベシ　狩野氏ハ別室ニ待ッテ居ルカラ此レヨリ御相談アレ
ト傳七氏ヲ出シテ遣ル　跡ヨリ平治郎・佐矩・余ノ三人モ傳七氏ガ狩野氏ニ話ヲシテ居ル部屋エ入ッテ行ク　狩野氏

ハ傳七氏ニ向イ
　承知
ノ旨ヲ答エテ居ッタ處デアッタ　其處エ関・山田ノ両君ガ来タ　余ハ両人ヲ別室ニ導ク　跡ヨリ伊藤氏モ入ッテ来タ
傳七氏ハ関君ヨリ金参千円ヲ受取リ余ニ渡ス　余ハ直チニ其レヲ江原ニ渡シタル上　江原ニ向イ
　出来得ル丈ケ早イ気車ニテ帰エリ給エ
ト命ジ江原退出ス　余ハ傳七氏ニ向イ
　先刻ノお話ヲ関君ニ話シ度イト思イ升ガ
ト述ベタルニ傳七氏ハ
　浅野ニハ既ニ日比ガ行ッテ承認ヲ求メテ来タト先刻狩野ニ話ヲシテ置イタノダ　話スル必要アレバ話シ給エ
ト云ウ　今朝余ガ関君ニ逢ッタトキハ一〇〇、〇〇〇ノ話ハ夢想ダニセザリシ處ナルヲ以テ　余ハ其経過ヲ関君ニ物語タルニ関君ハ
　四〇、〇〇〇ハ承知シテ居ルガ一〇〇、〇〇〇トハ初耳ナリ　重役ニ相談シタル上ニ非ラザレバ何ントモ答エ難シ
ト云ウ　余ハ最モノ事ト思ッタ　余ハ再ビ入リ来タリタル傳七氏ヲ捕エ
　関君ハ一〇〇、〇〇〇ノ話ハ初耳ダカラ一度重役エ話ヲシテ置クト云ッテ居リ升
ト話シタル上　関・山田両君ヲ狩野ノ居ル部屋エ案内シ　傳七・平治郎・佐矩・余凡テノ一同ガ互ニ挨拶ヲ交換ス
関・山田先ヅ帰エル
余ハ思ッタ　今朝　余ガ関君ノ處エ行ッテ居ル留守中ニ傳七・平治郎・佐矩ガ一〇〇、〇〇〇案ヲ決定シテ余ニ賛成ヲ求メタノモ唐突ノ事デアルシ　其案ヲ浅野ガ承知シタト狩野ニ傳七氏ガ話シタ事ニモ入レ違ガ有ル　又一〇〇、〇〇〇案ヲ関君ガ聞イテ一驚シタノモ道理ガ有ル事デアル　余ハ今日迠ニ傳七氏ガ七〇、〇〇〇ヲ使用シタ

事ハ先刻ノ説明ニ依リ始メテ知ッタ次第デアルガ　傳七氏ガ一〇〇、〇〇〇ヲ云ヒ出シタ動機ハ假令《タトイ》其案ヲ平治郎ガ立案シタト想像シテモ　傳七氏ノ誠心ニ於テハ藤原鉄道ノ速進ヲ思ウノ餘リニ出デタルモノニシテ　其間聊《イササ》カモ不純ノ心持チアル事ナキハ手ニ取ル如ク推察セラル、ノデアル　傳七氏ハ常ニ名誉ノ為メニ金銭ヲ損失スル人物デアルガ此瞬間ニ於ケル話ニ前記ノ喰イ違ガ生ジテ居ル　此等ノ齟齬ヲ餘程工合能ク切抜ケネバドチラガ気持ヲ悪ルクシテモ事業将来ノ為メ宣敷ナイト考エタ　伊藤傳七氏ガ浅野ト共同ニテ仕事ヲスル事ヲ躊躇シツヽモ遂イ〳〵余ニ引張ラレテ此處迠深入リシテ来タノデアル　浅野ガ如何ニ偉大ナル事業家デアルト云ッテモ三重県ニ於テ事業ヲ為サント欲スル以上　伊藤傳七氏無クシテハ到底円満ニ且ツ完全ニ其事業ノ進捗ヲ見ル事ハ六ヶ敷イノデアル　殊ニ四日市ニハ熊澤一衛ナル者蟠踞《バンキョ》シテ陰然浅野ニ一敵國ヲ為シテ居ル現状カラ考エテ殊ニ然カリト思ウノデアル

此等ノ事体〔態〕ヨリ余ハ考量シテ今回ノ事ハ浅野・小野田ガ各二〇、〇〇〇宛ヲ傳七氏ニ出金シテ今日迠ノ運動全部ノ打切リト為シ　将来ノ運動方法ニ関シテハ其時々ニ三者協議ノ上進行セシムル事ニ決定スルノガ上策デアルト思ウノデアル　徐々ニ此方針ノ下ニ三者ヲ導イテ円満ニ解決仕度イ　此際最モ留意ヲ要スル事ハ傳七氏ガ知ラズ〳〵此レ迠乗リ出シテ来タ熱心サヲ冷却セシメナイ事デアル　傳七氏ガ冷静ニ帰エリ退却スルガ如キ事アレバ三重県発展上ヨリ考エテ一大痛恨ト云ワナケレバナラヌ　梶取リノ余モ色々ト気骨ガ折レルナリ

余ト傳七氏・十森・井口ノ四人ハ宮田警視総監官邸エ行キ宮田光雄氏ニ會見ス　傳七氏ハ宮田氏ニ向イ

井口君モ四番目ニテ當撰シ結構デシタ

ト述ベタルニ宮田氏ハ

日比君ノ如キ度胸ノ据ッタ人ガ撰擧事務長ヲ引受ケテ呉レタノデ　此結果ヲ見タ訳デ大ニ感謝ヲシテ居ル次第デス　色々難有ウ御座イ升タ

ト云ヒ　傳七氏ハ

日比君ガ撰擧事務長ヲ引受ケナカッタナレバ井口君ハ當撰スル筈ハ有升セン

ト云ウ　井口君ハ
　日比君ガ撰擧事務長ヲ引受ケテ呉レタノデ助カリ升タ
ト云ウ　傳七氏ハ宮田氏ニ向イ
　藤原鉄道並ニ四日市埋立事業ノ速進ヲ計リ度シ　如何スレバ宜敷哉
ト尋ネタルニ宮田氏ハ
　明日八田嘉明氏（鉄道省事務次官）ヲ此處エ呼ンデ置クカラ御来訪願度シ　四日市埋立問題ニ對シテハ一ノ瀬技監ニ伺イ　鈴木内務大臣ヨリ早ク許可ヲ與エテ遣ッテ呉レト頼ミ口調ニ出サセル様ニスル方宜敷カラントト考エテ居ル　技監ト云ウ者ハ頭ガ堅イカラ大臣ヨリ下手ニ出ル方円満ナラン
ト云ウ　一同総監邸ヲ辞シテ内閣総理大臣官邸エ井口秘書官ヲ訪問ス　余ハ井口君ニ向イ　宮田警視総監トノ會見ノ模様ヲ話シタル后チ
　一生懸命ニ活動シテ藤原鉄道並ニ四日市埋立問題ノ二ツガ一日モ早ク許可セラル丶様宮田氏ト相呼應シテ御盡力ヲ煩シ度シ
ト注意シタル后チ　井口君ノ求メニ應ジ余ト傳七氏トハ鳩山書記官長ニ會見ス　鳩山氏ハ余ニ向イ
　井口君ノ為メニ骨折ッテ頂イテ大ニ有難ウ
ト述ベタル后チ　傳七氏ニ向イ
　井口君ノ為メニ絶大ノ御援助ヲ煩シ恐縮至極ニ存ジ升　今后ハ私ノ方エモ御援助ノ手ヲ御延バシ被下ル様伏テ願升
ト笑イナガラ挨拶シタ　余等ハ閣議室・内閣総理大臣室等ヲ見物シタル后チ　傳七氏ガ「一度井口君ノ邸宅ヲ見度イ」トノ事デアッタカラ　井口君ヨリ留守宅エ電話ヲ掛ケサセテ置イテ自動車ニテ出掛ケル
余ハ井口君ノ邸宅ヲ見ルノハ二度目故　傳七氏等ヲ案内シタル上　井口妻君ヨリ長坂そばノ馳走ヲ受ケステーション

ホテルエ帰エル
ホテルニテ小野田社長ノ笠井君ニ會見ス　傳七氏ヨリノ説明ニテ笠井君ハ私ガ傳七氏デアッテモ矢張リ傳七氏ノ執ラレタト同ジ行動ヲ取ッタト思イ升　色々御心配ヲ掛ケテ済ミマセンデシタ
ト云ッタ
午後五時ヨリ宮田警視総監ハ余等ヲ新常磐ニ招待シテ呉レタ　傳七氏・平治郎・佐矩・余出席シ井口君モ宮田氏ノ次席ニ就キ余等ヲ接待シタ　八時頃ステーションホテルエ帰エル

昭和三年三月三日

午前九時半傳七・平治郎・佐矩・余ハ宮田警視総監官邸ニ於テ宮田氏ヲ介シ八田鉄道次官ト會見ス　八田次官ハ藤原鉄道ヲ民営ニテ企画セラル丶事ハ政府トシテモ賛成ナリ　然カシ勢江鉄道ガ豫定線ニ組入レラル丶際鉄道會議ニ掛ケアルヲ以テ　今藤原鉄道ヲ許可セント欲スルニハ先ヅ以テ再ビ鉄道會議ニ於テ勢江予定線ヲ引込マシメザルベカラズ　其内鉄道會議ノ序ヲ以テ其運ビヲ致スベシ
若シ現在ガレール値段最モ安價ナリト假定スレバ　諸君等ニ於テ秘密ノ間ニレール買入レ御契約アリテ然カルベシ
鉄道會議ト云ッタ處デ六ヶ敷イモノデ無ク　只單ニ政府ノ諮問機関ニ過ギザルヲ以テ此會議ニテ故障起ルモノトハ想像シ居ラズ　然カレドモ藤原鉄道丈ケニ此會議ヲ召集スル事ハ世間ノ疑惑ヲ蒙ル恐アルヲ以テ　四日臨時議會前ニ色々序ヲ作ッテ召集スル事ニ致スベシ
勢江鉄道ノ首唱者ハ井口君ナリシヲ以テ井口君ニ反對ナクバ勢江鉄道モ容易ニ引込メ得ル次第ナリ

一同警視総監官邸ヲ辞シ　美術倶楽部エ高橋是清氏売立ノ下見ニ行ク　一巡見物シテ廻ッタガ別段頭ノ下ル品モ見當ラナンダ

午後二時　澁澤事務所エ傳七氏ガ用件アリテ行クヲ以テ平治郎・佐矩・余ハ傳七氏ニ附随シテ行ク　秘書ノ益田明六氏ヲ通ジテ傳七氏先ヅ澁澤榮一氏ニ逢ウ　暫ラクノ后チ余等三人呼ビ入レラル　傳七氏ハ澁澤氏ニ向イ

此等三人ハ何レモ能ク働イテ呉レ升ノデ叱コンデ居リ升

ト照會スル　榮一老人ハ眼鏡ナシニテ我等三人ノ名刺ヲ読ミ「貴下ガ伊藤平治郎サンデスカ」「貴下ガ日比義太郎サンデスカ」ト一々念ヲ押ス様　質実ニシテ誠ニ気分能ク且ツ親切気満身ニ溢レル短身ノ好々爺ナリ　余等トノ談話ノ要領ヲ掲記スレバ左ノ如シ

一、鉄道ハ地方発展ノ基礎ヲ為スモノナルヲ以テ傳七氏等ハ御援助アリテ然カルベシ

二、浅野ト傳七氏トハ肌合ヒガ違ガウ　浅野ハ澁澤ヲ食ワシテ居ルト蔭ニ於テ放言シ居ル由ナルモ此澁澤ハ其ンナニ沾考エテ居ラヌ　浅野ノ為メニ儲ケサシテ貰ラッタ事モアルガ大キナ損ヲ掛ケラレタ事モアル

三、セメント業ハ元官業デアッタノヲ浅野ニ拂下ゲタ　其拂下ニ関シ斡旋シタ事ハアルガ深イ知識ハ持タヌ　三重県ニハ幸イ原石ガアル事デアルカラ　傳七氏モ事情許シ得タナレバ國家産業ノ発達ト云ウ意味ノ下ニ御力添エ願度シ

四、埋立事業モ國家有利ノ事業ナリ

五、傳七氏ニ御願致度キハ丑之助ノ事ナリ　呉々モ御面倒ノ程頼ム　人間トシテ相當ノ途ヲ踏ンデ進ミ得ル様ニ御監督ヲお願スルナリ

六、私モ死ナズニ生キテ居レバ皆サンニモ又お目ニ掛カル機會モ有升ショウ

等デアッタ　元気ナル点八十九才ノ老人トハ受取レヌ程ナリ

ステーションホテルエ帰リタルニ戸野市長今朝上京シタトノ名刺ガ置イテアッタカラ　銀座ノ戸野正道宅エ電話ヲ掛

ケタルニ午後五時頃来タル
市長ハ傳七氏ト給水會社ヲ四日市市エ買上ゲル件ニ関シ相談シタ　余ハ色々用件アリシヲ以テ此話ニ始終立會ウ事出来ナンダ
森永遊ビニ来ル　傳七氏ハ市長ヲ夕食ニ招待セント云ウ　森永判四郎ノ東道《トウドウ》ニテ大和エ行ク　同行者戸野市長・伊藤傳七・伊藤平治郎・平田佐矩・山田胖・森永判四郎・余ノ七名ナリ　宴酣《タケナワ》ニシテ森永ハ義太夫藝者ヲ呼ビニ遣リ傳七・平治郎ヲ無理ニ引留メル　山田ト平田トハ分とんぼエ行ッタ　余ハ市長ヲ自動車ニテ東京駅ニ送リ　ホテルニ帰エリ風呂ニ入ッテ居ルト平田ガ呼ビ出シ電話ヲ掛ケテ来タカラ分とんぼエ出掛ケル

昭和三年三月四日

昨日宮地ニセメント會社ニテ一〇〇、〇〇〇ノ件ニ関シ詳細話セシトキ　宮地ハ傳七氏ハ人ガ好イカラ宮田ニ遣ラレテ仕舞ハセズ哉　此点ヨリ考エルト一〇〇、〇〇〇ヲ軽卆ニ同意スル事ハ出来ヌ
何ニハ兎モアレ明朝良三ガ帰エリ次第君エ電話ヲ掛ケルカラホテルニ居ッテ呉レトノ事ナリシヲ以テ待ッテ居ッタガ頓《ト》ント電話ガ掛カッテ来ヌ故　余ハ平田ト共ニ上野ヨリ浅草迠地下鉄道ニ乗リニ行ク　想像シテ居ッタ程乗心地ノ能イモノデハ無カッタ
午前十一時頃　山田胖ステーションホテルニ来タリ余ニ向イ
一〇〇、〇〇〇ノ件ハ宮地ニモ一寸電話シタガ簡單ニ行カヌ　君ガ滞在中ニハ解決六ヶ敷シイ様ニ思ウト云ウ　其處エ傳七氏入リ来タリ
一〇〇、〇〇〇ノ件浅野ノ返事ハ如何哉

ト怒気ヲ含ムデ尋ネル　余ハ

　未ダ良三帰ラザルヲ以テ相談未了ノ由デス

ト答エタルニ傳七氏ハ大ニ怒リ

　浅野ハ大ナル感謝ヲ以テ同意スベキガ道理ナラズ哉　然カラバ浅野ノ同意ヲ求ムルニ及バズ　直チニ狩野ヲ呼ンデ浅野不同意ノ故ヲ以テ一〇〇、〇〇〇説ハ不成立ニ終レリト傳エヨ

ト云ウ　余ハ

　マー　待ッテ下サイ　浅野ノ返事モ其内ニ判リ升カラ

ト云ヒタルモ傳七氏ハ益々怒《イ》カリ

　待ツ必要ハナイ

ト叫ンデ室ヲ出テ行ッタ　山田ハ呆気ニ取ラレタ様ナ格好ヲシテ居ッタガ気ヲ取直シ　直チニ関ノ宅エ電話ヲ掛ケタガ関ノ返事ハ関一流ノ理屈張ッタモノニシテ「傳七サンニ言分ガアレバ浅野ニモ言分ガ有ル」ト云ウモノヽ如クデアッタ　余ハ困ッタ　高ガ一〇〇、〇〇〇ノ問題ニテ山ガ見エテ居ル事デアル　傳七氏モ其ンナニ怒ルニ及ブマイガ浅野ノ方モ理屈張ル事ハ感心セヌ　此ンナ瑣細ナル問題ニテ感情上ノパンクヲ来タス等ノ事トナリテハ大変ダト當惑シタガ即坐ニ妙案モ浮ンデ来ヌ　其處エ平田入リ来タリ

　伊藤サンノ怒ルノハ金ノ問題デハ無イ　浅野ノ重役ガ一度モホテルヲ訪問セヌト云ウ事ニ對シ不満ヲ以テ居ルノデアル

ト云ウ　余ハ直チニ傳七氏ノ部屋ニ行キタルニ平治郎ハ狩野ニ向イ

　一〇〇、〇〇〇ノ話ハ浅野賛成セズ　依ッテ三者各二〇、〇〇〇宛出金シテ一ト先ヅ運動ヲ打切リ度シ

ト云ッテ居ル處デアッタ　平治郎ハ余ニ向ッテモ同様ノ事ヲ述ベタ　余ハ

　性急ニ定メズトモ今一寸思案ノ後チニシタラ如何哉

ト云ヒタルニ傳七氏ハ側ヨリ
　モー浅野ニ金ヲ立替エル事ハコリ〳〵シタ　今后ハ浅野カラ先キニ出金セザル以上何事モセヌ
ト怒ル　余ハ傳七氏ニ向イ
　モー時間ガ来升タカラ中井エ出掛ケマショウ　其内ニ井口君モ来ルト思イ升
ト述ブ　井口君来タル
傳七・平治郎・狩野・山田・井口・佐矩・余ノ七人ハ八田次官・宮田氏ヲ招待スベク零時三十分頃中井エ行ッタ　既ニ宮田氏ハ来テ居リ一時頃八田鉄道次官ハ来タ　晝食ノ宴會ノ事トテ午後三時頃済ンダ　八田次官・宮田氏先ヅ帰エリ傳七氏等ハ松坂屋呉服店エ行ッタ　余ハ井口君ヲ供イホテルニ帰エリ井口君ニ四日市埋立地圖・藤原鉄道ノ地圖ニ葉ヲ渡シタル上　詳細ノ説明ヲ為シ抜目ナク運動ヲシテ呉レト頼ム　井口君ハ「確カニ引受ケタ　確カリ遣ルカラ安心シテ呉レ」ト答エタ處エ傳七氏・平田ト共ニ帰エリ来タリ
　松坂屋ハ沢山ノ人出ニテ到底入ッテ見物スル気ニナレナカッタカラ戻ッテ来タ
ト云ウ　四人雑談ノ上　井口ハ四時過ギ帰エッテ行ッタ
午後四時半　山田胖余ニ電話ヲ掛ケテ来テ
　夕食ニ君一人ホテルヲ抜ケラレヌカ　親爺（傳七）ノ手前エ合ガ悪ルイカ
ト云ウ　余ハ
　只今一寸出抜ケ兼ネル　君ハ直チニホテルエ来テ呉レ
ト云ヒタルニ山田ハ
　親爺（傳七）ガ煩サイカラ　モー少シ后トカラ夕食ヲ済マシテカラ行ク
ト云ッテ電話ヲ切ル
余ハ一日丈ケ傳七等ヨリ后〔ト〕残リシテ浅野エ行キ　詳細ニ相談ノ上エ合能ク円満ニ纏メテ仕舞イ度イト考エテ居

ルノデアルガ　傳七氏ハ余ニ對シ「后トニ残ル必要ハ無イ　一所ニ帰エレ」ト主張シテ居ルカラ困ッテ居ルノデアル
后トニ残レバ傳七氏ノ気嫌ヲ此上ニ損スル事ニナルシ　后トニ残ラザレバ浅野ノ方ニ話ノ経過ガ能ク判明セヌノデアル
午後八時頃　山田胖ホテルニ来タリ余ニ向イ
　君丈ケ后トニ残ル訳ニハ行カヌカ
ト尋ネル　余ハ平田ニ向イ
　君ヨリ傳七氏ニ相談シテ見テ呉レ
ト依頼シ平田ハ傳七氏ニ相談ニ行ク　平田暫ラクニシテ帰エリ来タリ
　傳七氏ハ日比君ニ一所ニ帰エレト云ッテ居ル
ト云ウ　余ハ　余ガ后〔ト〕残リセザレバ或ハ此レガ為メニ浅野ト傳七氏トノ決裂ヲ来タス憂アルヲ以テ折返シ傳七ノ部屋ニ至タリ
　私一人后トニ残リ円満ニ后片付ケスル方宣敷カラント考升ガ如何デス
ト尋ネタルニ傳七氏ハ
　浅野ハ六〇、〇〇〇ニモ不服アリト云ウノカ　六〇、〇〇〇ノ事ナラ山田ガ浅野ニ報告シテ置ケバ能キ筈ナリ
　君ハ僕ト一所ニ帰エリテ能キ筈ナラズ哉
ト云ウ　余ハ此際ハ傳七氏ト共ニ帰エリ徐々傳七氏ノ気嫌ヲ直シテ行クニ如カズ　ナマジカ一日后ト残リシテ傳七氏ヨリハ何ンダカ余ガ浅野ニ策動シタカノ如キ感ヲ抱カセルガ如キ事アリテハ　浅野對傳七氏ノ溝ヲ深クスル様ナモノナルヲ以テ　意ヲ決シ傳七氏ニ向イ
　然ラバ御一所ニ帰エル事ニ致升
ト答エ山田ノ部屋ニ帰エリ　山田ニ向イ

僕ガ后〔ト〕残リスル事ハ考〔エ〕物ト思ウカラ今夜傳七氏ト一所ニ帰エルカラ事ノ成行ハ君カラ浅野エ詳細報告シテ呉レ給エ
若シ僕ニ用事アレバ電報ヲ打ッテ呉レ給エ　折返シテ上京スルカラ　此際ハ一ト先ヅ傳七氏ト一所ニ帰エル方傳七氏ノ気嫌ヲ和ワラゲル上ニ於テ効果アリト思ウ
ト述ベタルニ山田ハ
　承知シタ
ト答エタ
傳七・平治郎・佐矩・余ノ四人ハ九時三十分東京発ニ乗込ム　余ハ東京駅ヲ列車ガ発スル哉直チニ寝臺車エモグリ込ム
伊藤傳七氏ト浅野ノ重役達ヲ工合克《ヨ》ク調和サシテ事業ヲ進メテ行ク事ハ中々六ヶ敷イ事デアル　今后モ本日ノ如キ場面ニブツカル事ハ少ナクアルマイト閉口スルナリ

昭和三年三月五日

傳七氏・平治郎・佐矩ノ三人ハ名古屋駅ニテ下車シタ　余ハ午前八時頃四日市駅帰着　直チニ井口撰擧事務所エ行ク
朝未ダ早キヲ以テ雇人ノ竹ト自動車ノ運轉手トガ居ル丈ケナリ　電話ニテ杉浦ヲ呼ンデ留守中ノ経過ヲ聞ク　杉浦ハ
　昨日山本源助ガ林敏太郎ヲ連レテ県廳エ撰擧費用ノ届出ニ行ッタ　其金額ガ六千余百円ナリシヲ以テ高等課ハモー少シ多額ニ届出タラ如何哉ト注意シテ呉レタカラ　本日七千余百円ニ訂正シテ四日市警察署エ届出ズル心組ナリ
ト云ウ　余ハ杉浦ニ向イ

　本日ヲ以テ凡テノ支拂ヲ済マシ事務所ヲ閉鎖スル考エナルヲ以テ其心組ニテ御手配相成度シ
ト告ゲテ置イテ　九時気車ニテ富田エ行キ伊藤平治郎ヨリ金五千五百円ヲ受取　十一時気車ニテ井口撰擧事務所エ帰エル
凡テノ支払ヲ結了シ凡テノ使用人ノ仕末ヲ為シテ全ク事務所ヲ閉鎖シタルハ午前一時頃デアッタ

昭和三年三月六日

吉松・杉浦・山本源四郎・林敏太郎・若林喜七ニ命ジ事務所ノ備付品ヲ整理セシメ保管スベキ物品ハ吉松宅ニ預ケ賣却スベキ物品ハ競賣セシム　柱時計一個ハ四日市警察署ノ高等課希望ニ依リ同課エ寄附ヲ為ス
川島村ノ桂山浅治郎来タリタルヲ以テ　余ハ
　反對者ノ元凶タル鈴木辰治郎ニ一度逢ッテ見度イト思ウカラ其手配願度シ
ト要求シタ　浅治郎ハ「秦野ニ話シヲ為シ其運ビヲ付ケ升」ト云ッテ帰エッテ行ッタ

昭和三年三月七日

井口ノ撰擧事務モ殆ンド結了シタ事ナルヲ以テ事務所備付ノ自動車ヲ利用シ伊勢神宮参拝ニ出掛ケル　同行者杉浦・江原ノ二人ナリ　八時半頃四日市ヲ発シ山田ニ着シタルハ十一時頃ナリ　両宮ニ参拝シタル后チ朝熊山ノケーブルニテ奥ノ院エ参詣シとうふ屋ニテ晝食ヲ為ス　朝熊山ノケーブルハ想像セシヨリ急勾配ニテ女小供等ニハ危険ヲ感ゼシムル程デアッタ　人智ガ開ケテ来ルト色々ナ工風ガ構ゼラル丶モノダト思ッタ　とうふ屋カラノ眺望ハ非常ニ能イ鳥羽ノ島々ノ景色最モ佳《ヨ》イ

帰途松坂ヨリ折レテ岩内瑞巖寺ニ入ル　寺院ハ小ナレ共庭園ハ中々景色ガ能イ　奥ニ瀑布モアルガ到底箱庭式タルノ域ヲ逃レ得ナイ　松坂松泉閣ニテ夕食ヲ為ス　中々立派ナ料亭ニテ東京風ニ作リ風呂殊ニ気ニ入ッタ　藝者二人ヲ呼ンデ活然ノ気ヲ養イ四日市エ帰エッタノハ夜ノ十二時頃デアッタ

昭和三年三月八日

朝川島村ノ秦野儀八ガ鈴木辰治郎ヲ連レテ来ル　會見シタルニ鈴木ハ秦野ト同類項ノ人物ニテ思慮アルモノトモ覺エズ　又格段ニ悪意ヲ藏スル程ノ者デモ無シ　余ハ鈴木ニ向イ

川島村ヲ早ク片付ケ円満ニ揃ッテ登記ニ取掛カリ得ル様御配慮願度シ

ト話シタルニ鈴木ハ

秦野ト共ニ能ク考エテ見升

ト云ッテ帰エッテ行ッタ　鈴木ガ桂山浅治郎ニ反感ヲ抱イテ居ルニハ極端ナルモノガアッタ

袋町ノ家屋ヲ九鬼紋十郎・山下九助両人ニ賣渡ス　四日市銀行ヨリ借金シアル丈ケニテ両氏ニ引受ケテ貰ラッタノデアル　借金ノ利息ガ遂《オ》エヌカラ仕方ガ無イ　假令無理算段スレバ利息ガ遂エタトシタ處デ今日ノ場合其利息ヲ遂ウ事ハ感心セヌノデアル　如何トナレバ其利息ヲ遂イ得ル金額ヲ以テ積極的ニ浅野ノ株ヲ持ツ工風ヲセナケレバナラヌカラデアル　九鬼・山下ハ余ニ向ッテ五ヶ年以内ニ賣戻シニ應ズルト云ウ書付ケヲ呉レル事ニナッテ居ルガ　此袋町ノ家屋タルヤ余ガ多年商業上ノ歴史アル店舗デアルカラ　今日此レト分カレルニ當ッテ一掬《イッキク》ノ涙ナキ能ワヌナリ

昭和三年三月九日

午前十時頃川島村ノ柳川仁左衛門来タリ
　一度出歩ノアル地所ヲ見テ呉レヌカ
ト云ウ　余ハ
　今更ラ見タ處デ値段ヲ増ス等ノ事ハ絶對ニ出来ヌカラ仕方ガ無イデハ無イカ
ト云ヒタルニ柳川ハ
　貴下ガ実際ニ御覧ニナッテ成程気毒ダト思ワレタラ小作ノ年貢デモ安クシテ頂キ度イト思ウ
ト云ウ　余ハ
　其レナラ君ノ言ヲ信ジ其等気毒ノ者ニ對シテハ精々小作ガ安クナル様ニ心掛ケルヨ
ト答エ帰シテ遣ッタ　仁左衛門ハ何處迠モ正直者デアル
十一時頃森篤二郎来タル　森ハ
　先達東京ニテ宮地サンカラ目下ハ四日市ニ於テ仕事ハ無イガ　日比ニ喰付イテ精々働ラケ　其内ニ段々仕事ガ多クナッテ来ル　遠藤ガ知事ヲ止メタト云ッテモ君一人位ノ月給ハ何ンデモ無イカラ首切リニハセヌ
　瀧ヶ原ノ原石山未買収ノ分　安ケレバ買入レテモ能イカラ気永ニ掛合エト云ッテ居リ升タ
ト云ウ　余ハ森篤ハ仕事ニ間ニ合ウ人物デハ無イ　秘密ハ語ラレヌ人間ダト確信シテ居ルヲ以テ何ン共答エズ只フンフント聞イテ置イタ　若シ宮地ガ森篤ヲ信用シテ居ルトスレバ不思議ナリ
午後二時十五分気車ニテ富田ノ伊藤平治郎ノ工場エ行キタルニ　平治郎ハ
　先刻四日市エ電話ヲ掛ケ直グニ来テ呉レト依頼シタ處デアル
ト云ウ　傳七・平田モ居ッタ　傳七氏ハ余ニ向イ
　一昨日名古屋ノ拙宅エ狩野ト畑ノ両人ガ来テ　畑ハ
　先達御上京中一度モ重役ガお伺セザリシ非礼ノ段ヲ謝罪ノ為メ参上セリ

ト述ベタル后チ浅野・小野田ガ二〇、〇〇〇宛出金スル事ハ承認致升ガ　何分目下ハ撰擧直後ノ事デアルカラモ
ー少シ撰擧気分ガ薄ラグ迠出金スルノヲ待ッテ頂キ度イト云ヒ　狩野ハ
笠井ガ云ヒ升タ　伊藤サンニ一〇、〇〇〇ヲ別ニ御負担願ウ事ハお気毒デアルカラ御遠慮ナク全部お書出シ
被下ル様ニ御傳エセヨト申升タ
ト云ッテ居ッタ
ト云ウ　余ハ
大貝戸山ノ受渡シノ件ニ関シ宮地君ヨリ此手紙ガ来升タ
ト述ベ手紙ヲ見セル　平治郎モ一讀シテ非常ニ怒リ人ヲ馬鹿ニシテ居ルト云ウ　傳七氏ハ
東京ニ於テ僕ガ怒ッタノハ無理デハアルマイ　浅野ハ金サエ出サネバ能イト云ウ遣リ方ダ　僕モ深入リヲ警戒ス
ル事ニナリ幸イデアッタ
ト云ウ　余ハ傳七氏ニ向イ
話ガ此處迠進ンデ居ルノニ怒ッテ退却スル事ハ今日迠ノ仕事ガ無駄トナリ升カラ　兎ニ角藤原鉄道ト四日市埋立
ノ許可ヲ取ッテ仕舞ウ事ガ肝要デス　其レ迠ハ何事モ御辛抱ガ第一デス
ト述ベタルニ傳七氏ハ
其通リダ　来月初メモ一度上京スルカナ
ト大分御気嫌ガ直ッテ来タ　余ハ
何時ニテモ御供致升
ト答エ　其レヨリ四人ニテ色々相談ノ上　傳七氏現在ノ立替金額ハ銀行ヨリ別ニ借金シテ置ク事ニ決定シ五時気車ニ
テ余ハ四日市ニ　傳七氏ハ名古屋エ帰エル
山本源助ヨリ電話ニテ

本日県廳ニ於テ内務部長ニ逢ッテ来タ　内務部長ガ云ウノニ
　一昨日加藤久米四郎ガ来テ撰擧費用ノ調査ヲセヨト云ヒ出シタ為メ急ニ撰擧事務長ヲ呼ビ出ス事ニシタ　何時日比君モ呼出サレルカモ知レナイカラ為念　日比君ニ帳簿ヲ充分整頓シテ置ク様ニ傳エテ置イテ呉レ
　ト云ウ事デアッタ
ト云ウ　余ハ直チニ杉浦宅エ行キ此旨ヲ話シタル上　明日今一應整頓調ラベヲ為ス事ヲ依頼ス

昭和三年三月十日

松井久七ガ高松ノ内田清作ヲ連レテ来ル　内田ハ余ニ向イ
　探幽ノ十六羅漢大幅ノ賣物アリ　只今四日市ノ登記所ニ於テ川島村ノ人間ニ聞キタルニ貴下ハ浅野ニ信用多シトノ事ナリ　右掛物ヲ浅野エ御話願エズ哉
ト云ウ　余ハ
　其ンナ天下ノ名物ガ君等ノ手ニ掛カル事不思議ナリ　本物トモ覺エズ　餘リ熱心ニナラヌ方貴君ノ御為メナリ
ト注意シテ帰エス
午後吉松宅エ行キ山本源四郎・林敏太郎ヲ督《トク》シテ井口撰擧費用届出書類ヲ整頓ス　中々受取証等ガ沢山アッテ面倒ガ多イナリ
加藤久米四郎ハ自分ガ一等當撰シテ居ルニモ不関　何ニガ故ニ県當局ニ撰擧費用等ノ調査ヲ殊更ラニ命ズルカ不可解ノ事共ナリ

海山道分岐　築港電車　伊勢鐵の新線路

伊勢電氣鐵道會社にては豫て計畫中なりし四日市築港方面への新線敷設に關す設計が成つたので數日前本縣を經て之れが敷設認可を主務省に申請したが該線路は同鐵道の海山道停留場から分岐せしめ四日市築港の第一號及び第二號埋立地の海岸に達せしむ約一哩にて其の開通を見るに至らば築港にも電車が疾走する事とて非常に便益を増し同方面の發展を促進するや無論で同會社としては今週末までには目下工事中の泗桑間延長線も完成するので之れが開通と共に養老線を加へ北陸方面と四日市港とを聯絡せしむるが目的で本線に依り現在名古屋方面に來る北陸と表日本との交通關係は優に十五哩を短縮し從つて貨物の運賃等も低下され且つ急速力なる電車で時日も短縮せらるゝから事實上四日市港の後方地域が擴張せらると

實業新報　昭和3年3月4日

泗港第三期工事は棧橋と臨港鐵道　鐵道三哩棧橋百二十間

四日市築港工事は第一期第二期の兩工事を通じて總工費六百八十一萬一千八百六十四圓七十八錢八厘を計上し第二期工事は既に九分通り竣工現在僅に浚渫の一部を殘して居るがこれも本年の會計年度末後までには完成することになつたのでいよ〳〵第三期工事として第二號埋立地先へ大棧橋の築設並縣營上屋の建設臨港鐵道の布設の三事業を行ふ計畫にて國庫補助を申請中である現在の計畫案に依る繫船棧橋は延長百二十間幅六十間にして此の中央部へ臨港鐵道を延長三哩布設し棧橋の兩側へ上屋二千六十坪を建設するにあつて總工費は百六十萬圓の豫定であると

伊勢新聞　昭和3年3月7日

港灣としては百年の命數計畫
臨港鐵道は運河を開閉式とす　渡邉泗港築港事務所長談

伊勢新聞　昭和3年3月8日

既報四日市築港第二期修築工事は愈よ本年度を以て完成し殘務整理の爲一ケ年工事を繰越すこととなり一方

第三期工事として臨港鐵道延長三哩、棧橋延長百二十間並に上屋の建設を計畫し國庫補助を申請し特別議會に提案されるに至らば實施することになる譯であるが之に對して渡邉築港事務長は語る「第三期工事として鐵道、上屋、棧橋を計畫したのは要するに陸上設備を完成するにあるが一面現在の第二埋立地五萬坪を有利に賣却する爲には此設備を要し且之を

賣却して財源に資するにある埋立地は此外現に第三號埋立地として五萬坪を得べく工事中である臨港鐵道は第二号埋立地に對して設備するのであるが第一号埋立地と第三號埋立地とを連絡する運河四十間の區間には普通の鐵橋とせず開閉式鐵橋を架する計畫である修築完成後の本港の能力は大体理想通りと思つてゐる浚渫の埋立も最初二十五尺であつたのを三十尺とし

面積も二十五萬坪が二十七萬坪となつてゐるから四日市港の出入船舶に對しては此程度で差支ないと思ふ突堤は現在の浚渫效果が百年の命數を有する計畫にて築造したのであるが内部川から泥砂が流下する影響が相當多いから或は十年位にて一部分の浚渫を要するかも知れぬ然し其時は突堤を延長すれば差支ない譯で

三瀧川の影響は全然ないと信じてゐる東京灣埋立會社が鹽濱地先外二ケ所の埋立許可を申請してゐるが鹽濱地先の分は突堤に影響するので内務省に於ても考究してゐるらしい第二號埋立地に對しては淺野が一手に買收したい意向にて其上棧橋鐵道の設備を完成せんとしてゐるのであるが之は縣が應ずるか疑問である」云云

昭和三年三月十一日

身体疲労ヲ感ジ腎臓病ノ再発カトモ思ウ　気分非常ニ悪ルイ　二三日静養スレバ又々治マッテ行ク事ト思ウナリ　杉浦宅エ行ク　同人ハ一生懸命ニ精算表ヲ作製シテ居ル　此仕事ニハ不慣レノ事トテ閉口ノ模様ニ見受ケタリ　余ハ甚ダ気毒ニ感ジタガ三通作ッテ呉レト依頼ス　井口延次郎ヨリ杉浦エ手紙ガ来テ居ッタ　書中「此頃ニナッテ疲労ヲ覚〔エ〕テ来タ」トアル　余ノ本朝来身体ニ不快ヲ感ズルノモ偶然ニ非ラザルカ

其筋へ報告された各候補者の運動費
蓴堂老や河合氏を除いた他は眉唾の報告が多いようだ

最近衆議院議員總選擧當時の各候補者及び選擧事務長から本縣警察部へ報告された運動費は左の如くであつて何れも法定額即ち第一區は一萬一千七百十七圓六十八錢第二區は九千七百三十三圓を超過せざる様になつてをるが各候補者中届出の費用丈けで濟んだものは恐らくは尾崎氏河合兩氏位にて他の多くは倍額若くば數倍を要した人もあるらしいが法定額を超過すれば當然選擧違反に問はれる譯であるから斯く都合良く報告したものであらうと某選擧通は語つてゐた

第一區

	錢
加藤久米四郎	九九七六〇二
井口　延次郎	八三七九八〇
伊坂　秀五郎	八三九四五一
川崎　克	七五二六六五
木村　秀興	八二五二六三
宮村　隆治	八七〇三九九
山崎　新一	八〇一五〇八
小林　庄七	九九九七一〇
谷田　志摩生	一〇九九六三九
計	八〇二四二一七

第二區

濱田　國松	六七〇六六〇
安保　庸三	九三六四〇六
池田　敬八	七二八九一六

伊勢新聞　昭和3年3月11日

尾崎行雄　三三五五六三
岸本康通　八五七七六七三
河合秀夫　三〇九七五〇
計　三八三八九六八
合計　一一八六三一八六

伊勢新聞　昭和3年3月11日

買収行為はもつとも醜惡事
買收金の出所は追々調べる　井口派違反に撿事體刑を求む

三重郡八郷村大字平津小崎宇三郎（五四）が第一區井口派の法定運動員でなきに拘らず運動に携はり且つ買收した事件の公判は十日午前十一時から四日市區裁判所にて馬淵判事係り正岡撿事干與にて開廷被告が依頼されたといふ八郷村歯科醫稲垣幸藏の關係者妙齢の女も傍聽して冷たい法廷に人目を惹く斯くて裁判長の事實審理に入り被告「二月十八日に平津の稲垣米吉方へ赴き井口さんに投票してほしいので頼みに来た何とか勘考して貰ひたい之は煙草錢にして呉れといつて二圓置いて來ました同家は米吉と息子の信三郎と二票あるを知つて居るので二人共入れて貰ふ心算でしたと大平に買收行爲に出でた事をハツキリ供述した上

米吉は取らんだので無理に置いて來た譯であつたが十九日の夜に返しに來ました伊藤杉次郎方へも行つて井口さんに入れて貰ふやう頼み二圓渡したが同人は返さなかつた杉次郎の兄服部八十八にも投票方を依頼し金は二圓杉次郎から渡して貰ふ事に頼んだ八十八の方は孫の稲垣市太郎の一票も含んで居た心算でしたが之れも返しに來ました稲垣幸藏は私の叔父さんで子供が世話になつて居る恩があつたので依頼を受けたが買收して呉れとはいはなかつた唯だ恩報じに自分の金を出して使つたのです」

とて要點をそらすや裁判長は「こんな關係のみで井口の爲に金を出して遣るのは縁が遠いが何だ」と急所を突かれて聊か狼狽する更に裁判長から節季の拂ひもしかねて居るのに金を出して人の爲に選擧に金を出すとは不思議でないか」と畳みかけられたが被告は叔父の御恩報じの一天張り次いで稲垣幸藏は加藤金右衛門から依頼された後水谷丈太郎に井口派へ投票して呉れたら少々の禮をするといつた

が馬鹿な事をするなとて跳ね付けられた聴取書並に稲垣市太郎、伊藤松次郎、服部八十八、稲垣米吉の聴取書内容に就て被告に念を押し杉次郎だけ金を取つた旨を答へ之にて事実審理を終つて論告に入り正岡検事は「被告は自腹を切つて買収したといふが此の間の因果關係はうなづけない他から金を貰つて居るやうに思はれるが此點は追々調べる心算である唯買収行爲は最も醜悪事であつて法はポスターを剝いでも罰金に處せられるのであるから罰金を以て臨むべきであつたが金額は比較的小額であるから酌量して禁錮一ケ月を求刑する」と論告し正午閉廷した判決は來る十三日

昭和三年三月十二日

朝後藤長一郎来タリ

四郷村ノ粘土山ハ浅野買入レ見合セノ状態ニアルヲ以テ村長・区長等ハ　セメント會社ヲ川島村エ取ラレテ仕舞ッタ以上此儘沈黙ヲ守ッテ居ル事ハ馬鹿臭イカラ邪魔ヲ入レテ浅野ヲ困ラセヨウデハ無イカト相談ニ私ノ處エ来升タ　私ハ一應日比氏ニ実際ノ事情ヲ聞イテ見ルカラ其上ノ事ニセヨト待タシテ有升　如何致シタモノデショウカ

ト尋ネル　余ハ

四郷村ヨリ川島村ノ粘土ノ方ガ上等ナリシ為メ先ヅ川島村エ手ヲ付ケタ次第ナルガ　四郷村長ノ川島弥六ガ誠意ヲ缺キタル為メ跡廻シトシタ理由モアルノデアル　浅野ガ川島村ニセメント工場ヲ建設スル以上遂々四郷村ノ粘土山ニモ手ヲ付ケルハ自然道理故　其場合ニ於テ四郷村民ガ天井向イテ唾ヲ吐ク様ナ事ニナラヌ様ニ豫メ能ク考エテ置ク事ガ肝要ナリ　今日四郷村ガ苦情ヲ言ヒ度ケレバ云ウモ勝手ナレドモ将来ノ発展ヲ希望スナレバ輕卆ナ

訳ナラズヤ
ト答エタルニ後藤ハ
能ク判リ升タ　適當ニ村長区長等ニ話ヲシテ置キ升
ト云ッテ帰エッテ行ッタ
杉浦宅エ行キ撰擧費用ノ精算書ヲ作製ス　中々骨ガ折レル　午後九時頃出来上ル

昭和三年三月十三日

赤堀ニ井口派ノ撰擧違反起リ数名検事局エ引張ラレ尋問ヲ受ケテ居ル由ヲ聞キ五月蠅《ウルサ》イ事ト思ウ
午後一時気車ニテ富田エ行キ傳七氏・平治郎・佐矩ニ對シ撰擧費用精算書ヲ説明シ一通ヲ渡ス　傳七氏ハ予ニ對シ謝意ヲ表シタ
午後三時十八分富田駅発ニテ四日市駅エ帰エッテ来ルト　赤堀ノ違反事件ガ益々擴大シテ行クノヲ聞キ困ッタ事ダト考エタ　能ク調ラベテ見ルト三重県ノ検事正ハ民政黨派ノ由ナリ　國家的観念ヲ忘却シテ政友會・民政黨ガ互ニ黨派的根性ニテ互ニ悪事ノ摘出ニ浮身ヲヤツスハ憂ウベキ事共ナリ　今日ノ撰擧法ヲ今日ノ智識程度ノ我ガ國民ニ依リ行使セルヽモノトスレバ　然カモ其結果ヲ神様ノ如キ態度ヲ以テ批判スルナレバ日本全國代議士中　撰擧違反ニ引掛カラナイ者ハ恐ラク一人モ有ルマイ　余ガ何レノ政黨ニモ入ルヲ好マザル理由ノ一ツハ此点ニアルナリ
本日富田エ行カントスル途中　新町ニ川島村ノ桂山浅治郎ニ逢ッタラ桂山ハ
川島村ノ苦情ハ要スルニ丈量増ノ金五千円ハ少ナキヲ以テ今金五千円増シテ貰ライ度イト云ウニアル　何ントカ能キ工風ヲ切ニお願スル
トイッタカラ　余ハ

其ンナ事ハ断然一厘モ増ス事ハ承知ナラヌ　浅野モ伊藤傳七氏モ其ンナ事ヲ聞イタラ怒ルゾト返事シテ置タ

国鉄計画線を地方鉄道に譲る

昭和三年三月十四日——昭和三年四月二十三日

大礼記念絵葉書　家人宛
（4月）二日夜九時半乗車　三日朝桑名駅下車
直チニ大貝戸エ向ウ手順ニ付キ　一寸御知ラセ申候　内密ニ致置キ被下度候

昭和三年三月十四日

朝九鬼紋十郎氏ガ阿倉川エ電話ニテ

一、四日市肥料分析所ニ電話ヲ設置スベク商工會議所ヨリ県廳エ向ケ運動シ居レドモ効力無シ　昨日書記長高橋県廳エ行キ尋ネタルニ県廳ニテ『井口代議士ヨリ名古屋逓信局計畫課長ニ頼ム事最モ効力多シ』ト注意シタルニ依リ直チニ會頭名義ニテ井口代議士ニ依頼状ヲ出ス手順ヲ為シタリ　然カレドモ貴下ヨリ別ニ井口エ向ケ『會頭ヨリ依頼シタル分析所電話ノ件至急御盡力頼ム』ト御書状煩シ度シ

二、今度稲葉氏銅像ヲ建設スル事ニナリ　其設立場所ニ関シ総代會ニ於テ高砂町頌徳碑ノ側八名　諏訪公園内八名ト同数宛二ツノ意見ニ分カレ　井口長右衛門其會議ノ議長トシテ高砂町説ニ賛成シ頌徳碑ノ側ラニ併置スル事ニ決定セリ　然カルニ諏訪公園賛成者ノ代表角田ヨリ異説ヲ申出デタル為メ　不日《フジツ》市参事會並ニ市會協議會ニ相談セラルヽニ至ル哉モ不計《ハカラ》ザル事ニ相成リタリ

高砂町賛成者ガ僕ノ處エ来テ　若シ市参事會ニ附議セラレタル節日比サンニ骨折ッテ貰ラッテ呉レト頼ミニ来タリタリ　右宣敷願度シ

ト云ウ　余ハ

承知致升タ

ト返答ス　銅像ノ位置等何處デモ能イ様ニ思ウガ紋十郎氏ヨリ頼ミナレバ気ニ留メテ置カネバナラヌナリ

本朝ノ報知新聞ヲ読ンデ居ルト左ノ記事アリ

石巻連峰のセメント原石　埋蔵豊富を確め浅野で山地買収開始

東三一帯にわたつて石炭、セメント原石の埋蔵豊富なことは知られて居たが殊に豊橋市の東郊
　三遠国境を制する石巻連峰スセ付近は特に有名で現在スセ石炭会社で採掘しつゝあるが過般来浅野セメントでは技師を特派しこれに調査を進めた結果石質多少劣等のところもあるが埋蔵量の豊富なこと無尽蔵の感あるのを確かめ昨年末からしきりに関係方面に向つて同地一帯の山地数千町歩の買収を交渉中であつたが最近交渉非常に進行し近く具体化せんとしてゐる、会社では交渉まとまり次第一切の手続きを済ませて採掘に着手し原石はそのまゝ各所の同社既設工場え送るはずで原石運ぱんのため
豊橋駅より採石場まで軌道敷設の計画も立てられてゐるが従来全く時代から取り残されたやうな同地方も全く一変するだらうとにわかに活気づいてゐる

報知新聞　昭和3年3月14日

浅野ハ将来百年ノ大計ヲ建テル意味ニ於テ各所ニ原石山ヲ占領セント欲シテ居ルモノト想像シタ　過日森篤二郎ガ来テ『瀧ヶ原原石山モ気永ニ掛合エト宮地氏ガ云ッテ居ッタ』ト語ッタ事モ其ノ一ツデアル　他所ハ如何ニナッテモ関セヌ事デアルガ　川島村ノ工場ハ一日モ早ク建設ニ取掛カラセル様ニ浅野並ニ一般ニ向ッテ仕向ケテ行カネバナラヌ　ボンヤリシテ居ッテ他所ニ先ヲ越サレテハナラヌト思ッタ

午前十一時十一分四日市発ノ特急列車ニテ杉浦國吉ヲ東京ノ井口エ差向ケル

名古屋御器所ヨリ端書ニテ「米田□□ノ老母ちよう八十五才ノ高齢ニテ十一日死去　本日葬式」ト通知シテ来タカラ金五円香奠ニ送リ悔ミ状ヲ義平ニ書カセル　義平ハ早稲田ノ高等學院エ通學シテ居ルノデアルガ右悔状一本ガ満足ニ書ケヌ　色々ト教エテ遣ッタ事デアル　研究的學問ト普通世間常識ニ馴レル事トハ違ウカラ此結果ヲ来タスノデアル　義平ハ目下研究的學問ノ修養時代デアルカラ　一般ノ世間常識ハ自然ニ弗々修得シテ行ク事ト考エル　余ハ親トシテ

機會アル毎ニ小供等ニ對シ種々ノ事ヲ教エテ行カネバナラヌト思ッタ
四郷村長ノ川島弥六ガ余ニ面會ヲ求ムル電話ヲ再三掛ケ来タガ余ハ避ケタ　余ハ目下川島ニ面會スル用件無ク田舎者ニ逢ッテ下ラヌ事ヲ聞イテ時間ヲ過ゴス事ガ馬鹿臭ク五月蠅イカラデアル
夜弥生座エ活動写真ヲ見物ニ行ク　キートンノ大學生ヲ當テニシテ行ッタノデアルガ左程面白ク無カッタ

昭和三年三月十五日

午前四時九鬼紋七死去シタリトノ報ヲ聞キ悔ミニ行ク　紋十郎氏ニ逢イタルニ
十八日午後二時ヨリ四時迠信光寺ニ於テ告別式ヲ行ウ筈ニテ供花放鳥ハ一切断ル心組デアル　此ンナモノヲ貰ラッテモ何ンニモナラヌ　香奠丈ケハ辞退セヌ事トシタ　但シ此事ハ君丈ケエ内密ニテ露骨ノ事ヲ云ウノデアル
ト云ウ　紋十郎式ニテ面白ク感ジタ　應接室エ導カル丶儘入リタルニ徳三・健一郎・文助・次郎・玉村・信光寺和尚等ガ居ッタ　其處エ蓮池ガ入リ来タリ余ニ頼ミ度イ事ガアルト云ウ　紋十郎・蓮池・余ノ三人別席シ両人ハ余ニ向イ
釜山鎭ノ問題目下訟訴中ナルガ　司法大臣ヨリ釜山総督府エ向ッテ「右裁判ハ顧慮セヨ」ト一ト口言葉ヲ掛ケテ貰ラウト大ニ有利ニナル　君ヨリ井口ヲ頼ンデ井口カラ司法大臣ニ右口添エヲシテ貰ライ得ル様願エヌカ
ト云ウ　余ハ
井口ニ逢ッテ能ク話シテ見舞ショウ
ト答エ紋七邸ヲ出デ関君・井口君エ紋七氏死去通知ノ電報ヲ打チ　富田ノ平治郎君エ電話ヲ掛ケ傳七氏エ傳達方ヲ依頼ス
赤堀ニ起リタル井口派撰擧違反事件　堀内茂吉トカ云ウ人物ヲ検事ガ尋問セシキ　書類ヲ堀内ニ示メシ
○日比事務長→○中村傳一郎→○山城義三郎→堀内等一同

ト云ウ順序ニナルト考エテ居ル　汝等如キ雑魚ヲ目的トシテ居ルノデハ無イ　中村・日比ヲ検擧スルノガ主眼デアルカラ汝等ハ早ク白状シテ仕舞エト豪語シタル由　然カモ余ト中村ノ頭ニハ大キナ○ガ記シテアリ山城ニハ少サナ○ガ書イテアッタトノ事ナリ　其レガ為メ堀内ハ遂イニ自白ヲ餘儀ナクサレタトノ事デアッタ　余ハ今日迠堀内ナル者ノ顔モ見タ事ハ無イノデアルガ検事ハツマラヌ事ヲ豪語シタモノダ　若シ間違ッテ居ッタラ検事ハ如何ナル責任ヲ負担スルカト思ッタ　又一昨日ハ山城ニ向ッテ検事ハ「汝ハ確カリ者ラシイガ今晩ハ自分ハ大分疲労シタカラ一ト先ヅ汝ヲ帰エス（夜十二時頃）カラ明朝九時ニ再ビ出頭セヨ　而シテ今夜中ニ嘘ノ言エル丈ケ考エテ置ケ　お互ニ根気競ベデ我輩モ一週間掛カッテモ十日掛カッテモ白状サセネバ許シハセヌ」ト放言シタル由　何ンタル暴言デアルカ　何ント云ウ壓制ノ言葉デアルカ不謹慎ニモ程度ガアルト思ッタ事デアル

又本日或人ヨリ聞ク處ニ依レバ　検事正ヨリハ不拘束ノ儘ニテ取調ラベヨトノ命令ガ来テ居リ検事ハ不拘束ニテハ取調ガ出来ヌト突張リ其間ニ意見ノ衝突ヲ来タシテ居ル由デアル　不統一至極デハ無イカ　撰擧違反ヲ取調ラブルニ先立チ寧《ムシ》ロ検事局ノ内部ヲ廓清《カクセイ》シテ掛カル必要アリハセズヤ

昭和三年三月十六日

四郷村長川島弥六来タリ

一、浅野セメント工場ガ川島村ニ建設セラルヽ事ニナッタ為メ四郷村民中ニ其工場ヨリ被ル農作物等ニ對スル損害ニ関シ色々議論スル者生ジ来タリタリ

二、四郷村モ最初粘土山買入レノ交渉ヲ浅野（伊藤知郎ヲ経テ）ヨリ受ケタルガ川島村ニ先キヲ越サレタリ

右ノ次第ナルヲ以テ　浅野氏ニ於テ若シ御入用ノモノナレバ村民ガ被害問題ヲ言ヒ出[サ]ザル今日ニ於テ四郷村粘土山モ御買上ゲ被下方《クダサルホウ》　双方円満ニテ話ガ纏マル事ト考エタルヲ以テ御意見御伺ノ為メ参上セリ

日比　四郷村ハ先般御提出相成リタル値段ヲ以テ全部纏マリ得ル哉　貴下ハ責任ヲ以テ其事ヲ決行シ得ル哉

川島　アレハ公平ナル値段ヲ私ト区長ト後藤長一郎氏トガ私《ヒソ》カニ評定シタル迄ニシテ地主ニハ交渉シタル値段ニアラズ故ヲ以テ　既ニ川島村ニ御買上ゲ相成リタル値段モ出来タ事ニ付キアノ値段ニテハ全部纏メル事困難ト想像ス　然レ共アノ値段ヨリ高ケレバ公平ナル値段ヨリ高シト云ウ結論ニ達スル訳ナリ

日比　先般御提出ノ値段ニテ全部取纏メ得レバ此際貴下ニ御面倒願ッテモ宜敷シト思考ス　然カレドモ只今御話ノ如クアレヨリ高クナルト云ウ事ナレバ只今ノ御相談ニハ相成リ難シ

川島村ノ粘土山モ現在ニテハ工場ニ對スル粘土トシテ只單ニ足場ヲ得タト云ウ程度ノ狭少ノモノ故　将来ハ四郷村ノ粘土山モ御交渉スル機會必ズ来タル事ヲ信ズルヲ以テ　其迄村民等ニ被害問題等ニテ擾《サワ》ガヌ様御話シ置キ被下事四郷村前途ノ為メニモ相成ル事ト思ウ　四郷村ノ粘土ハ川島村ノヨリ品質粗悪ナリ　御村ガ後廻シニナリタルモ其レガ為メナリ

川島　四郷村ヨリ先キニ川島村ノ買収ヲ先キニセラレタルハ賢明ノ策ナリ　四郷村ハ元来土地高價ナル處ニモアリ川島村ノ如ク共有財産タル山林モ無シ取纏メニ困難ヲ感ズ

日比　只今四郷村ヨリ粘土山御賣却ノ御希望ニ對シ何ニカ具体案ヲ御提出被下ナレバ一應浅野ニ取次ギテモ宜敷ケレ共　只單ニ「此際浅野ニ買ワシタラドウダ」トノ御事ナレバ其レハ時機ヲ得タルモノニ非ラズ　今少シ鉄道路線並ニ川島村ノ工場計畫等ガ具体化スル事ヲ待タレ度シ

川島　能ク判リ升タ

私ガ先般提出セシ値段ハ何處迄モ公平ナル値段ヲ見積リタルモノニシテ決シテ浅野引張込策ノ為メ技巧ヲ弄シタルモノニ非ズ　此儀呉々モ御了承相成度シ

ト述ベテ帰エッテ行ッタ

湊ノ艀船業者連中ヨリ

旧波止場即チ高砂町石堤ノ突端ニ電気ヲ設置シ艀船ノ目標ニ仕度イ　暗夜入船スル場合見當ガ付カヌノデ困ルト云ッテ陳情書ニ二十五名連判シテ頼ミニ来タカラ　余ハ市役所エ連レテ行キ助役ニ向イ話ヲ為ス　福林助役ハ「少問題故　別段市會ニ掛ケル事無ク水上警察ノ前エ赤電燈二個ヲ付ケタラ如何デスカ」ト云ウ　余ハ其辺ニテ宣敷カラント答エテ帰エッタ

泗市都計區域の隣接村編入理由書提出　內務省の通知に基き

伊勢新聞　昭和3年3月14日

四日市市では既報の如く都市計畫に伴ふ區域決定の爲隣接五ケ村を編入した利用面積八百萬坪に對する新區域決定申請書を過般內務省へ提出する所あつたが今回內務省より五ケ村を區域內に編入する理由書の提出方を通知して來たので土木課に於て同理由書を作製して今明日中に提出する筈であるが同理由書は頗る浩瀚なものにして人口動態より築港を中心とした經濟的見地に立脚し交通上の利便より市の中心地帯へ周圍より一時間にして達する區域を編入した意味を記載されて居る

福林助役ハ九鬼紋七氏ノ死去ニ関シ「市長ハ十九日ニ帰エルト云ッテ来升タ　九鬼サンハ花輪ハ受ケラレヌ由ナルガ如何シタモノデショウカ」ト心配シテ居ッタ故　余ハ九鬼紋十郎氏ヲ電話口エ呼出シ相談ノ結果『商工會議所ノ西口ガ取計ウノト同様九鬼エハ無断ニテ花輪ヲ送ル事』ニ打合決定シタ　而シテ福林ハ弔詞ヲ讀ミ市長ハ個人トシテ金五円香奠ヲ送ル事ニシテ置イタ

午後六時半頃ヨリ弥生座エ鼠小僧次郎吉ヲ見物ニ行ク　愉快ニ感ジタ　此種ノモノヲ見ルト殊ニ面白ク感ズルノデアルガ余モ変ナ性質ヲ持ッテ居ルト思ッタ

昭和三年三月十七日

宮地茂秋宛手紙ヲ出シ川島村目下ノ状況ヲ通知シ丈量増地歩ニ對シ村民ハ増額ヲ要求シテ居ルガ　余ハ断ジテ「不可能」ダト返答ヲ與エテ遣ッタト書添エル

昭和三年三月十八日

午後二時ヨリ信光寺ニ於テ九鬼紋七氏告別式アルニ付キ松井眞一ニ命ジ金五円香奠ヲ持タシテ参列セシム

杉浦國吉東京ヨリ帰エリ復命ニ来テ曰ク

一、肥料分析場電話架設運動ノ件ハ井口延次郎氏ヨリ名古屋逓信局斉藤規畫課長宛手紙ヲ貰ラッテ来タカラお渡シ致升

二、藤原鉄道・四日市埋立ノ許可運動〔ノ〕件ハ井口君ハ日々多忙ニテ遅ラカシテ居ルガ其内一生懸命ニ奔走スルト云ッテ居リ升タ

三、司法事務ノ件ハ充分手配ヲシテ落度ノ無イ様ニシテ来升〔タ〕

四、會計ノ件モ用事ヲ済マシテ来升タ

五、井口君ハ「山本ガ自動車ヲ二千八百円ニテ賣却シタト云ウ事ダガ　僕ハ山本ガ其金ヲ如何處置スルカト眺メテ居ルノデアル」ト云ッテ居リ升タ　山本ハ井口君ニ信認ガ無イ模様デス

ト述ベテ帰エッテ行ッタ

夜伊濱吉次郎来タリ

今度陸上運送店ヲ始メル事ニナリ来月一日ヨリ開業仕度イト思ッテ居ル　個人営業ニテ可成《ナルベク》営業費ノ多ク掛カラ

ヌ様ニシテ経営スル心組デ居ル
陸上貨物取扱業者ガ一駅一店主義ニナッタ為メ反ッテ其横暴ヲ憎ムノ気勢上リ来タリ　非合同組ノ運送店ガ繁盛シテ来升タ　伊藤覺衛ノ運送店デモ合同運送店一本ニナッテカラ反ッテ荷物ガ三倍ニ増加シテホク〳〵モノデ居リ升
非合同組丈ケデ荷物ノ受渡シ・引替証ノ取扱・貨車ノ配給等充分ニ出来升　銀行モ私ノ引替証ヲ信用シテ取扱ッテ呉レルト云ヒ升タ
貴下ガ将来神海組ニテ陸上運送店ヲ始メラルヽ節ハ　何卆私モ仲間ニ入レテ私ノ今度開業スル店ヲ御利用下サイ
此点ヲ予メ能ク貴下ニ御願致置キ度ク参上シタ次第デス　二十八日ニ七八十人ノお客サンヲ大正館ニ招待スル手順ニ致升タ　貴下モ是非御出席願度御頼致升
ト云ウ　余ハ
一駅一店主義ニ大合同ヲシタ今日　個人組織ノ一小運送店ガ果シテ成効スル哉否ヤヲ杞憂シテ居ッタノデアルガ君ノお話ノ如ク非合同組ガ中々気勢ヲ擧ゲテ居リ貨物ノ取扱ヒニ不自由ガ無イト云ウ事ナラ御開業ナサイ　反ッテ面白イカモ知レヌ
神海組ガ陸運店ヲ計畫スル場合ニハ貴下ノ店ノ事モ考エテ見ル事ニ致升ショウ
ト答エテ置イタ
新聞ヲ見ルト武藤実業同志會々長ト望月逓相・大口大藏政務次官トガ大阪ニテ會見シテホヾ妥協ガ出来ソウニ見エル
余ハ政局ノ安定ヲ希望ス　藤原鉄道・四日市埋立ノ許可ガ下ガル迠ハ此内閣ガ変ッテ呉レテハ困ルナリ

昭和三年三月十九日

新任三重県知事原田維織氏　四日市初巡視ニ来タリタルヲ以テ　午前九時半駅ニ出迎エ終日福林助役等ト各方面ヲ案内ス　知事ハ四日市築港ニ對シ最モ熱心ニ詳細ニ亘リ研究ヲ為シタ　無線電信局ヲモ視察シタガ中々立派ナルモノデアッタ　説明ニ依ルト世界中ニ於テモ最モ理想的ノモノノ一ツデアル由

午後六時大正館ニ入リ知事ハ官民合同ノ歓迎會ニ臨ンダ　余モ出席シタ　福林助役ノ挨拶ニ答エテ原田知事ハ

　余ハ三重県ニ對シ此レ迄何等ノ知識ナク従ッテ何等確定シタル方針モ持タヌ故　各地ヲ一應視察シタル上能ク考エテ見度イト思ッテ居ルガ　今日視察シタ四日市築港ハ重要ナルモノニテ産業発達上何處迄モ徹底シタ設備ヲ要スルモノト考エル

旨ヲ述ベタ　宴會ハ九時頃終ッタ　宴會ニ於テ田中武ニ逢ッタカラ九鬼紋十郎ノ事ヲ尋ネタルニ田中ハ

　先達電話ニテノお話ニ依リ直チニ心當リエ相談シタルニ　副會頭トシテ推撰スル事ニ議員一同ノ意見ガ纏マレバ結構デアルト云ウ事デシタ

ト云ウ　余ハ

　是非其手順ニ御心配願度シ

ト述ベテ置イタ

四日市築港埋立地の縣市税免税運動　築港利用會が活動する

伊勢新聞　昭和3年3月19日夕刊

四日市築港工事に伴ふて出來上がつた埋立地は第一號地七萬五千六百八十八坪第二號地十萬九千七百坪第五號地五萬坪合計二十四萬五千三百八十八坪に上り此内道路臨港鐵道、縣設上屋等に利用されるべき殘り十餘萬坪は一般希望に拂下を爲し現に第一號埋立置は殆んど全部賣却され四日市市内の事業家が買收して工場家屋等の建設を目論見居り更に第二號埋立地の内五萬坪と第三號埋立地二三萬坪に對しては近く縣より一般に拂下を爲す筈であるが同埋立地は築港の棧橋、鐵道上屋が完成せぬのと財界の不況に直面して利用が遲れ第一號地は僅かに「何々建地」といふ木標が建立されて居るのみで草茫々たる有様の上更に第二第三號地を拂下ても結局暫くは草茫々のまゝ放置されることとなり築港利用上面白からぬことであるから之が利用し易い方法を講ずることが緊切でありそれには現在の如き未開地にも公租を徴收することは同埋立地の利用を阻害するものとして政府が地租を免除して居るのと同様縣市の地方税をも相當期間免除されたい希望が過般開いた築港利用會に現はれ結局利用會が一致して實現運動に努めることとなり先づ利用會として市當局に對して諒解を求め其上にて陳情書を提出し更に引續き縣に對しても陳情することになつた尙同免税問題は從來も一二回問題となつたけれども未だに實現するに至らぬ問題であると

昭和三年三月二十日

朝野嵜来タリ

一、来ル廿五日諏訪神社ニテ神前結婚後ノ宴會ハ松茂ヲ止メテ岩田氏宅ニテ會席膳位ニテ致度シ　斯クスレバ私共身内ノ者ガ后日ニ至タリ岩田氏エ挨拶ニ行ク手数ガ省畧サレ得ル訳ナリ

二、同日ハ御足労ナガラ貴下仲人トシテ拙宅エ嫁ヲ御引連レノ為メ御出掛ケ願度シ

ト云ウ　直チニ岩田エ電話ニテ右旨照會シタルニ岩田ハ

貴下ニ萬事御一任致升

ト答エタ故　余ハ野嵜ニ向イ

大体承知シタ　然カシ尚ホ一應岩田ニ逢ッタ上能ク相談スル事ニ致升

ト答エテ帰エス

市役所エ行キ渡辺學務主事ニ逢イ　水谷善太郎ヨリ履歴書到着シタル哉ト尋ネタルニ渡辺ハ来テ居リ升ト答ウ　余ハ渡辺ニ向ッテ
能ク動ク事ハ確実ラシク思ワル丶ヲ以テ市役所エ容ル丶餘地アリトスレバ一度福林助役ト能ク相談シテ置イテ呉レ
ト依頼ス　渡辺モ余ト同意見ラシキ事ヲ云ッテ居ッタ

四日市港を視察した原田知事

中央ステッキを持てるは知事＝（十九日正午ランチ長濱丸船中にて撮影）＝

●印　原田知事
□印　日比義太郎

勢州毎日新聞　昭和3年3月20日

泗港第二埋立地の臨港鐵道促進　大桟橋は後廻しとする

伊勢新聞　昭和3年3月20日朝刊

既報四日市築港の第二期工事が大體完成の域に達したので更に第二期工事として第二號埋立地十一萬九千坪に對して臨港鐵道延長三哩布設並に本桟橋（延長百二十間幅六十間）の建設及び縣設の上屋二千坪の三工事を實施して此に築港工事を一先づ完了する方針にて總工費百八十萬圓を計上國庫補助を申請して居るが桟橋に對しては國庫補助の關係上議會の通過が何時になるか不明である爲之は第二段とし埋立地を利用する點より縣に於て當然實施さるべき臨港鐵道のみを第一次に實現促進せんとする議が築港利用會から現はれ目下重要案件として考究され近く具體化運動に着手する模樣であるが利用會の意向としては現在の第二號埋立地に鐵道が布設されたなら桟橋が實現せずとも利用し易くなるといふにある尙鐵道は第一號と第二號地の運河上には開閉式の鐵橋を建設する計畫なること既報の如くである

昨日ノ原田知事歓迎會エ正岡検事モ中村傳一郎モ出席シテ居ッタ由ニテ　正岡検事ハ中村傳一郎ノ席エ杯ヲ差シニ出掛ケテ行キタル上中村ニ向イ

君ガ中村君カ　此度ノ撰擧ハ臭気粉々デハナイカ

ト云ヒタル由ニテ中村ハ

此度ノ撰擧タル哉誰レカ臭気粉々タラザル者アル？

ト答エテイル處エ森松次郎ガ行ッテ正岡ニ向イ

其ンナ事ヲ愚図々々云ウナ　乃公《オレ》ト一所ニ来イ

ト正岡ヲ拉《ラッ》シ去リシトノ事ナリ　森ト正岡ハ二次會エ行ッタトノ噂ナルガ検事トシテ不謹愼ナル振舞ト思ウナリ　十五日ノ日記中ニ正岡検事ノ行動ニ関シテ書イタガ　本日右ヲ聞クニ及ンデ正岡ガ公私ヲ辯別セザルノ甚ダシキニ奮慨セザルヲ得ズ再ビ記シテ后日ノ参考ニ供セント欲スルナリ

昭和三年三月二十一日

午前十時頃岩田耕来タリタル故　野寄善三郎ヲ呼寄セ来ル廿五日ノ結婚式順序ニ関シ詳細ナル打合セヲ為ス
小木曾六兵衛　娘ノ女學校入學ニ付キ頼ミニ来タリタルヲ以テ直チニ學務主事渡辺章六ニ此旨ヲ通シ注意ヲ依頼ス
小寺ト途中ニテ逢ヒタルニ小寺ハ　一服スルトテ入リ来タリ
一、富田渡辺勘作等ト四日市給水會社トノ契約ニ関シ県廳ノ田中土木課長ニ尋ネタルニ課長ハ「アノ契約ハ県廳ヨリ却下スレバ何ンデモ無イ問題ナレド却下セズシテ此儘ニシテ置イタ處デ有効ノモノデハ無イガ　彼等モ折角アレ迠遣ッタ事デアルカラ結局ハ我輩ガ仲裁ニ入リ解決スル事ニナルデアラウト考エル　我輩ノ心組デハ結末ニハ彼等ニ少々何ントカシテ遣ッテ貰ラワナケレバナルマイト考エテ居ル」ト云ッテ居リ升タ
二、戸野市長ハ東京ノ學務局長ヲ運動シテ居ルト思イ升　過日九分九厘迠成効ダト手紙ニテ云ッテ来升タガ其レカラ可成時日ガ経過シテ居ルカラ現在ハ如何ニナッタカト心配シテ居リ升　戸野市長ハ四日市出立前　私ニ向イ「日比君丈ケニハ何事ヲ打明ケテ話シテモ能イガ他人ニハ秘密デ置ク様ニ」ト云ッテ行キ升タ
ト云ウ　余ハ
戸野市長ガ現在ヨリ　ヨリ能キ地位ニ就ク事ナレバ余ハ其レニ向ッテ援助セント思ッテ居ルノデアルガ　市長ハ好人物故周囲ノ者ニ誤ラル丶憂アリ　學務局長ガ果シテ成効スルモノナレバ東京ニ永滞在モ能ケレド　若シ不成効ニ終ルトスレバ一日モ早ク帰泗シテ市長ノ職務ニ勉勵スル方宣敷カラント案ジテ居ルノデアル

若シ鳩山等ノ関係ヨリ余ガ上京シテ井口ニ話ヲ為シタル方成効ノ為メニ利益ナレバ余ハ何時ニテモ上京スルニ躊
　躇セザル決心ヲ持ッテ居ル
ト告ゲタルニ小寺ハ
　明日長文ノ電信ニテ一度問合セテ見升
ト答エテ帰エッテ行ッタ
森篤二郎ガ松茂支店ヨリ余ニ電話ヲ掛ケテ来テ
　只今遠藤サント松茂エ着テ居リ升　遠藤サンハ熊澤サンニ會見ノ為メニ来タノデス　森松次郎サンモ其内ニ来ル
　筈デス　貴下ハ如何デス
ト云ッテ来タ　余ハ
　一寸差支アリ行ク事出来ヌ
ト答エテ置イタ　遠藤氏ハ代議士ニ當選シテ帰県シ四日市エ来タリタル時　余ハ行ク心組デ居ッタノヲ森篤ノ小細工
ニテカ行カズニ終ッタ事ガアル　今更ラ行ク必要モアルマイト断ッタノデアル
東京ノ宮地君宛電信ニテ
　オオガイトウケワタシニタイシ（ヘイジロウシ）ヨリ
　サイソクアリイカガコタヱテヨキヤスヘ」ヒビ
ト照會シタルモ返電ガ来ヌ　此件ニ関シテハ既ニ十三日・十七日両回手紙ニテ問合セテアル事デアルガ返事ガ来ヌノ
ハ不思議デアルト思ッテ居ルノデアル　本日モ平治郎氏ヨリ「未ダ電信ノ返事ガ来ヌカ」ト催促シテ来タ　返事ガ来
ネバ困ルノデアル
夜杉浦来タリ赤堀撰擧違反ノ件ニ関シ話ヲ為シタル上帰エリ掛ケニ　思イ出シタ様ニ立留マリ
　戸野市長ガ東京ニテ學務局長ヲ運動シテ居ル様子デスナァー　先達東京ニテ井口ガ其ンナ事ヲ云ッテ居リ升タ

井口ハ餘リ好感ヲ持ッテ居ラヌ様子デシタヨ

ト云ウ　余ハ

井口ニ向イ若シ東京ニ於テ好キ口アレバ援助シテ遣ッテ呉レト頼ンデ置イタノデアルカラ其ンナ筈ハ無イト思ッテ居ルガ　此事ハ内密ニシテ置イテ呉レ給エ

ト答エタルニ杉浦ハ

貴下ガ御承知ナレバ其レデ能イノデス　誰レニモ話ハ致升セヌ

ト云ッテ帰エッテ行ッタ

昭和三年三月二十二日

宮地君宛昨日電信ニテ照會シタルモ返電来ヌ故　折返シ

ヘイジロウシヨリマタサイソクアリタ、イナヤトモヘンタノム」ヒ

ト打電ス　宮地君モ再三ノ照會ヲ放擲シテ居ル事ハ不都合ト思ウ　平治郎君モ嘸カシ怒ッテ居ル事ナラン　一体浅野ノ遣《ヤ》〔リ〕方ハ萬事ニ對シ横着至極デアル　世間ノ同情ヲ失シ居ル事偶然ニ非ラズ

夜弥生座エ活動写真ヲ見物ニ行ク　姑嫁合戦記ガ面白カッタ

昭和三年三月二十三日

朝　富田伊藤平治郎ガ電話ニテ大貝戸受渡シノ件ニ関シ催促ノ電話ヲ掛ケテ来タ序ニ

遠藤氏ガ四日市ニ於テ熊澤ト會見シタ　若シヤ臨港鉄道ノ打合セニハアラザル哉　一應調査セヨ　事情ニ依ッテ

ハ遠藤氏ニ抗議ヲ申込ム必要アリ
ト云ウ故　森篤二郎エ行キ調査シタルモ森篤ハ
別段何ンニモ聞カナンダ
ト答ウ　森篤ニ夕食ノ馳走ヲ受ケタル后チ九鬼紋十郎エ行キ
先般来貴下ヲ商工會議所ノ副會頭ニ推撰シツヽアルヲ以テ其心組ニテ予メ御覺悟肝要ナルベシ
ト告ゲタルニ紋十郎氏ハ
大ニ感謝ス　色々御配慮ヲ煩シ居リ深ク御礼申上度シ
ト述ベタル后チ
先達来ヨリ一度貴下ニ折入ッテ御相談致度シト思イ居リタル事ナルガ頂度幸ナリ　其レハ餘ノ儀ニ非ラズ　紋七死去ノ為メ余ガ徳三・健一郎ヲ引連レ世渡シテ行カナケレバナラヌ事ニナッタ　徳三ノ財産整理モホヾ見當相付キ深ク心配スル事モ無イト稍々《ヤヤ》安心シタ次第ナレドモ　名譽職的ノ事ハ従来紋七一人ガ双肩ニ掛カッテ居ッタ事トテ右三人共全然殆ンド何ンニモ無イト云ッテモ能イ程デアル　依リテ
副會頭・藤原鉄道重役　九鬼紋十郎
東紡監査役・養老鉄道重役　九鬼徳三
四日市商事會社重役　九鬼健一郎
ニテ進ミ度イト思ウ　藤原鉄道ハ堀木忠良ヲ推撰シテ発起人タル事ヲ一度辞退シタル関係上　其重役タル事ヲ得ル哉否ヤ　若シ不可能ナレバ熊澤ニ頼ンデ四日市銀行ノ重役ニ入レテ貰ワンカトモ考エテ居ル　御腹蔵ナキ御意見ノ程お聞カセ願度シ
ト云ウ　余ハ
藤原鉄道重役タル事ハ伊藤傳七氏ニ於テ敢テ違議ナク寧《ムシ》ロ歓迎セラルヽ處ナルベシ　此際貴下ハ何ニヲ苦シンデ

四日市銀行重役タラン事ヲ願ワル、哉　四日市銀行ノ重役ハ決シテ貴下ノ考エラル、程價値アルモノニ非ラズ此際貴下ハ丹田ニ力ヲ入レテ落付イテ考エラル、必要アリ　世渡リノ事決シテ技巧ヲ弄シテ成効スルモノニアラズ　世間ノ信用ハ自己ノ実力ニ比例スルモノニシテ重役ヲ持ッタ處デ左程信用ガ増加スルモノトモ思ワレズ　若シ輕卆ニイカサマノ重役等ヲ握込ム事等アレバ反ッテ将来ノ新生活ニ累ヲ及ボスモノナリ

ト述ベタルニ紋十郎ハ

能ク了解致升タ　然ラバ四日市銀行ノ重役タル事ハ假令《タトイ》熊澤ヨリ勧誘アリテモ辞退スル事ニ致升　藤原鉄道ノ重役ノ件傳七氏エ御話置キノ程ヲ依頼ス　然カシ堀木ヲ押退ケテ迠モト云ウ意味ニアラズ此点御了解ヲ御願致置度シ

ト云ウ　其處エ神海組ヨリ余ノ許エ電報ヲ持ッテ来ル　開イテ見ルト巣鴨発ニテ

スグオイデヲコウ　トノ

トアリ　余ハ東京ノ模様ガ面白ク無イノダナト思ッタカラ紋十郎宅ヲ辞シ　神海組エ行キ小寺ヲ呼ビニ遣ル

小寺来タル　余ハ小寺ヨリ戸野市長ガ東京市ノ教育局長ヲ運動中ノ経過ニ関シ詳細聞取ル　小寺ハ余ニ向イ是非今夜御上京願度シト頼ム故余モ元ヨリ市長ノ為メニ心配シ居ル事ニ付キ

○戸野周二郎宛

「コンヤ一一ジハツニテユク」トウケイヱキ二トウ　マチアイシツニテオメニカカリタシ」ヒビ

○井口延次郎宛

「コンヤ一一ジハツニテユク」カンテイニテオメニカカリタシ」ヒビ

ト打電シタル上　十一時三十五分ノ気車ニ乗込ム

昭和三年三月二十四日

午前九時過頃東京駅着　直チニ二等待合室ニ行キタルニ戸野市長ハ待ッテ居リ教育局長問題ノ経過ヲ詳細説明シタル后チ
　三木・鳩山双方共ニ大体宣敷ケレドモ此際貴下ヨリ宮田警視総監ニ御話ヲ乞イ　宮田氏ガ力ヲ入レテ呉レ得ル事トナレバ確実ニ成効スル事ト考エル
ト云ウ　余ハ経過ノ詳細ヲ聞取リタル瞬間ニ於テ「下手ヲシテ一寸コジクラカシタナ」ト思ッタガ其ンナ事ヲ云ウト市長ガ落胆スル故　顔ニ顕サズシテ市長ニ向イ
　此レヨリ直チニ井口ニ會見致升ショウ
ト告ゲテタクシーニ乗リ内閣総理大臣官邸エ行ク　井口ハ午後一時頃来タリ三人ニテ會見
日比　市長ヨリ招電ニ依リ急速上京セリ　先刻東京駅二等待合室ニ於テ戸野氏ヨリ招電ノ理由ヲ聞取リタルニ東京市教育局長ノ問題ナリ　此際貴下ヲ煩シ此事ガ実現シ得ル様御奔走ヲ乞ワンガ為メ市長同道参上セリ
（戸野氏ハ井口ニ向イ経過ヲ詳細ニ説明ス）
井口　其レニテ四日市ハ宣敷哉
日比　四日市ノ為メ且ツ諸種ノ問題ノ為メニハ戸野氏ガ市長トシテ引續キ四日市ニアル方宣敷ケレ共　戸野氏本人ノ為メニハ栄轉トナル事ニ付キ個人的友情ヨリ考エ教育局長トシテ就任ヲ見得ル様致度ク決心セシナリ
井口　公然運動シテ宣敷哉　又ハ秘密ヲ要スル哉
日比　秘密ニ御奔走煩シ度シ
井口　承諾致升　早速宮田・鳩山ニモ話シテ活動ヲ開始スル事ニ致升ショウ

日比　九鬼紋七氏贈位ノ手續キヲ目下三重県廳エ交渉中ナリ　此問題ガ東京エ廻リタル節ハ宣敷御心添ヲ乞ヒ度シ
井口　三重県ヨリ適法ノ手續キヲ経タル上東京エ廻リ来タレバ何ントデモ口ノ添エ様アルヲ以テ出来得ル限リ盡力致スベシ
日比　九鬼紋十郎氏釜山鎮ノ地所　同地ノ埋立會社ト苦情ヲ起シ将《マサ》ニ訟訴問題ト化サントシテ居ル　総理大臣ヨリ朝鮮総督府エ向イ「能ク顧慮セヨ」トノ意味ノ手紙ヲ出シ呉ルヽ様貴下ノ御手許ニテ御心配願エザルヤ
井口　一寸困難ノ様ニ思ウ
日比　総理大臣困難ナレバ司法大臣ヨリ手紙ヲ出シテ呉レテモ宣敷訳ナリ
井口　浅利殖産局長ニ時々逢ウヲ以テ此度来タリタル時同氏ニ一度話ヲシテ見ル事ニセン　図面等詳細ノモノ御送附願置度シ
日比　直チニ書類ヲ御届ケスル
井口　午後五時交詢社ニ於テ貴下ト御面會致度シ
日比　承知
戸野市長ト共ニ内閣官邸ヲ出デ　自動車ニテ丸ビルニ行キ竹葉ニテ晝食ヲ為シタル后チ市長ト分カレ午後二時頃東京湾埋立會社エ行ク　関ハ病気ニテ早帰リシテ會社ニ居ラナンダ　鶴見臨港鉄道會社ノ山田ヲ訪問ス　山田ハ余ニ向イ昨日君エ詳細手紙ヲ出シタ處デアッタ　其内容ハ
一、九鬼紋十郎鶴見ノ地所ハ四十五円ニテ纏メテ貰ライ度シ　隣地三十六円五十戔ニテ買約出来タルヲ以テ買上ゲル餘地ナキ事ト相成タリ　然カシ五十円位迠ハ貴下御裁量ニ一任スルヲ以テ宣敷頼ム
二、藤原鉄道ノ件ニ関シ鉄道省ノ総務課ニ於テ詳細調査シタル結果「アノ計算書ニテハ収支ノ状態貧弱ニ付キ今少シ利益アル様ニ書直シテ出サヌト許可困難ナリ」ト云ッテ居ッタ　察スルニ補給利子ヲ出サヌ腹デ居ルト思ウ

三、北勢鉄道ノ重役連中ガ過日大擧上京シテ鉄道省ニ向ッテ「藤原鉄道ヲ許可セラルレバ北勢鉄道ノ維持ガ困難ニナル」ト請願シタ
ト云ウ事ヲ通知シタノデアル
ト云ウ　余ハ
一、九鬼地所ノ件ハ帰泗次第掛合ウ
二、藤原鉄道ニ補給利子ヲ呉レヌ様ニテハ大変故絶對ニ其事無キ様　予メ要心致度シ
三、北勢鉄道ノ連中ガ運動シタ處デ問題トハナルマイ
ト答エ宮地氏エ行ク　宮地ニ向イ
大貝戸受渡シノ件再三照會ヲ発セシモ何等御返事無シ　一体如何セラル丶御心組ナリ哉
ト尋ネタルニ宮地ハ
本朝「伊藤傳七氏ニ委任スルカラ宜敷頼ム」ト貴下向ケ電信ヲ発セリ　返事ノ遅レタル為メ嘸カシ貴下ハ御迷惑セラレテ居ルト察シ居レリ　當方重役ガ流感ニ掛カッタ等ニテ御返事遅延セシ次第ナリ
ト云ウ　余ハ
アノ受渡シハ大変六ヶ敷キヲ以テ浅野ヨリ其道ノ受取係ヲ派遣セラル丶ニ非ラザレバ完全ナル受渡ヲ見ル事困難故　是非御手配煩シ度シ
ト述ベタルニ宮地ハ
然ラバ今一應勘考シタ上ニテ今度ハ至急電信ニテ否ヤヲ御通知スル事ニスル
ト云ウ　余ハ
平治郎氏ガ段々ト催促シテ来テ居ルカラ火急御返事ヲ願度シ
ト述ベタル后チ

川島村ハ去ル十七日手紙ニテ御通知シタル通リノ状況ニアリ其内何ントカ解決ヲ告ゲ度ク考エテ居ルト告ゲタルニ宮地氏ハ

解決ヲ左程急グト云ウニハ非ラザレド餘リ延引スルノモ困ル　君ニ任カスカラ宣敷頼ム

ト云ウ　宮地ニ分カレ山田ノ處エ帰エリ　余ハ一度関君宅エ行カンカトモ思ッタカラ山田カラ関宅エ電話ヲ掛ケテ貰ラウ　「寝テ居ル」トノ返事ナリ　山田ハ余ニ向イ「格段ノ用事ナケレバ本日ハ病気ニモアリ一日丈ケ開放シテ遣ッテハドウダ」ト云ウ　余モ其気ニナリ自動車ニテ交詢社エ井口ヲ訪問ス　井口ハ余ニ向イ

井口　森茂生ガ余並ニ宮田ヲ訪問シ不穏當ノ事ヲ云ッテ居ル　宮田ハ「五月蠅《ウルサイ》カラ半分僕ガ出スカラ君モ半分出シテ片付ケテ遣レ」ト云ウガ如何シタモノカ　僕ハ出ス理由ガ無イト考エテ居ルケレドモ一應君ニ相談シ度イト思ッテ居ッタノデアル

日比　全ク理由ガ無イカラ如何ニ宮田氏ガ半分出シテ呉レルト云ッテモ勘定シテ遣ル必要ハアルマイ　僕ニ振ッテ寄来シ給エ　僕ガ森ニ相手ニナッテ遣ル　僕ノ處エハ森ハ来得マイト思ウ

井口　君ニ御迷惑斗リ掛ケテ済マヌガ宣敷頼ム

其レカラ戸野市長ノ話ニ関シ宮田ニ話シタ處ガ宮田ハ

ソヲ云ウ話ナレバ日比ニ四日市后任市長ヲ宮田ガ指名スル人物ヲ引受ケサセテ奔走シテ遣ロウデハ無イカ

ト云ッテ居ッタガ其点如何哉　貴下ハ引受ケ得ル哉

鳩山ニ電話ヲ掛ケタルニ病気ニテ寝テ居ッタ　三木ニ逢ッテ話シタルニ三木ハ

戸野ノ教育局長ノ話ハ能ク知ッテ了解シテ居ルガ僕ガ動ク訳ニハ行カヌ事ニナッテ居ル　君ハ直チニ小島議長ニ逢ッテ同人ヲ納得サセテ呉レ　尚ホ三人ノ助役エモ話ヲセヨ

ト云ッテ居ッタカラ明日僕ハ此等ノ人ニ逢ッテ話ヲ為サント思ッテ居ル　此會見ノ結果ハ君ニ手紙ニテ報告スル

日比　宮田氏ノ指名スル后任ノ四日市市長ハ如何ナル人物ナリヤ　無條件ニテハ引受ケ兼ネル
井口　菰野出身ニテ前ニ知事ヲ遣ッタ事モアル日比ナリ　四十五才位ニテ無政黨ナレド先ヅ世間ノ目カラハ政友會ト見ラレルデアラウ
日比　一應能ク考エテ見ル事ニスルガ戸野市長ノ教育局長ノ方ガ先決問題故徹底的ニ御盡力ヲ望ム
井口　僕ガ引受ケタト云ッタラ早速遣ルダロウ　只今御話シタ通リアレカラ活動シタノダ
　四月初旬一度四日市エ行キ升
日比　関ハ本日病気ナルガ　山田ガ君ト近付キニナッテ置キ度イト云ウ意味ニテ今晩夕食ヲ供ニ仕度イト云ッテ居ルノデアルガ手ハ引ケヌカ
井口　君ニ夕飯ヲ差上ゲ度イト思ッテ居ルノガ其レモ出来兼ネル位デ居ルノデアルカラ折角ナガラ断ッテ置イテ呉レ給エ
余ハ交詢社ヲ出デ、井口ノ自動車ヲ借リテ分とんぼエ行ク　山田ハ既ニ来テ居ッタ「此處デタ飯ヲ食ウヨリ芝居エ行ク方面白カラン」ト期セズシテ話合ヒ歌舞伎座エ行ク　菊五郎・羽左衛門・中車等ニテ河合又五郎兄弟　兄ガ羽左衛門　弟ヲ菊五郎ガ遣ッタ　面白ク見物シタ　余ハ山田ヲ歌舞伎座エ残シテ置イテ九時頃東京駅エ自動車ヲ走ラス　戸野市長夫妻ガ来テ呉レタ　余ハ両人ニ向イ井口ノ話ノ模様ヲ報告シタルニ夫妻ハ非常ニ悦コンダ
日比　順調ニ行ケバ此レニテ成効スル事ト思ウガ結末ガ付ク迠ハ油断ナキ様ニ御願スル
戸野　井口君ガ早ヤ其レ程迠遣ッテ呉レタノデスカ　早イモノデスナァー
日比　假令教育局長ニ成効スルトモ巽ヲ使ッテハ成リマセヌ　アノ人物ハ貴下ニ累ヲ為ス事ヲ予言致升
戸野　みちゑモ貴下ト同様ノ事ヲ云ッテ居リ升
妻　私モ主人ニ常ニ巽ハ能クナイト注意シテ居ルノデス
戸野　小寺ハ如何デスカ

日比　小寺ハ鈍々乎タリデスガ正直デスカラ宣敷イ
戸野　将来注意致升
　床次サンハ「政友會ノ内閣モ四月迠ダカラ今少シ待テ　我黨内閣ニナッタラ君ヲ大キナ市ノ市長ニ推撰スル」
　ト云ッテ居リ升タ
日比　床次サンノ云ウ通リニモナリマスマイシ　既ニ教育局長ノ問題ハ運動ノ幕ガ切ッテ落サレテ居ルノデスカラ彼
　レ此レ気ヲ迷ワセテハ不可《イケ》マセン
十時三十分気車ニ乗リ込ム　気車ハ非常ニ込ンデ居ッタ　余ハ寝臺ガ取ッテアッタカラ助〔カ〕ッタト思ッタ　四日市ヨリ上リノ節モ非常ニ乗客ガ多カッタガ此節ハ此ンナニ込ムノカ知ラン　東京ニ博覧會ガ開ケルシ　段々花見頃ニナルノデアルカラ人出ガ多クナルノデアラウ

昭和三年三月二十五日

午前七時頃名古屋駅着　下車シテ大矢鉄之助ヲ橘町ニ訪問シ東京ニテ戸野氏ヨリ貰ッテ来タ菓子ヲ縮緬ノ布呂敷ノ儘貰ッテ来タリ通リニテ贈ル　大矢ハ余ノ話ヲ聞イテ余ガ段々順調ニ進ンデ行クノヲ㐂コンデ呉レタ　世ノ中ニ持ツベキモノハ「誠意アル友達ダ」ト思ッタ　名古屋駅九時五十五分発ニ乗リ四日市駅エ着スルヤ直チニ九鬼紋十郎氏宅ヲ訪問ス　蓮池モ来タリ
九鬼　蓮池ヲ今夜ノ気車ニテ紋七贈位問題・釜山鎮ノ地所問題ノ為メ上京セシムル事ニナリ貴下ノお帰エリヲ待ッテ
　居リ升タ　直チニ井口エ電報ヲ打ッテ呉レマセヌカ
日比　両問題共ニ能ク井口ニ話ヲシテ来升タ　早速電信ヲ打チマショウ
ト答エテ井口宛

ハスイケシ、サクヒオネガイシタルケンニカンシコンヤタチ、アスアサキミタククエユク、バンジヨロシクタノム」ヒビ
ト打電シタル上余ハ九鬼・蓮池両人ニ向イ
鶴見ノ地所四十五円ヨリ買上ゲ六ヶ敷キ事ニナリ升タ　旭問題ノ解決ヲ要スルモノモアリ此際右値段ニテ美シク承諾シテ遣ラレテハ如何デスカ
ト述ベタルニ紋十郎ハ
四十五円デ結構デス　蓮池カラ徳三ニ相談致サセ升
ト云ウ　紋十郎宅ヲ出デ徳三邸エ行キタルニ
徳三　貴下ハ鶴見ノ地所五十円位ハ見込ミアリト云ワレシガ四十五円ヨリ行キマセヌカ
日比　隣地ガ三十六円五十戔ニテ買収決定シタカラ今日ニテハ四十五円ニテモ高過ギル事ニナリ升タ
徳三　然ラバ貴下ニ御任セ致升
日比　承知致升タ　早速電報ヲ打チ升
ト告ゲタル后チ余ハ徳三氏ニ向イ浅野埋立問題ノ状況推移ヲ詳細説明シタル后チ
荏苒《ジンゼン》決セズシテ此上旭小作問題ヲ永引カスニ於テハ或ハ大局ヲ逸シテ夢ニ終ルカモ知レザルヲ以テ　多少ノ犠牲ハ忍ンデモ一日モ早ク旭小作問題ヲ片付ケラレテ埋立事業ノ促進ヲ計ラレ度シ
ト注意シタルニ徳三氏ハ
全ク御同感デス　此迠ト雖《イエド》モ一生懸命解決ニ骨折ッテ居ッタノデスガ此際何ントカ工風ヲ考エ升
徳三邸ヲ出デ余ハ山田胖宛ニテ
クキシヲリカイセシメ四五ヱンニテキメタ」ヒビ
ト打電ス

小寺ヲ呼寄セ戸野市長ノ教育局長問題ニ関シ東京ノ模様ヲ話シテ聞カセタルニ同人ハ　非常ニ喜コンデ帰エッテ行ッタ

午後四時半ニナッタ故　途中岩田呉服店ニ立寄リ岩田耕宅エ向ケ十円廿㐂ノ反物ヲ仲人ノ祝品トシテ届ケル事ヲ依頼シテ置イテ　西阿倉川ノ野寄善三郎宅エ嫁サンノ迎エニ行ク　野寄宅ニテハ余ニ飯ヲ食エト云ウ　余ハ腹ガヘッテハ居ラナンダガ祝事ニ付キ無理ニ膳ニ就ク　午後六時頃人力車ニテ余・嫁・善三郎・定次郎・正太郎・嫁付キノ女ト云ウ順序ニテ野寄ヲ出テ諏訪神社ニ向ウ　雨降ル

諏訪神社ニ到着シタルニ既ニ岩田耕・正之・同親類二人ハ来テ居ッタ　神前結婚式ハ七時ヨリ始メラレ七時五十分目出度済ンダ　直チニ自動車三臺ニテ岩田耕宅エ向ウ

余ハ嫁ヲ佛間ニ案内シテ岩田ノ祖先ノ位牌ニ参詣セシメタル上宴會ノ席ニ導キ　岩田耕妻君並ニ娘ニ嫁ヲ引合ワシタ后チ直チニ宴會ニ移ル　宴會ト云ッタ處デ酒ヲ飲ム者少ナクお互ニ食ヒツヽ互ニ心安クナラシメント心掛ケル　十一時頃打解ケテ會食ヲ終リ解散ス　尚ホ少雨降リ續ク

小寺松次郎ヲ人力車ヲ持ッテ呼ビニ遣リタルニ直チニ来タル　余ハ小寺ニ向イ

　廿四日ノ参事會ニ於テ戸野市長ノ滞京問題話出デ　鳥海ガ本夕私《ヒソ》カニ上京突然市長宅ヲ訪問シテ病気見舞ヲ口実トシテ市長ノ動静ヲ探索スルトノ事ナルガ君知レリヤ

ト尋ネタルニ小寺ハ

　一寸モ知リマセン　福林助役モ其レヲ秘密ニシテ私ニ漏サザヽルハ人ガ悪ルシ

ト云ウ　余ハ

　福林ハ一切戸野市長今度ノ件ヲ知ラヌノダカラ致方アルマイ　其レヨリ先ヅ以テ鳥海上京ノ事ヲ市長ニ電報ニテ通報シテ　鳥海ニ對シ用意セシムル事必要ナリト考エタルヲ以テ夜中君ノ来訪ヲ促シタルナリ

ト告ゲタル上色々ト相談シタル結果　小寺ヨリ左ノ電報ヲ至急照校ニテ戸野周二郎宛打電ス

二四ヒサンジカイニテハナシイデ、トリウミシ、ヒミツニテ、タンサクノタメ、コンヤタツタ、アサトツゼン、オタクヱユクコトトオモウ」

スグイカホオンセンヱタテ、カゾクニモヨクウチアワセ、アクマデビヨウキニテトヲセ」コテラ

此電報ニテ戸野市長モ相當ノ用意ヲ為ス事ト考ウレド　根ガ正直者ノ気ヲ利カス事ヲ知ラヌ戸野夫妻ガ陰険極マル鳥海ヲ工合克《ヨ》ク巻キ得ル哉否ヤ　危険ナリト考エタガ此レヨリ以上ハ手ノ盡シ様ナキヲ以テ致方ナキナリ　午前二時半頃阿倉川エ帰エル

廿三日突如トシテ夜行列車ニテ上京　廿四日終日活動シテ廿五日帰エルヤ婚礼ノ仲人トシテ面倒臭キ諸種ノ儀礼ニ心神ヲ使用シ大ニ疲労ヲ覺エタリ　然カレドモ戸野市長ノ件モ此岩田結婚ノ事モ共ニ他人ノ㐂コブ事ニシテ其當人　當人ニ取ッテハ何レモ大事ナリ　余ガ多少ノ面倒ヲ忍ビタル為メニ各其御當人ガ幸福ニ導カレ得タリトスレバ又我レニ取リテモ誠ニ愉快ナル事共ナリト考エザルヲ得ズ　今后共他人ノ㐂コブ事ニハ自己ノ及ブ限リノ盡力ヲ致サント欲スルナリ

淺野問題に絡まる旭區の永小作權の訴訟
同村民多數傍聽に押寄す　次回は五月三日續行の筈

三重郡鹽濱村字旭の伊藤庄次郎、三輪喜七兩氏から淺野問題に絡まる桑名の諸戸精太、當市の九鬼紋七兩氏に對する永小作權確認並に設定登記手續請求事件の續行辯論は去る二十二日午後三時から安濃津地方裁判所民事廷に於て開かれた原告側からは山崎代理人、被告側からは例に依りて原、大喜多、伴の三代理人出廷、島宗裁判長は兩陪席判事並に書記を随へて入廷辯論續行の旨を宣したがこれより先地主の壹人にして當事者なる九鬼紋七氏死亡に付、當日は多分延期と推測されて居た模様であつた

実業新報　昭和3年3月25日

が、九鬼家に於ては直ちに家督相續人九鬼徳三氏を訴訟承繼人として届出でたので、折柄出廷の山崎辯護士始旭區の關係者七拾餘名は何れも意外の感に打たれたらしく、恬くて証人として喚問された縣支師須子芳夫、旭區の吉川藤次郎、伊藤萬次郎三名の訊問に移つたが其の供述は昨年四日市區裁判所に於て取調べを受けた際と大同小異の陳述あり、尚當日出廷の筈であつた阿野田己之松、伊藤由松の兩名は缺席したので次回に訊問する事に決し午後八時閉廷されたが次回は五月三日証據調べの續行ある筈

昭和三年三月二十六日

九時頃野寄善三郎ガ　余ガ同人妹ヲ岩田耕ノ長男正之ニ媒酌シタルお礼ニ来テ仲人ニ對スル謝礼トシテ金弐拾円ヲ差出ス　余ハ

　職業的ニ仲人ヲ引受ケタルモノニ非ラズ　余ニ謝礼スル金アラバ妹ノ為メニ一枚ノ衣服ヲ買ヒ與エラレヨ

ト述ベテ突返ス　野寄ハ感謝ノ意ヲ表シテ帰エッテ行ッタ　余ハ同人ガ帰エラントスルニ際シ

　若シ岩田ニ於テモ同様ノ用意アラバ決シテ無用ナリト傳エラレタシ

ト注意シタ

午前十時頃川島村ノ柳川仁左衛門・桂山藤松ガ阿倉川エ来テ

　丈量増ニ對シ何ントカ御配慮願度シ　若シ御心配不可能ナレバ貴下一應ノ御視察丈ケニテモ御願致度シ

ト云ウ　余ハ

　此際金員ヲ増加シ難キハ既ニ桂山浅治郎ニ言明シ置ケリ　一應見ル丈ケノ事ナレバ一度出掛ケテモ宣敷シ

ト答エテ帰エス

東京ノ山田胖ヨリ電信ニテ
　ゴジンリヨクヲシヤス」ヒツヨウシヨルイスクオクル」ヤマタ
ト云ッテ来タ
富田ノ伊藤平治郎ヨリ電話ニテ至急来テ呉レト云ッテ来タカラ十二時五十五分気車ニテ行ク　傳七氏・平田・平治郎
ノ三人ガ居ッタ　余ハ平治郎ニ向イ廿四日宮地氏ヨリ来タリタル左ノ電信ヲ示メシ
　オホカイド」ソクリヨウノケン」センポウニテシンコウスルヨウ」シカルベク、イトウシヘ、オハナシアリタ
　シ」ミヤチ（照校、親展）
右ノ通リ云ッテ来タノデアルガ　入違イ余ハ上京シテ宮地氏ニ向イ「絶對的ニ浅野ヨリ受取委員ヲ差向ケ呉ル、様」
請求シテ来タカラ其内浅野ヨリ何ントカ返事ガ来ルニ相違ナイカラ今少シ待タレ度シト告ゲタルニ平治郎ハブツ〳〵
云ヒ　傳七氏ハ平治郎ノ手許ニ於テ代理ニテ受渡シ置ク事ハ絶對ニ不可ナリト云ッテ居ッタ
傳七　僕ハ或ル事ヲ聞イタカラ藤原鉄道発起人総代タル事ヲ辞退セント欲ス　如何ナル手續ヲ為シテ宣敷キ哉
日比　如何ナル事ヲお聞ニナリシ哉
傳七　良三ガ宮田氏ノ許エ行キ　伊藤ノ出シタ金ハ浅野モ負担スルノデアルト述ベタル由ナリ　誠ニ不愉快ナル事ト
　思ウ
日比　私モ其レニ類シタ事ヲ耳ニシタル事アリシガ　其レハ十森ニ平治郎ガ何トカ云ヒシニハ非ラズヤト想像シ居リ
　タリ
平治郎　其ンナ事ハ絶對ニ無シ
日比　其ンナ事ヲお気ニ掛ケラル、必要ナキニ非ラズヤ　藤原鉄道ノ許可ヲ取ル為メニ金力ニ於テ且ツ労力ノ上ニ於
　テ凡テノ事ヲ実行シタル為メ　今ハ只許可ガ下ガルノヲ待ツノミノ状況ニアリ
　公然許可ヲ取リタル上改メテ浅野・小野田ト充分懇談ヲ遂ゲ其上ニテ尚ホ御不満アレバ其時辞退セラル、事順

序ニ息ウ

平治郎　余モ君ト同意見ナリ

平田　日比君ハ今一應勘考シテ呉レテハ如何哉

日比　只今熟慮ノ上答エタルナリ

傳七　然ラバ日比君ノ言ノ如クセン

将来共浅野・小野田ヲ能ク調和セシメタル上地方ノ発展ヲ計カリ行ク事　到底余ノ為シ得ザル事ナリ

日比　紋十郎氏ガ藤原鉄道ノ重役タラン事ヲ希望シテ居リ升

尚ホ紋七氏死去ノ為メ将来ノ處世法ニ関シ非常ニ心配シテ居リ升カラ　一度傳七氏ヨリ紋十郎氏ニ對シ御教訓ヲ願ヒ得レバ結構ナリト考エ居レリ

傳七　承知セリ　廿九日四日市エ行ッテ紋十郎氏ニ會見スル事ニ手順セン　其節都合ニ依ッテ日比君モ来タレ

平治郎　日比君ハ藤原鉄道ノ許可ガ下ガル迠一生懸命御奔走サレ度シ　若シ重要ナル場合ニハ傳七氏ト同道御上京セラレ度シ

紋十郎氏ノ重役ハ結構ニアラズヤ　我等ハ重役タラザルモ能シ

日比　重役タラザルモ宣敷キハ余モ亦タ同ジ

平治郎　君ハ其ンナ工合ニハ行クマイ

傳七　戸野市長ノ栄轉ヲ日比君ガ黙認スルハ宣敷ケレ共積極的ニ援助スル事ハ差扣《ヒカ》エテハ如何哉　四日市ヲ去ル者ニ盡力シタリト雖モ何等効果ナキ事ニテ若シ他ニ洩レナバ日比君ハ立場上困ル事ニナルデハナイカ

日比　御最モノ御意見デス　左様致升ショウ

傳七　藤原鉄道ガ許可セラレタル暁　土地買収ニ移ル訳ナルガ買収委員長ハ日比君ガ一番適當ノ様ニ考エル

平治郎　其通リデス　買収委員ハ中々六ヶ敷シイ役目ダ　藤原鉄道ハ日比君ガ担任者トナリ傳七氏ガ頭トナリ私ガ側

ラヨリ相談ニ乗ルト云ウ事ニテ進捗セシメテ行キ度イ
平田　傳七氏ハ未ダ原田知事ニ會見セラレズ　一日モ早ク其御運ビヲ願度シ
傳七　発起人総代ヲ辞退スレバ知事等ニ會見ヲ要スル事一ツモ無シ
日比　決シテ然カラズ　熊澤ハ既ニ自邸エ遠藤旧知事ヲ態々《ワザワザ》東京ヨリ電信ニテ呼寄セタル上原田新知事・県廰ノ各課長ヲモ同席セシメ左洲画伯迠ヲ呼ンデ席上ヲ賑合ワシタル上懇談シタリ　傳七氏モ至急原田知事ト一度御會見相成リ凡テノ件ニ関シ一應ノ打合セヲ為シ置カレ度シ
傳七　其内一度原田知事ヲ訪問スル事トセン
午後四時三十分富田駅発ニテ傳七氏ハ名古屋エ帰エリ余ハ四日市エ帰エル
午後七時頃森篤二郎来タリ
本日又々森吉造ガ来テ　大貝戸ノ骨折リ賃ヲ呉レナケレバ大貝戸ノ作業地買入レノ節邪魔ヲスルト云ヒ　且ツ藤原鉄道ノ発起人タルヲ希望シ且ツ藤原鉄道成功ノ上ハ運送店ノ特権ヲ得度シト述ベテ帰エリ升タ　私ノ處エ再三右ヲ云ッテ来ルノハ私ガ藤原鉄道並ニセメント會社等ノ土地買収ノ責任者トナルデアラウト森吉造ハ想像シテ居ルカラダト思イ升
ト云ウ　余ハフン〳〵ト聞イテ置イタ丈ケニテ何ン共答エズ　其處エ杉浦来タル　杉浦ハ森篤ト碁ヲ打ッテ遊ビ十一時頃両人共帰エッテ行ッタ

昭和三年三月二十七日

午後二時半頃岩田耕宅エ行キ結婚後ノ見舞ヲ為シタルニ岩田耕ハ
先刻阿倉川御宅エ御礼ニ参上致升タガ生憎貴下モ奥サンモ御留守デ有升タ

昨日野嵜君ガ注意シテ呉レ升タカラ金品ノ御礼ハ中止シテ精神的ノ御礼ヲ言上ノ為メ御伺シタノデ有升タ　新夫婦ハ本朝新婚旅行ノ為メ鳥羽エ行キ升タ　明晩帰エル事ト考エ升

ト云ウ　余ハ

其レハ結構ナリ　二十九日西阿倉川エ里帰リノ余中拙宅エ御立寄相成度シ　新夫婦ト愚妻ノ三人ヲ行カセル手順ニシテ居リ升カラ其途中立寄ラサセテ頂キ升

ト告ゲタルニ耕ハ

ト答ウ　紋十郎氏宅エ行キタルニ昨夜上京シタトノ事ナリ　石榑宅ニ立寄ル　余ハ石榑ニ向イ　旭小作問題ヲ今一層盡力シテ一日モ早ク解決スル事ニシテ貰ライ度シ

ト述ベタルニ石榑ハ

五月三日ノ裁判ニテ多分弁論ニ移ル事ト思ウ　小作人モ今日ニテハ山嵜ノ食ワセ者ナル事ニ漸ク気ガ付イタ模様ニテ　本日ノ状態ニテハ熱心ナルハ小川卯之松・阿野田巳之松両人位ノモノニテ　其他ノ者ハ惰勢ニテ付イテ行ッテ居ル如キ模様デアルカラ彼等ノ結束モ永ク續クマイト思ワル

ト云ウ

昭和三年三月二十八日

午後二時市参事會　三時ヨリ市會開會ニ付キ出席シテ呉レト市役所カラ電話ガ掛カッテ来タガ　廿五日上京シタ鳥海ノ消息モ判カラズ東京ノ戸野市長ヨリモ何等通信ナキ為メ慢然出席シテ其席上突然如何ナル質問ヲ発スルヤラ不明ニ付キ自重シテ欠席ス

午後六時ヨリ大正館ニ於ケル伊濱吉次郎ノ運送店開店披露ニ招待セラレテ行ク　八十人斗《バカリ》ノ出席アリ中々盛會デアッ

タ　従来ト雖モ披露ノ宴ニ出席スル者ハ多イガ　偖《サテ》運送店ヲ実際ニ経営スルトナルト旧来ノ運送店ヨリハ迫害ヲ受ケルシ　思ウ様ニ荷主ガ荷物ヲ出シテ呉レヌ等中々困難ナル事情ニ遭遇スルモノダ　伊濱モ其轍ヲ踏ムモノニハ非ラザルカ　余ハ伊濱ノ前途ヲ杞憂スル者ナリ　八時過ギ帰エル

東京ノ山田胖ヨリ

『藤原鉄収支予想並ニ敷設理由書提出ノ件』

ニ関シ照會シテ来タカラ直チニ傳七氏ニ電話ニテ照會シタルニ傳七氏ハ

今暫ラク提出ヲ見合セテハ如何哉

ト云ッタカラ直チニ此旨山田エ手紙ヲ出ス

熱田ノ佐久間久兵衛エ手紙ニテ照會アリタル山中傳四郎ノ件ニ関シ電話ニテ返事ヲ為ス

野田醬油株式會社ヨリ『野田争議ノ眞相』ト題スル小冊子ヲ送ッテ来タ　當節ハ宣傳ノ世中ダ　互ニ先ヲ越シテ自己ノ理由トスル處ヲ発表シテ誤リナカラン事ヲ期シテ居ル　留意スベキ事ダト思ッタ

小寺ヨリ電話ニテ

東京ノ巽カラ（先ヅ良シ三十日帰エル）ト電報ニテ通知シテ来升タ

ト知ラセテ来タ　本日余ノ手許エ到着シタ東京井口延次郎ヨリノ手紙ニ依レバ「四月ニ入ラナケレバ目鼻ガ付カヌ」トアリタルガ何レガ本當ナリ哉　鳥海ガ本日モ帰泗セヌ模様ヨリ考エテ　戸野市長ハ内情ヲ鳥海ニ打開ケタモノト想像スルガ果シテ如何哉　鳥海ニ尻ヲ握ラレルト戸野市長モ跡ガ五月蠅位ノ事ハ承知シテ居ルデアラウカラ秘密ニ出来得ル限リハ話サナイト思ウガ　兎ニ角鳥海ト云ウ奴ハ虫ノ如キ人間ナリ　虫ノ中ニテモ毒虫ニ類スルナリ　鳥海ガ市参事會員ヲシテ居ル為メ四日市市ノ発達モ妨害ヲ受ケル事少ナカラズ

改定された淺野氏の發電案　當局でも實地調査する

信濃川發電所問題に對する鐵道省の態度は小川鐵相の積極政策と相俟つて各方面から注視されてをるが最近淺野總一郎氏がさきの關川放流による五十万キロ發電計畫を改め廿万キロ案を立て鐵道省に諒解を求めてきた、この案によれば水路は信濃川信越電力發電所取入口で關温泉附近に一大貯水池を設け九百尺の落差によつて冬夏の渇水期を除き廿万キロを發電しようとするもので、鐵道省および信越電力の發電所既得權には何ら損害を與へないと稱してをる、鐵道省は近く雪解けを待つて實地調査することゝなつたが問題の信濃川發電所とも重大な關係があるから、これに對する鐵道省側の態度は相當注目すべきものがある

大阪毎日新聞　昭和3年3月28日

昭和三年三月二十九日

館次郎左衛門死去本日葬式ニ付キ香典一円見舞一円ヲ義平ニ持タシテ遣ル　手傳ニハお虎婆サンヲ雇ッテ来テ差出ス同人ハ大酒飲ミデアッタガ　幸イニ小供ガ勤勉家故病気中モ充分醫者ノ手當モ出来葬式モ立派ニ出セタ次第ナリ岩田耕妻君ガ新嫁ちゑヲ連レテ西阿倉川エ里帰リ途中立寄ル　両人ガ西阿倉川エ立ッテカラ正之来タル　義平・冠二モ交リ世間話ヲシテ居ルト東京ノ戸野市長ヨリ親展電報ニテ

「サラニドリヨクヲヨウスオイデコウ、トノ」

ト云ッテ来タカラ直チニ四日市ニ出デ小寺ニ命ジ市長宛ニテ至急報ニテ

「トリウミシ、イカガサレタカ、ヘンマツ、コテラ」

ト照會セシム　先般来小寺ヲシテ當方ノ状況ヲ再三電信ニテ通報シ居ルニモ不関　市長ヨリ何等ノ返電来タラズ片便

リニ付キ電報ガ来タカラトテ輕卆ニ動ク訳ニハ行カヌ　此際輕擧スル事ハ大局ヲ誤ル基ニ付キ自重セザル可カラザル
ナリ
午後八時小寺来タリ戸野市長ヨリノ返電
　ベウキヲカクニンシコンヤタツ」
ヲ示メシ是非今夜御上京願ウト云ウ　余モ上京ヲ決心シタ
井口延次郎氏宛
　マタデンキタ。コンヤ一一ジタチアスアサカンテイヱウカガウ。ヒ」
関毅氏宛
　シヨウニテコンヤタツ。ミヤジシヱオツタヱネガウ　ヒビ」
ト九時頃時間外電報ヲ打チ　小寺ニ命ジ
戸野市長宛（時間外電報）
　一一ジ三五ノルアサヱキニトマチアイシツニテアヘ。コテラ」
ト打電セシム
杉浦来タリ
　小寺ガ鳥海ニ松坂飛岡刑事宛照會ノ名刺ヲ與エ　鳥海ハ此照會ノ名刺ヲ持ッテ松坂エ飛岡ヲ尋ネ井口ノ撰擧違反ヲ探出サントセシ事実アリ驚キ入レリ　鳥海ハ飛岡ニ向イ「井口ガ伊賀ニ於テアレ丈ケノ票数ガアル筈ガ無イ臭イ事ガアルニ相違ナシ　伊賀エハ杉浦出張セリトノ事故杉浦ヲ擧ゲレバ日比ガ擧ガッテ来《クル》筈故　違反ノ証據ヲ聞カシテ貰ライ度イ」ト頼ンダ由ニテ飛岡ハ「其ンナ事ハ知ラヌ　違反等ハ無イデショウ」ト答エタル由デス鳥海ノ遣ル事ハアンナ人間ニテ既ニ世間定評アル事デスカラ何ニヲ遣ッタ處デ問題トセヌガ小寺ガ怪《ケシ》カラヌト思ウ　彼奴ヲ其儘ニシテ置ク訳ニハ行カヌト思イ升タカラ御報告ニ来升タ

ト云ウ　余ハ
　小寺ガヨモヤ其ンナ事ヲスル筈ガアルマイ
ト答エタルニ杉浦ハ
　本人ノ飛岡ガ鳥海ニ逢ッタ翌日　態々松坂ヨリ此四日市迄注進ニ来タノデスカラ間違ハアリマセン　小寺ノ鳥海ニ渡シタ名刺ヲモ見セ升タカラ間違ハアリマセン　其名刺ニハ小寺ノ手蹟ニ「昨日ハ電話ニテ云々」ト云ウ文句ノ照會意味ガ書イテ有升タ　飛岡ハ「電話云々ト書イテアルガ電話ハ掛カッテ来ナカッタノダ」ト云ッテ居リ升タ
ト云ウ　余ハ
　僕ガ東京ヨリ帰エリ一寸閑ニナッタラ取調ベル事ニスルカラ　其レ迄沈黙ヲ守ル事ニシヨウデハ無イカ
ト答エテ置イタ　余ハ此事ハ眞実ナリトスレバ小寺ノ行動ハ全ク不可解デアルト考エタ
十時三十分発ニ乗込ム

昭和三年三月三十日

午前九時頃東京駅エ着スルト巽ガ出迎エニ来テ居ル　二等待合室迄戸野市長ハ来テ居ッタ　三人ニテ丸ノ内ホテルエ行ク
戸野　鳥海ハ廿六日正午過ギ瀧の川エ来升タ　私ハ薬瓶ヲ枕許ニ寝テ居リ升タ　計温器ニテ計カリタルニ三十六度デシタカラ鳥海ト酒ヲ飲ミナガラ話ヲ致升タ
　鳥海ハ兎ニ角私ノ病気ヲ確認スル事ニシテ今夜帰エル筈デス　鳥海ハ民政黨大會ニモ出席シ山嵜新一トモ會見シタ模様デス

日比　井口ヨリノ手紙ニテ判断スレバ経過ハ面白ク無イ模様デアルシ　巽君カラ小寺君宛ノ電信ニ依レバ良好ノ様ニモ考エラレタノデスガ実際如何デスカ
戸野　巽ノ電報ハ巽ノ獨判断ニ基キタルモノニシテ井口君ノ手紙ノ方ガ本當デス
日比　其レデハ只今ヨリ井口ヲ訪問スル事ニ致シマショウ
巽ハ單獨運動ニ出掛ケテ行キ　余ト市長トハ総理大臣官邸ヱ井口延次郎ヲ訪問ス
日比　又々市長ヨリ電報アリタルニ依リ上京セリ　此際宮田氏ヲ動カシ久保田ニ断然タル決意ヲ以テ此事ヲ纏メテ仕舞ウ様ニ命令サセテ貰ライ度シ
井口　僕モ一生懸命ニ運動シテ居ルノデアルガ然カラバ宮田ニ逢ッテ能ク話シタラ如何哉
井口君ハ宮田氏ヲ呼ビニ行キ　宮田氏官服ニテ入リ来タリ
宮田　日比君！　色々お厄介掛ケ升タ
戸野　色々御面倒掛ケテ恐縮デス　何卆此上共ニ宣敷御願致度ク参上致升タ
宮田　教育局長ノ問題ハ成効スルカモ知レヌシ或ハ不成効ニ終ルカモ知レヌ　私丈ケヲ便リニシテ居ッテハ充分デ無イカラ他エモ運動セナケレバ完全デ無イ　僕ハ或ル議員ヲ呼ンデアルノダガ未ダ来ヌデスヨ
日比　戸野氏ノ話ニ依リ判断スレバ　此際閣下ガ断然タル決心ヲ以テ久保田氏ヲ動カシ呉レ得レバ此問題ハ直チニ成効スルモノノ如ク考エ升カラ宣敷お願致升
宮田　其ンナ事ハ無イヨ　僕モ出来得ル丈ケ〔ノ〕事ハ遣リ升
宮田氏ハ此日多忙ニテ給仕ガ呼ビ来タ故出テ行ク　余ハ井口ニ向イ
四日市ノ諸新聞ハ市長ノ滞京永キニ亘ルヲ以テ非難ヲ書キ出シテ居ル　此際是非成効セシメザレバ市長ハ進退両難ニ墜ル訳ナルヲ以テ極力御奔走ヲ煩シ度シ
ト話シタルニ井口ハ

遅レ序デハ無イガ五十歩百歩故今少シ目鼻ガ付ク迠滞京セザレバ致方ガアルマイ
ト云ウ　市長ト共ニ官邸ヲ出デ自動車ニテ浅野事務所エ行ク　事務所ノ前ニテ市長ニ分カレ余單獨ニテ鶴見臨港鉄道
會社エ山田胖ヲ訪問ス
山田　エライ早イ上京ダナァー
日比　今度ハ私用ニテ上京シタルナリ　宮地エ話呉レタル哉　九鬼ノ地所ノ件書類出来上リ居ル哉
山田　君ノ手紙ハ先刻到着シタル處ニテ未ダ宮地ニ話シ居ラズ　九鬼ノ書類ハ直チニ作製スル事トセン
山田ト共ニ宮地ニ會見ス
宮地　技師ヲ一人差向ケル様ニ手當シタ處ダ　君ノ處エ電報ニテお知ラセセンカト思ッテ居ッタ處ダ
日比　何日ニ出立シ得ル哉　且ツ技師ノ性名如何
宮地　明日迠ニ確定スルカラ少シ待ッテ呉レ給エ
余ハ富田ノ伊藤平治郎宛
　「アサノヨリソクリヨウギシサシムケル。アスカクホウスル　ヒビ」
ト至急報ニテ打電ス　関君ハ多忙ヲ極メ居ル様子ナリシヲ以テ逢ワズシテ余ハ丸ノ内ホテルエ帰エル

昭和三年三月三十一日

午前中ニ大禮記念東京博覧會ヲ上野エ見物ニ行ク　ゴタ〳〵陳列シテアッタガツマラヌモノダト思ッタ
午後二時頃セメント會社エ行キ宮地ニ逢イ且ツ技師ノ佐々木午吉ニモ逢イタル結果　伊藤平治郎宛
　「ソクリヨウギシササキ二ヒコノチタツ　ヒビ」
ト至急報ニテ打電ス

午後四時交詢社エ井口延次郎ヲ訪問シ　井口ニ向イ懇々ト藤原鉄道並ニ四日市埋立ノ二問題許可ニ関シ奔走セラレ度キ旨ヲ説明的ニ縷述《ルジュツ》シタル后チ戸野市長ノ問題ニ関シ相談ヲ為ス　井口ハ

明日日曜日ナレ共小野高級助役ヲ其私宅ニ訪問シテ其促進ヲ計ラン　且ツ久保田ニモ能ク依頼シ置ク事トスル

ト云ウ　余ハ丸ノ内ホテルエ帰エル　戸野市長丸ノ内ホテルニ来タル　一時間位ニシテ関・山田ノ両君ガ自動車ニテ迎エニ来ル　市長ヲモ供《トモナ》ヒ四人ニテ赤坂ノ清月エ行ク　余ハ関ト共ニ直チニ碁戦ニ入リ山田ト市長ハ飲ム　八時半頃市長ハ巽ヲ見送リノ為メ東京駅エ行ク為メ先ヅ帰エル　山田ハ風呂エ行ッタ　余ハ関ニ向イ戸野市長ノ教育局長問題ヲ話シタル上

今度ノ上京ハ戸野市長ヨリノ電報ニテ此問題ノ解決ノ為メ来タリタルナリ

ト述ベタルニ関ハ

出来得ル限リ骨折ッテ遣リ給エ　金子ガ世話ヲシテ助役ニ入レタ船田ト云ウ男ニモ奔走セシムル様ニ僕ヨリ金子エ話シ置カン

ト云ウ　十二時頃丸ノ内ホテルエ帰エル　雨降ル

昭和三年四月一日

朝セメント會社エ行キ谷口ニ向イ　明晩十時三十分気車ニテ佐々木ト共ニ東京出立ニ手順シタ事ヲ話シタル上　伊藤平治郎エ向ケ

ササキシ二ヒ一〇ジ三〇コノチタチ八ジ四四クワナヱキツクキミクワナヱキマデオデカケネガウ　ヒビ」

ト打電ス

晝頃戸野市長丸ノ内ホテルニ来タリ

総理大臣官邸ニテ鳩山ニ逢ッテ来タ　鳩山ハアノ問題ナラ能ク判ッテ居ル　宮田ニモ能ク話ヲスルト云ッテ居ッタ

金子ノ用件ハ矢張リ想像通リ結婚問題デシタ　金子ノ妻君ノ弟即チ穂積ノ五男ノ嫁ニ鶴城ト云ウ画家ノ娘ヲ所望シタガ　鶴城ガ「釣リ合ワヌ縁談ダ」ト云ッテ断ッタノヲ是非纏メテ呉レト云ウ頼デアッタ

ト云ウ　余ハ

此際金子ノ要求ハ同人ノ満足スル様ニ御奔走必要ナリ　小野ト金子ト同郷ニテ金子ガ小野ニ能ク話シテ見ルト云ッタノナラ殊更ラニ然カリデス

ト告ゲタルニ戸野市長ハ

本當ニ其通リデス

ト云ウ　二人ニテ伊せ卯エ天麩羅ヲ食ヒニ行ク　三時頃伊せ卯門前ニテ市長ニ分カレ余ハ銀座ヲ散歩シテ丸ノ内ホテルエ帰エル

昭和三年四月二日

晝頃戸野市長ト共ニ内閣総理大臣官邸エ井口延次郎ヲ尋ネ　余ハ井口ニ向イ

僕ハ今夜十時三十分気車ニテ帰エルガ市長ノ件呉々モ宣敷頼ム

ト依頼シ　戸野市長ハ

本日瀬川・矢野両氏ガ久保田ニ會見シテ呉レル事ニナッテ居リ升　宣敷願升

ト述べ　井口ハ

承知致舛タ　市長ノ件ハ近々山本源助ガ来ル様子デスガ内密ニシテ置キ升

ト云ウ　市長ト共ニ東京湾埋立會社エ行キ　副支配人ノ浅野義夫ニ市長ヲ照會シタル后チ関ト市長ヲ應接室ニ導キ市長ヨリ改メテ関ニ向ッテ教育局長問題ヲ告白セシム　関ハ

浅野ノ四日市ニ於ケル仕事ノ為メニハ好マシカラザルモ市長一身上ノ御為メナラバ止ムヲ得マジト思イ升　精々出来得ル丈ケノ御口添エハ致升

ト云ウ　市長ト共ニ丸ノ内ホテルニ帰エリ色々相談ノ結果

『市長ハ余ヨリモ二三日遅レ瀬川・矢野ガ久保田ト會見シタル模様ヲ極メタル上　后々ノ事ヲ手順スルト同時ニ金子ノ縁談ヲ取纏メテ四日市ニ帰エリ　四日市ノ諸問題ニ今日迠ヨリ　ヨリ一層勉強スル事』

ニ打合セテ市長ハ丸ノ内ホテルヲ出ズ《イ》　市長ハホテルヲ出デントスルニ際シ余ニ向イ十時三十分ノ気車ヲお見送リ仕度イト云ッタガ　余ハ「何ニカ用件ガ出来タ節ハお逢仕度イガ　サモ無クバ無益ノ労力ハお互ニ省ク事ニ仕度イカラお止メ被下イ」ト答エテ置イタ
午後四時頃浅草観音エ出掛ケ市長ノ問題ニ関シ一戔出シテお籤ヲ引キタルニ

第七一凶

道業未㆑成㆑時　なにぶんまだ、みちのしわざをならいえざるなり
何期兩不㆑宣　ふたつながらとは、何をしてもおもうやうにはかどらぬなり
事煩心緒亂　なすほどのことがもつれて、わずらはしく、くるしみ、みだるゝなり
飜作㆓徘徊㆒思　ものごとしあんしかねてたちもどるていなりきのさだまらぬにたとへたり

トアリ　余ハ眉ヲ顰《ヒソ》メタ
東京駅ニテ佐々木午吉ト落合イ十時三十分東京発ニ乗込ム

昭和三年四月三日

午前八時四十四分桑名駅エ下車ス　伊藤平治郎ガ出迎エテ呉レタ　三人ニテ自動車ニテ直チニ大貝戸エ向ウ　雨降ル
大貝戸区長藤井諒宅ヲ訪問シ荷物ヲ預ケテ　原石山ノ概況ヲ佐々木ニ案内スベク平治郎ト三人ニテ出掛ケタガ　余ハ
山登リハ閉口故途中ヨリ藤井宅エ先キニ帰エル
晝食後佐々木ト碁ヲ打ツ　余ト互戰ト云ウ處ナリ　午後三時頃大貝戸ノ委員連中衆合シテ来タル　平治郎ハ藤原鉄道
ノ経過等ヲ村ノ者ニ説明シタル后チ測量ノ件ニ関シ色々打合セヲ為ス
夕食ヲ委員連中二十名ヨリ御馳走ニナッタ后チ　六時頃大貝戸ヲ自動車ニテ出テ阿下喜七時四十分ノ輕便ニ乗ル　佐
々木ハ藤井諒宅エ残シテ来タノデアル　佐々木ハ大貝戸ニ於テ嘗テ安藤ガ借リタ事ノアル森川源治ノ座敷ヲ借リテ自
炊スル手順ニ定メタ
十時二十分帰エリ杉浦ヲ電話ニテ呼寄セ留守中ノ出来事ヲ聞ク　一時頃寝ニ就ク　一寸風邪ノ気味モアリ疲労モ加ワ
リ気分悪ルシ

昭和三年四月四日

午前九時頃森篤二郎来タリ
一、鳥洲埋立ノ件ニ関シ竹内順三ナル者ガ相談ニ来升タ
二、治田村訟訴ノ件ニ関シ伊藤貞治郎ガ報告ニ来升タ
ト云ッテ詳細ニ報告ヲ為ス　余ハ
一、埋立ノ件ハ一度伊藤傳七氏ニ話ヲシテ見ル
二、治田村ノ件ハ伊藤貞治郎ニ逢ッテ能ク話ヲ聞イテ見ル事ニ仕度イカラ直チニ同人エ電信ヲ打ッテ呉レ給エ

ト話シタル后チ
浅野ノ技師ヲ大貝戸原石山受取リ測量ノ為メ連レテキテ大貝戸エ置イテ来タカラ　君ハ此技師佐々木ノ援助ノ為メ時々大貝戸エ出張シテ呉レ給エ
ト命ジ佐々木宛照會ノ名刺ヲ書イテ渡ス
九鬼紋十郎エ行ク　紋十郎ハ
副會頭問題ニ對シ堀木ハ反對ナリ　西口ノ下ニテ副會頭タル事ハ紋十郎ノ名誉ニ非ラズトノ理由ニ依レリ　如何スベキ哉
ト云ウ　余ハ
其レハ堀木ノ見解狭小ナリ　意トスルニ足ラズ　此際断然副會頭ニ割込ミ置キ明年三月改撰后ノ形勢ヲ観望セラル丶事肝要ナリ
ト答エ　徳三宅エ行キ蓮池ヲモ呼ンデ鶴見臨港鉄道會社買収地域契約書ヲ渡シタル后チ
一日モ早ク旭小作問題ヲ解決シテ浅野ニ引渡シ　浅野ヲシテ埋立工事ニ着手セシムルニ非ラザレバ大局ヲ逸スルノ恐レアリ
ト告ゲタルニ蓮池ハ
鳥洲ノ地所ニ関シ芝辻土木課長ヨリ要求アリ　九鬼・諸戸ノ土地ヲ埋立シテ遣ル代リ其内四割五分ヲ県廳エ提供セヨト云エリ　如何ニシタラ宜敷哉
ト問ウ　余ハ
断ジテ其レニ應ズルハ不可ナリ
ト答エタルニ蓮池ハ
尚ホ一應諸戸トモ相談スル事ニ仕度イ

ト云ッテ居ッタ
森篤二郎ヨリ電話ニテ
　只今伊藤貞治郎ガ来升タ
ト通知シテ来タカラ直チニ行キテ伊藤ヨリ訟訴問題ノ経過ヲ聞キ取リタルモ大シタ事デハ無カッタ
余ハ伊藤貞治郎ニ向イ
　入合権ノ訟訴問題ハ村ガ責任ヲ以テ解決スベキ事柄ニテ浅野ヨリ此際弁護士等ヲ入レテ援助スベキ問題ニ非ラズ
ト答エタル后チ
　村長出口久氏ト會見ヲ希望スルヲ以テ其運ビニ至タリ得ル様御配慮ヲ煩度シ
ト依頼シテ帰エル
小寺ガ来タリタルヲ以テ　余ハ
　君ハ鳥海ト策動シテ井口ノ撰擧違反ヲ摘発セントセシ事アリ哉
ト尋ネタルニ小寺ハ
　決シテ無シ　只單ニ鳥海ノ要求ニ應ジ飛岡宛ニ名刺ヲ與エタル事アリ　然カレドモ其名刺ハ無地ニシテ何等ノ文言ヲ書入レタルモノニアラズ　若シ其名刺ニ文言アリタリトスレバ鳥海ガ獨断ニテ書入レタルモノニシテ「文書偽造」ナリ
ト答ウ　余ハ追及セズ戸野市長問題ノ東京ニ於ケル経過ノ概況ヲ話シテ聞カセタル上帰エス　小寺モ思慮ナキ人物ナリト思ッタ

昭和三年四月五日

朝　紋十郎氏ヨリ電話ニテ

私ノ副會頭問題ニテ色々御配慮ヲ煩シ恐縮ナリ　昨日御打合シタル通リ吉田伊兵衛エハ私ヨリ電話ニテ「日比君ニ相談シタルニ日比君ハ此際副會頭ヲ取リ置ケト云ウニ依リ　當撰ノ暁ニハ引受ケル事ニ決心シタカラ左様承知シテ置イテ呉レ」ト通告スル心組デアルガ　此際私ヨリ堀木エ電話ヲ掛ケルハ一寸工合悪ルキ様ニ考エタルヲ以テ御相談致スナリ

ト云ウ　余ハ

其レデハ私ガ堀木エ話ヲ致升ショウ

ト答エテ正午頃堀木ヲ訪問シ

君ハ紋十郎ノ副會頭ニ反對ナリトノ事ナリ　如何ナル事情ニ依ル哉

ト尋ネタルニ堀木ハ

西口ノ下ニナルハ感心セズト思ウナリ　西口ハ人格アル人物ニ非ラズ　米穀取引所ニ於テモ九鬼ハ西口ヨリ上席ノ理事長ノ職ニアルニアラズ哉

ト云ウ　余ハ

其レト之レトハ事情ヲ違ニス　九鬼紋七死去直チニ其后《ア》ト釜《ガマ》ニ紋十郎ヲ据エルト欲スルハ餘裕ナキ遣リ方デアルノミナラズ西口野心アル　此際成効セズ

寧ロ此際副會頭ニ留メ置キテ明年三月改撰后ニ具《ソナ》エル事肝要ナリト断ゼザルヲ得ズ　今日副會頭ヲ遠慮セバ紋十郎ハ只一ツノ部長トシテ西口ノ下役トシテ甘ンゼザルヲ得ザルニ非ラズ哉　斯クシテ来年ノ改撰后ニ善處スル事ヲ得ル哉否ヤ

ト述ベタルニ堀木ハ

其レ迠ハ考エザリシ

ト云ウ　余ハ
副會頭ガスラ〳〵ト運ビ兼ヌル時ハ其レコソ紋十郎ノ不名誉ニ付キ切ニ御配慮ヲ希望ス
ト述ベタルニ堀木ハ
承知セリ　吉田ヨリモ電話ニテ「紋十郎ハ副會頭就任ノ意アル様ニ思ワル丶カラ彼此レ言ワヌ事ニ仕様デハ無イカ」ト云ッテ来タ事デアルカラ君ノ意見ノ如ク取計ワン
ト云ウ
吉松英太ヨリ電話ニテ
中村傳一郎ガ来タカラ一寸来テ貰ラエヌカ
ト云ッテ来タ　直チニ行キタルニ中村ハ
山城ノ件ナルガ二ヶ月ノ体刑ハ同人ノ老ヒタル両親ノ堪エ得ル處ニアラズ　何ントカ御工風ナキ哉
ト云ウ　余ハ
此際小策ヲ弄スル事ハ見合セ度シ　若シ山城ニ二ヶ月ニテ不服アリトスレバ判決言渡シヲ待ッテ公訴スルヨリ外ニ道ナカラン
ト答エテ置イタ　中村モ心中ニテハ余ノ説ニ同意シタルモノノ如クデアッタ　山城ニ對スル義理合ヒ上ノ交渉ラシカリシ
夜杉浦来タリ
紋十郎氏ノ副會頭ノ問題ニ関シ黒川エ行キ升タ　黒川ハ「鈴木ト云ウ噂サモアルカラ紋十郎ヲ引受ケルト云ウ事ハ出来ヌガ　鈴木ハ紋十郎氏ヲ押シ除ケテ迠モ副會頭タラント致シマスマイ」ト云ヒ升タ　名坂モ黒川ト同様ノ事ヲ云ッテ居リ升タ
私ノ考エ升ニハ此際堀木ヲ活動サセテ紋十郎氏ニ纏メ置ク事肝要ト思升

ト云ウ　余ハ
本日既ニ堀木エ話ヲシテ置イタガ尚一應其事情ヲ話シテ置ク事ニセン
ト答ウ　遠慮ヲシテ居ルト思ワヌ者ガ無遠慮ニ飛ビ出シテ来テ番狂ワセスル世ノ中ニ付キ　機先ヲ制シテ他ノ乗ズル餘地ナキ様ニ手順シテ置クノガ肝要ナル事ナリト考エタ

昭和三年四月六日

午前十時頃　川島村桂山浅治郎来タリ
流感ニテ二十日間寝テ居リ升タ　先般ハ東京ヨリ御懇切ナル繪葉書ヲ頂戴致升テ難有存升
川島村ノ件日夜気ニ掛カッテ居リ升　何ントカ解決ノ方法ハ無イモノデショウカ　本年分ノ年貢デモ負ケテ貰ラウ約束ニテ全部登記ヲ済マスト云ウ様ナ工合ニモ行カヌモノデショウカ　御意見ヲ伺イ度ク参上致升タ
ト云ウ　余ハ
此際條件ヶ間敷《ガマシキ》事ハ一切出来ヌ　浅野ガ承知セヌ事請合ナリ
全部無條件ニテ登記ヲ完了シタル后チ　事情ヲ訴エテ川島村ノ犠牲ヲ何ントカシテ貰ライ度イト僕ニ御依頼ニナルナレバ僕個人ノ腹ニテ出来得ル限リノ心配ハスル決心デアル
ト告ゲタルニ桂山ハ
能ク判リ升タ　村エ帰エッテ解決策ヲ考エテ見升
ト云ッテ帰エッテ行ッタ
堀木忠良宅ヲ訪問シテ
九鬼紋十郎副會頭問題ニ関シ　一寸聞ク處ニ依レバ橋北組（宮田ハ行カズ）ガ先般蛭子屋ニ會合シテ副會頭ニ鈴

木廉平ヲ推撰セント協議シテ名坂ニ沾運動ニ行キタル模様ニ付キ　此際君ガ充分紋十郎ノ為メニ盡力シテ呉レル
ニ非ラザレバ満場一致デ目的ヲ完了スル事ハ六ヶ敷イト思ウ　呉々モ確カリお願致度シ
ト懇談シタルニ堀木ハ
昨日既ニ貴君ニ對シ承諾ノ旨ヲ答エ置キタル次第　君ノ意見ヲ聞ケバ最［モ］ノ事故僕ニ於テ出来得ル限リノ盡力
ハスル考エデアルカラ安心シテ貰ライ度シ
ト答ウ
富田ノ伊藤平治郎ヨリ電話ニテ
傳七氏ガ来ラレテ君ニ逢度イト云ッテ居ラル丶カラ来テ貰ライ度シ
ト云ッテ来タカラ二時五分気車ニテ行ク　傳七氏・平田・伊藤ノ三君ガ居リ平治郎ハ余ニ向イ
測量助手ハ桑名常盤町岡工務所長岡實ヲ雇入レタ　食料旅費全部雇主負担ニテ日當金五円也
コンクリートノ棒ハ打込ム様ニ先キヲ尖ラカスト五日間ヲ経過セザレバ使用不可能トノ事故　掘ッテ埋メル様ニ
シテ先キヲ尖ラスノヲ中止シテ置イタ
ト云ウ　余ハ傳七氏ニ向イ
藤原鉄道並ニ埋立ノ許可ヲ取ル為メニ一度御上京願度シ
ト述ベタルニ傳七氏承諾ス　依ッテ余ハ傳七氏ノ名義ニテ東京ノ井口延次郎宛
モンダイソクシンノタメ、ウカガイタシ、イツユキテヨキヤ、ミヤタシゴツゴオオキカセコウ、イトウ」
ト照校電報ヲ打ツ
傳七氏ハ余等ニ向イ
遠藤ハ熊澤ノ鉄道等ニ関シ鉄道省エ運動スル事ヲ請負ッテ居ルト云ウ事ヲ聞イタカラ　藤原鉄道ノ内容等ハ一切
遠藤ニハ云エヌ

ト注意ス　余ハ傳七氏ニ向イ
　鳥羽ノ地所並ニ埋立ノ件ニ関シ加茂村長外一人ガ来升タ　浅野ニ於テハ見込ナシト思ウナレド貴下ハ電鉄ニ御関
　係アル事故　其會社ノ方ニテ何ニカ能キ御考エ無キ哉
ト地図ヲ見セテ説明シタルニ傳七氏ハ
　一應研究シ置カン
ト答ウ　傳七氏ハ話頭ヲ轉ジ一同ニ向イ
　目下定期米三十一円ナルガ此レヲ買ッテ置ケバ五円替儲カル事請合ヒナリ
ト云ヒ其處エ片岡来タリ　一同ニテ千石買ウ話ガ出来上リ其買入レ時期ハ伊藤平治郎ニ一任スル事トナッタ　四時三
十分気車ニテ帰エル
杉浦来タリ
　本日商工會議所ノ會頭ハ定マリ升タ　副會頭ノ詮衡委員ハ黒川・堀木・吉田伊・名坂・森勇・田中・鈴木廉ノ七
　名ガ撰擧セラレ升タカラ此顔觸レニテハ紋十郎氏ノ當撰ハ確実ト安心致升タ
ト云ウ
戸野市長宅ヨリ電話ニテ
　　本日午後六時帰泗致升タ
ト小寺ガ代理ニテ通知シテ来タ
夜森篤二郎来タリ
　先刻大貝戸ヨリ帰エリ升タ　明朝午前六時ノ気車ニテ又々出掛ケ升
　小野田ハ目下　野尻ノ工場地帯ヲ掛合中ニテ五万坪ノ内一万二千坪（近藤勇等ノ持地）ガ纏ラズニ居ル模様デス
　小野田ノ諸井トカ云ウ人間ガ妻君ヲ連レテ東禪寺ニ滞在シテ居リ升　此話ハ宮木祥禪カラ聞キ升タ　梅戸ハ掛

合ッテ居ル模様ハ有マセン

大貝戸ノ草刈賃ヲ区民デハ浅野ニ於テ負担シテ貰ライ度イト云ッテ居リ升カラお掛合ヲ願升　測量技師ノ助手ハ不用ダト佐々木ガ貴下ニ傳エテ呉レト申升タ

ト云ウ　直チニ平治郎ニ電話ニテ照會シタルニ　平治郎ハ

草刈賃ハ大貝戸区民ノ云ウ通リ浅野デ負担シテ遣ッテ呉レ　測量助手ハ折角雇入ル丶事ニ決定シテ遣ッタノダカラ今更ラ断ル事ハ出来ヌ

ト云ッテ居ッタ

昭和三年四月七日

志摩國加茂駐在所塩田喜與一エ手紙ヲダス　粘土山並ニ鳥羽埋立ノ件ニ関シ加茂村長等ヲ照會シテ寄来シタルヲ以テ余ノ意見ヲ答エタルナリ

青島ノ新之助ヨリ手紙ニテ淡路洲本工場ニ轉勤スル旨通知シ来タル

午前九時戸野市長宅ヨリ電話ニテ呼ビニ来ル　直チニ行キタルニ市長ハ

三日瀬川ト矢野ガ久保田ト會見シテ呉レル筈デアッタノガ入レ違ニナッテ実現セラレマセヌデシタ　矢野ハ今尚ホ引續キ運動スルト云ッテ居ッテ呉レルガ　瀬川ハ人ノ噂サニ依ッテモ大分凹ンデ居ル様子ニテ遂イニ久保田トノ會見ヲ実行セズシテ湯河原ノ温泉エ三木ト共ニ行ッテ仕舞イ升タ

私ハ毎日一度宛井口君ヲ訪問致升タガ貴下お帰リ后ハ井口ノ處ニ於テハ新活動シテハ呉レマセヌデシタ

私ハ東京ニ於ケル私ノ代理トシテ大橋ト羽生両人ヲ頼ミ　湯河原ノ瀬川ヲ訪問シテ帰エル手順ヲシテ居ル處エ小寺ト巽両君名義ノ電報ニテ「今ガ絶好ノ帰エル時期ダカラお帰リヲ待ツ」ト云ッテ来タカラ湯河原エ立寄ルノヲ

中止シテ直チニ帰エッタ次第デス　右電報ハ貴下ガお打チ被下《クダサレ》タモノト判断シタノデス

金子ヨリ頼マレタ縁談ハ鶴城ノ方ガ断リ成立致升セヌデシタ　穂積四男ハ牧場ニ勤務シテ居ル人物ニテ餘リ出来ハ能ク無イ様子デス

此度ノ事ハ永ク滞京シテ誠ニ馬鹿ナ事デシタ　千五百円許リ費用ヲ要シ升タ　運動費トシテハ一厘モ出シタ訳デハ無イノデスガ人ト飯ヲ食ヒ　且ツ各方面エ飛歩ルク車馬賃丈ケニテ其レ丈ケ費ッタノデス

鳥海ハ私ガ四日市エ帰エッタ時停車場エ出迎エニ来テ居ッテ呉レ升タ　私ハ「病気ハ尚ホ充分デハ無イガ東京ニ居ルト五月蝿《ウルサ》ク各方面カラ色々ノ事ヲ云ッテ来ルカラ湯河原温泉エ行ッタガ　此處モ入湯客ガ沢山ニテ混雑シテ居ッタカラ急ニ四日市エ帰エッテ来升タ」ト云ッテ置キ升タ

ト云ウ　余ハ

瀬川・矢野ガ久保田ニ會見セザリシハ其間ニ何等カノ支障ガアルモノト認メ升　井口ガ気乗リセザリシモ同様ノ支障ガ原因シテ居ル事ト想像致升　現在ノ教育局長等ガ同類ニテ金ヲ出シ合ヒ留任運動ヲ為シタト云ウ事ガ事実ナレバ此問題ハ火急ニ成効スル事ハ六ヶ敷イ様ニ思ワレルカラ　貴下ハ茲ニ全ク気ヲ替エラレ今度ノ事ハ全ク無カッタ昔ダトアキラメテ四日市市政ニ御盡力セラル丶様ニ希望致升　殆ント一ヶ月間適當ニ運動シタノデスカラ若シ教育局長ガ更迭セラル丶場合ハ貴下ガ后任トシテ重要ナル候補者タル事ハ間違ナイ事デスカラ　其場合ニ一ト運動スレバ能イト思イ升

ト答エタルニ市長ハ

良三ニモ逢イ升タカラ貴下ノ活動ノ模様ヲ話シタルニ良三モ「全ク能ク活動シテ呉レル」ト云ッテ感謝シテ居リ升タヨ

ト云ウ　余ハ

難有ウ

ト答エテ置イタ　昼食ノお馳走ニナリ帰エル
昌栄館ノ鈴木ガ電話ニテ東京ノ井口カラ返電ガ有升タト知ラセテ来ル　文意ハ
『鉄了解ヲ得タ、埋目下進行中、我十四日名古屋エ行キお目ニ掛カル、井口』
トノ事ナリ　余ハ此旨ヲ電話ニテ名古屋ノ傳七エ通知ヲ為ス
腎臓病ノ為メカ日々気分悪シク閉口至極ナリ　且ツ馬鹿ニ睡眠ヲ催スノデ此容態ニテハ一週間位全ク静養シテ経過ヲ眺メテ見度イト思ウナリ

昭和三年四月八日

本日ハ終日何ンニモ用事ガ無カッタ　一日中一ツモ用件ノ起ラザリシ事ハ近来稀ナル事デアル
本日ハ海山道ノ稲荷祭ニテ日曜日ナリ　気候モ全ク春ノ気分ニナッタ
夜世界館活動写真ヲ見物ニ行ク　「人ノ一生」ガ面白カッタ

昭和三年四月九日

午前十一時半伊藤傳七氏ガ昌栄館ヨリ電話ヲ掛ケテ来テ呉レタ故　九鬼紋十郎氏ヲ誘ヒ午後一時昌栄館エ行ク
紋十郎　過般日比氏ニ相談シタル事ナルガ　九鬼紋七死亡後将来ニ関シ處世上如何ニスレバ能キ哉ニ関シ御相談ニ乗ッテ頂キ度ク参上セリ
紋七生存中ハ紋七氏ガ社交上並ニ名誉職上ノ一切ヲ切リ廻シ私ハ蔭ノ人間トシテ紋七ニ付随シ来タレリ　然カレ共私ガ徳三・健一郎ヲ引連レテ紋七ノ従来執リ来タリタル役目ヲ果シテ行カナケレバナラヌ今日トナリテハ

徒ラニ従来ノ如キ消極的處世法ハ許サレヌ訳ニテ果シテ如何ニスレバ宣敷キ哉ニ迷イ居ルナリ

傳七　今日　四日市ノ状況ヲ眺ムレバ熊澤一衛氏大ニ活動シ居リ山中・吉田・三輪・森寺・佐伯等五人組ト称シテ其部下トシテ付随シ居ルガ如キ模様ナレ共　凡ソ一切ノ事獨占ト云ウ事ハ横暴ノ供ウモノニシテ熊澤一人ニ獨占的権力ヲ振ルワシムル事ハ四日市ノ為メニ㐂コバシキ現象ニアラズト思考ス　又今更ラ貴下ハ熊澤ニ膝ヲ屈シテ行ク訳ニモ行カヌト思ワルヽヲ以テ弗々獨自ノ立場ヲ以テ進ンデ行カレテハ如何哉

浅野問題ガ将来如何ニ展開スル哉ハ知レザレ共　順序能ク進行スレバ貴下モ此事業ノ為メニ力ヲ添エラルヽ事無益ノ事ニアラズト考ウルナリ　日比君ヨリ聞取リタル事ナルガ差當リ藤原鉄道ノ重役トシテ其成効ヲ計カラルヽ事モ賛成スル處ナリ

今度商工會議所ノ副會頭ニ當撰セラルヽ様子ニモ聞及ビ乍蔭《カゲナガラ》㐂コビ居ル次第ナリ

日比　徳三氏ガ紋七氏死亡後ノ今日並ニ将来ニ於テモ引續キ東洋紡績ノ監査役トシテ就任ヲ見ルニ至リ得ル様傳七氏ノ御援助ヲ願度シ

傳七　其事ハ既ニ君ニ言明セシ通リ各方面ニ弗々運動シテ居ル次第ニシテ其実現ヲ期シテ居ル次第ナリ

先般私ハ徳三氏ニ向ッテ

私ハ銀行ニテ借金モシテ居ルガ賃借利息ノバランスハ充分取レテ居ル　紋七氏ノ利息バランスハ取レテ居リ升カト尋ネタラ徳三君ハ取レテ居ラヌ旨ヲ答エタ

紋七氏死去ノ今日ヲ機會トシテ利息ノバランスヲ充分取ル事ニ留意整理セラルヽ事肝要ナリト考ウ　東洋紡績等利益アル健実ナル株券ハ減少セラルヽ事ナク　中華トカラサトカ云ウ将来見込ナキ株券ハ此際處分セラル事必要ナルベシ

紋十郎　私ハ紋七ノ為メニ馬鹿ナ目ニ沢山ニ逢ッテ居ル　例《レイ》セバ鹿児島ノ金山ニテ私丈ケニテ七万五千円　ラサニテ十萬円損ヲシテ居ル　箱根土地株ニテモ紋七ハ二十六円ニテ二万株モ持テト私ニ進メタガ私ハ承知セナンダ

此レヲ承知シテ居ッタナラ私ハ四日市ニ居レヌ様ナ事ヲ仕出掛ス處デアッタ　製油會社ノ整理ニモ私ハ十二万円持出シタ

奥州並ニ朝鮮ノ鑛山等今日ニテハ只デモ貰手ガ無イ位ノ状況ニテ紋七ハ晩年ニ至リ凡テ「迷信」ヲ信ズルト云ウ遣〔リ〕方デアッテ無茶苦茶デアッタ

日比　九州ノ炭鑛ニ百五十万円モ掛ケタノガ現在ニ於テ二十五万円ヨリ買手ガ無イト云ウ事ヲ聞キ升タガ本當デスカ

紋十郎　二十五万円ドコノ擾ギデ無イ　十万円デモ現在ニ於テハ買手ハ無イデスヨ

傳七　其ンナモノハ全部此際整理シテ仕舞ワナケレバ駄目デスナァー

紋七氏ノ「迷信」ニハ連累者《レンルイシャ》ガアッタト云ウ事デスガ本當デスカ

紋十郎　連累者ガ有升タ　紋七ノ病気ヲ占ッタ時頂度治ッタモノダカラ紋七ガ信用シテ仕舞ッタノデス　易者ノ言ヲ信ジテ事業ヲスル様ニナッテハ人間モ駄目デス

日比　過去ノ事ハ一切夢ト忘レテ仕舞イ　今日ヨリ以后生レ替ッタ気分ニナッテ堅実ニ進ム事ガ肝要デスナァー　虚名久シカラズデ結局世ノ中ノ信用ハ実力丈ケヨリ無イ事ニナリマスヨ

紋十郎・傳七　其通リダ

日比　今日ハ紋十郎氏ガ藤原鉄道ノ重役ニナル事　徳三氏ガ東洋紡績ノ引續キ監査役ニナル様ニお願シタ訳デスガ紋十郎氏モ将来思案ニ餘ル事ガ出来タラ傳七サンニ相談ニ乗ッテ貰ラウ事トシテ　本日ハ此レニテ引下ッテハ如何デスカ

紋十郎　是非其通リお願致升

傳七　相談相手ナド職過ギテ居ルカラ共々ニ研究スル事ト致升ショウ

余ハ話頭ヲ轉ジ　伊藤傳七氏ニ向イ左ノ手紙ヲ見セ

日比老兄御侍下

冠省　御出京中ハ失礼申上候

局長件ハ依然トシテ暗中模索ニ候　極力盡力ハ致居候ガドウモ空気餘リ香バシカラズ候　御期待ニ反スルナキヤト案居候

昨日伊藤様ヨリ打電　運動ニ上京スル指図セヨトノ意味ヲ拝承致候　丁度昨日総理大臣ヲ見送御用ノ為メ鉄道大臣ニ面接致候后此頃中ヨリ申上居候ヘ共大臣方多忙ニ付緩々《ユルユル》ト御話シ出来ザリシ事ニ付キ懇々ト其時ヲ利用シ説明ト懇願ヲ重ネ候處小生ノ意ヲ了トセラレ認可シヨウトノ御快諾ヲ得候間御安心被下度候

八田次官ヲ召致セラレ其席上ニテモ八田次官ニ御聲明モアリ鉄道會議ヲドウシテ召集シヨウト迄ノ話迄進ミ行キ候間右様御承ヲ得申度候

鉄道既定計畫ニ議題トナシタル事ニ付一應ハ非公式ニモ話サネバナラズ今年新規事業ナキ為メ鉄道會議ヲ召集セザルモ良イ事ノ由ニ候ガ特ニ此許可ヲ前提トスル為メ召集ノ運ビニナルヤト存ゼラレ候（是レハ秘中ノ秘ト御了知乞ウ）　埋ノ方ハ先日内務大臣ニ小官ノ部屋デ御話シ申上候　失念シトッタ土木局長ニ話サネバナラヌmemoニ認メ呉レトノ事ニテ大畧ヲ記載シテ差上置候間大臣ハ了解済ニ付何レ御沙汰ノアル事ト存ゼラレ候間右御了知置キ被下度候

小生事来ル十三日夜行デ名古屋ニ参リ（千秋楼ニ泊リ候）新愛知ノ新築落成式ニ総理大臣ノ代理デ出張可申《モウスベク》候間其節伊藤様訪問詳細報告可申御差支ナクバ御同席被下度候

本日伊藤様ノ返電ニ右様申上置候

右要用報告迠申上候　匆々

本朝林敏太郎君到着致候

四月七日　延次郎生

日比　右通リニ言ッテ来升タ　此際尚一層井口ニ刺撃〔激〕ヲ與エ十三日ニ名古屋エ来ル迠ニ具体案ヲ持ッテ来ル様ニ仕向ケ度イト考エ升カラ　手紙ヲ出シテ其意味ノ徹底スル様ニ取計ライ升
十四日ニハ千秋楼エ行キ井口ヲ連レテ御宅エ行ク手順ニシテハ如何デスカ
傳七　左様取計ラッテ呉レ給エ
紋十郎氏ト共ニ昌栄館ヲ出デ紋十郎氏宅ニ立寄ル
紋十郎　去ル七日京都ニ於テ田中末雄ト共ニ大谷光瑞猊下《ゲイカ》ニ逢ッテ来升タ　猊下ハ南洋ニ投資セヨ　世界ノ内ニ於テ見込ノアル處ハ爪哇《ジャバ》カナイル河沿岸ダト云ヒマシタ　七八月頃ニ一度視察旅行セヨトモ云ッテ呉レマシタ　如何デショウ
日比　猊下ノ南洋ニ於ケル事業ハ左程成効シテ居ルトモ聞イテ居リマセヌカラ軽卆ニ投資スル事ハ考〔エ〕物ト考エルガ　二ヶ月位旅費壱千円ニテ済ムト云ウお話ナラ一度猊下ノ案内ニテ遊ンデ来ラレテハ如何デス　投資ハ其上ノ事ニセラル丶方安全ノ様ニ思ヒ升
紋十郎　猊下ハ食事ノ時モ私等ト同ジテーブルニテ　支那式ニドンブリニ箸ナシト云ウ工合ニテお互ニ同ジドンブリヨリ突ツキ合ッテ食ウト云ウ風ナ遣リ方ニテ平民的デスナァー
日比　猊下ハ偉ライ人デスガ　事業上ノ算盤玉ハ商人タル貴下ノ方ガ達者ナ訳デスカラ　猊下ノ云ウ事ヲ丸飲ミニシテ投資スル事ハ危険デスヨ
紋十郎　成程左様デスナァー　能ク考エル事ニシマショウ
紋十郎氏宅ヲ辞シ戸野市長宅ニ立寄リ
日比　井口カラ手紙ガ来マシタガ教育局長ノ問題ハ一寸六ヶ敷イ様デスヨ
戸野　其レガ本當カモ知レマセン　何分老物デスカラナァー　然カモ老物ニテ只ハイ〳〵ト上役ノ言ウ事ヲ聞カヌト云ウ人物デスカラナァー

日比　貴下ガ東京エ代理役トシテ頼ンデ来ラレタ大橋ガ餘リ運動費ヲ使ワヌ様ニ注意シテ置カル、事ニシテハ如何デスカ

戸野　左様致シ升ショウ

本日ハ海山道ノ稲荷サンニテ市長宅ノ女中ガ寿シヲ作ッタト云ウ　御馳走ニナッテ五時頃辞ス

國友収一宅ニ立寄リ同人ガ長男ヲ生ンダ祝トシテ金拾円ヲ與エ二十分位雑談シテ帰エル　國友ハ晃ト命名シタト云ッテ居ッタ

雨降ル　此頃ハ馬鹿ニ雨ガ多イト思ッタラ五月雨《サミダレ》時期デアルカラデアル　雨ガ降ル度毎ニ段々ト温クナリ樹木ハ成長シテ夏ニ入ルノデアル

昭和三年四月十日

井口延次郎エ手紙ニテ

『十四日名古屋エ来ラル、迠ニ藤原鉄道並ニ埋立ノ二問題許可ニ関シ更ラニ一進展シタ域ニ迠進メラレタお話ガ承度シ』

ト刺撃〔激〕的激励ヲ與エ　埋立ノ許可ヲ得ル為メニハ内務大臣ヨリ工合能ク一ノ瀬技監ヲ解セシムルノガ早道ダト注意ヲ為ス

田中武ヨリ電話ニテ　商工會議所副會頭詮衡委員ガ本日開催セラレ其席上九鬼紋十郎ガ満場一致ヲ以テ推撰セラレタト知ラシテ来タ

森篤二郎来タリ大貝戸ニ於ケル測量ノ状況ヲ報告ス

山本源助来タリ　井口延次郎立候補ノ節納金シタル供託金ヲ受取ルニ付キ受領証エ判ヲ捺シテ呉レト云ウ故　(井口)ヲ

捺印シテ渡シタル后チ雑談ヲ為ス　山本ハ余ニ向イ「市長ノ東京ノ結果ハドンナ模様？」ト尋ネタ故　余ハ「思ワシク無イナァー」ト答エタルニ山本ハ「老人ダカラナァー」ト云ッタ　余ハ市長ノ件ニ関シテハ東京ニ於テ井口ニ向イ西脇・山本ニ絶對秘密ヲ要求シ井口ハ決シテ口外セヌト引受ケテ居ッタ事デアルニモ不関　西脇・山本両人共エ口外シタル事ハ不届ナリト思ッタ　井口ハ秘密ガ保テヌ人間ナリ

水谷善太郎来タリタルニ付キ渡辺主事エ連レテ行キ　図書館エ月給七十円ニテ入レル事ニ話ヲシテ遣ッタラ㐂コンデ帰エッテ行ッタ

日本共産黨　秘密結社事件の暴露　三月十五日の黎明を破り全國一齊に大檢擧
拉致された者七百餘名に及ぶ　本日記事一部差止め解禁さる
伊勢新聞　昭和3年4月10日朝刊

昨年六月頃より日本に於ける左傾思想團體と目される勞働農民黨を中心として勞働組合評議會水平社及全國無産青年團體等福本イズム一派を中心に私かに日本共産黨なる結社を組織し帝政政黨政治を打破し共産政治を實現すべしとの新方針を樹て着々その手を擴げて居たが同八月に至りロシヤ共産黨機關紙プラウダー（正義）が理論闘爭にのみ没頭する日本の極左運動をコッピどく批評したるに刺戟され福本イズム間に方向轉換の機運が動いて居た矢先十二月の露國に於ける共産黨大會にて日本にも共産黨を組織すべしとの議案が滿場一致可決された爲運動方針は更に猛烈となり私に露國共産黨から資金の援助を受けて過激なるビラ、パンフレット二十種を作製し一方機關紙に依り大宣傳を始めた之に關し內務、司法兩省では一齊檢擧の手配をしたるも折柄普撰第一次の總撰擧に遭遇した爲一時檢擧の手を差控へたが共産黨一派の運動が益々露骨となり街頭にビラを發見するに至つたので三月十五日早朝全國一齊に檢擧の大活動を爲し凡そ七百餘名の一團を檢束した日本共産黨秘密結社事件は同日直に新聞記事掲載禁止となつたので報導の自由を有せざるに至つたが十日一部解禁された（東京電話）

本日ノ伊勢新聞夕刊ニ右ノ記事アリ　色々ナ過激分子ガ出テ来ルト思ッタ
夜十森ガ電話ヲ掛ケテ来テ
只今津エ来テ居升　東京ヲ立ツ時（八日）宮田ニ逢ッタラ宮田ハ
伊藤傳七氏序アリ上京ノ節ハ鉄道ノ問題ニテ立寄ッテ貰ライ度イ
ト云ッテ居リ升タ
ト云ウ　余ハ
其レハ一寸変ダ　去ル六日伊藤傳七氏ヨリ鉄道問題ニテ上京仕度イカラ宮田氏ニ都合ヲ聞イテ呉レト井口ニ照會
電報ヲ発シタルニ　井口ハ十四日ニ名古屋エ行クカラ其節お目ニ掛カルト返事ヲ寄来シタノデアル
ト答エタルニ十森ハ
其レハ一寸変デスナァー　井口ガ宮田ニ尋ネズニ取計ラッテ返電シタ事ト思イ升ガ　私ハ十五日ニ東京エ帰リ升
カラ尚ホ一應宮田ニ聞イテ見ル事ニ致升　其上ニテ貴下宛ニテ電信ニテ返事ヲシマス
ト云ッテ電話ヲ切ッテ行ッタ　井口ガ獨リ合点シテ宮田ニモ相談セズシテアノ返電ヲ打ッタモノトスルト誠ニ困ルナ
リ　井口ノ技量ニテハ鉄道埋立問題ヲ解決スル力ハ無イ　何事モ宮田ニ打合セテ進メテ呉レナケレバ途中停電ノ恐レ
アルナリ

昭和三年四月十一日

本日ノ勢州毎日新聞ヲ読ムデ居ルト左ノ記事ガ目ニ留マル

四日市倉庫運輸會社が泗港を中心の仲繼　海運部に次で陸送部を設く

四日市倉庫運輸會社では既報の如く樺太汽船と契約し去一日から海運部を設け運輸業を兼營する事になつたので稻葉町に在る寅高倉庫を改築すると同時に百坪の上屋を建設したが同社は更に最近築港岸壁に約八百坪の最新式倉庫と同地方に主として陸上運輸部に充つるがため百五十坪の上屋を目下建設中である尚同社の榎並支配人は海運部兼營の用件を帶び先月から再び上京し東京横濱方面の倉庫業者並に運輸業者等を歴訪し貨物集散に關し數次會見しつゝあつたが傳へられる處に依れば同社は今回海運部兼營と共に保管貨物を主として東京方面から關西其他の方面に輸送せらる貨物を泗港に中繼せしめ陸上運送を行ふ計劃を樹て斯くは大規模な上屋必要となり急遽之が建設に着手したもの〻如く此の同社が泗港發展の目的から計劃した東西仲繼の貨物運送兼營は可能性充分にあるらしく一般に期待されて居る

勢洲毎日新聞　昭和3年4月11日

四日市倉庫運輸會社支配人ノ榎並ハ海上荷役ノ仕事ニ関シ神海組ヲ利用セント欲シテ神海組ニ向ッテ『四日市倉庫運輸會社荷役所』ト云ウ看板ヲ掛ケサシテ呉レト云ッテ来テ居ルノデアル　余ハ此レニ對シ大勢ニ順應シテ承諾ヲ與エ逆ニ四日市倉庫運輸會社ヲ利用シテ見ント色々考エテ居ルノデアル　近々榎並支配人ト會見シテ充分意見ノ交換ヲ計リ度イト考エテ居ル

晝食後川島村長柳川元太郎ノ病気見舞旁過日桂山藤松・柳川仁左衛門ノ懇請ニ掛カル丈量増ノ地所ヲ視察スル目的ヲ以テ人力車ニテ出掛ケル　小生《コモ》ヨリ入ッテ掘割ヲ通過シ村長宅エ行ク　國華堂ニテ買ッテ行ッタ五円ノ菓子ヲ見舞トシテ差出シ病状ヲ慰ム　村長ハ非常ニ乇コンデ「早ク地所問題モ解決致度シ　工場ノ出来上ルノヲ見テ死ニ度イ」ト云ッテ居ッタ　村長ハ流感ガ原因ニテリヨマチスニ変ジ五十日寝テ居ル由ニテ非常ニ痩セテ居ッタ

余ハ村長ニ向イ
　何分具ガ古イ事デアルカラ無理セヌ様ニセラレ度シ　村民中ノ無理解者モ其内ニ自覺スルニ違ナイカラ餘リ心配
　セヌ様ニ仕給エ　痩セテ加藤清正ノ顔ノ様ニ見エルゾ
ト述ベタルニ村長ハ苦笑シツヽ
　お話シテ居ル間丈ケデモ関節ノ痛ムノヲ忘レテ居リ升
ト云ウ　余ハ五十日間モ蒲團ノ上エ寝タ儘デハ苦痛デアラウト推察シタ
役場エ行キ柳川仁左衛門・桂山藤松ヲ呼ビニ遣ル　直チニ来タリ余ニ向イ
　丈量増ノ地所ヲ是非御覧願度シ
ト云ウ　余ハ
　見タ處デ金ノ出場ガ無イノダカラ致方ガ無イデハ無イカ
ト答エナガラ両人ニ案内サレテ藤山ヲ見ニ行ク　色々説明ヲ聞クト全ク気ノ毒ナ處モアル　心中何ントカシテ遣ラナ
ケレバナラヌト思ッタガ何等言明ヲ差扣エタリ　両人ニ送ラレテ停車場エ出デ三十分斗リ待チ五時二十七分輕便ニ乗
ラントシテ居ルト頂度其處エ桂山浅治郎ガ下車シテ来タ　大阪ヨリノ帰リト云ウ　余ハ一ト列車遅ラカス事ニシテ同
人宅エ行キ浅治郎ニ向イ
　一、買収地域内ニ於テ現在ノ率ニ依リ年貢ハ何程額ナル哉　詳細取調ラベ御通知願度シ
　二、浅野ト受渡済ノ后チ右ノ年貢ヲ何程ニ契約シタラ適当ト思ワルヽ哉　調査研究セラレタル上表ニシテ御示メ
　　シ願度シ　過度ノ減額ハ不可能ナレ共少々ノ温情主義ヲ加味シタル處ニテ可ナリ
　三、右調査ヲ進メラルヽ側ラ一方ニ於テハ売渡契約書ノ取纏メ並ニ買収不調点々ノ地域ヲ極力御交渉取纏メニ御
　　盡力煩シ度シ
　右ノ三條件全ク成リ全部無條件ニテ登記出来得ル様ニ書類ヲ整頓シテ小生ノ手許迄御差出願ヒ得レバ　本年ノ年

責ヲ免除スル等ノ方法ニテ君等ノ要求スル五千円位ノ埋メ合セヲ勘考シテ見テモ宜敷イ
ト告ゲタルニ桂山浅治郎ハ
　左様御心配願イ得レバ仕合セ此上ナシ　仰セノ如ク進行スル様ニ取計ライ升
ト答ウ　夕食ヲ桂山宅ニテ御馳走ニナリ七時十八分川島発ノ輕便ニテ四日市エ帰エル
夜杉浦来タル　嘗テ同人ガ痔ヲ切解シタルヲ思ヒ出シ同人ニ其容体ヲ尋ネタルニ　此頃来余ノ肛門ノ工合悪ルキト様子ガ違ウナリ　然カシ余ノ容体ガ少シモ痛マヌト云ッテ其儘放擲シテ置ケル訳ノモノデ無イカラ近々一度相當ノ醫師ニ診察ヲ受ケテ置カナケレバナラヌト思ッタ　診察ノ結果十日間モ入院セヨト云ワレルト日々ノ仕事ガ停頓シテ仕舞ウカラ其レガ恐ロシイト考エルナリ

昭和三年四月十二日

午前十一時十一分気車エ富田行ノ目的ヲ以テ乗リ込ム　一昨日電話ニテ約束シタル通リ十森ハ乗ッテ居ッタ　共ニ三重織布會社エ伊藤平治郎ヲ訪問シタルニ同人ハ　本日生憎今村町長方ノ葬式ニテ其方エ出向キ居リ多忙ノ様子ナリシ故一寸電話口エ呼出シテ　十四日井口ト名古屋ニテ會見ノ次第ニ関シ打チ合シタル后チ十森ト共ニ十二時十八分気車ニ乗ル　十森ハ余ニ向イ
　不信認案ハ代議士総員四百六十五名中　反對スル者二百三十三名アルヲ以テ一名ノ差ヲ以テ通過セズ　但シ民政黨代議士中　當日出席セザル者六名アル筈ニ付キ結局七名ノ差ヲ以テ否決セラル、手順ナリ
　宮田ハ若イ時ノ猪食ッタ報イニテ午後ハ役所エハ出勤スルガ養生ヲシテ居ル　世間体　恰好ガ悪ルイカラ胃病ト云ウ事ニシテアルガ　先達内閣官邸ニテ大臣連中會食シタル節甘《ウマ》カッタノデ宮田ハ不思《オモワズ》沢山食ッタラ　側ラヨリ「宮田君ハ胃病ト云ウノニ沢山食エルデハ無イカ」ト質問シタ由　宮田ハ私ニ其話ヲシテ大笑イシテ居リマシタ

良三ガ宮田ニ話シタト云ウ件ハ　宮田ガ何ン共云ワヌノニ良三カラ宮田ニ向ッテ「伊藤ヲ口留メシテ置ク方ガ宣敷イ」ト注意シタ為メ宮田ガ私ニ注意方ヲ傳言シテ寄来シタノデス　宮田ハ

　浅野ハ親爺ガ生キテ居ル間ハアー遣ッテ行ケルガ親爺ガ死ンダガ最後破産シテ仕舞ウ　倅共デハアノ家体《ヤタイ》ヲ守《モ》リシテ行ク力ハ無イ

　伊藤ガ浅野ニ金ヲ出サセル事ハ不可能ノ事デアッテ假令《タトイ》一万円ノ金デモ出ス力ナドアリワセヌ

ト云ッテ居リ升ガ　浅野ノ内容ハ其ンナニ貧弱ナモノデスカ

私ガ宮田ニ向ッテ

　平治郎氏カラ鉄道ノ問題ニ関シ段々請求ガクルノデ困ル

ト告ゲタカラ宮田ハ

　序ニテ上京シタ時傳七氏ニ立寄ッテ貰ライ度イ

ト傳言シテ寄来シタノデアッテ　宮田ガ自己発意的ニ右傳言ヲシタノデハ有升セン

ト云ウ　余ハ四日市ニテ下車シ十森ハ津エ帰エッテ行ッタ

駅前ニテ坂義一ニ水谷源四郎商店エ呼ビ込マル　坂ハ北勢水平社本部副執行委員長酒井総治郎ト云ウ男ヲ余ニ照會シタル上　水平社ノ此仕事ニ援助シテ呉レト云ウ　寄附金名簿ヲ一覧シタルニ戸野市長・堀木・森松次郎等ハ金十円宛書イテ居ル　余モ金拾円ヲ書ク事ヲ承諾シタル上現金ニテ渡ス

神海組エ行キ松井ヲ連レテ四日市倉庫運輸會社ニ榎並支配人ヲ訪問シテ　余ハ

　毎度お引立ニ預リ難有シ　今度御會社御擴張海上荷役エゼント〔代理業〕御兼営ニ付キ　海上荷役一切ヲ神海組エ御委任被下ル丶トノ事ヲ承リ御厚意ヲ謝ス　此事ハ當社トシテモ仕事ガ増加スル事ニシテ乞コバシキ事ナレ共御社トシテモ餘程御便利ナルベシト想像ス

　陸上運送店御経営御希望ノ由松井ヨリ聞ケリ　若シ神海組ト協同ヲ希望セラル丶様ナレバ御相談ニ乗リテモ宣敷

ト思イ居レリ

ト述ベタルニ榎並ハ

昨年一番最初ニパルプ二千五百屯ノ荷役ヲ御願シタル節　神海組ガ完全ニ荷役シ呉ル、哉否ヤニ関シ御依頼ハシタルモノ、内心大ニ杞憂致升タガ　其荷役ノ状態ヲ実際ニ目撃シ其結果ヲ眺メテ其確実ナル事ニ敬服シタノデ有升タ　私ハ此時ニ神海組トハ親密ニ連絡ヲ執ラナケレバナラヌト決心シタノデシタ　昨日重役會ノ節　誠ニ貴下ニハ失礼デスガ此書類ニアル通リニ「神海組ヲ以テ本社艀部トス」ト云ウ事ニ決議ヲ経テ置キ升タ　此文句ハ私ノ社内丈ケノ事デアリマスカラ僭越ノ段ハ平ニ御容謝ヲ願ッテ置升　神海組エ「四日市倉庫運輸會社回漕部」ト云ウ看板ヲ掛ケサセテ頂キ度イト思イ升ガ如何デスカ

段々ト駅出シ荷物ガ増加シテ来升カラ陸運ヲ始メタラ如何哉ト思ッテ居ルノデス　神海組モ駅出シ荷物ガ相當ニ在ルノデスカラ私共ト同一利害関係ニアルモノト考エテ居リ升

ト云ウ　余ハ

木材ノ荷役モ段々多クナルノデスカ

ト尋ネタルニ榎並ハ

當地ニテ消化セシメ得ル額ハ二十五萬石アルノデスガ貯木場ガ無イノデ困ッテ居リ升　熊澤モ九鬼ガ生キテ居レバ旭ガ何ントカナルノデアルガ　紋七ガ死ンデ仕舞ッタカラ徳三デハ未ダ話スル價値ガ無イト當惑シテ居ルノデス

ト云ウ　余ハ

其レハ假令紋七氏ガ生キテ居ッタ處デ紋七氏デハ何共ナリマセン　何故ナレバ九鬼・諸戸ハ浅野エ賣却済デアルカラ口出シハ出来マセン

果シテ御社ガ旭エ貯木場ヲ御希望ナレバ浅野ヨリ分譲ヲ受ケラレテハ如何デスカ　私ガ浅野エ話シテモ宜敷イ

貯木場ガ出来タ為メニ人モ動キ又工場ノ起ルノヲ助長スル事トナレバ此レモ四日市繁栄策ノ一ツデスカラ　浅野ノ埋立地モ其レガ為メニ賑合ウ時期ヲ早メルト云ウ結果ニナリマスヨ

ト述ベタルニ榎並ハ

此レハ耳寄リノ事ヲお聞カセ願升タ　早速熊澤エ相談シテ見升

ト云ウ　余ハ

お互ニ親密ニお願致升ショウ

ト述ベテ辞ス

昭和三年四月十三日

朝　義平ト共ニ義平ガ早稲田高等學院第一學年一ヶ年間ノ學費ヲ精算シテ見タルニ金六百円斗リデアッタ　學資ノ大半ハ下宿賃デアル　義平ハ十四日晩ノ気車ニテ東京エ出立スルト云ウ　余ハ身体ヲ大切ニセヨト注意ヲ為ス

井口延次郎君ヨリ左ノ手紙来タル

日比老兄

御芳書拝見候

十三日夜行（午後十時五十分発）出発　十四日午前八時二十分名古屋着千秋楼ニ投宿　十一時ヨリ開會ノ新愛知ノ新築落成式ニ出席シ終了後伊藤氏訪問ノ予定候　時間ハ二時頃カト考候ガ終了ノ予定付キ不申確カト申上兼候間　夜ハ招待會出席一宿　翌十五日ノ特急ニテ帰京ノ筈

御指示ノ点ハ出来得ル丈ケ具体化シ候ガ御仰セノ如クニハ参リ兼候ト存候　土木局長先刻高松ヨリ帰京致シ架

電シ来リ候間　明日會見ノ約束ニ候（大臣ヨリハ確ニ話シアルト申居候）

右様御諒承相成度御返事申上候　匆々

四月十一日夜

延次郎　生

夜世界館活動写真ヲ見物ニ行ク　何ニヲ見テモ馬鹿ラシイト思ッタ　映画ガ悪ルイ為メデハ無イ　自分ノ気ノ持エ合ニ因《ヨ》ルナラン

昭和三年四月十四日

十二時五十五分気車ニ乗リ富田ニテ平治郎ト落合イ名古屋エ行ク　名古屋駅下車平治郎ハ直チニ傳七氏宅エ行キ　余ハ電車ニテ千秋楼エ行キ井口君ヲ尋ネタルニ(文)エ宿ヲ替エラレタト云ウ　(文)エ行キタルニ行先キ不明ナリ　不止得傳七氏宅エ行キタルニ井口君ハ既ニ来テ居リ　井口ハ

新愛知ノ者ガ(文)エ宿ヲ定メテ呉レタガ隣座敷ガ加藤ノ部屋デアッタ　若シ「伊藤サン」「日比サン」カラ電話ト云ウ声ガ加藤ニ聞コエテハ面白クナイト考エタカラ荷物ヲ持ッテ飛出シテ仕舞ッタ

ト説明スル　余ハ三人ニ向イ

話ハ済ミマシタカ

ト尋ネタルニ傳七氏ハ

コレカラダ

ト云ウ

井口　日比君ニ手紙ヲ出シテ置イタ通リノ経過デアルガ尚ホ詳細ニ申述ベルト藤原鉄道ハ四日市引込線ニ関シ研究スル餘地アリトノ事デアッタガ　更《サ》リトテ願書ヲ変更セシムル程ノ腹モ無イラシイ　大臣ハ鉄道會議ヲ召集セズシテ許可ヲ與エル方法ハ無キ哉　鉄道會議ニ代ウルニ一片ノ通知ニ留メ置ク訳ニハ行カヌカト八田次官ニ相談シテ居ッタガ　次官ハ矢張リ會議ハ召集スル必要アリト答エテ居ッタ四日市埋立ノ件ハ土木課長ニ會見シタガ同課長ハ能ク了解シテ居ル　内務省ヨリ十二月一日附ニテ三重県エ照會シタ回答ガ未ダ来テ居ラヌ　早ク回答ガ来ナケレバ手順ガ運バヌト云ウ事デアッタカラ僕ハ直チニ芝辻内務部長エ向ケ手紙ヲ出シ　回答ヲ早ク提出スル様ニ催促シテ置イタ事デアル　掖済會前ヲ埋立ツルト反ッテ三瀧川ノ砂ガ湾内ニ入ルノヲ防ギ得ルカラ湊ノ為メニ利益ダト土木課長ニ話ヲ為シタルニ課長ハ「成程理屈ダ」ト賛成シテ居ッタ　馬起ノ埋立ハ放擲スルト課長エ話シタルニ課長ハ理由ヲ尋ネタカラ僕ハ一時ニ許可シテ呉レヌデモ段々デ能イカラ　ト答エテ置イタノデアル

藤原鉄道・埋立共許可ニナルニ定ッテ居ルカラ御心配御無用ノ様ニ思ウ

日比　其レデハ為念　十六日芝辻内務部長ヲ訪問シ回答書若シ未提出ナレバ早ク内務省エ廻ス様ニ請求スル事ニスルカラ　井口君！　名刺ニ君ガ手紙ヲ出シタト云ウ照會ノ意味ヲ書イテ呉レ給エ

傳七　君ハ芝辻ヲ能ク知ッテ居ルノデスカラ照會状ハ不用デハ無イカ

日比　此際トシテハアッタ方ガ強ク當タリ升

井口　承知　名刺ニ書添エ升

傳七　十六日八時名古屋発ニテ僕モ行ッテモ能イ

日比　其レデハ私ハ四日市ヲ九時五十五分ニ乗込ミ気車中ニテお目ニ掛カル事ニ致升　貴下モ是非一度原田知事ニ會見シテ置イテ貰ライ度イト思ッテ居ッタノデス

井口君！　京濱運河ハ許可セラルヽ様子ナリ哉

井口　許可セラルヽ順序ニナッテ居ル　僕ハ四日市ノ方ヲ京濱運河ヨリ先キニ許可シテ貰ライ度イト内務大臣エ頼ムデ置イタ

日比　十森君ニ宮田氏ヨリ言傳《コトヅテ》アリ　傳七上京ノ序アレバ立寄レトノ事ナリシガ如何ナモノカ

井口　宮田ニ相談シタルニ「態々傳七氏ガ上京シテ来ル必要モアルマイ」ト云ウ事デアッタカラ其ンナ筈ハ無イト思ウ

傳七　臨時議會不信認案通過ノ心配ナキ哉

井口　無シ　濱口ハ肺病デアルカラ大命降下不可能ノ状態ナリ　政局ハ左程心配スル必要ヲ認メヌト考エ升

井口先ヅ去ル　余ト傳七・平治郎ノ三人居残リ相談ヲ為シタル上雑談ニ移ル

傳七　大軌ガ松坂ヨリ山田ニ至ル間ノ鉄道ヲ何故ニ熊澤ニ許可シタル哉ト怒ッテ居ル　今度大軌ハ名古屋ニ至ル（大阪ヨリ）四六インチノ堂々タルモノニシテ出願シタ　熊澤トノ併行線ニナッタ訳ナルガ面白イ事ニナッタ（熊澤ノハ三六インチ）

藤原鉄道モ路線ノ工合ニ依ッテハ其一部分ヲ大軌ト供用シ得ル筈ト思ウ

平治郎　小野田ハ藤原岳ノ原石丈ケヲ浅野ヨリ分割セシムルノガ目的デアッテ　東藤原村ニ工場ヲ設置スルハ遠藤氏ニ對スル止ムヲ得ザル仕宣〔儀〕ナリシ様子ナリ　過般狩野専務ハ知事ガ変ッタカラ工場敷地問題解決ハ急ガヌ心組ダト内密ニ洩シタ

日比　南洋ノ地所ハ見込ガ有升？

傳七　見込ガ有ルニモ無イニモ一生ノ間ニ一度モ行ケヌ様ナ處ヲ買ッテ見タ處デ致方ガ無イデハナイカ

九鬼サンガ土地ニ見込ヲ付ケルナラ協同ニテ遣ッテ見テモ〔ト〕思ウノハ朝鮮ノ開墾ダ　地位アル者ニハ二千町歩位只ニテ呉レル　餘リ辺スー〔辺陬＝片田舎〕ノ地デハ無イノダ

日比　其レハ面白イ様デスナァー　私モ藤原鉄道・埋立・セメントガ全部駄目ニナッタラ十年辛棒ノ決心ニテ其仕事

ヲ担任シテ見度イモノデス

平治郎　埋立ヤ鉄道ノ仕事ヲ終エテカラ遣ッテ見テモ能イデ無イカ

余ト平治郎ハ傳七宅ヲ辞シ六時気車ニテ帰エル　余ハ四日市エ下車スル哉渡辺築港所長ヲ其私宅ニ訪問シ

日比　四日市埋立ニ関スル内務省ヨリノ諮問ニ對シ十二日市長宅ニテ貴下等ト相談シタル事ナルガ　今日ニ至ルモ尚ホ県廳ヨリ内務省エ回答セザル由ナルガ本當ナリ哉

渡辺　其ンナ様子デス　土木課長ニ於テハ浅野ニ遣ラス腹デハ居ルガ　若シ許可ニナッタ上浅野ガ権利取リニ終ル事アル場合責任ガアルカラ大事ヲ取ッテ居ル事ト考エ升

日比　遣ルニ定マッテ居ルデハ無イカ　井口君モ骨折ッテ居ルノダ

渡辺　井口君迠盡力シテ居ッテ呉レルノナラ県ハ直チニ回答書ヲ内務省エ提出致升ショウ
内務省ヨリノ諮問ハ二十ヶ條位モアッテ　私ニ関スルモノハ三ヶ條デシタカラ貴下等ト御打合シタル通リアノ翌日私ハ県エ提出シテ置イタノデス　其レカラ后チニ浅野ニ向ッテ埋立地ノ道路ヲ如何ニスル哉　岸壁ノ実際ヲ如何ニスル哉等ニ関シ諮問シタル様子ナリシガ　浅野ハ早速ニ回答セズシテ一ヶ月位前ニ漸ク提出シタ模様デス
先般内務省第二技術部長ガ視察シテ行ッタ時　福林助役並ニ森松次郎サンモ立會ワレタ事デスガ部長モ「本當ニ浅野ガ実行スル哉」ト懸念シテ居リ升タ　部長ハ「浅野ガ実際ニ埋立ヲ実行スルトシタ處デ第一号・第二号塩濱埋立ガ可成ノ坪数ガアルノデアルカラ　第三号ハ其埋立ガ出来上ッテカラニシテモ能イデハ無イカト云ッテ居リ升タ

日比　九鬼・諸戸エ県廳カラ地所ヲ提供セヨト云ッテ居ル件如何ナリシ哉

渡辺　未ダ確タル返事ハ来テ居リマセン
築港モ七月限リニテ工事打切リトナリ仕事ガ切レテ仕舞イマス　九鬼・諸戸ガアノ地所ヲ県ノ希望通リシテ呉

レルトアノ埋立ヲ結了シテ仕舞イニナル手順デス　議會ガ解散セラレナカッタナレバ命脈ガ繋ゲルノデシタガ止ムヲ得マセン　県ニテハ臨港鉄道ノ予算デモ今度ノ御大礼費ヲ議スル臨時県會ニ押通シテ此度ノ議會迄命脈ヲ繋ゲト云ッテ居ルノデスガ　果シテ如何ナルモノナル哉吾等ハ心細イ限リデス

日比　浅野ガ継承スル事ニセバ能イデハ無イカ

渡辺　左様願ヒ得レバ結構ト思イ升　果シテ浅野ガ引續キ仕事ヲスルナレバ現在使用シツヽアル船並ニ道具等ヲ県ヨリ安ク払下ヲ受ケル手順ニセネバ不利益ト考エマス

日比　何ントカ工合能ク勘考シテ見ヨウ

八時半頃帰エル　福林助役ガ「只今大垣ヨリ帰エリマシタ」ト電話ヲ掛ケテ来テ居ッタ由ナルガ　既ニ渡辺ト會見ニテ用済デアルカラ其儘ニシテ置キ　川島村ノ件ニ関シ宮地ヨリノ手紙ニ對シ返事ヲ書ク

昭和三年四月十五日

福林助役・堀木・森松・岩田・伊達ト共ニ自動車ニテ海藏村ノ無線電信局落成式ニ招待サレテ行ク　式ハ十一時三十分開始サレ社長内田嘉吉氏ノ式辞ガアッタ　十二時三十分自動車ニテ堀木・福林・角田ト共ニ四日市エ帰エル　話ニ依レバ此受信局ハ全世界ニ於テモ最モ新式ノモノニシテ少シモ他ニ遜色ナキモノヽ由ナリ

午後一時半頃川島村桂山浅治郎・上野新兵衛来タリ

本日村ノ役員集會明日幹部丈ノ集會ヲ為シ　兼テノ苦情ヲ解決仕度イ心組デアルカラ其集會ノ前ニ當リ私《ヒソ》カニ御相談ニ来升タ

反對者ノ意嚮《イコウ》ハ金モ欲シイガ書付ケモ入レヨト云ヒ升　此ンナモノヲ公正役場ヲ経テ置ケト要求致升ガ私ハ絶對ニ不可ト考升タカラ　私ハ此通リノ草案ヲ書イテ見舞タ之レデ如何デスカ

ト二通ノ書類ヲ示メス　反對者ノ要求スル書式ハ非常識ニテ問題ニナラヌモノデアルガ　桂山ノ草案ト雖モ不完全ナモノニ付キ訂正シテ骨抜キノ文面ト為シ　之レニテ一應相談シテ見給エト告ゲタルニ両人ハ大ニ㐂コビ
此レニテ反對者ガ尚ホ文句ヲ並ベルニナレバ最後ノ手段トシテ役員全部総辞職ヲ致升
ト云ッテ四時五十二分ノ輕便ニテ帰エッテ行ッタ
午後五時ヨリ大正館ニ於テ内田嘉吉外無線電信局員四／五名並ニ落成式ニ臨場シタル芝辻内務部長ヲ正副議長・市参事會員ニテ招待ヲ為ス　福林助役挨拶ヲ為シ内田嘉吉答詞ヲ述ベタ　内田社長ハ確カリ者ダト想像シタ　局員中ノ倉地角重ハ「私ノ娘ガ貴下ノ御娘御ト同ジ學校ニ通學シテ居リ升」ト云ッテ居ッタ　八時半頃終了解散ス　雨降ル

昭和三年四月十六日

午前九時五十五分気車ニ乗込ミタルニ伊藤傳七氏ハ約束通リ乗ッテ居ラレタ　共ニ三重県廳エ行ク　内務部長室ニ芝辻氏ヲ訪問シ
日比　十二月一日附ニテ内務省ヨリ三重県エ向ッテ四日市埋立ノ件ニ関シ諮問アリタルニ對シ　三重県ヨリ未ダ答申無之《コレナ》キ由
此埋立ニハ井口君モ目下極力奔走中ニテ　先達東京ニテ井口君ハ此件ニ関シ土木局長ト會見シタル節土木局長ハ「右ノ答申書ガ来ヌ以上進メ様ガ無イカラ早ク内務省エ三重県カラ廻ル手順ニ仕度イ」ト漏ラシタル由ニテ井口君ハ直チニ貴下ニ向ッテ手紙ニテ其依頼ヲ為シタル由ナリ
私ハ十四日名古屋ニ於テ井口君ニ會見シ右ノ次第ヲ聞ケリ　其節井口君ハ私ニ對シ「君ヨリモ為念　芝辻内務部長ニ話シテ若シ未ダ未発送ナレバ直チニ内務省エ廻ル手順ニシテハ如何」ト云ウ事ナリシヲ以テ参上シタル次第ナリ

傳七　今日ニ至ルモ未ダ内務省エ未申達デアルノデスカ

芝辻　井口君ヨリ手紙ガ来タカラ直チニ土木課長ヲ呼ンデ話シタルニ　アレハ一度東京エ行カネバナラヌト考エタ土木局長ガ井口ニ其ンナ話ヲシタトスレバ『責任転嫁』ダ　確カニ『責任転嫁』ト思ウ
浅野モ誠意ガ無イ　三重県ヨリノ諮問ニ對シ中々返事セズ漸ク先達其答申ガ到着シタ處ダ　察スルニ浅野ニ於テモ埋立ニ對スル具体案ハ出来テ居ラナンダ事ト思ウ

日比　藤原鉄道ト此埋立ノ話ハ鈴木内務大臣並ニ宮田警視総監モ了解シテ居ル事デスシ　井口君モ眞剣ニ盡力シテ居ルノデスカラ『責任転嫁』ト云ウ様ナ事ハ断ジテ有升セン

芝辻　ソヲ云ウ事ニナッテ居レバ結構ダガ尚ホ内務省ノ下役連中ニモ運動シテ了解サセテ置ク必要ガアル

日比　下役ノ了解ニ就テハ宮田氏ニ相談シタルニ「下手ナ事ヲシテ下役ノ方デ停電サセテ仕舞ウト許可スルノニ困ルカラ僕ガ指図スル迠下役ニハ手ヲ付ケルナ」ト云ウ事デシタカラ鳴《ナリ》ヲ静メテ待ッテ居ルノデス
井口君ニモ内務大臣ニモ宮田氏ニモ第四号馬起ノ埋立ハ除外シテ貰ラッテ差支ナイト言明シテアリ　井口君カラ此旨土木課長エモ話ガシテ有升カラ左様御含ミヲ願升

芝辻　許可ニナルニシタ處デ只今日比君ガ云ウ通リ第四号埋立ハ除外セラルヽ事ト思ウ　一度田中土木課長ヲ上京サセル事ニ致升ショウ

日比　田中土木課長ノ上京ハ何日頃ニナリ升カ　其節伊藤サンニモ上京シテ貰ライ私モ御供シテ東京ニテ一気呵成ニ定メテ仕舞イ度イト考エ升

芝辻　……（答エズ）

傳七　僕ハ埋立ニハ関係ナイヨ

日比　藤原鉄道ト埋立トハ関連シテ居ル問題デス

傳七　若シ三重県カラ内務省エ答申シテ其結果許可ニナリ浅野ニ権利ガ移ッタ節　浅野ガ実際仕事ニ着手セザリシ時

ハ三重県ニ責任ガ帰エッテ来ルノデ　其レガ為メニ貴下等ハ自重的態度ヲ執ッテ答申ヲ見合セテ居ラル丶ノデスカ

芝辻　決シテ然カラズ　其ンナ事ハ心配ハシテ居ラヌガ許可シタル暁ハ浅野ニ十年間其権利ヲ握ラレル事デアルカラ注意ハ要スル　三重県ニ於テハ答申案ハ既ニ全部整頓シテ提出スル丈ケニシテアル

日比　然ラバ其レヲ直チニ内務省エ廻シテ貰ラエバ能イ筈ト思イ升ガナァー

芝辻　先達十森ガ来テ六ケ間敷《ムツカシガマシク》云ッテ行ッタカラ彼レヲ早ク解決シテ遣ッテ呉レ

日比　アレハ私ノ手許分ニ於テハ全部解決シテ居ルノデスガ　私ノ関與セヌ方面ノ事ラシイデス　然カシ去十四日井口君ニ話ヲ致升タラ井口君ハ「アレハ池田ガ其節断ッテ来テ居ルノダカラ其ン〔ナ〕事ハ無イ筈ダ」ト云ッテ居リ升タヨ

傳七　其ンナ話ハ閉口ダ

芝辻　アハ……

傳七　大軌ノ併行線ハ如何ナリ升タカ

芝辻　内務省エ廻シテ有升

傳七　熊澤ニ都合克《ヨ》キ共願線ハ熊澤ニ許可ヲ與エ　熊澤ノ都合ノ悪ルイ共願線ハ相手ニ許サレナイト云ウ事ハ変ナモノデスナァー

芝辻　アレハ撰擧費ノ后ト仕末ダヨ　アハ　アハ・・・・

傳七　内務省エ廻ッテ居ルトスルト妙ナモノニナリ升ナァー

芝辻　結局合同ト云ウ事ニナルデアラウ

傳七　大軌ハ絶對ニ合併合同セヌト云ッテ居リ升ヨ

日比　藤原鉄道デモ四日市港エ路線ガ入ッテカラ熊澤ノ臨港線ヲ利用セヨト遠藤氏ヨリ云ワレタ事ガアッテ驚イタ事

モ有升タ

芝辻　其ンナ馬鹿ナ事ガアルモノカ

日比　築港ノ仕事ハ七月デ打切リニナルト云ウデハ有升セヌカ

芝辻　其ンナ事ハ無イヨ　九鬼・諸戸ノ地所モ話ハ出来得ル状況ニアルカラ此レカラ段々仕事ヲセネバナラヌ次第デモアルシ打切リニハナラヌヨ

日比　九鬼・諸戸ノ御交渉ノ地所ヲ埋立スルト其レ丈ケノ仕事デ金モ無クナルシ期限モ切レルト云ウデハ有升セヌカ

芝辻　何ントカシテ此秋ノ通常議會迠延バスヨ

傳七　役所ノ仕事ハ飴ノ棒見タ様ナモノデ如何様ニモ延バス事ガ出来ルヨ　お役所ノ仕事ハ勝手ナモノダ

芝辻　アハ　アハ・・・・

内務部長ノ部屋ヲ辞シ原田知事ノ室エ行ク

傳七　御轉任ニテ一度御挨拶ニ出ナケレバナラヌト思ッテ居リ升タガ遂々《ツイツイ》遅ラカシテ仕舞イ升タ

日比　御轉任ノ際　東京ニ於テ伊藤サンハ鳩山サンヨリ閣下ニ宛テタル手紙ヲ貰ラワレタノデスガ　遂々今日迠御挨拶ニ来ラレルノガ遅レタノデス

原田　能クお出デ被下マシタ　宣敷願升
伊藤サンハ日常東京ニテ多クお暮シデスカ

日比　否ナ　名古屋ニ居ラレ升ガ四日市ノ諸問題ニ對シ少ナカラズ骨折ッテ貰ラッテ居ルノデス　浅野問題ガ今日迠段々進捗シテ来タノモ伊藤サン御指導ノ賜ト云ッテモ能イ位デス

原田　左様デスカ　成程浅野ヨリ貴下ノ事ヲ聞イタ覺エガ有升　何卒宣敷願升

傳七　名古屋ニハ居リ升ガ　名古屋トハ何ンニモ関係ガ有升センカラ四日市ノ為メニ盡力仕度イトハ思ッテ居リ升

日比　伊藤サンノ先代ハ四日市ニ色々骨折ッテ呉レタ人デス

傳七　四日市ハ田舎デ五月蝿イカラ其當時名古屋エ行ッタ迠ノ事デス
日比　本日ハ何等具体的問題ハ有升セヌガ伊藤サンニハ藤原鉄道ノ発起総代ヲ願ッテ居ル事デモ有升シ　浅野ノ諸問題モ御心配ヲ願ッテ居ルノデスカラ今日以後度々県廳エモ来テ貰ラワナケレバナラヌ次第デスカラ宣敷願升
知事室ヲ辞シ十二時十六分発ノ輕便ニテ四日市エ帰エル
傳七氏ハ県廳ヲ出タ時　余ニ向イ「原田知事ト云ウ人物ハ何ンダカボンヤリシテ居ルナァー」ト云ッタ　成程今日丈ケノ話工合ヨリ観察スレバ正ニ其通リデアッテ　余ハ傳七氏ノ批評ヲ可笑シク感ジタ　原田知事モ未ダ不馴レノ為メ何事ニ對スル意見モ未ダ確立スルニ至ラヌ為メデアルト想像ス
夜　水谷善太郎ガ図書館エ入レテ遣ッタ礼ニ来タカラ福林助役ノ宅エ連レテ行キ「此際図書館長ト云ウ名義ハ與エラレヌモノカ」ト相談シタルニ福林ハ「一應研究シテ置キ升」ト答エテ居ッタ　福林ヨリノ帰途　新町ニテ九鬼紋十郎ニ出逢ウ
ト云ウ　余ハ
　本日ハ西口ノ招待デシテ只今其帰リ道デス
　貴下副會頭就任挨拶ノ為メ一度新聞記者ヲ招待スル必要ガアルト杉浦ガ私ニ注意致シタカラ其心組デ居ッテ被下イ
ト注意シタルニ
　副會頭デモ其必要ガアルノカ　僕ハ新聞記者ヲ招待シタ事ハ一度モ無イカラ其節誰レカ助ケニ来テ呉レル人ハ無イモノカナァー　會議所ノ吏員ヲ一所ニ招待スル事ニ仕様？　一度能ク考エテ置キ升
ト云ウ　紋十郎ハ何時デモ呑気ナ事斗リ言ッテ居ルト思ッタ

昭和三年四月十七日

朝　阿倉川エ渡辺築港所長ガ電話ニテ
九鬼・諸戸ト浅野ガ契約シタル旭ノ地所値段ハ何程ナリ哉　田中土木課長ヨリ取調方命令アリタルニ付キお聞カ
セ願度シ
ト云ッテ来ル　余ハ
五十八万坪斗リニシテ平均一坪三円六十戔替ナリ
ト答エタルニ渡辺ハ
昨日貴下ガ県廳ヲ出ラレルルト　入違ニテ県廳宛内務省土木局長ヨリ「十二月一日附諮問ニ對スル答申案ヲ直チニ
提出セヨ」ト命令ガ来タ様子ニテ　三重県廳ハ本日答申書ヲ内務省エ発送スル事ニシタ模様デス
ト知ラシテ呉レル　余ハ
難有ウ
ト答エテ電話ヲ切リ　直チニ蓮池ニ電話ヲ掛ケタルニ蓮池ハ本日十時頃県廳ヨリ呼バレテ津エ行ッタトノ事ナリ　余
ハ「仕舞ッタ」ト思ッタガ仕方ガ無イ　蓮池ガ帰エッテ来テカラ其模様ヲ聞クヨリ外ニ策ナシ
晝食後　志津ガ余ニ向イ「てる子ガ段々ト年頃ニ向ヒタルヲ以テ日常ノ行動・素行ヲ監視スル必要アリ」ト述べ　証
拠トシテ二個ノ書類ヲ見セル　余モ同感デアルト思ッタ
午後三時頃九鬼徳三氏ヲ訪問　蓮池ト三人ニテ埋立問題ニ関シ相談ヲ為ス
日比　本日県廳ノ用件ハ鳥洲地所ノ件ナリト想像スルガ果シテ如何ナリシ哉
蓮池　御推察通リナリ　県廳トノ本日ノ交渉ヲ御話スル前ニ先達来ヨリノ経過ヲお聞カセスル必要アリ　諸戸ノ後藤
ガ先般東京エ行キ俵氏ニ逢ヒタル上　関トモ會見シテ県廳ヨリノ要求ニ掛カル「鳥洲地所ノ件」ニ関シ懇談ヲ
重ネタル上関君ヨリ左ノ二通ノ書類ヲ貰ライ受ケ帰エレリ

昭和三年四月十二日

四日市港県営埋立拡張計畫ニ就テ

堤防外九鬼諸戸両氏共有地ハ　弊社之ヲ買収シ其前面ニ出願中ノ区域ト共ニ埋立ヲ為ス予定ノ處　今般右共有地ノ内別紙図面ノ区域ヲ県廳ニテ拡張埋立ヲ為サントスル計畫アルニ就テハ　弊社ハ其最初ノ計畫通リ弊社ニテ施行仕度キモ県営止ムヲ得ザルニ於テハ次ノ事項ヲ承認セラレ度事

第一、浅野関係ニ於テ此處ニ工場ヲ設置スル場合ニハ其申出ニ依リ實費ニテ払下願度キ事

第二、前項ノ事叶ハザル事情アレバ県営区域ヲ縮少シ其面積形状ヲ改メラレ度キ事

第三、前二項共出来難キ場合ニ於テハ最後ノ案トシテ図示ノ如ク県営計畫地ヲ横断シ當方埋立計畫地ニ達スル幅員十間程度ノ道路ヲ築造セラレ度キ事

昭和三年四月十二日

諸戸精太商會
後藤　因　殿

東京市麹町区永楽町二丁目一番地
浅野事務所四階
東京湾埋立株式會社
関　毅 ㊞

拝啓　愈御清栄奉慶賀候

陳者《ノブレバ》豫而《カネテ》弊社ニテ買収方御交渉申上居候四日市外塩濱村地内面積約五十八万坪ノ地所ノ内堤防外地域中　今般県営埋立拡張計畫ノ為メ県廳ヨリ別紙図面記載ノ区域約二万六千六百坪ヲ提供致ス可キ様貴方エ交渉有之候由ノ處弊社トシテハ最初ノ計畫通リ弊社ニテ之ヲ施行致度存候得共県廳ノ申出ナレバ止ムヲ得ズト存候間　弊社ヨリ御交渉申上居候区域ヨリ前記地域ヲ除外スルノ儀御承諾申上候　乍然本件ハ弊社計畫上ニハ頗ル迷惑ノ儀ニ有之願《ネガワ》クハ別紙「四日市港県営拡張ニ就テ」及図面ノ要領ニ依リ県廳ト御交渉ノ上相成ベクハ當方ニ有利ナル御解決

ヲ得ラル丶様御尽力相煩度　此段御願申上候
先ハ當用迠得貴意候
敬具

蓮池　右次第ニテ本日土木課長ヨリ交渉アリタルヲ以テ　同行シタル諸戸ノ伊藤ト共ニ右二通ノ書類ハ秘シテ県廳エ見セズシテ只單ニ二万一千坪丈ケ現金受渡シ一坪金三円六十戔ニテ賣却ニ應ズル旨答エタルニ　課長ハ原田知事ト相談ノ上「后トヨリ何分ノ返事ヲスル」ト云ッタ故　立帰リタル次第ナリ
日比　右ニ對シ県廳ヨリ返事アリタル節ハ直チニ御聞カセ願度シ　大切ナ時機ニ迫ッテ居ルカラ慎重ナル態度ヲ執リ度シ
蓮池　承知　何事モ御相談スル
日比　次ギニ来タルベキ問題ハ旭小作問題ノ解決ナリ　九鬼・諸戸ニ於テ至急御顧慮願度シ
徳三　貴下ニ能キ御考案ナキ哉
蓮池　山寄ヲ警視廳ヨリ取調ラベテ貰ラッテ其欠点ヲ突ク事ニナラヌモノカ
日比　其レハ能キ思付キナリ　一ト勘考シテ見マショウ
蓮池　山寄新一ノ住所ハ東京市神田区鍋町二四ナリ
日比　過般　鳥海ガ山寄ト會見シタル模様ハ聞ザリシヤ
蓮池　君ガ餘リ相手ニナラヌ方能シト云ッタカラ當方ヨリハ何等聞カズ　察スルニ會見セザリシ事ト推察ス　何故ナレバ鳥海ト云ウ人間ハ會見シタラ直チニ僕ノ處エ話ニ来ルニ定マッテ居ルト想像スレバナリ
南旭ヲ除外シテ解決策ヲ講ズル方便利ナリト考ウ
日比　南旭ハ除外シテモ差支ナシト思ウ
蓮池　田中土木課長ハ鳥洲ハ浅野ニ許可セヌ心組ダカラ九鬼・諸戸ハ鳥洲ヲ早ク県廳エ賣ッテ仕舞ッタラドウダト云

ッテ居ッタ　田中モ大分駆引ヲ云ウナァー
四時頃九鬼徳三宅ヲ辞ス
夜　世界館エ活動写真ヲ見物ニ行キ　キートンノ海底王ガ面白カッタト思イツヽ帰エッテ来ルト東京ノ井口君ヨリ左
ノ電報ガ来テ居ル
『鉄道會議二十日開ク事ニ決定。井口』
トアリ　此ンナ嬉シイ事ハ無イト思ッタ　関君宛手紙ニテ埋立問題ノ経過並ニ右電報ヲ通知ヲ為ス　一生懸命ニ盡力
シテ居レバ段々ト曙光ガ見エテ来ルナリ

昭和三年四月十八日

午後三時ヨリ市参事會開會　給水會社買上問題ニ関スル山本鉄松ノハンプレットガ問題ニナリ色々相談ノ結果　堀
木・伊達・山源・福林・小寺等ハ山本鉄松トハ無関係ニテ再調査ヲ同人ニ委嘱シタ事モナケレバ　鉄松ノ行動ニ諒解
ヲ與エタ事モ無イト云ウ事ヲ新聞紙上ニテ釋明シテ　市民ノ誤解ヲトク事ニ決定シ六時頃解散ス
東京井口延次郎宛照校電報ヲ発シ
『見タ御盡力ヲ謝ス埋メ（答申書）昨日県ヨリ本省エ廻リタル筈宣敷頼ム。日比』
ト埋立ノ件ニ関シ依頼ス
午後十時頃第二敷島ノ田中ヲ呼ンデ田中正二郎ノ事ヲ尋ネタルニ「自分ノ実弟ニ相違御座リマセン」ト云ウ　尚ホ
「誓ッテ再ビ如斯失態ハ致升センカラ平ニ御容赦ヲ願升」ト云ッテ帰エッテ行ッタ

昭和三年四月十九日

午後二時頃市役所エ行キ戸野市長ニ向イ大垣行ノ模様ヲ尋ネタルニ
　高橋義信ガ逢イ度イト云ッタカラ行キ升タ　高橋ハ是非教育局長問題ヲ成効セシムル　若シ吉来市長ガ承諾セネバ市来ヲ排斥スルト力ンデ居リ升タガ果シテ如何デショウカ　高橋ハ評判ガ悪ルイデ今日迠モ避ケル様ニシテ居ッタノデス　高橋ハ岐阜県出身者ニシテ　現大垣市長ガ明年ニテ期限ガ切レルノデ其人物ヲ私ガ据《スワ》ッタ教育局長ノ下エ持ッテ来ル下心ガアルノデス
ト云ウ　余ハ
　貴下東京ノ手口ガ見込ガアル様ナレバ井口ニモ内外相呼應シテ運動サセル必要ガアリ升カラ　若シ新報ガ入ッタ節ハお知ラセ下サイ
ト述ベテ市役所ヲ出ル
午後三時半頃警察署ニ宮嵜署長ヲ尋ネ
　山城儀三郎撰擧違反ハ二ヶ月ト云ウ裁判言渡シ通リニテ服罪セシムル事ニナッタ　就テハ津刑務所エ送ラルヽ節阿倉川ヨリ津迠ノ間　縄ヲ掛ケラレテ護送サルヽ事ハ本人苦痛ニ絶エザルヲ以テ便宜法ニ依リ縄ヲ掛ケル事丈ケハ御手加減願度シ
ト依頼シタルニ署長ハ
　承知致升タ　縄ヲ掛ケヌ様ニ致升ショウ　然カシ津刑務所エ入ル刹那ニ於テハ止ムヲ得ヌカラ其時丈ケヲ本人ニ因果ヲ含メテ置イテ被下イ
ト云ウ　撰擧事務長ヲ引受ケルト色々ノ事迠跡仕末ヲセナケレバナラヌト思ッタ
浅野泰治郎ヨリ『飛もかゝ美』ヲ一冊送ッテ来タ　浅野總一郎夫人一周忌ニ當リ泰治郎ガ亡キ母エノ手向章トシテ綴ッタモノデアル　兎ニ角さく子夫人ハ賢婦人デアッタ

昭和三年四月二十日

雨降リタル為メ大貝戸ヨリ佐々木午吉並ニ森篤二郎四日市エ来タル　余ハ佐々木ノ所望ニ依リ碁ヲ打ツ　五席戦ッテ余ガ四勝シタ　佐々木ハ余ニ黒ト云ウ手合セナルベシ　夕食ニ蛭子屋エ行キ佐々木ハ七時〇九分気車ニテ大貝戸エ帰エッテ行ッタ

宮嵜四日市警察長ガ電話ニテ

昨日山城ノ儀ニ付キお引受シタガ検事局ヨリ何等通知ナキヲ以テ問合セタルニ　同人ハ検事局エ呼バレタル上監視ガ付添ッテ阿倉川エ行キ　阿倉川ヨリ同ジク監視付添ヒニテ津エ護送セラル、由ニテ當警察ニハ何等関係ナキ事ト相成タリ　順〔巡〕査付添ヒ護送ナレバ御希望ニ添ヒ得ベキモ右ノ次第ニ付キ不悪《アシカラズ》敷御承知願度シ

ト云ッテ来タ　余ハ止ムヲ得ヌ次第ト思ッタ

昭和三年四月二十一日

午前八時山本龍祐来タリ

私事十五年ノ恩給年限ニ達シタルヲ以テ一時退職シテ恩給ヲ取リ置ク事ニ決意シ　其旨ヲ巽専修學校々長ニお話シタルニ巽氏ハ「退職シタリトテ他ニ口ヲ求ムルニ及バズ　専修學校ノ専任教師トシテ採用スベシ」トノ事ナリシヲ以テ内心大ニ㐂コビ専修學校事務ヲ一生懸命ニ勉強シテ今日ニ及ビタルガ　最近専任教師ガ名古屋ヨリ来タル旨噂アルノミナラズ巽氏ハ學年始メノ時期ニ達スルモ何等通告ナキヲ以テ　辛棒ニ堪エ兼ネ巽氏ニ相尋ネタルニ巽氏ノ返事ハ意外ニモ「君ハ専任教師ニ就任スル事ヲ断リタルニ非ラズヤ」トノ事ニテ一驚ヲ喫シ升タ　成程

巽氏ヨリ恩給ト合算シテ九十二円ノ月給ニナルト云ウ話ガ有升タ節　私ハ二円ヨリ昇給ニナラヌノデスカト尋ネタルニ巽氏ハ「其以上ハ六ヶ敷イ」云ワレタルヲ以テ　其レナラ月給ノ事ハドチラデモ宜敷ク御座イ升　ト答エタル事アリ　巽氏ハ其レヲ不満ニ感ゼラレ右ノ應答ヲ着色シテ理由ト為シ　他ニ専任教師ヲ手當セラレタル事ト推察致升

私ハ巽氏ノ言葉ガ餘リニ横暴ニシテ私ヲ人間扱ニシテ居ラヌノニ憤慨シテ巽氏ニ對シ　其レナラ其レデ宜敷ウ御座升　私ハ此上アナタニ御話スル必要ハ認メマセヌ　ト断然言放ッテ置キ升タ

能ク考エテ見ルト　十五ヶ年モ満足ニ勤務シテ人並ノ恩給モ貰ラエヌ事ニナッテハ大変ト考エ升タカラ　昨夜渡辺氏ノお宅ヲ訪問シテ事ノ次第ヲ話シ恩給ノ處ヲ能ク頼ンデ来升タガ　渡辺氏デハ市長・助役ニ遠慮ガアッテ充分ナ事モ言ッテ頂ケヌカモ知レヌト考エ升タカラ　甚ダ恐縮ノ次第ナレ共貴下ニ右ノ経過ヲお聞取リ願ッタ上市長エ恩給ノ人並ニ貰ライ得ル様御話ヲ御願申度ク参上致升タ次第　何卆宜敷御願致升

ト云ウ　余ハ

其レハお気毒デス　一度能ク研究シテ見升

ト答エテ帰エス　余ハ直チニ自轉車ニテ四日市ニ出デ市役所エ行〔キ〕福林助役ノ室エ渡辺ヲ呼ンデ　両人ニ右ノ次第ヲ語リ両人ノ意見ヲ尋ネタルニ

福林　昨日渡辺君ヨリ其事ヲ聞イテ又々巽君ハ困ッタ事ヲ仕出掛シテ呉レタナァートト思ッタ事デシタ　山本ガ勉強シテ面倒ナ事務ヲ取ッテ居ッテ呉レル事ハ御苦労ノ事デアルト私モ其努力ヲ充分ニ認メテ居リ升

巽君ハ何事ニ依ラズ専断ノ事多クシテ時々閉口スルノデス　其事ヲ私ガ云ヘバ何ンダカ私ガ巽君ヲ排斥スルモノヽ様ニ取ラレテモ困リ升カラ沈黙ヲ守ッテ眺メテ居ルノデスガ　市長モ今少シ巽ノ人物ヲ正當ニ判断シテ呉レナクテハ困リ升

但シ此事ハ市長ニハ云ワナイデ下サイ

渡辺　私ハ巽君ガ名古屋ヨリ専任教師ヲ連レ来ルト云ッタ時　巽君ニ「山本ノ方ハ能イカ」ト注意シタノデスガ巽君ハ「山本ガ断ッタカラ差支ナイノダ」ト云ヒ升タカラ其儘ニシテ置イタノデスガ　全ク山本君ガ気毒デス

ト云ウ　余ハ市長室エ行キ右ノ次第ヲ詳述シタル後チ

日比　巽ノ能クナイ事ハ兼テ申上ゲテ居ル通リデス　巽ハ近付クベキ人物デ無イトハ何度モ貴下ニ御忠告シテハ居リ升ガ　高ガ一専修學校長ノ事デスカラ断然直チニ御處分ナサイト迠ハ切言致升センデシタガ　本日山本ノ如キ事ヲ聞クニ及ンデハ実ニ捨テ置キ難イト思ウ　十五年勤續ト云ヘバ一生ヲ捧ゲタモ同ジ事ニシテ其勤續者ガ終ヲ全ウセント其進退ヲ相談シタルニモ不関　始メ引受ケテ置キナガラ如何ナル言葉ノ間違ナル哉知ラザルモ三百代言ノ云ウガ如キ言辞ヲ弄シテ山本ヲ蹂躙シ去リ恬《テン》トシテ恥ジザルハ　恰《アタカ》モ「泣カヌ子ヲ泣カスガ者」ニシテ此儘不問ニ付スベキ問題デハ無イト思ウ　又如斯キ壓制ガ押通セルモノデモアルマイト考エル　殊ニ巽ハ

一、日常豪語シテ市會議員デモ参事會員デモ乃公《オレ》ニハピリ〳〵シテ居ッテ何事モ云ウ事能ワズ

二、渡辺如キニ教育ノ事ガ判ルモノカ

三、先達専修學校ノ参観者ニ對シ「拙者ハ東京教員養成所第一回ノ卆業生ナリ」ト云ヘリ

等出タラ目ヲ放言シテ一ニモ二ニモ市長ヲ傘ニ着テ威張リ居ルトノ事ナリ

右ノ次第ニテ私ハ仕儀ニ依リテハ此際巽ヲ問題ニセント決心シタリ　依リテ先ヅ貴下ノ御意見ヲお伺致度シ

戸野　其ンナ事ヲ云ッテ居リ升カ　困ッタモノデスナァー　先達モ県廳カラ賞與ヲ貰ライマシタカラネー　少々ハ能クナッタカト思ッテ居ッタノデスガネー

然カシ名古屋ヨリ連レテ来ル専任教師ハ既ニ定マッテ居ルノデスカラ　今更ラ其方ハ変更出来マセンカラ山本君ノ立行ク様ニ心配セナケレバナラヌト思イ升　渡辺ヲ呼ビマショウ

渡辺學務主事来タル

戸野　渡辺君！　山本君ガ第一學校ニハ當分留任スルトシテ専修學校ノ給料丈ケヲ他ヲ兼任スル事トシテ支出スル様

ナ方法ナキ哉　並ニ其様ナ能キ兼任ノ役目ナキ哉

渡辺　有升セン

戸野　日比サン！　何ントカ勘考致升　市役所ノ小沢カ加藤ヲ止メサセテ其后任トスル方法モ考エテ見升　恩給ヲ最大限ニテ何程取リ得ル哉モ県廳エ掛合ッテ見升　他ニ兼任シテ工合能ク行ク方法ガ無キ哉考エテ見升　引續キ専修學校エ出テ貰ラウ方法ガ無イカモ考エ升

日比　然ラバ能ク御考エ置キヲ願升

午後一時頃市役所ヲ辞ス

午後四時頃　治田村長出口久来タル

日比　十八日附御手紙ニハ村長ノ肩書アリ本日ハ個人トシテ御来訪被下シ哉　或ハ公人トシテナリ哉

出口　一個人トシテ先般伊藤貞治郎氏ノ傳言ニ依リお伺シタル次第ニテ　手紙ニ肩書ヲ付シタルハ肩書無シニテハ或ハ貴下御判断ニ苦マルヽ哉ヲ懸念シタル為メ　為念用ヒタル迠他意アルナシ

日比　御来訪ノ要旨ハ如何

出口　浅野ノ為メニ盡力シテ原石山ノ為メニ奔走シタルニ不関　其後頓《トン》ト手紙一本来タラズ浅野ガ果シテ事業ヲ計畫シ居ル哉否ヤ不明ニ付キ其点ニ関シお尋ネノ為メニ参上シタルナリ

私等ハ物質的謝礼ヲ希望スルニ非ラザレ共　一生懸命ニ盡力シタルニ對シ手紙一本ノ謝礼モ無キハ不本意ニ思イ居レリ　殊ニ其後治田村エ浅野氏並ニ社員数回来ラレシニモ不関　一應ノお立寄サエ無キハ私等一同不満ノ至リナリ

日比　私ハ貴下並ニ村會議員ハ小森ト一心同体ナリシト思イ居レリ　アノ節小森ヨリ何等話無カリシヤ

出口　何ンニモ無シ

日比　天地神明ニ誓ッテモ「何ニモ無シ」ト言ワルヽ哉

出口　確カニ然カリ
日比　新町エ鉄道ヲ引入レ南部カラ原石ノ採屈ニ取掛カル事便利ニ付キ南部ノ山ヲ手ニ入レ度ク思イ居レリ　貴下ノ手ニテ何ントカ纏マラズヤ
出口　目下既ニ契約セシ分ニ對シテモ反對者ヨリ訟訴出デ裁判中ニ付キ　目下ハ其時期ニ非ラズト思ウ
日比　浅野ガアノ藤原岳ヲ獨占シタリトセバ立田谷エ鉄道ヲ引入レル手順ナリシガ　其後小野田ニ分譲シタルニ付キ新町ヨリ鉄道ヲ引入レルニアラザレバ治田村ノ仕事ニ取掛ル事不可能ノ状況ニアリ
出口　交渉ノ時期ニ達セリト考エタル時ハ貴下ニ手紙ヲ以テ内報ニ及ブベシ
日比　藤原鉄道ノ許可モ眼前ニ迫リ居レリ　許可ノ暁ニハ路線決定並ニ敷地ノ買収等ニ関シ御相談願度ク思イ居レリ是非其レ迠ニ南部ノ山ヲ手ニ入レ度クニ付　偏ニ御顧慮願度シ
出口　小森ハ最近農工銀行ノ株券ヲ沢山買入レタリ　村民ハ立腹シ居レリ
村會決議セシ時　直チニ浅野ノ名義ト為シ置カバ吾等モ斯ク迠モ村民ニ疑ワレズシテ済ミタルガ　小森ハ其当時村會ニ決議スル刹那迠買主ヲ如何ニスル哉ニ関シ一言モ云ワズニ居リ　決議スルヤ直チニ「小森次郎」名義ニシテ呉レト言ヒシヲ以テ何気ナク其レニ従ヒタルガ失策ナリシ
私等ハ小森ノ「犠牲」ニナッタノデス
日比　小森ハ陰険ナ人物デスナァー
出口　無口デ而シテ何事ヲ腹ニ計畫シテ居ルカ判ラヌ人物デス　腹ノ黒イ人間デス　過去ニ於テ彼レガ村長ヲ為シ居リシト時　排斥ヲ受ケテ凡テノ公職ヲ辞シタ事モアル程デス
日比　伊藤貞治郎ハ本日貴下ガ来訪サレシヲ承知シ筈ト思ウガ「日比ニ逢ッタラ日比ハ藤原鉄道モ大分進ンデ来タ事デアルカラ治田村ヲ早ク仕事ノ出来ル様ニシテ呉レ」ト云ッテ居ッタトお話置キ願ヒテハ如何哉
出口　其通ニ話シテ置キ升

私ガ本日お伺シタル事ハ村エモ内密ニ致置クヲ以テ貴下ヨリ森篤二郎エ口留メ願置度シ
日比　目下裁判中ノ問題タル入合権確認訟訴ハ如何ニ考エラルヽ哉
出口　三百年来ノ前例モアル事ニ付キ　入合権ヲ確認セラルヽ筈ナシト考ウ
日比　坂口大郎左衛門ハ宮田警視総監ノ口添エニテ警部ニ就任シタル由ヲ聞ケリ　果シテ然カル哉
出口　其様ニ聞及ビ居レリ　彼レモアノ當時私ニ對シ「村會決議スルモ宣敷シ」ト迠言明シタル事ナレ共　小森ニ對スル反感ノ為メ本日ニテハ反對者ノ張本人トシテ活動シ居レリ
新町ニ鉄道ヲ引入レラルヽハ宣敷ケレ共　其レガ為メ鉄道ガ治田村ヲ通過セザル様ニナリテハ不可ナリト村民ハ思イ居レリ
日比　治田村ガ本線ガ通過シ新町エハ支線トシテ延長スル考エニ付キ其御心配ナシ
出口　其レナレバ可ナリ
日比　南部ノ方ハ原石質悪ルシト聞クガ如何
出口　入口少々ノ處ハ悪ルイト云ウ事デス
治田ノ奥エ行クト今日ニテモ五代友厚ノ孫娘ガ二人斗リヲ使用シテ銅ヲ採屈シテ居リ升
日比　村會議員連中ハ浅野ヲ怒ッテ居リ升カ
出口　浅野ニ対シテハ別段ニ怒ッテ居リ升セン　小森ニ向ッテハ反感ヲ持ッテ居リ升
余ハ出口ヲ大正館エ連レテ行キ藝者二人ヲ呼ンデ勧待シ夕食ヲ馳走ス　出口ハ八時頃「之レカラ宮村エ立寄リ裁判ノ相談ヲ為シタル上　桑名迠帰エリ度イト思イ升」ト云ウ　余ハ出口ヲ人力車ニテ宮村宅エ送ル　出口ハ正直ナル人間デアルト想像シタ

昭和三年四月二十二日

朝起キテ伊勢新聞朝刊ヲ見ルト左ノ記事アリ

伊勢新聞　昭和3年4月22日

私設鐵道の敷設免許　本縣關係分

小川鐵相は豫算不成立の爲延期を見るに至つた三十二線新線敷設に對し愼重な研究を重ねた結果私設鐵道にして敷設を請願し來れる者ある場合は會社の內容を調査の上成立の見込あるものに對しては國有鐵道同様の使命を果すものとして順次敷設の免許をなす事に方針を決し鐵道會議員招待會席上に於て言明する處あつたが差當り敷設權を附與さるべき申請區間は三線で何れも近日中に指令を發する方針である本縣關係分左の通り（東京電話）

一、四日市關原間（三重岐阜）三十四哩會社名藤原鐵道（東京電話）

兼テ予期シ居リタル事ナレ共「先ヅ能シ」ト思ッタ　事ノ茲ニ至タル迄ニハ多大ノ苦労ガ重ネラレテ居ルノデアル

埋立モ同時ニ許可セラルベキ様更ラニ一層ノ手順ヲ要スルナリ

午前十時ヨリ鵜森神社公園ノ落成式ニ招待サレテ行ク　本日ハ生憎雨降リノ為メ式ハ第二高等尋常小學校ニ於テ擧行サレタ　神社総代ガ山中菊松ニテ式辞ヲ読ンダガ本人ノ得意ニ引代エ余ハ誠ニ下品ナ感ジガシタ　修養スベキハ人格デアルト思ッタ

昭和三年四月二十三日

新聞紙上ニ依レバ議會ノ雲行面白カラズ　全ク安心出掛ザルヲ以テ相談ノ為メ伊藤平治郎〔エ〕出掛ケント十二時五十五分ノ気車ニ乗込ミタルニ　田中土木課長ガ乗ッテ居ル

日比　何處エお出デスカ

田中　東京エ行クノダ　一週間斗丸ノ内ホテルニ滞在ノ予定ナリ

日比　内務省ヨリ十二月一日附ニテ諮問シ来タリタルニ對シ答申書お提出被下哉

田中　未ダナリ　此鞄ノ中ニ答申書ハ持ッテ居ル　内務省エ行キ能ク打合セノ上提出シテ来ル心組ナリ　能ク研究シテ見ネバ猥リニ出ス訳ニモ行カヌ

其レハ兎モ角浅野ハ実際仕事ヲスルカ

日比　仕事ヲスル事ハ請合ヒデス　原石山・粘土山・セメント工場敷地ハ買入レ済デアルシ　藤原鉄道モ近々許可ニナリ升カラ早ク埋立ノ許可ガ下ラネバ困リ升

田中　京濱運河ガ許可ニデモナレバ其レモ遣リ　四日市モ遣ルト云ウ程浅野ニ金ガアルカ

日比　京濱運河ハ東京湾埋立會社独力ニテ経営シ　四日市埋立會社ハ地方ニ株主ヲ求メ仕事スル手順デス

田中　議會ノ模様ハ変ダナァー　ゴト〳〵シテ居ルト此秋ノ議會ニモ桟橋ノ國庫補助ガ通過セヌト云ウ事ニナルカモ知レヌ　浅野ガ桟橋ヲ遣ラヌカナァー

日比　初メハ桟橋モ浅野ガ遣ル事ニ成ッテ居ッタノデアルガ　后ニ至リ県廳ニテ第二号埋立地ヲ除外シタカラ自然桟橋モ切放サレタ訳デス　加藤案ノ県営桟橋案ガ出テ来テ此ンナ事ニナッテ仕舞ッタノデス

此際貴下御上京ヲ好機トシテ私モ后トカラ上京シテ此埋立問題ノ結末ヲ付ケ度イト思イ升

田中　来給エ

富田駅ニテ田中土木課長ニ分カレテ下車　伊藤平治郎ヲ訪問シ相談シタルニ平治郎ハ今夜ノ気車ニテ上京スル事ニシテ呉レ給エ　藤原鉄道モ埋立問題モ産気付イテ来テ居ルノデアルカラ平常ノ時ト違ガウカラ一気呵成ニ許可ヲ取ル事ニ手順セナケレバ駄目ダト思ウ　傳七氏大阪ニアルヲ以テ傳七氏モ上京出来得ル哉否ナモ尋ネテ見ルト云ウ　余ハ

　川島村ノ用件モアルカラ明日ノ八時四十六分気車ニ乗ル事トスル

ト答エテ富田駅ニ出ル　駅前ニテ諸戸ノ伊藤定二郎ニ逢ウ

日比　旭ノ小作問題ヲ早ク片付ケル様ニ工風シテ呉レ　京濱運河ノ話ガ段々進ンデ来タノデ心配デナラヌ

伊藤　急イデモ他ニ方法ガ無イカラ弗々ト裁判ヲ進メテ行クヨリ致方ガ無イ　此際小細工ヲスルト反ッテ結果ガ悪ルクナル　諸戸ノ竹成ノ小作争議モ丸四年掛カッタ　本當ヲ云ヘバ尚ホ片付カヌノデアルガ　今度政府ガ共産黨ヲ處分シタカラ裁判官モ小作等ニ對シ断然タル言渡シヲ宣告スル勇気ヲ出シテ来タノデアル　裁判ノ結果ハ諸戸ノ主張通リ判決セラレタ訳デアル

旭モ小作人ガ腹ノ眞底カラ反省シテ来ル様ニナラナケレバ円満ナル解決ハ望メヌト思ウ　何ニヲ云ッテモ目下ノ状況ハアノ小作人共ハ勝ツ見込ガアルト信ジテ居ルノデアルカラ　此際甘イ口ヲ見セルト反ッテ火手《ヒノテ》ヲ盛ンニスル様ナモノダ　其レデ無クテモ九鬼ノ弱腰ヲ見越シテ今ニモ地主ノ方カラ妥協ヲ申込ンデ来ル様ニ考エテ居ル気配モ見エテ面白クナイ

日比　其ンナ気永ナ事ヲ云ッテ居ルト折角裁判ガ片付イタ時分ニ浅野ガ埋立ヲセヌト云ウ様ナ事ニナルゾ

伊藤　其レハ心配シテ居ルノデアルガ他ニ良キ方法ガ無イノデアルカラ仕方ガ無イ

日比　県廰カラ鳥洲ノ地所ノ事ニ関シ返事アリタル哉

伊藤　三円ニ負ケテ呉レト云ウノデアルガ浅野エ賣ッテ平均値段三円六十戔ヨリ安ク賣ラヌ事ニ主人ト話ガシテアルアノ値段ガ一番公平ダト思ウ

日比　主人ハ東京ナリ哉
伊藤　本月一杯ハ東京ニテ来月ヨリ帰ラヌト思ウ
川島村ノ地所其後村ヨリ何等云ッテ来ヌガ如何哉　諸戸ハ村ノ一同ガ賣却スル値段ニテ應ズル旨返事ガシテアル
日比　川島村ニ二三反對ヲ主張スル者アリテ荏苒《ジンゼン》登記延引シ居レ共其内解決スル事ト思ウ
伊藤　先達松本駅ノ北側ノ水田ヲ二百坪斗リ六円五十銭ニテ賣却シタ　松本鮓屋モ二百坪斗合計四百坪ヲ四日市鉄道エ賣ッタ次第ニテ鉄道デハ倉庫ヲ建テル模様ナリ　最初ハ鉄道ニ於テハ松本駅ノ南側ヲ希望シテ居ッタ様子ナルガ　南側ノ地主ガ一坪拾円位ニ吹掛ケ話ガ六ヶ敷カッタカラ北側ノ我々ノ地所ノ方エ変更シタノダソーナ
日比　其レハ結構ナ賣物デハ無イカ
伊藤　ソーダ　能イ賣物デアッタ　然カシ松本ノ山ノ方ニアル三反ノ田地ヲ一坪三円ニ買ニ来タカラ不思議ニ思ッテ取調ラベテ見ルト　他ノ地所ヲ四円五十銭ニ賣ッテ其賣ッタ地主エ諸戸カラ買ウ三円ノ地所ヲ提供スル様ナ模様デアッタカラ断ッテ仕舞ッタ事モアルカラ　六円五十銭ニ賣ッタ處デ左程ノ値賣リデモ無イカモ知レヌ
日比　旭小作問題解決方法トシテ
一、南旭ヲ除外シテ小作人ノ数ヲ少ナクスル事
二、軟派小作人ヲアノ團体カラ分裂スル様ニ策畧ヲ為ス事
三、警視廳ニ頼ンデ山嵜新一ノ欠点ヲ突ク事
　但シ多少ノ運動費ハ地主ヨリ支出スル事
トシテ急速解決ヲ早メテハ如何哉
伊藤　其レモ結構ナ策ト思ウ　運動費位ハ地主ガ負担シテモ能イ
伊藤ト富田駅前ニテ分カレ四時三十三分発ニテ四日市ニ帰エル

東京井口延次郎宛照校電報ニテ

田中土木課長今朝上京シタ丸ノ内ホテルエ泊ル」直グ君ヨリ田中エ埋立ノ件能クお話ヲ願ウ」僕明日晩此地立チ行」日比

ト打電ス

夜戸野市長宅エ行ク

日比　明晩上京スル事ニシタ　御用件無キ哉

戸野　教育局長問題ハ目下休戰状態ニナッテ居リ升ガ如何展開スルモノデショウカ

朝鮮義州ニ金鑛アリ　総理大臣ヨリ朝鮮総督ニお聲掛リアレバ無償払下ヲ受ケ得ル由　井口君ハ総理大臣ニ其事ヲ依頼シ得ル能力ガアルデショウカ　若シ其事ガ出来得ルナレバ報酬トシテ金三十萬円ヲ買手ヨリ出金スルノデス　最モ此話ヲ持込ンダ者ニ對シ右三十万円ノ一割乃至二割ノ謝礼ヲ遣ッテ貰ラワナケレバナリマセヌ　買手ハ朝鮮人ニテ其背後ニ英國人ガ扣エテ居リ　其英人ハ支那安東県方面ニ於テ手廣ク船舶業ヲ経営シテ居ル数千万円ノ資産家ナル由デス　此件ニ関シテハ松岡俊三等大ニ奔走シテ居リ数千円ノ運動費ヲ取ッタガ　未ダ目鼻付カザル由　買手ハ運動費ヲ取ラレルノニコリテ此後ハ一切運動費ヲ支出セズ成効報酬デ行キ度イト云ッテ居リ升　一度貴下ヨリ此事ヲ井口君ニ相談シテ見テ頂ク事ハ出来マセヌカ

日比　松方乙彦ガ山本権兵衛内閣ノ時ニ金鑛三ツノ権利ヲ取リ其内一ツヲ鑛工税トノ計算上権利ヲ放擲シタ　其放擲シタ一ツガ此義州ノ金鑛デアルト云ウ事ナレバ一寸理屈ガ合ワヌ様ニ考エル　三十万円出シテモ其権利ヲ欲シガルモノガアルナレバ松方ハ其権利ヲ放擲セズシテ賣却スベキ筈ナリト思ウ

戸野　成程理屈デスナァー　一度其点ヲ電信ニテ照會シテ見マシタ上理屈ガ通レバ井口君ニお話ヲ願升

日比　餘程確実ナル話デ無イト猥《ミダ》リニ他人ニ話ヲ聞カセテ反ッテ自分ガ山師ノ様ニ誤解セラレテモ叶ワヌシ　確実ナルモノナレバ此ンナ田舎エ此ンナ大キナ仕事ガ廻ッテ来ル筈ガ無イ様ニ考エル　殊ニ買手ノ裏面ニ英國人ガ居

ルトノ事ナレバ手出シスルノハ研究モノデスナァー

戸野　一度此種ノ権利ノ話ヲ鳩山ニ話シタルニ　鳩山ガ自分一人デ取ッテ仕舞ッタ事ガアル由ニテ可成《ナルベク》鳩山ニハ后トデ話度イト云ッテ居リ升タ

日比　先ヅ先刻御話シタル疑問ニ對スル電信ノ返事ガ来テカラノ事ニ致升ショウ

ト答エテ戸野市長宅ヲ辞ス

杉浦國吉来タリ

高等刑事ノ奥村ガ電話ニテ一度遊ビニ来ヌカト云ッテ来タカラ行キタルニ　奥村ハ

井口ハ法定撰擧費用ヲ超過シテ居ルト云ッテ千種村ノ（朝上村）小島傳四郎・（千種村）高橋龍太郎外一名ガ其種《タネ》ヲ桑名民衆新聞エ賣リニ行ッタト云ウ事ヲ聞イタカラお知ラセスル

ト云ヒ升タカラ一寸お耳ニ入レテ置キ升

ト云ウ　余ハ

其ンナ人間ハ井口ノ運動員デモ無ケレバ又名モ知ランデハ無イカ　放擲シテ置キ給エ

ト答ウ

本日ノ大阪毎日新聞ニ左ノ記事アリ

國鐵計畫線を地方鐵道に譲る　敷設を條件に許可方針　議會では論議紛糾か

大阪毎日新聞　昭和3年4月23日

小川鐵相の鐵道大建設計畫は五十四議會解散により水泡に歸し特別議會にも不提出となつたので地方私鐵會社では鐵道省で計畫した線を譲り受けんとするものが續出すべく、鐵道省としてはそれ等に對し國有鐵道規定に基づき建設することを條件として譲渡し許可する方針を取ることになつた、右は一面國有鐵道法の精神に對する根本的變改とも見られ、今期議會でも相當議論紛糾するものと見られて

ゐる、なほ小川鐵相により建設計畫されたものは左の卌二線である
花巻釜石間（岩手）五、六三マイル、前郷矢島間（秋田）七、六マイル、白山新潟間（新潟）一、九マイル、宇和島近永間（愛媛）一〇、八マイル、志布志鹿屋間（鹿児島）一九、一マイル、久慈野田間（岩手）七、六マイル、石巻女川間（宮城）九、六マイル、楯岡寒河江間（山形）一四、三マイル、左澤荒砥間（山形）一七マイル、長倉大子間（茨城）三九、一マイル、羽ノ浦牟岐間（徳島）三一マイル、幸崎佐賀關間（大分）五、五マイル、森宮原間（大分熊本）一七、三マイル、名寄雨龍間（北海道）二〇、三マイル、中湧別中佐呂間（北海道）三〇、一マイル、網走卯原内間（北海道）八、八マイル、木古内福山間（北海道）三〇、八マイル、川俣津島間（福島）一九、五マイル、小濱奥名田間（福井）一二、一マイル、園部篠山間（京都）二二マイル、八鹿關宮間（鳥取）九マイル、日原六日市間（山口）二一、二マイル、小林宮崎間（宮崎）三五、二マイル、西米澤八谷間（山形）一一マイル、大垣垂水間（岐阜）二二、二マイル、四日市阿下喜間（三重）一六、五マイル、小郡萩間（山口）三一、七マイル、熱海下田間（靜岡）四八、四マイル、福山鹽町間（廣島）四八マイル、廣島本郷間（廣島）三七、二マイル、延岡日影間（大分）二四、九マイル、田名部大間間（青森）二九、三マイル
しかして右のうち羽ノ浦牟岐間、四日市阿下喜間、長倉大子間はすでに讓渡方を申請して來てゐる

四日市阿下喜間トアルハ四日市関ヶ原間ノ誤リナレ共　三十二線全部ノ名称並ニ哩数ガ書イテアル故貼付セリ
二三日来寒気ヲ覺エ袷《アワ》セニテハ耐エ切レヌ位ニテ全ク気候不順ナリ　農作物ニハ悪ルイト思ッタ

監修者略歴

日比義也（ひび よしや）日比義太郎の孫として昭和14年生まれる。四日市市の海蔵小学校、山手中学校、四日市高校を経、名古屋大学卒業後、国鉄入社。退職後三岐鉄道社長、ホテルサンルート四日市社長を務める。その間、四日市市教育委員長、四日市労働基準協会会長等の公職を歴任。著書に『米華と半助と』『築百年屋敷にまつわる よっかいち大正物語』がある。

住所：〒510-0805 三重県四日市市東阿倉川444番地

四日市昭和創世記 日比義太郎日記［翻刻］II

二〇一八年七月一日発行

著者 日比義太郎

監修 日比義也

発行所 株式会社人間社
名古屋市千種区今池一-六-一三 〒四六四-〇八五〇
電話 〇五二（七三一）二一二一 FAX 〇五二（七三一）二一二二
郵便振替〇〇八二〇-四-一五五四五

制作 有限会社樹林舎
名古屋市天白区井口一-一五〇四-一〇二 〒四六八-〇〇五二
電話 〇五二（八〇一）三一四四 FAX 〇五二（八〇一）三一四八

印刷所 モリモト印刷株式会社

©2018 Yoshiya Hibi, Printed in Japan
ISBN978-4-908627-32-3 C0095
定価はカバーに表示してあります。
＊乱丁本・落丁本は送料小社負担でお取り替えいたします。